Alexander Werth
Morphosyntax und Pragmatik in Konkurrenz

Studia Linguistica Germanica

Herausgegeben von
Christa Dürscheid, Andreas Gardt und
Oskar Reichmann

Band 136

Alexander Werth

Morphosyntax und Pragmatik in Konkurrenz

Der Definitartikel bei Personennamen in den regionalen und historischen Varietäten des Deutschen

DE GRUYTER

ISBN 978-3-11-077779-6
e-ISBN (PDF) 978-3-11-067644-0
e-ISBN (EPUB) 978-3-11-067649-5
ISSN 1861-5651

Library of Congress Control Number: 2020931429

Bibliografische Information der Deutschen Nationalbibliothek
Die Deutsche Nationalbibliothek verzeichnet diese Publikation in der Deutschen Nationalbibliografie; detaillierte bibliografische Daten sind im Internet über http://dnb.dnb.de abrufbar.

© 2021 Walter de Gruyter GmbH, Berlin/Boston
Dieser Band ist text- und seitenidentisch mit der 2020 erschienenen gebundenen Ausgabe.
Druck und Bindung: CPI books GmbH, Leck

www.degruyter.com

Nachruf auf Stefan Sonderegger

Stefan Sonderegger, Professor für germanische Philologie an der Universität Zürich von 1961 bis 1994, verstarb am 7. Dezember 2017 im hohen Alter von 90 Jahren. Er hat die von ihm und Ludwig Erich Schmitt im Jahre 1968 begründete Reihe *Studia Linguistica Germanica* inhaltlich in entscheidender Weise als ein Organ bestimmt, das Sprache und Literatur als untrennbare Einheit versteht und als solche konstitutiv mit Kultur, Kulturbewusstsein und wissenschaftlich begründeter Kulturkritik im umfassenden Sinne des Wortes verbindet. Dieser geniale Wurf bot ihm den geistigen Raum für ein immenses Faktenwissen, die Fähigkeit des Staunens über kleinste Details, eine theoretische Offenheit für Ausweitungen unterschiedlichster Art, für eine stets innovative Setzung sprachen- und kulturübergreifender Bezüge. Im kollegialen Umgang äußerte sich dies in einer begeisternden Rhetorik für das große Ganze wie für das Einzelfaktum, in einer außergewöhnlichen Offenheit für neue Ideen, aber auch in klaren Stellungnahmen gegen alles seinen wissenschaftlichen Überzeugungen nicht Entsprechende.

Stefan Sondereggers wissenschaftliches Werk umfasst detaillierte Beschreibungen seiner schweizerdeutschen Mundart in Geschichte und Gegenwart, speziell der Flurnamen, darunter eine seine existentiellen Bezüge zu seiner Heimat belegende Darstellung von „Sein und Bleiben" des Appenzeller Landes, seine Arbeiten zu Jacob Grimm und dessen Rezeption, seine bahnbrechenden Werke zum Althochdeutschen und nicht zuletzt auch epochemachende Einzelartikel wie denjenigen zur Geschichte der Bibeltexte und -übersetzungen im Handbuch „Sprachgeschichte" oder seine geniale Skizze zum Problembereich „Sprachgeschichte als Idee und Verwirklichung" (in der Festschrift für Klaus von See). Seinen Verdiensten entsprechen hohe wissenschaftliche und gesellschaftliche Ehrungen.

Stefan Sonderegger war eine Persönlichkeit, an der man Maß nahm. Er wird uns stets gegenwärtig bleiben.

Christa Dürscheid	Andreas Gardt	Oskar Reichmann

Vorwort

Bei diesem Buch handelt es sich um die leicht überarbeitete Version einer Arbeit, die im Juni 2018 als Habilitationsschrift am Fachbereich Germanistik und Kunstwissenschaften der Philipps-Universität Marburg angenommen wurde. Die Arbeit ist in wesentlichen Teilen im Rahmen des LOEWE-Schwerpunkts „Fundierung linguistischer Basiskategorien. Teilbereich: Syntax-Semantik-Schnittstelle" entstanden und wurde vom Hessischen Ministerium für Wissenschaft und Kunst unterstützt.

Für ihre langjährige fachliche und institutionelle Unterstützung in Marburg möchte ich mich herzlich bei Joachim Herrgen, Simon Kasper, Alfred Lameli und Jürgen Erich Schmidt bedanken. Bei Elvira Topalović und Stephan Elspaß bedanke ich mich für die Bereitstellung der elektronischen Versionen der Korpora „Frühneuhochdeutscher Hexenverhörprotokolle" und „Auswandererbriefe", ohne die die Datenauswertungen in dieser Arbeit nur schwer durchführbar gewesen wären. Das Gleiche gilt für die Mitarbeiterinnen und Mitarbeiter aus den Projekten „Fundierung linguistischer Basiskategorien", „Regionalsprache.de" und „Syntax hessischer Dialekte", die in jahrelanger Fleißarbeit für mich relevante Daten zusammengetragen und aufbereitet haben. Unterstützung bei der Kartenerstellung habe ich von Stephanie Leser-Cronau bekommen, Robert Möller hat mir dankenswerterweise druckfertige Karten aus dem „Atlas zur deutschen Alltagssprache" zur Verfügung gestellt.

Für einen intensiven fachlichen Austausch danke ich allen Kolleginnen und Kollegen, die mir bei Konferenzen oder sonstigen Anlässen wertvolle Anregungen und Kommentare zu meiner Arbeit gegeben haben, insbesondere Tanja Ackermann, Grit Nickel, Damaris Nübling, Mirjam Schmuck und Renata Szczepaniak. Mechthild Habermann und Claudia Wich-Reif haben mir in der Endphase der Habilitation und während den Arbeiten an der Buchversion an den Universitäten Erlangen-Nürnberg und Bonn eine wissenschaftliche „Herberge" gegeben – ich habe mich an beiden Orten sehr wohl gefühlt.

Den Herausgeberinnen und Herausgebern danke ich für die Aufnahme meines Buches in die Reihe Studia Linguistica Germanica, Daniel Gietz und Michaela Göbels für die verlegerische Betreuung und Marina Frank für die Unterstützung bei der Erstellung der Druckvorlage.

Mein ganz privater Dank gilt meinen drei /j/s: Julia, Jonas und Yasmin. Das Buch ist für sie.

Marburg, im Dezember 2019
Alexander Werth

Inhalt

Nachruf auf Stefan Sonderegger —— V
Vorwort —— VII
Abbildungsverzeichnis —— XIII
Tabellenverzeichnis —— XV
Abkürzungen —— XIX

1 **Einleitung** —— 1
1.1 Problemaufriss —— 2
1.2 Ziele der Arbeit —— 9
1.3 Gliederung der Arbeit —— 13
1.4 Notation der Belege —— 14

2 **Theoretischer Rahmen** —— 16
2.1 Die grammatikalisierungstheoretische Perspektive —— 16
2.1.1 Grammatikalisierungspfade —— 18
2.1.2 Parameter der Grammatikalisierung —— 19
2.1.3 Layering von Grammemen —— 21
2.1.4 Grammatikalisierung als Kontextausweitung —— 22
2.2 Konstrukte, Konstruktionen und das Konstruktikon —— 24
2.2.1 Grundannahmen —— 24
2.2.2 Operationalisierung der Konstruktionskriterien —— 35

3 **Der Definitartikel im Deutschen** —— 40
3.1 Zur Terminologie —— 40
3.2 Die Formen —— 42
3.3 Die Funktionen —— 47
3.4 Definitartikel versus Demonstrativum —— 54

4 **Zum linguistischen Status von Personennamen** —— 64
4.1 Referenzsemantische Eigenschaften von Personennamen —— 65
4.1.1 Monoreferenz bei Personennamen? —— 66
4.1.2 Personenreferenz im Diskurs —— 69
4.1.3 Personennamen als Akzessibilitätsmarker —— 74
4.1.4 Personennamen als Ausdruck von Höflichkeit —— 82
4.2 Morphosyntaktische Eigenschaften von Personennamen —— 84
4.2.1 Morphologie im Zeichen der Namenkörperschonung —— 85
4.2.2 Semantische Rollenkodierung bei Personennamen —— 89
4.3 Syntaktische Eigenschaften von Personennamen —— 94

5	**Methodisches Vorgehen** —— **102**	
5.1	Erhebungsmethoden —— 103	
5.2	Datenkorpora —— 105	
5.2.1	Hexenverhörprotokolle —— 108	
5.2.2	Auswandererbriefe —— 116	
5.2.3	Zwirner-Korpus —— 119	
5.2.4	REDE-Korpus —— 121	
5.3	Linguistische Klassifikation der Daten —— 124	
5.3.1	Syntaktische Klassifikation —— 125	
5.3.2	Morphologische Klassifikation —— 129	
5.3.3	Semantische Klassifikation —— 132	
5.3.4	Pragmatische Klassifikation —— 137	
5.3.5	Lexikalische Klassifikation —— 140	
5.4	Akzeptabilitätsdaten —— 141	
6	**Der Personennamenartikel in einfachen Nominalphrasen** —— **144**	
6.1	Areale Verteilung des Personennamenartikels —— 144	
6.1.1	Befunde aus Korpusdaten —— 145	
6.1.2	Befunde aus Akzeptabilitätsurteilen —— 154	
6.1.3	Varietätenspezifische Verwendung des Personennamenartikels —— 163	
6.2	Das Verhältnis von Kasusmarkierung, Serialisierung und Belebtheit —— 166	
6.2.1	Methodisches Vorgehen —— 168	
6.2.2	Konstellationstypen —— 169	
6.2.3	Ergebnisse zu den Kodierungsstrategien —— 172	
6.2.4	Personenname versus Appellativum – ein Vergleich mit der LingBas-Datenbank —— 177	
6.2.5	Der Zusammenhang von Artikelgebrauch und syntaktischer Funktion —— 182	
6.2.6	Exkurs: Die Stellung von Personennamen im Satz —— 189	
6.2.7	Einordnung der Ergebnisse —— 194	
6.3	Semantisch motivierter Artikelgebrauch – der Artikel als Sexusmarker —— 200	
6.4	Pragmatische Funktionen der Artikelverwendung —— 206	
6.4.1	Fokussierung und Indexikalitätsmarkierung —— 208	
6.4.2	Fokussierung und Referenzierung bei Linksherausstellung —— 216	
6.4.3	Zwischenfazit —— 220	
6.4.4	Pejoration —— 221	

6.4.5	Artikelgebrauch im rechten Außenfeld: referenzielle Verankerung und Anadeixis —— 227
6.4.6	Kognitive Proximität als gemeinsame semantisch-pragmatische Funktionsweise —— 241
6.4.7	Pragmatischer Artikelgebrauch auch im Schriftdeutschen —— 246
6.4.8	Regionale Spezifika —— 249
6.4.9	Der Artikelgebrauch bei Familiennamen im Plural —— 253
6.5	Der artikellose Gebrauch von Personennamen —— 254
6.5.1	Syntaktisch motivierte Artikellosigkeit: Koordination —— 255
6.5.2	Morphologisch motivierte Artikellosigkeit: Artikelsetzung und Namenflexion bei Objektfunktion —— 258
6.5.3	Morphosyntaktisch motivierte Artikellosigkeit: der Artikel in Präpositionalphrasen —— 265
6.5.4	Pragmatisch motivierte Artikellosigkeit: Vokativ —— 275
6.5.5	Pragmatische Verwendung auch beim Nullartikel? —— 279
6.5.6	Kontrastierung von Personennamenartikel und Nullartikel —— 280
6.6	Akzeptabilitätsurteile —— 283
6.6.1	Ergebnisse der LingBas-Erhebung (Gesamtdeutschland) —— 283
6.6.2	Bellmann (1990) —— 285
6.6.3	Ergebnisse der SyHD-Erhebung (Bundesland Hessen) —— 287
6.6.4	Ergebnisse eines Tests zur Hörerurteilsdialektalität (Bundesland Hessen) —— 292
6.6.5	Zusammenfassung der Bewertungsdaten —— 293
7	**Der Personennamenartikel in erweiterten Nominalphrasen —— 295**
7.1	Zum Aufbau erweiterter Nominalphrasen im Deutschen —— 296
7.2	Der Personennamenartikel in adjektivisch erweiterten Nominalphrasen —— 303
7.3	Der Artikel bei Personennamen in engen Appositionen —— 307
7.3.1	Die enge Apposition mit Personenname —— 308
7.3.2	Forschungsstand zum Artikelgebrauch —— 312
7.3.3	Variation in der Schriftsprache —— 315
7.3.4	Konstanz in den Regionalsprachen —— 325
7.3.5	Syntagma oder Kompositum? – Der Artikel als morphosyntaktischer Klassenmarker —— 332
7.4	Syntaktisch motivierter Artikelgebrauch – Femininmovierung im Niederdeutschen —— 340
7.4.1	Die onymische Femininmovierung im Deutschen —— 340
7.4.2	Suffixdistribution und Artikelgebrauch —— 343

7.4.3	Movierte PersN als Attribute —— **348**	
7.4.4	Von der erweiterten zur einfachen Nominalphrase – ein Reanalyse-Szenario —— **351**	
7.5	Syntaktisch motivierter Artikelgebrauch: PersN als Possessoren innerhalb und außerhalb der Determiniererposition —— **353**	
7.5.1	Zu den Ausdrucksvarianten —— **356**	
7.5.2	Distribution der Ausdrucksvarianten —— **359**	
7.5.3	Funktionsweisen —— **367**	
7.6	Datenvarianzmodell —— **379**	
8	**Artikelgrammatikalisierung – der lange Weg des Definitartikels zum nominalen Klassenmarker —— 383**	
8.1	Der Artikel als Genus- und nominaler Klassenmarker —— **384**	
8.2	Artikelgrammatikalisierung als Ausweitung von Kontextverwendungen —— **387**	
8.3	Zur Emergenz des Definitartikels im Althochdeutschen —— **388**	
8.4	Die Grammatikalisierung des Definitartikels bei Personennamen —— **392**	
8.4.1	Die diachrone Perspektive —— **394**	
8.4.2	Die areale Perspektive —— **400**	
8.4.3	Sprachenübergreifende Evidenz: Der onymische Artikel in anderen Sprachen —— **406**	
8.4.4	Genese und Entwicklung des Personennamenartikels im Deutschen —— **409**	
9	**Resümee —— 418**	

Literaturverzeichnis —— 429

Abbildungsverzeichnis

Abb. 1: Grammatikalisierungsszenario für Kontextausweitungen nach Heine (2002: 86) —— 21
Abb. 2: Symbolische Struktur einer Konstruktion in der Radical Construction Grammar (nach Croft 2001: 18) —— 27
Abb. 3: Konstruktionsschema der Perfektkonstruktionen im Deutschen aus Gillmann (2016: 10) —— 29
Abb. 4: Teilkonstruktikon angefertigter Objekte im Englischen aus Traugott & Trousdale (2013: 10) —— 31
Abb. 5: Mehr-Ebenen-Modell für Konstruktionen unterschiedlicher Schematizität nach Traugott & Trousdale (2013: 17) —— 33
Abb. 6: Semiotische Bezeichnungsmodelle für a) Appellativa und b) Namen aus Nübling, Fahlbusch & Heuser (2015: 32), basierend auf Debus (1980) —— 66
Abb. 7: Akzessibilitätsskala nach Ariel (1990: 73; vereinfacht) —— 79
Abb. 8: Akzessibilitätsskala für Typen von Personennamen im Deutschen —— 79
Abb. 9: Textuelle Distanz zwischen Antezedens und Anapher im Verhältnis zum Akzessibilitätsgrad der Anapher (nach Ariel 1988: 71 für englische Erzähltexte) —— 81
Abb. 10: Belebtheitsskala nach ReffMech —— 135
Abb. 11: Vereinfachte Belebtheitsskala —— 136
Abb. 12: Akzessibilitätsskala nach ReffMech (basierend auf Ariel 1988, 1990) —— 137
Abb. 13: Klassifikationen referenzieller Sprechakte mit Personennamen —— 139
Abb. 14: Bewertungsfrage zur Artikelverwendung bei Rufnamen in SyHD —— 143
Abb. 15: Relative Häufigkeiten (in %) für den PersN-Artikel nach Sprachraum und Teilkorpus —— 147
Abb. 16: Areale Verteilungen für den PersN-Artikel im bundesdeutschen Sprachraum —— 150
Abb. 17: Akzeptanz für den Rufnamenartikel nach den Daten der LingBas-Erhebung —— 155
Abb. 18: Akzeptanz für den Rufnamenartikel aus Bellmann (1990: 274) —— 157
Abb. 19: Akzeptanz für den Rufnamenartikel aus Eichhoff (2003: 4-76) —— 159
Abb. 20: Akzeptanz für den Personennamenartikel aus Elspaß & Möller (2003ff.: Karten 9-2a–2d) —— 160
Abb. 21: Akzeptanz für den Rufnamenartikel nach den Daten der SyHD-Erhebung —— 161
Abb. 22: Eigene Antworten für den Rufnamenartikel nach den Daten der SyHD-Erhebung —— 163
Abb. 23: Relative Häufigkeiten (in %) für den PersN-Artikel nach Teilkorpus und syntaktischer Funktion —— 184
Abb. 24: Präferenz für die Besetzung des rechten Außenfeldes —— 239
Abb. 25: Teilkonstruktikon des PersN-Artikels im norddeutschen Sprachraum —— 245
Abb. 26: Absolute Häufigkeiten morphologischer Kodierungsstrategien bzgl. Serialisierung der Komplemente in den HexenV —— 260
Abb. 27: Absolute Häufigkeiten flektierter PersN in Objektfunktion nach syntaktischer Position im Syntagma und nach Namentyp in den HexenV —— 262
Abb. 28: Relative Häufigkeiten (in %) für den PersN-Artikel in Präpositionalphrasen (links) und in sonstigen Phrasen (rechts) nach Teilkorpus und Sprachraum —— 272

https://doi.org/10.1515/9783110676440-205

Abb. 29: Teilkonstruktikon des PersN-Artikels im Ober- bzw. Westmitteldeutschen (oben) und im Norddeutschen (unten) —— **282**
Abb. 30: Ergebnisse für den Definitartikel bei RufN in intransitiven Sätzen (E2_19 links, E2_25 rechts) —— **290**
Abb. 31: Ergebnisse für den Definitartikel bei RufN in transitiven Sätzen (E3_03 links, E3_12 rechts —— **291**
Abb. 32: Hörerurteilsdialektalität für den PersN-Artikel bei differierendem Genus —— **292**
Abb. 33: Diachrone Entwicklung für den PersN-Artikel (Werte in %) bei engen Appositionen —— **326**
Abb. 34: Absolute Häufigkeiten für movierte Formen nach Basistyp und Sprachraum —— **343**
Abb. 35: Areale Verteilung onymischer (links) und funktionaler (rechts) Movierungsallomorphe in den Hexenverhörprotokollen aus Werth (2015: 65) —— **345**
Abb. 36: Relative Anteile (in %) für den Definitartikel bei movierten Namen nach Basistyp und Sprachraum —— **346**
Abb. 37: Absolute Anteile für Artikel bei onymischer Movierung nach Movierungssuffix —— **346**
Abb. 38: Absolute Anteile für die Bildung onymischer Formen nach Movierungssuffix —— **350**
Abb. 39: Morphologische Entwicklung der onymischen und funktionalen Movierung im norddeutschen Sprachraum aus Werth (2015: 71) —— **352**
Abb. 40: Areale Verteilung der Ausdrucksvarianten adnominaler Possessivität bei PersN (aus Eichhoff 2000: 4-77) —— **356**
Abb. 41: Relative Häufigkeiten (in %) der Ausdrucksvarianten adnominaler Possessivität nach Teilkorpus —— **360**
Abb. 42: Relative Anteile (in %) der Ausdrucksvarianten adnominaler Possessivität nach Sprachraum in Zwirner und REDE —— **361**
Abb. 43: Relative Anteile (in %) pränominaler Personennamenattribute —— **363**
Abb. 44: Die Grammatikalisierung des Demonstrativums (nach Greenberg 1978: 61) —— **384**
Abb. 45: Die Implikationsskala des Definitartikels nach Lyons (1999: 337) —— **393**
Abb. 46: Diachronie des Definitartikels bei Personennamen im Deutschen (regionenunabhängig) —— **399**
Abb. 47: Die Entwicklung des Definitartikels bei Personennamen nach Dialektregion —— **405**
Abb. 48: Intervarietäre Bewertungsstrukturen für die Verwendung des Personennamenartikels in verschiedenen Kontexten —— **417**

Tabellenverzeichnis

Tab. 1:	Parameter der Grammatikalisierung nach Lehmann (2015: 132, 174) —— 19
Tab. 2:	Paradigma des Definitartikels im Schriftdeutschen —— 43
Tab. 3:	Paradigma des Definitartikels im Berndeutschen (nach Nübling 1992: 201; vereinfachte Darstellung) —— 45
Tab. 4:	Paradigma des Definitartikels im Niederdeutschen (nach Lindow et al. 1998: 151; lautlich angepasst) —— 46
Tab. 5:	Paradigma des Definitartikels im Dialekt von Stuttgart (nach Frey 1975: 154) —— 46
Tab. 6:	Merkmalszuordnung für Artikelwörter bei Nomen im Singular —— 47
Tab. 7:	Definitorische Gebrauchskontexte für Demonstrativa und Definitartikel (nach Szczepaniak 2011: 73, aufbauend auf Himmelmann 1997: 191) —— 56
Tab. 8:	Das Paradigma der „Definitartikel" in Köln (nach Himmelmann 1997: 54) —— 61
Tab. 9:	Metadaten der ausgewerteten Korpora —— 106
Tab. 10:	Entsprechungen „semantische Rolle" – „syntaktische Funktion" – „Kasus" – „Belebtheit" im typischen transitiven Satz aus Alber & Rabanus (2011: 33, modifiziert) —— 127
Tab. 11:	Relative und absolute Häufigkeiten für den PersN-Artikel nach Sprachraum und Teilkorpus —— 146
Tab. 12:	Relative und absolute Häufigkeiten für den Personennamenartikel nach Sprachraum und Varietät basierend auf den Klassifikationen in Kehrein (2012) —— 164
Tab. 13:	Absolute und relative Häufigkeiten für den Personennamenartikel nach Sprachraum und Varietät basierend auf den Daten aus Zwirner und REDE —— 165
Tab. 14:	Abgefragte Kategorien für die Identifikation semantischer Rollen und ihre Etikettierungen —— 169
Tab. 15:	Relative und absolute Häufigkeiten der realisierten Kodierungsstrategien für Personennamen nach Sprachraum in Zwirner und REDE —— 173
Tab. 16:	Relative und absolute Anteile der Kodierungsstrategien für Personennamen nach Sprachraum in Zwirner und REDE —— 175
Tab. 17:	Abgefragte Kategorien für die Zuordnung semantischer Rollen und ihre Etikettierungen —— 177
Tab. 18:	Häufigkeiten der realisierten Kodierungsstrategien für Personenname und Appellativum/Pronomen —— 178
Tab. 19:	Häufigkeiten der realisierten Kodierungsstrategien für Personenname und Appellativum/Pronomen nach Sprachraum —— 179
Tab. 20:	Häufigkeiten der realisierten Kodierungsstrategien für Personenname und Appellativum/Pronomen nach Sprachraum —— 180
Tab. 21:	Relative und absolute Häufigkeiten für den PersN-Artikel nach Teilkorpus und syntaktischer Funktion —— 183
Tab. 22:	Relative und absolute Häufigkeiten für den PersN-Artikel nach syntaktischer Funktion und Sprachraum in den HexenV —— 186
Tab. 23:	Relative und absolute Häufigkeiten für den PersN-Artikel nach syntaktischer Funktion und Sprachraum in den AuswB —— 187
Tab. 24:	Relative und absolute Häufigkeiten für den PersN-Artikel nach syntaktischer Funktion und Sprachraum im Zwirner-Korpus —— 187

https://doi.org/10.1515/9783110676440-206

Tab. 25:	Relative und absolute Häufigkeiten für den PersN-Artikel nach syntaktischer Funktion und Sprachraum in REDE —— 187
Tab. 26:	Relative und absolute Häufigkeiten für die Stellungseigenschaften von PersN in transitiven Sätzen nach Argumentabfolge und syntaktischer Funktion des PersN in den Teilkorpora Zwirner und REDE —— 192
Tab. 27:	Relative und absolute Häufigkeiten für die Stellungseigenschaften von PersN in transitiven Sätzen in den HexenV —— 193
Tab. 28:	Relative und absolute Häufigkeiten für die Stellungseigenschaften von PersN in transitiven Sätzen in den AuswB —— 194
Tab. 29:	Häufigkeiten der Abfolgepräferenzen pro Ort und Varietät nach den Daten in Berg (2013: 252, Werte auf ganze Zahlen gerundet) —— 199
Tab. 30:	Relative und absolute Häufigkeiten für den PersN-Artikel nach Namentyp und Geschlecht des Referenten in Zwirner und REDE —— 201
Tab. 31:	Relative und absolute Häufigkeiten für den PersN-Artikel nach Namentyp und Geschlecht des Referenten in Hexenverhören —— 204
Tab. 32:	Relative und absolute Häufigkeiten für den PersN-Artikel nach Herausstellungstyp und Sprachraum in Zwirner und REDE —— 233
Tab. 33:	Relative und absolute Häufigkeiten für den Definitartikel bei Familiennamen im Plural nach Dialektraum in Zwirner und REDE —— 253
Tab. 34:	Relative und absolute Häufigkeiten morphologischer Kodierungsstrategien in den HexenV nach Sprachraum —— 259
Tab. 35:	Relative und absolute Häufigkeiten für den PersN-Artikel in Präpositionalphrasen im Vergleich zu den Häufigkeiten für den PersN-Artikel in sonstigen Phrasen —— 269
Tab. 36:	Relative und absolute Häufigkeiten für den PersN-Artikel nach Valenzstatus der Präpositionalphrase in REDE —— 270
Tab. 37:	Relative und absolute Häufigkeiten für den PersN-Artikel in Präpositionalphrasen nach Kasus und Sprachraum —— 271
Tab. 38:	Akzeptanzwerte für den PersN-Artikel nach Testsatz und Sprachraum. Die Klammern markieren variable Bestandteile —— 284
Tab. 39:	Kategorisierte Akzeptabilitätsurteile für den RufN-Artikel pro Bedingung und Sprachraum nach den Daten in Bellmann (1990: 274) —— 286
Tab. 40:	Relative und absolute Häufigkeiten für den PersN-Artikel bei adjektivischer Erweiterung und für die Voranstellung des Adjektivs in erweiterten PersN-NPs —— 304
Tab. 41:	Häufigkeiten für den PersN-Artikel in engen Appositionen im Schriftdeutschen —— 318
Tab. 42:	Relative und absolute Häufigkeiten für den PersN-Artikel bei engen Appositionen nach Sprachraum und Teilkorpus —— 326
Tab. 43:	Relative und absolute Häufigkeiten für den PersN-Artikel bei engen Appositionen nach lexikalischer Kategorie und Sprachraum in Zwirner und REDE —— 327
Tab. 44:	Relative und absolute Häufigkeiten der Ausdrucksvarianten adnominaler Possessivität nach Teilkorpus —— 359
Tab. 45:	Relative und absolute Häufigkeiten der Ausdrucksvarianten adnominaler Possessivität nach Sprachraum in den Hexenverhören —— 362
Tab. 46:	Relative und absolute Häufigkeiten der Ausdrucksvarianten adnominaler Possessivität nach Sprachraum in den Auswandererbriefen —— 362

Tab. 47: Häufigkeiten für den Definitartikel bei PersN nach Ausdrucksvariante adnominaler Possessivität und Sprachraum in Zwirner und REDE —— 364
Tab. 48: Häufigkeiten für den Definitartikel bei PersN nach Ausdrucksvariante adnominaler Possessivität und Sprachraum in den Hexenverhören —— 364
Tab. 49: Häufigkeiten für den Definitartikel bei PersN nach Ausdrucksvariante adnominaler Possessivität und Sprachraum in den Auswandererbriefen —— 364
Tab. 50: Regressionskoeffizienten, Signifikanzniveaus und Effektkoeffizienten der abhängigen Variable „PersN-Artikel" für die REDE-Daten —— 380
Tab. 51: c-Werte, Regressionskoeffizienten, Signifikanzniveaus und Effektkoeffizienten der abhängigen Variable „PersN-Artikel" für ausgewählte Faktoren in den REDE-Daten nach Sprachraum —— 382

Abkürzungen

Abb.	Abbildung
AdA	„Atlas zur deutschen Alltagssprache"
AGR	Agreement
ahd.	althochdeutsch
Akk.	Akkusativ
APP	Appellativum
Art.	Artikel
AuswB	Auswandererbriefe
BeiN	Beinamen
bes.	besonders
Bsp.	Beispiel
bspw.	beispielsweise
bzgl.	bezüglich
bzw.	beziehungsweise
C	Complementizer
ca.	circa
D/Det.	Determinierer, Determinativ
Dat	Dativ
def.	Definit
DeReKo	„Deutsches Referenzkorpus"
DFG	Deutsche Forschungsgemeinschaft
DGD	„Datenbank für Gesprochenes Deutsch"
d. h.	das heißt
DO	direktes Objekt
DP	Determinierer-Phrase
eA	enge Appositionen
ebd.	ebenda
EigenN	Eigennamen
et al.	et alii/et aliae
et seq.	et sequens
etc.	et cetera
evtl.	eventuell
FamN	Familiennamen
Fem	Femininum
FK	funktionale Kategorien
Flex.	Flexion
FrauenN	Frauenname

FWB	„Frühneuhochdeutsches Wörterbuch"
GAT 2	gesprächsanalytisches Transkriptionssystem
Gen	Genitiv
gesamtd.	gesamtdeutsch
GesamtN	Gesamtnamen
ggf.	gegebenenfalls
HausN	Hausnamen
hd.	hochdeutsch
HexenV	Hexenverhörprotokolle
I	Inflection
IDS	„Institut für Deutsche Sprache"
i. e.	id est
inkl.	Inklusive
IO	indirektes Objekt
IP	Intonationsphrase
IPDS	„Institut für Phonetik und digitale Sprachverarbeitung"
Jh.	Jahrhundert
Kap.	Kapitel
KoseN	Kosenamen
Kxn	Konstruktionen
LingBas	„Fundierung linguistischer Basiskategorien"
LK	lexikalische Kategorien
LOEWE	„Landes-Offensive zur Entwicklung Wissenschaftlich-ökonomischer Exzellenz in Hessen"
m. E.	meines Erachtens
m. W.	meines Wissens
Mask	Maskulinum
md.	mitteldeutsch
mhd.	mittelhochdeutsch
mnd.	mittelniederdeutsch
MndHwb	„Mittelniederdeutsches Handwörterbuch"
N	Nomen
nd.	niederdeutsch
Neut	Neutrum
Nom.	Nominativ
nordd.	norddeutsch
nördl.	nördlich
nordnd.	nordniederdeutsch
nordobd.	nordoberdeutsch

nordwestd.	nordwestdeutsch
NP	Nominalphrase
o. ä.	oder ähnliches
obd.	oberdeutsch
Obj.	Objekt
omd.	ostmitteldeutsch
ostnd.	ostniederdeutsch
ostobd.	ostoberdeutsch
P-Agens	Proto-Agens
PD	Possessiver Dativ
PersN	Personennamen
Pl	Plural
Poss.	Possessiv
PP	Präpositionalphrase
P-Patiens	Proto-Patiens
R	Referentialität
REDE	„regionalsprache.de"
resp.	respektive
RufN	Rufname
s.	siehe
SADS	„Syntaktischer Atlas der deutschen Schweiz"
SAND	„Syntactische Atlas van de Nederlandse Dialecten"
schweizerd.	schweizerdeutsch
SEM	funktionale Eigenschaften
sog.	sogenannt
SpecDP	Spezifikatorposition von DP
SpitzN	Spitznamen
SpottN	Spottnamen
standardd.	standarddeutsch
Subj.	Subjekt
SyHD	„Syntax hessischer Dialekte"
SYN	formale Eigenschaften
Tab.	Tabelle
u. a.	unter anderem
ÜberN	Übernamen
ugs.	umgangssprachlich
v. a.	vor allem
vgl.	vergleiche
vs.	versus

WDU	„Wortatlas der deutschen Umgangssprachen"
weibl.	weiblich
westnd.	westniederdeutsch
westobd.	westoberdeutsch
wmd.	westmitteldeutsch
z. B.	zum Beispiel
ZW	Zwirner
Zwirner	Zwirner-Korpus

1 Einleitung

Im Deutschen gibt es eine ganze Reihe sprachlicher Phänomene, die eine Redundanz dahingehend aufweisen, dass scheinbar gleiche grammatische Funktionen formal mehrfach kodiert werden. Dies ist z. B. beim sog. Doppelperfekt (*gesehen gehabt*), bei mehrfacher Negation (*das macht kein Mensch nicht*), bei Koordination mit *beide* (*beide Peter und Stefan haben kein Auto*), bei periphrastischen Possessivkonstruktionen (*des Mannes sein Pferd*) und beim Definitartikel am (inhärent definiten) Personennamen (*der Peter, die Merkel*) der Fall. Das zuletzt genannte Phänomen ist Untersuchungsgegenstand dieser Arbeit. Mittels qualitativer und quantitativer Datenanalyse soll empirisch geklärt werden, in welchen Verwendungskontexten der Definitartikel am Personennamen (kurz: PersN-Artikel) in den historischen und rezenten Varietäten des Deutschen wie häufig auftritt und welche Funktionen er dabei erfüllt.

Wesentlich für die Darstellung der Zusammenhänge sind dabei die Begriffsapparate der Grammatikalisierungstheorie und Konstruktionsgrammatik. Die zentrale Aussage der Arbeit ist, dass Verbindungen aus Definitartikel und Personenname varietätenabhängig unterschiedliche sprachliche Funktionen zum Ausdruck bringen. Diese lassen sich grammatikalisierungstheoretisch auf einem breiten Spektrum zwischen semantisch-pragmatischen und syntaktisch-klassenmarkierenden Funktionen einordnen. Unter konstruktionsgrammatischen Gesichtspunkten haben Verbindungen aus Definitartikel und Personenname zudem mitunter Zeichencharakter, resp. die Eigenschaften von Konstruktionen. Diachron zeigen sich die Funktionsunterschiede in einer zunehmenden Generalisierung und Entpragmatisierung der Artikelverwendung, die sehr gut zu der passt, die allgemein für die Grammatikalisierung des Definitartikels im Deutschen angenommen wird. Diatopisch haben wir es hingegen aus der Perspektive des Sprachgebrauchs mit einem strikten Gegensatz von pragmatischer und syntaktischer Artikelverwendung zu tun, der in den Bewertungen der Sprachteilnehmer allerdings nicht konsequent aufrechterhalten wird.[1]

Ein Problemaufriss (Kap. 1.1) soll im Weiteren zunächst zum Thema hinführen und die Relevanz des Phänomens für die Linguistik aufzeigen. Es folgen Abschnitte zu den Forschungszielen (Kap. 1.2), zur Gliederung der Arbeit (Kap. 1.3) und zur Notation der objektsprachlichen Belege (Kap. 1.4).

---

1 „Sprachteilnehmer", „Sprecher", „Referent" usw. werden hier wie im Folgenden als kommunikative Rollen verstanden und nicht als konkrete Personen. Daher verwende ich keine Gendermarkierungen.

1.1 Problemaufriss

Die normativen Grammatiken des Deutschen weisen übereinstimmend eine grammatische Regel aus, der zufolge der PersN-Artikel nicht oder nur in sehr spezifischen syntaktischen und pragmatischen Kontexten gebraucht werden kann (z. B. IDS-Grammatik 1997: 1931–1932; Helbig & Buscha 2001: 344–345; Engel 2004: 318; Weinrich 2005: 423–426; Duden-Grammatik 2016: 299–302).[2] Als Begründung für diese Regel wird die inhärente semantische Definitheit von Namen genannt, die – anders als bei Appellativa (APP) – eine Definitheitsmarkierung durch den Artikel redundant und damit obsolet macht, vgl. (1).

(1)   a. **Peter** steht vor der Tür.
     b. **Der/Ein/Kein/Mein Hund** steht vor der Tür.
     c. *****Hund** steht vor der Tür.

So kann in (1a) *Peter* auch ohne den Gebrauch eines Artikelwortes eine eindeutige (gelungene) Referenz erbringen, während selbiges bei *Hund* in (1b) und (1c) nicht der Fall ist.[3] Das APP muss hier (zumindest im Singular) obligatorisch durch ein Artikelwort (durch einen Determinierer) als Definitheitsmarker eingeleitet werden, andernfalls ist der Satz als ungrammatisch zu werten. Die angeführten semantisch-determinativen Gebrauchsbeschränkungen scheinen allerdings nicht für eine Vielzahl sonstiger Klassen von EigenN zu gelten, die im Deutschen obligatorisch von einem Definitartikel begleitet werden, auch wenn sich der Definitheitsstatus dieser Namen augenscheinlich nicht von denen der PersN unterscheidet.[4] Nübling, Fahlbusch & Heuser (2015: 80–81) reklamieren dies z. B. für Gewässernamen (*der Rhein, der Pazifik*), Straßennamen (*die Hegelstraße, die Schwanallee*), Gebirgsnamen (*der Harz, die Alpen*), Produkt- bzw.

---

2 Im Folgenden werden häufig verwendete Komposita mit dem Zweitglied *-name* abgekürzt: „Eigenname" = EigenN, „Personenname" = PersN, „Rufname" = RufN usw.
3 Unter „gelungener" Referenz kann dabei mit Lyons (1977: 177) Folgendes verstanden werden: „If the reference is successful, the referring expression will correctly identify for the hearer the individual in question: the referent". Terminologisch ist dabei z. B. nach Grucza (1995) wie folgt zu differenzieren: *Referieren* meint einen vom Sprecher vollzogenen Akt des sprachlichen Zeigens, *Referenz* die Relation, die durch den Akt des Referierens zwischen einem sprachlichen Ausdruck und einer außersprachlichen Entität etabliert wird. *Sprachliche Referenzmittel* sind die sprachlichen Ausdrücke, die ein Sprecher zum Referieren nutzt; ein *Referent* ist das, worauf ein Sprecher referiert.
4 In der Duden-Grammatik (2016: 299) wird in diesem Zusammenhang von einem „primären Artikelgebrauch" bei EigenN geschrieben, der sich von einer „primären Artikellosigkeit", z. B. bei PersN, unterscheidet.

Markennamen (*die ZEIT, der Wendler*) und manche Landschafts- und Ländernamen (*die Wetterau, die Schweiz*).[5] Für die regionalen Varietäten des Deutschen gilt zudem, dass dort PersN mitunter sehr häufig von einem Definitartikel begleitet werden, wie die folgenden Belege aus den Korpora „Regionalsprache.de" (REDE) und „Zwirner" (ZW) illustrieren:[6]

(2) a. **de niklas** ha ich gestern obend noch mal ageschwätzt. (REDE, RA4, Alemannisch)
   b. **der jörg** ist auch rettungssanitäter. (REDE, BOR2, Westfälisch)
   c. **de grintz ludgen** is in urlaub. (REDE, TRSWalt2, Moselfränkisch)
   d. wie **der martin luther** emol gsagt hat – de lait aufs maul gschaut. (Zwirner, ZW899, Bairisch)
   e. derweil sitzt da e seene brut beieinander rum – **der strauß kitl**, **der justel veri** und **der woiß** hinten. (Zwirner, ZWL03, Bairisch)
   f. und **die frau martha gehrke**, die stand gleich auf. (Zwirner, ZWA25, Mecklenburgisch)

Erste flächendeckende Kompetenzerhebungen zum Gebrauch des Definitartikels bei RufN wurden von Bellmann (1990: 274), Eichhoff (2000: Karte 76) und Elspaß & Möller (2003ff.) vorgelegt. Ihre Daten weisen für das bundesdeutsche Sprachgebiet eine regional bedingte Variation in der Artikelverwendung aus. Demnach akzeptieren Sprecher aus oberdeutschen (obd.) und mitteldeutschen (md.) Varietäten in Befragungen den RufN-Artikel deutlich häufiger als Sprecher aus dem niederdeutschen (nd.) Raum. Zugleich weisen Befunde zur Spracheinstellung in Bellmann (1990: 277–281) aus, dass seine Informanten aus dem nd. Raum den Gebrauch konsequent ablehnen und ihn vielmehr als distanzlos oder gar respektlos gegenüber dem Referenten empfinden. Umgekehrt werten die obd. Informanten dessen Nichtverwendung als Ausdruck sprecherseitiger Distanziertheit und Überheblichkeit, wodurch das Phänomen insgesamt eine starke sozio-pragmatische Relevanz erhält. Die Befunde in Bellmann deuten zudem auf eine funktionale (hier: pragmatische) Belastung des Definitartikels bei RufN hin, indem sein Gebrauch „in einem großen Areal von kontextuellen und situativen Faktoren gesteuert" ist bzw. in „Arealen mit nichtobliga-

---

[5] Siehe zur Artikelverwendung bzw. -nichtverwendung bei EigenN auch die Aufstellungen in Knobloch (1992: 457), IDS-Grammatik (1997: 1931–1932) und Neef (2006: 282).
[6] Siehe zu den Transkriptionskonventionen in dieser Arbeit Kap. 1.4 und zu den Datenkorpora Kap. 5.2.

torischem Vornamenartikel [...] zur spontanen expressiven und auffällig konnotierten Verwendung zur Verfügung [steht, A. W.]" (Bellmann 1990: 271, 273). Insbesondere für den nd. Raum lässt sich bei den Informanten dabei eine auffällige Diskrepanz zwischen der Verwendung des PersN-Artikels und seiner fehlenden Akzeptanz feststellen, was die Frage nach geeigneten Methoden zur Untersuchung des Phänomens aufwirft.

Ein Blick in ältere Forschungsarbeiten verrät zudem, dass es sich bei der Verwendung des PersN-Artikels um kein junges grammatisches Phänomen handelt. So finden sich in Baermann (1776: 145) und Cunradi (1808: 134) bereits für das 18. und beginnende 19. Jh. Hinweise auf eine regionale Variation in den Gebrauchshäufigkeiten. Der PersN-Artikel tritt außerdem in mittelhochdeutscher bzw. mittelniederdeutscher Zeit auf, was seine häufige Nichtverwendung im heutigen Schriftdeutschen als rätselhaft erscheinen lässt, vgl. (3).

(3) a. Unde dat was **de Henneke Wulff**. (Geschichte des Henning Wulff, Mnd. zirka 1600)
  b. [...] alse Clawes Moller unde Hynryck Junge **dem Danyel Lubbeken** carspelvaget des vagedes bock averandtwerdeth. (Geschichte des Henning Wulf, Mnd. zirka 1600)
  c. diz was **den Daniel** slâfinde gesach / in einem troume dâ er lach. (Alexanderlied 475, Mhd. zirka 1150)
  d. Von demi gezûgi des stiphtis / Worti **diu Semîramis** / Die burchmura viereggehtich. (Annolied X, 15, Mhd. 11. Jh.)

Ebenfalls rätselhaft ist der Abbau der Namenflexion im Dativ und Akkusativ, welcher von mehreren Autoren in einen direkten Zusammenhang gebracht worden ist mit dem Aufkommen des PersN-Artikels und welcher historisch auf eine komplementäre Verteilung von Definitartikel und Namenflexion zurückzuführen ist, wie sie heute im Schriftdeutschen noch bei der Genitivflexion zu beobachten ist, vgl. (4).[7]

(4) a. **Peters** Hund geht gerne spazieren.
  b. Der Hund **des Peter** geht gerne spazieren.
  c. *Des Peters** Hund geht gerne spazieren.

---

[7] Die Poststellung von Genitivattributen wie in (4b) gilt gemeinhin als veraltet, wenn auch nicht als ungrammatisch.

Syntaktische Funktionen erfüllen Artikelwörter im Deutschen allgemein als eröffnendes Klammerelement der Nominalphrase (NP) sowie als Anzeiger der morphologischen Kategorien Numerus, Kasus, Genus und Person. Vor allem die Funktion des Artikels als Träger morphologischen Kasus wurde und wird in der Literatur häufig als Motiv für die Verwendung des PersN-Artikels herangezogen (Adelung 1781: 94; Bauer 1828: 260; Paul 1919: 182; Wunderlich & Reis 1925: 309–310, 314; Bach 1952: 54; Seibicke 2008: 61; Nübling, Fahlbusch & Heuser 2015: 127). Demnach hätte nach dem Wegfall der Namenflexion (spätestens seit dem 18. Jh.; vgl. Nübling 2012: 225–229; Ackermann 2018a) der Definitartikel die Kasusmarkierung in den Objektkasus und zusätzlich die im Nominativ übernommen und damit die Identifizierung der syntaktischen Funktionen „Subjekt" und „Objekt" gesichert, vgl. hierzu die Kontrastbeispiele in (5).

(5) a. [**Der Peter**]$_{NOM}$ sieht [**den Otto**]$_{AKK}$.
 b. [**Peter**]$_{NOM/AKK}$ sieht [**Otto**]$_{NOM/AKK}$.
 c. [**Peter**]$_{NOM/AKK}$ sieht [**Otten**]$_{AKK}$.

Fraglich und im Weiteren zu klären ist allerdings, inwiefern in der gesprochenen Sprache der PersN-Artikel in dieser Funktion tatsächlich derart stark belastet ist, wie es die konstruierten Beispiele vermuten lassen. So kann die Identifikation von Subjekt und Objekt, resp. die Identifikation der mit den syntaktischen Funktionen assoziierten semantischen Rollen Agens und Patiens, prinzipiell auch über a) die Abfolge der (pro-)nominalen Argumente im Satz (Präferenz für Subjekt-vor-Objekt-Abfolgen) wie in (6a), b) die Kongruenzmorphologie am Verb (Numeruskongruenz des Verbs mit dem Subjekt wie in (6b), c) präpositionalen Kasus wie in (6c) sowie d) die zugrunde liegenden Belebtheitseigenschaften der lexikalischen Entitäten (Präferenz für belebte Subjekte wie in (6d)) erschlossen werden, ohne dass eine Verwendung des PersN-Artikels notwendig wäre.[8]

(6) a. [**Peter**]$_{SUBJ}$ sieht [**Maria**]$_{OBJ}$.
 b. [Den Hund]$_{OBJ}$ sehen [**Peter** und **Maria**]$_{SUBJ}$.
 c. [Zu **Maria**]$_{OBJ}$ geht [**Peter**]$_{SUBJ}$.
 d. [Die Kiste]$_{OBJ}$ sieht [**Maria**]$_{SUBJ}$.

---

8 Grundsätzlich ist im Deutschen (und seinen Varietäten) von einer hohen Korrespondenz der syntaktischen Funktionen „Subjekt" und „Objekt" und den mit ihnen assoziierten semantischen Rollen „Agens" und „Patiens" auszugehen (s. Kap. 5.3.1). Sofern im Folgenden also von der Zuordnung syntaktischer Funktionen die Rede ist, ist damit auch immer die Identifikation der korrespondierenden semantischen Rollen mit gemeint.

Zudem ist zumindest für die regionalen Varietäten des Deutschen mit weit reichenden Kasussynkretismen zwischen Nominativ und Dativ bzw. Akkusativ zu rechnen, sodass die Verwendung des Artikels alleine noch keine Aussagen darüber zulässt, in welchem Maße er tatsächlich auch zur Desambiguierung syntaktischer Funktionen im Satz beiträgt, vgl. den Korpusbeleg in (7).

(7) dann hot [**de hermann**]_NOM/AKK_ [**de peter schmigel**]_NOM/AKK_ ogerufe. (REDE, GIGR1, Hessisch)

Zu beachten ist außerdem, dass der PersN-Artikel im Schriftdeutschen, wie auch in den gesprochenen Varietäten des Deutschen, obligatorisch verwendet wird, wenn der PersN attributiv erweitert ist:[9]

(8) a. **Die kleine Maria** wohnt nicht mehr hier.
 b. **Die Maria**, die ich letztes Jahr eingeladen habe, wohnt nicht mehr hier.
 c. **Die Anna unserer Nachbarn** kommt heute Abend zu Besuch.
 (Beispiele aus Gallmann 1997: 75)

Das Gleiche gilt auch dann, wenn die Kasusformen defizitär sind und wie in (8) einen Synkretismus zwischen Nominativ und Akkusativ aufweisen.[10] Dies zeigt, dass für das Deutsche die Kasusmarkierung alleine die Verwendung des PersN-Artikels nicht erklären kann.

Den Ausführungen in Golato (2013) ist zudem zu entnehmen, dass der PersN-Artikel zumindest im gesprochenen Deutschen fakultativ verwendet werden kann, um dem Gesprächspartner Hinweise darüber zu geben, wie der Fortlauf des eigenen Redebeitrags strukturiert sein wird und welche Art von Wissensrepräsentation der Adressat abrufen muss, um einen Referenten identifizieren zu können. Der PersN-Artikel wird dabei grundsätzlich als eine dem Hörer vermittelte Rekodierungsanleitung zur Bewältigung eines bestimmten Problems in der Referenz betrachtet. Betz (2015: 166) spezifiziert dahingehend, dass der PersN-Artikel einerseits dazu dienen kann, die epistemische Haltung eines Sprechers auszudrücken und der Sprecher andererseits die Möglichkeit hat, eine längere Erzählpassage anzukündigen, in dem der durch den PersN

---

9 Im gesprochenen Deutschen wäre (8b) in der Lesart mit eingeschobenem Relativsatz obligatorisch betont und womöglich, d. h. in Abhängigkeit von den Klassifikatoren, als Demonstrativum zu klassifizieren.
10 Der Definitartikel weist im Schriftdeutschen bei Nomen mit femininem (und neutralem) Genus allgemein einen Synkretismus von Nominativ und Akkusativ auf.

gekennzeichnete Referent eine wichtige Rolle spielt. Diese Befunde deuten darauf hin, dass der PersN-Artikel im Deutschen mehr leistet, als morphosyntaktische Funktionen für den Aufbau der NP und für die Struktur des Satzes zu übernehmen. So sind für die Funktionszuschreibungen vielmehr die diskursiven und interaktionalen Zusammenhänge zu betrachten, in denen der PersN-Artikel verwendet wird.

Neben den zuvor diskutierten referenzsemantischen, morphosyntaktischen und diskurspragmatischen Eigenheiten gibt es mindestens noch einen vierten Wettstreiter um die Wohlgeformtheit referenzieller Ausdrücke für Personen: Höflichkeit. Höflichkeit als Teilaspekt sozialer Normierung meint die Summe an Verhaltensweisen, die den Respekt vor dem Gegenüber zum Ausdruck bringen sollen (vgl. z. B. Brown & Levinson 1987). In Bezug auf die Personenreferenz ist dieser Aspekt pragmatischer Wohlgeformtheit nicht hoch genug einzuschätzen, weisen doch zahlreiche Studien zur Namensgebung und Namenverwendung (insbesondere die zur Spitznamensgebung) wie auch zur Verwendung deiktischer Pronomen bei nicht anwesenden Personen darauf hin, dass sprachliche Mittel, die der Personenreferenz dienen, von Sprachteilnehmern häufig emotionaler bewertet werden als andere sprachliche Mittel. So konnte etwa in Bellmann (1990) gezeigt werden, dass bestimmte deiktische Mittel, wie auch die Verwendung des PersN-Artikels, im Deutschen regionalspezifisch bei der Fremdreferenz als bspw. „herablassend" und bei der Selbstreferenz als „anmaßend" (Bellmann 1990: 278) empfunden und dabei mitunter explizit korrigiert und damit sanktioniert werden (z. B. in Form von Korrekturformeln des Typs *dér ist Wagenschmiere*).[11] Sollte der Artikel aber mitunter – wie oben ausgeführt – als Kasusträger zur Kodierung syntaktischer Funktionen im Satz beitragen, läge an dieser Stelle ein Konflikt zwischen Morphosyntax und Pragmatik vor, und zwar in der Form, dass der PersN-Artikel morphosyntaktisch genutzt wird bzw. unter satzsemantischen Aspekten mitunter sogar erforderlich ist, wo er unter pragmatischen Gesichtspunkten vermeintlich überflüssig (unter Referenzaspekten) bzw. von den Sprachteilnehmern sogar unerwünscht (in Bezug auf Höflichkeit) ist. Ähnliche Beobachtungen lassen sich bezeichnenderweise in Arbeiten zur PersN-Flexion finden, wo Marker der Objektkasus (*-en*-Flexionsendungen des Dativs und Akkusativs) am PersN seit dem 17. Jh. als „vulgär" konnotiert beurteilt wurden (z. B. nach Paul 1917: 157).

Erschwerend für die Untersuchung des Phänomenbereichs kommt hinzu, dass andere grammatische Form-Funktionsbeziehungen wie die a) der Kodierung adnominaler Possessivrelationen, b) der attributiven Erweiterung, c) der

---

11 Besondere Akzentuierung ist hier wie im Folgenden durch Akut gekennzeichnet.

Anzeige bestimmter Wortklassen (Dissoziationsstrategien zur Abgrenzung von APP und Name, vgl. Nübling 2015), d) der Genus-/Sexuszuordnung (*die Hildebrand* vs. *der Hildebrand*) oder e) bestimmter textstruktureller und informationsstruktureller Regularitäten (bes. Diskursdeixis und Fokus) ebenfalls in Konkurrenz zu den oben skizzierten morphosyntaktischen, referenzsemantischen und pragmatischen Wohlgeformtheitsbedingungen von NPs mit PersN stehen.

In diesem Zusammenhang von besonderem Interesse ist auch, dass der PersN-Artikel zumindest im rezenten Schriftdeutschen in einigen syntaktischen Kontexten obligatorisch ist (sekundärer Artikelgebrauch bei EigenN nach Duden-Grammatik 2016: 301); hierzu gehören neben den in (8) diskutierten attributiv erweiterten PersN auch Rechtsherausstellungen wie in (9).

(9) Er ist sehr reich, **der Herr Rockefeller**. (Bsp. nach Kolde 1995: 404)

Hinzu kommen besonders für die gesprochene Sprache bestimmte syntaktische Kontexte, die – wie gezeigt werden wird – den Gebrauch des PersN-Artikels fördern, wenn sie ihn auch nicht immer obligatorisch fordern, z. B. beim sog. Possessiven Dativ (10a), in engen Appositionsverhältnissen (10b) oder auch in Linksherausstellungen (10c).

(10) a. **em robin seine kollege** ham ja au scho gsägt – (REDE, WTjung1, Alemannisch)
b. da saß **de frau hinterwald** op eme stouhl. (REDE, ACalt1, Ripuarisch)
c. **de paul**, der schwatzt nur bei der schmidt platt. (REDE, FD3, Hessisch)

Zu vermuten ist, dass sich syntaktische Erfordernisse in den genannten Domänen gegenüber pragmatischen Beschränkungen bereits durchgesetzt haben, d. h. dass der PersN-Artikel in diesen Funktionsbereichen von den Sprachteilnehmern bereits voll (für die Phänomene in (8) und (9)) oder zumindest weitgehend (für die Phänomene in (10)) akzeptiert wird. Es wird zu klären sein, inwiefern die angeführten syntaktischen Verwendungsweisen bereits in frühen Zeitstufen des Deutschen als „Einfallstor" für den PersN-Artikel gedient haben und wie sich der Artikelgebrauch hier sprachlich motivieren lässt.

Aus pragmatischer Sicht stehen PersN zudem im Spannungsfeld von sprachinternen und sprachexternen Faktoren, da sie per definitionem Verwendung finden, um auf Personen zu referieren, die Referenz auf Personen aber – wie beschrieben – kulturspezifisch festgelegten Bedingungen der Wohlgeformtheit (bes. Höflichkeit) folgt. Formal manifestiert sich diese pragmatische Wohlgeformtheit in der spezifischen Auswahl von grammatischen Markern,

Namen-Typen und sonstigen Referenzmitteln. Zudem ist Denomination möglich. Wie im empirischen Teil der Arbeit gezeigt werden wird, korreliert mit dieser besonderen pragmatischen „Brisanz" des PersN aber auch dessen Tendenz, die pragmatisch selbst aufgeladene Funktion des Subjekts im Satz zu besetzen, was wiederum auf die enge Verschränkung pragmatischer und syntaktischer Faktoren bei der Verwendung von PersN verweist.

Zusammenfassend lässt sich somit fragen, wie in den rezenten und historischen Varietäten des Deutschen mit einem solchen Konkurrenzverhältnis zwischen morphosyntaktischer Funktionsmarkierung und pragmatischen Wohlgeformtheitsbedingungen umgegangen wird bzw. historisch damit umgegangen wurde.[12] Lässt sich möglicherweise für den Gebrauch des PersN-Artikels ein Sprachwandel nachvollziehen, der in den regionalen Varietäten des Deutschen unterschiedlich weit vorangeschritten ist und der sich über das je spezifische Verhältnis in der Umsetzung von morphosyntaktischen und pragmatischen Wohlgeformtheitsbedingungen konstituiert? Oder stellen die von Bellmann (1990) erhobenen Spracheinstellungen lediglich Reflexe und dabei Reste eines im Deutschen noch nicht beendeten varietäten- und wortklassenübergreifenden grammatischen Wandels zugunsten syntaktischer Funktionskodierungen dar, der nur die Wortklasse PersN noch nicht zur Gänze erfasst hat? Und inwiefern ist es nicht nur theoretisch, sondern auch empirisch gerechtfertigt, für PersN (wie für EigenN allgemein) im Deutschen eine onymische Sondergrammatik anzusetzen, die sich strukturell von der der APP unterscheidet?

1.2 Ziele der Arbeit

Wie der vorangehende Problemaufriss gezeigt hat, kann der Gebrauch des PersN-Artikels in den Varietäten des Deutschen nicht monokausal erklärt werden. Vielmehr deuten die vorliegenden Forschungsbefunde darauf hin, dass der Definitartikel hier gleichermaßen morphologische und syntaktische Kernfunktionen sowohl für die Struktur der NP als auch für die Organisation des Satzes übernimmt. Zudem ist davon auszugehen, dass sein Gebrauch hier zu wesentlichen Anteilen auch referenzsemantisch und (diskurs-)pragmatisch lizenziert ist.

---

12 Dieses Konkurrenzverhältnis besteht unabhängig davon, ob man der anglo-amerikanischen Tradition folgend davon ausgeht, dass die Pragmatik als Komponente oder Teildisziplin einer Sprache neben anderen Komponenten wie Syntax, Morphologie und Semantik steht, oder ob man der europäischen Tradition folgend die Sichtweise vertritt, dass die Pragmatik quer zu diesen Teildisziplinen steht, indem sie eine funktionale Perspektive auf diese eröffnet (dazu grundlegend Levinson 1983: Kap. 1).

Insbesondere Bellmanns (1990) Befunde weisen außerdem auf eine Gradualität in den Gebrauchshäufigkeiten hin, die vor allem diatopisch und kontextbedingt zu sein scheint. Dies macht eine Untersuchung möglichst vieler PersN von Sprechern aus unterschiedlichen Sprachräumen und in verschiedenen sprachlichen Kontexten erforderlich. Die Anlage der vorliegenden Arbeit trägt diesem Umstand wie folgt Rechnung:

Thematisch ist die Arbeit an der Schnittstelle von Morphosyntax und Pragmatik angesiedelt. Ich vertrete die Auffassung, dass eine adäquate linguistische Analyse der Grammatik von PersN dessen grundlegendste Funktion, Referenz herzustellen, nicht aus dem Blick verlieren darf – oder positiv formuliert: welche die Referenzleistung des PersN in den Fokus des Interesses stellt.[13] In dieser Forschungstradition bewegen sich alle Arbeiten, die die Verwendung des Definitartikels bei PersN als „logische Redundanz" und die Verwendung des Indefinitartikels bei PersN als „logisches Paradoxon" interpretieren (z. B. Kohlheim & Kohlheim 2004: 673). Anders als z. B. Kamp & Reyle (1993: 248), die in der sprachphilosophischen Tradition der Arbeiten von Kripke (z. B. Kripke 1990) davon ausgehen, dass Namen „extern verankert" sind und damit ihre Referenz diskursunabhängig erhalten, wird in der vorliegenden Arbeit allerdings die Ansicht vertreten, dass Referenz nichts dem Namen Inhärentes ist, sondern auch bei dessen Verwendung Referenz durch die Sprachteilnehmer erst hergestellt werden muss; Referenz im Sinne von Searle (1971) also auch bei der Verwendung von Namen eine sprachliche Handlung darstellt.[14] Zu fragen ist, a) welche sprachlichen Mittel Sprachteilnehmer b) in welchen Situationen c) wie verwenden, um auf Personen zu referieren. Dies umfasst insbesondere die Wortklasse der PersN (mit allen inkludierten Namentypen wie z. B. RufN, FamN oder SpitzN), damit in Verbindung steht aber auch die Verwendung anderer sprachlicher Referenzmittel, wie z. B. Pronomen, APP und Kennzeichnungen in Form von Syntagmen.

Ich möchte zudem einleitend die These vertreten und im Folgenden dann auch empirisch überprüfen, dass die grammatische und pragmatische Wohlgeformtheit von NPs mit PersN varietätenspezifisch (und natürlich auch sprachspezifisch) festgelegt ist. Im intervarietären Vergleich sollte sich dies in einer

---

[13] Ähnlich auch vertreten in Anderson (2004: 443): „A linguistic representation of names should reflect their identificatory capacity, whatever its basis, whatever their wider-context-dependence [...]".

[14] Forschungsüberblicke zu sprachphilosophischen Aspekten der Definitheit von EigenN finden sich z. B. in Haas-Spohn (1995: 147–194), Willems (1996), Anderson (2008: 131–161) und Langendonck (2007).

grammatischen Variation auf der Formebene sowie in verschiedenen pragmatischen Bewertungen auf der Inhaltsebene widerspiegeln. Zudem ist Variation hinsichtlich der Faktoren „Arealität", „Vertikalität", „Diachronie" und „Situativität" zu erwarten.[15] Aufgrund verschiedener grammatischer und pragmatischer Einflüsse ist außerdem davon auszugehen, dass die formalen Ausprägungen von PersN-NPs, bzw. die intervarietären Differenzen in den formalen Ausprägungen, nicht monokausal erklärt werden können, Morphosyntax und Pragmatik vielmehr in einem komplexen Konkurrenzverhältnis zueinander stehen: Die morphosyntaktische Wohlgeformtheit von Äußerungen bemisst sich dabei nach dem Grad, inwieweit grammatische Funktionen, z. B. die Kodierung syntaktischer Funktionen und die Relationierung von Elementen in der NP, eindeutig markiert werden können. Die pragmatische Wohlgeformtheit von Äußerungen bemisst sich hingegen nach dem Grad, inwieweit a) Referenz hergestellt werden kann, b) diskurspragmatische Funktionen zum Ausdruck gebracht werden können und c) kulturspezifische Regeln kommunikativen Handelns eingehalten werden.

Zentraler Gegenstand der Arbeit ist der PersN als Teil einer NP, d. h. die Wortklasse Personenname wird nicht isoliert betrachtet, sondern es wird das morphosyntaktische Verhalten der gesamten NP, eingebettet in einen Satz- und (sofern vorhanden) in einen Äußerungskontext analysiert. Andere Typen von NPs, d. h. solche mit einem APP oder Pronomen als Kopf der Phrase, werden dagegen nur am Rande betrachtet, und zwar immer dann, wenn es über den Vergleich der Wortklassen die Eigenheiten des PersN gegenüber anderen Wortarten (bei Pronomen) oder Wortklassen (bei APP oder anderen Klassen von EigenN) herauszuarbeiten gilt.[16]

Der Fokus der Analyse wird im Deutschen für den Zeitraum ab zirka 1550 auf nähesprachlichen schriftlichen Daten und für den Zeitraum ab zirka 1950 auf gesprochenen Daten liegen. Damit soll der Versuch unternommen werden, eine gebrauchsbasierte (performanzorientierte) Beschreibung und Analyse der grammatischen Eigenschaften von PersN vorzulegen, die insbesondere auch die diachrone und diatopische Sprachvariation in den Blick nimmt. Die besondere

---

15 Der Terminus „Vertikale" bezieht sich hier wie im Folgenden auf das Varietätengefüge zwischen Dialekt und Standard am jeweiligen Ort. Siehe zur Begrifflichkeit die Ausführungen in Bellmann (1983).
16 „Wortart" wird in dieser Arbeit als Hyperonym zu „Wortklasse" begriffen. Eine spezifische Wortart lässt sich gegenüber anderen dabei primär aufgrund von grammatischen Kriterien definieren. APP und EigenN hingegen bilden verschiedene Wortklassen einer Wortart, der des Nomens. Sie können im Deutschen primär aufgrund von referenzsemantischen und lexikalischen Kriterien unterschieden werden.

Attraktivität des gewählten Zugangs besteht dabei darin, dass am Beispiel des PersN-Artikels Sprachwandel systematisch auf Sprachräume bezogen werden kann. Ergänzt werden die Daten – ausgewertet wurden insgesamt zirka 21.000 Belege für PersN – um Erhebungen von rezenten Sprecherurteilen. Hierdurch soll der Status bestimmter, in den Performanzdaten identifizierter Regularitäten durch eine weitere, an der Kompetenz orientierten Datenklasse gezielt validiert werden.

Thematisch und methodologisch ist die Arbeit dem vergleichsweise jungen Forschungsfeld der Namengrammatik (dazu Helmbrecht, Nübling & Schlücker 2017; Ackermann & Schlücker 2017; Handschuh & Dammel 2019), der Dialektmorphologie bzw. -syntax sowie, aus diachroner und theoretischer Perspektive, der Grammatikalisierungsforschung und Konstruktionsgrammatik zuzuordnen. Hinzu kommen Anknüpfungspunkte an Forschungen zur Syntax-Semantik-Schnittstelle und zur Analyse von Referenzstrategien im Diskurs. Organisatorisch eingebettet ist die Arbeit in den Forschungsschwerpunkt „Fundierung linguistischer Basiskategorien" (LingBas) der „Landes-Offensive zur Entwicklung Wissenschaftlich-ökonomischer Exzellenz in Hessen" (LOEWE), welcher in den Jahren 2012 bis 2015 an der Philipps-Universität Marburg durchgeführt wurde. Im Arbeitsbereich „Syntax-Semantik-Schnittstelle" wurde dort disziplinen- und sprachenübergreifend das Verhältnis von Morphologie, Serialisierung und Belebtheit bei der Kodierung semantischer Rollen untersucht (dazu Kasper 2015a, i. E.; Kasper & Werth 2015). Die vorliegende Arbeit versucht u. a., eben diese Relationen für Sätze zu bestimmen, in denen (mindestens) eines der nominalen Komplemente aus einem PersN besteht.

Im Detail sollen mit Bezug zum Artikelgebrauch in der vorliegenden Arbeit die folgenden linguistischen Eigenschaften von PersN beleuchtet werden:

- **morphologische** Eigenschaften, insbesondere das Flexionsverhalten am PersN, am (pro-)nominalen Begleiter sowie an den Attributen; zudem: movierte PersN, PersN als Pluralentitäten sowie Genuskongruenz bzw. -inkongruenz zwischen Artikelwort und PersN.
- **morphosyntaktische** Eigenschaften, insbesondere die Verwendung des Definitartikels bei PersN sowie das Verhältnis von Artikelsetzung und Flexionsverhalten in der PersN-NP; zudem: die morphosyntaktischen Eigenschaften von PersN als Attribute, der Gebrauch des Indefinitartikels bei PersN sowie die morphosyntaktische Struktur von PersN in Präpositionalphrasen und als präpositionale Attribute.
- **syntaktische** Eigenschaften, insbesondere die prä- und postponierte Stellung von Attributen und Appositionen und die Serialisierungseigenschaften von PersN in (di-)transitiven Sätzen; zudem: das syntaktische Verhalten

von PersN-NPs bei Links- und Rechtsversetzung, bei Reparatur-Nachtrag und bei Freiem Thema.
- **Argumentlinking**: Das Verhältnis von Kasusmorphologie, Serialisierungseigenschaften und Belebtheit bei der Kodierung semantischer Rollen und syntaktischer Funktionen in (di-)transitiven Sätzen mit PersN.
- **pragmatische** Eigenschaften, insbesondere die Gebrauchsfunktionen von PersN im Diskurs, die (Aus-)Wahl spezifischer sprachlicher Mittel zur Herstellung von Referenz sowie der Einfluss von Akzessibilität auf die Serialisierungseigenschaften von PersN.

1.3 Gliederung der Arbeit

Folgende Gliederung liegt der Arbeit zugrunde. In Kap. 2 wird zunächst der theoretische Rahmen der Arbeit skizziert. Grammatikalisierungstheorie und Konstruktionsgrammatik liefern für die Arbeit das konzeptuelle und terminologische „Rüstzeug", um die vorliegend ausgewerteten Daten in einen linguistischen (auch diachronen) Zusammenhang zu bringen. Kap. 3 bietet im Anschluss einen Überblick über die formalen und funktionalen Eigenschaften des Definitartikels im Deutschen.[17] Für das empirische Vorgehen in dieser Arbeit sind die formalen Eigenschaften wichtig, da hierüber der Untersuchungsgegenstand exakt lokalisiert und linguistisch zudem eindeutig bestimmt werden kann (z. B. hinsichtlich morphologischer Kategorien). Die funktionalen Eigenschaften hingegen liefern einen ersten inhaltsbezogenen Zugriff auf die Daten, indem davon ausgegangen wird, dass es zumindest Gemeinsamkeiten, wenn auch nicht exakte Übereinstimmungen, in den Verwendungsweisen des Definitartikels bei PersN und APP gibt. In Kap. 4 werden im Anschluss und unter dem Postulat einer onymischen Sondergrammatik auf semantisch-pragmatischer und morphosyntaktischer Ebene die Eigenschaften von PersN im Deutschen diskutiert und denen der APP gegenübergestellt. Das methodische Vorgehen für den empirischen Teil der Arbeit wird in Kap. 5 skizziert, ehe in Kap. 6 und 7 die Ergebnisse der Korpusauswertung und Akzeptabilitätstests, unterschieden nach der syntaktischen Einbettung des PersN („einfache" vs. „erweiterte" NP), dargelegt werden. Es folgt in Kap. 8 eine Einordnung der Befunde unter historisch-diachronen und typologischen Gesichtspunkten. Diese dient im Anschluss dazu, ein Szenario für Genese und Entwicklung des PersN-Artikels in den Varietä-

---

[17] Mit „funktionalen Eigenschaften" werden hier wie im Folgenden die Aufgaben oder Leistungen verstanden, die einem Sprachzeichen im gegebenen Sprachsystem zukommen.

ten des Deutschen entwickeln zu können. Die Arbeit schließt mit einem Resümee in Kap. 9.

1.4 Notation der Belege

Vorab noch einige Bemerkungen zur Notation der objektsprachlichen Belege: Schriftliche Belege, z. B. solche aus den historischen Quellen, sind im Folgenden jeweils in der Originalschreibung bzw. in der jeweiligen editorischen Schreibung wiedergegeben.[18] Hörbelege aus den rezenten regionalsprachlichen Korpora sind hingegen in einer leicht lesbaren Umschrift notiert, die, was bestimmte Notationen anbelangt, der Basisversion des gesprächsanalytischen Transkriptionssystems GAT 2 folgt (vgl. Selting et al. 2009).[19] Dies schließt die Erfassung lautlicher Varianten weitgehend aus. Für die Wiedergabe der Artikelformen ist demnach speziell zu beachten, dass *de*-Schreibungen für Reduktionsformen und *der/die/das*-Schreibungen für Vollformen stehen. Besondere Betonung (emphatischer Akzent) wird darüber hinaus – und anders als bei GAT 2 – durch einen Akut gekennzeichnet.

Weiterhin wurde in dieser Arbeit eine zweckorientierte Glossierung der Belege verfolgt, d. h. morphologische und syntaktische Angaben zum jeweiligen Sprachbeleg sind immer nur dann glossiert, wenn es mir an der entsprechenden Stelle für die Analyse sinnvoll erschien. Hervorhebungen in den Sprachbelegen betreffen schließlich überwiegend die Realisierungen von PersN-NPs, sie sind jeweils durch Fettdruck gekennzeichnet. Basierend auf der Dialekteinteilung in Wiesinger (1983) ist für die Korpusdaten zudem hinter jedem objektsprachlichen Beleg der Sprachraum ausgewiesen, aus dem der jeweilige Sprecher bzw.

---

18 Vgl. zu Sprachbelegen aus dem Korpus der Hexenverhörprotokolle Macha et al. (2005: XXII–XXIV) und zu solchen aus dem Korpus der Auswandererbriefe Elspaß (2005: 67–72).
19 Dies betrifft die Zeichensetzung, die in den sprechsprachlichen Belegen Tonhöhenbewegungen am Äußerungsende kennzeichnet: [?] = hoch steigend, [,] = steigend, [–] = gleich bleibend, [;] = fallend und [.] = tief fallend. Daneben wird überlappende Rede durch [], ausgelassene Rede durch [...] und Sprechpausen durch (...) gekennzeichnet. Aussagen über sprachlich problematische Satzbelege werden hingegen wie folgt angezeigt: Ein vorangestelltes [*]-Symbol wird verwendet, sofern ein Satz ungrammatisch ist, [#] steht bei grammatisch korrekten, aber semantisch unsinnigen Sätzen und [?] wird verwendet, sofern das Grammatikalitätsurteil unsicher ist. Die Urteile sind entweder aus der Literatur entnommen oder beruhen auf meiner eigenen Kompetenz und beziehen sich damit ausschließlich auf schriftdeutsche Belege.

Schreiber stammt.[20] Dies soll allerdings nicht implizieren, dass es sich bei dem konkreten Beleg um einen aus der Varietät „Dialekt" handelt.

---

[20] „Sprecher" und „Hörer" werden in dieser Arbeit primär als kommunikative Rollen begriffen. Eine Differenzierung zwischen Sprecher und Schreiber resp. Hörer und Leser wird deshalb im Folgenden auch nur dort vorgenommen, wo die Unterscheidung aufgrund des medialen Bezugs zum Korpus jeweils eindeutig ist.

2 Theoretischer Rahmen

In diesem Kapitel wird der theoretische Rahmen der Arbeit skizziert. Die vorgestellten Überlegungen sollen dazu dienen, von Einzelbeobachtungen sprachlicher Phänomene zu theoretisch begründbaren Generalisierungen zu gelangen. Zu diesem Zweck behandelt Kap. 2.1 zentrale Prinzipien und Modelle der Grammatikalisierungsforschung. Diese erfüllen für die Arbeit sowohl aus einer diachronen als auch aus einer synchronen Perspektive die Funktion, die Variation in der Verwendung des PersN-Artikels linguistisch analysieren und motivieren zu können. So soll gezeigt werden, dass die Zunahme an Gebrauchsfrequenz für den PersN-Artikel zuvorderst als eine Ausweitung seiner syntaktischen und semantisch-pragmatischen Verwendungsweisen zu begreifen ist. Vor diesem Hintergrund wird in Kap. 2.2 eine Anbindung der Grammatikalisierungsforschung an die Konstruktionsgrammatik vorgenommen. Es wird dafür argumentiert, dass es sich bei Verbindungen aus Definitartikel und PersN mitunter um Konstruktionen mit varietätenspezifischer Ausprägung, d. h. um konventionalisierte Form-Bedeutungspaare im Sinne der Konstruktionsgrammatik handelt.

2.1 Die grammatikalisierungstheoretische Perspektive

Forschungen zur Grammatikalisierung beschäftigen sich primär mit den Fragen, wie grammatische Formen (Grammeme) entstehen, wie sie sich wandeln und warum sie sich so wandeln, wie sie es tun (Heine 2003: 575; Hopper & Traugott 2003: 39; Fried 2013: 425; Lehmann 2015).[1] Grammatikalisierungsforschung kann dabei sowohl aus einer diachronen als auch aus einer synchronen Perspektive heraus betrieben werden. Die Diachronie, die für die Erfassung von Grammatikalisierungsprozessen als primär anzusehen ist (vgl. Heine 2003: 575; Hopper & Traugott 2003: 2), handelt von der Veränderlichkeit von Grammatik, konkreter: von dem Auf-, Aus- und Abbau grammatischer Funktionen in Raum und Zeit. Grammatik wird damit nicht als statisches Gebilde von Regeln betrachtet, sondern als dynamisches System, als „emergent grammar" (Hopper 1987, 1991), das sich permanent erneuert und das Strukturen aufweist, die eine kategoriale Trennung zwischen lexikalischen Einheiten auf der einen Seite und

---

[1] „Grammem" wird hier wie im Folgenden als Sammelbegriff für alle grammatischen Zeichen unabhängig von ihrer morphologischen Struktur verwendet; vgl. zur Terminologie auch Bybee & Dahl (1989) sowie Diewald (1997: 2). Auf dem Lexikon-Grammatik-Kontinuum (s. Kap. 2.2.1) handelt es sich dabei um sprachliche Zeichen fern des lexikalisch besetzten Pols.

von Grammemen auf der anderen Seite nur schwer erlauben (Traugott & König 1991: 189).² Synchron fallen unter das Konzept der Grammatikalisierung so auch sprachliche Einheiten, die sich durch unterschiedliche Grade an grammatischer Funktionalität auszeichnen (Hopper 1991: 19; Hopper & Traugott 2003: 2). In den Worten von Bybee (2011: 72):

> [I]f we acknowledge the robust facts that languages are always changing and that grammaticalization is gradual, we must admit that even synchronic categories are not discrete.

Aufgabe der Grammatikalisierungsforschung ist es nun, diese mehr oder weniger starken Ordnungen und die mehr oder weniger diskret ausgeprägten linguistischen Einheiten in einem kohärenten Erklärungsmodell zu fassen.

Studien zur Grammatikalisierung, die sich mit dem Wandel eines Phänomens beschäftigen, sind dabei typischerweise den Konzepten und Methoden der historischen Sprachwissenschaft und der Sprachwandelforschung verpflichtet. Hierbei gilt es, in Abhängigkeit von dem zur Verfügung stehenden Material möglichst viele Zeitschnitte einer Sprache aufeinander zu beziehen, um Aussagen darüber treffen zu können, wie sich Form und Bedeutung eines Lexems oder Grammems hin zu Form und Bedeutung eines anderen Grammems gewandelt haben und warum (vgl. Heine 2002: 83). Zentraler Befund einer solchen historisch-diachronen Betrachtung ist, dass sich Grammatikalisierung auf ähnliche Klassen von Wörtern sprachübergreifend auch auf ähnliche Art und Weise auswirkt (vgl. Heine & Reh 1984; Heine & Kuteva 2002; Bisang 2011) und dass dabei eine Unidirektionalität in der einzelsprachlichen Entwicklung von Sprachzeichen vorliegt (vgl. Greenberg 1978; Heine & Kuteva 2002: 4; Hopper & Traugott 2003: 99–139; Haspelmath 2004).

Stehen historische Daten für die Analyse nicht zur Verfügung, lassen sich mitunter aber auch aus einer synchronen Betrachtung heraus Rückschlüsse auf Grammatikalisierungsprozesse ziehen. Dies ist etwa der Fall, wenn polyseme Grammeme in verschiedenen syntaktischen und/oder semantisch-pragmatischen Verwendungsweisen auftreten, z. B. wenn in einer Sprache das gleiche Verb sowohl als Vollverb als auch als Auxiliar verwendet werden kann oder wenn sich in einer Sprache eine Koexistenz von Demonstrativum und Definitartikel abzeichnet. Variationslinguistische Aspekte spielen hingegen bislang weder für die synchrone, noch für die diachrone Betrachtung von Grammatikalisierung eine große Rolle, wie auch Poplack (2011: 209) betont.

---

2 Dieser Gedanke findet sich auch in der Konstruktionsgrammatik wieder, auf die später noch näher eingegangen wird.

2.1.1 Grammatikalisierungspfade

Bei Grammatikalisierung handelt es sich um ein komplexes Phänomen, das alle linguistischen Ebenen vom Phon bis zum Diskurs betrifft. Die Mechanismen, die Grammatikalisierung auslösen und vorantreiben, sind dabei allesamt solche, die auch Sprachwandelprozesse außerhalb von Grammatikalisierung betreffen. Hierzu gehören phonetisch-phonologische Reduktionsprozesse, semantisch-pragmatischer Wandel, analogischer Ausgleich oder auch syntaktische Reanalyse. Zudem ist Grammatikalisierung immer auch frequenzgesteuert, indem ein Anstieg sowohl in der Typen- als auch in der Tokenfrequenz eines Lexems oder Grammems Grammatikalisierung forcieren kann (Bybee 2003, 2013). Erst das komplexe Zusammenspiel der genannten Mechanismen in unterschiedlicher Kombination und Gewichtung führt zu der Ausbildung konkreter Grammatikalisierungspfade (auch „channels" oder „clines"; zur Terminologie Girnth 2000: 84–85; Heine 2003: 589), die es in Einzelsprachen aufzuspüren und sprachenübergreifend zu validieren gilt. Der sprachliche Wandel entlang eines Grammatikalisierungspfades vollzieht sich dabei anhand einer Reihe von mehr oder weniger fein differenzierten Schritten, die aufgrund ihrer formalen und funktionalen Gemeinsamkeiten prototypisch clustern und die als graduelle Übergänge zwischen Kategorien und Einheiten zu fassen sind (Greenberg 1991: 305; Diewald 1997: 5; Bybee 2003: 70; Hopper & Traugott 2003: 7; Lehmann 2015: 14–15). Diese sind – wie erwähnt – sprachenübergreifend ähnlich ausgeprägt, sie weisen Unidirektionalität auf, und es ist, bei aller Uneinheitlichkeit in der Etikettierung der einzelnen Grammatikalisierungsschritte, eine annähernd identische Reihenfolge zu verzeichnen (Heine & Kuteva 2002; Hopper & Traugott 2003: 7).

In der Forschung wird das wiederholte Auftreten einander ähnelnder Pfade auf eine kognitive Grundlage gestellt. So wird in der Kognitiven Linguistik allgemein davon ausgegangen, dass übergeordnete, sprachunabhängige kognitive Strukturen in unterschiedliche, aber doch vergleichbare sprachliche Ausdrucksformen münden. Für den Grammatikalisierungsprozess bedeutet dies, dass als Ausdruck eines neuen, abstrakten Konzeptes nicht beliebige Lexeme (oder auch Idiome) als Quelle verwendet werden, sondern nur solche, die mit den abstrakten Konzepten semantisch, i. e. metaphorisch oder metonymisch, in Verbindung stehen, d. h. die Persistenz (im Sinne von Hopper 1991: 28–30) aufweisen. Dies führt dazu, dass viele Sprachen gleiche Grammatikalisierungspfade ausgebildet haben und dass eine Vielzahl von grammatischen Funktionen auf eine begrenzte Anzahl an Quell- bzw. Spenderlexemen zurückgeführt werden kann (ausgewiesen bes. in Heine & Kuteva 2002). Aus historischer Perspektive liefern Grammatikalisierungspfade damit Schemata, die es ermöglichen, die Entwicklung von konkreten lexikalischen Einheiten zu abstrakten Grammemen ebenso zu beschreiben wie den Wandel von abstrakten zu noch abstrakteren Grammemen. Wie dieser Wandel funktioniert, soll hier zunächst recht allgemein erklärt werden, ehe in Kap. 8.4 der Grammatikalisierungspfad vom Demonstrativum zum Definitartikel im Detail besprochen wird.

2.1.2 Parameter der Grammatikalisierung

In Lehmann (2015: Kap. 4) wird dafür argumentiert, dass die Grammatikalisierung eines sprachlichen Zeichens mit einem Verlust an Autonomie und einer zunehmenden Integration des Sprachzeichens in die geltenden Regeln des grammatischen Systems verbunden ist. Die Parameter, die Autonomie und Integration eines sprachlichen Zeichens determinieren, sind: a) sein Gewicht, operationalisiert über den Grad an Eingebundenheit in ein Paradigma oder in ein Syntagma, b) seine Kohäsion, operationalisiert über den Grad an paradigmatischer und syntagmatischer Abhängigkeit zu anderen Sprachzeichen sowie c) seine Variabilität, operationalisiert über den Grad an paradigmatischer Ersetzbarkeit oder auch an syntagmatischer Flexibilität (s. Tab. 1). Hierbei gilt Lehmann (2015: 130) zufolge: „[T]he autonomy of a sign is converse to its grammaticality, and grammaticalization detracts from its autonomy".

Tab. 1: Parameter der Grammatikalisierung nach Lehmann (2015: 132, 174)

	paradigmatic	syntagmatic
weight	integrity	structural scope
cohesion	paradigmaticity	bondedness
variability	paradigmatic variability	synagmatic variability

Reduktion zeigt sich dabei sowohl auf der Formebene als auch auf der Inhaltsebene des Sprachzeichens, und zwar in der Reihenfolge *form follows function*. Bei der Grammatikalisierung eines Sprachzeichens verändert sich also zunächst seine funktionale Seite (von denotativ zu relational), ehe die Formseite nachzieht. Idealtypisch spiegelt sich dies in der Abfolge der folgenden vier Mechanismen wider (Heine & Kuteva 2002: 2; Heine 2003: 579; Szczepaniak 2011: 11–12):
1. Desemantisierung: Verlust ursprünglicher konkreter (lexikalischer) Bedeutung zugunsten abstrakter (grammatischer) Bedeutung

2. Extension: Verwendung des Sprachzeichens in neuen pragmatischen Kontexten
3. Dekategorisierung: Verlust der morphosyntaktischen Eigenschaften des Quellwortes, meist verbunden mit einem Verlust an syntaktischer Eigenständigkeit zugunsten morphologischer Gebundenheit („Today's morphology is yesterday's syntax", Givón 1971: 413)
4. Erosion: Verlust an phonetischer Substanz

Zunächst zur Desemantisierung (*semantic bleaching*, auch *generalization*): Um diesen Prozess fassen zu können, schlägt Heine (2002: 85–86) ein vierstufiges Szenario vor, das insbesondere Kontextambiguitäten als Triebfeder für Grammatikalisierung ansieht (in Abb. 1):[3] Ausgangspunkt oder Quelle (Stufe 0) der Grammatikalisierung ist ein Sprachzeichen mit einer Quellbedeutung, das in verschiedenen Kontexten Verwendung findet.[4] Stufe 1, der Brückenkontext, zeichnet sich hingegen durch semantisch-funktionale Ambiguität aus. Zusätzlich zu der Quellbedeutung kommt hier eine weitere Bedeutung hinzu, die der Zielbedeutung entspricht und die für das Sprachzeichen bereits eine plausiblere Lesart darstellt, als es für die Quellbedeutung der Fall ist. Reanalyse, d. h. die semantisch-pragmatische und möglicherweise auch morphosyntaktische Uminterpretation eines Sprachzeichens, wird hier in Gang gesetzt. In Stufe 2 gibt es einen neuen Kontext, den Switch-Kontext. Dieser erlaubt es dem Sprecher nur noch, mit dem Sprachzeichen die Zielbedeutung zu assoziieren, eine Lesart der Quellbedeutung ist hingegen nicht mehr möglich. Nach Aussonderung der Quellbedeutung ist die Zielbedeutung in Stufe 3 schließlich nicht mehr an deren kontextuelle Beschränkungen gebunden und die Verwendung des Sprachzeichens ist nun potentiell auch in neuen Kontexten möglich. Es kommt zu Analogiebildungen. Die Zielbedeutung ist damit konventionalisiert und Ambiguität zwischen Sprachzeichen mit Quell- und Zielbedeutung beseitigt worden. Der grammatische Wandel, resp. die Reanalyse des Sprachzeichens auf der Bedeutungsseite, kann damit als abgeschlossen gelten. Es ist ein neues, autonomes Sprachzeichen entstanden, das, bedingt insbesondere durch formale

---

[3] Ein ähnliches Szenario findet sich in Diewald (2002, 2006). Grammatikalisierung wird dort als dreistufiges Modell gefasst, das sich über den Gebrauch einer Konstruktion in unterschiedlichen Verwendungskontexten, vom untypischen, über den kritischen, bis hin zum isolierenden Kontext konstituiert.

[4] Inkludiert ist hier die Quellfunktion, sofern es sich bei der Quelle bereits um ein Grammem handelt.

Erosion, den Grammatikalisierungszyklus nun von neuem durchlaufen kann (vgl. Greenberg 1978; Givón 1979; Heine & Reh 1984; Hopper & Traugott 2003: 124).

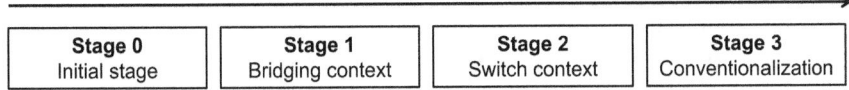

| Stage 0 | Stage 1 | Stage 2 | Stage 3 |
| Initial stage | Bridging context | Switch context | Conventionalization |

Abb. 1: Grammatikalisierungsszenario für Kontextausweitungen nach Heine (2002: 86)

2.1.3 Layering von Grammemen

Einschränkend ist zu beachten – und hierauf macht auch Heine (2002: 86) aufmerksam –, dass sein vorgeschlagenes Modell ein diachrones Szenario darstellt, die angesetzten Kontexttypen aber ebenso in der synchronen Betrachtung eines Sprachsystems zu finden sind. Zudem ist es durchaus möglich, dass die Grammatikalisierung eines Sprachzeichens nicht dazu führt, dass seine Quellbedeutung komplett aufgegeben wird (Stufe 3 in Heines Modell bleibt damit unerreicht).[5] So können bspw. Varianten mit fein nuancierten Bedeutungsunterschieden innerhalb einer grammatischen Domäne koexistieren, indem sie sich bestimmte Aufgaben teilen oder indem sie miteinander opponieren, wie es bspw. bei Grammemen mit Quellbedeutung versus Zielbedeutung der Fall ist. Hopper (1991: 22–24) spricht von „layering" („Schichtung" von Varianten) und sieht diesen Zustand unter anderem darin begründet, dass es sich um ein Übergangsstadium von einer Kategorie auf dem Grammatikalisierungspfad in eine andere handelt. Diewald (1997: 109) hingegen betont den Grad an Expressivität, der mit dem *layering* verschiedener Ausdrucksvarianten in einer funktionalen Domäne in Zusammenhang steht und der ihr zufolge als Form von „paradigmatischer Ikonizität" aufzufassen ist. Demnach spiegelt „die Opposition unterschiedlicher Grade der Autonomie innerhalb einer funktionalen Domäne [...] die verschiedenen Grade der Expressivität wider". In den Worten von Bybee (2010: 199):

> Since new meanings arise in specific contexts, they do not immediately replace old meanings; rather there can be long periods of overlap or polysemy where old and new meanings coexist.

---

5 Hopper (1991: 22) spricht in diesem Zusammenhang von der Divergenz bzw. Persistenz eines Sprachzeichens mit Quellbedeutung im Grammatikalisierungsprozess.

An dieser Stelle ist die Anbindung des *layering*-Konzepts an die Variationslinguistik zu betonen (vgl. Girnth 2000: bes. 93–95; Poplack 2011). So können die verschiedenen Varianten in einer funktionalen Domäne neben leichten Bedeutungsunterschieden auch stilistische, soziolektale oder auch regionalsprachliche Differenzen zum Ausdruck bringen. Girnth (2000: 83–84) schreibt von „Heterogrammemen" und definiert diese als „die in der arealen Dimension koexistierenden sprachlichen Einheiten, die ein und dieselbe grammatische Kategorie repräsentieren". Dies entspricht dem Konzept der linguistischen Variable (und seiner Varianten), wie es in der Variationslinguistik seit Labov (1972 et seq.) prominent vertreten wird. Synchron wird das Vorliegen von Grammatikalisierung über Grammatikalisierungsparameter, z. B. über die von Lehmann (2015), bestimmt. Voraussetzung hierfür ist sprachliche Variation. Dies prädestiniert die Regionalsprachenforschung für die Grammatikalisierungsforschung und so bietet es sich an, neben der diachronen Variation auch die areale Variation einzubeziehen, wenn es darum geht, unterschiedliche Stadien der Grammatikalisierung für die Entwicklung des PersN-Artikels im Deutschen nachzuweisen. Diesen Umstand betonen allgemein auch Girnth (2000) und Kortmann (2010), bei denen es heißt:

> So sind es in erster Linie die Dialekte des Deutschen, die bislang kaum genutzte Perspektiven der Erforschung von Grammatikalisierungsprozessen – zum Teil auch in statu nascendi – eröffnen.
>
> (Girnth 2000: 3)

> [G]rammaticalization starts from spontaneous spoken language, and [...] regional and social (nonstandard) varieties are thus to be seen as goldmines for identifying further grammaticalization phenomena and shedding light on known ones.
>
> (Kortmann 2010: 858)

2.1.4 Grammatikalisierung als Kontextausweitung

Es bleibt außerdem festzuhalten, dass Grammatikalisierung im Wesentlichen als eine Ausweitung des Sprachzeichens auf neue Kontexte zu fassen ist. Dies hat insbesondere auch Himmelmann (1997: 28–33, 2004: 31–34) in mehreren Arbeiten deutlich gemacht. Unter Kontextausweitung versteht er dabei Folgendes:

> [Ich gehe] davon aus, daß Grammatikalisierung als Kontextausweitung, d.h. als expansive Veränderung der syntaktischen und semantischen Beziehungen des Grammems, zu beschreiben und zu analysieren ist. So gesehen manifestiert sich Grammatikalisierung im wesentlichen darin, daß ein Grammem in immer zahlreicheren Kontexten auftritt oder, umgekehrt betrachtet, immer wenigeren kontextuellen Beschränkungen unterliegt.
>
> (Himmelmann 1997: 28)

Ursächlich für Sprachwandel ist damit die funktionale Seite des Sprachzeichens, bei Himmelmann operationalisiert über seine Verwendungen in verschiedenen Kontexten. Himmelmann unterscheidet drei Typen von Kontexten, die er für Grammatikalisierungsprozesse als relevant ansieht (Himmelmann 1997: 28): **Erstens** ist Kontext semantisch-pragmatisch als Gebrauchskontext zu begreifen. Die Grammatikalisierung eines Sprachzeichens ist in diesem Sinne als Ausweitung seiner Verwendungsweisen zu interpretieren. **Zweitens** sind Kontexte mit Kollokationsmustern gleichzusetzen, die zwischen zwei (oder mehreren) Elementen bestehen. Die Grammatikalisierung von Sprachzeichen ist damit als sukzessive Aufgabe von Kollokationsbeschränkungen zu verstehen, was Lehmann in seiner Arbeit als Aufgabe von Autonomie beschreibt (s. oben). Und **drittens** ist Kontext syntaktisch zu fassen: Sprachzeichen können sich in Abhängigkeit von ihrer syntaktischen Position zu verschiedenen Grammemen wandeln (sog. Polygrammatikalisierung) – im Deutschen etwa konnte sich das Demonstrativ zum Relativ- oder Personalpronomen sowie zur Konjunktion *dass* entwickeln (Szczepaniak 2011: 104). So hält Lehmann (1992: 406) fest:

> [G]rammaticalization does not merely seize a word or a morpheme [...] but instead the whole construction formed by the syntagmatic relations of the element in question.

Und bei Himmelmann (2004: 31, Hervorhebung im Original) heißt es dazu:

> [I]t is the grammaticizing element *in its syntagmatic context* which is grammaticized. That is, the unit to which grammaticization properly applies are [sic!] *constructions*, not isolated lexical items.

Was in der Grammatikalisierungsforschung noch vortheoretisch als „constructions" oder auch als „grammaticizing elements in its syntagmatic context" bezeichnet und dabei sowohl als Quelle als auch als Resultat von Sprachwandel betrachtet wurde,[6] findet in der Konstruktionsgrammatik eine theoretische Mo-

---

6 So heißt es in Fried (2008: 47): „[I]n diachronic studies, the notion 'construction' is usually invoked as the generally understood grammatical environment that delimits the domain of a specific morphosyntactic change; constructions in this sense thus mean nothing more than the traditional notion of 'syntagmatic strings' and as such do not carry much explanatory potential".

dellierung. Ich möchte diese Modellierung im folgenden Abschnitt skizzieren und ein besonderes Augenmerk auf die Operationalisierung des Kontextbegriffs innerhalb der Konstruktionsgrammatik wie auch auf den Zusammenhang von Konstruktionswandel und Grammatikalisierung legen.

2.2 Konstrukte, Konstruktionen und das Konstruktikon

Konstruktionen stellen den *terminus technicus* einer ganzen Reihe von kognitiv orientierten und (meist) gebrauchsbasiert arbeitenden Grammatiktheorien dar, die in der Forschung unter der Sammelbezeichnung „Konstruktionsgrammatik" firmieren und die sich zurzeit einer großen Beliebtheit hinsichtlich der Analyse grammatischer Strukturen erfreuen:[7]

> It is fair to say that the constructionist approach is the fastest growing linguistic and interdisciplinary approach to language.
>
> (Goldberg 2013: 30)

Ich orientiere mich für die folgenden Ausführungen (Kap. 2.2.1) im Wesentlichen an der sog. Kognitiven Konstruktionsgrammatik (*Cognitive Construction Grammar*) und damit an den Arbeiten von Lakoff (1987) und Goldberg (1995, 2006) (vgl. Überblicke in Boas 2013 und Ziem & Lasch 2013: 39–41). Hinzu kommen (mit der Kognitiven Konstruktionsgrammatik kompatible) Überlegungen zum Wandel von Konstruktionen, insbesondere von Traugott & Trousdale (2013). Kap. 2.2.2 bietet im Anschluss eine Operationalisierung von Konstruktionskriterien im Hinblick auf den Untersuchungsgegenstand der vorliegenden Arbeit.

2.2.1 Grundannahmen

Konstruktionen als Basiseinheiten von Sprache
Konstruktionen sind die Basiseinheiten in Erwerb, Repräsentation und Verarbeitung von grammatischem Wissen. Sie können begriffen werden als „basic units of language" (Goldberg 1995: 4) und damit als „Ergebnisse von sprachlichen Kategorisierungsleistungen" (Ziem & Lasch 2013: 98) auf verschiedenen

---

[7] Überblicke zu den verschiedenen Schulen der Konstruktionsgrammatik liefern z. B. Croft & Cruse (2004: 257–290), Langacker (2005), Goldberg (2006), Fischer & Stefanowitsch (2006), Stefanowitsch (2011), Sag, Boas & Kay (2012), Ziem & Lasch (2013: 31–66) sowie das Handbuch von Hoffmann & Trousdale (2013).

Ebenen des Sprachsystems vom Morphem bis zur satzwertigen Äußerung. Bei Konstruktionen handelt es sich dabei immer um Sprachzeichen im Saussureschen Sinne, d. h. um arbiträre und konventionalisierte Form-Bedeutungspaare:

> Each construction will be a form-meaning-pair (F,M), where F is a set of conditions on syntactic and phonological form and M is a set of conditions on meaning and use.
> (Lakoff 1987: 467)

> Constructions are defined to be conventional, learned form-function pairings at varying levels of complexity and abstraction.
> (Goldberg 2013: 17)

Konstruktionen weisen variierende Grade an Komplexität und Abstraktheit (Schematizität) auf und so können Teile von Konstruktionen auch unspezifiziert, d. h. schematisch bleiben, sofern sich Generalisierungen über sprachliche Realisationen von Konstruktionen (sog. Konstrukte) hinweg aus formalen oder funktionalen Gründen rechtfertigen lassen, vgl. dazu auch Bergs & Diewald (2008a: 5):

> [T]ere is a continuum between schematic and concrete constructions, i.e. a continuum of embedded, multi-layered type-token relations.

In ihrer Struktur ähneln Konstruktionen (alternativer Terminus: Schemata) damit Konstrukten, wodurch Bezüge zur konkreten sprachlichen Äußerung gewährleistet sind. Für die Konstruktionsgrammatik ist damit auch nicht der Satz (oder die Phrase), sondern die Konstruktion, als generalisierte Entität über sprachliche Äußerungen hinweg, die theoretische Grundeinheit von Sprache. Dies entbindet konstruktionsgrammatische Ansätze davon, syntaktisch wohlgeformte Sätze als zentrale Analysekategorie anzusetzen. Vielmehr bietet die an der konkreten sprachlichen Äußerung orientierte Konstruktionsgrammatik

> die Option, sich von ‚Defizitmodellen' zu lösen, die die ‚Grammatik des gesprochenen Deutsch' immer in Relation zu einer (regelbasierten) Grammatik der (schriftsprachlichen) Standardsprache setzen [...] und die Eigenheiten und Eigengesetzlichkeiten gesprochener Sprache adäquat und systematisch zu beschreiben.
> (Ziem & Lasch 2013: 157)

Gleichzeitig bewahrt diese Sichtweise auch davor, Ausnahmen grammatischer Regeln im Sinne theoretischer Grundannahmen „wegdiskutieren" zu müssen (vgl. Bybee 2010). Vielmehr lassen sich in der Konstruktionsgrammatik auch scheinbar randständige Phänomene, wie z. B. Idiome, in einem kohärenten Beschreibungsparadigma fassen und behandeln.

Konstruktionen als symbolische Einheiten

Konstruktionen zeichnen sich weiterhin durch Gestalthaftigkeit aus, d. h. durch Nicht-Kompositionalität auf der Form- und Funktions-/Bedeutungsebene (= „enges" Konstruktionskriterium) oder auch durch kognitive Verfestigung (*entrenchment*), ausgelöst durch eine hohe Gebrauchsfrequenz spezifischer grammatischer Strukturen (= „erweitertes" Konstruktionskriterium):

> Any linguistic pattern is recognized as a construction as long as some aspect of its form or function is not strictly predictable from its component parts or from other constructions recognized to exist. In addition, patterns are stored as constructions even if they are fully predictable as long as they occur with sufficient frequency.
>
> (Goldberg 2006: 5)

> [C]onstructions can be seen as emergent *gestalts*, i.e. units whose non completion or completion is hearable on the basis of projections operating at any level of their unfolding in time, but which, at the moment they are completed, have all the qualities of an oversummative structure.
>
> (Auer & Pfänder 2011: 8, Hervorhebung im Original)

Syntaktisch komplexe Konstruktionen, wie z. B. ditransitive Verb-Argument-Strukturen (Goldberg 1995) oder auch Perfekt- (Gillmann 2016), Relativsatz- (Birkner 2008), Passiv- (Lasch 2016) und Funktionswort-Konstruktionen (Merten 2018), müssen demnach ebenso gelernt und mental abgespeichert werden, wie es bei Lexemen und Idiomen der Fall ist, und zwar deswegen, weil es sich um (semantisch teils opake oder teiltransparente) Einheiten mit Zeichencharakter handelt. Über die Integration des *entrenchment*-Prinzips zeigt sich die Konstruktionsgrammatik damit anschlussfähig an grundlegende Konzepte der Kognitiven Linguistik (vgl. Langacker 1987: bes. 59–60; Croft & Cruse 2004: 1, 292–295; Goldberg 2013: 16; Broccias 2013). Gleichzeitig, und ebenfalls in Anlehnung an die Kognitive Linguistik, werden in der Konstruktionsgrammatik Lexikon und Grammatik einer Sprache als ein Kontinuum von lexikalischen, über idiomatisierte und teilidiomatisierte Verbindungen bis hin zu abstrakten grammatischen Kategorien aufgefasst (Schemata in der Terminologie der Kognitiven Linguistik):

> In Construction Grammar, no strict division is assumed between the lexicon and syntax. Lexical constructions and syntactic constructions differ in internal complexity, and also in the extent to which phonological form is specified, but both lexical and syntactic constructions are essentially the same type of declaratively represented data structure: both pair form with meaning.
>
> (Goldberg 1995: 7)

Konsequenz dieses Kontinuumsgedankens ist, dass zwischen Lexikon und Grammatik nicht mehr kategorial zu unterscheiden ist – ein Gedanke, der uns auch schon im Rahmen der Grammatikalisierungsforschung begegnet ist. Vielmehr liegen die Unterschiede nun in differierenden Schematizitätsgraden begründet, die für Konstruktionen anzusetzen sind. Die wesentliche Neuerung konstruktionsgrammatischer Ansätze gegenüber herkömmlichen Grammatiktheorien besteht demnach darin, dass sowohl konkrete, d. h. lexikalisch gefüllte, als auch abstrakte grammatische Strukturen im weitesten Sinne Bedeutung tragen: Es handelt sich jeweils um symbolische Einheiten.[8]

Das grammatische System einer Sprache ist monostratal angelegt. Der Konstruktionsbegriff umfasst damit nicht, wie z. B. in der Generativen Grammatik, modulare und autonom angelegte grammatische Teilsysteme unterschiedlicher Gewichtung, die sich tiefenstrukturell durch Leerstellen, Transformationen oder auch durch derivationelle Ableitungen auszeichnen. Vielmehr ist für die Konstruktionsgrammatik ein holistischer Ansatz konstitutiv, in dem Phonologie, Morphologie und Syntax auf der Formebene sowie Semantik und Pragmatik auf der Bedeutungsebene direkt und gleichberechtigt miteinander verbunden sind (s. Abb. 2, übernommen aus der *Radical Construction Grammar* von Croft 2001). Sprache stellt sich demnach in der Konstruktionsgrammatik als ein nicht-autonomes kognitives Symbolsystem dar, wobei die Elemente einer Konstruktion semantisch und symbolisch miteinander in Beziehung stehen.

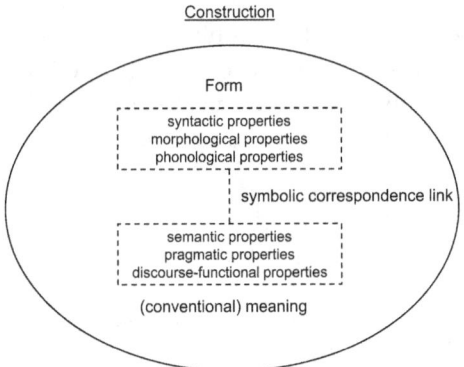

Abb. 2: Symbolische Struktur einer Konstruktion in der Radical Construction Grammar (nach Croft 2001: 18)

---

8 Vgl. dazu auch das Prinzip des „content requirement" in der Kognitiven Grammatik (z. B. Langacker 1987: 53–54).

Die Bedeutungsseite von Konstruktionen

Konstruktionen lassen sich nicht losgelöst vom Kontext beschreiben, in dem sie auftreten. Vielmehr ist für die Identifikation von Konstruktionen ein weiter Kontextbegriff einzubeziehen, der neben semantischen Merkmalen auch pragmatische, i. e. sprechaktbezogene, interaktionale, informationsstrukturelle, situationsbezogene, soziokulturelle und evtl. auch textsortenbezogene Informationen umfasst:[9]

> Another notion rejected by Construction Grammar is that of a strict division between semantics and pragmatics. Information about focused constituents, topicality, and register is represented in constructions alongside semantic information.
>
> (Goldberg 1995: 7)

So können Konstruktionen *templates* bspw. für die Turnproduktion und für das Turntaking ebenso bereitstellen, wie für den Satzmodus und für die Verwendung direkter Rede (vgl. Fischer 2008b und Finkbeiner & Meibauer 2016 für den Satzmodus, Deppermann 2011 für Turneinheiten sowie Stefanowitsch 2008 für die direkte Rede). Damit ist der Bedeutungsbegriff in der Konstruktionsgrammatik in zweifacher Hinsicht sehr weit gefasst: erstens hinsichtlich des möglichen Abstraktionsgrades einer Konstruktion und zweitens bezüglich des breiten enzyklopädischen und situationsbezogenen Wissens, das erforderlich ist, um eine Konstruktion adäquat erfassen zu können. Das zuletzt genannte Kriterium macht die Konstruktionsgrammatik damit besonders attraktiv, z. B. für die Grammatikalisierungsforschung und für die Interaktionale Linguistik, in denen dem Verwendungskontext ebenfalls ein hoher Stellenwert für die Beschreibung der Bedeutungs-/Funktionsseite eines Sprachzeichens beigemessen wird.[10] Die Annahme eines Semantik-Pragmatik-Kontinuums entbindet zudem von dem Umstand, zwischen semantischen und pragmatischen Bedeutungskomponen-

---

9 Hierfür verantwortlich ist u. a. eine enge Anbindung konstruktionsgrammatischer Ansätze an die Frame-Semantik Charles Fillmores (vgl. Goldberg 1995: 7, 25–27).
10 Siehe zum Zusammenhang von Konstruktionsgrammatik und Grammatikalisierung die Ausführungen in Diewald (2008), Hilpert (2011, 2013), Smirnova (2011), Traugott (2003, 2007, 2008a, b), Trousdale (2008a, b, 2010, 2012), Fried (2013), Traugott & Trousdale (2013), Gillmann (2016), Merten (2018: 103–123) sowie den Sammelband von Bergs & Diewald (2008b). Überschneidungsbereiche zwischen Konstruktionsgrammatik und Interaktionaler Linguistik werden diskutiert in Günthner & Imo (2006a), Auer (2006), Günthner (2006, 2008, 2009), Deppermann (2011), Fischer (2008a) und in den Sammelbänden von Günthner & Imo (2006b) sowie Günthner & Bücker (2009).

ten eines Sprachzeichens kategorial unterscheiden zu müssen.[11] Ich trage diesem Umstand im Folgenden durch die Bezeichnung „semantisch-pragmatische Bedeutung" Rechnung.

Das Konstruktikon
Konstruktionen stehen über ein Netzwerk von Knoten systematisch miteinander in Beziehung, und sie bilden in Form von Vererbungshierarchien ein komplexes kognitives System, das Konstruktikon („conceptual space" in der Terminologie von Croft 2001). Im Konstruktikon können Assoziationen zwischen einzelnen Konstruktionen sowohl auf der Form- als auch auf der Bedeutungs-/Funktionsebene taxonomisch organisiert sein. Der Schematizitätsgrad einer Konstruktion legt dabei fest, wo in der Netzwerkhierarchie eine spezifische Konstruktion anzusiedeln ist. Als instruktives Beispiel soll uns hier zunächst das Teilkonstruktikon der Perfektkonstruktionen im Deutschen nach Gillmann (2016: 9–10) dienen (s. Abb. 3).

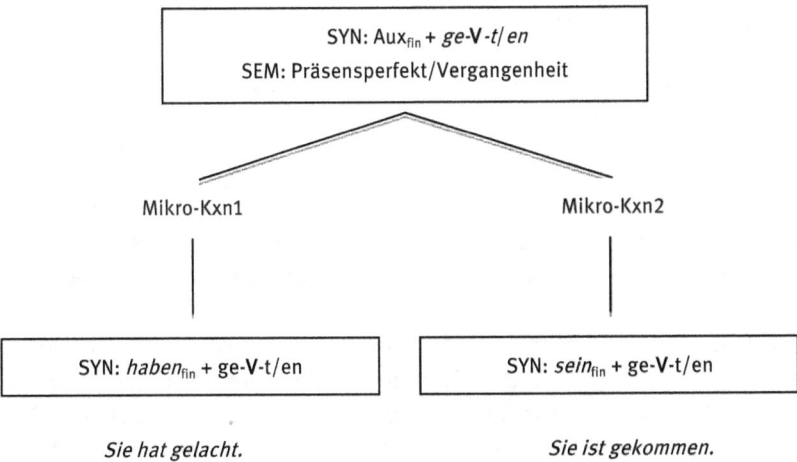

Abb. 3: Konstruktionsschema der Perfektkonstruktionen im Deutschen aus Gillmann (2016: 10)

Das Modell generalisiert anhand von Mikro-Konstruktionen (Mikro-Kxn) über Konstrukte hinweg (z. B. *Sie hat gelacht* und *Sie ist gekommen*), wobei sich die

---

11 Vgl. zu diesem Problem auch Levinson (1983: 1–53) sowie die Sammelbände von Szabo (2005) und Börjesson (2014).

beiden, hier primär aufgrund von formalen Kriterien (den beiden Hilfsverbtypen) angesetzten Mikrokonstruktionen formale (SYN) und funktionale (SEM) Eigenschaften teilen: Es handelt sich bei den Perfektkonstruktionen um Verbindungen aus einem Hilfsverb und einem Partizip II, die als Ganze Präsens-Perfekt bzw. Vergangenheitsfunktion ausdrücken. Die Notationsweise zeigt die Perfektkonstruktion dabei einerseits als eine untrennbare Einheit (i. e. als ein sprachliches Zeichen) von syntaktischer Form (SYN) und semantischem Inhalt (SEM) (vgl. Abb. 3).

Zudem beinhaltet die Notation Informationen über variable und obligatorische Bestandteile von Konstruktionen sowie über sog. Vererbungsrelationen, die über die verbindenden Linien dargestellt sind. In der Taxonomie höher stehende Konstruktionen sind damit abstrakter, d. h. sie weisen einen höheren Grad an Schematizität auf und sie vererben ihre formalen und/oder funktionalen Eigenschaften an darunter liegende, konkretere Konstruktionen weiter. „Vererbung" ist damit zu verstehen als ein gerichteter Transfer von morphosyntaktischen und semantisch-pragmatischen Eigenschaften einer Konstruktion auf eine andere, wodurch Ähnlichkeitsbeziehungen zwischen Konstruktionen zur Geltung kommen können:

> Constructions are typically associated with a family of closely related senses rather than a single, fixed abstract sense.
>
> (Goldberg 1995: 31)

Wie insbesondere Diewald (2006: 86) hervorhebt, weist das Prinzip der Vererbung in der Konstruktionsgrammatik damit eine Nähe zum Konzept der Analogie auf, wie es in der historischen Linguistik als einer der zentralen Mechanismen von Sprachwandel betrachtet wird. Dabei ist in konstruktionsgrammatischen Modellen auch eine multiple Vererbungsrelation zwischen Konstruktionen zulässig, d. h. die dominierte Konstruktion kann ihre Merkmale von verschiedenen dominanten Konstruktionen erhalten (Traugott & Trousdale 2013: 10); vgl. hierzu das Teilkonstruktikon in Abb. 4, wo 'Piano' semantische Merkmale sowohl von 'Möbelstück' als auch von 'Musikinstrument' erbt. Solche bedeutungs-, aber auch formseitig polyvalenten Vererbungsrelationen machen es mitunter unmöglich, einfache Eins-zu-Eins-Zuordnungen zwischen **einer** dominanten und **einer** indominanten Konstruktion anzusetzen. Goldberg (1995: 74–97) geht vielmehr von insgesamt vier Typen von Vererbungsrelationen zwischen Konstruktionen aus: Die Beispiel-von-Relation, die Teil-Ganzes-Relation, die Polysemie-Relation und die metaphorische Erweiterung.

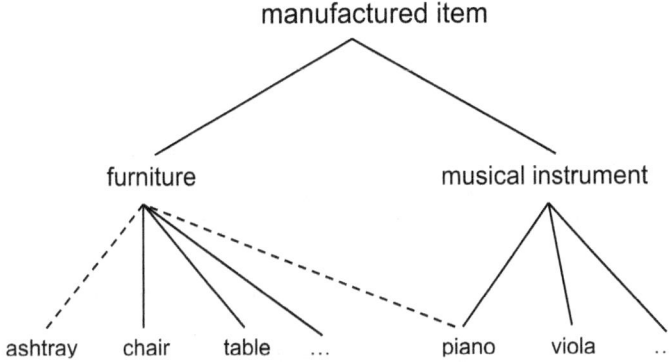

Abb. 4: Teilkonstruktikon angefertigter Objekte im Englischen aus Traugott & Trousdale (2013: 10)

Insbesondere der Polysemie-Relation kommt dabei der Autorin zufolge ein besonderer Stellenwert im Konstruktikon zu, da Konstruktionen in der Regel mehrere Bedeutungen haben, die eng zusammenhängen und die zudem häufig auf eine etymologische Verwandtschaft schließen lassen:

> *Polysemy links* capture the nature of the semantic relations between a particular sense of a construction and any extensions from this sense. The syntactic specifications of the central sense are inherited by the extensions;
> (Goldberg 1995: 75, Hervorhebung im Original)

> What is typical is neither ambiguity nor functional identity, but rather polysemy: the same form often has different but *related* functions.
> (Goldberg 2013: 19, Hervorhebung im Original)

Hinsichtlich ihrer inhaltlichen (und auch formalen) Ausprägung sind Konstruktionen dabei prototypisch organisiert, indem sich miteinander verwandte Bedeutungen um eine Kernbedeutung (*basic sense*) herum gruppieren. Solche Kernbedeutungen gilt es im Folgenden für die Verwendung des PersN-Artikels im Deutschen zu ermitteln.

Konstruktionen im Sprachvergleich

Konstruktionen sind sprach- und varietätenspezifisch ausgeprägt (vgl. Boas 2010). Doch können Generalisierungen über Einzelsprachen hinweg anhand von allgemeinen kognitiven Prinzipien, grundlegenden Erfahrungen der Sprachteilnehmer sowie über die Funktionen der involvierten Konstruktionen gefasst werden (Goldberg 1995: 70–76; Goldberg 2013: 16, 23–26). Konstruktionen sind demnach nicht vollständig arbiträr, sondern das Verhältnis von Form und Bedeutung ist bei Konstruktionen häufig (teil-)motiviert, so dass sich – ähnlich wie bei der Ausbildung von Grammatikalisierungspfaden – sprachenübergreifend auch wiederkehrende Konstruktionsschemata finden lassen. Konstruktionen lassen sich dabei auf verschiedenen Abstraktionsebenen miteinander vergleichen (s. unten). Für Sprachtypologie und Variationslinguistik bieten sich dadurch neue Vergleichsmöglichkeiten, die über den Vergleich von Regelwerken auf der einen Seite und von konkreten sprachlichen Realisationen auf der anderen Seite eine Fülle von Zwischenstufen zulassen (vgl. Hoffmann 2010; Hoffmann & Trousdale 2011). Exemplarisch sei hier die Studie von Verhagen (2007) erwähnt, in der drei Typen von Konstruktionen (*way*-Konstruktion, TIME-*away*-Konstruktion und Kausativkonstruktionen) im Englischen und Niederländischen miteinander verglichen wurden und wo gezeigt werden konnte, dass diese sich nicht nur hinsichtlich ihrer Struktur, sondern auch hinsichtlich der Konstruktionsparameter „Frequenz", „Produktivität" und „Schematizität" unterscheiden.

Gebrauchsbasierter Ansatz (Typen- und Token-Entrenchment)

Sprachliche Strukturen werden im Sprachgebrauch geformt. Aus einer gebrauchsbasierten Perspektive heraus können Konstruktionen demnach als konventionell etablierte Muster gefasst werden, die geteilte Eigenschaften über mehrere, einander ähnelnde Konstrukte repräsentieren. Damit rücken zunächst die konkrete Tokenstruktur und ihre Frequenz im Sprachgebrauch in den Fokus des Interesses. So treten Konstruktionen im Sprachgebrauch derart häufig auf, dass sie in Form von sog. *chunks* konzeptuell auch als Einheit verarbeitet und abgespeichert werden (Goldberg 2006; Bybee 2013). Dies gilt unabhängig davon, ob die Verbindung idiosynkratisch ist oder nicht. Mit dieser Annahme kann die Konstruktionsgrammatik bspw. erklären,

> dass mündliches Kommunizieren auch unter hohem Zeit- und Handlungsdruck deshalb funktioniert, weil viele, auch scheinbar komplexe Syntaxstrukturen bereits mehr oder weniger stark musterhaft festgelegt sind.
>
> (Auer 2007: 96)

Produktiv ist eine Konstruktion dann, wenn sich mit ihr viele neue Konstrukte bilden lassen. Dies ist der Fall, wenn die Slots einer Konstruktion durch eine Vielzahl an unterschiedlichen Lexemen besetzt sein können; Traugott & Trousdale (2013: 18) sprechen dann von einer hohen Typenfrequenz der betreffenden Konstruktion. Hiervon zu unterscheiden ist die Tokenfrequenz, die sich nach der Häufigkeit bemisst, in der eine Konstruktion überhaupt als Konstrukt physisch realisiert ist.

Mit dem Produktivitätsgrad einer Konstruktion eng verbunden ist ihr Grad an kognitiver Verfestigung (*entrenchment*; sowohl auf Typen- als auch auf Tokenebene) und an Schematizität. Schematizität rekurriert wie erwähnt auf den form- und/oder bedeutungsseitigen Abstraktionswert, dem eine Konstruktion zukommt. Eine hohe Schematizität liegt dann vor, wenn Konstruktionen über möglichst unterschiedliche Typen hinweg generalisieren.

Die Anzahl an Schematizitätsebenen innerhalb eines Teilkonstruktikons ist nicht festgeschrieben und kann vielmehr je nach Phänomen und je nach Feinkörnigkeit der Analyse unterschiedlich ausgeprägt sein.[12] Traugott & Trousdale (2013: 16–17) schlagen ein Modell vor, in dem verschiedene Grade an kognitiver Verfestigung und Schematizität nebeneinander gestellt und in Bezug zueinander gesetzt werden. Das von ihnen aufgestellte Mehr-Ebenen-Modell stellt dabei einen heuristischen, aber keinesfalls Uniformität anstrebenden Zugang zur Beschreibung und Analyse von Konstruktionen bzw. Schemata dar (vgl. Traugott 2008a: 236).[13] Illustrieren lässt sich dieses Modell am Beispiel von Ausdrücken zur Erfassung von Mengenverhältnissen im Englischen (s. Abb. 5).

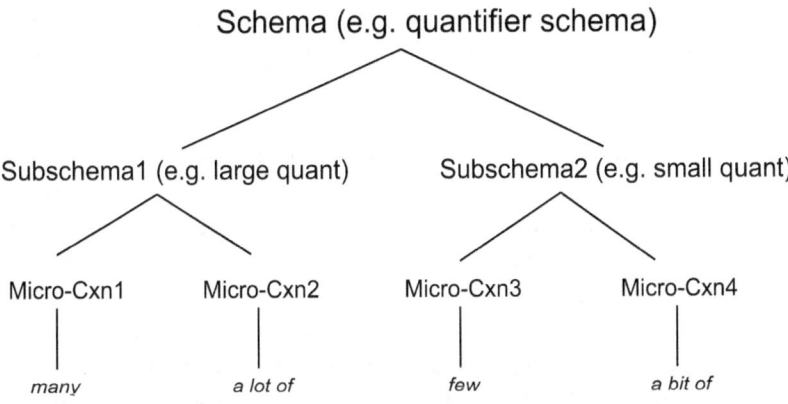

Abb. 5: Mehr-Ebenen-Modell für Konstruktionen unterschiedlicher Schematizität nach Traugott & Trousdale (2013: 17)

---

12 Siehe dazu Imo (2011a) und das von ihm – auf Basis der Granularitätstheorie von Bittner & Smith (2001) – in die Konstruktionsgrammatik eingebrachte Prinzip der Granularität sprachlicher Zeichen.

13 Traugott & Trousdale verwenden die Ausdrücke „Schema" und „Konstruktion" in ihrem Modell mitunter synonym (siehe dazu Traugott & Trousdale 2013: 16).

Bei Schemata handelt es sich demzufolge um prototypisch strukturierte Einheiten mit dem höchsten Abstraktionsgrad, der für das gegebene Phänomen relevant ist. Subschemata beinhalten hingegen mindestens eine spezifischere Information, im angeführten Beispiel handelt es sich um das semantische Merkmal, ob es sich bei der Mengenangabe um eine große oder kleine Menge handelt. Mikro-Konstruktionen sind die kleinsten Typen-Einheiten, die über Konstrukte hinweg generalisieren. Sie können im Gegensatz zu Subschemata auch phonologisch (teil-)spezifiziert sein. Bei Konstrukten schließlich handelt es sich um physisch realisierte Tokens, die gleichzeitig den Ort intraindividueller sprachlicher Innovation und interindividueller Konventionalisierung von Sprachzeichen darstellen.

Konstruktionen im Wandel

Konstruktionen sind konzeptueller Natur, insofern sie sich kontextgebunden im Sprachgebrauch herausbilden und als Entitäten holistisch über die Zeit hinweg verändern können. Hierbei sind es zunächst einzelne Parameter eines konventionalisierten Form-Bedeutungs-Paares, z. B. formale, funktionale, Verwendungs- oder auch Frequenzeigenschaften, die der Veränderung unterliegen, und die noch nicht zwingend zu der Ausprägung neuer Konstruktionen führen müssen. Dies ist erst der Fall, wenn der Sprachwandel existierende Konstruktionen nicht nur selektiv erfasst, sondern wenn sich im Konstruktikon neue Knoten, d. h. neue Form-Bedeutungspaare, herausgebildet haben.[14] Bei den in Abb. 5 dargelegten Schematisierungsebenen handelt es sich damit keinesfalls um starre distinktive Einheiten, vielmehr sind im Konstruktionswandel Verschiebungen in den relationalen Verhältnissen zwischen den einzelnen Abstraktionsebenen möglich, sodass z. B. existierende Konstruktionen zu opakeren Strukturen refunktionalisiert werden oder Konstruktionen in die Domäne anderer Konstruktionen expandieren können. Diese Verschiebungen sind häufig zumindest teilmotiviert. Wie Trousdale (2008a, b) herausstellt, weist die Entwicklung von Konstruktionen dabei dieselbe Unidirektionalität auf, wie es bei Grammatikalisierung der Fall ist, d. h., Konstruktionen werden zunehmend abstrakter, idiosynkratischer und kognitiv routinisierter. Neue Konstruktionen können demnach entstehen, indem grammatische Strukturen idiosynkratisch

---

[14] Die Unterscheidung entspricht der terminologischen Differenzierung von „Konstruktionswandel" (lokale Veränderungen innerhalb von Konstruktionen) und „Konstruktionalisierung" (Emergenz neuer Form-Funktionspaare) bei Traugott & Trousdale (2013).

werden oder indem spezifische Exemplare (Tokens) aus alten Konstruktionen reinterpretiert, d. h. über Konstrukte hinweg neu generalisiert werden:

> Constructional change begins when new associations between constructs and constructions emerge over time, i.e. when replication of tokens leads to provisional categorizations that were not available to language-users before and can therefore be called 'new'.
> (Traugott & Trousdale 2013: 17)

Wird für eine konkrete grammatische Struktur die Kompositionalität aufgegeben, führt dies zur Desemantisierung der integrierten Lexeme, zur Dekategorisierung der morphosyntaktischen Elemente sowie zu phonologischer Erosion und damit zu einer Diskrepanz zwischen Form und Funktion. Dies wird im Konstruktionswandel dadurch gelöst, dass eine neue, schematischere Konstruktion mit einer neuen Bedeutung entsteht (vgl. Bybee 2010: 37–48, 2013: 63). Doch übernehmen neue Konstruktionen zumindest teilweise die formalen und/oder funktionalen Eigenschaften der Konstruktionen, aus denen sie stammen (vgl. Traugott & Trousdale 2013: 200). Zwischen alter und neuer Konstruktion liegt damit häufig Heterosemie (in der Terminologie von Traugott & Trousdale 2013: 201) vor.[15] Abgeschlossen ist der Wandel einer Konstruktion, wenn diese in ihrer neuen Funktion konventionalisiert worden ist und wenn sich der formale, i. e. phonologische, morphologische und syntaktische Wandel nun auch nur noch auf die neu entstandene Konstruktion auswirkt. (Auch hier ist wieder eine Parallelität zwischen Konstruktionswandel und Grammatikalisierung anzusetzen.) Zur Beschreibung von Wandelprozessen zusammenfassend zu fragen ist demnach: 1. Auf welcher linguistischen Ebene findet der Sprachwandel statt (Phonologie, Syntax, Semantik/Pragmatik etc.)? 2. Auf welcher Schematizitätsebene spielt sich der Wandel ab (Mikrokonstruktion, Subschema, Schema)? und 3. Welches Konstruktionskriterium betrifft der Wandel (Schematizität, Produktivität, Kompositionalität)?

2.2.2 Operationalisierung der Konstruktionskriterien

Wie lassen sich die referierten Eigenschaften von Konstruktionen nun in ein kohärentes Forschungsdesign zur Beschreibung und Analyse des Artikelgebrauchs bei PersN überführen? Um eine konstruktionsgrammatische Modellie-

---

15 Traugott & Trousdale (2013: 200–201) differenzieren terminologisch zwischen „Heterosemie", der diachronen Bedeutungsrelation von Konstruktionen, und „Polysemie", der synchronen Bedeutungsrelation innerhalb eines (Sub-)Schemas von Konstruktionen.

rung des Phänomens zu rechtfertigen, muss zunächst gezeigt werden, dass sich die Bedeutung einer sprachlichen Struktur nicht kompositionell herleiten und auch nicht zur Gänze über andere Konstruktionen sowie aus allgemeinen pragmatischen Inferenzprozessen erklären lässt:

> [W]henever it is not possible to predict all of the facts about the use, internal composition, combinatory potential, or meaning of the pattern under study to some independently motivated principles or already known construction(s), it may become necessary to propose a separate construction.
>
> (Boas 2013: 235)

Eine form- und funktionsseitige Untersuchung des Phänomens kann demnach nicht isoliert stattfinden, sondern es ist eine integrierte Analyse aller sechs in Abb. 2 aufgeführten Form-Bedeutungsparameter anzustreben. Unter der Berücksichtigung der methodischen Anlage dieser Arbeit ist es so m. E. sinnvoll, am Konstruktionskriterium der Idiosynkrasie (enges Konstruktionskriterium) festzuhalten. Dies gilt auch deshalb, weil im Hinblick auf die kognitive Verfestigung einer Verbindung (erweitertes Konstruktionskriterium) zuverlässige Aussagen in historischen Korpora überhaupt nur frequenzbasiert möglich sind und für die rezenten Daten eine psycholinguistische Fundierung des *entrenchment*-Status den Rahmen des Leistbaren sprengen würde (dazu methodologisch Bencini 2013).

Ein Konstruktionsstatus kann weiterhin angesetzt werden, wenn für die grammatische Struktur eine besonders hohe Gebrauchsfrequenz und normative Erwartbarkeit sowohl auf der Typen- als auch auf Tokenebene nachweisbar ist (beide Ebenen korrelieren häufig miteinander). Aussagen über den Frequenzstatus einer Verbindung sind demnach valide nur datengestützt möglich, eine entsprechend hohe Affinität weist die Konstruktionsgrammatik für empirische Studien im Allgemeinen und für die Anwendung quantitativer Korpusanalysen im Speziellen auf (vgl. Stefanowitsch 2006; Gries 2013):

> [R]esearch in Construction Grammar has emphasized the importance of attested data, gathered from discourse or corpora.
>
> (Goldberg 1996: 69)

Auf der Bedeutungsseite umfasst die konstruktionsgrammatische Analyse insbesondere auch die Beschreibung gemeinsamer und unterschiedlicher Verwendungsweisen grammatischer Strukturen. So zeigen Studien zu Konstruktionen in Interaktionssituationen, dass Konstruktionen als Ergebnis routinierter Bearbeitungen von wiederkehrenden kommunikativen Aufgaben zu fassen sind. Konstruktionen dienen den Sprachteilnehmern damit als Orientierungsrahmen, auf den sie sich bei der Produktion und Rezeption kommunikativer Handlungen routinehaft beziehen können (vgl. Günthner 2006: 159). Zu klären ist, ob sich für den Gebrauch des PersN-Artikels bestimmte Kontexttypen resp. kommunikative Praktiken herausarbeiten lassen und wie es sich diesbezüglich mit dem Gebrauch artikelloser Formen verhält. Dies ist nur unter Berücksichtigung des Kontexts zu leisten, in dem ein konkreter Beleg auftritt. Um die Verbindung als Konstruktion fassen zu können, sollten sich demnach für bestimmte Verwendungsweisen Regelmäßigkeiten in Bezug auf die Kontexteinbettung einstellen. Ist dies der Fall, weisen die Kontexttypen auf den Konstruktionsstatus der Verbindung hin und sie stellen gleichzeitig die relevanten, für die Modellierung der Konstruktion zu berücksichtigenden funktionalen Merkmale bereit (vgl. Fischer 2008b; Bergs & Diewald 2009).

Ein Konstruktionsstatus kann weiterhin angenommen werden, wenn sich für Konstrukte mit Definitartikel und PersN Generalisierungen über verschiedene Schematizitätsebenen hinweg anbieten und wenn sich für die Knoten auf diesen Ebenen Vererbungsrelationen plausibel begründen lassen. Die Konstruktionsgrammatik ermöglicht es dabei, Spezifikationen von unterschiedlicher Detailliertheit vorzunehmen und gleichzeitig einer Konstruktion als Ganzheit Merkmale zuzuweisen. Vererbungen könnten sich z. B. dergestalt abzeichnen, dass die Verbindung semantisch-pragmatische Merkmale von anderen Verbindungen aus Nomen und vorangestelltem Determinierer erbt, z. B. von solchen mit Possessivpronomina oder Indefinitartikel. Vererbung kann außerdem von Konstruktionen mit anderen Namentypen ausgehen, etwa von solchen, die obligatorisch mit Definitartikel verwendet werden, z. B. bestimmte Toponyme und Produktnamen (dazu Kap. 1.1), oder die ebenfalls ein inhärent definites Nomen beinhalten, wie es etwa bei Unika der Fall ist.

Wie in Kap. 2.2.1 ausgeführt, kann sich konstruktioneller Wandel zunächst in verschiedenen Zeichenparametern niederschlagen (Form, Bedeutung, Verwendung, Frequenz). Der Auftretensfrequenz eines Form-Bedeutungspaares kommt dabei ein indexikalischer Wert zu, wenn es darum geht, den Bedeutungswandel einer Konstruktion zu fassen:

> Changes in form and meaning can be studied through frequency measurements of variant forms. One variant of a construction may become more frequent over time, thus altering the prototype of that construction.
>
> (Hilpert 2013: 459)

Somit gilt es, für die historische wie rezente Untersuchung von Verbindungen aus Definitartikel und PersN in einem ersten Arbeitsschritt ausreichend viele Korpusbelege zu sammeln, die möglichst die ganze Bandbreite an Verwendungen abdecken. Auf dieser Basis lässt sich im Folgenden eine detaillierte Analyse der Verwendungsweisen von Einzelbelegen durchführen, wodurch wiederum Generalisierungen über Kontexttypen (im Sinne der Grammatikalisierungstheorie Himmelmannscher Prägung) hinweg möglich sind. In einem dritten Schritt können die analysierten Einzelbelege schließlich auf formale und funktionale Gemeinsamkeiten hin überprüft und typisiert werden, um sie dann als im Sprachgebrauch realisierte (Sub-)Konstruktionen auszuweisen.

Hierbei ist zu berücksichtigen, dass für die Konstruktionsbestimmung nicht nur die individuellen Vorkommen des PersN-Artikels untersucht werden müssen, sondern es müssen auch formal und bedeutungsseitig ähnliche Konstruktionen in die Analyse mit einbezogen werden, um gewährleisten zu können, dass Generalisierungen über Mikrokonstruktionen hinweg nicht nur den PersN-Artikel betreffen (dies würde dann einen geringen Erklärungsmehrwert für das Teilkonstruktikon bedeuten), sondern auch andere Konstruktionen, die über ihre – wenn auch teils nur marginal differierenden – Eigenschaften dennoch zur Ausbildung eines übergeordneten Schemas beitragen können.

Der PersN-Artikel als Teil eines Konstruktionsschemas

Zusammenfassend und im Vorgriff auf die empirische Untersuchung sei angeführt, dass Verbindungen aus Definitartikel und PersN im Deutschen mehrere Kennzeichen einer Konstruktion im Sinne der Konstruktionsgrammatik aufweisen können. Auf der Grundlage der bisherigen Forschung lässt sich hierfür folgende Evidenz anführen:

1. Bei der Verbindung handelt es sich um ein Form-Bedeutungspaar, deren Bedeutung/Funktion nicht kompositionell erschlossen werden kann – denn wenn es so wäre, wäre die Verwendung des Definitartikels hier hochgradig redundant und gleichzeitig wäre der PersN gegenüber anderen Namentypen, wie z. B. gegenüber Orts- und Ländernamen, paradigmatisch austauschbar.
2. Die Verbindung ist (zumindest in bestimmten Varietäten) hoch frequent und weist damit vermutlich auch einen hohen Grad an kognitiver Verfestigung bei den Sprechern dieser Varietäten auf.
3. Die Verbindung ist (zumindest in bestimmten Varietäten) sozio-pragmatisch stark aufgeladen. Dies zeigt sich nicht zuletzt in differenten Hörerbewertungen, die der grammatischen Struktur entgegengebracht werden. Für die Beschreibung der Bedeutungsseite der Verbindung sind demnach neben semantischen auch diskurspragmatische, i. e. kontextuelle Parameter mit einzubeziehen. Diese sollen im Folgenden – sofern vorhanden – aus der In-

teraktion bzw. aus dem Äußerungsdiskurs der Sprachbelege gewonnen werden.
4. Die Verbindung steht in einem Netz an Konstruktionen, die allesamt der NP-Struktur zuzurechnen sind und die allgemein zur Wortartenmarkierung und zur Determinierung des Referenten dienen. Hierbei ist mit Vererbungsbeziehungen zwischen lexikalisch verschieden gefüllten NP-Strukturen zu rechnen.
5. Der Wandel der Verbindung trägt Merkmale eines Konstruktionswandels. Zum einen äußert sich dies in den Veränderungen der formalen und funktionalen Ausprägungen der grammatischen Struktur, zum anderen manifestiert sich der Wandel aber auch in Verschiebungen der Schematizitätsverhältnisse, wie sie für das Teilkonstruktikon im Vergleich der untersuchten Sprachstufen zueinander anzusetzen sind.
6. Die Verbindung ist eine typisch gesprochensprachliche Form, die ihre Bedeutung zumindest partiell aus dem Äußerungskontext erhält. So werden die empirischen Auswertungen u. a. zeigen, dass die Verwendungsbedingungen des PersN-Artikels in hohem Maße interaktiv definiert sein können.
7. Die Verbindung weist systematisch Polysemie auf. Diachron sind hierfür Bedeutungsverschiebungen auf den einzelnen Konstruktionsebenen verantwortlich, in den betrachteten rezenten Varietäten machen sich die Etappen der Bedeutungsverschiebung als koexistierende Bedeutungsvarianten – im Sinne des *layerings* bei Hopper (1987) – bemerkbar.

3 Der Definitartikel im Deutschen

Es liegt nun nahe, für die Funktionsbestimmung des PersN-Artikels zunächst von den in der Forschung allgemein gut untersuchten Verwendungsweisen des Definitartikels bei APP auszugehen, um diese dann ggf. zu modifizieren und auf die speziellen kommunikativen Bedürfnisse abzustimmen, die die Verwendung von PersN mit sich bringen. Ich lasse es damit zunächst noch offen, ob es sich bei der Verwendung des Definitartikels bei PersN und APP um zwei Schemata (im Sinne von Traugott & Trousdale 2013) oder um eines handelt. Für die Artikelformen gilt zudem, dass diese beim Gebrauch von Namen und APP im Deutschen identisch sind (= fehlende Dissoziation), der im Folgenden referierte Forschungsstand gilt deshalb bis auf weiteres auch für die Formen des PersN-Artikels.[1]

Kap. 3 ist wie folgt strukturiert. Kap. 3.1 dient zunächst der terminologischen Abgrenzung des Definitartikels, insbesondere von den Pronomina, aber auch vom Indefinit- und Nullartikel im Deutschen. Im Folgenden wird der Definitartikel unter formalen Gesichtspunkten behandelt und die formalen Ausprägungen in Bezug zu den morphologischen Kategorien Kasus, Numerus und Genus gesetzt (Kap. 3.2). Es folgt ein Kapitel (Kap. 3.3) zu den funktionalen Eigenschaften des Definitartikels im Deutschen, ehe abschließend formale und funktionale Unterscheidungsmöglichkeiten zwischen Definitartikel und Demonstrativum diskutiert werden (Kap. 3.4).

3.1 Zur Terminologie

In der Wortartenlehre zum Deutschen lassen sich Artikel in einer übergeordneten Klassifikation – und je nach theoretischer Schule unterschiedlich – den Artikelwörtern (u. a. Eroms 2000: 255–266; Helbig & Buscha 2001: 320–322) bzw. Determinierern (u. a. IDS-Grammatik 1997: 33–34, 1929–1933; Engel 2004: 312–334) zuordnen. Diese Einordnung betrifft all jene Wortformen, die 1. adnominal gebraucht werden, 2. zusammen mit dem Nomen eine NP bilden, 3. innerhalb der NP eine fixe Position einnehmen, 4. mit dem Bezugsnomen in Genus,

---

[1] Nicht auszuschließen ist, dass es in einzelnen Dialekten Dissoziation zwischen den Artikelformen bei PersN und bei APP gibt, wie es z. B. für austronesische Sprachen berichtet wurde (vgl. Lynch, Ross & Crowley 2002; Himmelmann 2005). Die Ausführungen in Caro Reina (2016) deuten dies zumindest auch für das Pfälzische an. Diesbezüglich sind allerdings Folgestudien anzustreben, die das Phänomen auf einer breiten empirischen Grundlage untersuchen.

Numerus, Kasus und Person kongruieren, 5. auf Adjektive von adjektivisch erweiterten Nomen Rektion ausüben sowie 6. (mit Einschränkungen) in derselben Form auch nicht selbständig auftreten können. Es gilt zudem 7., dass Determinierer selbst nicht miteinander koordiniert werden können.[2] Mit den aufgeführten Kriterien werden Determinierer weit gefasst, inkludiert sind neben „Artikel[n] im engeren Sinne" (Heidolph, Flämig & Motsch 1981: 591; Helbig & Buscha 2001: 322), dem Definit-, Indefinit- und Nullartikel, auch alle adjektivischen, d. h. syntaktisch adnominal verwendeten Demonstrativ-, Possessiv-, Interrogativ- und Indefinitpronomina.[3] Doch sind die funktionalen und distributionellen Zusammenhänge zwischen dem Definit-, Indefinit- und Nullartikel wohl größer als die zu den anderen Determinierern. Aus Gründen der Beschreibungsökonomie beschränke ich mich deshalb für die weiteren Ausführungen auf die drei genannten Wortklassen.[4] Die Bezeichnung „Definitartikel" möchte ich dabei hier wie im Folgenden als Chiffre für ein bestimmtes Grammem verstanden wissen, das im Deutschen historisch aus einem Demonstrativum entstanden ist und das im Sprachgebrauch multifunktional eingesetzt wird. So soll seine Verwendung nicht implizieren, dass mit der Wortform eine bestimmte Funktion, die der Anzeige von Definitheit, konstitutiv ist. Insbesondere für das kookkurrente Auftreten des Definitartikels mit EigenN wäre eine solche Verengung der Funktionsbereiche nicht sinnvoll, wie der Problemaufriss in Kap. 1.1 gezeigt hat.

Üblicherweise werden zählbare Nomen im Schriftdeutschen (und mehr noch in den Dialekten; vgl. Eroms 1988; Studler 2011) von einem Artikel begleitet. Seine Nichtsetzung ist hingegen als markiert zu bezeichnen und umfasst nur bestimmte Verwendungsweisen wie Anredeformen, Textüberschriften und bestimmte Redewendungen (vgl. Grimm 1987: 120–193; Helbig & Buscha 2001:

---

2 Zu Ausnahmen siehe Helbig & Buscha (2001: 320–321) und Duden-Grammatik (2016: 249–250).

3 Die funktionale und syntaktische Nähe zwischen Artikelwort und Pronomen findet terminologisch Ausdruck in Bezeichnungen wie „Demonstrativ-Artikel", „Possessiv-Artikel", „Interrogativ-Artikel" etc. (z. B. Weinrich 2005). In dieser Arbeit wird „Artikel" nur für den Definit-, Indefinit- und Nullartikel verwendet, ansonsten spreche ich von (attributiv gebrauchtem) Demonstrativum, Possessivum etc.

4 In eine ähnliche Richtung geht der Vorschlag von Weinrich (2005: 432), der zwischen einfachen und spezifischen Artikeln unterscheidet und dies damit begründet, dass die spezifischen Artikel Merkmale mit den einfachen Artikeln teilen, darüber hinaus aber weitere, insbesondere semantische Merkmale beinhalten. Mit Hentschel & Weydt (2013: 209) bleibt allerdings festzuhalten, dass die Grenze zwischen Artikeln und anderen Determinierern nicht immer einfach zu treffen ist. Dies legen auch die historischen Analysen zum Deutschen von Oubouzar (1992) sowie die sprachtypologischen Untersuchungen von Himmelmann (1997) nahe.

338–350; D'Avis & Finkbeiner 2013). In der Regel bestimmt dabei der Kontext, ob ein Nomen den Definitartikel, den Indefinitartikel oder keinen Artikel erhält (s. Kap. 3.3). Die Duden-Grammatik (2016: 293) spricht für eine solche, kontextgebundene Setzung von einem „freien" Artikelgebrauch. Beim „gebundenen" Gebrauch, wie er z. B. in festen Redewendungen und in bestimmten Syntagmen auftritt, fehlt die Wahlmöglichkeit hingegen weitgehend, der Artikel steht hier obligatorisch oder eben gerade nicht. Für das obligatorische Fehlen eines Artikels vor einem Nomen, bzw. vor einer NP, finden sich in der Forschung verschiedene Bezeichnungen. Ich verwende im Weiteren den Terminus „Nullartikel" und gehe davon aus, dass die Abwesenheit des Artikels in bestimmten Kontexten spezifische semantische und morphosyntaktische Funktionen erfüllt.[5]

3.2 Die Formen

In einem ersten Zugriff lässt sich der Definitartikel formal aufspalten in ein *d*-Element mit semantisch-pragmatischer Funktion und eine vokalisch-konsonantische Segmentabfolge, welche morphologische und syntaktische Funktionen zum Ausdruck bringt. Inwiefern den Elementen dabei ein je eigener morphologischer Status zukommt, wie es z. B. Fleischer (1967: 133) hervorhebt, muss an dieser Stelle offen bleiben. In jedem Fall ist aber für den Artikel im Deutschen allgemein von einer hohen Systematizität in der Formenbildung auszugehen, die wir im Folgenden für den Definitartikel näher beleuchten wollen.

Beginnen wir mit dem Formenparadigma für das Schriftdeutsche und für den gesprochenen Standard. Dort bleibt das *d*-Element bei allen morphologischen Kategorien erhalten, nur die Form des Stammes ändert sich, und zwar sowohl vokalisch als auch auslautend konsonantisch (s. Tab. 2). Das Paradigma des Definitartikels ist dabei weitgehend identisch mit dem der pronominalen Flexion, lediglich der Genitiv der Maskulina und Neutra hat beim Artikel einen anderen Vokal als der Nominativ und Akkusativ des Neutrums.

---

[5] Die Annahme eines Nullartikels im Deutschen ist in der Forschung nicht unumstritten. Während ihn die meisten Grammatiken ansetzen (z. B. Helbig & Buscha 2001; Weinrich 2005; Hentschel & Weydt 2013) findet sich Widerspruch dazu etwa bei Bisle-Müller (1991: 157) und Eroms (2000: 255).

Tab. 2: Paradigma des Definitartikels im Schriftdeutschen

	Mask	Neut	Fem	Pl
Nom	d-er	d-as	d-ie	d-ie
Akk	d-en	d-as	d-ie	d-ie
Dat	d-em	d-em	d-er	d-en
Gen	d-es	d-es	d-er	d-er

Wie Eisenberg (2013a: 166–168; vgl. Wiese 1996; Bittner 2002) herausgearbeitet hat, verhält sich das Paradigma damit ikonisch hinsichtlich Kasus. So kodieren Dativ und Genitiv, welche gegenüber Nominativ und Akkusativ als restringiert gelten können (z. B. Wunderlich 1985), diese Markiertheit auch formseitig, indem sie in allen Genera und im Plural durch schwerere Suffixe gekennzeichnet sind und/oder formal weiter differenziert sind. Darüber hinaus zeichnen sich Kasussynkretismen für Nominativ und Akkusativ bei Neutra, Feminina und im Plural sowie zwischen Dativ und Genitiv bei Feminina ab. Mit Ausnahme des Dativs sind zudem die Formen bei Feminina und im Plural identisch.

Alle Formen des Definitartikels sind im Deutschen einsilbig und im Normalfall (s. unten) auch unbetont. Der Artikel wird damit zur Fußbildung entweder nach links integriert oder er bildet einen unbetonten Auftakt zum folgenden Fuß, in jedem Fall kann er aber keinen eigenen Fuß bilden. Dies hat im Deutschen Formenreduktionen zur Folge, und zwar insbesondere dann, wenn der Artikel einer Präposition postponiert ist („Präposition-Artikel-Enklise"). Phonologisch sind Verschmelzungsprozesse mit Stammaffizierung (*in dem → im, an dem → am* etc.) und Fusionierungsprozesse ohne Stammaffizierung (*in das → ins, vor dem → vorm* etc.) zwischen Präposition und Artikel zu konstatieren, wobei die Enklise in keiner Kombination zu einer vollständigen Tilgung des Artikels führt, vielmehr die finale Segmentposition als Träger morphologisch relevanter Information von der Tilgung obligatorisch ausgenommen ist (vgl. Wiese 1988: 184). Hierdurch wird auch nach der Klitisierung noch morphologische Transparenz (z. B. beim Kasus) gewährleistet. Einschränkend ist zu beachten, dass nicht alle Kombinationen aus Präposition und Artikel im Deutschen der Enklise unterliegen bzw. die Enklise hinsichtlich ihrer Gebrauchsfrequenzen unterschiedlich weit vorangeschritten ist. Nübling (2005a) schreibt in diesem Zusammenhang von der Präposition-Artikel-Enklise als „Grammatikalisierungsbaustelle" und verdeutlicht dabei, dass das Voranschreiten der Klitisierung im Deutschen multifaktoriell gesteuert ist, indem sowohl phonologische als auch morphologische und semantische Faktoren darüber entscheiden, wie klitisierungsfreudig eine Kombination aus Präposition und Artikel ist (s. Kap. 6.5.3).

Die gesprochene Sprache und insbesondere auch die regionalen Varietäten des Deutschen zeichnen sich demgegenüber durch eine starke Formenreduktion für den Definitartikel aus, die mitunter zu einer nichtsilbischen Realisation oder sogar zu seiner Tilgung führen kann. Dies hat gegenüber dem Schriftdeutschen ein Mehr an Synkretismen zur Folge, die ich an dieser Stelle anhand von ausgewählten Beispielen (Paradigmen) diskutieren möchte.

So stellt sich nach Kohler (1995: 215) bereits für den gesprochenen Standard eine Reduktion des (unbetonten) Definitartikels dar, die entsprechenden Reduktionsformen und ihre korrespondierenden Vollformen sind in (1) dargestellt.[6]

(1) *der* [deɐ] → [dɛɐ] → [dɐ]
    des [dəs]
    dem [dem] → [dəm] → [dm] → [m]
    den [den] → [dən] → [dn] → [n], [m], [ŋ]
    das [s]

Die Reduktion vollzieht sich in verschiedenen Graden, in Abhängigkeit z. B. von der Sprechgeschwindigkeit und dem phonetischen Kotext und betrifft zunächst hauptsächlich die vokalischen Bestandteile, die von einer Vollform zu einem Reduktionsvokal geschwächt werden. Weitere Reduktionsschritte sind die Vokaltilgung und die Tilgung des anlautenden Plosivs, sodass, wie bei der Präposition-Artikel-Enklise, lediglich die finalen Konsonanten (v. a. silbische und nichtsilbische Nasale) erhalten bleiben. Mit Ausnahme der [m]-Form, die eine reduzierte Variante von *dem* und *den* darstellen kann (bei *den* wohl nur als Assimilationsform), sind alle anderen Varianten auch in der maximal reduzierten Form distinkt, was erklären mag, warum *des* (Genitiv, Maskulinum und Neutrum) auch in der Reduktionsform seine Segmente weitgehend behält (potentieller Synkretismus zu der Reduktionsform von *das*).

---

6 Die Ausführungen bei Kohler beziehen sich auf das Datenkorpus des „Instituts für Phonetik und digitale Sprachverarbeitung" (IPDS) in Kiel mit Sprechern der norddeutschen (nordd.) Standardaussprache (vgl. Kohler 1995: 227). Sehr ähnliche Realisationsformen für das Standarddeutsche nimmt auch Harweg (1989: 29) an.

Ein System, in dem die Reduktion des Definitartikels maximal weit vorangeschritten ist, findet sich z. B. im Berndeutschen (Höchstalemannisch), vgl. Tab. 3.[7]

Tab. 3: Paradigma des Definitartikels im Berndeutschen (nach Nübling 1992: 201; vereinfachte Darstellung)

	Mask	Neut	Fem	Pl
Nom	[dər], [dr]	[ts], [s]	[t], [p], [Ø]	[t], [p], [Ø]
Akk	[dər], [dr]	[ts], [s]	[t], [p], [Ø]	[t], [p], [Ø]
Dat	[əm], [am]	[əm], [am]	[dər], [ər]	[də]

Dort kann in Abhängigkeit von der morphologischen Kategorie jede Segmentposition getilgt werden, vor stimmlosen Plosiven und den entsprechenden Affrikaten fällt der Artikel bei Feminina und im Plural mitunter sogar ganz aus. Im Paradigma verhält sich der Artikel dabei vollständig synkretisch zwischen Nominativ und Akkusativ sowie im Dativ zwischen Maskulina und Neutra und darüber hinaus auch weitgehend synkretisch zwischen Singular Feminina und Plural (alle Genera).

Die Arbeit von Shrier (1965) bietet eine Zusammenschau, die die verschiedenen Kasussynkretismen beim Artikel in den deutschen Dialekten behandelt (vgl. dazu auch Mironow 1957; Schirmunski 1962; Rowley 2004; Rauth 2016: 116–122). Demnach sind Formenzusammenfälle beim Definitartikel allgemein seltener zu finden als beim Indefinitartikel und bei Maskulina seltener als bei Neutra und Feminina. Nominativ, Akkusativ und Dativ sind synkretisch insbesondere in Küstenregionen des Nd. (mit der Einheitsform [də], z. B. in der Region Schleswig nach Bock 1933: 81), bei Feminina und Neutra auch in südlicheren Arealen des Nd. und im Ostmitteldeutschen (Omd.). Für weite Teile des Nd. ist dabei von einem einheitlichen Objektkasus (Obliquus) auszugehen, Formendistinktionen und -zusammenfälle spielen sich damit in den Kategorien Nominativ und Nicht-Nominativ ab, wie Tab. 4 zeigt.

---

[7] Der Genitiv ist im Berndeutschen – wie in den meisten Dialekten im deutschsprachigen Raum – nicht produktiv, die entsprechenden Formen fehlen deshalb hier wie auch im Folgenden.

Tab. 4: Paradigma des Definitartikels im Niederdeutschen (nach Lindow et al. 1998: 151; lautlich angepasst)

	Mask	Neut	Fem	Pl
Nom	[də]	[dat]	[də]	[də]
Nicht-Nom	[dən]	[dat]	[də]	[də]

Synkretismen zwischen Akkusativ und Dativ treten darüber hinaus in nördlichen Teilen des Md. auf, solche zwischen Nominativ und Akkusativ (mal zugunsten der Nominativform, mal zugunsten der Akkusativform) im Alemannischen (inkl. Schweiz und Elsass), in weiten Teilen des Westmitteldeutschen (Wmd.) und auch in Regionen des Nd. (vgl. Mironow 1957: 407–408; Rauth 2016: 118–119). Bzgl. Feminina und Neutra sind die Artikel im Nominativ und Akkusativ (wie auch im Schriftdeutschen) überall im deutschen Sprachgebiet synkretisch. Distinktivität in allen drei Kasus besteht bei den Maskulina in einem Streifen, welcher sich nach den Karten in Shrier (1965) vom Alemannischen und Schwäbischen über das Wmd. bis in die südlichen Areale des Nd. erstreckt; hierzu exemplarisch das Paradigma des Dialekts von Stuttgart in Tab. 5.

Tab. 5: Paradigma des Definitartikels im Dialekt von Stuttgart (nach Frey 1975: 154)

	Mask	Neut	Fem	Pl
Nom	[dər]	[s]	[d]	[d]
Akk	[də]	[s]	[d]	[d]
Dat	[əm]	[əm]	[dər]	[de]

Arbeiten zur arealen Verbreitung von Formensynkretismen bzgl. Genus und Numerus am Definitartikel gibt es m. W. nicht. Im Singular kann die Genusunterscheidung teilweise aufgegeben sein, wie die aufgeführten Paradigmen für das Nd. (Teilsynkretismen bei Maskulina und Feminina) und das Berndeutsche (Teilsynkretismen zwischen Maskulina und Neutra bzw. Maskulina und Feminina) belegen. Zudem ist der Plural im Deutschen überhaupt, d. h. auch im Schriftdeutschen, genusneutral. Außerdem besteht eine Affinität für den Formenzusammenfall bei Feminina im Singular und Plural. Das Genus im Singular hingegen bleibt trotz reduzierter Artikelform häufig distinkt. Partielle Synkretismen im Artikelsystem treten aber dennoch auf, nach Tab. 4 etwa im Nd. zwischen Singular Nominativ Maskulinum und Singular Femininum mit der Einheitsform [də] (vgl. Wahrig-Burfeind 1998: 320).

3.3 Die Funktionen

Der Definitartikel erfüllt im Deutschen vielfältige und sehr unterschiedliche Aufgaben, die im Folgenden näher beleuchtet werden sollen. Eine Aufgabe, die der Kodierung morphologischer Informationen, ist in Kap. 3.2 bereits behandelt worden. Mit der verstärkten Abnahme der Substantivflexion in der Diachronie des Deutschen geht eine zunehmende funktionale Belastung der Flexionsmorpheme am Artikel für die Bezeichnung von Genus, Kasus und Numerus einher, das gehäufte Vorkommen von Synkretismen in den gesprochenen Varietäten des Deutschen belegt aber, dass es sich hierbei nur um eine von mehreren Funktionsweisen des Artikels handeln kann.[8]

So besteht die zentrale Aufgabe des Artikels in der Anzeige der Determiniertheit eines nominalen Ausdrucks, wie z. B. Eroms (1989: 311) betont: „[...] daß die Grundleistung der Artikel in einer Delimitation nominaler Ausdrücke im Verhältnis von 'Individuation' zu 'Klasse' zu suchen ist". Die Determination kennt dabei zwei Referenzweisen: eine definite und eine indefinite. In dieser Funktion opponieren im Deutschen Definitartikel, Indefinitartikel und Nullartikel miteinander, wie Tab. 6, basierend auf Hentschel & Weydt (2013: 211), zeigt:

Tab. 6: Merkmalszuordnung für Artikelwörter bei Nomen im Singular

	spezifisch	unspezifisch
Identifizierbar	Definitartikel	Nullartikel
nicht identifizierbar	Indefinitartikel	

Eine definite Referenz liegt demnach typischerweise dann vor, wenn das Objekt, auf das mit dem nominalen Ausdruck referiert wird, für den Sprecher hinreichend spezifisch und für den Adressaten gleichzeitig identifizierbar ist (z. B.

---

[8] Umgekehrt ist es nicht schlüssig, warum in Vater (1963: 30, 122) dem Artikel die Rolle als Kasus-, Numerus- und Genusanzeiger abgesprochen wird. Tatsächlich bietet Ronneberger-Sibold (1991 et seq.) für die vermeintliche morphosyntaktische Redundanz des Artikels einen Lösungsvorschlag an, indem sie die Flexion des Determinierers und die des Substantivs als gleichwertige Bestandteile eines klammernden Verfahrens interpretiert (s. dazu unten).

Hund und *Tür* in (2a): Es handelt sich für den Sprecher um einen bestimmten Hund, für den Hörer ist dieser eindeutig identifizierbar). Bei der Verwendung des Indefinitartikels in (2b) hingegen kann nur der Sprecher, nicht aber der Hörer Referenz herstellen, für (2c) sind zwei Lesarten möglich (es kann sich für den Sprecher um einen spezifischen oder unspezifischen Hund handeln) und bei der Verwendung des Nullartikels in (2d) ist *Wein* im Hinblick auf den Sprecher unspezifisch gemeint, für den Hörer ist das Objekt aber jederzeit als solches identifizierbar.

Das Modell ist noch um die plurale Verwendung von Nomen zu ergänzen. So evoziert *Hunde* mit Nullartikel in (2e) sowohl eine unspezifische als auch eine nicht identifizierbare Lesart, was der generischen Determination, z. B. bei Oomen (1977), entspricht. Der Gebrauch des Definitartikels bei nominalen Ausdrücken im Plural (in (2f)) ist grundsätzlich möglich (vgl. Barton, Kolb & Kupisch 2015), bzgl. Spezifität und Identifizierbarkeit verhalten sich die Ausdrücke dann wie singuläre Referenzausdrücke mit Definitartikel (also spezifisch und identifizierbar).

(2)   a. Der Hund sitzt vor der Tür. → SPEZIFISCH, IDENTIFIZIERBAR
     b. Ein Hund sitzt vor der Tür. → SPEZIFISCH, NICHT IDENTIFIZIERBAR
     c. Ich schenke meiner Tochter einen Hund. → SPEZIFISCH oder UNSPEZIFISCH, NICHT IDENTIFIZIERBAR
     d. Ich trinke gerne Wein. → UNSPEZIFISCH, IDENTIFIZIERBAR
     e. Hunde bellen. → UNSPEZIFISCH, NICHT IDENTIFIZIERBAR
     f. Die Hunde bellen. → SPEZIFISCH, IDENTIFIZIERBAR

Tab. 6 verdeutlicht somit, dass die Verwendungsweisen speziell des Definitartikels unter das Konzept der Bezugnahme subsumiert werden können: Mittels eines definiten nominalen Ausdrucks kann auf ein Referenzobjekt Bezug genommen werden. Damit der Bezug gelingt, muss der nominale Ausdruck eindeutig referieren, d. h. er muss für den Sprecher hinreichend spezifisch und für den Hörer identifizierbar sein. Der Definitartikel leistet hierfür einen entscheidenden Beitrag, er zeigt mengensemantisch betrachtet typischerweise Token-Referenz an, während bei der Verwendung des Indefinitartikels Typen-Referenz vorliegt:[9]

---

[9] Eine Ausnahme stellen generische Verwendungen dar, bei denen im Deutschen auch mit dem Definitartikel Typen-Referenz angezeigt werden kann (z. B. *Der Hund ist ein Säugetier*). Bedingung für eine generische Lesart unter Verwendung des Definitartikels ist der IDS-Grammatik (1997: 1958) zufolge, dass der Kontext keinen Anhaltspunkt dafür liefert, ein be-

(3) a. Der Hund sitzt vor der Tür. → Token-Referenz
    b. Ein Hund sitzt vor der Tür. → Typen-Referenz

Ist im Diskurs die Transformation eines Typen in ein Token einmal erfolgt, erfüllt jeder weitere Gebrauch des Definitartikels ausschließlich anaphorische Funktion. Mit dem Definitartikel wird nunmehr signalisiert, dass das Objekt, auf das mit dem zugehörigen Nomen referiert wird, zuvor bereits eingeführt wurde und im Kontext etabliert ist. Hierzu nochmals Eroms (1988: 281):

> Die Aufgaben des bestimmten Artikels liegen [...] primär darin, für ein (positiv bestimmtes) Diskursuniversum die darin vorkommenden Referenzobjekte als etabliert und das Diskursuniversum selber damit als gültig zu signalisieren.

Darüber hinaus kann durch den fortwährenden Gebrauch des Definitartikels die Token-Referenz im Diskurs tradiert und Definitheit damit generell sichtbar gemacht werden, und zwar selbst dann, wenn sie aus funktionalen Gesichtspunkten redundant ist (dazu Leiss 2000: bes. 266). Sofern der Definitartikel der Bezugnahme auf den sprachlichen Kotext dient, übernimmt er zudem wesentliche Funktionen für die textuelle Kohärenzbildung.

Die definite Referenz kann sich allerdings nicht nur auf die Auswahl eines einzigen Objektes aus einer Klasse beziehen, sondern auch auf eine Abgrenzung mehrerer Objekte einer Klasse. Dies ist besonders relevant zur Erklärung des Artikelgebrauchs bei Nomen im Plural (z. B. in (2f)) sowie bei Kollektiva, bei denen auf mehr als ein Objekt Bezug genommen wird, bei denen durch den Definitartikel aber gleichzeitig angezeigt wird, dass es sich um abgrenzbare Entitäten innerhalb einer Klasse von Entitäten handelt (z. B. *das Obst* vs. *Obst*). Das Gleiche gilt für die aspektuelle Abgeschlossenheit einer Handlung, die im Deutschen ebenfalls durch den Definitartikel angezeigt werden kann, z. B. in *Ich habe das Holz geschlagen* vs. *Ich habe Holz geschlagen* (dazu ausführlich Leiss 1994 et seq.). Soll die Klasse allerdings insgesamt bezeichnet werden, dann steht bei Nomen im Plural als Oppositionsglied zum Definitartikel – wie besprochen – der Nullartikel.

Verbindungen mit Definitartikel wie in (3a) sind verständlich, d. h. eindeutig, wenn der Referent (hier: *Hund*) vom Adressaten als Teil einer Äußerungssituation wahrgenommen wird, der referenzielle Ausdruck also situativ gebraucht

---

stimmtes Element aus dem Denotatbereich als besonders hervorstechend (salient) zu erkennen. (Im Rahmen des oben dargelegten Schemas wäre der Referenzausdruck damit als unspezifisch und nicht identifizierbar zu werten.) Für die Dialekte sind generische Verwendungen des Artikels Hartmann (1982: 194) zufolge allerdings als unüblich zu betrachten.

wird. Damit der Bezug zum Referenten gelingt, muss der nominale Ausdruck eindeutig referieren. Dies ist gegeben, wenn es entweder genau ein kontextuell relevantes Referenzobjekt gibt, auf das der nominale Ausdruck zutrifft oder wenn für den Adressaten aus dem Kontext heraus ein bestimmtes Element aus einer Klasse von Elementen als besonders hervorstechend (salient) zu erkennen ist, es sich also z. B. um den eigenen Hund handelt oder um einen Hund, der üblicherweise vor der Tür sitzt. Weiterhin sind Verweise mit Definitartikel verständlich, wenn es sich um Referenten handelt, die vom Adressaten a) aus dem vorherigen Gesprächskontext (anaphorischer Gebrauch bei expliziter oder impliziter Vorerwähnung des Referenten), b) aus früheren Gesprächen (anamnestischer bzw. indexikalischer Gebrauch) oder c) aus dem Allgemeinwissen des Adressaten (abstrakt-situativer oder assoziativ-anaphorischer Gebrauch) erschlossen werden können (vgl. u. a. Hawkins 1978; Löbner 1985; Himmelmann 1997; Studler 2011). Eben darauf zielt die von Löbner (1985: 298–313) in die Forschung eingebrachte Unterscheidung von pragmatischer und semantischer Definitheit ab, wobei pragmatische Definitheit den unmittelbar-situativen und textdeiktisch-anaphorischen Gebrauch umfasst, semantische Definitheit hingegen die assoziativ-anaphorischen und abstrakt-situativen (bzw. generischen) Kontexte.

Ein großer Einfluss auf die Verwendung des Definitartikels kommt dabei den semantischen Subklassen des Nomens zu. Hierbei lassen sich die folgenden beiden Großbereiche unterscheiden: Den größten Anteil am Wortschatz nehmen Nomen ein, die zur Referenzherstellung einer Identifikationshilfe bedürfen und so werden diese im Deutschen auch obligatorisch durch einen Determinierer eingeleitet. Dies gilt insbesondere für referenzielle NPs im Zähl-Singular und allgemein bei referenziellen Subjekten sowie bei Abstrakta, sofern diese auf Gesamtheiten bezogen sind (s. oben). Semantisch indefinit gebraucht werden hingegen häufig Stoffnomen (*Wasser*, *Geld*), Bezeichnungen für bestimmte Abstrakta (*Liebe*, *Hass*), Kollektiva (*Vieh*, *Obst*) und Nomen im Plural, und so fehlt dort auch besonders häufig die Setzung des Definitartikels.

Der Indefinitartikel hingegen wird im Deutschen üblicherweise verwendet, um anzuzeigen, dass ein neuer, dem Adressaten unbekannter Referent eingeführt wird, über den im Folgenden etwas ausgesagt werden soll. Mit Hilfe des Definitartikels kann im Anschluss auf den indefinit eingeführten Referenten anaphorisch Bezug genommen werden, dafür muss aber genau ein (kontextuell relevantes) Referenzobjekt existieren, mit dem der nominale Ausdruck Bezug nehmen kann. Abfolgen wie in (4a) sind deshalb als ungrammatisch zu werten, während die Abfolge indefinit-vor-definit in diesem Zusammenhang als Transformation eines Typen in ein Token aufzufassen ist (4b).

(4) a. *__Zwei Hunde__ sitzen vor der Tür. __Der Hund__ hat Hunger.
b. __Ein Hund__ sitzt vor der Tür. __Der Hund__ hat Hunger.

Während der Definitartikel also ein sprachliches Mittel darstellt, um eine gemeinsame Verständigung zwischen Sprecher und Hörer hinsichtlich der Bekanntheit des Referenzausdrucks zu erzielen, signalisiert der Indefinitartikel, dass es sich bei dem Bezugsnomen um ein Element aus einer Klasse handelt, welches der Hörer gerade nicht identifizieren kann oder braucht.[10] Gleichzeitig wird mit dem Gebrauch des Indefinitartikels aber auch angezeigt, dass „in dem durch ein Appellativum im Singular oder eine Substanz-NP im Singular vorgegebenen Bereich (mindestens) ein Gegenstand ist, auf den die Prädikation zutrifft" (IDS-Grammatik 1997: 1958). Neben dem Indefinitartikel leisten diese Anzeige auch nominale Ausdrücke mit Nullartikel im Singular (*Ich habe Geld gefunden*) und Plural (*Ich habe Pferde gesehen*). Hierbei ist mit Brinker (2010: 28) einschränkend zu beachten, dass der Artikel selbst weder Bekanntheit noch Unbekanntheit schafft; „er ist lediglich ein Signal für den Hörer (Leser), dass der Sprecher (Autor) bestimmte Informationen beim Hörer (Leser) als bekannt oder nicht bekannt voraussetzt". Artikelwörter identifizieren demnach nicht, sie zeigen Identifizierbarkeit lediglich an, wie auch Weinrich (2005: 406) betont:[11]

> Allen Artikelformen kommt hinsichtlich des Nomens, zu dem sie gehören, das semantische Merkmal (BESTIMMBAR) zu, da die Determinanten, denen das Merkmal (BESTIMMEND) zukommt, erst noch nach den Suchanweisungen der Artikel zu finden sind. Artikel sind folglich nicht selber Determinanten, sondern »Determinationshelfer«.

Artikelwörter dienen damit allgemein zur Wissenskoordination, sie fungieren für den Sprecher als „Indexikalitätsmarker" (Auer 1981; Bisle-Müller 1991) und geben dem Hörer Hinweise auf die Art des Wissens, welches nötig ist, um einen Referenten eindeutig zu bestimmen. Der Gebrauch eines Artikels als Indexikalitätsmarker ist dabei nur dann zielführend im Sinne der Referenzherstellung, wenn der Sprecher über eine Hypothese des gemeinsamen Wissens mit dem Hörer verfügt, auf dessen Grundlage er die Entscheidung trifft, ob und wenn ja welchen Artikel er verwendet. So ist es auch der Kenntnisstand des Sprechers über den Kenntnisstand beider Gesprächspartner, der die Entscheidung des

---
10 Granzow-Emden (2004: 24) schreibt in diesem Zusammenhang von einer „negativ evidenten Deixis", die durch den Indefinitartikel transportiert wird.
11 Ähnlich ist die Aussage in Himmelmann (1997: 41): „[...] daß mit Definitartikeln nominale Ausdrücke nicht definit 'gemacht' werden, sondern daß sie nur als definit gekennzeichnet werden".

Sprechers darüber beeinflusst, ob nominale Ausdrücke durch den Artikel als determiniert oder als nicht determiniert gekennzeichnet werden (sog. Familiaritätshypothese nach Christophersen 1939). Infolgedessen ist die Kennzeichnung der Bestimmtheit bzw. Unbestimmtheit eines referenziellen Ausdrucks unter kommunikativ-pragmatischen Gesichtspunkten und besonders unter der von Brinker genannten Dichotomie Bekanntheit vs. Unbekanntheit zu betrachten.

Nach Bisle-Müller (1991: 3, basierend auf Militsch 1976) stellt „der Definitartikel die eindeutig höchstfrequente Form der Verbindung des Substantivs mit einem Determinativ [dar, A. W.]". Weinrich beziffert das Verhältnis im Gebrauch des (anaphorischen) Definitartikels zum (kataphorischen) Indefinitartikel für das Deutsche mit 7:1, wobei er funktionale Gründe für das Missverhältnis verantwortlich macht:

> Nur durch sein relativ seltenes Vorkommen kann er [der kataphorische Indefinitartikel, A. W.] die Aufgabe erfüllen, die Aufmerksamkeit des Hörers für die zu erwartende Nachinformation zu wecken.
>
> (Weinrich 2005: 410)

Für die mündliche Kommunikation sind die Unterschiede vermutlich als noch größer anzusetzen, da die Vertrautheit der Kommunikationssituation Referenz auf Bekanntes (und damit die Verwendung des Definitartikels) begünstigt. Die Häufigkeit, mit der ein spezifischer Artikel in einer Sprache verwendet wird, ist ein wichtiger Faktor, wenn es darum geht, deren kommunikativ-funktionale Belastung zu bestimmen. So tendiert die Setzung des Definitartikels zur Funktionslosigkeit, wenn sie obligatorisch erfolgt und umgekehrt sind Artikel umso stärker belastet, je seltener sie eingesetzt werden – dies ist ein Aspekt, der uns im Zusammenhang mit den PersN noch näher beschäftigen wird. Ähnlich lautet auch die Argumentation in Wandruszka (1966: 219):

> Das ist das Paradox des bestimmten Artikels: er ist Anzeiger der Bekanntheit – gerade durch sein Vorhandensein in einer Sprache aber kann die Artikellosigkeit zu einem noch selbstverständlicheren Kennzeichen der Bekanntheit werden.

Syntaktisch betrachtet bilden Artikel (wie Determinierer allgemein) zusammen mit Nomen NPs. Wie oben diskutiert, kommt dem Artikel dabei die Aufgabe zu, die Referenz einer NP semantisch zu begrenzen. Durch seine fixe Frühplatzierung in der NP erfüllt der Artikel gleichzeitig kataphorische Funktionen, er gibt dem Adressaten eine Vorausinformation über das folgende Nomen, die sich auf seine diskursive und auf seine grammatisch-kategorielle Einordnung nach Genus, Numerus, Kasus und Person bezieht.¹² So hat Ronneberger-Sibold (1991 et seq.) in mehreren Arbeiten dafür argumentiert, dass im Deutschen die Flexive am Determinierer und am Bezugsnomen durch ihre Kongruenzbeziehungen als Grenzsignale der Nominalklammer fungieren. Dem Artikelwort kommt somit zusätzlich die Eigenschaft zu, an diesem syntaktischen Verfahren zu partizipieren und mehr noch, die Nominalklammer morphosyntaktisch zu eröffnen (vgl. bes. Ronneberger-Sibold 2010). Aus der Perspektive der Sprachverarbeitung generiert der Artikel damit eine Erwartungshaltung auf ein kommendes kongruierendes Nomen, der Adressat weiß zum Zeitpunkt der Artikeldekodierung, dass er sich am Beginn einer Nominalklammer befindet. In diesem Zusammenhang dient der Artikel auch als „nominaler Klassenanzeiger" (Eroms 1988: 266), da er definitionsgemäß nur Nomen adpositional begleitet: „[A]rticles are grammatical elements which occur only in nominal expressions" (Himmelmann 2001: 832). Diese wortartenmarkierende Funktion des Artikels lässt sich im Deutschen am besten in den Dialekten nachweisen, z. B. im Bairischen, wo mit dem partiellen Formenzusammenfall des Definit- und Indefinitartikels (im Akkusativ bei Maskulina) zentrale determinierende Funktionen aufgehoben sind und sich der Artikel so zu einem reinen Wortartenmarker entwickelt hat, vgl. (5):

(5) a. Soll I **an Schaum** wegblasn? 'Soll ich den Schaum wegblasen?'
    b. I hob **an Durscht**. 'Ich habe einen Durst'
    (Beispiele nach Eroms 1989: 314)

Nicht auszuschließen ist, dass es weitere, insbesondere kontextgebundene Verwendungsweisen des Definitartikels im Deutschen gibt, doch sind diese bislang m. W. nicht systematisch untersucht worden. Anhaltspunkte finden sich etwa in Epstein (1996, 2002) zum Englischen, wo *the* prominenzmarkierende Funktionen auf Referenten ausüben kann. Zumindest die folgenden beiden bei Epstein diskutierten Verwendungsweisen des Definitartikels lassen sich hier m. E. auch auf das Deutsche übertragen:¹³

---

12 Mitunter determiniert die Genusmarkierung am Artikel sogar die lexikalische Klasse des zugehörigen Nomens, etwa in *der See* vs. *die See*.
13 Dass es sich bei den vorliegenden Formen eindeutig um Definitartikel handelt, zeigt sich darin, dass eine Ersetzung durch Demonstrativa jeweils sinnverändernd ist: a) #*In anderen Ländern ist Fußball dieser Sport.* b) #*Dieser Fremde kam früh im Februar* [...].

(6) a. In other countries, soccer is the sport. (Bsp. nach Epstein 1996: 103)
'In anderen Ländern ist Fußball dér Sport.'
b. The stranger came early in February [...]. (Bsp. nach Epstein 2002: 349)
'Der Fremde kam früh im Februar [...].'

In (6a) wird durch den Gebrauch des Definitartikels ein Referent (hier: Fußball) aus einer Klasse von Referenten (alle Sportarten) aktiviert. Semantisch liegt ein Kontrast zwischen einem aktualisierten Referenten und potentiellen weiteren Referenten vor, die Kontrastlesart wird hier durch Emphase (markiert durch Akut) am Artikelwort begünstigt.[14] Während die Lesart in (6a) über einen paradigmatisch angelegten Kontrast evoziert wird, dient der Artikelgebrauch in (6b) dazu, einen Referenten als besonders prominent für den weiteren Diskurs zu kennzeichnen und ihn damit gegenüber anderen Wettstreitern um das Diskurstopik hervorzuheben (= syntagmatischer Kontrast). Da es sich bei dem Fremden in (6b) um einen im Diskurs erstmals eingeführten Referenten handelt, der semantisch auch noch unspezifiziert ist, wirkt der Gebrauch des Definitartikels hier besonders auffällig und opponiert mit dem Gebrauch des Indefinitartikels, der im Deutschen zur Kennzeichnung unbekannter Referenten üblicherweise gebraucht wird.

3.4 Definitartikel versus Demonstrativum

3.4.1 Die historische Perspektive

Innerhalb der Klasse der Determinierer ist die Abgrenzung von Definitartikel und adnominal gebrauchtem Demonstrativum von zentraler Bedeutung, gleichzeitig aber auch besonders problematisch für die Bestimmung des Untersuchungsgegenstandes dieser Arbeit. Hierfür sind zunächst einmal historische Gründe verantwortlich: So ist im Deutschen der Definitartikel historisch (Althochdeutsch) aus einem Demonstrativum entstanden, mit einer formalen Entwicklung vom Demonstrativum *ther* zum Definitartikel *dher* (später *der*) und einem pragmatisch-semantischem Wandel vom distalen Demonstrativum zum grammatischen Definitheitsmarker (z. B. Oubouzar 1992; Szczepaniak 2011: 63–78). Formal werden die beiden Wortklassen in der rezenten Schriftsprache meist unterschieden, das Paradigma des Demonstrativums ist häufig zweisilbig (*die-*

---

[14] Zumindest für das Englische ist die Emphase des Artikels für diese Lesart wohl nicht obligatorisch (vgl. Epstein 1996: 103).

se, dieser, diesen etc.) und weist den Stammvokal [iː] auf, das des Definitartikels (*der, die, das* etc.) ist immer einsilbig mit Wechsel des kurzen Stammvokals in Abhängigkeit von Genus, Numerus und Kasus der Bezugs-NP (s. Kap. 3.2). In zahlreichen Grammatiken werden auch Betonungsunterschiede zur Differenzierung der beiden Klassen herangezogen, der Definitartikel gilt dabei gegenüber dem Demonstrativum als weniger betont (Erben 1972: 228; Helbig & Buscha 2001: 229; Hentschel & Weydt 2013: 225), und mitunter wird sogar ein Merkmalskontrast zwischen betontem Demonstrativum und unbetontem Definitartikel angesetzt (Blatz 1900a: 414; Studler 2011: bes. 36).

In den Dialekten und überhaupt in der gesprochenen Sprache sind die formalen Unterschiede zwischen Demonstrativum und Definitartikel hingegen oft neutralisiert, die zweisilbigen Demonstrativformen sind durch die einsilbigen ersetzt (*dér* für *dieser* etc.; vgl. Himmelmann 1997: 53–54; Szczepaniak 2011: 70).[15] So ist es nicht verwunderlich, dass der Definitartikel in vielen Dialektgrammatiken auch als abgeschwächte Form des Demonstrativums klassifiziert wird (z. B. Hotzenköcherle 1934: 429; Bischoff 1935: 63) und eine formseitige Differenzierung mitunter überhaupt nicht möglich ist (Kalau 1984: 174). Für den Definitartikel lässt sich zudem in Abhängigkeit vom Ko- und Kontext ein Kontinuum zwischen klisebedingter Unbetontheit und starker Vollformenbetonung, etwa bei kontrastiver oder emphatischer Betonung (Vater 1963: 116; Bisle-Müller 1991: 65–66; Duden-Grammatik 2016: 292), feststellen. Einschränkend ist allerdings zu beachten, dass Demonstrativa in Sprachen mit Wortakzent und somit auch im Deutschen Lyons (1999: 116) zufolge obligatorisch wortakzentuiert (*stressed*) sind, während Definitartikel in Abhängigkeit von ihrer kontextuellen Einbettung sowohl wortakzentuiert als auch nicht wortakzentuiert sein können. Aus formaler Sicht besteht die Verwechslungsgefahr zwischen Definitartikel und Demonstrativum – und dies wurde m. E. in der Forschung bislang nur unzureichend herausgestellt (z. B. bei Bisle-Müller 1991: 62–63) – deshalb nur bzgl. der wortakzentuierten Formen, während die nicht wortakzentuierten, die im gesprochenen Deutschen dann auch meistens lautlich reduziert gesprochen werden, eindeutig als Definitartikel zu klassifizieren sind.[16]

---

15 Zu Ausnahmen in der Schriftsprache siehe Eisenberg (2013a: 170), Duden-Grammatik (2016: 281).
16 Typologisch lassen sich Diessel (1999: 22–25) zufolge allerdings auch demonstrative Klitika konstatieren. Die dort aufgeführten Beispiele sind aber zumindest immer tontragend.

3.4.2 Funktionale Unterschiede

Funktional betrachtet sind die Unterschiede zwischen den beiden Klassen hingegen deutlicher zu fassen. So dienen Definitartikel und Demonstrativum zwar beide der Anzeige von Definitheit, doch konnte in mehreren Arbeiten gezeigt werden, dass eine funktionale Trennung zwischen beiden Wortklassen unter Berücksichtigung ihres Gebrauchs im konkreten Sprechakt möglich ist (z. B. Oubouzar 1992; Himmelmann 1997; Weinrich 2005; Ahrenholz 2007). Demnach wird das Demonstrativum allgemein spezifischer, d. h. in weniger Kontexten verwendet als der Definitartikel. Grundfunktionen aller demonstrativen Verwendungsweisen sind Pause (1991: 558) zufolge,

> daß stets a) – im Gegensatz zu den Kennzeichnungen – (implizit oder explizit) eine Auswahl zwischen Alternativen zugrundeliegt und b) eine Hervorhebung, z. B. eine Fokussierung, Kontrastierung oder ähnliches zum Ausdruck gebracht wird.

Umgekehrt ist die semantisch-pragmatische Leistung des Definitartikels mitunter stark reduziert, seine Verwendung ist damit häufig viel abstrakter als die des Demonstrativums. Hierbei zeichnen sich Himmelmann (1997: 34–101; 2001), Diessel (1999) und Szczepaniak (2011: 63–78) zufolge die (sprachübergreifenden) Regularitäten ab, wie sie in Tab. 7 dargestellt sind.

Tab. 7: Definitorische Gebrauchskontexte für Demonstrativa und Definitartikel (nach Szczepaniak 2011: 73, aufbauend auf Himmelmann 1997: 191)

	Gebrauch	Funktion	Demonstrativ	Definitartikel
pragmatische Definitheit	Situativ	einführend	+	+
	anaphorisch	aktivierend	+	+
	anamnestisch		+	+
semantische Definitheit	abstrakt-situativ	als definit markierend	-	+
	assoziativ-anaphorisch		-	+

Demnach besteht der wesentliche funktionale Unterschied zwischen beiden Wortklassen darin, dass das Demonstrativum ausschließlich in pragmatisch-definiten Kontexten gebraucht werden kann, während der Definitartikel zusätzlich auch in semantisch-definiten Kontexten Verwendung findet.[17] Der Gebrauch des Demonstrativums ist damit auf die Einführung und Aktivierung von Referenten im Diskurs beschränkt, während der Definitartikel zusätzlich auch in Kontexten Verwendung finden kann, in denen ein Referenzausdruck, der semantisch bereits eindeutig ist, eine (zusätzliche) Definitheitsmarkierung erfährt, z. B. bei Unika (*die Sonne, der Papst*) oder bei Teil-Ganzes-Verhältnissen (*am Fahrrad ist der Lenker kaputt*). Demonstrativa, als im engeren Sinne demonstrative oder deiktische, d. h. origo-orientierte Ausdrücke, benötigen so den unmittelbaren situativen Rahmen, damit auf ein Objekt eindeutig referiert werden kann: Sie sind damit als sprachliche Zeigegesten *par excellence* zu betrachten.[18] Neben einer demonstrativen Geste können Demonstrativa zudem eine deiktische Komponente aufweisen, sie liefern damit Informationen hinsichtlich der Sichtbarkeit des Referenten, und sie können Auskunft geben über die spatiale oder temporale Distanz zwischen Origo und Referent.[19]

Demonstrativa können zudem anadeiktisch und (seltener) auch katadeiktisch verwendet werden. Der Hörer erhält hierdurch eine Anweisung, dass im Textumfeld der Äußerung eine Information (z. B. in Form eines Antezedens oder eines postponierten Relativsatzes) zu suchen ist, die für die (Re-)Aktivierung des kritischen Referenzausdrucks notwendig ist. Die Anadeixis durch das Demonstrativum betrifft allerdings nur den Verweis im nahen (proximalen) Textumfeld, während bei der anaphorischen Verwendung des Definitartikels Bezug zum Antezedens auch über größere Distanzen hinweg hergestellt werden kann (s. Kap. 3.2). Wie beim Gebrauch des Definitartikels kann mit der anadeiktischen Verwendung des Demonstrativums zudem ein Fokuswechsel einhergehen, das Antezedens wird dann zu einem aktuellen Diskursfokus angehoben, z. B. *Ligationsmodus* in (7):

(7) Wir können diesen Zusammenhang ausnutzen, indem wir annehmen, daß es einen Ligationsmodus gibt, der besagt, daß das Prädikat des Kommunikationsmodus in der Kommunikationsstruktur anwesend sein muß. Wir

---

17 Komplementär zum Demonstrativum verhält sich der klitische Artikel, der im Deutschen ausschließlich in semantisch-definiten Kontexten verwendet wird.
18 Dies schließt nicht aus, dass die Zeigegeste durch weitere Wortformen, z. B. durch postponierte Lokaladverbien und Demonstrativa oder auch durch Mimik und Gestik, verstärkt werden kann (vgl. IDS-Grammatik 1997: 37).
19 In der gesprochenen Sprache kann die deiktische Komponente durch nachgestellte Lokal-Adverbien verstärkt oder zumindest explizit gemacht werden (z. B. *dieser/dér Stuhl hier* und *dieser/dér Stuhl da*). Pendants im Schriftdeutschen sind das proximale *dieser* und das distale *jener* (dazu Braunmüller 1977; Ehrich 1992).

wollen *diesen* Ligationsmodus „Performieren" nennen. Die Grammatik muß dann so aufgebaut werden, daß alle mit dem Ligationsmodus „Performieren" verbundenen Konsequenzen garantiert werden. (aus Pause 1991: 558–559, Hervorhebung im Original)

In (7) zeigt sich zudem, dass mit *dies-* auf eine umfangreiche Proposition (hier: Prädikation von *Ligationsmodus*) rekurriert werden kann. Weinrich (2005: 441) schreibt in diesem Zusammenhang von einer „zusammenfassende[n] Sammelreferenz" mit *dies-*, was sich an folgendem Beispiel illustrieren lässt:

(8) Sie ist eines der erfolgreichsten Models, er spielt in der besten Basketballliga der Welt – **dieser Lebensstil** ließ sich nicht mehr vereinbaren. (aus Spiegel-Online, 02.11.2016)

Darüber hinaus ist mit *dies-* auch ein anamnestischer Verweis möglich (in der Terminologie von Bühler 1934). Hiermit ist gemeint, dass der Referent nicht wie beim deiktischen Gebrauch im Text selbst erwähnt ist, sondern dass spezifisches, kotextunabhängiges, aber von den Kommunikationspartnern geteiltes Vorwissen für die Referentenidentifikation notwendig ist (Auer 1981; Himmelmann 1997: bes. 61). Himmelmann klassifiziert das anamnestische Demonstrativum so auch als „semantisch-pragmatischen Ausgangspunkt für die Grammatikalisierung von Definitartikeln" (Himmelmann 1997: 34), da es seine situative Gebundenheit in dieser Verwendungsweise bereits verloren hat und vielmehr zur Identifikation des Referenten auf situationsunabhängiges Wissen der Kommunikationspartner zurückgegriffen wird. – Dies ist ein Gebrauchskontext, der uns im Verlauf der Arbeit noch näher beschäftigen wird. Immerhin bestimmt aber auch hier noch die Situation, welches gemeinsame Wissen gemeint ist.

Vollständig aufgegeben ist die Situationsgebundenheit der Referenz dann in abstrakt-situativen (z. B. *Die Sonne scheint*) und in assoziativ-anaphorischen Kontexten (*Mein Fahrrad ist kaputt. Der Lenker ist ganz schief*), wo Allgemeinwissen und nicht (situations-)spezifisches Wissen für die Referenzherstellung genutzt wird. So sind die dort Verwendung findenden Determinierer allgemein auch als Definitartikel und nicht als Demonstrativa zu klassifizieren. Der Zusammenhang zwischen dem anamnestischen Gebrauch der Determinierer und den semantisch-definiten Gebrauchskontexten besteht dabei Himmelmann zufolge darin, dass in beiden Fällen auf einen im Redeuniversum vorhandenen Referenten Bezug genommen wird, mit dem Unterschied, daß die für anamnestischen Gebrauch definitorische Bezugnahme auf spezifisches Wissen [bei den semantisch-definiten Gebrauchskontexten des Definitartikels, A.W.] aufgegeben und durch den Bezug auf allgemeines Weltwissen ersetzt wird [...].

(Himmelmann 1997: 95)

Mit dem Gebrauch des Demonstrativums ist im Gegensatz zum Definitartikel weiterhin eine besondere Aufmerksamkeitsfunktion auf Seiten des Adressaten verbunden, die der Rekodierung von Referenten dient und die in einem engen Zusammenhang steht mit seiner niederfrequenten Verwendung im Deutschen.[20] So sieht Weinrich (2005) in der Verwendung von *dies-* ein „Aufmerksamkeits- und Warnsignal", das dem Hörer „einen Knick in der Referenz und somit eine mögliche Gefahr des Mißverstehens" signalisiert (Weinrich 2005: 441), z. B. in Referenzketten, in denen ein Nomen nicht koreferent, sondern durch ein Hyperonym wieder aufgenommen wird (*das Haus – dieses Gebäude*). Auch Auer (1981) betont, dass in Fällen, in denen der Sprecher die Referenzherstellung als problematisch einschätzt, das Demonstrativum im Deutschen eingesetzt werden kann. Seinen Ausführungen ist allerdings auch zu entnehmen, dass hier ein Zusammenhang besteht zwischen der Aufmerksamkeitsfunktion und dem anamnestischen Gebrauch des Demonstrativums. Wir wollen dies weiter unten im Zusammenhang mit dem Referenzakt näher beleuchten (s. Kap. 4.1.2).

In der Aufmerksamkeitsfunktion liegt ebenfalls der Ursprung für den affektiven, besonders den pejorativen Gebrauch des Demonstrativums begründet, z. B. in (9).

(9) Diese Politiker sind doch alle korrupt! (Bsp. nach Averintseva-Klisch 2016: 123)

Dieser Gebrauch lässt sich Averintseva-Klisch (2016: 134) zufolge im Wesentlichen darauf zurückführen, dass die mit dem Demonstrativum verbundene Zeigegeste mit einer Handlung assoziiert ist, die beim Referenten eine Verletzung des „Face" (im Sinne von Brown & Levinson 1987) bewirkt.[21] Mit dem Gebrauch des Demonstrativums kann der Sprecher dem Hörer demnach signalisieren, dass nun ein Referent im gemeinsamen Fokus der Aufmerksamkeit steht, von dem sich der Sprecher emotional und sozial distanzieren möchte. Fraglich ist hingegen, ob mit dem Demonstrativum im Deutschen auch positive Emotionen zum Ausdruck kommen können, wie es z. B. Lakoff (1974: 347) für das Englische

---

20 So wird in Weinrich (2005: 440) das Verhältnis im Gebrauch von Demonstrativum und Definitartikel mit 1:10 angegeben.
21 Die entsprechende Höflichkeitskonvention im Deutschen lautet: „Man zeigt nicht mit dem nackten Finger auf andere Leute".

und Studler (2011: 60) für das Schweizerdeutsche postulieren; hierzu das folgende Kontrastbeispiel zu (9), wo die Verwendung von *dies-* in einem eindeutig positiv konnotierten Kontext vermutlich nur eingeschränkt möglich ist:[22]

(10) ?Diese Politiker sind (doch) alle fleißig! (Bsp. aus Averintseva-Klisch 2016: 123)

Wie Averintseva-Klisch (2016: 123) bemerkt, scheint es sich bei der Restriktion von *dies-* auf pejorative Kontexte um eine Eigenheit des Demonstrativums zu handeln, für den Gebrauch des Definitartikels ist die Kontextgebundenheit diesbezüglich jedenfalls neutralisiert, wie (11) zeigt:

(11) Die Politiker sind (doch) alle korrupt/fleißig! (Bsp. nach Averintseva-Klisch 2016: 123)

3.4.3 Zwei definite Artikelparadigmen im Dialekt?

Auf ein besonderes Abgrenzungsproblem zwischen Definitartikel und Demonstrativum sei abschließend noch kurz eingegangen: So werden für einige Dialekte des Deutschen, zusätzlich zu einer Demonstrativform und einem Indefinitartikel, zwei eigenständige Paradigmen des Definitartikels (sog. Artikel 1 und Artikel 2) mit unterschiedlichen Formen und Funktionen angesetzt.[23] Formal unterschieden werden die beiden Artikel besonders über Differenzen in der Betonung (Artikel 2 ist betonter), damit können auch lautliche Unterschiede korrespondieren, etwa im Dialekt von Köln nach den Ausführungen in Himmelmann (1997):[24]

---

[22] Zumindest bei Rechtsversetzung scheint mir im Deutschen aber auch das Demonstrativum in positiven Kontexten zulässig zu sein, z. B. in: *Kluger Mann, dieser Machiavelli.* (Spiegel-Online, 07.05.2013). Möglicherweise überschreibt hier die anadeiktische Funktion des Demonstrativums seine pejorative Wirkung.

[23] So in Mainz (Reis 1891), Eupen (Welter 1929), Amern (Heinrichs 1954), Mönchengladbach (Hartmann 1978, 1980, 1982), Föhring (Ebert 1971), in bairischen Dialekten (Scheutz 1988; Eroms 1989) sowie in älteren Sprachstufen des Deutschen, z. B. im Altfränkischen (Franck 1971: 223) und im Mittelfränkischen (Wilmanns 1909: 419). Für die Opposition von klitisierter Form und Vollform (z. B. *ins* vs. *in das*) nehmen Hartmann (1980, 1982: 203–204), Lange (1981), Haberland (1985) und Harweg (1989) außerdem zwei bestimmte Artikel für die Umgangssprache und für den Standard an (dazu aber kritisch Himmelmann 1997: 56). Ausführungen zu anderen europäischen Sprachen mit zwei Definitartikelsystemen finden sich zudem in Bechert (1993: 22–23) und Schroeder (2006: 561–570).

[24] Die Laute sind gänzlich verschieden im Dialekt von Föhring (Nordfriesisch), wo eine *a*-Form von einer *d*-Form unterschieden wird (vgl. Ebert 1971).

Tab. 8: Das Paradigma der „Definitartikel" in Köln (nach Himmelmann 1997: 54)

	Mask	Neut	Fem	Pl
Kurzform	do/də	ət/t	də	də
Vollform	dä	dat	di	di:

Syntaktische, i. e. stellungsbedingte Funktionsunterschiede sind nach Nübling (1992: 203; vgl. Studler 2011: 24–25) z. B. für das Berndeutsche zu konstatieren, wo der Artikel in Distanzstellung, etwa vor Adjektiven und substantivierten Adjektiven, eine weniger reduzierte Form aufweist als bei unmodifizierten Nomen (*di* vs. *d*). Dies stellt ein Prinzip morphosyntaktischer Konditionierung dar, welches auch in anderen Dialekten zu verzeichnen ist (z. B. Eroms 1989: 320 zum Bairischen) und welches besonders gut auch in skandinavischen Sprachen zu beobachten ist.[25] Während in solchen, syntaktisch-determinierten Oppositionsbeziehungen der Artikelstatus eindeutig zu sein scheint (Eroms 1989: 320), gilt das Gleiche nicht für Oppositionen, die auf semantisch-pragmatischen Gebrauchsunterschieden beruhen. So hat Himmelmann (1997: 54–56) ausgehend von den in Tab. 8 aufgeführten Formen für Köln und auf Basis der oben (Tab. 7) vorgestellten Einteilung dafür argumentiert, dass es sich bei der Vollform nicht um einen Definitartikel, sondern um „ein distanzneutrales, hauptsächlich anaphorisch gebrauchtes Demonstrativum" (Himmelmann 1997: 55) handelt, und zwar deshalb, weil sein Gebrauch auf pragmatisch-definite Kontexte beschränkt ist.[26] Die Ausführungen von Heinrich zu Amern, Hartmann zu Mönchengladbach und Ebert zum Föhring deuten in die gleiche Richtung, ohne dass die Autoren dort aber von der Artikelbezeichnung abweichen:[27]

---

[25] So z. B. in skandinavischen Sprachen, in denen der Definitartikel bei nicht modifizierten Nomen suffigiert wird, bei prämodifizierten Nomen aber (zusätzlich: z. B. Schwedisch) eine eigene Wortform ausgebildet hat: Dänisch: *mand-en* 'der Mann' vs. *den gamle mand* 'der alte Mann'; Schwedisch: *mann-en* 'der Mann' vs. *den gamle mann-en* 'der alte Mann' (Bsp. aus Himmelmann 2001: 836). In der Typologie werden solche Phänomene als phrasale Klitika klassifiziert (z. B. in Lyons 1999: 72–82).

[26] Eine ähnliche Position vertritt auch Lyons (1999: 165), basierend auf dem Artikelsystem des Dialekts von Föhring. Umgekehrt sehen beide Autoren die Besonderheit der Systeme hier darin begründet, dass die Kurzformen nur in semantisch-definiten Kontexten gebraucht werden können, der Definitartikel, anders als üblich (z. B. im Standarddeutschen), also nicht in Domänen auftritt, die an die Situation gebunden sind.

[27] Explizit wird die Einordnung als Demonstrativum verworfen bei Heinrichs (1954: 98) für Amern: „Allgemein kann man sagen, daß der dä-Artikel [= Art. 2, A. W.] auf etwas Bestimmte-

> [W]hen the article *dɛ* [= Art. 2, A. W.] is used, the objects referred to cannot be identified on the basis of a presupposed context [...]. [T]he definite article *dɛ* points to an object at close range.
>
> (Hartmann 1982: 197)

> Die Verwendung des D-Artikels beschränkt sich im wesentlichen auf die explizite Text- und Situationsdeixis.
>
> (Ebert 1971: 102)

Selbige Gebundenheit an den semantisch-definiten oder pragmatisch-definiten Kontext scheint die Distribution allerdings nicht überall zu erklären, wie den Ausführungen in Studler (2011: 164–171) zu entnehmen ist. So unterscheiden sich z. B. die Form-Funktionsbeziehungen in schweizerdeutschen Dialekten von denen in Amern (Niederfränkisch) darin, dass in Letzteren in phorisch-definiten Kontexten sowie bei modifizierten Nomen obligatorisch die Vollform steht, während im Schweizerdeutschen in phorischem Gebrauch die Vollform an spezifische textuelle und semantische Faktoren gebunden ist: Z. B. wird die Vollform im Schweizerdeutschen nur beim restriktiven Relativsatz (und bedingt bei restriktiver Modifikation von Präpositionalphrasen (PP)) und selten in stereotypen phorischen Kontexten (z. B. am Märchenanfang) wie auch in Koordinationsstrukturen verwendet (Studler 2011: 165). Auf die Oppositionsbildung zwischen den Artikelformen *dar* und *da/dan* im Walserdeutschen, die nach Dal Negro (2004: 108) in Abhängigkeit von der Belebtheit des Bezugsnomens erfolgt, sei in diesem Zusammenhang ebenfalls verwiesen. Die von Himmelmann (1997) ins Spiel gebrachte ausgeprägte Koppelung von Artikelform und Kontextart (semantisch oder pragmatisch definit) ist also nicht überall so eindeutig, wie es die Ausführungen zum Kölner Dialekt nahe legen. Dies verweist wiederum auf die Ausgangsfrage nach der Unterscheidung von Definitartikel und Demonstrativum, die mit Bellmann (1990: 256) möglicherweise darauf hinausläuft, dass es „eine Definitionsfrage [ist], wo die Scheide zwischen Funktionsvariante und selbständiger Einheit gezogen wird". Für die empirischen Auswertungen hat dies allerdings zur Konsequenz, dass neben „klaren" Artikelformen auch „vermeintliche" Demonstrativformen zu berücksichtigen sind, wenn es um die Funktionsbestimmungen des PersN-Artikels geht. Hier liefern Kontext (syntagmatisches Kriterium) und Distributionsbedingung (paradigmatisches Kriterium) die entscheidenden linguistischen Kriterien, wenn es darum geht, zu

---

res, etwas vorher Genanntes hinweist, ohne daß er deshalb aber (wieder) zu einem Demonstrativum wird".

entscheiden, ob es sich bei zwei Formenbelegen um ein Sprachzeichen oder um zwei verschiedene handelt.

Ich wende mich im Folgenden nun den sprachlichen, i. e. grammatischen und semantisch-pragmatischen Eigenschaften von PersN zu und möchte zeigen, dass PersN eine besondere Wortklasse darstellen.

4 Zum linguistischen Status von Personennamen

Untersuchungen zu den systemlinguistischen Eigenschaften von PersN sind in der Grammatikforschung bislang vergleichsweise selten zu finden. Dieser Umstand ist insbesondere darauf zurückzuführen, dass sich im Schriftdeutschen bei PersN eine „Sparflexion" (Nübling, Fahlbusch & Heuser 2015: 66) bzw. „unvollständige Grammatizität" (Sonderegger 1987: 15) mit einer vermeintlich simplen, weil von denen der APP nur marginal abweichenden syntaktischen Grundstruktur herausgebildet hat (vgl. Kolde 1995: 407). Hinzu kommt für das 20. Jh. eine Fokussierung der Onomastik auf sprachphilosophische und insbesondere auch auf etymologische Fragestellungen, die eine systemlinguistische Perspektive auf PersN mitunter versperrt haben mögen.[1] Dem stehen wichtige empirische Forschungsbefunde entgegen, die im Folgenden aufgegriffen und in einen systematischen (auch theoretischen) Zusammenhang gebracht werden sollen. Neuere Befunde zur Grammatik von EigenN, insbesondere solche aus der Mainzer Arbeitsgruppe zur Namenforschung (vgl. Nübling, Fahlbusch & Heuser 2015 und Referenzen darin), legen nahe, EigenN (also auch PersN) im Deutschen einen grammatischen Sonderstatus zuzubilligen, der im Sprachsystem einerseits zur klassifikatorischen Abgrenzung von Namen gegenüber APP genutzt wird, der andererseits aber auch zur Schonung des Wortkörpers und damit zur Herstellung von Referenz dient. So heißt es zusammenfassend bei Nübling, Fahlbusch & Heuser (2015: 64):[2]

> Namen befolgen eigene grammatische Regeln, die von denen der APP beträchtlich abweichen können. Wir sehen [...] diese Abweichungen als funktional an.

Eine ähnliche Position, allerdings mit universalem Anspruch, vertritt auch Anderson (2004: 436), wenn es heißt:

> I argue [...] that in all languages names have a syntax distinctive from other syntactic categories [...].

---

1 Umfassende Überblicke zum Forschungsstand geben Eichler et al. (1995, 1996), Debus (2012) und Nübling, Fahlbusch & Heuser (2015).
2 Konträr dazu verhält sich die in Matushansky (2006: 289) vertretene Auffassung: „[W]hat I claim is that proper names enter syntax with essentially the same semantics as common nouns [...]. This means that we expect them to have the same syntax as common nouns". Vgl. zu dieser Sichtweise auch die Ausführungen in Karnowski & Pafel (2005).

Ich möchte deshalb in den folgenden Abschnitten die grammatischen Eigenheiten der PersN im Deutschen näher beleuchten. In Kap. 4.1 sollen hierfür zunächst die referenziellen Eigenschaften von PersN behandelt werden. Die Herstellung von Referenz mittels PersN wird dabei als kommunikatives und von den Gesprächspartnern interaktiv zu lösendes Problem begriffen, wobei der koverte Akzessibilitätsstatus des Referenzausdrucks wie auch seine overten grammatischen Eigenschaften festlegen, mit welchem sprachlichen Aufwand (auch in Form von Selbst- und Fremdreparaturen) Identifikation für die Sprachteilnehmer ermöglicht wird. Es folgt je ein Kapitel zu den morphosyntaktischen (Kap. 4.2) und den syntaktischen (Kap. 4.3) Eigenschaften von PersN. Hierbei geht es insbesondere um das oben angesprochene Prinzip der Namenkörperschonung, welches als Triebfeder der mangelhaft ausgeprägten Flexions- und Derivationsmorphologie im Deutschen anzusehen ist, sowie um die Frage, welche Kodierungsstrategien im Deutschen zur Verfügung stehen, um die Identifikation semantischer Rollen in Sätzen mit PersN in Argumentposition zu gewährleisten.

4.1 Referenzsemantische Eigenschaften von Personennamen

Die referenziellen Eigenschaften allgemein von EigenN und speziell von PersN sind in zahlreichen Arbeiten bereits umfassend beschrieben und analysiert worden (z. B. in Fleischer 1971; Kalverkämper 1978; Leys 1989a, b; Seiler 1986: 126–137; Allerton 1987; Diewald & Kleinöder 1993; Nübling, Fahlbusch & Heuser 2015: 17–27), sie können deshalb im Folgenden knapp zusammengefasst werden. In einem, für den Fortlauf der Untersuchung entscheidenden Aspekt möchte ich allerdings eine Modifizierung der gängigen Forschungsmeinung vorschlagen. Diese betrifft die weit verbreitete Annahme, PersN seien situations- und kontextunabhängig immer eindeutig, weshalb sie zur Herstellung von Referenz keiner sonstigen sprachlichen Mittel bedürfen. Dagegen wird in Kap. 4.1.1 unter referenzsemantischen und in Kap. 4.1.2 unter interaktionalen Gesichtspunkten argumentiert. Unter Rückgriff auf das Konzept der Akzessibilität wird das Referenzierungspotential von PersN (und auch das von Definitartikeln) in Kap. 4.1.3 theoretisch modelliert. Abschließend (Kap. 4.1.4) wird der Gebrauch von PersN-Typen unter Höflichkeitsaspekten betrachtet. Es wird dafür argumentiert, dass es sich bei PersN sprachübergreifend um diejenigen sprachlichen Zeichen handelt, die am stärksten Normen der Höflichkeit unterliegen.

4.1.1 Monoreferenz bei Personennamen?

PersN dienen zur Benennung von Personen und stellen damit einen sprachlichen Bezug, eine Referenz zwischen einem sprachlichen Ausdruck und einem menschlichen Objekt, dem Referenten, her.[3] Anders als bei APP erfolgt die Referenzherstellung dabei nicht indirekt über die Objektbedeutung (über semantische Merkmale), sondern es besteht ein unidirektionaler Bezug zwischen Namenausdruck und Person (s. Abb. 6). Die Zuordnung eines Namens zu einer Person vollzieht sich dabei typischerweise über einen Namengebungsakt und wird über das Verb *heißen* (ugs. auch *(sich) nennen*) expliziert (vgl. Kalverkämper 1978: 35; Seiler 1986: 126–137). Im Idealfall besteht zwischen Person und Name eine eindeutige Referenz: „An ideal proper name stands for no more than one object in the universe." (Grodziński 1978: 477).

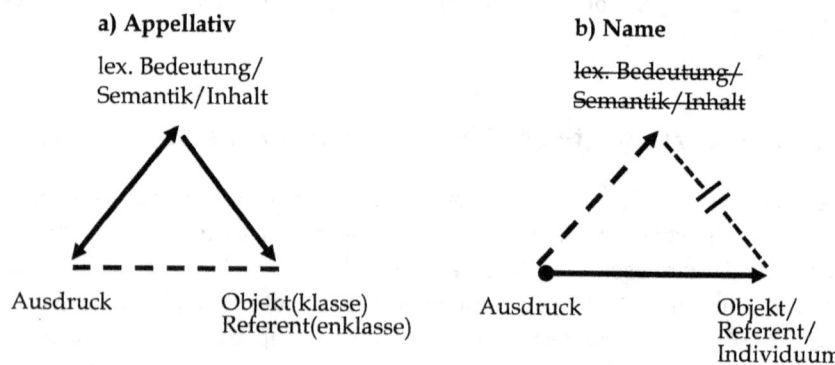

Abb. 6: Semiotische Bezeichnungsmodelle für a) Appellativa und b) Namen aus Nübling, Fahlbusch & Heuser (2015: 32), basierend auf Debus (1980)

In diesen Fällen wird auch von Monoreferenz oder von unikaler Referenz gesprochen. Im Gegensatz dazu stehen die polyreferenten APP, mit denen wahlweise auf eine Klasse von Objekten (Typen) oder auf ein bestimmtes Objekt einer Klasse (Token) verwiesen werden kann.[4] Im Deutschen wird diese Wahl im

---

3 Vgl. allgemein zum Terminus „Referenz" z. B. die Ausführungen in Lyons (1977: 177–197), Wimmer (1979) und dem Sammelband von Gundel & Hedberg (2008).
4 Eine Ausnahme stellen Unika wie *Sonne* und *Papst* dar, die wie Namen die Eigenschaft aufweisen, monoreferent zu sein. In bestimmten, kulturell determinierten Kontexten gilt dies gleichermaßen für Verwandtschaftsbezeichnungen und für Nomina Sacra (*Gott, Herr* etc.).

Wesentlichen durch den Artikel gesteuert, wie die Ausführungen in Kap. 3.3 nahe legen. Noch einmal sei an das Beispiel aus Kap. 3.3 erinnert, wo der Definitartikel Token-Referenz anzeigt, während bei der Verwendung des Indefinitartikels Typen-Referenz vorliegt:

(1) a. **Der Hund** sitzt vor der Tür. → Token-Referenz
    b. **Ein Hund** sitzt vor der Tür. → Typen-Referenz

Für den Artikelgebrauch gelten die gleichen semantischen Restriktionen allerdings offensichtlich nicht im Hinblick auf PersN, vgl. das folgende Kontrastbeispiel zu (1):

(2) a. **Der/Ø Peter** steht vor der Tür. → Token-Referenz
    b. **Ein** Peter steht vor der Tür. → Token-Referenz

Demnach zeigen Definitartikel, Nullartikel und Indefinitartikel in (2) ausschließlich Token-Referenz an, während Typen-Referenz durch die Wahl des Artikelwortes alleine nicht ausgedrückt werden kann.[5] Dies macht deutlich, dass der PersN referenzsemantisch betrachtet selbst nicht als Element einer Klasse aufzufassen ist, der durch besondere Strategien wie die der Definitheitsmarkierung individualisiert wird, sondern die Verwendung des PersN selbst impliziert, dass es sich um einen individuellen Referenten handelt, auf den verwiesen wird. Der Gebrauch von PersN ist auch nicht wie der der APP auf besondere situative oder kommunikative Bedingungen angewiesen, sondern diesbezüglich autonom. Fraglich ist zudem, inwiefern die mit dem kataphorischen bzw. anaphorischen Artikelgebrauch bei APP in Zusammenhang stehende Referenzkette indefinit-vor-definit auch bei der Verwendung von PersN möglich ist, vgl. (3).

(3) a. #**Ein Peter** steht vor der Tür. Der/Ø Peter hat Hunger.
    b. **Ein Peter** steht vor der Tür. Dieser Peter hat Hunger.

Aus diesen und ähnlichen Beobachtungen wurde in der Forschung häufig geschlussfolgert, dass PersN (wie EigenN allgemein) immer Identifikation ermög-

---

5 Typen-Referenz bei Gebrauch des Indefinitartikels ist im Deutschen prinzipiell möglich: (bei Selbstreferenz) *Ein Lothar Matthäus spricht kein Französisch*. Dabei wird obligatorisch eine generische Lesart der Verbindung evoziert, die je nach lexikalischer Füllung als mehr oder weniger markiert gelten muss. Vgl. dazu auch Heusinger (2010).

lichen, also vom Adressaten obligatorisch Referenz hergestellt wird und dafür auch keine weiteren sprachlichen Mittel (wie z. B. Artikelwörter) notwendig sind. Vgl. hierzu stellvertretend die beiden folgenden Zitate:[6]

> Eigene Nahmen sind als solche keines Artikels fähig, weil sie die Selbständigkeit schon durch sich selbst so genau bezeichnen, als möglich und nothwendig ist.
>
> (Gottsched 1762: 512)

> Eigennamen sind immer eindeutig, bezeichnen immer ein Unikum; der Hörer weiß immer oder sollte wissen, um wen oder was es sich handelt.
>
> (Boost 1959: 76)

Für PersN können diese Annahmen sowohl aus empirischer als auch aus theoretischer Sicht leicht widerlegt werden. So sind RufN und FamN im Deutschen aufgrund des kulturell begrenzten Namenwortschatzes bei gleichzeitig großer Menge an zu benennenden Objekten (Menschen) tatsächlich in den seltensten Fällen exklusive Benennungen, selbst dann nicht, wenn der GesamtN einer Person betrachtet wird. So geht der Trend zwar immer mehr zu einer Individualisierung der Namensgebung, etwa über Mehrnamigkeit, Ausbau des Rufnamenschatzes oder auch mittels Entlehnung (dazu Nübling, Fahlbusch & Heuser 2015: 118–120), doch sollten singuläre Zuordnungen zwischen „Namenausdruck" und „Person" bei einer Bevölkerung von 80 Millionen Menschen in Deutschland weiterhin nur in Ausnahmefällen möglich sein, wie ein Blick in das deutschlandweite Telefonverzeichnis verdeutlicht. Im Gegensatz zu APP, deren Eigenschaft es ist, über ein begrenztes Set an semantischen Merkmalen Referenz herstellen zu können, weisen PersN also gerade **nicht** die Eigenschaft auf, eindeutig zu sein, d. h. alleine aus der Zugehörigkeit eines Ausdrucks zur Klasse der PersN folgt, dass er Ausdruck von beliebig vielen Objekten sein kann.[7] Bei Coseriu (1975: 227; ähnlich Auer 1983: 185; Haas-Spohn 1995: 171) heißt es dementsprechend wie folgt:

---

[6] Wie Willems (1996: 40) dargelegt hat, handelt es sich bei dieser Ansicht um ein „logisches Relikt", welches von zahlreichen Vertretern in der Nachfolge von Autoren wie Gottlob Frege, Bertrand Russell und Saul Kripke vertreten wird.

[7] Einschränkend ist hierbei natürlich zu beachten, dass die potentielle Mehrdeutigkeit von PersN in der alltagssprachlichen Kommunikation dadurch aufgelöst wird, dass niemand die Namen aller Personen kennt, also niemand in die Situation geraten wird, nicht zu wissen, welcher auf der Welt lebende Peter Schmidt zum Beispiel gemeint ist, wenn er den Namen *Peter Schmidt* hört. Referenz ist damit zuvorderst immer auch ein lokaler, auf Sprecher und Hörer bezogener Identifikationsakt. Unter kommunikativen Aspekten der Namenverwendung ist dies aber m. E. nicht der entscheidende Punkt, wie die weiteren Ausführungen deutlich machen sollen.

> Die Forderung nach Eineindeutigkeit [der EigenN, A. W.] entbehrt jeder Grundlage, zumal die Erscheinung, daß es viele Individuen mit dem Namen *Hans* gibt, einfach eine Tatsache ist und kein zu lösendes Problem. [...] So kann man denn, obwohl es eindeutige Eigennamen gibt, dies nicht als definitorischen und notwendigen Zug nehmen, weil es viele andere Eigennamen gibt, die das nicht sind.

Diese Schlussfolgerung kann gestützt werden unter anderem mit Befunden aus der Psycho- und Neurolinguistik (*tip-of-the-tongue*, Reaktionszeiten, Aphasien) die zeigen, dass der Zugriff auf das mentale Lexikon bei APP deutlich schneller erfolgt und gleichzeitig weniger störanfällig ist als der Zugriff auf EigenN (vgl. Cohen 1990; Cohen & Burke 1993; Bethmann, Schein & Bechmann 2011; Gefen et al. 2013). Als Ursache für die schlechteren Zugriffsleistungen von EigenN gegenüber APP kann dabei deren primäre Bedeutungslosigkeit und arbiträre Zuordnung zum Referenzobjekt angesehen werden.

Fraglich und im Folgenden zu diskutieren ist allerdings, welche Probleme für die Referenzherstellung die vom semiotischen Standpunkt gegebene Mehrdeutigkeit für den Diskurs und damit für die Gesprächspartner mit sich bringt. So heißt es bei Nübling, Busley & Drenda (2013: 154, eigene Hervorhebung; ähnlich Löbner 2015: 410):

> Entscheidend ist, dass diese [PersN, A. W.] – wie alle Namen – monoreferent sind, das heißt, sie beziehen sich (**für den betreffenden Sprecherkreis**) auf genau eine feste Person. Dass es auf der Welt viele Menschen namens *Anna*, *Sabine* und *Mutti* gibt, ändert nichts am Namenstatus.

4.1.2 Personenreferenz im Diskurs

Tatsächlich zeigt sich bei der Analyse alltagssprachlicher Korrektursequenzen (Selbst- und Fremdreparaturen; vgl. Sacks, Schegloff & Jefferson 1974; Schegloff, Jefferson & Sacks 1977), dass bei der Verwendung von PersN Referenz nicht immer eindeutig hergestellt werden kann. Betrachten wir hierzu die beiden folgenden Korpusbelege:

(4) A: der wilhelm is eben gekomme; unsere dúnstabzugshaube is gabut gegange.
   B: was dann fürn wilhelm?
   A: míller; de eléktro miller.
   (REDE, GIB2, Hessisch)

(5) A: kénnst du denn den jens peter mand? hoch in deinem álter.
B: jens peter mand?
A: der war doch mal verwaltungschef oben im krankenhaus.
B: ach sicher kenn ich dén. der hat eine tochter geheiratet von den (...) [nickels].
A: [nickels].
(REDE, MT2alt, Moselfränkisch)

In (4) versucht Sprecher A die Personenreferenz mit geringstem sprachlichem Aufwand, also quasi „en passant" (Auer 1984: 629) herzustellen. Hierfür spricht, dass er als referenziellen Ausdruck einen RufN und damit einen nähesprachlichen Referenzausdruck verwendet, der Intimität impliziert und Sprecher B deshalb potentiell bekannt ist (vgl. Ariel 1988: 74, 1990: 40). Zudem schließt Sprecher A an den Referenzakt unmittelbar eine Darstellung des Sachverhalts an und wartet nicht erst die Bestätigung über die Referenzherstellung auf Seiten von Sprecher B ab. Erst die nachfolgende Fremdreparatur *was fürn...* verdeutlicht, dass Sprecher B der RufN, bzw. die Assoziation zwischen RufN und 'defekter Dunstabzugshaube', zur Referenzherstellung nicht ausreicht.[8] Wie Golato (2013: 45–46) anhand einer eigenen Korpusuntersuchung ausweist, lassen sich Fremdreparaturen mit *was für...* auch immer dann beobachten, „wenn der Sprecher den Referenten nicht erkennt und auch keine Kategorie hat, der der referenzielle Ausdruck zugeordnet werden könnte" (Golato 2013: 46).

In (5) hingegen wird die Personenreferenz selbst zum Thema der Gesprächssequenz. Sprecher A signalisiert durch *kennst du...* bei gleichzeitiger Realisierung eines interrogativen Intonationsmusters (steigender Intonationsverlauf) bereits einleitend, dass der nachfolgende PersN (hier als Verbindung aus RufN und FamN realisiert) Sprecher B als Information zur Referenzherstellung nicht genügen könnte und es im Folgenden einer Verständnissicherung bedarf, um den Turn fortführen und ein neues Thema beginnen zu können (vgl. Auer 1984: 632). Nachfolgendes *hoch in deinem alter* ist in diesem Kontext als restriktive Modifikation von *jens peter mand* zu verstehen. Die Wiederaufnahme des PersN, wiederum bei gleichzeitiger Realisierung eines interrogativen Intonationsmusters, durch Sprecher B signalisiert, dass der PersN zwar korrekt gehört wurde, aber dennoch keine Referenz hergestellt werden konnte.

---

[8] Zwischen 'Wilhelm' und 'Dunstabzugshaube ist kaputt gegangen' besteht vermutlich insofern eine semantische Beziehung, als die Person Wilhelm über die Eigenschaft verfügt, die Dunstabzugshabe reparieren zu können, etwa in seiner Berufszugehörigkeit als Elektriker, wie die folgende Spezifizierung von Sprecher A nahe legt.

Sprecher A führt deshalb im Anschluss eine sog. fremdinitiierte Selbstreparatur (in der Terminologie von Schegloff, Jefferson & Sacks 1977) durch, indem er den zuvor realisierten referenziellen Ausdruck um eine spezifizierende Berufsbezeichnung (*verwaltungschef oben im krankenhaus*) ergänzt. Sprecher B signalisiert im Anschluss, dass aufgrund dieser zusätzlichen Information die Referenzherstellung in der Selbsteinschätzung nun gelungen ist. Seinerseits versichert er sich daraufhin der korrekt hergestellten Referenz, indem er weitere Informationen nennt, die die Person betreffen (*hat eine Tochter geheiratet von...*) und die es Sprecher A ermöglichen sollen, im Falle einer nun dennoch falsch hergestellten Referenz wiederum zu intervenieren.

Die diskutierten Beispiele zeigen exemplarisch, dass Referenzakte auch bei der Nennung von PersN nicht selten scheitern können bzw. es mitunter sprachlicher Ergänzungen in Form von Selbst- und Fremdreparaturen bedarf, um die Herstellung von Referenz zu gewährleisten. Diese Beobachtung, die sich anhand weiterer Untersuchungen sehr leicht auf ein breiteres Fundament stellen lässt (vgl. Auer 1983; Schegloff 1996; Heritage 2007; Golato 2013), widerspricht damit grundsätzlich der oben zitierten Annahme von Boost (1959), PersN seien als sprachliche Mittel zu werten, die immer, d. h. situationsunabhängig, eine eindeutige Referenzherstellung gewährleisten. Demgegenüber haben die Ausführungen gezeigt, dass Personenreferenz mittels PersN zum Problem alltagssprachlicher Kommunikation werden kann, wobei einschränkend natürlich zu beachten ist, dass von einem quantitativen Standpunkt aus betrachtet die Referenzherstellung doch meist problemlos funktioniert: „Recognition is treated as the ‚default' condition of recognitional person reference" (Heritage 2007: 259).[9] In jedem Fall ist aber die diskursive Einbettung des PersN für die Referenzherstellung zu beachten.[10] So sollten beide, Sprecher und Hörer, ein Interesse daran haben, dass die Referenz im Diskurs möglichst früh abgehandelt wird. Bedingung hierfür ist, dass im Äußerungsakt die Personenreferenz mittels PersN von Seiten des Sprechers früh „in Angriff genommen" wird,[11] ein Umstand, auf den ich im Auswertungsteil der Arbeit noch einmal näher eingehen möchte.

---

9 Downing (1996: 100) etwa gibt für ihr Korpus zum Englischen an, dass dort von den Gesprächsteilnehmern 983 von 987 möglichen Personenreferenzen identifizierbar waren.
10 Dazu Haas-Spohn (1995: 147): „Tausende heißen und hießen Hans, und je nach Verwendungszusammenhang bezeichnet >Hans< ein anderes Individuum. Es liegt vorderhand nahe, dieses Faktum als eine Form von Indexikalität von Namen zu deuten: je nachdem, wer wann wo zu wem und mit welchen Absichten einen Namen *N* äußert, bezieht sich *N* auf einen anderen Gegenstand".
11 So heißt es auch bei Golato (2013: 33): „Wenn Sprecher einen referenziellen Ausdruck im selben Turn oder im Turn-Transitions-Raum reparieren, indem sie ihn enger fassen [...], dann

Sacks & Schegloff (2007: 24–25) zufolge ist der Umstand problemloser Referenzherstellung darauf zurückzuführen, dass Sprecher bei der Verwendung referenzieller Ausdrücke zwei Optimierungsprinzipien (ähnlich den Griceschen Konversationsmaximen) beachten: die Minimalisierung (*minimization*) und den Adressatenzuschnitt (*recipient design*). Das heißt, Sprecher präferieren eine kurze, prägnante Formulierung, die möglichst aus einem einzigen referenziellen Ausdruck, z. B. einem Namen oder einer singulären Verwandtschaftsbezeichnung besteht und die gleichzeitig für den Adressaten so verständlich ist, dass Referenz eindeutig hergestellt werden kann. Werden diese Referenzstrategien eingehalten, kann sich der Adressat umgekehrt darauf einstellen (verlassen), dass der Sprecher einen Referenzausdruck gewählt hat, von dem er ausgeht, dass dieser für den Adressaten hinreichend ist, um Referenz herstellen zu können. Solche Referenzausdrücke werden von Sacks und Schegloff als „recognitionals" bezeichnet und folgendermaßen definiert:

> By 'recognitionals' we intend such reference forms as invite and allow a recipient to find, from some 'this-referrer's-use-of-a-reference-form' on some 'this-occasion-of-use', who, that recipient knows, is being referred to.
>
> (Sacks & Schegloff 2007: 24)

Als optimale und deshalb auch sehr häufig gebrauchte Kandidaten für *recognitionals* begreifen Sacks & Schegloff (2007: 24) RufN, da diese bei maximaler formseitiger Kürze (z. B. gegenüber dem GesamtN) dem Adressaten gleichzeitig ein Maximum an zugeschriebener Vertrautheit mit dem Referenzausdruck suggerieren.[12] Dies gilt gleichermaßen für die Selbst- und Fremdreferenz (vgl. Schegloff 2007) und verdeutlicht wiederum die zentrale Stellung von PersN für den Referenzakt. Betrachten wir hierzu wiederum das in (4) aufgeführte Beispiel: Sprecher A wählt hier mit dem RufN *Wilhelm* einen vermeintlich optimalen *recognitional*. Dennoch gelingt Sprecher B im Anschluss keine Referenzherstellung, es liegt also ein Verstoß gegen das oben beschriebene Prinzip des Adressatenzuschnitts vor. Zusätzlich scheint mir hier im Sinne von Sacks und Schegloff die Zuschreibung von Verantwortlichkeit eine Rolle zu spielen. Demnach suggeriert die alleinige Nennung des RufN von Sprecher A, dass Spre-

---

ist der neugewählte referenzielle Ausdruck generell dem interaktionalen Ziel des Sprechers zuträglicher".

12 Typische *non-recognitionals* sind z. B. deiktische Referenzausdrücke wie *dieser Mann* oder auch Indefinitpronomen wie *jemand*.

cher B den Referenten kennen sollte.[13] *Was fürn...* würde demnach im Unterschied zu z. B. *welcher...* oder *wer ist nochmal...* signalisieren, dass es, entgegen der Einschätzung von Sprecher A, in der Selbsteinschätzung von Sprecher B nicht in seinem Verantwortungsbereich liegt, den Referenten zu kennen und er dies hier auch sprachlich zum Ausdruck bringt.

Echte Verstöße gegen die genannten Kooperationsprinzipien treten insbesondere dann auf, wenn das Verständnis des referenziellen Ausdrucks problematisch ist. Sofern ein solches Problem vorliegt, hat der Adressatenzuschnitt Vorrang, d. h. die Tendenz zur Minimalisierung wird – wie in den oben diskutierten Beispielen (4) und (5) – zugunsten zusätzlicher referenzieller Beschreibungen aufgegeben (vgl. Sacks & Schegloff 2007: 26–28). Hinzu kommt Golato (2013: 32–33) zufolge, dass Sprecher Personenreferenzen nicht nur auf den Adressaten zuschneiden, sondern sie gleichzeitig auch ihren interaktionalen Handlungen anpassen. Dies zeigt sich z. B. dann, wenn der Sprecher seine soziale Einstellung dem Referenten gegenüber zum Ausdruck bringen möchte, etwa über die Verwendung von SpitzN, oder wenn ein PersN mit Titel oder Berufsbezeichnung eingeführt wird, um der eigenen Aussage ein höheres Gewicht zu verleihen. Vgl. dazu das folgende Beispiel aus dem Korpus der Auswandererbriefe (Elspaß 2005):

(6) Ich darf wol sagen, dass **hr [herr, A. W.] Raht, der General Agent aller Gruben & Hüttenwerke** mit mir zufrieden ist u. mich sehr gerne den Werken behalten mögte. (AuswB, Stähler3, Westfälisch)

Schließlich gibt es auch diverse sozio-kulturelle Einflussfaktoren (z. B. Höflichkeitsnormen; s. Kap. 4.1.4), die mitunter zu sprach- und varietätenspezifischen Besonderheiten in der Wahl des Referenzausdrucks führen können (vgl. Stivers, Enfield & Levinson 2007: 16–18). Zu nennen wäre hier etwa die Präferenz für die Verwendung von FamN im Militärjargon und in der Jugendsprache oder für die Verwendung von RufN in bestimmten Branchen (z. B. bei Ikea oder in Kindertagesstätten).

Levinson (2007: 30–31) – mit Bezug auf Sacks & Schegloff (2007) – nimmt darüber hinaus eine Spezifizierung des vorgeschlagenen Prinzips der Minimalisierung in der Form vor, dass er zur Referenzherstellung eine sprachübergrei-

---

[13] Vgl. Mulkern (1996: 240): „While the use of a full name only requires that the referent is Uniquely Identifiable, a single name signals that the speaker expects the addressee to already have in memory a representation of an individual who is identifiable to both speaker and addressee by that name".

fende Präferenz für den Gebrauch von a) PersN gegenüber sonstigen referenziellen Ausdrücken und von b) singulären Namen (z. B. RufN) gegenüber dem GesamtN einer Person feststellt.[14] Diese Präferenzen lassen sich etwa bei der Betrachtung von Selbstreparaturen nachvollziehen, wo referenzielle Beschreibungen häufiger durch PersN korrigiert werden als umgekehrt PersN durch referenzielle Beschreibungen (vgl. dazu auch Stivers 2007: 74). PersN stellen sich demnach als optimale Kandidaten sowohl für die Minimalisierung als auch für den Adressatenzuschnitt dar, was aus theoretischer Perspektive im nächsten Abschnitt näher betrachtet werden soll.

4.1.3 Personennamen als Akzessibilitätsmarker

Referenz im Diskurs muss nicht nur hergestellt, sondern auch nach der Einführung und Etablierung eines Referenten permanent erneuert werden. Auf diesen Umstand rekurriert u. a. das Konzept der Akzessibilität (*accessibility*). Betrachten wir hierzu zunächst die folgenden konstruierten Beispiele:

(7) a. **Peter** geht sehr gerne ins Kino. **Er** hat das schon als Kind gerne getan.
    b. ?**Peter** geht sehr gerne ins Kino. **Peter** hat das schon als Kind gerne getan.
    c. ?**Er** geht sehr gerne ins Kino. **Peter** hat das schon als Kind gerne getan.
    d. #**Peter** geht sehr gerne ins Kino. **Peter Schmidt** hat das schon als Kind gerne getan.

(7a) stellt für das Deutsche eine typische Abfolge von aufgenommenem Ausdruck (Antezedens) und aufnehmendem Ausdruck (Anapher) dar: Ein RufN als Antezedens wird hier durch ein anaphorisches Pronomen eindeutig wieder aufgenommen. In (7b–d) ist der anaphorische Bezug ebenfalls eindeutig, dennoch muss die Wiederaufnahme hier als markiert (in (7b) und (7c)) bzw. als ungebräuchlich (in (7d)) bewertet werden. Ein Blick in die vorliegenden Korpusdaten verrät allerdings, dass grundsätzlich auch PersN als Anaphern gebraucht werden können. So wird der Referent in (8) durch einen RufN in den Diskurs eingeführt und im Folgenden durch den gleichen RufN auch wieder

---

14 Stivers, Enfield & Levinson (2007: 13) zufolge kann diese Präferenz allerdings auch kultur- und sprachspezifisch variieren. Die Autor/-innen führen als Beispiele die Sprachen Yucatec Maya, Tzotzil, Tzeltal und Koreanisch an, in denen auf Personen präferiert mit possessiven Verwandtschaftsbezeichnungen und nicht mit PersN referiert wird.

aufgegriffen.[15] Anders als in (7), wo die Wiederaufnahme zwischen zwei adjazenten Sätzen stattfindet, unterscheidet sich die Wiederaufnahme in (8) (jeweils grau markiert) allerdings dadurch, dass zwischen dem proprialen Antezedens und der proprialen Anapher auch mehrere pronominale Anaphern Verwendung finden. Textliche bzw. zeitliche Distanz zwischen Antezedens und Anapher stellt sich damit augenscheinlich als ein wesentlicher Einflussfaktor auf die Wahl des referenziellen Ausdrucks dar.

(8) de otto, das is unser freund, der is vom nachbarort. er ist schon älter, er ist sechsunddreißig, er hat e kleene sprachfehler, er tut hoddele und er hat kee fahrzeug selbst und da nehme wir ihn als mit und also es ist e pläsier mit dem otto zu fahre. Da hat er noch so e altmodischer, guter ton an sich und Ø tut uns belehre in gute sache, aber mir tun ja meistens wir tun meistens da drüber lache. so ist der otto ein ganz guter kerl, er ist auch gemütlich. (Zwirner, ZW1K6, Rheinfränkisch)

Zusätzlich wird die Wahl des anaphorischen Ausdrucks auch über den Wettbewerb zwischen den potentiell möglichen Antezedentien bestimmt. Dies zeigt sich in (9), wo der Turn von zwei zentralen Referenzketten (mit Referenz auf die Referenten 'Affhüpper' und 'Bittkötter') durchzogen ist. Die Referenzketten werden dabei häufig durchbrochen, was hier farblich durch die grau (für 'Affhüpper') bzw. gelb (für Bittkötter) markierten Felder illustriert ist. Bemerkenswert ist außerdem, dass die pronominale Wiederaufnahme, die in den zuvor diskutierten Beispielen häufig den anaphorischen Bezug herstellt, in diesem Äußerungsausschnitt nur sehr selten Verwendung findet. Dieser Umstand ist sicher darauf zurückzuführen, dass die koreferenten Proformen für beide Referenten die gleiche morphologische Form (*er* oder *der*) aufweisen und dem Adressaten somit keine eindeutige Zuordnung von Antezedens und Anapher ermöglicht wird. (Tatsächlich finden sich im Äußerungsausschnitt an zwei Stellen (rot markiert) pronominale Wiederaufnahmen, in denen der anaphorische Bezug mehrdeutig ist.) Die pronominale Wiederaufnahme findet sich demnach fast ausschließlich in solchen Fällen, in denen durch das Personalpronomen der 3. Person Plural auf beide Referenten Bezug genommen wird (grün markiert), die Referenzausdrücke also nicht im Wettbewerb um das Antezedens stehen, sondern durch die Ausdrücke jeweils auf das gleiche Konzept ('Affhüpper+Bittkötter') verwiesen wird.

---

15 Äußerungsabschnitte, in denen Anaphern potentiell gedroppt sein können, sind hier wie im Folgenden mit Ø-Symbol gekennzeichnet.

(9) affhüpper, der buer, der schlägt: bumm. bittkötter schlägt: bomm. und de andere: puck-puck-puck. affhüpper schlägt: bomm, bittkötter schlägt: bomm. der affhüpper, der kickt da so vergrellt den bittkötter an. sie dreschen den ersten drusch, es gibt aber keinen schnups. sie dreschen noch einen drusch, aber es gibt keinen schnups, bloß dat milksupp. der affhüpper sägt den ganzen tag nichts. den ganzen tag nichts. keinen ton. Ø hätt auch keinen schnups kriegt, den ganzen tag nicht, bloß molksupp und mittagessen. abends kommt der affhüpper nach stockebrands. nun, der ole stockebrand was wieder nicht zu huuse. ja, wo ist stockebrand? ja, der is in [unverständlich]. ja, der soll mir einen fliegel machen. dat kann ik auch, hat der lehrjunge sächt, kaspar heitmann. junge, häst du denn dem bittkötter nen fliegel gemacht? jau, dat hab ik. pass mal up. Nun pass mal up, hät er sächt. Und da hatten sie nun einen klotz zurechtgesucht, der mußte nun schwerer sein als dem bittkötter sein. Und wie sie dies nun alle fertig gehabt hän, na ja, da hät er sächt: dit soll wohl gehen. affhüpper war nicht eher weggegangen, bis dat der fliegel fertig wären was und dann ab nach dem affhüpperhof tu. anern morgens der bittkötter geht wieder los tum dasken nich un [unverständlich]. affhüpper fängt wieder an und bomm geht das. bittkötter: bumm und dann: bumm, bumm, bumm. affhüpper: bumm. bittkötter: bumm. affhü...der bittkötter kickt schon dumm un aber affhüpper läßt sich nichts merken, nix, der guckt stur vor sich hin. (Zwirner, ZW8V7, Westfälisch)

Ebenfalls unproblematisch gestaltet sich der Bezug zwischen Antezedens und Anapher in (10), da dort durch morphologische Numerusmarkierung an den Anaphern Referenz zu den Antezedenzien trotz pronominaler Wiederaufnahme jeweils eindeutig hergestellt werden kann (grau markierte Referenzkette im Singular, gelb markierte im Plural). (9) im Vergleich zu (10) weist zudem auf einen konzeptuellen Unterschied zwischen referenziellem Wettbewerb und Wettbewerb um das Diskurstopik hin.[16] Die Tendenz, in (9) propriale statt pronominale Anaphern zu verwenden, verstärkt den Eindruck, dass zusätzlich zum Referenten hier auch das Diskurstopik wechselt, während in (10) der proprial eingeführte (und so auch wieder aufgenommene) Referent trotz des zwischen-

---

[16] Der Terminus „Diskurstopik" wird hier wie bei Lambrecht (1994: 117) als „a topic expression whose referent is pragmatically salient beyond the limit of a single sentence" verstanden. Allgemein handelt es sich dabei allerdings um ein recht vages und nur schwer zu operationalisierendes Konzept; siehe zur Forschungsdiskussion z. B. Brown & Yule (1983), Asher (2004), Oberlander (2004) und Averintseva-Klisch (2009: 86–93).

zeitlichen Referentenwechsels Diskurstopik bleibt und die zweite, ausschließlich pronominal realisierte Referenzkette hier lediglich ein untergeordnetes Thema des Diskurses darstellt.

(10) und enet lehr, dat was en ganz en orginal, der hiet lehr jansen. der prüf ne jenau so viel, als wir nok lirtene. un da säit er – komme rut ut de bank, un dann mus was mit de kopp twische die biin sette un dann haute der uns achtern auf das gesäß. da sä et: knie demütig und empfange deinen Lohn. un dan, wenn wir mit den kopp twischen die biin setten, dann bissen wir den lehrer in die fot, und dann drückten wir hoch und dann fiel der fürüber, und dann rannten wir die klasse hinaus, und dann waren wir weg. dann ging es zum bruch ab. Nach hause durften wir ja nicht, da kriegten wir was von vater und mutter gezogen oder die schickten uns wenigstens zurück. Und dann sagte lehrer jansen für die jungen: wer will den schüler suchen? (Zwirner, ZW7B6, Niederfränkisch)

Kohärent fassen lassen sich die dargestellten Beobachtungen zum Zusammenhang von Antezedens und Anapher durch das Konzept der Akzessibilität, wie es insbesondere von Ariel (1988 et seq.) in zahlreichen Arbeiten theoretisch beschrieben und für verschiedene Sprachen empirisch validiert worden ist.[17] Akzessibilität rekurriert dabei auf eine referenzsemantische Eigenschaft von (pro-)nominalen Ausdrücken und meint so viel wie potentielle Zugänglichkeit oder Abrufbarkeit für die Referenten nominaler bzw. pronominaler Ausdrücke im Diskurs aus verschiedenen Gedächtniskomponenten. Es wird von folgender Prämisse ausgegangen:

> [A]ddressee is to search among his mental representations for an entity whose accessibility to him is as indicated by the specific expression. Speakers [...] choose their referring expressions by taking into consideration the degree of accessibility of the mental entity for the addressee [...]. [S]peaker's assessment must be performed anew for each referential act, even when it is made to the same entity, for accessibility of mental entities is not presumed to remain constant.
>
> (Ariel 1996: 20–21)

---

[17] Das Konzept der Akzessibilität ist in der Forschung inzwischen vielfach theoretisch gefasst und empirisch validiert worden, siehe dazu die Forschungsüberblicke in Fretheim & Gundel (1996), Ariel (2001) und Arnold (2010). Ähnliche Konzepte stellen die „Familiarity Scale" von Prince (1981), die „Relevance Theory" von Sperber & Wilson (1986), die „Giveness Hierarchy" von Gundel, Hedberg & Zacharski (1993) und die „Salienz-Hierarchie" von Heusinger (1997) dar.

Die These ist, dass sich die Etablierung und Re-Etablierung von Referenten im Diskurs als fortwährender interaktiver Prozess zwischen den Gesprächspartnern darstellt, wobei der Akzessibilitätsgrad des nominalen Ausdrucks festlegt, wie häufig und unter Zuhilfenahme welcher sprachlicher Mittel auf einen Referenten Bezug genommen werden muss, um Referenz aufrecht zu erhalten. Es gilt hierbei Ariel (1988: 76) zufolge der folgende Zusammenhang: „The less accessible the representation of a given entity, the lower the Accessibility marker used". Der Sprecher gibt also mit der Wahl eines spezifischen referenziellen Ausdrucks entlang der Akzessibilitätshierarchie dem Hörer zu verstehen, für wie kognitiv akzessibel er den Referenten hält, und er hilft dem Hörer damit zugleich, unter den möglichen Referenten den richtigen zu finden, um Referenz herzustellen. Die Auswahl der zur Verfügung stehenden Akzessibilitätsmarker ist dabei sprachspezifisch festgelegt, für das zugrundeliegende Prinzip, die Akzessibilität nominaler Ausdrücke sprachlich zu markieren, wird allerdings universale Gültigkeit beansprucht:

> Although actual Accessibility marking systems are to some extent language-specific, for the most part they are all based on a principled connection between marker form and degree of Accessibility.
>
> (Ariel 1990: 29)

Allen in einer Sprache zur Verfügung stehenden Typen nominaler Ausdrücke werden dabei Werte auf einer referenziellen Skala zugewiesen, wobei gilt, dass je niedriger ein nominaler Ausdruck auf dieser Skala steht, desto größer seine vom Kontext unabhängige Referenzleistung ist bzw. desto geringer die Abhängigkeit des Adressaten vom Ko- und Kontext ist, um diesem nominalen Ausdruck ein eindeutiges Antezedens und damit einen eindeutigen Referenten zuzuweisen. Grob vereinfacht ergibt sich Ariel zufolge die in Abb. 7 aufgeführte Skala, wobei gilt, dass je weiter links ein Typ nominaler Referenz steht, desto niedriger sein Wert auf der Akzessibilitätsskala ist.[18]

---

[18] Erweiterte Fassungen der Akzessibilitätsskala, die feinere Abstufungen als die hier dargelegten beinhalten, finden sich in Ariel (1990: 73, 1996: 21).

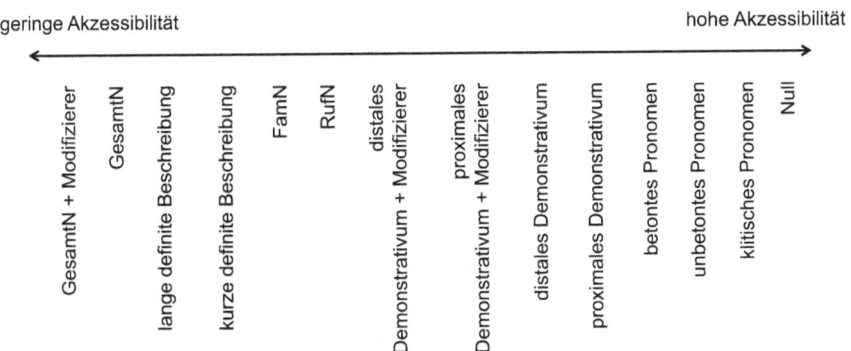

Abb. 7: Akzessibilitätsskala nach Ariel (1990: 73; vereinfacht)

Für die Klasse der PersN, die auf der Akzessibilitätsskala die niedrigsten Werte zugewiesen bekommt, lässt sich zudem in Anlehnung an Überlegungen von Ariel (1990: 36–41) die Abstufung in Abb. 8 vornehmen, wobei wiederum gilt, dass links stehende Elemente einen vergleichsweise niedrigen und rechts stehende Elemente einen hohen Grad an Akzessibilität aufweisen:

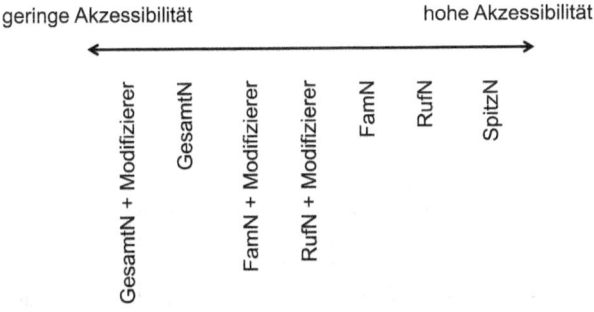

Abb. 8: Akzessibilitätsskala für Typen von Personennamen im Deutschen

Empirische Evidenz für den Einfluss der Akzessibilität auf die Wahl des Referenzausdrucks lässt sich insbesondere über eine Quantifizierung der Distanzen zwischen Antezedens und Anapher gewinnen, wie es durch die oben diskutierten Beispiele bereits nahegelegt wurde. So kommt Ariel (1988) durch Auszählung englischer und hebräischer Texte zu dem Befund, dass die textuelle Distanz zwischen Antezedens und Anapher mit dem Akzessibilitätsgrad des anaphorischen Ausdrucks tendenziell abnimmt. Demnach treten hoch akzessible Ausdrücke, z. B. Pronomen, typischerweise im gleichen oder im vorangehenden Satz wie das Antezedens auf, während niedrig akzessible Elemente, z. B. definite Beschreibungen oder PersN, häufiger auch über größere textuelle Distanzen verwendet werden können.[19] Abb. 9 gibt die Korrelation zwischen Akzessibilität und textueller Distanz beispielhaft für das Englische wieder.[20]

Es zeigt sich, dass zwischen dem Akzessibilitätsgrad der Anapher und der textuellen Distanz von Antezedens und Anapher eine negative Korrelation besteht. So werden Pronomen insbesondere dann gebraucht, wenn das Antezedens im gleichen oder vorangehenden Satz, also nahverweisend innerhalb von kohäsiven Texteinheiten, auftritt, während definite Beschreibungen häufig auch über größere textuelle Distanzen hinweg gebraucht werden können:[21]

> The more highly cohesive the units, the higher the accessibility of the antecedent to the anaphor, and vice versa: The lower the cohesion, the lower the accessibility of the antecedent to the anaphor.
>
> (Ariel 1996: 22)

Eine intermediäre Stellung auf der Akzessibilitätsskala nehmen deiktische und demonstrative Ausdrücke ein, und so können sie im Diskurs sowohl nah- als auch fernverweisend verwendet werden.

---

19 Wiedergegeben sind hier nur die Werte für den nicht-topikalen Gebrauch von Anaphern. Textuelle Distanz wird bei Ariel (1988: 72) nicht als lineare Distanz zwischen sprachlichen Formeinheiten, sondern als Distanz zwischen textuellen Gliederungseinheiten wie Sätzen oder Textabschnitten verstanden.
20 Zu ähnlichen Resultaten kommen Fraurud (1996) für das Schwedische und Bordal Hertzenberg (2015) für das Spätlatein.
21 Der Bezug zur Textebene trägt hier dem Umstand Rechnung, dass der Einfluss von Akzessibilität auf die Wahl der Referenzmittel bislang überwiegend anhand von geschriebenen Texten nachgewiesen wurde. Prinzipiell sollte dieser Einfluss allerdings auch im gesprochenen Diskurs gezeigt werden können (vgl. z. B. Arnold et al. 2000). Aus der Perspektive der Sprachverarbeitung ist in diesem Zusammenhang folgendes interessant: Bonitz (2014) konnte für das Deutsche zeigen, dass Subjektellipsen bei Koordinationsstrukturen die höchsten Akzeptanzwerte erhalten, wenn es sich bei dem ausgelassenen Subjekt um einen EigenN handelt (s. Bonitz 2014: 112), z. B. in *Gestern fuhr Marta in die Stadt und Ø ging ins Theater*. Der zuvor realisierte EigenN ist in solchen Konstruktionen für den Adressaten also noch hinreichend aktiviert, damit die Subjektellipse kompensiert werden kann. Für die Subjektellipse ist dabei nach den Befunden in Bonitz (2014: 115–117) allgemein mit regionalen Akzeptabilitätsunterschieden zu rechnen.

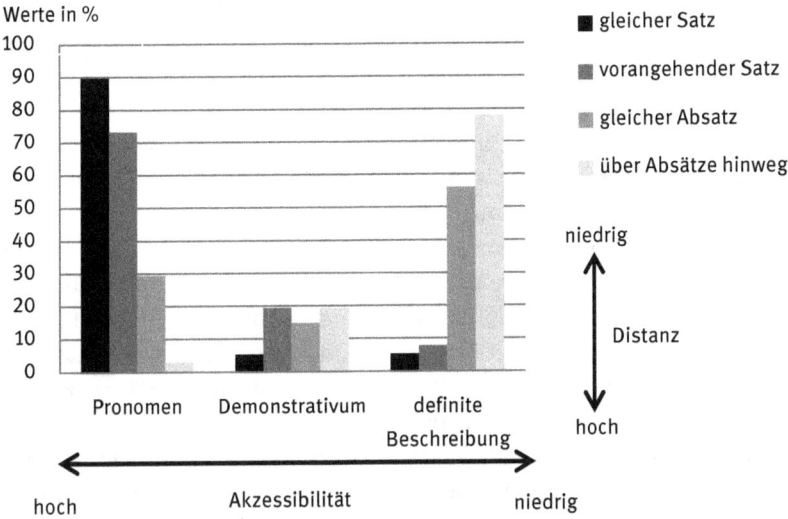

Abb. 9: Textuelle Distanz zwischen Antezedens und Anapher im Verhältnis zum Akzessibilitätsgrad der Anapher (nach Ariel 1988: 71 für englische Erzähltexte)

Ariel (1988: 68, 1990: 11–16) führt die negative Korrelation zwischen Akzessibilität und textueller Distanz unter kognitiven Gesichtspunkten nun darauf zurück, dass nominale Ausdrücke mit niedriger Akzessibilität überwiegend aus Namen und lexikalischen APP bestehen und damit auch verstärkt über das Langzeitgedächtnis bzw. über das enzyklopädische Wissen der Adressaten abgerufen werden können und mitunter sogar inferierbar sind. Einen hohen Grad an Akzessibilität weisen hingegen nominale Ausdrücke mit nahem textdeiktischem Bezug sowie elliptische Konstruktionen mit formal nicht realisiertem referenziellen Ausdruck auf. Diese werden stärker über das Kurzzeitgedächtnis bzw. über den unmittelbar vorangehenden Ko- und Kontext abgerufen, weshalb die Referenzherstellung hier auch einer permanenten sprachlichen Erneuerung (Aktivierung) bedarf (vgl. Chafe 1996: 40). Nominale Ausdrücke, die wie Demonstrativa oder textdeiktische Pronomen einen mittleren Akzessibilitätsgrad aufweisen, sind hingegen typischerweise solche Ausdrücke, die entweder auf einen physisch anwesenden oder auf einen bereits etablierten, aber für längere Zeit nicht aktivierten Referenten verweisen.

Weitere Auswertungen in Ariel (1990: 22–30) zeigen, dass neben der textuellen Distanz auch der topikale Status des Referenten und die Anzahl an potentiellen Antezedentien die Auswahl von anaphorischen Akzessibilitätsmarkern bestimmen. Hoch akzessible Ausdrücke treten dabei präferiert in topikaler Position und in nicht-ambigen Referenzkontexten auf, während Ausdrücke von niedriger Akzessibilität die Eigenschaft aufweisen, Mehrdeutigkeiten in der Anaphorik zu desambiguieren. Dies erklärt, warum in den potentiell ambigen Kontexten in (9) fast ausschließlich niedrig akzessible referenzielle Ausdrücke gebraucht werden, während bspw. die nicht-ambigen Kontexte in (8) zuvorderst hoch akzessible Marker evozieren.

Etablierung und Re-Etablierung von Diskursreferenten stellt sich somit zusammenfassend als eine Auswahl von referenziellen Ausdrücken entlang der Akzessibilitätsskala dar: niedrig akzessible Marker bei Erst-, ferndeiktischer, nicht-topikaler und kompetitiver Referenz, hoch akzessible Marker bei anaphorischer, nahdeiktischer, nicht-topikaler und nicht-kompetitiver Referenz. PersN nehmen auf dieser Skala eine wichtige Position ein, da sie den Pol mit dem geringsten Akzessibilitätswert darstellen. Sofern Akzessibilität, wie von Ariel vorausgesagt, eine Relevanz für die Architektur des Satzes, resp. für die des Diskurses, hat, sollten sich Sätze mit PersN demnach anders verhalten als Sätze ohne PersN.[22]

4.1.4 Personennamen als Ausdruck von Höflichkeit

PersN sind Teil der Identität einer Person und unterliegen deshalb besonderen Konventionen der Höflichkeit.[23] So gilt es bspw. als unhöflich, sich über den Namen einer Person lustig zu machen, ihn zu verändern bzw. falsch auszusprechen oder ihn im Referenzakt gar bewusst zu vermeiden. Gleichzeitig legen die persönliche Beziehung zwischen den Gesprächspartnern, deren Gruppenzugehörigkeit wie auch die Äußerungssituation fest, welcher propriale Referenzausdruck als höflich oder unhöflich erachtet wird. Mit Hartmann (1993) ist hierbei in Abhängigkeit von den sozialen Beziehungen sowohl mit reziprokem als auch mit nicht reziprokem Anrede- und Referenzverhalten zwischen den Gesprächspartnern zu rechnen. Für das Deutsche gelten gemeinhin der RufN und der SpitzN als Ausdruck sozialer Nähe und situativer Intimität, während

---

22 Dies gilt verstärkt für andere Typen von EigenN (z. B. für Toponyme), die Nübling (2015: 317) zufolge selten pronominalisiert werden, d. h. wo eine Wiederaufnahme mittels eines hoch akzessiblen Antezedens aus noch unbekannten Gründen meist entfällt.
23 Unter dem Terminus Höflichkeit (*politeness*) kann Holmes (1995: 5) zufolge Folgendes verstanden werden: „[B]ehaviour which actively expresses positive concern for others, as well as non-imposing distancing behavior". Siehe dazu auch die Forschungsüberblicke in Brown & Levinson (1987), Bousfield & Locher (2008), Lakoff & Ide (2005) und Watts (2007).

der FamN (in Kombination mit den Sexus- bzw. Höflichkeitsmarkern *Herr* und *Frau*) tendenziell für Distanz und Formalität steht (Hartmann 1993; Kany 1995; Besch 1996). Eine explizit negative Einstellung gegenüber dem Referenten bringt der Sprecher durch die Verwendung von negativ konnotierten SpitzN, aber auch durch den Gebrauch des blanken FamN (Typ: *der/Ø Müller kommt auch*) zum Ausdruck (dazu Gyger 1991: 241; Lenk 1995: 198–201). In zuletzt genanntem Fall ist allerdings mit regionalspezifischen Bewertungsunterschieden zu rechnen. Dialektale Besonderheiten zeichnen sich etwa bei der Sequenzierung von RufN und FamN ab, nach den Beobachtungen in Bach (1952: 68–69) und Berchtold & Dammel (2014) stehen diese etwa in Zusammenhang mit fein differenzierten sozio-pragmatischen Bewertungen und mit *ingroup-outgroup*-Verhalten.

Über die Wahl des proprialen Referenzausdrucks können sich zudem der soziale Status und die Rolle einer Person manifestieren. Im Deutschen gilt dies insbesondere für die Kombination aus PersN und modifizierendem Titel, andere Sprachen, wie z. B. das Japanische, haben zur Markierung des sozialen Status einer Person eigene grammatische Marker (z. B. honorative Formen) ausgebildet (dazu z. B. Okamoto 1999). Auch das Geschlecht und das Alter des Referenten und der Gesprächspartner kann die Wahl des Referenzausdrucks unter Umständen beeinflussen, wie Hartmann (1993: 59–60) beispielhaft für das Deutsche gezeigt hat.

Wie Bellmann (1990) anhand des Gebrauchs von explizitem und implizitem Korrekturverhalten nachweisen konnte, gelten die vergleichsweise scharfen Höflichkeitskonventionen bei der Referenz auf Personen im Deutschen nicht nur für PersN, sondern auch für andere Referenzausdrücke. So wird es (mit regionalspezifischen Unterschieden) allgemein als unhöflich erachtet, auf Dritte mit dem Demonstrativpronomen anstatt mit dem Personalpronomen zu verweisen (Bellmann 1990: 21). Zudem sind häufig der Artikelgebrauch bei PersN und die Verwendung neutraler Genusformen bei Referenz auf Frauen Gegenstand von Korrekturhandlungen (Bellmann 1990: 191–195, 277–281), was im empirischen Teil der Arbeit näher beleuchtet werden soll. Generell gilt hier, dass die Verwendung deiktischer Referenzausdrücke dem als vulgär geltenden Zeigen auf Personen mit dem Finger gleichkommt, wie die folgenden Zitate illustrieren:

> So ist das **der** nicht der bloße Artikel, sondern das Pronomen, welches man aus einer Art von Geringschätzung gebraucht, und gleichsam mit Fingern auf die Person zeiget.
> (Adelung 1782: 513, Hervorhebung im Original)

> Pointing is vulgar, and with the proper name the article is a pointer, and in the main a needless pointer [...].
> (Gildersleeve 1890: 483)

4.2 Morphosyntaktische Eigenschaften von Personennamen

Zahlreiche synchrone linguistische Kriterien sprechen dafür, die Wortklasse Personenname (wie die der EigenN allgemein) im Deutschen der Wortart Nomen zuzuordnen (vgl. Engel 2004: 273; Helbig & Buscha 2001: 206, Duden-Grammatik 2016: 152).[24] So können PersN immer auch deonymisiert, d. h. in ein appellativisches Nomen überführt werden, ohne dass sich die Wortform selbst verändert (*ein Picasso, eine zweite Merkel, der junge Wittgenstein* (restriktive Lesart) etc.). Gleichzeitig unterliegen PersN im rezenten Schriftdeutschen der initialen Großschreibung, eine Eigenschaft, die sie nur mit appellativischen Nomen (und anderen Typen von EigenN) teilen. PersN können außerdem von einem Determinierer begleitet und attributiv bzw. appositiv erweitert werden. Syntaktisch können sie auch die Kopfposition von NPs einnehmen, sie tun dies im Sprachgebrauch auch meist. PersN flektieren zudem und sie sind im Hinblick auf ihr Genus resp. Sexus und ihren Numerus bestimmbar. Im heutigen Schriftdeutschen werden allerdings lediglich der Genitiv und der Plural am PersN morphologisch kodiert, während Genus, sofern vorhanden, ausschließlich mithilfe eines vorangestellten Determinierers, typischerweise über ein Artikelwort („Geschlechtswort"), seine formale Markierung erhält. Bezeichnenderweise ist es das homomorphe Suffix -s, welches im Schriftdeutschen zur Markierung beider morphologischer Kategorien verwendet wird (z. B. *Petra* → *die Petra{-s}*$_{Pl}$; *Petra-{s}*$_{Gen}$ *Haus*).[25]

Historisch waren hingegen mehr Flexions- und auch Derivationsmarker bei PersN im Deutschen vorhanden, die spätestens im 19. Jh. aus noch unbekannten Gründen abgebaut worden sind. Zahlreiche Autor/-innen vermuten eine enge Verbindung zwischen dem Abbau der Flexionsmarker und dem Aufbau des onymischen Artikels, indem die Verwendung des Artikels die morphologischen Funktionen der im Abbau befindlichen Flexionsmarker übernommen bzw. kompensiert hätte. Dieser Argumentationslinie folgend gilt die Kasusmarkierung als eines der Hauptmotive für die Verwendung des PersN-Artikels. Das Gleiche gilt für Genus, welches – wie beschrieben – ebenfalls am Artikelwort ausgedrückt wird und weshalb der Definitartikel auch zur Genus-/Sexusunter-

---

24 Hierauf referiert auch der Terminus „nomen proprium", der als Bezeichnung allgemein für EigenN bereits seit der Antike im wissenschaftlichen Diskurs gebraucht wird.
25 So konnte in mehreren Arbeiten gezeigt werden, dass der Pluralmarker bei EigenN seinen Ursprung im Genitivmarker hat (Nübling & Schmuck 2010; Schmuck 2011; Rauth 2014). Es ist deshalb möglich, den rezenten homomorphen Status beider Marker auf den gleichen historischen Ursprung zurückzuführen. Inwiefern es sich bei {-s} in *Petras Haus* um einen Genitiv- oder Possessivmarker handelt, lasse ich hierbei offen.

scheidung bei PersN genutzt werden kann (z. B. *die Schmidt* vs. *der Schmidt*).[26] Der nominale Status von PersN manifestiert sich zudem auf syntaktischer Ebene, wo Phrasen mit PersN die Eigenschaften von NPs bzw. Determinierer-Phrasen (DPs) aufweisen (vgl. z. B. Heidolph, Flämig & Motsch 1981: 258; zum DP-Status siehe Kap. 4.3).

Die folgenden Abschnitte dienen dazu, grundlegende morphologische und syntaktische Eigenschaften der Wortklasse Personenname im Deutschen darzulegen und zu diskutieren. In Kap. 4.2.1 wird dafür argumentiert, dass die Derivations- und besonders auch die Flexionsmorphologie bei PersN im Deutschen ganz im Zeichen der Wortkörperschonung steht, indem diachrone Prozesse im Deutschen darauf ausgerichtet sind, den Namen morphologisch konstant zu halten und die Referenzleistung damit zu schützen. In Kap. 4.2.2 soll ein besonderes Augenmerk auf das Zusammenspiel von Definitartikel und PersN bei der Kodierung semantischer Rollen gelegt werden. Damit wird die oben angeführte Argumentation wieder aufgegriffen, der zufolge der PersN-Artikel besonders zur Verdeutlichung der Kasus verwendet wird.

4.2.1 Morphologie im Zeichen der Namenkörperschonung

PersN haben seit mittelhochdeutscher und frühneuhochdeutscher Zeit mehrere morphologische Prozesse durchlaufen, die dazu dienen, den Namenkörper formseitig zu schonen, ihn damit unveränderlich und wiedererkennbar zu halten.[27] Dies betrifft zum einen den Umbau der Flexions- und Derivationsmorphologie zugunsten einer möglichst einheitlichen und zugleich eindeutigen morphologischen Markierung der Wortklasse Personenname im Kontrast zu APP. Zum anderen betrifft dies auch den radikalen Abbau der Flexionsmorphologie, der im Folgenden Thema des Abschnitts sein soll.

Veränderungen der Flexionsmorphologie am PersN betreffen in der Geschichte des Deutschen insbesondere die Kasusmorphologie. Historisch lässt sich hier mit Paul (1917: 153–163), Steche (1927: 140–152), Nübling (2012: 220–221) und Ackermann (2018a) für das Althochdeutsche und Mittelhochdeutsche

---

26 Typischerweise erfolgt die Sexusunterscheidung bei PersN im Deutschen allerdings durch die Verwendung eines sexusdefiniten RufN oder durch die präponierten Höflichkeitsformen *Herr* und *Frau*.
27 Auch die Graphematik, etwa die Bindestrichschreibung, wird im Deutschen dazu eingesetzt, den Namenkörper zu schonen (dazu Nübling, Fahlbusch & Heuser 2015: 86–92; Schlücker 2017; Vogel 2017).

von einer paradigmatisch voll ausgebauten PersN-Flexion ausgehen, die weitgehend der Flexion bei APP entspricht und bei der die männlichen und weiblichen PersN in Abhängigkeit von ihren Auslauteigenschaften teils stark (konsonantisch auslautend) und teils schwach (vokalisch auslautend) flektiert wurden. Im weiteren Verlauf der Sprachgeschichte finden Paul (1917: 153–156) zufolge dann Ausgleiche zwischen starker und schwacher sowie zwischen maskuliner und femininer Flexion statt, die in der Konsequenz zu einer morphologischen Abspaltung des onymischen Flexionsparadigmas gegenüber dem appellativischen geführt haben. Aufgrund der Endsilbenabschwächung zum Mittelhochdeutschen hin fallen dabei zunächst bei den RufN die starken und schwachen maskulinen Akkusativa zu -*en* zusammen. Diese Form wird im Anschluss auch auf den Dativ der starken Maskulina angewandt (Paul 1917: 154) und schließlich auf FamN und onymisch verwendete APP (*Vater-n, Mutter-n*; heute noch im Nd. gebräuchlich) übertragen, sodass „sich die Endung -*en* zum über- oder superstabilen (d. h. flexionsübergreifenden) Marker für Dativ und Akkusativ" (Nübling 2012: 222) entwickeln konnte. Auch die Possessivkonstruktion hat mit der *s*-Endung einen solchen überstabilen Marker für männliche und weibliche PersN entwickelt. Hierbei wurde zunächst aus der schwachen Endung -*en* und der starken maskulinen Endung -*es* eine neue Endung -*ens* gebildet und von männlichen PersN auf weibliche übertragen (*Dian-ens*). Alternierend ersetzte der *s*-Marker die alte *en*-Endung bei den schwachen Maskulina (*Brun-en* > *Bruno-s*), um dann auch bei den Feminina gebraucht zu werden (*Berten* > *Bertas*). Im Gegensatz zu APP, wo die Genitivendungen -*es* und -*s* in Abhängigkeit von der phonologisch-prosodischen Form und der Wortlänge des entsprechenden APP alternieren (z. B. bei *des Tages* vs. *des Feiertags*; vgl. Szczepaniak 2010), gilt bei EigenN heute ausschließlich uniformes -*s*, was ebenfalls zur Transparenz des Namenkörpers beiträgt und was zudem die potentielle Resilbifizierung der Wortform unterbindet (Nübling 2012: 222).

Mit Ausnahme der *s*-Flexion im Genitiv gilt die Kasusflexion bei PersN im Deutschen heute insgesamt als ausgestorben. Paul (1917: 157) zufolge haben „die flektierten Dative und Akkusative auf -(*e*)*n* [...] allmählich angefangen als vulgär zu gelten" und wurden durch die flexionslose Variante mit und ohne Artikel ersetzt. Dazu heißt es bei Gottsched (1762: 523):

> [...] daß der Dativ und Accusativ in sehr vielen Fällen einen niedrigen und geringschätzigen Nebenbegriff haben, daher man alsdann [...] das fehlende Casus-Zeichen durch den Artikel ersetzet.

Steche (1927: 142–143) macht hingegen referenzsemantische statt soziopragmatische Gründe für den Abbau der PersN-Flexion verantwortlich. So heißt es bei ihm:

> [...] daß die Sprache bei den Eigennamen immer mehr den **Grundsatz der Umkehrbarkeit** durchzuführen strebt, das heißt, der Leser oder Hörer muß aus der ihm vorliegenden Beugungs- oder Ableitungsform den Eigennamen zweifelsfrei zurückbilden können, auch wenn er ihn bislang noch nicht kannte. Daher begannen im 18. Jahrhundert **die Beugungsendungen der Eigennamen zu verschwinden** [...].
> (Steche 1927: 142–143, Hervorhebungen im Original).

Demnach wäre es in der Frühen Neuzeit, in der eine Ausdehnung der Kommunikationsräume über die eigene Dorfgemeinschaft (*peer group*) hinweg stattgefunden hat, notwendig gewesen, den Namenkörper in seiner Funktion als „rigider Designator" (Kripke 1990) formal eindeutig zu halten. Die Kasusmorphologie mit ihren verschiedenen Flexionsallomorphen hätte dieser Notwendigkeit entgegengestanden und wäre dementsprechend abgebaut (Dativ, Akkusativ) bzw. vereinheitlicht (Genitiv) worden. So wäre etwa nicht mehr zu erkennen gewesen, ob eine Form wie *Franken* auf eine Person mit dem Namen Franken verweist oder ob es sich um Dativ- bzw. Akkusativendungen (bis ins 17. Jh. auch als Genitivendung gebräuchlich) des Namens *Frank* oder *Franke* handelt (vgl. Steche 1925: 205–207, 1927: 142).

Auch die Entwicklung der Numerusflexion im Deutschen steht ganz im Zeichen der onymischen Schemakonstanz, d. h. der Stabilität des Namenkörpers im morphologischen Paradigma (dazu Nübling 2017). Historisch gilt hier Paul (1917: 158) zufolge, dass Plurale von EigenN überhaupt erst ab dem Frühneuhochdeutschen verwendet wurden. Die Flexionsmorpheme der Pluralbildung sind dabei fast die gleichen wie die der APP. Demnach flektierten die Maskulina im Frühneuhochdeutschen zunächst stark auf *-e* (*Heinrich-e, Lessing-e*), während die Feminina sowohl eine starke Flexion auf *-s*, als auch eine schwache Flexion auf *-(e)n* aufweisen konnten (*Petra-s, Luise-n*). Zudem ist insbesondere bei den Maskulina der stammalternierende Pluralumlaut (*Hänse*; auch in Kombination mit dem appellativischen *-er*-Plural: *Schmalz → die Schmälzer*; vgl. Bach 1952: 50) belegt. Dieser wird Gottsched (1762: 537) zufolge spätestens ab dem 18. Jh. zugunsten des *s*-Plurals abgebaut, was wiederum mit der oben angesprochenen Schemakonstanz zu motivieren ist. Das Gleiche gilt für den Abbau der Pluralallomorphe *-e* und *-en* (vgl. Götzinger 1836: 546; Heyse 1838: 510), sodass heute lediglich noch der *s*-Plural und häufiger noch der Nullplural (*die beiden Peter*) bei PersN produktiv sind. In letztgenanntem Fall wird die Pluralmarkierung meist auf andere Elemente in der NP ausgelagert, sodass der Namenkörper hier komplett unangetastet bleibt (dazu Nübling 2012: 231–233).

Namenverändernde Suffixe wurden außerdem im Derivationsbereich abgebaut. Historisch gilt hier, dass weibliche Personenbezeichnungen aus maskulinen Basen durch Femininmovierung mit dem Suffix -*in* (dialektal auch -*sche*, -*sen*, -*se*, -*ske*, -*s*; vgl. Bach 1952: 179; Steffens 2014, 2018; Werth 2015; Schmuck 2017) abgeleitet werden konnten (s. Kap. 7.4). So bezieht sich der Name *Luise Millerin* aus Friedrich Schillers Theaterstück „Kabale und Liebe" etwa auf die Tochter eines Mannes mit dem Namen *Miller* und nicht auf eine Frau, die mit FamN *Millerin* heißt oder die den Beruf der Müllerin ausübt. Während die funktionale Movierung mit *in*-Suffix (z. B. *Arzt* > *Ärztin*, auch nicht umgelautet: *Uhrmacher* > *Uhrmacherin*) heute in allen Varietäten des Deutschen hoch produktiv ist, gilt die onymische Movierung im Schriftdeutschen wie auch in der gesprochenen Standardaussprache spätestens seit dem 19. Jh. als ausgestorben (vgl. Bach 1952: 179). Neben sozialen und gesellschaftspolitischen Umwälzungen, die mit der Emanzipierung der Frau in Zusammenhang stehen (Plank 1981: 11), werden hierfür auch Gründe verantwortlich gemacht, die wiederum mit der Referenzfunktion des PersN zu tun haben. So heißt es bei Steche (1925: 206, eigene Hervorhebungen; auch mit Bezug auf die Adjektivderivation mit -*sche*):

> Wenn zu Goethes Zeit von dem **Schulzischen Haus** oder der **Mamsell Schulzin** gesprochen wurde, dann wußte jeder in dieser damaligen Kleinstadt, ob das Haus oder die Tochter des Herrn Schulz oder des Herrn Schulze gemeint war. Wer sollte das aber in einer heutigen Stadt mit ihrer so viel größeren Einwohnerzahl und dem so viel schnelleren Wechsel ihrer Bevölkerung feststellen?

Daneben gibt es zahlreiche Derivationsmöglichkeiten am Namen, die bis heute produktiv sind. An erster Stelle ist hier die sog. deonymische Derivation zu nennen, also Fälle, bei denen eine onymische Basis um ein appellativisches Derivat erweitert wird (z. B. Suffixe auf -*e*, -*er*, -*isch* und -*ismus*; dazu ausführlich Fleischer 1989). Im Bereich der PersN werden diese Derivate insbesondere als Adjektivderivate mit Zugehörigkeitsfunktion (*Grimmsche Märchen, Merkelsche Politik*; dazu Sugarewa 1974; Kempf 2016; Vogel 2017) sowie in der Bedeutung 'Anhänger von x' verwendet (z. B. *Hegelianer, Kantianer*); dies allerdings überwiegend im Schriftdeutschen und nicht in den regionalen Varietäten. Nach Fleischer (1989: 253) gilt für die zuletzt genannten Wortbildungstypen einschränkend, dass „[d]er Träger des als Basis verwendeten Familiennamens [...] eine – positiv oder negativ bewertete – gesellschaftliche Bedeutung haben [muss, A. W.]", Referenz also trotz modifizierter Wortform über die Bekanntheit des Referenten hergestellt werden kann. Ebenfalls unproblematisch im Sinne der Wortkörperschonung verhalten sich Diminutive, deren Gebrauch bei PersN auf die informelle Kommunikation beschränkt ist (vgl. Seebold 1983: 1250), weshalb auch hier davon auszugehen ist, dass der Referent bei der Suffigierung des Namens sowie bei den seltenen Fällen von Stammalternation (*Hänschen, Kläuschen*; vgl. Nübling 2005b: 36) für den Adressaten dennoch eindeutig identifizierbar bleibt. Das Gleiche gilt für die pluralische Bezeichnung einer Gesamtfamilie (Kollektiva). Hier bieten die regionalen Varietäten eine Reihe von Suffixen an, die historisch insbesondere auf Genitivformen zurückzuführen sind (*die Martis, die Manzen, die Heimes, des Mäurers, die Voggenreiterschen*; dazu Bach 1952: 186–188; Schirmunski 1962: 436; Nübling & Schmuck 2010: 152–163; Schmuck 2011; Rauth 2014), die für die Referenzherstellung aber ebenfalls kein Problem darstellen sollten.

Bei der Verbindung aus RufN und FamN werden in den Dialekten zudem Fugenelemente verwendet, z. B. in Nauheim (Rheinfränkisch), wo nach Berchtold & Dammel (2014: 258–262) die Wahl zwischen *s*- und *e*-Fuge davon abhängig ist, welcher Namensbestandteil betont ist:[28] Bei -*e* liegt der Akzent auf dem FamN, bei -*s* wird hingegen der RufN am prominentesten akzentuiert, z. B. bei: *de Schmíd-e Karl* vs. *de Hoffmanns Káll* (Berchtold & Dammel: 261).[29] Bei Kompositabildungen (bes. bei okkasionellen) aus EigenN und APP wird im Deutschen hingegen weitgehend auf Fugenelemente verzichtet (und wenn nicht, dann wird mit -*s* verfugt), wie zuletzt Schlücker (2017: bes. 68) für Nominalkomposita und Vogel (2017: bes. 114) für Adjektivkomposita anhand von groß angelegten Korpusauswertungen schriftsprachlicher Daten herausarbeiten konnten. Die onymische Schemakonstanz bleibt also auch hier gewahrt und kann damit zusammenfassend für das Deutsche als eine wichtige Triebfeder für die Konstituierung einer onymisch-morphologischen Sondergrammatik angesehen werden.

4.2.2 Semantische Rollenkodierung bei Personennamen

Das Deutsche kennt grundlegend fünf verschiedene Mittel, um semantische Rollen zu kodieren: a) Kasusmarkierung am Pronomen, am Artikel, am Adjektiv und am Substantiv, b) Kongruenz zwischen Verb und Argument (bes. Subjekt), c) Verwendung von Präpositionen, d) Serialisierungspräferenzen sowie e) Plau-

---

[28] Diachron sind beide Fugenelemente vermutlich auf Genitivflexive zurückzuführen (Berchtold & Dammel 2014: 259).
[29] Weitere Typen von Verfugungsmustern finden sich in Bach (1952) und Mottausch (2004).

sibilität, bes. Belebtheit. Die Beispiele in (11) zeigen, dass diese Kodierungsstrategien bei der Verwendung von PersN nur eingeschränkt genutzt werden können und dass diese Einschränkungen besonders auf mangelnde morphologische Distinktionsmöglichkeiten in den zugrundeliegenden Sprachsystemen zurückzuführen sind.

(11) a. dann hot **de Hermann de Peter Schmigel** ogerufe. (REDE, GIGR1, Hessisch)
 b. de andere morche sind sie wieder einander begechnet und da hat **käthel babbett** gefrocht – (Zwirner, ZWG03, Rheinfränkisch)
 c. und **kaspar** kriegt **sie** sonntags nok nich mal geschniert. (Zwirner, ZWU30, Westfälisch)

In (11a) fehlen für beide nominalen Argumente die morphologischen Kasusmarkierungen, und zwar sowohl am Nomen selbst (Namenflexion) als auch am nominalen Begleiter (Artikel). Die fehlende Kasusdistinktion am Artikel ist dabei als (regional-)sprechsprachliches Spezifikum zu klassifizieren, da zumindest maskuline Nomen im Schriftdeutschen eine Nominativ-Akkusativ-Distinktion am Definitartikel erhalten haben. Die fehlenden Flexionssuffixe am Nomen beruhen dagegen auf einem grundlegenden Abbau der Namenflexion in der Diachronie des Deutschen (s. Kap. 6.5.2). Zudem ist hier keine Zuschreibung semantischer Rollen über die Verbsemantik möglich, da in transitiven Sätzen mit zwei PersN beide Argumente gleich belebt sind bzw. in (11a) sowohl *Hermann* als auch *Peter Schmigel* plausibel die Rolle des Proto-Agens ('der Anrufer') bzw. die Rolle des Proto-Patiens ('der Angerufene') im Satz einnehmen können.[30] In (11b) sind die nominalen Argumente mit PersN hinsichtlich der semantischen Rollenkodierung ebenfalls morphologisch und semantisch unspezifiziert. Im Vergleich zu (11a) fehlen die Artikel an beiden Nomen, weshalb die morphologische Kasusmarkierung am nominalen Begleiter hier unabhängig von varietätenspezifischen Kasussynkretismen nicht erfolgen kann.

Wie im empirischen Teil der Arbeit gezeigt werden wird, stellen Beispiele wie das in (11b) für das Schriftdeutsche und für standardnahe nordd. Sprechlagen die unmarkierte syntaktische Form dar, sodass – bei fehlender Namenflexion – davon auszugehen ist, dass die semantische Rollenkodierung dort morphologisch nicht erfolgen kann. (11c) stellt schließlich eine Variante von (11b) dar, indem eines der nominalen Argumente in einem transitiven Satz durch ein

---

[30] Die angesetzten Proto-Rollen beziehen sich auf die Klassifikation in Dowty (1991) und Primus (1999). Siehe dazu Kap. 5.3.3.

Personalpronomen der 3. Person Singular Feminin anstatt durch einen PersN ausgedrückt wird. Eine Identifizierung semantischer Rollen aufgrund morphologischer Informationen ist in diesem Beispiel ebenfalls nicht möglich, da neben der fehlenden Kasusmarkierung am PersN das zweite, pronominale Argument einen Synkretismus zwischen Nominativ und Akkusativ aufweist. Morphologische Ambiguität in transitiven Sätzen mit PersN kann demnach auch dann vorkommen, wenn, was der häufigere Fall ist, nur eines der beiden Argumente durch einen PersN ausgedrückt wird.

Den Beispielen in (11) sind also fehlende morphologische Informationen gemeinsam, die sich im Wesentlichen darauf zurückführen lassen, dass bei der Verwendung von PersN der Artikel als präponierter Determinierer und damit als Träger von morphologischem Kasus vermieden wird. Dies stellt – wie beschrieben – ein Spezifikum von PersN (und anderen Klassen von EigenN) dar, da Nomen im Deutschen (mit wenigen Ausnahmen) obligatorisch mit präponiertem Determinierer verwendet werden (s. Kap. 3.3).

Eine ähnliche morphologische Unterspezifizierung des PersN gegenüber anderen nominalen Wortklassen lässt sich dahingehend annehmen, dass die Numeruskongruenz am Verb nur bedingt zur semantischen Rollenidentifikation bei PersN beiträgt, da der Gebrauch von PersN (zumindest der von RufN) im Plural im Deutschen nur in ganz bestimmten, pragmatisch und semantisch lizenzierten Kontexten möglich ist (dazu Coseriu 1975) und koordinierte PersN, wie in (12), im Vergleich zu Singularentitäten ebenfalls nur selten auftreten.

(12) warum dass der egon hintergruber runten 'unten' **die connie und numie** begleitet hat. (REDE, BT9, Bairisch)

Im Vergleich zu (11) sind in (13) die semantischen Rollen durch Kasusmarkierungen am Artikel eindeutig formal markiert. Die morphologische Markierung kann wie in (13a) an beiden Artikeln erfolgen, wie (13b und c) zeigen, reicht zur Desambiguierung der semantischen Rollen aber auch die formale Kodierung an nur einem nominalen Argument aus.[31]

(13) a. wo **der Peter** dann so **dem Torsten** sagt – (REDE, WITjung1, Moselfränkisch)
b. un da hat **die Anneliese** dann auch **den Otto** da obe kennegelernt. (REDE, GIBIalt, Hessisch)
c. da kennt **der Sandro** die wirtin. (REDE, IN3, Bairisch)

---

31 In (13b) weist der feminine Artikel [diː] einen Kasussynkretismus zwischen Nominativ und Akkusativ auf.

Hinzu kommen historische Belege, wie in (14), wo die Kodierung semantischer Rollen durch Flexionsmorphologie am PersN selbst erfolgt, in (14a) durch {-en} am RufN *Frantz*, in (14b) mittels {-n} am FamN *Fiedler* (beide Akkusativ).

(14) a. darüber sie darnach **frantzen Twist** consulirt, ob sie clag[en] sollte. (HexenV, Münster 1630, Westfälisch)
   b. fragt Her Boitzhaym **Fiedlern**, ob dieße seine nach Mittaghighe bekandtnuß wahr. (HexenV, Trier 1590, Moselfränkisch)

Für die morphosyntaktische Gesamtarchitektur des Satzes ist nun entscheidend, dass die Abfolge nominaler Argumente in Beispielen, in denen zumindest eines der nominalen Argumente eindeutig kasusmarkiert ist, grundsätzlich zugunsten einer P-Patiens-vor-P-Agens-Abfolge umgestellt werden kann, wie die Belege in (15) ausweisen.[32]

(15) a. dann hat **se**$_{\text{NOM/AKK}}$ noch **de**$_{\text{NOM}}$ **kurt gehat**; Homburger. (REDE, HOMalt, Rheinfränkisch)
   b. Thomæ bauchen Sohn **Johannen**$_{\text{AKK}}$ hatt **sie**$_{\text{NOM/AKK}}$ wider entschuldiget. (HexenV, Friedberg 1620, Hessisch)

Das Gleiche gilt für Sätze, in denen die Identifikation semantischer Rollen über die Zuschreibung von Plausibilitätseigenschaften unter Zuhilfenahme der semantischen Eigenschaften des finiten Verbs erfolgen kann, vgl. (16). So verlangt bspw. das Vollverb *haben* im Sinne von 'etwas besitzen' in (16b) ein Argument mit Agens-Charakter als Subjekt. Die Agentivität ist beim PersN *Carsten* stärker ausgeprägt als bei *Nachbargrundstück* und zwar deshalb, weil der PersN hier einen höheren Grad an Belebtheit aufweist.[33]

(16) a. das andere hat **Folkert** selbst gemacht. (AuswB, Mannott 2, Nordniederdeutsch)
   b. dat nachbargrundstück hat ja **carsten**. (REDE, PRalt1, Brandenburgisch)

---

[32] In zahlreichen regionalen Varietäten des Deutschen sind reduzierte Artikelformen auch bei Maskulina synkretisch zwischen Nominativ und Akkusativ. Beispiel (15a) stammt allerdings von einem Sprecher, der die beiden Kasus bei maskulinen Nomen morphologisch eindeutig unterscheidet.

[33] Anders ist es z. B. in dem Satz *Das Nachbargrundstück hat einen Brunnen*, in dem beide Argumente gleichrangig unbelebt sind.

Fraglich ist dagegen, inwiefern Abweichungen von der im Deutschen kanonischen Agens-vor-Patiens-Abfolge auch möglich sind, wenn die semantischen Rollen mittels Kasus morphologisch nicht kodiert sind, wie in den Beispielen (11), bzw. die Sprachteilnehmer zur Rollenidentifikation auch nicht auf semantische Eigenschaften der Verb-Komplement-Relation zurückgreifen können. Besonders vor dem Hintergrund, dass Akzeptabilitätsdaten in Bellmann (1990; s. Kap. 6.6.2), Eichhoff (2000: Karte 76) und Elspaß & Möller (2003ff.: Karten 9-2a–2d) darauf hindeuten, dass der PersN-Artikel und damit der potentielle Kasusträger im Deutschen regionalspezifisch als akzeptabel bzw. als inakzeptabel beurteilt wird, muss so in Frage gestellt werden, inwiefern das Zusammenspiel von Morphologie, Serialisierung und Belebtheit bei der Verwendung von PersN in allen Varietäten des Deutschen gleich funktioniert. Zu erwarten ist, dass Varietäten, in denen auf den PersN-Artikel verzichtet wird, in (di-)transitiven Sätzen eine vergleichsweise strikte Abfolge nominaler Argumente zugunsten der Agens-vor-Patiens-Abfolge besteht und dies besonders im Vergleich zu Varietäten, in denen der PersN-Artikel häufig verwendet wird. Diese Überlegungen rekurrieren auf einschlägige theoretische Überlegungen, die einen sprachsystematischen Zusammenhang zwischen der Rigidität von Subjekt-Objekt-Abfolgen (resp. der von Agens-Patiens-Abfolgen) und dem Vorhandensein distinktiver morphologischer Kasus annehmen (z. B. Keenan 1976; Hawkins 1986; Siewierska 1998: bes. 509; Primus 1999; Kasper 2015a: 313–375 unter zusätzlichem Einbezug von Belebtheit).

Wie in den empirischen Auswertungen gezeigt werden wird, ergeben sich zudem Abstufungen im Hinblick auf Varietäten, in denen a) der PersN-Artikel fakultativ verwendet wird und b) der Artikel aufgrund partieller Formensynkretismen (bes. zwischen Nominativ und Akkusativ) als Kasusträger allgemein nur eingeschränkt genutzt werden kann. Das Gleiche gilt dann c) für historische Varietäten, in denen die Kasusmarkierung teilweise am PersN selbst erfolgt.

Arbeiten zur Morphologie und Syntax des Deutschen haben vielfach zeigen können, dass zentrale sprachliche Funktionen, wie z. B. die des Numerus, häufig nicht nur durch ein formales oder inhaltliches Mittel kodiert werden, sondern gleich durch mehrere (Prinzip der Verbosität bei Dahl 2004). Das Gleiche gilt für die hier betrachtete semantische Rollenkodierung, indem, wie in (17) illustriert, häufig mindestens zwei sprachliche Mittel zur Identifikation semantischer Rollen genutzt werden können.

(17) a. **den Johannes Jökel** hat auch das loß getrofen. (AuswB, Bönsel, Hessisch)
⇨   Objektmarkierung + Belebtheit

b. als ich hörte das **der H Diener** eine Wierthschaft in Neu York hatte. (AuswB, Karcher 3, Rheinfränkisch)
      ⇨ Subjektmarkierung + S>O-Abfolge + Belebtheit
   c. so soll **Wilhelm** eine Kuh kaufen. (AuswB, Dunker 3, Westfälisch)
      ⇨ S>O-Abfolge + Belebtheit
   d. Darin hettenn **Anna** vnd Ire Dochtter **Maria Hanß Cono** gefuert. (HexenV, Trier 1590, Moselfränkisch)
      ⇨ Kongruenz + S>O-Abfolge

Im empirischen Teil der Arbeit wird zu klären sein, welchen Stellenwert die einzelnen Kodierungsmittel, aber auch ihr jeweiliges Zusammenspiel für die Architektur des Satzes haben. Zu fragen ist, ob sich möglicherweise formale und inhaltliche Mittel bestimmen lassen, die in (di-)transitiven Sätzen häufiger eingesetzt werden als andere, um semantische Rollen für den Sprachteilnehmer eindeutig zu kodieren. Wie verhalten sich diesbezüglich PersN in intransitiven Sätzen, also in Sätzen, in denen für den Sprachteilnehmer nicht mehrere Argumente für bestimmte semantische Rollen im Wettstreit miteinander stehen? In welcher Beziehung steht die Serialisierung zur Kasusmorphologie und welche Rolle spielt das Argumentlinking, wenn es darum geht, von der kanonischen Agens-vor-Patiens-Abfolge im Deutschen abzuweichen?

4.3 Syntaktische Eigenschaften von Personennamen

Die syntaktischen Eigenschaften von PersN, wie von EigenN allgemein, sind bislang wenig erforscht worden, so beklagt in Kolde (1995: 407) und Sturm (2005: 1). Es gilt, was Kolde (1995: 407) allgemein für EigenN proklamiert, „daß sie in allen satzsyntaktischen Positionen stehen können, in denen appellative Nominalphrasen möglich sind, allenfalls mit einer Ausnahme, der prädikativen Position". So können PersN sowohl als Subjekte als auch als Objekte verwendet werden. Sie sind damit grundsätzlich eigenständig NP-wertig (vgl. Löbner 2015: 119), eine Eigenschaft, die PersN im Deutschen mit Pronomen, Pluralentitäten und Massennomen, nicht aber mit singularisch gebrauchten APP teilen, vgl. (18).

(18) a. **Peter** geht gerne schwimmen.
   b. **Er** geht gerne schwimmen.
   c. **Hunde** gehen gerne schwimmen.
   d. *__Hund__ geht gerne schwimmen.

So heißt es auch in Langendonck (2007: 124):

> [I]t makes sense to argue that [...] proper names are nouns, just as common nouns, but that they are able to function much more often as NPs on their own than common nouns are.

Vorläufig können wir damit syntaktische Funktionsäquivalenz zwischen grammatischen Strukturen ansetzen, in denen der PersN von einem Determinierer begleitet wird und solchen, in denen dies nicht der Fall ist:[34]

(19) a. (**Peter**)$_{NP}$ geht gerne schwimmen.
   b. (**Der Peter**)$_{NP}$ geht gerne schwimmen.

Determinierern wird allgemein die Eigenschaft zugesprochen, Nomina in NPs zu überführen (IDS-Grammatik 1997: 1929; Engel 2004: 312). Zumindest im Schriftdeutschen ist diese Eigenschaft von Determinierern hingegen für PersN als obsolet zu betrachten. Es handelt sich bei kanonisch gebrauchten PersN vielmehr um sog. Einwort-NPs, welche sich unter anderem dadurch auszeichnen, dass das Kopfnomen hier aus lexikalischen Gründen bereits voll determiniert ist und so auch das Auftreten eines weiteren Determinativs verhindert wird (vgl. IDS-Grammatik 1997: 1929–1930). Im Verlauf der Arbeit gilt es zu klären, inwiefern Beispiele wie das in (19a) in den regionalen Varietäten des Deutschen ebenfalls unter diese Regel fallen und wie sich insbesondere die attributiv erweiterten PersN dazu verhalten.

NPs lassen sich Himmelmann zufolge dabei allgemein als syntaktische Konstruktionen definieren, die durch drei Kriterien gekennzeichnet sind:

> **Erstens** handelt es sich um eine Konstruktion, die aus (mindestens) zwei Elementen besteht, und zwar einem, das als Determinator kategorisiert ist, und einem, das als Nomen kategorisiert ist. **Zweitens** bilden diese beiden Elemente eine Konstituente, d.h. sie stehen im Rahmen von größeren Einheiten (einem Satz z.B.) direkt nebeneinander; es treten keine Elemente, die zu anderen Konstituenten gehören, zwischen sie. **Drittens** ist ihre Abfolge klar geregelt, der Determinator steht vor dem Nomen (oder, hier ist Raum für einzelsprachliche Variation, umgekehrt).
> (Himmelmann 1997: 11–12, eigene Hervorhebungen)

---

[34] Ich lasse es hierbei zunächst offen, ob Phrasen wie in (19) als Nominalphrasen oder als Determinierererphrasen aufzufassen sind.

Durch die Annahme, dass PersN im Deutschen eigenständig NP-wertig sind, ist das erste Kriterium zu modifizieren: Determinator und Nomen können in PersN-NPs identisch sein.[35] Kriterium 2 und 3 treffen hingegen auch auf PersN-NPs zu und müssen an dieser Stelle nicht weiter modifiziert werden.

PersN kommen auch in der Funktion von Attributen (*Peters Mantel*, *das Müllersche Haus* etc.) und in prädikativischer Verwendung (*Das ist Mireille*, vgl. Kolde 1995: 407) vor.[36] Sofern bei Prädikation im Deutschen Formengleichheit zwischen PersN und appellativischen Nomen vorliegt, handelt es sich typischerweise um APP, d. h. um Fälle von Deonymisierung, vgl. z. B. (20).[37]

(20) Der sanfte König konnte zu **einem Nero** werden. (Bsp. nach Meyer 1915: 504)

Hinzu kommt, dass PersN sehr häufig in syntaktischen Positionen vorkommen, die den Funktionsdomänen des Vokativs zuzuordnen sind (Wunderlich & Reis 1925: 310; Anderson 2008: 24). Hierin unterscheidet sich die Syntax von PersN von der der APP, die in vokativischer Funktion im Deutschen lediglich grammatisch (nicht semantisch) indefinit gebraucht werden können, vgl. (21a) vs. (21b und c).[38]

(21) a. **Hund**, komm her.
     b. *****Der Hund**, komm her.
     c. **Paul**, komm her.

Ein Phrasenausbau ist bei PersN vor allem durch die Juxtaposition eines *Nomen Invarians*, durch Genitivattribute sowie durch Voranstellung von attributiv gebrauchten Adjektiven möglich. In zuletzt genanntem Fall ist die einleitende

---

[35] So heißt es auch bei Heidolph, Flämig & Motsch (1981: 258, Hervorhebung im Original): „Zu den vollen Substantivgruppen werden weiter diejenigen gezählt, die einen **Eigennamen** enthalten [...]."
[36] Siehe auch Matushansky (2006) zur prädikativen Verwendung von EigenN aus typologischer Perspektive.
[37] So auch bei deonymischer Derivation auf *-(i)sch*: „drapiert sich, [...] nicht im mindesten so stark *kantisch* und *rousseauistisch* wie seine Lyrik damals *klopstockisch*, *kleistisch* und *uzisch*." (W. Dietze über Herder, zitiert nach Fleischer & Barz 2012: 318).
[38] Zu prüfen wäre, inwiefern in Konstruktionen wie *Guten Tag, der Herr/die Herren*, auch mit PersN: *Ach der Herr Stoltz* (aus Nikola Hahn: Die Detektivin: 270) überhaupt vokativische Verwendungsweisen vorliegen. Grimm (1898: 496) jedenfalls sieht in Anredeformen wie neuniederländisch *mîn her de grâf* Höflichkeitsformen in dritter Person realisiert. Ähnlich argumentiert auch Simon (2003: 107–108) bzgl. des Deutschen im 16. Jh.

Verwendung eines Determinierers obligatorisch, ansonsten ist seine Verwendung (zumindest im Schriftdeutschen) fakultativ (s. Kap. 7.3.3). Stellungsbedingte Eigenschaften sind bislang vor allem für die Relationierung von PersN und Genitivattributen untersucht worden, wobei zwischen prä- und postponierter Attribuierung (*Peters Haus* vs. *das Haus Peters*) unterschieden wird (s. Kap. 7.5). Im Deutschen zeichnen sich Genitivattribute in präponierter Stellung Demske (2001: 217–220) zufolge allgemein durch eine besondere Kürze sowie durch einen hohen Belebtheits- und Definitheitsgrad aus, während postponierte Attribute tendenziell komplex, unbelebt und indefinit sind. Dies erklärt, warum PersN im Deutschen häufiger präponiert als postponiert auftreten (vgl. Eisenberg & Smith 2002) bzw., warum sie in präponierter Stellung auch deutlich stärker akzeptiert werden als in postponierter (vgl. Zifonun 2001).

Weiterhin variiert in den Dialekten (nicht im Standard) beim GesamtN die Sequenzierung von RufN und FamN, z. B. in (22).

(22) a. da sagt **die morcherl friede**. (REDE, FDalt3, Hessisch)
 b. jonny – is da die **himberg jutta** zuständig? (REDE, Ralt1, Bairisch)
 c. ja; **de hubersch wilhelm**, **de hubersch otto**, **de meiersch peter**. (REDE, BETZalt2, Moselfränkisch)

Die Abfolge FamN-vor-RufN dient dabei allgemein der Referenz auf Teilhaber einer Ingroup, während die standardkonforme Abfolge RufN-vor-FamN für Außenseiter vorbehalten bleibt (z. B. nach Berchtold & Dammel 2014: 261 für Nauheim im Rheinfränkischen). In ersten Untersuchungen zum GesamtN wird zudem von einer hohen inter- und intradialektalen Variation bei der Formenbildung berichtet, die auf einem komplexen Wechselspiel von morphologischen, syntaktischen und prosodischen Faktoren beruht (vgl. Bach 1952; Berchtold & Dammel 2014). Linguistisch bedeutsam ist, dass die Unterschiede zwischen den verschiedenen Strukturtypen auf einen Gegensatz von Komposition und Syntagma hinauslaufen (Bach 1952; Weiß 1998: 71–72; Berchtold & Dammel 2014), ein Umstand, der uns zu einem späteren Zeitpunkt auch im Zusammenhang mit PersN in Appositionsverhältnissen begegnen wird.

4.3.1 DP-Hypothese: Personennamen in der syntaktischen Position eines Determinierers

Seit den 1980er Jahren wird in der Generativen Grammatik im Rahmen der sog. DP-Hypothese (Abney 1987) die Ansicht vertreten, dass NPs keine Projektionen der lexikalischen Kategorie „Nomen" (N) darstellen, sondern als Projektionen einer funktionalen Kategorie „Determinierer" (D) anzusehen sind. Mit diesem Ansatz eng verbunden ist eine konzeptionelle Trennung zwischen syntaktischen und semantischen Köpfen:

> The basic idea behind the concept of DP consists of an explicit distinction between a semantic head (the noun) and a syntactic head (D resp. the determiners as lexikal instantiations or realisations of it).
>
> (Löbel 2002: 590)

Eine solche Analyse wurde auch in Arbeiten zur Grammatik von EigenN herangezogen und dient dort insbesondere zur Erklärung der komplementären Verteilung von beigefügtem Artikelwort und Namenflexion (vgl. Longobardi 1994 für das Italienische; Bhatt 1990: 191–193; Gallmann 1997; Demske 2001 und Fuß 2011 für das Schriftdeutsche sowie Weiß 1998: 70–72 für bairische und Hoekstra 2010 für festlandnordfriesische Dialekte). Die Argumentation soll hier in aller Kürze nachvollzogen und ihr Erklärungspotential im Hinblick auf die morphosyntaktischen Eigenschaften von PersN bewertet werden.

Grundlegend für die DP-Hypothese ist die Unterscheidung von funktionalen Kategorien (FK) und lexikalischen Kategorien (LK), wie sie sich beim Übergang vom Prinzipien und Parameter-Modell zum Minimalistischen Modell etabliert hat (z. B. Chomsky 1995). Anders als bei den LK Nomen, Verb, Adjektiv und Präposition liegt einer FK dabei keine Wortart, sondern eine spezifische syntaktische Strukturposition zugrunde. Hierzu gehören die Positionen „Complementizer" (C), „Inflection" (I) und eben „Determinativ" (D),[39] die sich wiederum durch je spezifische grammatische Merkmale wie Genus, Numerus oder Kasus auszeichnen. FK benötigen dabei Trägerelemente, typischerweise Funktionswörter oder Affixe, damit grammatische Merkmale ausgedrückt werden können, während bei LK die Trägerelemente bereits lexikalisch ausbuchstabiert sind. Grammatische Merkmale zeichnen sich zudem durch ihren relationalen Charakter aus, indem sie grammatische Beziehungen, z. B. die zwischen Konstituenten einer Phrase (z. B. Numerus) oder eines Satzes (z. B. Kasus), anzeigen. Hierbei wird grundsätzlich Parallelität zwischen dem syntaktischen Aufbau verschiedener Phrasen (z. B. zwischen DP und NP), wie auch zwischen dem syntaktischen Aufbau einer Phrase und eines Satzes angenommen. Jede DP hat damit letztlich ein D-Element als Kopf (bezeichnet als D^0), wie jede NP ein Nomen (N^0) als Kopf der Phrase hat.

---

[39] Für die Kopfposition von D werden in der Literatur verschiedene Stufen angenommen und hierarchisch klassifiziert (dazu z. B. Vater 1993: 67–68).

Für die DP im Deutschen wird nun maximale Projektion der FK D angenommen, wobei an D die Kongruenzmerkmale („Agreement", AGR) Genus, Kasus, Numerus und Person sowie die inhaltlichen Merkmale Definitheit und Referentialität festgemacht sind. Besetzt wird D durch die Klasse der Determinativa, im Deutschen typischerweise durch Artikelwörter, die damit die oben genannten grammatischen Merkmale von D ausdrücken (vgl. Olsen 1991: 57). D kann allerdings auch durch das flektierende Nomen selbst besetzt sein, was z. B. bei EigenN dazu führt, dass das determinative Artikelwort selbst nicht realisiert werden muss. EigenN sind demnach Bhatt (1990: 191) zufolge

> stets DPs, auch wenn sie ohne Determinans, Possessivum oder pränGEN (pränominalen Genitiv, A. W.] auftreten. Sie bringen bereits sämtliche Merkmale, die eine argumentfähige ‚NP' tragen muß, als inhärente Merkmale aus dem Lexikon mit.

Demske (2001: 9–12) zufolge lassen sich mit Bezug zum Schriftdeutschen unter anderem die folgenden Argumente für die Einführung der funktionalen Kategorie D benennen:
– Im Deutschen erfolgt die morphologische Markierung von Genus und Numerus ausschließlich am Artikelwort und nicht am Nomen selbst.
– Auch Kasusmorphologie wird häufig nicht am Nomen, sondern am Artikelwort ausgedrückt.
– In koordinierten Strukturen unterscheiden sich NPs und DPs referenzsemantisch. So wird bei der Koordination von NPs (*Der Freund und Verleger*) nur auf ein Individuum referiert, während die Koordination von DPs Referenz auf jeweils ein Individuum impliziert (*Der Freund und der Verleger*).

Ein erster, in der entsprechenden Forschung weitgehend anerkannter Versuch, die DP-Hypothese auf Phrasen mit EigenN zu übertragen, findet sich für das Schriftdeutsche bei Gallmann (1997). Seiner Arbeit zugrunde liegen eine Analyse von Longobardi (1994) zum Artikel bei EigenN im Italienischen sowie Beobachtungen zur komplementären Distribution von Artikelwort und Namenflexion, wie sie im Schriftdeutschen bekanntermaßen noch heute in Possessivrelationen zu finden sind (z. B. *Annas Ideen* vs. *die Ideen der klugen Anna*). Gallmann (1997) geht nun davon aus, dass sich alle Syntagmen mit artikellosem Gebrauch von EigenN damit erklären lassen, dass der EigenN substitutiv schon vor *Spell-out* von N^0 nach D^0 bewegt worden ist. Der Grund hierfür ist, dass das R(eferentialitäts)-Merkmal (R) in D selbst zu verorten ist und dass das Merkmal an dieser Stelle „stark" sein muss (in der Terminologie von Chomsky). Im Gegensatz dazu geschieht die Bewegung von N nach D bei EigenN mit Artikel erst nach *Spell-out* und dann auch nicht substitutiv, sondern indem der EigenN adjungiert wird. Das R-Merkmal wird in diesem Fall über das Artikelwort ausgedrückt und ist in der Spezifikatorposition von DP (SpecDP) zu verorten. Anders als in D ist das Merkmal hier „schwach", sodass das Determinativ sein R-Merkmal alleine über Kongruenz erhält.[40]

Auch in Demske (2001) und Fuß (2011) wird als Erklärung für die Verteilung von pränominalen Genitiven bei EigenN (Sächsischer Genitiv) mit dem DP-Ansatz gearbeitet und dabei der flektierte EigenN in der Spezifikatorposition SpecDP verortet. Aufschlussreich ist zudem die Arbeit von Hoekstra (2010), da hier nicht nur das Flexionsverhalten pränominaler Genitive als Evidenz für die Bewegung von N nach D benutzt wird, sondern wo zudem aus der Beobachtung heraus, dass „kasusmarkierte Eigennamen, pränominale Genitive und Personalpromina eine Reihe von formalen und inhaltlichen Parallelen auf[weisen]" (Hoekstra 2010: 750) bzw. sich in ihrem Auftreten gegenseitig ausschließen, die Schlussfolgerung gezogen wird, dass diese als „(komplexe) Determinierer" einheitlich analysiert werden können (vgl. Hoekstra 2010: 750, 764). Hoekstra beschäftigt sich insbesondere mit der komplementären Verteilung von Artikel und Objektflexion (-*en*-Suffix) in nordfriesischen Dialekten und kommt ebenfalls mit Longobardi zu dem Schluss, dass das -*en*-Suffix bei EigenN in diesen Dialekten ein D-Suffix mit Referenzfunktion ist und dass daher der EigenN bereits vor *Spell-out* von N nach D bewegt werden muss, um dafür zu sorgen, dass das gebundene Morphem -*en* nicht ohne morphologische Basis bleibt. EigenN hingegen, die nicht kasusmarkiert sind, verharren Hoekstra zufolge in der N-Position und werden erst nach *Spell-out* von N nach D bewegt.

Schlussendlich kann die DP-Hypothese damit das komplementäre Verhältnis von affigierender Kasusmarkierung und Artikelsetzung im Deutschen erklären. Die Annahme einer determinativen syntaktischen Strukturposition macht es zudem leichter, den monoreferenten Charakter von APP in pränominaler Stellung zu begründen (z. B. ist 'Oma' in *Omas Handtasche* monoreferent und hat Eigennamenstatus). Auch wird deutlich, dass sich Sprachen (und Varietäten) darin unterscheiden können, wie konsequent und durch welche sprachlichen Mittel sie die D-Position overt markieren: In bairischen Dialekten z. B. wird Weiß (1998: 71) zufolge D^0 obligatorisch von einem Determinierer besetzt. Doch bleibt unklar, welche funktionalen, i. e. semantisch-pragmatischen Gegensätze mit der overten (durch den Artikel) oder koverten (durch den EigenN) Füllung der D-Position verbunden sind. Haben wir es hier intra- und intervarie-

---

[40] Eine andere Möglichkeit zur Analyse artikelloser NPs – und also auch artikelloser EigenN – die Haider (1992) vorschlägt, besteht darin, dass die NP die grammatischen Merkmale selbst trägt, ohne dass ein D^0-Kopf projiziert wird.

tär tatsächlich mit einer funktionalen Äquivalenz zwischen PersN mit und ohne Definitartikel zu tun? Hierauf soll der folgende empirische Teil der Arbeit Aufschluss geben.

5 Methodisches Vorgehen

Übergeordnetes Ziel der Arbeit ist es, die linguistischen Faktoren zu bestimmen, die die Verwendung des PersN-Artikels in den Varietäten des Deutschen steuern. Legt man den bisherigen Forschungsstand wie auch das mehrdimensionale Symbolkonzept der Konstruktionsgrammatik (s. Abb. 2) zugrunde, sind für die Verwendung des PersN-Artikels Einflüsse der Formebenen Morphologie und Syntax, möglicherweise auch der Phonologie und Prosodie zu erwarten. Daneben gilt es, auf der funktionalen Ebene Bedingungen semantisch-pragmatischer Wohlgeformtheit in den Blick zu nehmen. So erscheint mir eine möglichst umfassende linguistische Analyse des PersN-Artikels nur dann möglich, wenn dieser als kommunikativ relevante Ressource im natürlichen Äußerungsakt, d. h. in real gesprochener und geschriebener Sprache betrachtet wird. Dies setzt die Untersuchung von – sofern vorhanden – natürlich sprechsprachlichen und konzeptionell mündlichen Sprachdaten in ihren jeweiligen situativen Zusammenhängen voraus.[1] Um Aussagen über den Wandel des Phänomens treffen zu können, gilt es zudem, historische Daten in den Blick zu nehmen und diese mit rezenten zu vergleichen.

Der spezifische Zugang der Arbeit ist ein empirischer. Anhand von Korpusdaten und von Daten, die auf Akzeptabilitätsurteilen beruhen, sollen die Verwendungsbedingungen des PersN-Artikels im Folgenden auf empirischer Grundlage umfassend und anhand hoher Belegzahlen untersucht werden. Damit verbunden sind quantitative und qualitative Untersuchungsmethoden. Quantitative Zugänge kommen insofern zum Einsatz, als die linguistischen Fragestellungen der Arbeit auf Grundlage von bedingten Häufigkeiten in großen und möglichst ausbalancierten Korpora natürlicher Sprache untersucht werden. Stefanowitsch (2006) zufolge eignet sich die Korpuslinguistik dabei grundsätzlich gut als Methode, wenn es darum geht, verschiedene Funktionsweisen von Konstruktionen aufzudecken. Der methodische Zugang über große Datenkorpora schafft auch ein methodisches Bindeglied zu den qualitativen Analysen, wo insbesondere die Verwendungskontexte des PersN-Artikels betrachtet werden sollen.

In Kap. 5.1 werden im Folgenden zunächst die verwendeten Methoden zur Datenerhebung vorgestellt sowie Vor- und Nachteile der Methoden im Hinblick auf den Untersuchungsgegenstand diskutiert. Kap. 5.2 widmet sich im An-

---

[1] Siehe zum Konzept „konzeptioneller Mündlichkeit" die Arbeiten von Koch & Oesterreicher (1985 et seq.) sowie den Sammelband von Feilke & Hennig (2016).

schluss den für die Auswertung herangezogenen Datenkorpora. Hier werden unter textuellen und variationslinguistischen Kriterien Fragen zum Produktionsprozess der Daten, zur Datenerhebung, zum situativen Kontext, zu Texttyp und Textstruktur, zur Konzeptionalität der Daten („mündlich" vs. „schriftlich") sowie zum regionalen und sozialen Hintergrund der Gewährspersonen diskutiert. In Kap. 5.3 werden im Anschluss die Kriterien erläutert, die auf den verschiedenen linguistischen Ebenen zur Datenklassifikation herangezogen wurden. Schließlich wird für die Erhebung der Akzeptabilitätsurteile in Kap. 5.4 die Vorgehensweise beschrieben.

5.1 Erhebungsmethoden

Zur empirischen Erforschung des PersN-Artikels bieten sich im Einzelnen die folgenden methodischen Zugänge an, die in der Forschung in Teilen auch schon erprobt worden sind:[2]
- Interview: Im (leitfadengesteuerten) Interview können Formen, Funktionen und Distributionsbedingungen des Artikelgebrauchs bei der Gewährsperson vor Ort elizitiert werden. Dieses Verfahren wurde bzgl. des PersN-Artikels in Bellmann (1990) und Berchtold & Dammel (2014) angewandt, es erlaubt eine bedarfsgerechte Auswahl der Gewährspersonen, eine kontrollierte Datenerhebung und die Möglichkeit, bei Unklarheiten gezielt nachzufragen. Zudem kann hier das metasprachliche Wissen der Gewährspersonen „angezapft" werden und es lassen sich in gewissem Umfang auch Bewertungstests zum Dialektalitätsgrad des Phänomens durchführen (so geschehen im Rahmen der Erhebung im Projekt „Syntax hessischer Dialekte" (SyHD), s. Kap. 6.6.4). Nachteilig im Sinne der Datenvalidität wirken sich das linguistische Beobachterparadoxon (vgl. Labov 1970: 47–48) und weitere mögliche Einflussnahmen durch den Interviewer aus (dazu z. B. König 2010). Zudem sind Interviews besonders zeitaufwendig durchzuführen, weshalb der Datenertrag mitunter vergleichsweise gering ausfällt. Besonders im Hinblick auf die Untersuchung feingraduierter diatopischer Variation ist das Interview so nur bedingt als Erhebungsmethode geeignet.
- Indirekte Fragebogenerhebung: Die Erhebung elizitierter Daten mittels eines Fragebogens, der von der Gewährsperson eigenständig ausgefüllt wird, wurde in der Dialektmorphologie bzw. -syntax durch die Projekte

---

2 Aus variationslinguistischer Perspektive kritisch diskutiert werden die folgenden Methoden z. B. in König (2010), Seiler (2010) und Lenz (2016).

"Syntaktischer Atlas der deutschen Schweiz" (SADS) und "Syntax hessischer Dialekte" (SyHD) in der Dialektologie (re-)etabliert, es finden sich dort auch jeweils Fragen zur Verwendung des PersN-Artikels (Bucheli Berger 2006, Werth 2017a). Die Methode bietet den Vorteil, dass die zu bewertenden Phänomene jeweils in Satzkontexte und sogar in alltagssprachliche Situationen eingebettet sind, die Verwendung des PersN-Artikels kann damit (zumindest bis zu einem gewissen Grad) kontextgebunden untersucht werden. Zudem sind hier große Datenmengen bei vertretbarem Zeitaufwand zu erwarten, was die Methode besonders geeignet erscheinen lässt, um flächendeckende areale Erhebungen durchzuführen. Auch ist es mit der indirekten Fragebogenerhebung möglich, negative Evidenz für den Gebrauch sprachlicher Phänomene zu erheben, ein Verfahren, das z. B. im "Syntaktischen Atlas der deutschen Schweiz" (SADS) angewandt wurde (dazu Seiler 2010: bes. 513). Nachteilig kann sich auswirken, dass die Kontrolle über die Auswahl der Gewährspersonen und über die Datenerhebung bei dieser Methode beschränkt ist. Zudem ist im Einzelfall zu prüfen, inwiefern die Auswahl und die Reihenfolge der vorgegebenen Varianten einen Einfluss auf das Antwortverhalten der Gewährspersonen haben (= Randomisierungseffekt). Speziell für die Erhebung dialektaler Phänomene stellt sich zudem das Problem, dass die zu beurteilenden Varianten bei der Fragebogenerhebung im Medium der Schrift präsentiert werden, die Gewährspersonen ihre grammatischen Urteile aber vor dem Hintergrund ihrer dialektalen, d. h. genuin mündlichen Kompetenz treffen sollen.
– Korpusanalyse: Die Korpusanalyse erlaubt das Studium der Verwendungsweisen des PersN-Artikels in real gesprochener und geschriebener Sprache. Korpusanalysen zum PersN-Artikel wurden durchgeführt von Schmuck & Szczepaniak (2014) zum Frühneuhochdeutschen, Betz (2015) zu standardnahen Sprechlagen sowie von Tse (2005) zum Englischen. Bei geeigneter Korpusauswahl und unter der Maßgabe, dass PersN in Korpora meist nur manuell durchsuchbar sind, was mitunter einen großen Zeitaufwand mit sich bringt, kann mit dieser Methode eine große Datenmenge erhoben werden. Zudem sind quantitative Aussagen über die Artikelverwendung in spezifischen Gebrauchsbedingungen möglich. Je nach Anlage der Erhebung ist bei der Korpusanalyse allerdings mit Heterogenität im Hinblick auf Äußerungssituation, Sprecherauswahl und Einflussnahme im Sinne des Beobachterparadoxons zu rechnen. Verwendungsweisen des PersN-Artikels können bei der Korpusanalyse auch nicht gezielt elizitiert werden – auch nicht in Bezug auf negative Evidenz –, der Nutzer ist vielmehr alleine auf das Datenmaterial angewiesen, welches das jeweilige Korpus bereitstellt.

Die empirische Anlage der Arbeit sieht nun vor, alle drei genannten Methoden zur Anwendung zu bringen. Korpusauswahl und Zusammenstellung des Fragenkataloges erfolgten dabei streng phänomen- bzw. hypothesengeleitet. Das Interview kam in Form eines Tests zur Hörerurteilsdialektalität zum Einsatz.

5.2 Datenkorpora

In der vorliegenden Arbeit wurden insgesamt vier Korpora auf PersN-Belege hin ausgewertet. Diese sind in Tab. 9 jeweils mit a) Name des Korpus, b) verwendetem Kürzel, c) Zeitraum vom jüngsten bis zum ältesten Datensatz, d) Geburtsjahr des jeweils jüngsten und ältesten Sprechers/Schreibers (soweit Information vorhanden), e) Anzahl der Belegorte sowie f) Anzahl der identifizierten PersN-Belege gelistet. Die Motive bei der Auswahl der untersuchten Korpora lassen sich hierbei direkt aus den zentralen Fragestellungen der Arbeit ableiten und wie folgt benennen: Zuerst wurden die Korpora nach phänomenspezifischen Gesichtspunkten ausgesucht. Demnach sollten die Daten möglichst viele PersN in verschiedenen syntaktischen und pragmatischen Kontexten beinhalten. Dies trifft insbesondere auf sprachliche Äußerungen zu, die in privaten oder zumindest in halböffentlichen Situationen getätigt werden, es schließt aber auch Protokolle aus Hexenverhören mit ein. So wurden die dort niedergeschriebenen Äußerungen zwar öffentlich getätigt, doch fördert offensichtlich die spezifische Situation der Gerichtsverhandlung die Verwendung von PersN, insbesondere dann, wenn es um die Funktion der Referenzherstellung auf Prozessbeteiligte geht. In anderen historischen Schriftquellen, wie Urkunden, Gesetzestexten sowie Stadt- und Rechnungsbüchern, werden PersN hingegen häufig nur gelistet, was eine morphosyntaktische und pragmatische Analyse mitunter erschwert oder gar unmöglich macht. Neben Gesichtspunkten des Arbeitsaufwandes war dies das Hauptargument, historische Textzeugnisse systematisch erst ab der Frühen Neuzeit auszuwerten.

Um die diachrone Entwicklung des Phänomens untersuchen zu können, wurden Korpora aus insgesamt vier Zeitstufen des Deutschen quantitativ und qualitativ ausgewertet. Hinzu kommen stichpunktartige qualitative Auswertungen aus kleineren, zeitlich älteren Quellen (Mittelhochdeutsch und Mittelniederdeutsch). Sprachgeschichtlich betrachtet wird durch die Korpora die Diachronie des Deutschen seit der Spätphase des Frühneuhochdeutschen abgedeckt. Die historisch ältesten Daten stammen aus einem Korpus frühneuzeitlicher Hexenverhörprotokolle (HexenV), die jüngsten sind aus den 2000er Jahren aus Regionalsprache.de (REDE). Zeitlich gesehen dazwischen liegen die Daten aus dem Korpus der Auswandererbriefe (AuswB) und dem Zwirner-Korpus (Zwirner).

Tab. 9: Metadaten der ausgewerteten Korpora

Name des Korpus	verwendetes Kürzel	Zeitraum der Datensätze (von–bis)	Geburtsjahr der Sprecher/Schreiber (von–bis)	Anzahl der Belegorte	Anzahl der PersN-Belege
Hexenverhörprotokolle	HexenV	1565–1665	unbekannt	86	2.376
Auswandererbriefe	AuswB	1830–1924	1774–1890	140	1.852
Zwirner-Korpus	Zwirner	1955–1970	1868–1950	355	2.004
Regionalsprache.de	REDE	2008–2013[3]	1924–1996	143	6.558

Die Staffelung der Daten lässt sich sprachgeschichtlich betrachtet insofern rechtfertigen, als allen untersuchten Zeitschnitten gesellschaftliche und sprachpolitisch relevante Veränderungen vorausgingen, die unmittelbare Auswirkungen auf den Sprachgebrauch der jeweiligen Zeit hatten. So bilden die HexenV den Sprachstand zu einer Zeit ab, in der sich im Deutschen erstmals eine varietätenübergreifende Schriftnorm, die deutsche Kanzleisprache, ausbildet (vgl. z. B. Mattheier 1981; Bentzinger 2000; Greule, Meier & Ziegler 2012). Die AuswB des 19. Jh.s hingegen stammen aus einer Zeit, für die „die Entwicklung der Industrie und eine merkliche Erstarkung der wirtschaftlichen und sozialen Positionen der Bourgeoisie kennzeichnend [ist, A. W.]" (Semenjuk 2000: 1758). Damit einher geht als wichtige Neuerung die Massenalphabetisierung und davon ausgehend die Etablierung und Ausdifferenzierung einer schriftsprachlichen (und später auch sprechsprachlichen) Norm. Dazu Mattheier (2000a: 1952):

> Das 19. Jh. selbst stellt [...] die Phase der ‚Durchsetzung' der neuen Standardvarietät in soziopragmatischer Hinsicht dar, also der Verbreitung der passiven und auch der aktiven Kompetenz innerhalb aller Teile der deutschen Sprachgemeinschaft, aber auch in immer mehr Verwendungskonstellationen.

Wie insbesondere Elspaß zeigen konnte, existierten im 19. Jh. unterhalb dieser Leitvarietät und besonders im privaten Gebrauch allerdings weiterhin auch „Formen geschriebener Regionalsprachlichkeit" (Elspaß 2005: 47), die im Hin-

---

[3] Die REDE-Erhebung wurde 2015 abgeschlossen. Die Auswertungen, die für die vorliegende Arbeit vorgenommen wurden, beziehen sich aber alleine auf Daten, die bis Ende 2013 erhoben worden sind.

blick auf die Grammatik von PersN im Folgenden näher untersucht und aus diachroner Perspektive in Beziehung zu den sprechsprachlichen Daten der jüngeren regionalsprachlichen Korpora gesetzt werden sollen.

Die Gewährspersonen der Zwirner-Erhebung in der Mitte des 20. Jh.s konnten wiederum meist noch den jeweiligen Ortsdialekt sprechen (sie wurden von den Exploratoren entsprechend ausgesucht), und sie sind im Kontext der beiden Weltkriege aufgewachsen bzw. sprachsozialisiert worden.[4] Wie Kehrein (2012: 148) durch einen *real-time*-Vergleich von Zwirner-Aufnahmen und Dialektübersetzungen der historischen Wenkerbogen (Erhebungszeitpunkt um 1880) exemplarisch für die Dialektregion Waldshut-Tiengen (Hochalemannisch) zeigen konnte, lassen sich dabei mitunter große Übereinstimmungen zwischen den beiden Datenserien feststellen, indem die gleichen Dialektformen sowohl in der Wenkererhebung als auch bei Zwirner auftauchen. Auch Lenz (2013: 50) kommt zu dem Schluss, dass es sich bei dem Zwirner-Korpus um eine „hochergiebige Datenquelle zu den rezenten Dialekten des Deutschen" handelt und Schmidt & Herrgen (2011: 121) bewerten es als eine

> für die regionalsprachliche Sprachdynamikforschung sehr ergiebig[e] Datenserie [...], die aufnahmetechnisch höchsten Ansprüchen genügt und bei der nach sozialen Kriterien gestaffelte Sprechergruppen sich sprachlich in unterschiedlichen Anteilen zwischen ihrer standardnächsten Sprechlage und ihrer mehr oder minder dialektal gefärbten Alltagssprache ‚bewegen'.

Das REDE-Korpus stellt schließlich eine Stichprobe der regionalsprachlichen Vertikale dar, bei der Sprecher unterschiedlicher Altersgruppen zu Beginn des 21. Jh.s in verschiedenen performanz- und kompetenzorientierten Erhebungssituationen aufgenommen wurden. Bei den befragten Personen handelt es sich um Sprecher, die ihre Sprachsozialisation zu einem Großteil in einer regionalen Varietät erfahren haben, die – im Gegensatz zur Zwirner-Erhebung – zugleich aber immer auch die (regional gebundene) Standardvarietät beherrschen. Dies gilt insbesondere für die Sprecher der mittleren und älteren Generation, während die jüngeren Sprecher aus dem REDE-Korpus meist ausschließlich in standardnahen Sprechlagen sozialisiert worden sind. Für die Auswertungen ergibt sich hieraus der günstige Umstand, dass zu Beginn des 21. Jh.s Form und Gebrauch des PersN-Artikels auf der Dialekt-Standard-Achse sowohl für die standardfernen als auch für die standardnahen Varietäten umfassend untersucht werden kann.

---

4 Vgl. zur sprachsoziologischen Bedeutung der beiden Weltkriege für das 20. Jh. Eggers (1980: 603), Wiesinger (2000: 1943) und Maas (2003).

Um möglichst flächendeckende Aussagen über die Arealität des Phänomens treffen zu können, wurden für die vorliegende Arbeit Korpora ausgewählt, in denen Sprachdaten von Sprecher/-innen enthalten sind, die einerseits möglichst regional sprechen und die andererseits aus möglichst allen in Wiesinger (1983) ausgewiesenen Dialekträumen im heutigen deutschen Bundesgebiet stammen. Sprecher/-innen, die aus deutschen Dialekten außerhalb des Bundesgebietes stammen (in Zwirner betrifft dies v. a. die Heimatvertriebenen), konnten dagegen nicht in die Analyse mit einbezogen werden. Für die Daten wurde eine ausgewogene Verteilung der regionalen Sprecherherkunft angestrebt, wobei Abstriche hiervon für alle untersuchten Zeitstufen insbesondere für den omd. Raum gemacht werden mussten, wo insgesamt eine wesentlich schlechtere Datenlage zu konstatieren ist als für die anderen Dialekträume. Zusätzliche Abstriche mussten hinsichtlich der Homogenität in Bezug auf das variative Spektrum gemacht werden. So stellte sich heraus, dass in allen ausgewerteten Korpora für die jeweiligen Sprachteilnehmer ein unterschiedlich stark ausgeprägtes regionales Sprechen bzw. Schreiben dokumentiert ist. Während manche, gerade jüngere Sprecher in REDE beispielsweise kaum noch regionalsprachliche Formen produzieren, zeigen ältere Gewährspersonen am gleichen Ort noch Sprachformen, die dem alten Ortsdialekt entsprechen (vgl. dazu die Befunde in Kehrein 2012; Rocholl 2015 und Vorberger 2019). Ähnliches gilt für die älteren schriftlichen Daten, in denen bspw. manche Schreiber/-innen die regionalsprachliche Form benutzten, wo andere bereits die (teil-)normierte schriftdeutsche Variante verwendeten.

Solche Einflussfaktoren auf Sprachvariation gilt es im Folgenden zu identifizieren und zu klassifizieren, um sie in der empirischen Datenauswertung analytisch voneinander trennen zu können. Gleichzeitig bietet die vermeintliche Heterogenität in den Daten bzgl. der von den Sprechern und Schreibern verwendeten Varietät die Möglichkeit, Erkenntnisse darüber zu gewinnen, inwiefern sich die Verwendung des PersN-Artikels im Deutschen varietätenabhängig unterscheidet.

5.2.1 Hexenverhörprotokolle

Das im Folgenden kurz als HexenV bezeichnete Korpus beinhaltet in seiner erweiterten elektronischen Fassung (Topalović, Hille & Macha 2007) insgesamt 94 Gerichtsprotokolle von unterschiedlich großem Textumfang, die während der Hexenverfolgung in Deutschland im Rahmen von Inquisitionsprozessen entstanden sind.⁵ Das Korpus wurde von Jürgen Macha und Kolleginnen in den Jahren 2001 bis 2005 im Rahmen eines DFG-Projektes mit dem Titel „Deutsche Kanzleisprache in Hexenverhörprotokollen der Frühen Neuzeit" zusammengestellt und ediert. Der Produktionszeitraum der Protokolle liegt (mit wenigen Ausreißern) im letzten Drittel des 16. und in der ersten Hälfte des 17. Jh.s und spiegelt, sowohl was die Entstehungszeit als auch die räumliche Verdichtung der Protokolle anbelangt, die letzte Hochphase der gerichtlichen Hexenverfolgung in Deutschland wider (vgl. Macha et al. 2005: XVII, XX; dazu auch Behringer 2006: Kap. 4). Aus sprachgeschichtlicher Perspektive wiederum fällt die Entstehungszeit der Protokolle in eine Epoche, die allgemein als „spätes Frühneuhochdeutsch" (z. B. FWB 1989: 120) bezeichnet wird und die als Übergangsperiode vom Frühneuhochdeutschen zum Neuhochdeutschen zu werten ist.

Zunächst zur Textsorte: Gerichtsprotokolle stellen eine informative Textsorte des Rechtswesens dar, bei der die vor Gericht getätigten Aussagen von einem oder von mehreren Gerichtsschreibern schriftlich festgehalten werden.⁶ Im speziellen Fall der Hexenprozesse dienten die dort verfassten Protokolle dazu, die Aussagen der Angeklagten (meist handelte es sich dabei um Frauen) und die der Zeugen vor Gericht zu dokumentieren, um sie im Inquisitionsprozess für die „Wahrheitsfindung" nutzbar zu machen. Macha (1991: 37) ordnet Verhörprotokolle auf dem schreibsoziologischen Spektrum der Ebene einer „mittleren Schriftlichkeit" zu und differenziert sie damit von Textsorten des privaten Schrifttums (z. B. Briefe und Rechnungsbücher) und der gehobenen Schriftlichkeit (z. B. literarische Handschriften und Drucke). Die Nähesprachlichkeit der Protokolle ist, besonders vor dem Hintergrund, dass es sich um schriftsprachliche Texte handelt, mitunter als hoch einzuschätzen.⁷

Mit Topalović (2003: 149–161) und Wilke (2006: 163–170) lässt sich ein Verhörprotokoll dabei typischerweise in verschiedene, meist chronologisch geordnete Textabschnitte strukturieren, zu denen das Verhör, das Verhör unter Anwendung von Folter („peinliches Verhör"), das Geständnis sowie die Ratifizierung des Geständnisses („Urgicht") die wichtigsten Bausteine liefern. Im Titel enthalten die Protokolle zudem immer auch Angaben zur Situierung des Prozesses (z. B. Datum, Jahr, Uhrzeit, Anwesende, Name der Inhaftierten, Grund

---

5 Eine gedruckte Auswahl dieser Protokolle findet sich in Macha et al. (2005).
6 Vgl. zur Textsorte „Protokolle" die Ausführungen in Mihm (1995), Topalović (2003: 101–112), Hille (2009: 20–36) und dem Sammelband von Niehaus & Schmidt-Hannisa (2005).
7 So konnten Fótos & Horváth (2006) unter Anwendung des sog. Nähechecks von Ágel & Hennig (2006) für zwei deutschsprachige HexenV aus Deutschkreuz (Siebenbürgen) einen hohen Nähecheckwert von 52 Prozent ermitteln (vgl. zur Einordnung ebd.).

der Gefangennahme, Name der gefangennehmenden Obrigkeit) und seltener auch Angaben zum Schreiber selbst.[8] Den insgesamt sehr umfangreichen Prozessakten ist zudem häufig auch ein Fragenkatalog beigefügt, der als Grundlage des Verhörs betrachtet werden kann. Dieser orientierte sich zumeist an der „Constitutio Criminalis Carolina", der damals gültigen Strafprozessordnung zur Durchführung von Inquisitionsprozessen, konnte mitunter aber auch an dem inoffiziellen und dennoch weit verbreiteten Pamphlet „Malleus Maleficarum" („Hexenhammer") angelehnt sein (vgl. dazu Nesner 1987; Behringer 2006: Kap. 4). In der Korpusauswertung wurden diese Fragenkataloge nicht mit berücksichtigt, da sie, anders als die übrigen Protokollteile, nicht durch die schriftliche Umsetzung gesprochener Sprache entstanden sind, sondern vielmehr auf vorgefertigten und in der niedergeschriebenen Form so auch vor Gericht nicht vorgetragenen Schemata beruhten, sodass hier auch keine Rückbezüge auf sprechsprachliche Merkmale zu erwarten sind (vgl. Wilke 2006: 163).

Die Protokolle liegen in den Prozessakten in Form von sog. Mitschriften, Reinschriften oder auch Abschriften vor (dazu Topalović 2003: 124–126; Wilke 2006: 158–159). Bei Reinschriften handelt es sich um überarbeitete Fassungen der simultan zum Prozessgeschehen angefertigten Mitschriften. Abschriften hingegen sind Kopien der Reinschriften, die allen am Prozess beteiligten juristischen Instanzen ausgehändigt wurden und die gegenüber den Reinschriften einen zusätzlichen Kontrolldurchgang durch den Schreiber (häufig auch durch Kopisten) voraussetzten. Den Schreibern kam im Produktionsprozess der Protokolle die Aufgabe zu, die vor Gericht getätigten Aussagen in doppelter Weise einer Transposition zu unterziehen. Dies gilt insbesondere für die Rein- und Abschriften, aber auch für die Mitschriften. Auf einer ersten Ebene wurden die im Dialekt getätigten Aussagen der Protagonisten hierbei in die für die jeweilige Schreiblandschaft typische Kanzleisprache übersetzt.[9] Die Zielsprache der

---

8 Wilke (2006: 157) zufolge handelte es sich bei den Gerichtsschreibern meist um Kanzleiangestellte in gehobener Position. Bentzinger (2000: 1668) zufolge arbeiteten in den Kanzleien „unter Eid stehende Kanzleischreiber [...], ursprünglich Kleriker, später zunehmend [...] juristisch gebildete Laien, die in fürstlichen Kanzleien einem Kanzler unterstanden". Die individuellen regionalen und sozialen Hintergründe der Schreiber sind allerdings im Einzelfall nicht oder nur sehr schwer zu ermitteln (vgl. dazu Macha 1991: 38; Nolting 2002: 59–60).

9 Mit Reichmann (2000: 1625) ist davon auszugehen, dass in der Frühen Neuzeit alle sozialen Schichten den Dialekt als sprechsprachliches Kommunikationsmittel gebraucht haben und dementsprechend die Protagonisten auch während des Gerichtsprozesses Dialekt miteinander gesprochen haben. Für den nd. Gerichtskontext heißt es hierzu bei Rösler (1997: 195): „Wenn diese Verhöre erfolgreich verlaufen sollten im Sinne von gegenseitigem Verstehen, dann mußten sie mit Rücksicht auf die Verhörten niederdeutsch geführt werden".

Schreiber war damit ein (landschaftlich geprägtes) Hochdeutsch. Wir wissen aus der heute umfangreichen Forschung, dass die Kanzleisprachen als „geschriebene Sprache der städtischen, fürstlichen und kaiserlichen Kanzleien" (Bentzinger 2000: 1665) zur damaligen Zeit zumindest noch großräumigere regionalsprachliche Merkmale beinhalteten, zugleich aber von erheblichen sprachlichen Normierungen ausgegangen werden muss, die zu einer starken Brechung zwischen Oralität und Literalität geführt haben.[10] So handelt es sich bei den Kanzleisprachen des Frühneuhochdeutschen auch um eine konzeptionell schriftliche „Abstraktionsstufe von der Vielfalt der gesprochenen Sprache" (Mattheier 1981: 284), die keinesfalls gleich zu setzen ist mit den dialektalen Varietäten, wie sie in den einzelnen Regionen zu dieser Zeit gesprochen wurden. Zudem ist für die Kanzleisprachen von einem – für das Frühneuhochdeutsche allgemein typischen – „besonders hohen Grad an Heterogenität" (Ebert et al. 1993: 5) auszugehen, der sich in einer erheblichen Variation auf allen Ebenen des Sprachsystems wie auch in der Stilistik niederschlägt.

Auf einer zweiten Ebene manifestiert sich die Transposition der gesprochenen Sprache darin, dass die Schreiber das Gesagte häufig einem Moduswechsel unterzogen, indem die in der direkten Rede getätigten Aussagen der Protagonisten für das Gerichtsprotokoll in die indirekte Rede übersetzt wurden (dazu Macha 2005; Wilke 2006). Rösler (1997: 195) zufolge handelt es sich bei der Erstellung eines Verhörprotokolls somit zusammenfassend um eine

> äußerst komplizierte Aufgabe [...], die Möglichkeiten, insbesondere des Eindringens und der bewußten bzw. der unbewußten Aufnahme von Elementen der gesprochenen Sprache in dieser Wechselwirkung von Mündlichkeit und Schriftlichkeit hier in den Protokolltexten [als, A. W.] besonders groß [erscheinen lassen, A. W.].

Trotz der zweifellos vorhandenen Brechung zwischen Oralität und Literalität wurde in der Forschung immer wieder der spezielle Wert der Textsorte „Protokolle" für die Rekonstruktion gesprochener Sprache hervorgehoben (Schlieben-Lange 1983; Mihm 1995; Macha 2005). Die spezifischen Anforderungen an die Textsorte führen so aus heutiger Perspektive zu der günstigen Situation, dass die gesprochene Sprache der damaligen Zeit teils sehr gut aus den Protokollen rekonstruierbar ist. Laut Macha (2003: 182) ergeben sich für die HexenV damit „Fenster zur Mündlichkeit", Fenster zur sprechsprachlichen Situation im Frühneuhochdeutschen. So wurden den Gerichtsschreibern trotz aller Transpositio-

---

10 So auch im Vergleich zu den zeitlich früher gelagerten landschaftlichen Schreibdialekten, bei denen der Prozess sprachlicher Vereinheitlichung noch wesentlich weniger weit vorangeschritten war, als es bei den Kanzleisprachen der Fall ist (dazu Macha 1991: 49).

nen, die sie während des Schreibprozesses vorzunehmen hatten, ebenfalls explizite Vorgaben an die Hand gegeben, die eigenen Worte der am Prozess beteiligten Personen möglichst sorgfältig und im Wortlaut festzuhalten. Wie Rösler (1997: 191–193) anhand von Textbelegen aus mecklenburgischen Prozessakten zeigen konnte, wurden diese Vorgaben von den Gerichten streng kontrolliert und Missachtungen durch den Protokollanten mitunter sogar gerügt oder sanktioniert. Hintergrund dieser Vorgabe war, dass das Protokoll als Teil der Wahrheitsfindung im Inquisitionsprozess angesehen wurde und es in diesem Zusammenhang ein Dokument darstellte, das für die gutachtenden Instanzen den Prozess nachvollziehbar machen sollte und auf das man sich in späteren Prozessphasen berufen konnte (vgl. Rösler 1997: 190; dazu auch Topalović 2003: 116–124). Für die vorliegende Untersuchung bedeutet dies, dass Reflexe der gesprochenen Sprache insbesondere an den Stellen im Text zu erwarten sind, wo explizit auf prozess- und urteilsrelevante Sprechakte der Beteiligten Bezug genommen wird. Dies gilt logischerweise in erster Linie für die (insgesamt allerdings eher selten belegten) Fälle, in denen die Aussagen der Protagonisten in direkter Rede wiedergegeben sind. Wie Macha (1991: 42) beispielhaft für Gerichtsprotokolle aus Köln herausarbeiten konnte, wurde die direkte Rede von den Gerichtsschreibern funktional eingesetzt, „weil ihre Form für das Gericht erkenntnis- und urteilsrelevant sein kann" (dazu auch Mihm 1995: 37–38; Rösler 1997; Topalović 2003: 185–192). So dokumentiert Nolting (2002: 85–86) den Gebrauch der direkten Rede für ein Protokoll aus Minden auch insbesondere für solche Passagen, die Aussagen der Angeklagten unter der Folter dokumentieren. Merkmale gesprochener Sprache sind in den HexenV zudem bei referenziellen Ausdrücken zu erwarten, die auf die Protagonisten im Gerichtsprozess verweisen, und zwar deshalb, weil die Protagonisten hierüber eindeutig identifizierbar gemacht werden sollten. Gleichzeitig verbietet es sich aus genannten Gründen, die im Folgenden dargestellten Befunde als direkte Entsprechungen und damit als sprachliche Merkmale von Dialekten oder allgemeiner noch von gesprochenen Regionalsprachen zu klassifizieren. Vielmehr handelt es sich bei den in den HexenV untersuchten Varietäten um Kanzleisprachen auf regionalsprachlichem Substrat, in denen zumindest großräumige regionalsprachliche Merkmale in die Schreibungen integriert wurden, die zugleich aber stark hochdeutsch geprägt waren und die zudem als stilistisch überformt gelten müssen.[11]

---

11 Für die HexenV macht sich diese stilistische Überformung insbesondere im Gebrauch von juristischen Termini und Formeln auf Latein bemerkbar, die Macha (1991: 56) im Sinne einer „fortschreitenden juristischen Professionalisierung der Gerichtsschreiber" interpretiert (dazu auch Topalović 2003: 84–85).

Da die Herkunft der Gerichtsschreiber im Regelfall nicht rekonstruierbar ist und sich die Schreiber nach Bentzinger (2000: 1665) auch häufig mehr am Schreibusus der Kanzlei als an dem der eigenen Region orientierten, scheint es vertretbar, das betreffende Protokoll über „den zeitgenössischen Belegort" (Macha et al. 2005: XX) zu verorten. Diesbezüglich lässt sich für die HexenV eine Akkumulation der Quellenbelege im wmd. und nordwestd. Raum feststellen, während insbesondere omd. Varietäten stark unterrepräsentiert sind. Die Herausgeber/-innen der Protokolle machen hierfür zwei Gründe verantwortlich:

> Einmal ist unsere Anfrage- und Erhebungsaktion nicht überall gleich erfolgreich gewesen, zum anderen spiegelt die Beleglage aber auch räumliche Verdichtungen der Hexenverfolgungswelle wider, die im letzten Drittel des 16. und in der ersten Hälfte des 17. Jahrhunderts stattgefunden haben.
>
> (Macha et al. 2005: XX)

Wie in der Einleitung des „Frühneuhochdeutschen Wörterbuchs" (FWB 1989: 117) betont wird, lässt sich der deutsche Sprachraum zu frühneuhochdeutscher Zeit räumlich generell schwer gliedern. So betonen Macha et al. (2005: XX) die „relative Beliebigkeit" einer solchen Gliederung, und auch Reichmann (2000: 1624) stellt die in der Forschung herangezogenen Einteilungskriterien allgemein in Frage. Eine weite Verbreitung genießt die Einteilung des Sprachraums in vier bzw. fünf verschiedene Schreiblandschaften, wie sie von Stopp (1976: 29) vorgenommen wurde (vgl. Hartweg & Wegera 2005: 31; Macha et al. 2005: XVIII): Wmd., Omd., Westobd., Ostobd. sowie zusätzlich noch Nordobd. Hinzu kommen für den nd. Raum die – bei Stopp (1976) nicht ausgewiesenen – Sprachräume Westnd. und Ostnd. Ich möchte hingegen – ähnlich wie Wilke (2006: 187) – zur räumlichen Verortung der HexenV die Dialekteinteilung von Wiesinger (1983) zugrunde legen, und zwar aus folgenden Gründen:

1. Alle Befunde, die zum PersN-Artikel im Deutschen bis dato zur Verfügung stehen, lassen keinen anderen Schluss zu, als dass es sich um einen Phänomenbereich handelt, der hinsichtlich seiner arealen Ausprägung stark variiert. Dies macht es geradezu notwendig, die untersuchten historischen Daten hinsichtlich ihrer regionalen Herkunft zu verorten, wobei sich die Dialekteinteilung von Wiesinger in der Forschung als am besten geeignet erwiesen hat, um die linguistisch-strukturellen Gemeinsamkeiten und Unterschiede zwischen den Dialektregionen kleinräumig zu kennzeichnen (vgl. z. B. Schmidt & Herrgen 2011: 64, 73–74 sowie aus dialektometrischer Perspektive Lameli 2013: 202).

2. Wie oben bereits bemerkt wurde, ist es allgemeiner Konsens in der Sprachgeschichtsforschung, dass regionalsprachliche Merkmale in der Frühen Neuzeit in starkem Maße auf die Kanzleisprachen gewirkt haben. Bei diesen

regionalsprachlichen Merkmalen handelt es sich im Wesentlichen um Merkmale des Dialekts, da das Aufkommen von großräumigeren regionalsprachlichen Varietäten nach Lage der Belege jenseits der geistigen Eliten erst für das beginnende 18. Jh. und damit nach der Periode des Frühneuhochdeutschen angesetzt werden muss (vgl. Schmidt & Herrgen 2011: 54, 63–67).[12] Eine Gliederung des Sprachraums nach Dialektgrenzen erscheint deshalb prinzipiell sinnvoll, wenn die Grenzen der historischen Schreiblandschaften auch mit Sicherheit wesentlich weniger feinmaschig waren, als es die Strukturgrenzen der heutigen Dialektverbände suggerieren mögen.

3. Wiesingers Einteilung bezieht sich auf den Stand des Dialekts, wie er gegen Ende des 19. und Anfang des 20. Jh.s erfasst worden ist (vgl. Wiesinger 1983: 812).[13] Die Einteilung orientiert sich allerdings gleichzeitig auch an historischen Sprachzuständen, aus denen „sich die rezenten dialektalen Systeme auf natürlichem Weg kontinuierlich entwickelt haben" (Wiesinger 1983: 813). Diese historischen Sprachzustände liegen zeitlich gesehen vor der für uns interessanten Epoche des Frühneuhochdeutschen, und so umfasst die proklamierte kontinuierliche Entwicklung der dialektalen Systeme bzw. der Dialekträume auch eben jenen Zeitraum, in dem die hier untersuchten Kanzleisprachen zu verorten sind. Kontinuität ist dabei insbesondere für die großen Dialektverbände (Nd., Wmd., Omd. und Obd.) zu erwarten, und so lässt sich die vorgenommene Einteilung auch als grobmaschige Orientierung der untersuchten Kanzleisprachen an diesen Dialektregionen verstehen und interpretieren. Eine ähnliche Argumentation findet sich auch im „Frühneuhochdeutschen Wörterbuch" (FWB 1989: 118), wo es heißt:

> Die Angabe [der räumlichen Verortung, A. W.] hat nur insoweit einen Sinn, wie man zuzugestehen bereit ist, daß [...] die Raumgrenzen der neuhochdeutschen Dialekte sich gegenüber denjenigen des Frühneuhochdeutschen nicht wesentlich verschoben haben.

---

12 In Mihm (2007, 2015) wird hingegen bereits für das Frühneuhochdeutsche proklamiert, dass die städtische Oberschicht neben dem Dialekt auch gehobene Sprechlagen (sog. Akrolekte) gesprochen hat (vgl. dazu auch die Befunde in Stichlmair 2008). Da einer solchen städtischen Oberschicht im Regelfall jedoch weder die Angeklagte noch die Zeugen angehörten, ist für die hier dokumentierten Gerichtsprozesse weiterhin davon auszugehen, dass die Kommunikation dort überwiegend im Dialekt stattfand.

13 Genauer gesagt beruht Wiesingers Dialekteinteilung auf systemischen, i. e. phonologischen und morphologischen Kontrasten zwischen Dialekträumen, wie sie sich insbesondere anhand der Karten des „Sprachatlas des Deutschen Reichs" sowie aufgrund von Orts- und Landschaftsgrammatiken für das Ende des 19. und den Beginn des 20. Jh.s rekonstruieren lassen.

Letztlich bietet es auch verfahrenstechnische Vorteile, in allen vier untersuchten Zeitstufen das identische Gliederungsraster anzulegen. So lassen sich raumbezogene Dynamiken grundsätzlich besser erkennen und interpretieren, wenn ein *tertium comparationis* vorliegt; dies aber alleine unter der Maßgabe, dass es sich bei dem angestrebten diachronen Vergleich um einen Vergleich verschiedener Varietäten handelt, die zwar alle auf dem gleichen regionalsprachlichen Substrat beruhen, die allerdings in unterschiedlichem Maße Prozesse der sprachlichen Standardisierung und stilistischen Verformung durchlaufen haben. Die von Wiesinger vorgenommene Unterscheidung in Dialekträume und Dialektverbände ermöglicht es uns hierbei, auf verschieden grobmaschigen Ebenen Sprachwandel im deutschen Sprachraum nachzuvollziehen zu können. Auf eine terminologische Besonderheit sei noch kurz hingewiesen: Neben „Oberdeutsch", „Westmitteldeutsch" und „Ostmitteldeutsch", die zur Bezeichnung des Varietätengefüges in den jeweiligen Sprachräumen dienen, verwende ich im Folgenden den Terminus „Norddeutsch" (und nicht „Niederdeutsch") als Bezeichnung für alle Varietäten, die im niederdeutschen Raum gesprochen werden. Dies trägt dem Umstand Rechnung, dass die meisten Sprachbelege im Korpus, insbesondere die der schriftsprachlichen Daten, nicht das niederdeutsche Platt, sondern standardnähere Sprechlagen repräsentieren. Sofern ich an bestimmten Textstellen explizit oberdeutsche, westmitteldeutsche, ostmitteldeutsche oder niederdeutsche Dialekte bzw. Regiolekte meine, werden diese auch als solche gekennzeichnet.

Für die vorliegende Arbeit wurden alle elektronisch zur Verfügung stehenden HexenV auf PersN-Belege hin ausgewertet. Die Recherche musste dabei komplett manuell durchgeführt werden, da PersN automatisch sinnvoll nur über metasprachliche Bezüge gesucht werden können, eine solche Annotation zum Zeitpunkt der Recherche aber nicht vorlag.[14] Keine Berücksichtigung fanden im Folgenden PersN, die aus Passagen stammen, die auf Latein verfasst sind. Ebenfalls nicht berücksichtigt wurden PersN, die im Titel der Protokolle auftauchen. Gesondert etikettiert wurden darüber hinaus PersN aus Listen und PersN, die in Passagen gebraucht wurden, die eindeutig im Dialekt verfasst sind.

---

14 Eine syntaktische und semantische Annotation des Korpus frühneuzeitlicher HexenV erfolgt derzeit im Rahmen des DFG-Projektes „Entwicklung der satzinternen Großschreibung im Deutschen. Eine korpuslinguistische Studie zum Zusammenspiel kognitiv-semantischer und syntaktischer Faktoren" (dazu Schutzeichel & Szczepaniak 2015 und Szczepaniak & Barteld 2016).

5.2.2 Auswandererbriefe

Bei dem Korpus der AuswB handelt es sich um eine Sammlung von 649 Briefdokumenten aus dem 19. Jh., die von Stephan Elspaß im Rahmen seines Habilitationsprojektes „Sprachgeschichte von unten" zusammengestellt, transkribiert und elektronisch herausgegeben worden ist. Eine ausführliche linguistische Beschreibung und geschichtlich-soziologische Einordnung des Korpus wurde in Elspaß (2005, 2007, 2012) vorgenommen. Diese soll hier in groben Zügen nachvollzogen werden.

Emittenten der Briefe waren in der Mehrzahl deutsche Auswanderer in die USA, die aus den USA an Angehörige in Deutschland schrieben. Für die Zusammenstellung des Korpus wurden möglichst frühe Briefe eines Autors oder einer Autorin gewählt, „um ein Textmaterial zu erhalten, das durch den deutsch-englischen Sprachkontakt in den USA möglichst unbeeinflusst ist" (Elspaß 2005: 71). In seltenen Fällen beinhaltet das Material auch Briefe von Angehörigen, die an die Ausgewanderten in die USA schrieben sowie von Auswanderern, die ihre Briefe unmittelbar vor der Überfahrt in die USA verfasst haben. Beide Texttypen sind ebenfalls als unproblematisch im Hinblick auf den Sprachkontakt zum amerikanischen Englisch zu werten. Bei den Briefautoren handelt es sich im Wesentlichen um „Angehörig[e] der Unter- und unteren Mittelschicht" (Elspaß 2005: 57), was nicht verwundert, da diese Bevölkerungsgruppen von den Auswanderungsbewegungen im 19. Jh. in der Mehrzahl betroffen waren.

Elspaß typisiert die vorliegende Textsorte als „Alltagsbrief" bzw. als „Privatbrief", da die verfassten Dokumente, anders, als etwa bei literarischen Briefen, nicht für die Öffentlichkeit bzw. zur Publikation bestimmt waren und in ihnen gleichzeitig Themen verhandelt wurden, die „den Lebensbereichen und Gebrauchsdimensionen des Alltags [...] zugeordnet werden können" (Elspaß 2005: 67) und die aus dem Bedürfnis entstanden, einen „Ersatz für die Face-to-face-Kommunikation" (Elspaß 2005: 60) im Medium der Schrift zu schaffen. Nach der Klassifikation von Koch & Oesterreicher (1994: bes. 588) zu medialer und konzeptioneller Mündlichkeit bzw. Schriftlichkeit handelt es sich bei Privatbriefen um Texte des kommunikativen Nähe-Bereichs, bei denen also Merkmale der gesprochenen (regionalsprachlichen) Varietäten in die Schriftsprache integriert sind. Dies gilt insbesondere für die sprachlichen Muster, wie sie in den AuswB des 19. Jh.s anzutreffen sind, und zwar aus folgenden Gründen:

1. Anders, als es für den Produktionszeitraum der HexenV angenommen wurde (s. Kap. 5.2.1), besteht ein Forschungskonsens darüber, dass „im 19. Jahrhundert zumindest eine schriftsprachliche Varietät existierte, die überregionale Gültigkeit hatte" (Elspaß 2005: 47) und die sich dann sekundär auf die

öffentlich gesprochene Sprache auswirkte (dazu auch Eggers 1980; Mattheier 2000a, b; Besch 2003). Wie Elspaß anhand von umfangreichen phonologisch-graphematischen, morphosyntaktischen und lexikologischen Analysen zeigen konnte, lassen sich für die in den AuswB dokumentierte „Alltagssprache" allerdings noch zuhauf sprachliche Formen identifizieren, die auf dialektalem bzw. regiolektalem Substrat beruhen, was den Schluss nahelegt, dass im 19. Jh. „unterhalb der Leitvarietät auch weiterhin Formen geschriebener Regionalsprachlichkeit existierten" (Elspaß 2005: 47). Unter „Alltagssprache" fasst Elspaß (2005: 28) dabei jenen sozialen und funktionalen Kommunikationsbereich zusammen, in dem Sprache der Nähe stattfindet und welcher im gesamten Kontinuum der nationalsprachlichen Varietäten (Dialekt, regionale Umgangssprache, überregionale Schriftsprache) realisiert werden kann.

2. Nach Elspaß (2005: 31) repräsentiert „[g]erade die geschriebene historische Alltagssprache des Neuhochdeutschen aus der Feder ungeübter Schreibender [...] zu einem Guttel geschriebene historische Umgangssprache/geschriebenen historischen Regiolekt", und zwar deshalb, weil einerseits bereits eine schriftsprachliche Standardvarietät existierte, diese Schriftnorm andererseits allerdings „nur eine minimale soziolinguistische Realität" hatte und es „um 1800 nur eine soziologisch sehr kleine Gruppe von Verwendern dieser Varietät gegeben hat" (Cherubim, zitiert nach Elspaß 2005: 130).[15] Da es sich bei den Autor/-innen der vorliegenden Briefe – wie zuvor erwähnt – in erster Linie um Angehörige unterer Einkommens- und Bildungsschichten handelte, die gleichzeitig (teils nach eigener Einschätzung, vgl. Elspaß 2005: 106–107) ungeübte Schreiber waren, ist so plausibel davon auszugehen, dass die vorliegenden Daten nur in geringem Maße durch ein schriftsprachliches Normbewusstsein beeinflusst sind (vgl. Elspaß 2007: 151–153). Hierfür spricht auch, dass die Mehrzahl der Briefe von Schreibenden stammt, die lediglich eine Volksschulausbildung, nicht aber eine höhere Schulausbildung durchlaufen haben (vgl. Elspaß 2005: 71).

Nichtsdestoweniger darf natürlich nicht verschwiegen werden, dass es sich auch bei der geschriebenen Alltagssprache in den AuswB nicht um Eins-zu-Eins-Umsetzungen der gesprochenen Sprache im Medium der Schrift handelt, sondern in den Texten vielmehr „neben konventionalisierten, nicht-phonetischen Schreibweisen für Lautzeichen immer auch Elemente schriftsprachlicher Muster [enthalten sind, A. W.]" (Elspaß 2005: 24). Zudem handelt es sich bei den dokumentierten Sprachformen in den seltensten Fällen um ausschließliche

---

15 Mattheier (2000b) identifiziert als Erstnutzer dieser Standardvarietät das Bildungsbürgertum des 17. und 18. Jh.s.

Reflexe lokal-dialektaler Sprechweise, wie sie für die mündliche Kommunikation, insbesondere für die ländliche Bevölkerung und für untere soziale Schichten, gerade zu Beginn des 19. Jh.s üblich war (vgl. Eggers 1980: 603; Mattheier 2000a: 1955; Wegstein 2003: 2247).[16] Vielmehr ist an dieser Stelle von einer partiellen Integration von sprachlichen Merkmalen auszugehen, die über den lokalen Dialekt hinaus großräumigere Gültigkeit haben und die für den Bereich der Grammatik Rückschlüsse auf die konstituierenden Merkmale regiolektaler Varietäten (alternativer Terminus: regionale Umgangssprachen) im 19. Jh. zulassen.

Was die Zusammenstellung des Korpus anbelangt, wurde eine „breite regionale Streuung der Briefe nach der Herkunft der Schreiberinnen und Schreiber aus dem gesamten zusammenhängenden deutschen Sprachraum des 19. Jahrhunderts angestrebt" (Elspaß 2005: 68). Insbesondere für die östlichen Regionen des Untersuchungsgebietes sind hierbei allerdings – wie auch schon für die HexenV konstatiert – große Lücken zu verzeichnen, was vermutlich auf schwächer ausgeprägte Auswandererbewegungen und mangelnde Quellenlagen in diesen Regionen zurückzuführen ist. Die zeitliche Einteilung und Gewichtung des Untersuchungsmaterials orientierte sich bei Elspaß an den Zeiträumen, in dem die Autor/innen der Briefe alphabetisiert bzw. schreibsozialisiert wurden. Demnach wurden für das Korpus in etwa gleich viele Briefe der Geburtenjahrgänge a) bis 1825, b) zwischen 1826 und 1839 sowie c) ab 1840 berücksichtigt.

Im Rahmen dieser Arbeit wurde hinsichtlich PersN eine Auswertung von 613 Briefen durchgeführt. Aus bereits genannten Gründen konnte die Recherche nicht automatisiert werden, sondern musste vielmehr manuell für alle Briefe durchgeführt werden. Keine Berücksichtigung fanden lediglich die Fälle, in denen ein PersN vom Schreiber abgekürzt wurde.[17] Fälle, in denen die dem PersN vorangestellte Apposition (vor allem *Hr.* 'Herr', *Fr.* 'Frau') abgekürzt wurde, wurden dagegen mit berücksichtigt. Die regionale Verortung der Belege erfolgte nach der Provenienz des Schreibers. Briefe von Schreibern, deren Geburtsort nicht im heutigen bundesdeutschen Gebiet liegt, wurden nicht mit in die Auswertung aufgenommen (betrifft insgesamt 36 Briefe).

---

16 So auch bei Elspaß (2007: 149–150, eigene Hervorhebung): „The original letters provide a wealth of linguistic data about everyday language beyond the emerging standard varieties of the 19th century. (It should be noted, however, that **they do not represent local dialects.**)."
17 In den AuswB wurden PersN nicht selten nach dem Anfangsbuchstaben abgekürzt. Dies spricht für die starke Adressatengebundenheit der Briefe und rechtfertigt einmal mehr deren Einordnung in die Textsorte der Privatbriefe.

5.2.3 Zwirner-Korpus

Der im Folgenden kurz als „Zwirner" bezeichnete Datensatz (offizielle Bezeichnung: „Schallaufnahmen aller deutschen Mundarten") beinhaltet insgesamt zirka 5.000 Tonaufnahmen von Sprecher/-innen aus zirka 1.000 Orten, die heute im „Leibniz-Institut für Deutsche Sprache" in Mannheim über die „Datenbank gesprochenes Deutsch" (DGD) archiviert und in Teilen digital zugänglich gemacht sind.[18] Zu diesem Bestand gehört auch eine Vielzahl an normorthografischen Transkriptionen der Tonaufnahmen sowie Angaben zu den Sozialdaten der Sprecher, die ebenfalls über die Datenbank verfügbar sind. Federführend für das Projekt war der Phonetiker Eberhard Zwirner, der im Auftrag der Deutschen Forschungsgemeinschaft und in Zusammenarbeit mit ausgebildeten Tontechnikern wie auch mit regional ansässigen Wissenschaftlern die Erhebung geplant und durchgeführt hat. Das methodische und organisatorische Vorgehen des Projektes wie auch deren Forschungsziele sind, teils programmatisch formuliert, in Zwirner (1956) und Zwirner & Bethge (1958) wiedergegeben, sie sollen im Folgenden kurz referiert werden.[19]

Das Ziel der Erhebung bestand darin, „die möglichst ungekünstelte, im Alltag gebrauchte Sprache des betreffenden Sprechers, d.h. weder eine mehr oder weniger künstliche und gekünstelt vorgetragene ‚reine Ortsmundart' – insbesondere nicht die ‚Mundart' von Bühnendichtern und Vortragskünstlern –, noch eine mehr oder weniger hochsprachlich beeinflußte Vortragssprache, sondern die Sprache, in der der Sprecher sich in seinem Haus oder an seinem Arbeitsplatz zu unterhalten pflegt" (Zwirner & Bethge 1958: 19) flächendeckend für das deutsche Bundesgebiet (und angrenzende deutschsprachige Regionen) zu erheben. Intention war es damit, die regional geprägte Alltagssprache (in der Terminologie dieser Arbeit den Dialekt oder Regiolekt) zu erheben, wobei im Projekt „im Vergleich mit den Fragebogenerhebungen Georg Wenkers größeres Gewicht auf die landschaftlich gefärbte Umgangssprache [...] und auf die Dynamik der sprachlichen Veränderungen gelegt [wurde, A. W.]" (Zwirner & Bethge 1958: 9).

Um dies zu gewährleisten, wurden für jeden Ort (meist aus ländlichen Gegenden) Sprecher/-innen aus drei Generationen aufgenommen, die zum Zeitpunkt der Erhebung (zirka 1955–1960) aus den Altersgruppen um die 20 Jahre, über 60 Jahre und zwischen 20 und 60 Jahren bestand und die (nach Möglich-

---

18 Unter: http://dgd.ids-mannheim.de (letzter Zugriff: 31.07.2019).
19 Vgl. dazu auch die Ausführungen in Lenz (2007: 177–179, 2013: 50–51) und Schmidt & Herrgen (2011: 118–121).

keit) in der zweiten Generation am Ort geboren sein sollten. Hinzu kommen Aufnahmen von Heimatvertriebenen, die für die in dieser Arbeit durchgeführten Auswertungen allerdings unberücksichtigt bleiben. Die Auswahl der Gewährspersonen wie auch die der Aufnahmeorte oblag einem Team an regionalen Aufnahmeleitern (m. W. handelte es sich dabei ausschließlich um Männer), welches sich aus Germanisten von Universitäten, Wörterbuchleitern und Volkskundlern zusammensetzte. Zur Ausgestaltung des Belegnetzes werden von Zwirner (1956: 12) selbst die folgenden Angaben gemacht:

> Über die Sprachlandschaften der Deutschen Bundesrepublik wird ein Netz gelegt, das engmaschig genug ist, um von den Aufnahmeorten zu Sprachräumen vorzudringen. Dieser Forderung wird dadurch Rechnung getragen, daß im Bundesgebiet in rund 1200 Orten Aufnahmen gemacht werden. Durch meinen Plan werden also in etwa jeder zwanzigsten Gemeinde Bandaufnahmen gemacht. Das entspricht einem Raum von ca. 16 km im Quadrat.

Vom einzelnen Sprecher wurden insgesamt mindestens zehn Minuten an gesprochener Sprache aufgenommen, wobei versucht wurde, „eine möglichst natürliche Gesprächssituation zu schaffen, in der die Sprecher sich ihrer üblichen Sprache bedienen konnten" (Zwirner & Bethge 1958: 17). Hierfür wurde die Aufnahmesituation so gestaltet, dass sich im Idealfall zwei Sprecher der gleichen Ortsmundart gegenseitig interviewt haben. Die vorliegende Textsorte ist damit als initiierter Erzählmonolog zu klassifizieren. Vom Aufnahmeleiter wurde dabei darauf geachtet, dass sich die beiden Sprecher nicht ins Wort fallen, was zur Folge hat, dass für die Aufnahmen häufig auch kein freies Gespräch zustande kam. Wie ich es sehe, wurde diese Aufnahmesituation allerdings häufig so nicht durchgehalten, sodass sich im Korpus eine Menge freier Gespräche wie vor allem auch Aufnahmen finden, in denen der Aufnahmeleiter die Sprecher selbst befragt. Hinzu kommt, dass die hohen Ansprüche an die Aufnahmetechnik (Aufnahmewagen vor dem Haus der Gewährsperson, abgehängte Decken etc.) dazu führten, dass die Natürlichkeit der Aufnahmesituation in der Rückschau wohl häufiger zugunsten einer technisch möglichst perfekt ausgeführten Aufnahme zurückstehen musste (dazu auch Schmidt & Herrgen 2011: 120–121). Hierfür spricht auch, dass es nicht selten vorkam, dass der Aufnahmeleiter die Gewährsperson ermahnen musste, Mundart und nicht Hochdeutsch zu sprechen.[20]

---

20 Hierzu auch die Arbeitsanweisung in Zwirner & Bethge (1958: 19): „In einzelnen Fällen wurden die Sprecher durch erneute Fragen wieder zu ihrer Alltagssprache zurückgeführt".

Die Auswertungen des Zwirner-Korpus beziehen sich auf insgesamt 1.809 Aufnahmen von ebenso vielen Gewährspersonen aus 355 Orten. Keine Berücksichtigung fanden die Aufnahmen der Heimatvertriebenen sowie alle Aufnahmen, die der Zwirner-Klassifikation zufolge nicht als Halb- oder Vollmundart eingestuft wurden.[21] Die halb- und vollmundartlichen Aufnahmen wurden zudem stichpunktartig auf Regionalismen hin untersucht, um sicherzustellen, dass von den aufgenommenen Sprechern tatsächlich auch ein regionalsprachliches Register verwendet wurde, welches typisch für die entsprechende Region ist. Für alle Sätze, in denen PersN-Belege auftauchen, wurden zudem anhand von Leitvariablen, die für bestimmte Dialekträume konstitutiv sind, ebenfalls die regionalsprachlichen Register der Gewährspersonen überprüft. Hierdurch sollte gewährleistet sein, dass die ausgewerteten Belege korrekt in Beziehung gesetzt werden können zur regionalen Varietät, in der diese Verwendung finden (s. dazu Kap. 6.1.3). Nicht verschwiegen werden soll, dass die Transkribend/-innen der Tonaufnahmen mit den Verschriftlichungen der PersN verschieden umgegangen sind, was die Korpusrecherche für die vorliegende Auswertung entsprechend erschwert hat.[22] So finden sich im Korpus sowohl Transkripte, in denen der PersN normorthografisch ausgeschrieben wurde, als auch solche, in denen der PersN im Transkript durch die metasprachliche Kennzeichnung „Name" ersetzt wurde. Dieser Umstand führte dazu, dass, obwohl elektronisch aufbereitete Transkripte vorlagen, ein Großteil der hier ausgewerteten PersN-Belege manuell gesucht und auch alle Belege anhand der dazugehörigen Tonaufnahme auditiv überprüft werden musste.

5.2.4 REDE-Korpus

Am „Forschungszentrum Deutscher Sprachatlas" in Marburg wird im Rahmen des Akademieprojektes „Regionalsprache.de" (REDE) seit 2008 unter anderem eine Neuerhebung regionalsprachlicher Daten an 150 Orten im heutigen deutschen Bundesgebiet durchgeführt.[23] Ziel dieser Erhebung ist es,

---

21 Die von den Gewährspersonen gesprochenen Varietäten wurden bei Zwirner wie folgt klassifiziert: „Vollmundart, Halbmundart, Mischmundart, Stadtsprache, Umgangssprache, Hochsprache (mit dem Zusatz einer bestimmten landschaftlichen Färbung), geschulte Bühnenaussprache" (Zwirner & Bethge 1958: 20).
22 Von ähnlichen Erfahrungen mit Belegen für *kriegen* und *bekommen* berichtet Lenz (2013: 50–51).
23 Weiterführende Informationen zum Projekt sind unter www.regionalsprache.de (letzter Zugriff: 31.07.2019) abrufbar.

für drei Sprechergruppen, die a) typisch für den sprachlich-progressiven, b) typisch für den durchschnittlichen und c) typisch für den sprachlich konservativen Sprecher der modernen Regionalsprache sein sollen, das gesamte variative Spektrum zu erheben und linguistisch umfassend zu analysieren.

(Schmidt & Herrgen 2011: 377)

Für den Typ des konservativen Sprechers einer modernen Regionalsprache (Typ c bei Schmidt & Herrgen) wurden männliche Sprecher über 60 Jahre aufgenommen, die ortsgebürtig und ortsfest sind und die manuell tätig sind oder waren. Die Sprechergruppe wurde gewählt, um eine „maximale Vergleichbarkeit zu den historischen Datenserien, insbesondere zu den historischen Dialekterhebungen zu gewährleisten" (Schmidt & Herrgen 2011: 378). Die mittlere Sprechergeneration (Typ b bei Schmidt & Herrgen) setzt sich hingegen aus 45- bis 55-jährigen ortsfesten Polizeibeamten des mittleren und gehobenen Dienstes zusammen. Diese gehören einem mittleren Bildungsniveau und einem mittleren Sozialstatus an und erfüllen im Polizeidienst eine kommunikative Tätigkeit. Die jüngere Sprechergeneration (Typ a bei Schmidt & Herrgen) besteht schließlich aus Vertretern der Altersgruppe zwischen 18 und 23 Jahren. Es handelt sich um mobile Sprecher mit höherer Schulbildung. Die aufgeführten Sprechergruppen werden im Folgenden nach absteigendem Alter als REDEalt, REDEmittel und REDEjung bezeichnet.

Im REDE-Projekt wurden nun jeweils die gleichen Sprecher in insgesamt fünf Erhebungssituationen aufgenommen: a) einem sog. Freundesgespräch zwischen ortsansässigen Bekannten ohne Anwesenheit des Explorators, b) einem leitfadengesteuerten Interview mit sich der Standardaussprache bedienenden Explorator/-innen, c) einem vorgelesenen Text (Fabel „Nordwind und Sonne") sowie d) & e) zweier Kompetenzerhebungen, in denen der Informant die sog. 40 Wenkersätze vom Dialekt in das standardnächste Register und umgekehrt vom Standard in das tiefste eigene regionalsprachliche Register übersetzt. Hinzu kommt als sechste Erhebungssituation für die Sprecher REDEmittel mit dem Notrufannahmegespräch eine Gesprächssituation, bei dem die Aufnahmesituation zum kommunikativen Alltag der Sprecher gehört, indem „auf eine authentische Situation zurückgegriffen wird, bei der also das Beobachterparadoxon ausgeschaltet ist" (Schmidt & Herrgen 2011: 378). Für die vorliegende Untersuchung wurde lediglich auf Aufnahmen aus einer der genannten Erhebungssituationen, dem Freundesgespräch, zurückgegriffen. Kehrein (2012: 76) führt hierfür die folgenden Merkmale an:

1. selbst gewählte(r) Gesprächspartner, mit dem/denen 2. die standardfernste Sprechlage verwendet wird. Die Gespräche finden 3. in vertrauter Umgebung bei 4. Abwesenheit des Explorators statt. Um die Situation so wenig „beobachtet" wie möglich zu gestalten, wird

eine Aufnahmeeinheit verwendet, die so unsichtbar wie möglich ist: „Krawattenmikrofone", die über eine Funkeinheit mit dem Aufnahmegerät verbunden sind. Letzteres kann dadurch in einem Nebenraum platziert werden und befindet sich somit nicht im Blickfeld der Gesprächsteilnehmer.

Die Auswahl, im Folgenden nur Freundesgespräche auszuwerten, lässt sich im Wesentlichen dadurch begründen, dass in dieser Erhebungssituation sehr häufig Themen verhandelt werden, die den nächsten Bekannten- und Freundeskreis der am Gespräch beteiligten Personen betreffen. Folgerichtig werden dort sehr viele PersN gebraucht, während selbiges im leitfadengesteuerten Interview und im Notrufannahmegespräch nicht der Fall ist.[24] Hinzu kommt, dass die Informanten im Freundesgespräch in der Regel deutlich regionaler sprechen als in der den Standard intendierenden Interviewsituation wie auch in der Situation, in der die Informanten Notrufe entgegennehmen. So können regionalsprachliche Merkmale, wie der Gebrauch des PersN-Artikels, im Freundesgespräch anhand von höheren Belegzahlen untersucht werden.[25] Schließlich werden in den beiden Kompetenzerhebungen keine PersN abgefragt, weshalb die Aufnahmen für die vorliegende Auswertung auch nicht genutzt werden konnten.

Die vorliegenden Auswertungen des REDE-Korpus beziehen sich auf insgesamt 283 Aufnahmen von 547 Sprechern aus 143 Orten im heutigen deutschen Bundesgebiet. Es handelt sich dabei um eine Auswertung aller Aufnahmen des Typs „Freundesgespräche", die im Projekt bis Ende 2013 erhoben worden sind. Die Länge der Gespräche variiert dabei zwischen minimal einer halben Stunde und maximal zwei Stunden. Was die areale Verteilung der Aufnahmen anbelangt, ist das Ortsnetz in REDE so ausgestaltet,

> dass alle von der traditionellen Dialektologie herausgearbeiteten Dialektverbände (Kerngebiete und Übergangsgebiete) berücksichtigt sind und möglichst Orte gewählt werden, zu denen Ortsgrammatiken, historische Tonaufnahmen oder variationslinguistische Studien vorliegen.
>
> (Schmidt & Herrgen 2011: 378)

---

[24] Die Situation des leitfadengesteuerten Interviews konstituiert sich im Wesentlichen über den Formalitätsgrad der Erhebungssituation und darüber, dass sich Interviewer und Interviewter gerade nicht kennen. Im Notrufannahmegespräch werden zwar mitunter PersN gebraucht, dies aber in erster Linie vom Anrufer, der allerdings aus datenschutzrechtlichen Gründen nicht ausgewertet werden darf.
[25] Hierzu Kehrein (2012: 343): „Bei allen Informanten, die über eine entsprechende System- und Registerkompetenz verfügen, ist eine Staffelung der Erhebungssituationen von der Dialektkompetenzerhebung über das dialektale Freundesgespräch, das Interview und die Notrufannahme zum Vorlesetext und der Standardkompetenzerhebung zu beobachten".

Diese Klassifikation orientiert sich an der Dialekteinteilung von Wiesinger, die – wie bereits erwähnt – für die regionale Verortung der vorliegenden Daten ebenfalls angewandt wurde. Die von den Sprechern in den Aufnahmen verwendeten regionalsprachlichen Register wurden in dieser Arbeit – in Analogie zum Vorgehen für das Zwirner-Korpus – anhand von Leitvariablen, die für bestimmte Dialekträume konstitutiv sind, bestimmt. Insbesondere für die diglossischen Informanten aus dem nordd. Raum war dabei zu beachten, dass PersN-Belege vom gleichen Sprecher je nach angestrebter Varietät sowohl im Dialekt als auch in einer Sprechlage einer standardnäheren Varietät, z. B. im sog. Kolloquialstandard oder auch im Regionalakzent, realisiert werden konnten.[26] Entsprechende Hinweise zum Varietätengebrauch wurden für jeden PersN-Beleg ebenfalls vermerkt. Sprecher, die in den Aufnahmen ausschließlich Kolloquialstandard gesprochen haben (dies betrifft insbesondere Informanten der Generation REDEjung), gingen – wie schon bei Zwirner – im Folgenden nicht in die Auswertungen mit ein.

5.3 Linguistische Klassifikation der Daten

Im Rahmen der Arbeit wurden die gesammelten Daten einer umfangreichen linguistischen Analyse unterzogen. Übergeordnetes Ziel der Analyse war es, die linguistischen, i. e. die morphosyntaktischen und pragmatischen Bedingungen zu identifizieren, die in den Varietäten des Deutschen die Verwendung des PersN-Artikels lizenzieren. Hierfür wurde eine Excel-basierte Datenbank aufgesetzt, die eine Klassifikation von linguistischen Einheiten hinsichtlich verschiedener formaler Mittel und inhaltlicher Konzepte ermöglicht.[27] Die Auswahl der Klassifikatoren erfolgte dabei streng hypothesengeleitet, d. h. es wurden all jene Faktoren berücksichtigt, die für die Varietäten des Deutschen nach aktueller

---

26 Unter „Kolloquialstandard" wird hier wie im Folgenden mit Lameli (2004: 134) „eine in formellen Situationen an der Standardsprache orientierte Sprechweise verstanden, die von relativ standardkompetenten Hörern als standardsprachlich akzeptiert bzw. beurteilt wird. Ihr regionalsprachlicher Gehalt ist minimal". Der „Regionalakzent" hingegen stellt im Varietätenkonzept von Schmidt & Herrgen (2011: 66) die standardnächste Sprechlage des Regiolekts dar.
27 Zum Zeitpunkt der Datenauswertung war die Datenbank der LingBas-Syntax/Semantik-Schnittstelle „ReffMech" noch nicht abschließend entwickelt. Parallel dazu wurde von der LingBas-Arbeitsgruppe ein Leitfaden zur linguistischen Klassifikation der Daten erarbeitet (Kasper 2012–2015), an dem ich mich für meine eigene Klassifikation in Teilen orientieren konnte. Über die LingBas-Datenbank hinausgehende Klassifikationen betreffen hier vor allem die Wortartenklassifikation und die Differenzierung verschiedener Typen von PersN.

Forschungslage „im Verdacht stehen", die Verwendung des PersN-Artikels zu begünstigen oder zu verhindern.

5.3.1 Syntaktische Klassifikation

Auf syntaktischer Ebene wurden zunächst alle Sätze, für die ein PersN belegt ist, in nicht-abhängige Sätze (Matrixsätze) und abhängige Teilsätze unterschieden. Im Anschluss wurden diese Teilsätze nach der Anzahl ihrer obligatorischen Komplemente (keine Adjunkte) in a) intransitiv, b) transitiv und c) ditransitiv differenziert.[28] Innerhalb der Teilsätze wurden einzelne Phrasen segmentiert, auch solche, die graphisch bzw. phonetisch nicht realisiert sind (etwa bei nicht realisierten Komplementen). In Anlehnung an die LingBas-Datenbank sollen als Phrasen dabei „genau die syntaktischen Einheiten verstanden – und segmentiert – werden, die die verbalen oder (adpositional begleiteten) nominalen Teile von Verb-Komplement-Strukturen darstellen" (Kasper 2012–2015: 14).

Den Phrasen wurden dann in einem zweiten Klassifikationsschritt syntaktische Funktionen zugeordnet. Die Bestimmung der syntaktischen Funktionen erfolgte über die Valenzeigenschaften des finiten Verbs. Diese Eigenschaften mussten für die vorliegenden Daten über den Umweg des Schriftdeutschen und hierbei über die einschlägigen Valenzwörterbücher (Helbig & Schenkel 1978; E-Valbu 2010ff.) identifiziert werden, da mit wenigen Ausnahmen (z. B. Appel 2012) bislang keine systematischen Aufarbeitungen der Valenzeigenschaften von Verben in den Regionalsprachen des Deutschen existieren. Für die Daten der HexenV konnte zudem auf die „Frühneuhochdeutsche Grammatik" (Ebert et al. 1993) zurückgegriffen werden, wo die Valenz von Verben im Frühneuhochdeutschen zumindest teilweise dokumentiert ist.

Die Zuordnung von syntaktischen Funktionen zu Phrasen beinhaltet zunächst die theoretisch umstrittene, praktisch aber notwendige (und auf die Daten auch meist einfach anwendbare) Unterscheidung von Subjekt, indirek-

---

28 Für die vorliegende Arbeit ist damit das Vorhandensein einer Verb-Komplement-Struktur ein notwendiges Satzkriterium. Dies schließt manche Belege, insbesondere solche aus den gesprochensprachlichen Korpora, für die syntaktische Datenauswertung aus. Siehe zur allgemeinen Problematik des Satzbegriffes IDS-Grammatik (1997: 85–97) und speziell zu Nicht-Sätzen Ágel (2017: 167–186).

tem Objekt und direktem Objekt.[29] Gegenüber einer morphologisch orientierten Klassifikation der syntaktischen Funktionen mittels Kasuszuweisungen, wie sie etwa bei Wegener (1986) vorgenommen wurde, bietet dieses Vorgehen den Vorteil, dass die syntaktischen Funktionen in Varietäten, die Kasussynkretismen (etwa zwischen Nominativ und Akkusativ oder zwischen Dativ und Akkusativ) aufweisen, adäquater erfasst werden können. Da – wie erwähnt – bislang kaum Erkenntnisse über die Valenzeigenschaften von Verben in regionalen Varietäten des Deutschen vorliegen und somit die syntaktischen Funktionen hier alleine nach den Valenzstrukturen der Schriftsprache zugeordnet werden konnten, ist ein solches Vorgehen als nicht unproblematisch einzustufen (vgl. dazu Appel 2007: 66–69). So wurde z. B. schon in Bernhardt (1903: 12) darauf hingewiesen, dass in nd. Dialekten bestimmte Verben transitiv sind, die im Schriftdeutschen intransitiv gebraucht werden. Gegenüber einer Klassifikation der syntaktischen Funktionen nach Kasusrelationen bietet eine solche valenzorientierte Perspektive auf die Daten allerdings den Vorteil, dass auch Satzbelege aus Varietäten erfasst werden können, in denen bestimmte Kasusunterschiede, etwa solche zwischen Dativ und Akkusativ (z. B. in nd. Dialekten), nicht realisiert werden.

Als Subjekte wurden dabei all jene Phrasen einer Verb-Komplement-Struktur klassifiziert, auf die eine oder mehrere der folgenden Eigenschaften zutreffen (Kriterien nach Eroms 2000: 183–190; Dürscheid 2010: 34; IDS-Grammatik 1997: 1078–1083; Eisenberg 2013b: 278–289):

– Das Subjekt ist das Komplement, welches Rektion und/oder Kongruenz zum finiten Verb aufweist.
– Das Subjekt ist das Komplement, welches bei der Infinitivprobe getilgt wird.
– Das Subjekt einer Verb-Komplement-Struktur wird bei Passivierung zu einem präpositional eingeleiteten Komplement mit *von* oder *durch*.

Treffen die aufgeführten Kriterien (in Teilen) nicht zu, handelt es sich bei der Phrase einer Verb-Komplement-Struktur um ein Objekt oder ein Prädikativum. Zur Subklassifikation der Objektphrasen wurden des Weiteren mehrere Kriterien verwendet, die in der Forschung allgemein zur Unterscheidung von direktem Objekt und indirektem Objekt herangezogen werden (Kriterien nach Wegener 1986: 14–17; Dürscheid 2010: 36):

---

29 Die Forschungsdiskussion zur Relevanz der syntaktischen Funktionen Subjekt und Objekt im Deutschen ist etwa bei Reis (1982, 1986), Primus (1987), Bausewein (1990) und Oppenrieder (1991) kritisch aufgearbeitet.

- Nur das direkte Objekt kann im Passiv zum Subjekt werden, nicht aber das indirekte Objekt.
- Das direkte Objekt ist die Konstituente, die bei Verbendstellung verbnah steht, das indirekte Objekt steht hingegen fern vom Verb.
- Das direkte Objekt geht eine engere syntaktische Verbindung mit dem Verb ein als das indirekte Objekt.[30]

Das in der Forschung häufig angewandte morphologische Kriterium, jene Objekte als indirekte Objekte zu klassifizieren, die im Dativ stehen und jene als direkte Objekte, die im Akkusativ stehen, wurde hier hingegen nur als Indiz, nicht aber als notwendiges Kriterium berücksichtigt, und zwar deshalb, weil – wie erwähnt – in zahlreichen der untersuchten Varietäten keine formale Differenzierung zwischen Dativ und Akkusativ vorgenommen wird, wohl aber eine zwischen indirektem und direktem Objekt berücksichtigt werden muss (dazu Appel 2007: 66–69; Berg 2013: 49). Überhaupt wurden bei der vorliegenden Klassifikation der syntaktischen Funktionen primär syntaktische Kriterien berücksichtigt. Neben dem morphologischen (Kasus-)Kriterium schließt dies etwa auch semantische, pragmatische und informationsstrukturelle Kriterien aus, die in der Forschung häufig und insbesondere zur Definition des Subjektbegriffs herangezogen werden, die mir zugleich aber schlecht operationalisierbar und in Teilen auch wenig motiviert erscheinen (dazu Reis 1982; Oppenrieder 1991). Nichtsdestoweniger weist das Deutsche (und seine Varietäten) insgesamt enge Korrespondenzen zwischen semantischer Rolle, syntaktischer Funktion, morphologischem Kasus und Belebtheit auf, die mir für die Klassifikation der Daten als heuristischer Zugang dienen konnten. Für typische transitive Sätze gelten hierbei Alber & Rabanus (2011: 33) zufolge die Zusammenhänge, wie sie in Tab. 10 dargestellt sind.

Tab. 10: Entsprechungen „semantische Rolle" – „syntaktische Funktion" – „Kasus" – „Belebtheit" im typischen transitiven Satz aus Alber & Rabanus (2011: 33, modifiziert)

SEMANTISCHE ROLLE	Agens	Patiens
SYNTAKTISCHE FUNKTION	Subjekt	Objekt
KASUS	Nominativ	Akkusativ
BELEBTHEIT	Belebt	belebt oder unbelebt

---

30 Vgl. zur Operationalisierung „syntaktischer Enge" die Ausführungen in Dürscheid (2010: 37–38).

Gesondert ausgewiesen wurden darüber hinaus präpositional eingeleitete Adverbiale und sonstige valenzgebundene und valenzungebundene Präpositionalobjekte, da davon auszugehen ist, dass die syntaktische Funktion dort formal bereits über die Präposition selbst (mit) angezeigt wird.

Im Weiteren diente das topologische Feldermodell der IDS-Grammatik (1997: 1498–1680) zur syntaktischen Lokalisierung der PersN-NP(s) im Satz.[31] Ausgehend von den Stellungsmöglichkeiten des finiten und infiniten Verbs wird hierbei der zu klassifizierende Satz in topologische Abschnitte, sog. Stellungsfelder, segmentiert und beschrieben. Mit Hilfe der Satzklammer lassen sich die folgenden Stellungsfelder unterscheiden:
– Vorfeld, linke Satzklammer, Mittelfeld, rechte Satzklammer, Nachfeld.
Hinzu kommen die beiden Stellungsfelder:
– linkes Außenfeld, rechtes Außenfeld.

Die beiden zuletzt genannten Felder sind links vom Vorfeld bzw. rechts vom Nachfeld angesiedelt und werden, anders als die zuvor genannten Felder, nicht alleine über deren Stellungsverhältnis zum finiten Verb definiert. Vielmehr handelt es sich hierbei um Felder, die sich einerseits durch eine gewisse syntaktische Eigenständigkeit zum Matrixsatz auszeichnen und für die andererseits Koreferenz zwischen dem Referenzausdruck im Außenfeld und dem im Matrixsatz zu verzeichnen ist (s. Kap. 6.4.5).

Auf Phrasenebene folgte des Weiteren eine Differenzierung von NPs in
– einfache Nominalphrasen, d. h. solche NPs, bei denen dem Kopf der NP mit Ausnahme von Determinierern keine weiteren Elemente mit Wortstatus beigefügt sind.
– erweiterte Nominalphrasen, d. h. solche NPs, bei denen der Kopf der NP attributiv, restriktiv oder appositionell erweitert ist.

Diese Unterscheidung wurde aufgrund bereits vorliegender Forschungsergebnisse in die syntaktische Klassifikation mit aufgenommen. Sie trägt einerseits dem Umstand Rechnung, dass sich der Gebrauch des PersN-Artikels, wie der des Definitartikels allgemein, historisch zuerst in bestimmten syntaktischen Kontexten durchgesetzt hat, die hier den erweiterten NPs zugerechnet werden

---

31 Das topologische Feldermodell ist in der Forschung weitgehend konsensfähig. Partielle Abweichungen betreffen die terminologische Kennzeichnung der beiden Außenfelder sowie die Zusammenführung des Mittelfeldes und der rechten Satzklammer zum sog. Satzfeld (siehe dazu z. B. die Überblicke in Reis 1980 und Wöllstein 2014). Das topologische Feldermodell hat insbesondere auch Eingang in die Beschreibungen der IDS-Grammatik (1997) gefunden.

können. Andererseits lässt sich durch die Subklassifizierung der NP die in der Forschung bereits etablierte Unterscheidung zwischen dem primären und sekundären Artikelgebrauch bei EigenN empirisch fundieren (s. Kap. 1.1). Ob es sich bei einfachen und erweiterten NPs dabei um unterschiedliche Konstruktionen im Sinne der Konstruktionsgrammatik handelt, werden die empirischen Auswertungen zeigen.

Für die syntaktische Klassifikation der Daten gesondert betrachtet wurden zudem solche PersN, die
- koordiniert oder in Listen (Aufzählungen) auftreten. Als graphische Kennzeichen von PersN in Listen dienten hier Kommata oder Semikola, aber auch textstrukturierende Mittel wie das Verwenden von Einrückungen oder Absätzen. Als phonische Kennzeichen von Listen dienten vor allem prosodische Muster, insbesondere solche mit hohem oder steigendem Intonationsverlauf (dazu Selting 2004).
- syntaktisch-semantische Funktionen eines Possessors oder Possessums in adnominalen Possessivrelationen übernehmen.
- in der Zitations- oder Nennform gebraucht werden. Als graphische Kennzeichen von PersN in der Zitationsform dienten hier An- und Abführungsstriche, die Nennform ist in den vorliegenden Texten graphisch meist durch einen vorangehenden Doppelpunkt gekennzeichnet. Phonische Kennzeichen sowohl der Zitations- als auch der Nennform sind hingegen adjazent zur PersN-NP realisierte Intonationsphrasengrenzen sowie die simultane Realisierung eines fallenden Intonationsmusters auf der PersN-NP.

Abschließend wurde für die Binnenstruktur von PersN, insbesondere für Verbindungen aus RufN und FamN, die Sequenzierung der Elemente festgehalten; dies vor dem Hintergrund, dass die Befunde in Berchtold & Dammel (2014) auf einen teils obligatorischen Gebrauch des PersN-Artikels bei der Reihenfolge FamN-vor-RufN hindeuten.

5.3.2 Morphologische Klassifikation

Die morphologische Klassifikation der Daten umfasst zunächst die Unterscheidung von derivierten und nicht derivierten PersN. Derivation lässt sich im Korpus hinsichtlich der folgenden beiden Kategorien feststellen:[32]

---

[32] Nicht berücksichtigt wurden deonymisierte Adjektivderivate, da dem Ausdruck hier nicht der Status eines EigenN zukommt.

- Diminution: Diese wird im Deutschen am PersN in Abhängigkeit vom Sprachraum durch verschiedene Suffixe markiert. Im Korpus belegt sind bei PersN die Diminutivsuffixe *-che*, *-lein*, *-sken* und *-lin*.[33]
- Movierung (Motion): Diese wird im Deutschen am weiblichen PersN je nach Region ebenfalls durch unterschiedliche Suffixe markiert (vgl. Bach 1952; Steffens 2014, 2018). Im Korpus belegt sind hier die Movierungssuffixe *-sche*, *-in*, *-ske*, *-s*, *-se*; dies allerdings fast ausschließlich für die HexenV.

Für alle nicht derivierten PersN wie auch für die übrigen Komplemente im Satz wurden im Folgenden die flexivischen Formmerkmale hinsichtlich der Kategorien Numerus, Genus, und Kasus bestimmt. Hierzu wurde wie folgt vorgegangen:
- Für intransitive Sätze wurden innerhalb der PersN-NP für die drei genannten Kategorien die Flexionsformen am Determinierer (sofern vorhanden), an den Attributen bzw. Appositionen (sofern vorhanden) sowie am PersN selbst bestimmt. Hinzu kommt die Bestimmung möglicher Kongruenzmarker am finiten Verb.
- Für transitive und ditransitive Belegsätze wurde ebenso verfahren wie für die intransitiven. Hinzu kommt, dass hier für die übrigen Satzkomplemente ebenfalls die Flexionsmarker bestimmt wurden.

Bei FamN in Kombination mit RufN sind im Korpus zudem die Suffixe *-s* und *-e* belegt. Diese Suffixe lassen sich historisch auf Genitivflexive zurückführen, die synchron allerdings den Status von Fugenelementen einnehmen (Berchtold & Dammel 2014) und als solche in der Datenbank auch klassifiziert wurden.

Zudem wurden die grammatischen Kategorien derjenigen Wörter bestimmt, die a) den PersN morphosyntaktisch begleiten (und die den PersN damit in eine NP überführen) oder die b) in transitiven Sätzen den Status von Komplementen haben. Dabei wurden unterschieden:
- Definitartikel, Indefinitartikel, Nullartikel, Demonstrativum, Demonstrativpronomen, Personalpronomen, Interrogativpronomen, Relativpronomen, Possessivpronomen, Klitikum.

---

33 Die neutrale Genusmarkierung am pronominalen Begleiter (*die Julia* → *das Julchen*) fand als Kriterium zur Bestimmung diminuierter PersN hingegen keine Berücksichtigung, da in zahlreichen, insbesondere wmd. Varietäten auch weibliche Personen durch neutrales Genus markiert werden (dazu Bach 1952: 43–44; Bellmann 1990: 191–195; Nübling, Busley & Drenda 2013; Leser-Cronau 2017; Busley & Fritzinger 2018).

Während die Identifizierung der Personal-, Interrogativ-, Possessiv- und Relativpronomen aufgrund von formalen und syntaktischen Kriterien recht problemlos durchzuführen war, trifft selbiges – wie beschrieben (s. Kap. 3.4) – nicht auf die Unterscheidung des Definitartikels vom Demonstrativum zu. So werden lediglich in der Schrift- und Standardaussprache die beiden Wortklassen formal meist hinreichend unterschieden, während in zahlreichen regionalen Varietäten des Deutschen die betonten Artikelwörter formal (nicht funktional) mit den Demonstrativa zusammengefallen sind und so nicht immer zweifelsfrei zu klären ist, ob es sich bei einem konkreten Beleg um einen Definitartikel oder um ein Demonstrativum handelt.[34] Im Diskussionsteil der Arbeit möchte ich diese Beobachtung weniger als Problem, denn als erklärungsrelevanten Faktor für die Verwendung des PersN-Artikels verstanden wissen. Für die Klassifikation der Daten bedeutet dies allerdings, dass im Korpus lediglich diejenigen Belege eindeutig identifizierbar waren, die unbetont oder reduziert sind (für den Definitartikel) oder die sich phonologisch eindeutig vom Definitartikel unterscheiden (für die Demonstrativa; z. B. bei *dies-*). Hinzu kommt aus funktionaler Perspektive, dass nur der Definitartikel in abstrakt-situativen und assoziativ-anaphorischen Kontexten gebraucht werden kann, während die Verwendung des Demonstrativums auf pragmatisch-definite Kontexte wie auch auf Kontrastlesarten, z. B. in (1), beschränkt bleibt.

(1) Aber es war nicht der wohlhabende Fürsprecher der kommerziellen Wohlfahrt, der an diesem Tag seinen Wahlkampf startete, und es war auch nicht **der Lindbergh**, der in Berlin von den Nazis ausgezeichnet worden war, und auch nicht **der Lindbergh**, der in einer landesweit ausgestrahlten Rundfunksendung den allzu einflussreichen Juden vorgeworfen hatte, dass sie das Land in den Krieg zu treiben versuchten […] (aus Philip Roth: Verschwörung gegen Amerika: 45)

Von den Demonstrativa zu unterscheiden sind zudem die Demonstrativpronomen. Diese werden im Deutschen zwar häufig formgleich zum Demonstrativum oder zum Artikelwort gebildet, sie lassen sich syntaktisch aber eindeutig abgrenzen, da sie selbst den Status von Satzgliedern haben, während das Demonstrativum das Kopfnomen lediglich adnominal begleitet (dazu z. B. Ahrenholz 2007).

---

34 Vgl. zu diesem methodischen Problem auch die Ausführungen in Ebert (1971: 103) und Bellmann (1990: 254–255).

Für den Definitartikel kommt als methodisches Problem hinzu, dass dieser insbesondere in alemannischen Varietäten so stark reduziert sein kann, dass die Frage, ob ein konkreter Namenbeleg im Korpus artikellos realisiert ist, zweifelsfrei nur von den betreffenden Dialektsprechern beurteilt werden kann. Alle entsprechenden Belege aus Zwirner und REDE wurden deshalb von zwei dialektkompetenten Informanten des Alemannischen auf den Artikelgebrauch hin kontrolliert, und nur bei übereinstimmenden Urteilen wurden die Belege in die Auswertung mit aufgenommen.[35]

Im Hinblick auf die Bestimmung der flexivischen Formen stellte sich als eine weitere methodische Schwierigkeit die eindeutige Bestimmung der Kasusformen dar. So war aufgrund des Einzelbeleges häufig nicht zu identifizieren, ob es sich um einen Beleg mit einer distinkten oder synkretischen Kasusform handelt. Da diese Identifizierung für die Arbeit aber von zentraler Bedeutung ist, wurde in Zweifelsfällen so verfahren, dass zur Bestimmung der Kasusformen zusätzliches Datenmaterial der gleichen Gewährsperson herangezogen wurde. Lag dieses Material nicht vor oder konnte die Form auch weiterhin nicht eindeutig einer Kasuskategorie zugeordnet werden, wurde der Beleg für die Bestimmung der Mechanismen zur Kodierung syntaktischer Funktionen in Kap. 6.2 nicht weiter berücksichtigt.

5.3.3 Semantische Klassifikation

Eine übergeordnete semantische Klassifikation liegt den Daten insofern zugrunde, als die Entscheidung, ob es sich bei einem konkreten Nomen um einen EigenN (*nomen proprium*) oder um ein APP (*nomen appellativum*) handelt, nach semantischen bzw. lexikalischen Kriterien getroffen wurde. So umfassen EigenN in dieser Arbeit alle Nomen, die Exemplare (Tokens), nicht Kategorien (Typen) bezeichnen. Umgekehrt handelt es sich bei APP um Nomen, die Kategorien, nicht Exemplare bezeichnen, es sei denn, sie werden dahingehend über weitere grammatische Wörter (z. B. über Artikelwörter) modifiziert. PersN, als Untergruppe der EigenN, wurden schließlich heuristisch nach den folgenden Kriterien identifiziert:[36]

---

35 Beide Informanten (geb. 1967 und 1988) stammen aus Emmendingen, ebenso die Eltern.
36 In der Forschung werden mitunter auch morphosyntaktische Kriterien, etwa die Verwendung des Definitartikels, zur Begriffsbestimmung herangezogen (z. B. in Bechert, Clément & Thümmel 1970: 146). Dies soll in dieser Arbeit vermieden werden, da die Morphosyntax (und speziell der Artikelgebrauch) von PersN als Explanandum und nicht als Explanans der Analyse dient.

- Auf der Formseite handelt es sich bei PersN meist um Ausdrücke, die aus dem (umfangreichen) Wortschatz der RufN und FamN stammen. PersN bilden dabei potentiell eine offene lexikalische Klasse, für die sich in der Geschichte des Deutschen allerdings sowohl bei den RufN als auch bei den FamN Prototypen, d. h. häufig verwendete PersN herausgebildet haben, auf die hier zur Typenbestimmung zurückgegriffen werden konnte.
- Referenzsemantisch betrachtet handelt es sich bei PersN um Ausdrücke, die auf menschliche Objekte verweisen und so auch im Diskurs gebraucht werden (s. dazu Kap. 5.3.4).
- PersN lassen sich im Diskurs häufig auch darüber identifizieren, dass sie in der Erstnennung mit den Verben *heißen* oder *(sich) nennen* verwendet werden. An die Verwendung eines PersN schließt sich zudem nicht selten ein Sprecherwechsel an, verbunden mit Fremdreparaturen des referenziellen Ausdrucks der Typen *welcher...* oder *was fürn...* (s. dazu Kap. 5.3.4).

Weiterhin wurde für die Daten eine Klassifikation von nominalen Ausdrücken hinsichtlich der mit ihnen assoziierten semantischen Rollen vorgenommen. Im LingBas-Leitfaden werden semantische Rollen definiert als „Generalisierungen über semantische Merkmale von Argumenten von Prädikaten, und zwar in Abhängigkeit von der Semantik der Prädikate" (Kasper 2012–2015: 26). Diese Generalisierungen können je nach theoretischer Ausrichtung und empirischem Nutzen in unterschiedlichen Allgemeinheitsgraden vorgenommen werden (dazu Levin & Rappaport-Hovav 2005; Primus 2012). Für den Fokus der vorliegenden Arbeit hat sich die folgende, recht grobe Unterscheidung der Proto-Rollen, wie sie (zumindest jeweils partiell) in Dowty (1991), Primus (1999) und Kasper (2012–2015) vorgeschlagen wurde, als hinreichend im Sinne der Forschungsfragen erwiesen:[37]
- Proto-Agens, Proto-Patiens, Proto-Rezipient, Proto-Locational.

Die semantischen Eigenschaften dieser Proto-Rollen sind in der Forschung umfänglich beschrieben und diskutiert worden (z. B. in van Valin & Lapolla 1997; Primus 1999, 2012; Levin & Rappaport-Hovav 2005; Kasper 2015a: bes. 483), sie

---

[37] Damit soll nicht in Abrede gestellt werden, dass eine feinere Abstufung nicht auch zu weiteren Befunden geführt hätte. Doch ließen die mitunter geringen Tokenfrequenzen für bestimmte semantische Rollen in bestimmten Parameterkonstellationen und Sprachräumen eine stärkere Differenzierung der Korpusdaten nicht zu.

können hier prototypisch wie folgt begriffen werden:[38] Als Proto-Agens kann typischerweise der (willentliche oder unwillentliche) Verursacher einer Handlung gelten. Sofern Verursachung keine Rolle spielt, gilt ausschließlich das Kriterium der Willentlichkeit (auch Kontrollausübung und Verantwortlichkeit, vgl. Kasper 2012–2015: 27). Die Agenskomponente beinhaltet Tomasello et al. (2005: 676–677) zufolge ein Ziel, d. h. die Repräsentation eines Zustands oder einer Situation, welche eintreten soll. Hinzu kommt die Fähigkeit des Proto-Agens zu agieren sowie dessen Fähigkeit, die perzeptuelle Kontrolle über das Handlungsziel zu übernehmen. Hiermit verbunden ist auch die Möglichkeit des Proto-Agens, bei negativer Evaluation die Handlung zur Erreichung eines gewünschten Zustandes fortzuführen. Dem Proto-Agens ordne ich an dieser Stelle ebenfalls die – im Korpus häufig verwendete – Rolle des Possessors zu, wobei es sich hierbei ebenfalls um eine Zuordnung semantischer Eigenschaften zu Protorollen unter Prototypizitätsaspekten handelt.[39] Die Zuordnung des Possessors zum P-Agens lässt sich Primus (2012: 26) zufolge dadurch motivieren,

> dass der betreffende Partizipant den Besitz unter Kontrolle hat, z. B. dadurch, dass er den Gegenstand erwerben, veräußern oder in anderer Hinsicht darüber verfügen kann und dafür verantwortlich gemacht werden kann.

Bei dem Proto-Patiens handelt es sich hingegen prototypisch um einen Partizipanten, der sowohl eine physische Affiziertheit als auch eine physische Zustandsveränderung erfährt (vgl. Primus 2012: 31–32). Zu den patiensähnlichen Rollen gehört auch der Besitzgegenstand, d. h. das Possessum einer Besitzrelation, welches im vorliegenden Korpus allerdings äußerst selten, und dann auch meist innerhalb von sozialen (Verwandtschafts-)Relationen, durch einen PersN besetzt wird. Im Deutschen, wie auch in anderen Nominativ-Sprachen, wird das Proto-Patiens in (di-)transitiven Sätzen typischerweise mit einem kontrollfähigen Agens selegiert und nimmt dabei die syntaktische Funktion des Objekts ein. Das Gleiche gilt für den Proto-Rezipienten, bei dem es sich prototypisch um einen Rollenträger handelt, dessen Besitz oder Zustand sich im Zuge eines Ereignisses verändert und wo die Zustandsveränderung durch einen anderen

---

[38] Es ist hier nicht der Ort, für die aufgeführten Protorollen eine vollständige semantische Merkmalszuordnung vorzunehmen (sofern dies überhaupt möglich ist). Vielmehr geht es mir darum, die semantischen Eigenschaften vorzustellen, durch die sich die Protorollen der Forschung zufolge typischerweise charakterisieren lassen. Vgl. zur Anwendung der Prototypentheorie auf semantische Rollen auch die Ausführungen in Primus (2012: bes. 26–27).
[39] So ist z. B. für das P-Agens *Peter* in *Peters Krankheit* nicht davon auszugehen, dass der Agent etwas besitzt und schon gar nicht, dass er die Krankheit „unter Kontrolle hat".

Partizipanten (meist durch das Proto-Agens) ausgelöst wird. Diese Zustandsveränderung kann einen Besitzwechsel ebenso beinhalten wie den Austausch von Informationen (etwa bei Kommunikationsverben), sie ist im Unterschied zur Patiens-Rolle aber meist nicht physisch, sondern im weitesten Sinne psychisch gelagert und zu konzeptualisieren.

Beim Proto-Locational handelt es sich schließlich um die semantische Proto-Rolle für Quelle, Ort oder Ziel einer Handlung, an dem die vom Prädikat bezeichnete Situation oder ein Partizipant in dieser Situation räumlich verortet wird. Da diese räumliche Verortung im Deutschen meist über eine Präpositionalphrase stattfindet, spielt das Proto-Locational für die folgenden Untersuchungen zur semantischen Rollenkodierung auch eher eine untergeordnete Rolle.[40]

Zuletzt fehlen für die Untersuchung der Kodierungsstrategien semantischer Rollen noch diejenigen Informationen, die die Belebtheitseigenschaften der Komplemente betreffen. Zu ihrer Erfassung schlägt die LingBas-Datenbank eine Skala vor, die in Abb. 10 wie folgt ausbuchstabiert ist:

Selbst – Verwandtschaft – menschlich – belebt – unbelebt – Lokation – Abstract – Masse

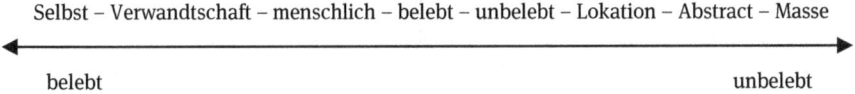

belebt   unbelebt

Abb. 10: Belebtheitsskala nach ReffMech

Insbesondere im rechten (unbelebten) Bereich der Skala werden in ReffMech mehrere Abstufungen vorgeschlagen, die sprachspezifische Relevanz haben, die hier aber außer Acht gelassen werden konnten. So behandelt die vorliegende Arbeit Fragen zur semantischen Rollenkodierung ausschließlich anhand von Sätzen, in denen (mindestens) eines der nominalen Komplemente von einem PersN (und damit von dem Referenzausdruck eines menschlichen Objektes) besetzt ist. Die Klassifikation der weiteren Satzkomplemente richtet sich deshalb nach der folgenden (gegenüber oben vereinfachten) Skala:

---

[40] In der Datenbank nicht weiter semantisch klassifiziert wurden des Weiteren die satzsemantischen Informationen Modus und Polarität, da aufgrund der Forschungslage nicht davon auszugehen war, dass diese Kategorien einen Einfluss auf Form und Gebrauch der PersN-NP im Deutschen haben. Das Gleiche gilt für die Kausalstruktur einer Verb-Komplement-Struktur sowie für die Spezifizitätseigenschaften der Komplemente, welche in der LingBas-Datenbank mit erfasst wurden, welche hier aber ebenfalls nicht klassifiziert worden sind.

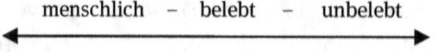

Abb. 11: Vereinfachte Belebtheitsskala

Über einen Vergleich der Skaleneinheiten können so Gemeinsamkeiten und Unterschiede in den Belebtheitswerten der Argumente operationalisiert und systematisch miteinander in Beziehung gesetzt werden. Belebtheitsgefälle zwischen den Argumenten treten dem zufolge dann auf, wenn neben dem PersN in Argumentposition (mindestens) ein weiteres Argument auftritt, welches entweder a) belebt, aber nicht menschlich ist oder welches b) unbelebt ist. Referiert hingegen auch das zweite Argument auf ein menschliches Objekt, ist ein Einfluss der Belebtheit auf die Rollenkodierung nach den hier angelegten Kriterien auszuschließen.

Dieses Vorgehen lässt sich wie folgt rechtfertigen: Das Belebtheitskonzept ist kognitiv gesteuert und konstituiert sich über eine Reihe von Ordnungsprinzipien, die nicht disjunkt sind, sondern die vielmehr auf komplexe und noch nicht zur Gänze verstandenen Weise miteinander interagieren.[41] Die Ähnlichkeit eines Objektes mit uns selbst stellt dabei das vielleicht wichtigste Merkmal dar, es liefert auch das entscheidende Distinktionskriterium zwischen den Kategorien „menschlich" und „belebt" – Tiere z. B. sind belebt, aber nicht menschlich. Daneben bildet die Agentivität eine wichtige Belebtheitskomponente, also die Fähigkeit eines Objektes, bestimmte Handlungen zu vollziehen und andere Objekte dadurch affizieren zu können. Personen, denen das Merkmal 'menschlich' zukommt, können dabei eine Vielzahl von Handlungen ausführen, die belebte nichtmenschliche Objekte und mehr noch unbelebte Objekte nicht ausführen können: Die Katze in (2a & b) kann (sich) Peter holen, sie kann ihn aber nicht bekochen. Das Lied in (2c) kann nicht hören etc. Semantisch plausibel ist es demnach, in (2a–c) Peter die Agens-Rolle zuzuschreiben, während in (2d & e) unter semantischen Kriterien die Agens-Rolle durch beide Argumente besetzt sein kann. Solche und andere Belebtheitsgefälle sollen im Folgenden systematisch erfasst und in Beziehung zu anderen Kodierungsstrategien für semantische Rollen gesetzt werden.

---

[41] Siehe dazu ausführlich Yamamoto (1999), Dahl & Fraurud (1996), Dahl (2000, 2008), Kasper (2015a: bes. 368–375; i. E.) und in Verbindung mit EigenN Nübling, Fahlbusch & Heuser (2015: 99–101).

(2) a. **Peter** bekocht **die Katze**.
b. **Peter** holt **die Katze**.
c. **Peter** hört **das Lied**.
d. **Peter** bekocht **Maria**.
e. **Peter** bekocht **die Wirtin**.

5.3.4 Pragmatische Klassifikation

Die pragmatische Klassifikation der Daten umfasst sowohl die Zuschreibung von Akzessibilitätswerten zu (pro-)nominalen Ausdrücken als auch die Erfassung des Ko- und Kontextes, in den die PersN-NP eingebettet ist. Zudem gilt es, die referenziellen Sprechakte zu bestimmen, in denen PersN gebraucht werden.

Zunächst zur Akzessibilität: Die theoretischen Hintergründe des Konzepts und die Zusammenhänge zwischen Akzessibilität, Referenz und grammatischen Formmerkmalen sind in Kap. 4.1.3 ausführlich dargestellt und diskutiert worden. Für die Klassifikation der Daten wurden für einen Belegsatz allen (pro-)nominalen Ausdrücken Werte auf einer referenziellen Skala zugewiesen, die folgendermaßen ausgestaltet ist:[42]

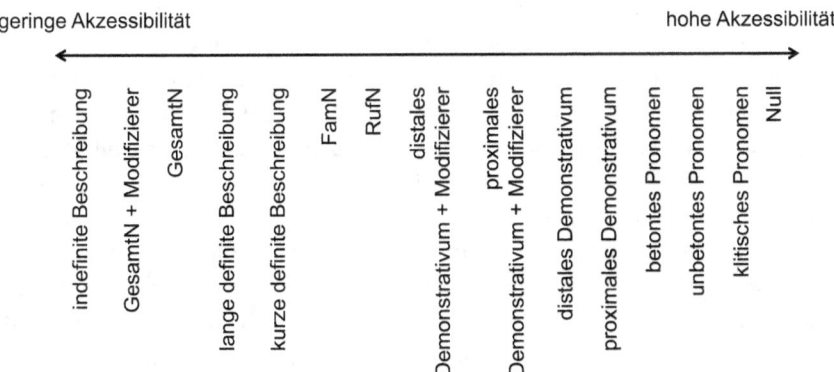

Abb. 12: Akzessibilitätsskala nach RefMech (basierend auf Ariel 1988, 1990)

---

[42] Eine Modifizierung gegenüber Ariels Skala ergibt sich in RefMech dahingehend, dass am linken Pol der Skala für neu in den Diskurs eingeführte Referenten eine zusätzliche Kategorie „indefinite Beschreibung" eingeführt worden ist. Diese sind per definitionem nicht akzessibel.

Einheiten am linken Rand der Skala repräsentieren Referenten von keiner bzw. geringer Akzessibilität, Einheiten am rechten Rand sind hingegen hoch akzessibel. Modifizierungen gegenüber der Skala bei Ariel ergeben sich durch die spezifischen Forschungsziele dieser Arbeit. Demnach gilt es, die PersN hinsichtlich ihrer Akzessibilitätseigenschaften so feindifferenziert wie möglich zu behandeln. Dabei erweist sich insbesondere die Einordnung der (modifizierten) RufN gegenüber den (modifizierten) FamN als diskutabel. So lassen sich zwar gute, insbesondere empirische Gründe dafür finden, warum im Deutschen der RufN allgemein einen höheren Akzessibilitätswert bekommt als der FamN,[43] doch scheint mir der FamN insbesondere in dörflichen Kommunikationsstrukturen und in der Jugendsprache mitunter derart frequent gebraucht zu sein, dass hier auch die umgekehrte Abfolge der Elemente auf der Akzessibilitätsskala möglich erscheint.[44] Dies gilt insbesondere vor dem Hintergrund der Befunde von Berchtold & Dammel (2014), denen zufolge die Abfolge FamN-vor-RufN in der Dialektkommunikation soziale Nähe zum Ausdruck bringen kann, während die umgekehrte Abfolge Referenz auf Außenstehende markiert.

Des Weiteren gilt es, die referenziellen Sprechakte mit PersN zu subklassifizieren. Differenziert wurde hierbei, in Anlehnung an die Konzepte der Personendeixis und Diskursdeixis bei Bühler (1934), zwischen der Personen-Referenz und der Diskurs-Referenz. Beide Referenztypen lassen sich wie folgt operationalisieren (s. Abb. 13): Bei der Personen-Referenz wurde unterschieden zwischen referenziellen Sprechakten, in denen PersN für die Selbst-Referenz eingesetzt werden und solchen, die eine Fremd-Referenz zum Ausdruck bringen. Den Befunden von Bellmann (1990) und Hartmann (1993) zufolge wird die Verwendung von Referenzausdrücken wesentlich auch durch Höflichkeitskonventionen gesteuert (s. Kap. 4.1.4). Diese wiederum sind für Personen, die in einer Äußerungssituation anwesend oder abwesend sind, verschieden ausgeprägt, weshalb die vorliegenden Sprechakte hier zusätzlich danach klassifiziert wurden, inwiefern sich der Referenzausdruck eben auf eine anwesende oder abwesende Person bezieht. Bei der Referenz auf anwesende Personen wurde schließlich eine Differenzierung in Sprechakte der Anrede und solchen der Referenz auf anwesende dritte Personen vorgenommen.

---

[43] So ist im Korpus z. B. die textuelle Distanz zwischen dem Gebrauch von FamN deutlich höher als bei der von RufN. Zudem werden FamN im Korpus häufiger durch RufN wieder aufgenommen als umgekehrt RufN durch FamN.
[44] Vgl. zu den sprachspezifischen Besonderheiten des Gebrauchs von RufN und FamN auch den Sammelband von Enfield & Stivers (2007).

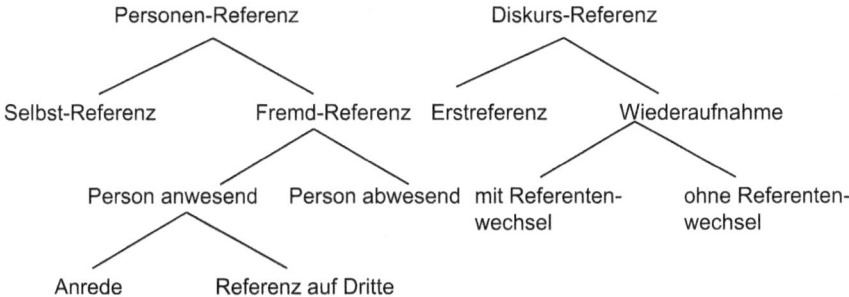

Abb. 13: Klassifikationen referenzieller Sprechakte mit Personennamen

Von der Personen-Referenz zu unterscheiden ist die Diskurs-Referenz. Hier bezieht sich die Klassifikation der Sprechakte auf die Frage, ob im Diskurs erstmals auf eine bestimmte Person (oder eine Gruppe von Personen) referiert wird oder ob es sich um die Wiederaufnahme eines im Diskurs bereits eingeführten Referenten handelt (und also Koreferenz zwischen zwei referenziellen Ausdrücken vorliegt). Informationsstrukturell betrachtet entspricht die Erstnennung dabei immer der Fokussierung eines Referenten im Diskurs, wobei ich unter „Fokussierung" in Anlehnung an Schwarz-Friesel (2000: bes. 46) die vom Sprecher ausgehende lokale Aktivierung eines Referenten zu einem bestimmten Zeitpunkt der Diskursrepräsentation verstehe. Die Wiederaufnahme kann ebenfalls der Fokussierung dienen, allerdings nur dann, wenn, wie in (3a) illustriert, zwischen Erstnennung und Wiederaufnahme ein weiterer Referent in den Diskurs eingeführt wird (hier mittels *er*). Sofern dies nicht der Fall ist, ist der wiederaufgenommene PersN, wie in (3b), als Diskursthema einzustufen. Bei Wiederaufnahmestrukturen hingegen wurde zwischen der Wiederaufnahme eines Referenten bei vorangehendem Referentenwechsel (Wechsel des Diskurstopiks) und der Wiederaufnahme ohne Referentenwechsel unterschieden.

(3) a. turück nach **lohmann** of *er* übernachten könnt. ja, sächt **lohmann**. (Zwirner, ZW4A0, Westfälisch)
 b. und (...) da gaht denn **der poliziste sackmann** der gaht da hin und secht [...] also **sackmann** dat war so n bisschen knausrigen. (Zwirner, ZWA53, Ostfälisch)

Da in der Forschung häufig die Meinung vertreten wurde, dass der PersN-Artikel besonders dann verwendet wird, wenn der Sprecher eine negative Einstellung gegenüber dem Referenten bekunden will (s. Kap. 6.4.4), wurde zusätzlich für alle Text- und Gesprächsbeiträge eine Klassifikation in Bezug auf die emotionale Involviertheit eines Sprechers gegenüber dem Referenten, auf den er sich mit einem PersN bezieht, durchgeführt. Hierbei galt es, zwischen positiver, neutraler und negativer Involviertheit zu unterscheiden. Da ein solches Vorgehen in einer Korpusstudie nur heuristisch erfolgen kann, wurde bei der Klassifikation der Daten wie folgt vorgegangen: Insbesondere die Lexik und hier der Gebrauch von Wörtern, die lobend oder tadelnd wirken, können Aufschluss über die Einstellung eines Sprechers zum Referenten geben. Hinzu kommen Schimpfwörter und sonstige Einstellungsbekundungen, für die auf den emotionalen Wortschatz der jeweiligen Varietät zurückgegriffen wird. Zudem gilt es, den Gebrauch bestimmter performativer Verben und prosodischer Gesten, wie z. B. den Einsatz von Lautstärke und von bestimmten Intonationskonturen, zu berücksichtigen (dazu Kehrein 2002). Schließlich liefert auch die SpitzN-Verwendung (Kose-, Spott- und ÜberN; s. Kap. 5.3.5) einen recht verlässlichen Indikator dafür, wie die Einstellung des Sprechers zum Referenten zu bewerten ist. Neutrale Involviertheit ließ sich in den Daten im Gegensatz dazu nur ex negativo, als Abwesenheit von negativer oder positiver Involviertheit bestimmen.

5.3.5 Lexikalische Klassifikation

Die lexikalische Klassifikation der Daten beinhaltet zunächst die Typisierung von PersN. Hierbei habe ich mich (auch terminologisch) an folgender Einteilung aus Nübling, Fahlbusch & Heuser (2015: 108, 172) orientiert:
– Rufname
– Familienname
– Beiname
– Spitzname (inkludiert: Kosename, Spottname, Hausname)

Besonders wichtig, etwa für die Bestimmung der Akzessibilitätswerte, ist die Unterscheidung von RufN und FamN. Für beide Namentypen gibt es im Deutschen umfangreiche Wortschätze, die allerdings partielle Überschneidungen aufweisen (der Name *Fritz* kann z. B. sowohl ein RufN als auch ein FamN sein). Für die vorliegenden Daten war die Klassifizierung meist einfach zu treffen. Es gilt, dass bei nicht eindeutiger Lexik häufig der vorangestellte Titel oder auch der anaphorisch gebrauchte PersN Auskunft über den jeweiligen lexikalischen Status des PersN geben. So werden z. B. die Anredeformen *Herr* und *Frau* ausschließlich dem FamN oder der Kombination aus RufN und FamN vorangestellt, nicht aber dem RufN alleine. Typisch ist zudem die Wiederaufnahme eines

FamN durch einen RufN, nicht aber umgekehrt die Wiederaufnahme eines RufN durch einen FamN. Zumindest für die historischen Daten der HexenV problematischer war hingegen die Differenzierung der FamN von den BeiN, da sich die FamN seit dem Mittelalter erst aus den BeiN entwickelt haben und häufig formgleich zu diesen sind (vgl. Kunze 2005: 59–62; Nübling, Fahlbusch & Heuser 2015: 45–47). Als starkes Indiz für das Vorliegen eines BeiN kann hier die intermediäre Stellung eines Artikels (*Karl der Große*) oder einer Präposition (*Wolfram von Eschenbach*) dienen. Mitunter wurden in den HexenV aber auch beide Referenzmittel verwendet, d. h. im gleichen Text wurde sowohl mit dem FamN als auch mit dem BeiN auf die gleiche Person referiert, wodurch sich eine weitere Möglichkeit zur Klassifikation ergab.

SpitzN wiederum wurden aus den in Kap. 5.3.4 ausgeführten Gründen unterteilt in KoseN und SpottN. Bei KoseN handelt es sich um positiv konnotierte SpitzN, die entweder aus dem RufN oder FamN abgeleitet sind (*Julia > Julchen, Schweinsteiger > Schweini*) oder die ein positiv konnotiertes APP beinhalten (*Schatz, Maus* etc.). In zuletzt genanntem Fall sind die Übergänge zu den negativ konnotierten SpottN allerdings fließend und deshalb auch nur für die Prototypen eindeutig zu bestimmen.[45] Bei HausN handelt es sich schließlich um inoffizielle PersN, die in bestimmten Regionen des Bundesgebietes (v. a. in Hessen, Bayern und Westfalen) innerhalb einer Dorfgemeinschaft vergeben und über Generationen hinweg vererbt werden (dazu Debus 2013; Schweden i. E.). Anders als SpitzN konnotieren HausN meist nicht. Ihr enger Verwendungsbezug zur Dorfgemeinschaft lässt zudem den Schluss zu, dass es sich bei HausN um PersN von besonders geringer Akzessibilität handelt.[46] HausN tauchen im Korpus in geringer Frequenz ausschließlich in Zwirner und bei Dialektsprechern auf, sie sind deshalb für die folgenden Auswertungen zu vernachlässigen.

5.4 Akzeptabilitätsdaten

Die Performanzdaten aus der Korpusanalyse wurden bei Sprecher/-innen verschiedener Varietäten des Deutschen mittels Kompetenzabfragen in Form von Akzeptabilitätsurteilen ergänzt. Anhand von zwei verschiedenen Datenklassen sollte somit ein umfassendes Bild über die Verwendung des PersN-Artikels in den Varietäten des Deutschen entstehen. Organisatorisch waren die Kompe-

---

45 Auf Beispiele für prototypische SpottN habe ich an dieser Stelle verzichtet.
46 Wie gering die Akzessibilität von HausN tatsächlich ist, bleibt weiteren Studien vorbehalten.

tenzabfragen in umfangreiche Erhebungen zur Dialektmorphologie und Dialektsyntax eingebunden, die im Rahmen der drittmittelgeförderten Projekte „Syntax hessischer Dialekte" (SyHD) und „Fundierung linguistischer Basiskategorien" (LingBas) durchgeführt wurden.[47]

Den Gewährspersonen wurden dabei Bewertungsfragen gestellt, in denen sie ankreuzen sollten, ob keine, eine oder auch mehrere der vorgegebenen Varianten der eigenen, am Ort gesprochenen Variante(n) entsprechen. Zudem wurde ihnen die Möglichkeit gegeben, eine (zusätzliche) eigene Variante zu nennen sowie die natürlichste Variante aus den vorgegebenen und der eigenen zu bestimmen. Um den Bezug zur entsprechenden Ortsvarietät herstellen zu können, wurden alle vorgegebenen Antwortmöglichkeiten dialektnah verschriftlicht.[48] Ziel der Erhebung war es damit, die tiefste am Ort gesprochene Varietät zu untersuchen. Potentielle Kontexteffekte auf das Antwortverhalten der Gewährspersonen wurden vermieden bzw. phänomenspezifisch gesteuert, indem alle Fragen in spezifische Kontexte (alltagsweltliche Situationen) eingebettet waren, die der eigentlichen Frage voranstehen.

Abb. 14 zeigt diesen Fragetypen beispielhaft für alle Erhebungsfragen und alle regionalisierten Sätze. Zur Auswahl standen hier vier Varianten, die alle Kombinationen der Artikelsetzung bzw. -nichtsetzung am RufN vorgaben. Konvergierende Evidenz für die Validität einer solchen Abfragemethode ergibt sich aus dem Gesamt der bislang erzielten Resultate in SyHD sowie aus den Befunden, die aus den Projekten „Syntaktischer Atlas der deutschen Schweiz" (SADS) und „Syntactische Atlas van de Nederlandse Dialecten" (SAND) gewonnen werden konnten, welche als Vorbilder für das SyHD-Projekt dienten.[49] Bei den regionalen Verschriftlichungen der Antwortmöglichkeiten wurde besonders darauf geachtet, dass die Kasusformen am Artikel bzw., wenn gegeben, am Personalpronomen, auch in der reduzierten oder klitisierten Form immer unterscheidbar waren. Nur so können z. B. überhaupt Rückschlüsse gezogen werden, wonach die Wahl an Varianten mit Artikel von Seiten der Gewährspersonen auch tatsächlich aus Gründen der Kasusmarkierung erfolgte.

---

[47] Siehe auch die Projekthomepages unter http://syhd.info und http://www.uni-marburg.de/fb09/lingbas (letzter Zugriff: 31.07.2019).
[48] Vgl. zu diesem Problem der indirekten Methode Fleischer, Kasper & Lenz (2012) und die dort genannte Literatur.
[49] Siehe die auf www.syhd.info, www.meertens.knaw.nl/sand/zoeken sowie www.ds.uzh.ch/dialektsyntax/ (letzter Zugriff: 31.07.2019) aufgeführte Literatur.

Ihre Nachbarin redet schlecht über den neuen Freund Ihrer Tochter. Sie nehmen ihn in Schutz und antworten ihr daraufhin:

→ *Bitte kreuzen Sie die Sätze an, die Sie in Ihrem Platt/Dialekt sagen können* (auch Mehrfachnennungen sind möglich).

a) ☐ Awwer de Franz hot die Maria doch lieb.

b) ☐ Awwer Franz hot die Maria doch lieb.

c) ☐ Awwer Franz hot Maria doch lieb.

d) ☐ Awwer de Franz hot Maria doch lieb.

→ *Würden Sie den Satz normalerweise in einer Form sagen, die gar nicht aufgeführt ist? Wenn ja: Bitte notieren Sie hier den Satz so, wie Sie ihn normalerweise sagen würden:*

e) ....

→ *Welcher Satz ist für Sie der natürlichste?*

a) ☐ , b) ☐ , c) ☐ , d) ☐ oder e) ☐

Abb. 14: Bewertungsfrage zur Artikelverwendung bei Rufnamen in SyHD

Der nachfolgende empirische Teil der Arbeit ist gemäß der in Kap. 1 vorgeschlagenen Klassifikation in zwei übergeordnete Themenbereiche gegliedert: Verwendung des PersN-Artikels in einfachen NPs (Kap. 6) und in erweiterten NPs (Kap. 7).

6 Der Personennamenartikel in einfachen Nominalphrasen

In diesem Kapitel sollen die Gebrauchsfrequenzen und Verwendungsweisen für den PersN-Artikel in einfachen NPs dargelegt werden. Von der Betrachtung ausgeschlossen sind damit PersN, die attributiv, restriktiv oder appositiv erweitert sind. Die Teilkapitel sind im Folgenden so aufgebaut, dass zunächst die Ergebnisse der Korpusauswertung und (sofern vorhanden) der Akzeptabilitätsdaten getrennt voneinander vorgestellt und im Anschluss jeweils in die Forschung eingeordnet werden.

Kap. 6.1 beschäftigt sich zunächst mit der arealen Verteilung des PersN-Artikels in den vier Teilkorpora. Kap. 6.2 widmet sich im Anschluss den morphosyntaktischen Funktionsweisen des PersN-Artikels im Hinblick auf die Kodierung syntaktischer Funktionen und semantischer Rollen im Satz. Hierbei gilt es, Kasusmorphologie, Serialisierung und Belebtheitseigenschaften der Komplemente ins Verhältnis zu setzen, um ermitteln zu können, welchen Anteil der PersN-Artikel als Träger morphologischen Kasus für die Rollenidentifikation jeweils hat. Die Ergebnisse zum PersN werden im Anschluss zu denen für APP und Pronomen in Relation gesetzt. So gilt es zu klären, inwiefern die gefundenen Effekte spezifisch für PersN sind und damit Argumente für eine onymische Sondergrammatik im Deutschen liefern. Das Teilkapitel beinhaltet zudem einen Exkurs, in dem allgemein das Stellungsverhalten von PersN gegenüber APP und Pronomen untersucht wird und wo die gefundenen Unterschiede semantisch-pragmatisch motiviert werden. Es folgt eine Auswertung zu den sexusmarkierenden Eigenschaften des PersN-Artikels (Kap. 6.3), ehe in Kap. 6.4 sein Gebrauch auf semantisch-pragmatische Funktionsweisen und auf eine Affinität für PersN im Plural hin überprüft wird. Die Befunde zu den Funktionsweisen des Definitartikels werden im Anschluss in Kap. 6.5 denen des Nullartikels bei PersN gegenübergestellt. Das Kapitel schließt mit den Befunden zu Akzeptabilität und Bewertung des PersN-Artikels (Kap. 6.6), diese sollen u. a. zur Quervalidierung der Korpusbefunde dienen.

6.1 Areale Verteilung des Personennamenartikels

Kap. 6.1.1 behandelt zunächst die areale Verteilung des PersN-Artikels von den HexenV bis zu den REDE-Daten. Hierbei lässt sich eine Artikelexpansion von Süden nach Westen und Norden hin feststellen, die in den rezenten Daten nicht mit der Isoglosse zwischen Nd. und Hochdeutsch (Hd.) korrespondiert, sondern die z. B. auch das Westfälische und (in Teilen) das Ostfälische mit umfasst. Die Befunde zu den Produktionsdaten stimmen dabei weitgehend mit denen überein, die sich auch in den Akzeptabilitätsdaten zeigen (Kap. 6.1.2). In Kap. 6.1.3 werden die gesammelten Belege zudem auf der Dialekt-Standard-Achse verortet. Es zeigt sich, dass das Phänomen keine besondere Affinität für eine bestimmte regionale Varietät aufweist, der PersN-Artikel wird vielmehr ebenso in dialektalen wie in regiolektalen Sprechlagen verwendet. Lediglich im Kolloquialstandard sind hier geringere Belegzahlen zu verzeichnen.

6.1.1 Befunde aus Korpusdaten

In Tab. 11 sind für die einzelnen Sprachräume die Anteile für den Gebrauch des PersN-Artikels ausgewiesen.[1] Für die Verortung der Belege zugrunde gelegt wurde die Dialekteinteilung in Wiesinger (1983), mit der Modifizierung, dass die bei Wiesinger ausgewiesenen hessischen Dialekträume hier unter „Hessisch" subsumiert wurden.[2]

Für alle Teilkorpora lässt sich in der Auswertung eine areale Variation in den Gebrauchsfrequenzen feststellen. So weisen die Daten im synchronen Vergleich jeweils die höchsten Anteile für den obd. und die geringsten für den nordd. Raum aus. Das Wmd. nimmt diesbezüglich eine Zwischenstellung ein: Die Gebrauchsfrequenzen sind dort im Allgemeinen höher als im Nordd. und niedriger als im Obd. Auffällig ist, dass sich das Obd. in den Werten bereits für die HexenV deutlich von den beiden anderen Sprachräumen unterscheidet, während sich die Beleghäufigkeiten im Wmd. erst ab den AuswB von denen des Nordd. abgrenzen lassen.

Der diachrone Vergleich der Daten in Abb. 15 zeigt zudem, dass der Gebrauch des PersN-Artikels im Obd. (Dreiecke) und Wmd. (Rauten) progressiv ist, während im Nordd. (Quadrate) eine relative Stabilität in den Anteilen zu verzeichnen ist.[3] Die Unterschiede zwischen den HexenV und REDE liegen für das Obd. bei 33 Prozent und für das Wmd. bei 71 Prozent, was darin begründet ist, dass der Wert für das Obd. mit 57 Prozent in den HexenV auf einem deutlich

---

[1] Nicht berücksichtigt sind hier PersN in Präpositionalphrasen, bei Links- und Rechtsherausstellungen, in Aufzählungen sowie bei vokativischem Gebrauch. Diese Verwendungsweisen werden in Kap. 6.4 und 6.5 gesondert betrachtet.
[2] Gewährspersonen, die aus den bei Wiesinger ausgewiesenen Übergangsgebieten stammen, wurden nach geographischer Distanz den hier behandelten Dialekträumen zugeordnet.
[3] Die Werte für das Omd. sind hier wie im Folgenden aufgrund der teils geringen Tokenfrequenzen nicht verzeichnet.

höheren Niveau ansetzt als der für das Wmd. mit 17 Prozent.[4] Die steilere Progression im Wmd. hat zur Folge, dass in den rezenten Daten des REDE-Korpus keine Differenzen in den Gebrauchsfrequenzen zwischen Obd. und Wmd. mehr feststellbar sind, die Artikelexpansion hat hier vielmehr zu einer Nivellierung der arealen Unterschiede geführt. Im Vergleich zu den Werten für das Obd. und Wmd. weisen die Daten für das Nordd. hingegen über die Zeit hinweg einen stabilen Artikelgebrauch auf einem Niveau von zirka 10 Prozent aus, wobei der Wert in Zwirner mit 25 Prozent leicht nach oben hin abweicht.

Tab. 11: Relative und absolute Häufigkeiten für den PersN-Artikel nach Sprachraum und Teilkorpus

Sprachraum	HexenV	AuswB	Zwirner	REDE
Ostfränkisch	44 % (15)	68 % (13)	99 % (79)	98 % (329)
Bairisch	74 % (37)	76 % (47)	97 % (124)	86 % (201)
Alemannisch	0 %	41 % (13)	93 % (28)	95 % (208)
Schwäbisch	48 % (12)	81 % (96)	89 % (16)	86 % (208)
Σ **Oberdeutsch**	**59 % (64)**	**73 % (169)**	**97 % (247)**	**92 % (946)**
Moselfränkisch	11 % (9)	57 % (28)	85 % (62)	90 % (441)
Ripuarisch	21 % (12)	38 % (23)	67 % (35)	78 % (52)
Rheinfränkisch	24 % (4)	38 % (32)	94 % (73)	92 % (386)
Hessisch	27 % (7)	48 % (26)	100 % (27)	87 % (584)
Niederfränkisch	–	10 % (2)	19 % (12)	38 % (48)
Σ **Westmitteldeutsch**	**17 % (32)**	**42 % (111)**	**69 % (209)**	**87 % (1511)**
Obersächsisch	29 % (2)	0 %	–	62 % (46)
Thüringisch	0 %	67 % (4)	–	30 % (18)
Σ **Ostmitteldeutsch**	**15 % (2)**	**19 % (4)**	**–**	**47 % (64)**
Westfälisch	7 % (6)	16 % (41)	41 % (59)	21 % (44)
Ostfälisch	10 % (4)	0 %	15 % (10)	12 % (9)
Nordniederdeutsch	15 % (21)	12 % (11)	10 % (9)	10 % (35)
Mecklenburgisch	6 % (3)	0 %	21 % (6)	4 % (5)
Brandenburgisch	0 %	0 %	–	14 % (17)
Σ **Norddeutsch**	**10 % (34)**	**13 % (52)**	**25 % (84)**	**12 % (110)**

---

4 Die relativen Werte sind hier wie im Folgenden auf ganze Zahlen gerundet.

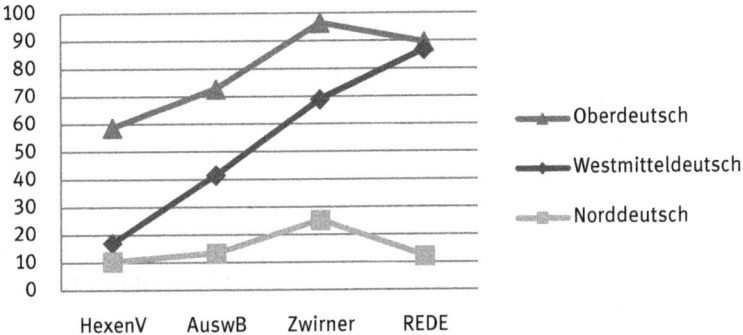

Abb. 15: Relative Häufigkeiten (in %) für den PersN-Artikel nach Sprachraum und Teilkorpus

Für die einzelnen Dialekträume stellen sich die Gebrauchsanteile hingegen wie folgt dar: Im Wmd. sind die Werte für das Moselfränkische, das Rheinfränkische und das Hessische sehr ähnlich. So steigen die Anteile von zirka 10 bis 20 Prozent in den HexenV mit einer Zwischenstufe von zirka 40 bis 60 Prozent in den AuswB auf ein Niveau von zirka 90 Prozent in Zwirner und REDE an. Ripuarisch liegt mit rezenten Werten um die 70 Prozent leicht darunter, Niederfränkisch weicht (bei insgesamt geringen Belegzahlen) mit 10 Prozent bereits für die AuswB nach unten hin ab. Der Effekt verstärkt sich in den beiden rezenten Teilkorpora, sodass die Unterschiede zwischen dem hoch frequenten Artikelgebrauch im Moselfränkischen, Rheinfränkischen und Hessischen und seinem Gebrauch im Niederfränkischen in Zwirner und REDE mitunter bei über 50 Prozent liegen. Für das Wmd. ist damit in den Daten ein regionales Gefälle erkennbar, indem die Anteile für den PersN-Artikel von Süden (Moselfränkisch) und Südosten (Rheinfränkisch) nach Norden (Ripuarisch, Niederfränkisch) hin abnehmen. Insbesondere das Niederfränkische fällt dabei in den Werten deutlich gegenüber den anderen Dialekträumen ab. Dies ist insofern interessant, als es alternative Dialekteinteilungen zu Wiesinger gibt, die das Niederfränkische nicht dem Wmd., sondern dem Nd. zuordnen (z. B. Schirmunski 1962: 31) oder die das Niederfränkische sogar als Dialektraum mit einer „exklusive[n] Stellung unter den deutschen Dialekten" (Lameli 2013: 153, vgl. Sanders 1982: 75) betrachten.[5]

---

5 Wiesinger (1983: 826) selbst betont, dass das „Niederfränkische [...] dem Niederdeutschen näher steht als dem Hochdeutschen". Für die Gesamtbetrachtung der wmd. Daten fallen die

Im Nordd. sticht in den Daten insbesondere das Westfälische heraus, die Anteile für den Gebrauch des PersN-Artikels liegen hier sowohl für REDE als auch insbesondere für Zwirner deutlich höher als in den anderen Dialekträumen des Nd. An dieser Stelle ist ebenfalls von einer Dynamik in den Gebrauchsfrequenzen auszugehen, indem die Anteile für das Westfälische in den historischen Daten geringer sind als in den rezenten. Für das Nordnd. und das Ostfälische liegen die Anteile hingegen über die Zeit hinweg konstant bei zirka 10 Prozent. Im Mecklenburgischen und Brandenburgischen ist der PersN-Artikel historisch nur marginal belegt, in den beiden rezenten Teilkorpora nähern sich die Werte dann (bei insgesamt geringen Belegzahlen) denen der übrigen Dialekträume des Nd. an. Allgemein lässt sich somit für den nordd. Raum festhalten, dass der PersN-Artikel in allen Teilkorpora und für alle Dialekträume belegt ist – aufgrund der bisherigen Forschung wäre hier ein anderer Befund zu erwarten gewesen. Die Gebrauchsfrequenzen liegen allerdings, mit Ausnahme des Westfälischen, über die Teilkorpora hinweg auf einem konstant niedrigen Niveau, wobei sich historisch kein Dialektraum des Nd. durch einen besonders häufigen Gebrauch des PersN-Artikels auszeichnet.

Im Obd. hingegen weisen die Daten für das Ostfränkische, das Schwäbische und insbesondere für das Bairische bereits für die HexenV hohe Gebrauchsanteile von 50 Prozent und darüber hinaus aus. Der Artikelgebrauch nimmt dann im Folgenden kontinuierlich zu und erreicht für alle Dialekträume des Obd. in Zwirner und REDE Werte von zirka 90 Prozent. Der obd. Raum verhält sich bzgl. des Artikelgebrauchs dabei weitgehend homogen, lediglich für das Alemannische weisen die Daten (bei insgesamt geringen Belegzahlen für die HexenV) eine verzögerte Entwicklung aus (vgl. dazu auch die Befunde in Schmuck & Szczepaniak 2014: 120–123, 133).

Zuletzt lassen sich für das Omd. aufgrund der insgesamt geringen Belegzahlen nur unter Vorbehalt Schlüsse aus den Daten ziehen. So deuten zumindest die Verteilungen in den REDE-Daten auf ein Ost-West-Gefälle hin, indem der PersN-Artikel doppelt so häufig für das Obersächsische wie für das Thüringische belegt ist. Historisch (HexenV) ist dagegen ein eher seltener Gebrauch im omd. Raum zu verzeichnen, wie auch die Befunde in Schmuck & Szczepaniak (2014: 118–120) nahelegen.

Ergänzend bilden die Karten in Abb. 16 für die vier Teilkorpora die arealen Verteilungen ab, wie sie sich in den Daten durch die Verortung der jeweiligen Gewährsperson abzeichnen. Um ein möglichst klares, d. h. von möglichen Fehl-

---

vergleichsweise niedrigen Anteile für das Niederfränkische aufgrund der insgesamt geringen Belegzahlen allerdings nur marginal ins Gewicht.

schreibungen (für HexenV und AuswB) oder Versprechern (für Zwirner und REDE) freies Raumbild zu erhalten, wurden die Daten bei der Kartierung wie folgt klassifiziert: **Graue** Kreise stehen für Orte, an denen der PersN-Artikel nie oder nur einmal belegt ist, **gestrichelte** Kreise für Orte, an denen in der Mehrzahl artikellose Belege vorhanden sind, **gekachelte** Kreise für Orte, an denen in der Mehrzahl der Artikel gebraucht wird und **schwarze** Kreise für Orte, an denen der PersN-Artikel entweder obligatorisch auftritt oder wo er in den Daten nur einmalig nicht belegt ist. Kartiert wurden dabei jeweils nur die Orte, für die insgesamt mindestens fünf Belege zugeordnet werden konnten. Zur besseren Orientierung ist den Karten wieder die Dialekteinteilung aus Wiesinger (1983) unterlegt.

Beginnen wir mit der arealen Verteilung des untersuchten Phänomens im ältesten Datensatz, den HexenV. Die entsprechende Karte (oben links) weist aus, dass sich die Schreiber, die den PersN-Artikel nicht gebrauchen (graue Kreise), über den gesamten deutschen Sprachraum verteilen. Selbst im Bairischen, das in den HexenV nach den vorliegenden Daten und den Auswertungen von Schmuck & Szczepaniak (2014: 133) den häufigsten Artikelgebrauch aufweist, ist mit Reichertshofen noch ein Ort belegt, in dem der Schreiber den Artikel überhaupt nicht verwendet. Ausschließlich artikellose Belegorte finden sich zudem gehäuft in südlichen Arealen des Nd. (Westfälisch, Ostfälisch, Brandenburgisch) sowie (bei geringer Belegzahl) im östlichen Teil des Omd. (Obersächsisch, Übergangsgebiet zum Thüringischen). Schreiber, die den PersN-Artikel selten verwenden (gestrichelte Kreise) sind hingegen im Nordnd. sowie, recht flächendeckend, im obd. Raum zu finden. Die wenigen Schreiber dagegen, die den Artikel in der Mehrzahl (gekachelte Kreise) bzw. immer (schwarze Kreise) verwenden, sind ausschließlich im Obd. und Wmd., nicht aber im Nordd. beheimatet. Eindeutige Areale lassen sich hierbei nicht voneinander abgrenzen, was dafürspricht, für die HexenV von einer Pluriarealität des Phänomens auszugehen – hierzu später mehr.

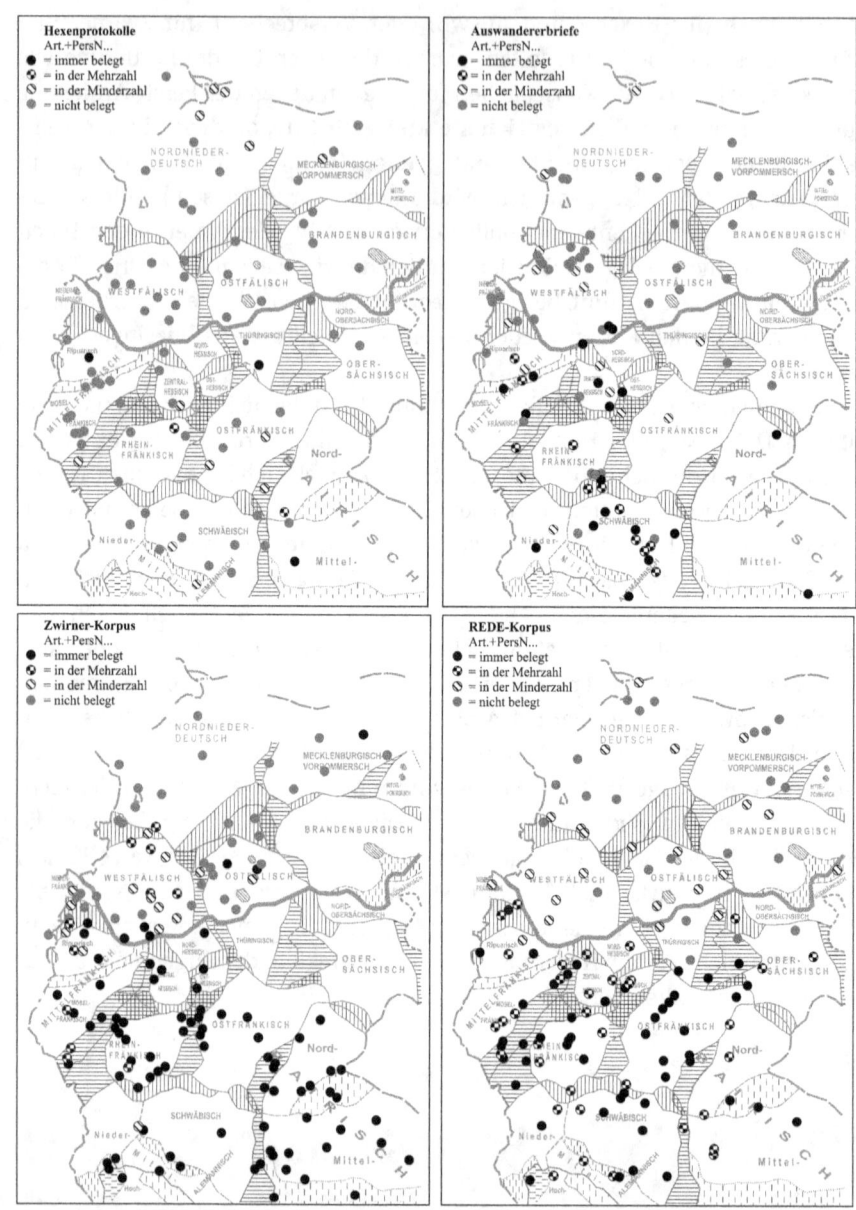

Abb. 16: Areale Verteilungen für den PersN-Artikel im bundesdeutschen Sprachraum

In der Karte rechts oben lässt sich für die AuswB im Vergleich zu den HexenV eine deutliche Zunahme von gekachelten und schwarzen Kreisen feststellen, d. h. von Schreibern, die den Artikel häufig oder immer gebrauchen. Dies betrifft insbesondere das Obd. und Wmd., wo zugleich nur noch wenige Orte zu verzeichnen sind, an denen der Artikel nie (grau) oder nur selten (gestrichelt) vorkommt. Dies spricht dafür, dass die Ausbreitung des PersN-Artikels im 19. Jh. bereits weit vorangeschritten war. Mehrere gestreifte und wenige schwarze Kreise im Westfälischen weisen zudem darauf hin, dass die Verbreitung des Phänomens hier nicht mit der Uerdinger Linie zusammenfällt, also nicht mit der Isoglosse korrespondiert, die nach Wiesingers Dialekteinteilungen das nd. vom hd. Sprachgebiet trennt (dicke Isoglosse in der Kartenmitte). Artikellose Belegorte im Niederfränkischen und im Übergangsgebiet vom Niederfränkischen zum Ripuarischen deuten zudem darauf hin, dass ganz im Westen des deutschen Sprachraums die Uerdinger Linie ebenfalls nicht die Scheide für den Artikelgebrauch darstellt, sondern dass die Grenze im Vergleich etwas weiter südlich verläuft; nördlichster Belegort mit häufigem Artikelgebrauch (gekachelt) ist Köln im Ripuarischen. Das Gleiche gilt für den omd. Raum, wo die Daten darauf hindeuten, dass die Grenze für den Gebrauch südlich der Belegorte Dresden, Bürgel und Helmleben verläuft. Zwei Schreiber aus Randgebieten des Nd. (Flensburg, Marienhafe) sowie insgesamt vier Schreiber aus Orten im nördlichen Teil des Westfälischen belegen den Artikel zudem für den nordd. Sprachraum, sodass, unter Berücksichtigung der Belege aus den HexenV, davon auszugehen ist, dass der PersN-Artikel im nordd. Raum historisch bereits früh etabliert war (vgl. dazu die Belege aus dem Mittelniederdeutschen in Kap. 8.4.4).

Mitte des 20. Jh.s stellt sich die areale Verteilung für die Zwirner-Daten (links unten) hingegen wie folgt dar: Für das Obd. und Wmd. sind in den Daten nunmehr überwiegend Sprecher belegt, die den PersN-Artikel obligatorisch verwenden (schwarz). Dies gilt insbesondere für das Bairische und Ostfränkische, wo nunmehr ausschließlich PersN mit Artikel auftreten. Die Artikelexpansion hat damit sowohl im Obd. als auch im Wmd. ihren (vorläufigen) Höhepunkt erreicht, nur im Ripuarischen und Niederfränkischen finden sich noch Regionen, in denen der artikellose Gebrauch von PersN gehäuft vorkommt. Zudem hat sich der Artikel in südlichen Arealen des Nd. weiter etabliert, eine Entwicklung, die sich in den AuswB bereits abgezeichnet hat. So lassen sich im gesamten westfälischen Raum nur noch wenige Orte finden, an denen der PersN-Artikel überhaupt nicht verwendet wird (grau). Häufiger sind hingegen Orte mit fakultativem Gebrauch (gestrichelt oder gekachelt). An der südlichen Grenze des Westfälischen (Recklinghausen, Kierspem, Oberhundem) wird er mitunter sogar obligatorisch verwendet. Im Vergleich zu den HexenV und

AuswB hat sich der PersN-Artikel zudem erstmals auch im Ostfälischen etabliert (Förste, Warle, Börssum). Das Nordnd., das Mecklenburgisch-Vorpommersche und auch das Niederfränkische bleiben hingegen auch in Zwirner fast ausnahmslos artikellos.

Für den Artikelgebrauch im REDE-Korpus zeigt sich schließlich das folgende Kartenbild (rechts unten): Artikellose bzw. artikelarme Belegorte (grau oder gestrichelt) kommen nicht mehr vor, vergleichsweise viele Orte mit fakultativem Artikelgebrauch (gekachelt) im Vergleich zu einem obligatorischen Gebrauch in den Zwirner-Daten (schwarz) sind für REDE vermutlich auf eine höhere Anzahl an Gesamtbelegen pro Ort zurückzuführen und beruhen nicht auf diachronen Entwicklungen oder arealspezifischen Unterschieden. Für das Obd. und Wmd. sind die arealen Verteilungen damit sehr ähnlich zu denen in Zwirner. Für den nordd. Raum lässt sich der PersN-Artikel in REDE zudem erstmals flächendeckend belegen, und zwar ausschließlich in fakultativer Verwendung (gestrichelt oder gekachelt) und wiederum mit stärkerer Ausprägung in den südlichen Regionen des Nd. Bei aller gebotenen Vorsicht aufgrund der geringen Belegnetzdichte deuten die REDE-Daten zudem darauf hin, dass das Omd. für den Gebrauch des PersN-Artikels einen Übergangsraum darstellt: Während in den Grenzregionen zum Ostfränkischen (Gräfenhain, Rudolstadt), im Übergangsraum zum Obersächsischen (Gera) und im südlichen Teil des Obersächsischen (Mylau) der Artikelgebrauch dominiert, sind die beiden Belegorte im Kernareal des Thüringischen (Erfurt, Sondershausen) hier noch frei vom Artikelgebrauch.[6]

Ich fasse zusammen: Der Kartenvergleich lässt darauf schließen, dass über die vier untersuchten Zeitschnitte hinweg eine Expansion des PersN-Artikels stattgefunden hat, die Entwicklung in den einzelnen Sprachräumen aber unterschiedlich weit vorangeschritten ist. Dies spricht dafür, dass es sich in den Daten bei der diachronen Zunahme des Artikelgebrauchs um einen Effekt der Arealität und nicht um einen des Mediums (Schrift vs. Sprechsprache) handelt. Während die Artikelexpansion im Obd. und Wmd. zwischen dem 16. und 21. Jh., sowohl was Ausbreitung als auch Frequenz des Phänomens anbelangt, fast vollständig durchgeführt worden ist (Ausnahmen: Niederfränkisch, bedingt Ripuarisch), weisen die Daten für das Nordd. hier nur das Westfälische und das Ostfälische als Expansionsgebiete aus. Nichtsdestoweniger ist der PersN-Artikel auch im nordd. Raum bereits früh etabliert (HexenV), was den Schluss nahelegt, für

---

6 Zumindest für das Thüringische zeigt sich ein solches Süd-Nord-Gefälle auch in den Daten von Sperschneider (1959: 85–86, Karte 6), wo der PersN-Artikel im Süden des Erhebungsgebietes (bis etwa nördlich von Saalfeld) von den Gewährspersonen akzeptiert wurde, im Norden aber nicht.

den gesamtd. Raum hier mehrere Regionen als Ausgangspunkt für die Entwicklung und Etablierung des PersN-Artikels anzusetzen (vgl. dazu Kap. 8.4.4). Als dynamischster Raum der Auswertung hat sich dabei das Westfälische erwiesen, welches in den HexenV nur eine seltene Verwendung des PersN-Artikels aufweist, wo zugleich aber bereits für das 19. Jh. (AuswB) eine Ausbreitung zu verzeichnen ist, die sich in den rezenten Daten dann umfänglich fortsetzt.

In Bellmann (1990: 258–259) wird mit Cunradi (1808) eine Quelle aus dem frühen 19. Jh. als frühester Beleg dafür geführt, dass die Verwendung des Artikels vor PersN im Deutschen einem regionalen Gefälle unterliegt: „Im südlichen Deutschlande wird der Artikel häufiger vor die Eigen-Namen gesezt, als im nördlichen; [...]" (Cunradi 1808: 134).[7] Die vorliegende Korpusauswertung der HexenV hat allerdings gezeigt, dass für den Gebrauch des PersN-Artikels ein regionales Gefälle bereits für das 16. Jh. nachweisbar ist und damit deutlich früher angesetzt werden muss, als es in der Forschung bemerkt wurde (dazu auch Schmuck & Szczepaniak 2014). Zudem liefern die Daten insofern ein differenzierteres Bild der historischen Sprachzustände, als ein regionales Gefälle nicht nur – wie in Cunradi erwähnt – zwischen Obd. und Nordd. besteht, sondern sich auch im Vergleich von Obd., Wmd. und Omd. abzeichnet. Unabhängig von den Gebrauchsfrequenzen weist die Korpusauswertung allerdings auch aus, dass der Artikelgebrauch im wmd., omd. und nordd. Raum bereits im 16. Jh. in Teilen etabliert ist. Dabei handelt es sich um einen Umstand, der m. W. bislang in keiner Arbeit Berücksichtigung gefunden hat, und somit wird in Bellmann (1990: 259) mit Diefenbach (1847) für die Mitte des 19. Jh.s eine Quelle angeführt, die den PersN-Artikel neben dem obd. auch dem md. Raum zuschreibt. Quellen, die das Phänomen darüber hinaus für das Nordd. belegen, fehlen für die Diachronie hingegen vollständig, der erste Beleg stammt hier wohl aus den 1950er Jahren von Bach (1952: 55):[8]

> Heute steht bei dt. RN und FN und z. T. auch bei der Verbindung von beiden der Artikel in allen Kasus in der mundartlichen Rede fast ganz Ober- und auch Mitteldeutschlands, seltener auch in Niederdeutschland.

Während Arbeiten, die historisch auf das regionale Gefälle in der Artikelverwendung zu sprechen kommen, somit undifferenziert zwischen den Sprach-

---

[7] Ein etwas früherer, zugleich aber weniger spezifischer Beleg findet sich in Baermann (1776: 143): „[...] bedienet man sich derselben [den PersN, A. W.] nur selten mit den Artikeln (ausgenommen in einer oder der andern Provinz)".
[8] In den historischen Grammatiken zum Altsächsischen (Gallée 1993) und Mittelniederdeutschen (Lasch 1974) findet das Phänomen ebenfalls keine Erwähnung.

räumen unterscheiden, zeigt die areale Verteilung des Phänomens bereits für die AuswB des 19. Jh.s, dass die Uerdinger Linie auch im südlichen Teil des nordd. Sprachraums nicht zur Isoglossenbildung dient. Vielmehr verläuft die Grenze für den PersN-Artikel historisch (HexenV, AuswB) etwas südlich des Übergangsgebietes zwischen Ripuarisch und Niederfränkisch und umschließt zusätzlich die südlichsten Belegorte im Westfälischen. In den Regionalsprachen des 20. und 21. Jh.s (Zwirner, REDE) zeigen die Karten zudem eine Ausbreitung des Phänomens in weitere Regionen des Westfälischen, in Teile des Ostfälischen sowie auch in den Übergangsraum zwischen Ripuarisch und Niederfränkisch, sodass insgesamt für die letzten 400 Jahre eine Progression des Artikelgebrauchs in Richtung Norden zu verzeichnen ist. Passend dazu stellt auch Bach (1952: 57) fest, dass „die festgestellte landschaftliche Regelung [...] nicht mit der hd./nd. Grenze zusammen[fällt]", sondern vielmehr in bestimmten Mundarten des Nd. der PersN-Artikel durchgehend gesetzt wird. Für das Moselfränkische, Ripuarische und Westfälische differenziert Bach (1952: 57) zudem dahingehend, dass der RufN artikellos und der FamN mit Artikel gebraucht wird; eine Differenzierung, die sich in den vorliegenden Daten allerdings nur bedingt wiederfindet und dann auch nicht diatopisch bedingt ist (s. Kap. 6.3).

6.1.2 Befunde aus Akzeptabilitätsurteilen

Zusätzlich zu den Befunden der Korpusauswertung zeigt Abb. 17 die areale Verteilung für die Akzeptanz des RufN-Artikels, wie sie sich bei 86 Informant/-innen an 21 Orten im deutschsprachigen Raum nach der Fragebogenerhebung im Rahmen des LOEWE-Schwerpunkts „Fundierung linguistischer Basiskategorien" (LingBas) darstellt. Abgebildet sind die summierten Antworten für insgesamt acht Bewertungsaufgaben.[9] Die Größe der Kreise (Kuchendiagramme) symbolisiert die Anzahl an Antworten pro Ort (mindestens 12, höchstens 102), schwarze Flächen stehen für die Akzeptanz des RufN-Artikels, graue Flächen entsprechend für fehlende Akzeptanz.[10]

---

9 Die zu bewertenden Sätze beinhalteten sowohl einen als auch zwei RufN, jeweils als Variante mit und ohne Artikel. Gewertet wurden hier jeweils alle als akzeptabel eingestuften Varianten, Sätze mit zwei RufN wurden entsprechend doppelt ausgewertet. Bei Mehrfachnennungen in den Antworten wurde zunächst die Variante gewertet, die von der Gewährsperson als am natürlichsten beurteilt wurde. Erst wenn diese Information nicht zur Verfügung stand, wurde mehr als eine Variante für eine Gewährsperson gezählt.
10 Das Antwortverhalten der Gewährspersonen zu den einzelnen Aufgaben wird in Kap. 6.6.1 diskutiert und auf grammatische und situative Faktoren hin bewertet.

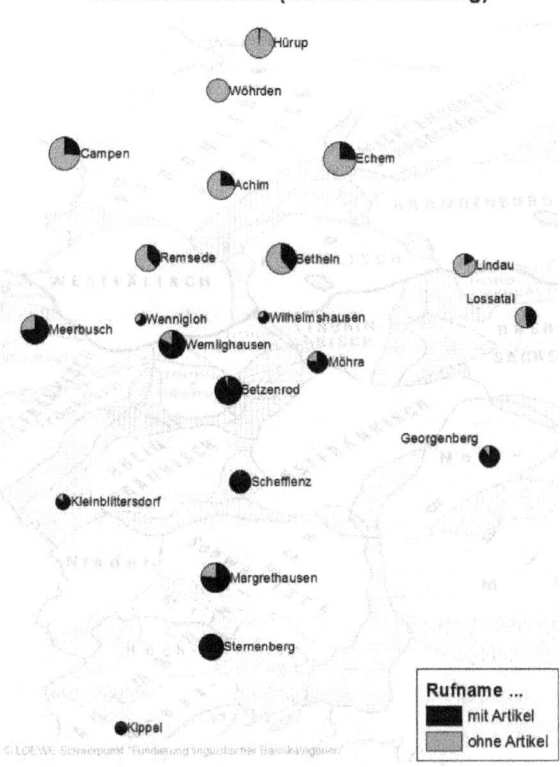

Abb. 17: Akzeptanz für den Rufnamenartikel nach den Daten der LingBas-Erhebung

Die areale Verteilung der Daten weist hier ebenfalls auf ein Süd-Nord-Gefälle hin, wobei der RufN-Artikel von Gewährspersonen südlich der Uerdinger Linie in der Mehrzahl und nördlich davon in der Minderzahl akzeptiert wurde.[11] Auf nd. Gebiet zeigt sich zudem ein breiter Übergangsstreifen, der das Westfälische und Ostfälische sowie die südlicher gelegenen Erhebungsorte im Nordnd. umfasst und indem der RufN-Artikel in zirka 25 bis 50 Prozent der Antworten akzeptiert wurde. Keine oder marginale Akzeptanz für den Artikelgebrauch ist hingegen für die beiden nördlichsten Erhebungsorte im Untersuchungsgebiet, Wöhrden und Hürup, zu verzeichnen. Im obd. Raum finden sich mit Schefflenz

---

11 Ausnahme bei geringer Tokenfrequenz: Wennigloh im Westfälischen mit Artikelgebrauch in der Mehrzahl.

sowie Sternenberg und Kippel (beide in der deutschsprachigen Schweiz) auch Orte, an denen von den Gewährspersonen ausschließlich die Variante mit Artikel akzeptiert wurde. Die artikellose Verwendung von RufN wurde im Obd. und im Wmd. hingegen nur marginal akzeptiert. Auch die Gewährspersonen aus den wmd. Erhebungsorten und aus dem Grenzgebiet zum Thüringischen (Wilhelmshausen, Möhra) präferierten in den Befragungen den RufN-Artikel, während an den beiden sächsischen Erhebungsorten Lindau und Lossatal häufiger die artikellose Variante akzeptiert wurde.

Allgemein stimmt die areale Verteilung der Daten damit sehr gut mit der überein, die in Kap. 6.1.1 für die Korpusdaten ermittelt werden konnte und die sich auch in der bisherigen Forschung darstellt. So tritt der PersN-Artikel in Zwirner und REDE im gesamten obd. und wmd. Raum hoch frequent auf und wird von Gewährspersonen aus diesen Sprachräumen auch sehr häufig akzeptiert. Nördlich der Uerdinger Linie verändern sich die Verhältnisse dahingehend, dass der PersN-Artikel im Westfälischen und Ostfälischen eingeschränkt verwendet und akzeptiert wird, während die Gewährspersonen ganz im Norden des Sprachraums, sowohl was Gebrauch als auch Akzeptanz anbelangt, die artikellose Variante stark präferieren. Allerdings ist in den nördlichsten Teilen des Untersuchungsgebietes immer auch mit Variation in den Akzeptanzwerten zu rechnen. Im Omd. zeichnet sich hingegen in den Akzeptanzdaten ein regionales Gefälle ab, indem der PersN-Artikel von den Gewährspersonen im Thüringischen häufiger akzeptiert wird, als es im Obersächsischen der Fall ist; die Korpusdaten erbrachten diesbezüglich ja den gegenteiligen Effekt mit einer leichten Präferenz für den Artikelgebrauch im obersächsischen Raum.

Während die vorliegenden Daten die Akzeptabilität für den Artikelgebrauch im intendierten Dialekt repräsentieren, bezieht sich die Erhebung von Bellmann (1990) auf Gewährspersonen aus Großstädten (Erhebungszeitraum: Ende der 1980er Jahre), indem „nicht die stadtdialektalen, möglichst auch nicht die sogenannten umgangssprachlichen, sondern die **standardnahen** sprechsprachlichen Regularitäten der Artikelverwendung vor Vornamen" (Bellmann 1990: 275, Hervorhebung im Original) untersucht wurden. Dennoch zeichnen sich im Vergleich von Bellmanns Daten (Abb. 18) mit denen der vorliegenden Erhebung (Abb. 17) sehr ähnliche Raumbilder ab.[12]

Dies spricht dafür, dass die Akzeptanz für den RufN-Artikel im Deutschen weitgehend unabhängig davon ist, ob sein Gebrauch im Dialekt oder in einer standardnahen Sprechlage beurteilt wird (s. Kap. 6.1.3).

---

[12] Das Gleiche gilt für die singulären Abfragen von Eichhoff (2000: Karte 76) und Elspaß & Möller (2003ff.: Karten 9-2a–2d), die an späterer Stelle behandelt werden.

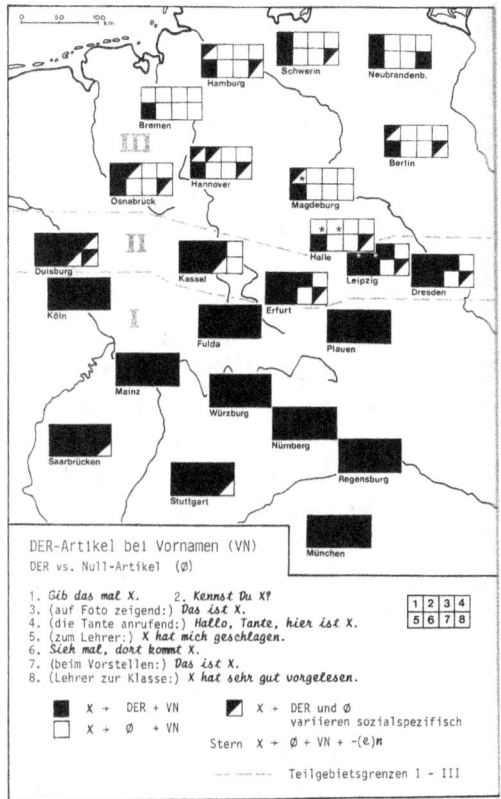

Abb. 18: Akzeptanz für den Rufnamenartikel aus Bellmann (1990: 274)

Nach den vorliegenden Erkenntnissen lassen sich im Hinblick auf die Artikeldistribution damit die drei folgenden Teilgebiete im bundesdeutschen Gebiet unterscheiden: **Teilgebiet 1** erstreckt sich über den gesamten obd. Raum bis auf eine Höhe der im Md. gelegenen Orte Köln, Fulda und Plauen (bei Bellmann) bzw. Meerbusch, Wemlighausen, Betzenrod und Möhra (in den vorliegenden Daten). Es dominiert in allen Abfragesätzen eine deutliche Akzeptanz für den RufN-Artikel. **Teilgebiet 2**, das sich nach Norden und Osten hin anschließt, weist für die Gewährspersonen am Ort eine größere Variation in den Akzeptanzwerten auf. Bei Bellmann umfasst dieses Gebiet die Städte Duisburg, Kassel, Erfurt, Leipzig und Dresden, während sich das Areal in den vorliegenden Daten von Betheln und Remsede im Westfälischen bzw. Ostfälischen bis zu den nördlicher gelegenen Orten Campen, Achim und Echem erstreckt und auch die beiden sächsischen Erhebungsorte Lindau und Lossatal mit umfasst. Allerdings suggeriert die Darstellung bei Bellmann eine mehrheitliche Akzeptanz für den RufN-Artikel in Teilgebiet 2, während nach den vorliegenden Daten hier die artikellose Variante präferiert wird.[13] **Teilgebiet 3** schließlich, in dem der PersN-Artikel deutlich seltener und dann auch nur in Abhängigkeit von bestimmten situativen Gegebenheiten akzeptiert wurde (s. Kap. 6.6.2), erstreckt sich bei Bellmann von Osnabrück und Halle bis Hamburg, Schwerin und Neubrandenburg. Die vorliegenden Daten lassen eine Differenzierung der Orte in diesem Areal von denen in Teilgebiet 2 allerdings nur für die beiden nördlichsten und in Küstennähe gelegenen Erhebungsorte Wöhrden und Hürup zu.

Vergleicht man nun die arealen Verteilungen in Zwirner und REDE mit den Akzeptabilitätsurteilen, wie sie in Bellmann (Abb. 18), Eichhoff (Abb. 19) und Elspaß & Möller (Abb. 20) erhoben wurden, so ergibt sich für die Arealität des Phänomens ein recht einheitliches Bild mit geringen Abweichungen zwischen den einzelnen Erhebungen:[14] Der gesamte obd. Raum (Bairisch, Ostfränkisch, Alemannisch, Schwäbisch) zeichnet sich demnach dadurch aus, dass der PersN-Artikel flächendeckend Verwendung findet und in Abfragen auch in allen syntaktischen und pragmatischen Kontexten akzeptiert wird. Geringe Frequenzunterschiede in der Verwendung (bes. bei REDE) oder auch in der Akzeptanz sind, anders, als es in der deutschsprachigen Schweiz bspw. für das Berner Oberland oder das Wallis belegt ist (vgl. Bucheli Berger 2006: 92–93; Glaser 2008: 94), nicht arealbildend und damit vermutlich idiolektal bedingt oder von der verwendeten Sprechlage abhängig. Im Westen des Sprachgebietes erstrecken sich die Orte, in denen fast ausnahmslos der PersN-Artikel verwendet wird, bis in den nördlichen Teil des Ripuarischen an die Grenze zum Niederfränkischen. So führt Bellmann mit Köln im Ripuarischen noch einen Erhebungsort auf, an dem der Artikel von den Gewährspersonen in allen abgefragten Kontexten voll akzeptiert wurde, und auch die Erhebungen von Eichhoff und Elspaß & Möller weisen für diese Region noch Orte mit obligatorischem Artikelgebrauch aus. Es schließt sich im Norden und Osten ein Übergangsstreifen mit partiellem Artikelgebrauch an, der nach der Erhebung von Bellmann die Städte Duisburg, Kassel, Leipzig und Dresden umfasst, nach den hier gesammelten Daten im Westen auf Höhe des Ripuarisch-Niederfränkischen-Übergangsgebietes einsetzt, sich östlich davon im Nordhessischen fortsetzt und der

---

13 Da Bellmann für seine Daten eine kategoriale Klassifikation durchführt, sind die tatsächlichen Akzeptanzwerte an dieser Stelle nicht rekonstruierbar.
14 Zu beachten ist, dass die Ergebnisse in Eichhoff und Elspaß & Möller jeweils auf singulären Abfragen beruhen, während in Bellmann die Akzeptabilität für den RufN-Artikel in verschiedenen syntaktischen und pragmatischen Kontexten abgefragt wurde.

Erhebung von Eichhoff und Elspaß & Möller zufolge zumindest den südlichen Teil des Obersächsischen mit einschließt. Der PersN-Artikel wird darüber hinaus in den vorliegenden Daten obligatorisch im südlichsten Zipfel des Westfälischen gebraucht und zudem fakultativ in zentralen Arealen des Westfälischen und Ostfälischen verwendet. Passend dazu lässt sich eine partielle Akzeptanz für den RufN-Artikel in den Karten von Eichhoff und Elspaß & Möller für den gesamten westfälischen und auch für Teile des ostfälischen Raums feststellen. Ganz im Norden des Untersuchungsgebietes finden sich zudem in den vorliegenden Daten mehrere Orte, an denen der PersN-Artikel teilweise verwendet wird, wobei sich ein flächendeckendes Areal – auch aufgrund der teils geringen Belegzahlen – nur schwer bestimmen lässt. Die Ergebnisse decken sich allerdings mit den Befunden, insbesondere von Bellmann, dessen Daten im Norden an allen Untersuchungsorten (Osnabrück, Hannover, Bremen, Magdeburg, Schwerin, Neubrandenburg) den PersN-Artikel zumindest in bestimmten Kontexten als akzeptabel ausweisen.

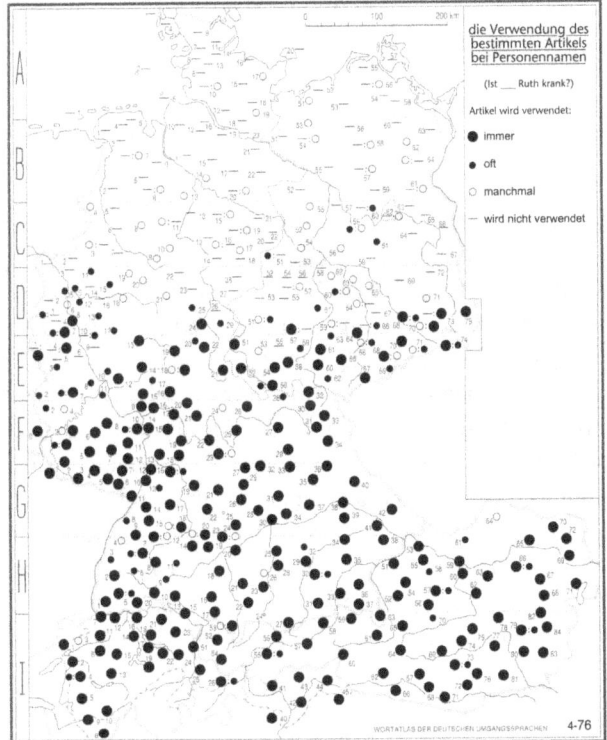

Abb. 19: Akzeptanz für den Rufnamenartikel aus Eichhoff (2003: 4-76)

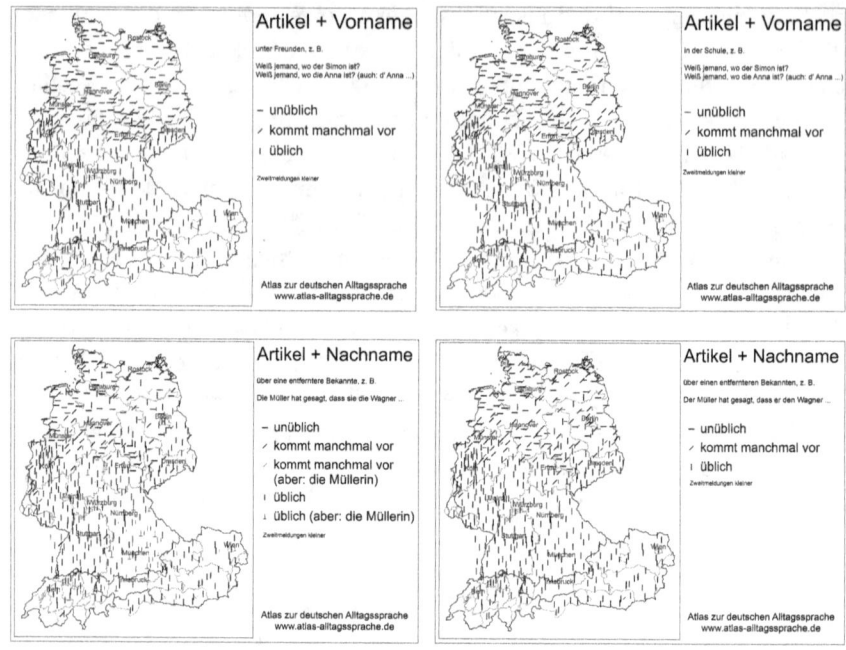

Abb. 20: Akzeptanz für den Personennamenartikel aus Elspaß & Möller (2003ff.: Karten 9-2a–2d)

Die Belegnetzdichte wird nun verfeinert und es wird betrachtet, inwiefern die Differenzen in den Akzeptanzwerten auch kleinräumig variieren können. Aufgrund der vorliegenden Befunde bietet sich hierfür insbesondere eine Untersuchung des Übergangs vom Wmd. zum Nd. an, dem in den oben referierten Kartenbildern der Übergang von Teilgebiet 1 zu Teilgebiet 2 entspricht, und der sich nach allen vorliegenden Befunden als Areal mit einer großen Variation in der Verwendung des PersN-Artikels darstellt. Im Rahmen des DFG-Projekts „Syntax hessischer Dialekte" (SyHD) wurde hierzu an 160 Orten im Bundesland Hessen sowie an 12 Orten außerhalb Hessens eine Fragebogenerhebung durchgeführt, in der in vier Aufgaben die Akzeptanz für den RufN-Artikel getestet wurde (vgl. Werth 2017a). Abfragemethodik, Testsätze und Kartierung der Daten sind hierbei identisch zu der oben referierten LingBas-Erhebung angelegt, die summierten Antworten der Gewährspersonen sind in Abb. 21 dargestellt.

Abb. 21: Akzeptanz für den Rufnamenartikel nach den Daten der SyHD-Erhebung

Es zeigt sich, dass im gesamten Untersuchungsgebiet die Akzeptanz für den RufN-Artikel dominiert; das Verhältnis von Varianten mit Artikel (schwarz) zu Varianten ohne Artikel (grau) beträgt in etwa 4:1 (4097 von 5055). Auch finden sich, insbesondere im Zentralhessischen und Rheinfränkischen, zahlreiche Orte, an denen die Gewährspersonen ausschließlich den Gebrauch des PersN-Artikels akzeptierten. Der umgekehrte Fall, Akzeptanz ausschließlich für den artikellosen Gebrauch von RufN, ist hingegen an keinem der 172 Erhebungsorte belegt.

Die Karte weist für das Phänomen außerdem eine graduelle Süd-Nord-Verteilung aus, indem der RufN-Artikel im Süden des Erhebungsgebietes deutlich häufiger akzeptiert wurde als im Norden.[15] Eindeutige Areale können auf-

---

[15] Der ermittelte Effekt ist dabei regional bedingt und nicht auf einen generell größeren standardsprachlichen Einfluss oder auf eine geringere Dialektkompetenz im Norden des Untersuchungsgebietes gegenüber dem Süden zurückzuführen. Hierfür spricht z. B. der Vergleich mit

grund der Datenverteilung hingegen nicht voneinander abgegrenzt werden. So ist selbst für die im Rheinfränkischen sowie im Westfälischen und Ostfälischen gelegenen Erhebungsorte sehr häufig auch eine Variation in der Akzeptanz am Ort gegeben. Auch die Abgrenzung eines südlichen Areals mit einem hoch frequenten Artikelgebrauch (entspricht Teilgebiet 1) von einem nördlichen Areal mit deutlich reduzierter Akzeptanz (entspricht Teilgebiet 2) lässt sich aufgrund der Datenlage nur schwer treffen. Doch deutet die Zunahme artikelloser Varianten an den nördlichen Grenzen des Nordhessischen (zum Westfälischen und Ostfälischen) wie auch im Übergangsgebiet zum Thüringischen zumindest darauf hin, dass die Orte, an denen eine verminderte Akzeptanz für den Gebrauch des RufN-Artikels vorherrscht, tatsächlich in einem Übergangsstreifen liegen, welcher nicht nur Teile des südlichen Nd. umfasst, sondern welcher auch Eingang gefunden hat in solche des Wmd und Omd.

Dies zeigt insbesondere auch ein Blick auf Abb. 22. Die dort kartierte Verbreitung für den RufN-Artikel repräsentiert die eigenen (niedergeschriebenen) Antworten der Gewährspersonen aus einer Aufgabe der SyHD-Erhebung. Die Daten sind damit als stärker an der Performanz orientiert einzustufen, als es bei den oben referierten Daten aus Akzeptabilitätsurteilen der Fall ist. Es zeigt sich, dass die artikellose Variante mit ganz wenigen Ausreißern nur noch im nördlichsten Drittel Hessens (Nordhessisch, teils Zentralhessisch und Osthessisch) zu finden ist, dort allerdings geballt und mitunter auch als einzige eigene Variante am Ort. Im sonstigen Erhebungsgebiet wurde von den Gewährspersonen hingegen fast ausschließlich die Variante mit Artikel als eigene Variante angegeben. Die genaue Lokalisierung einer Artikelscheide ist allerdings auch für diese Daten nicht möglich, was wiederum dafürspricht, zumindest den nördlichen Teil des SyHD-Erhebungsgebietes hinsichtlich der Verwendung des PersN-Artikels als Übergangsgebiet zu klassifizieren.

Insgesamt passen die gefundenen graduellen statt diskreten Effekte in der arealen Ausprägung des Phänomens in das Bild, welches z. B. Seiler (2005) für finale Infinitivanschlüsse im Obd. skizziert und mit dem Konzept der „schiefen Ebene" gefasst hat.[16] Graduelle Effekte zwischen Arealen sind demnach typisch für syntak-

---

einer weiteren SyHD-Karte zum Personalpronomen der 3. Person Singular Feminin in der Referenz auf weibliche Personen, das im südlichen Teil des Erhebungsgebietes standardkonform feminin realisiert wird, im nördlichen Teil dagegen weit verbreitet als Neutrum (vgl. Leser-Cronau 2017).

16 Ohne dass Seiler auf diesen Aspekt explizit eingeht, umfasst das Konzept der schiefen Ebene vermutlich auch eine Dynamik, durch die das Gefälle in der arealen Verteilung von Varianten zustande kommt. Für die Verwendung des PersN-Artikels ist eine solche Dynamik

tische Phänomene, sie lassen sich auf den Dimensionen „Ortsdichte", „Häufigkeit von Varianten pro Ort", „Präferenz" und „syntaktischer Kontext" darstellen.[17]

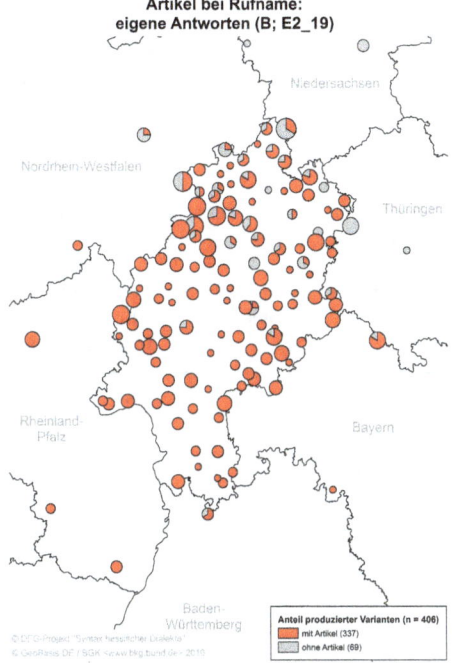

Abb. 22: Eigene Antworten für den Rufnamenartikel nach den Daten der SyHD-Erhebung

6.1.3 Varietätenspezifische Verwendung des Personennamenartikels

Mit der Arbeit von Kehrein (2012) liegen für mehrere Regionen der REDE-Erhebung bereits umfassende Analysen der variativen Spektren am Ort vor, die uns in einem ersten Zugriff eine varietätenspezifische Klassifikation ausgewählter Korpusdaten ermöglichen (Tab. 12).[18]

---

plausibel anzunehmen, wie die Karten in Kap. 6.1.1 gezeigt haben und wie auch die folgenden Ausführungen verdeutlichen sollen.
17 Leser (2012: 88, 97) zufolge weisen bestimmte Pronominaladverbien im SyHD-Erhebungsgebiet dagegen eine areale Verteilung auf, die weder strikt kontinuierlich, noch diskret ist.
18 Die in Kehrein (2012) ebenfalls klassifizierten Regionen Trostberg (Bairisch) und Dresden (Obersächsisch) wurden hier nicht berücksichtigt, da diese Gewährspersonen in ihren Freun-

Es zeigt sich, dass die Anteile für den Gebrauch des PersN-Artikels in den Regionen Waldshut-Tiengen, Wittlich, Bamberg, Alt Duvenstedt und Stralsund zwischen den Varietäten nur sehr schwach differieren. So betragen die Unterschiede zwischen den jeweils höchsten und niedrigsten Anteilen maximal 10 Prozent (für Bamberg). Sofern die Daten überhaupt eine Tendenz ausweisen, dann die, dass der PersN-Artikel in den Freundesgesprächen, die im Dialekt geführt werden, häufiger auftritt als in denen, die im Regiolekt oder auch im Kolloquialstandard geführt werden (Ausnahme: Region Wittlich).

Tab. 12: Relative und absolute Häufigkeiten für den Personennamenartikel nach Sprachraum und Varietät basierend auf den Klassifikationen in Kehrein (2012)

Dialektraum (Herkunftsregion)	Sprecher (Sigle)	Dialekt	Regiolekt	Kolloquial-standard
Alemannisch (Waldshut-Tiengen)	WT1, WT2, WTalt-M, WTalt-F, WTjung1	90 % (28)	–	82 % (36)
Moselfränkisch (Wittlich)	WITalt1, WIT5, WIT10, WITjung2	78 % (14)	82 % (59)	–
Ostfränkisch (Bamberg)	BAalt1, BA1, BAjung2	100 % (17)	90 % (26)	–
Nordniederdeutsch (Alt Duvenstedt)	RD5, RD7, RDalt1, RDjung1	4 % (1)	–	0 %
Mecklenburgisch (Stralsund)	HSTalt1, HST1, HST4, HSTjung1	0 %	–	0 %

Dies bestätigen auch die Werte in Tab. 13. Hier sind für alle ausgewerteten Daten aus Zwirner und REDE die relativen Häufigkeiten für den Artikelgebrauch differenziert nach Sprachraum und Varietät eingetragen. Die Verortung der Gewährspersonen im Spektrum (resp. ihrer Sprechlagen im jeweiligen Gespräch) erfolgte nach den wichtigsten phonologischen und morphologischen Variablen, wie sie in der Forschung für die einzelnen Sprachräume und Varietäten angenommen werden (vgl. Lauf 1996; Lenz 2003; Lameli 2004; Elmentaler 2008; Spiekermann 2008; Kehrein 2012; Elmentaler & Rosenberg 2015).[19]

---

desgesprächen jeweils die gleiche Varietät verwendeten (Dialekt in Trostberg, Regiolekt in Dresden) und somit ein intervarietärer Vergleich der eigenen Daten an dieser Stelle nicht möglich ist.
19 Hierbei handelt es sich selbstverständlich um eine Grobklassifikation, wie sie für die Vielzahl an ausgewerteten Gewährspersonen nicht anders durchzuführen war. Zumindest für die Abgrenzung des Kolloquialstandards gegenüber den regionalen Varietäten gestaltete sich die

Tab. 13: Absolute und relative Häufigkeiten für den Personennamenartikel nach Sprachraum und Varietät basierend auf den Daten aus Zwirner und REDE

	Dialekt	Regiolekt	Kolloquialstandard
Oberdeutsch	91 % (353)	89 % (890)	70 % (37)
Westmitteldeutsch	80 % (490)	87 % (1282)	45 % (91)
Norddeutsch	18 % (110)	11 % (24)	10 % (58)

Der intervarietäre Vergleich der Daten weist wiederum nur bedingt einen Einfluss der Varietät auf die Gebrauchsfrequenzen aus. So ergibt sich in den Daten insbesondere für die Differenzen zwischen Dialekt und Regiolekt kein konsistentes Bild, die Anteile liegen im Nordd. für den Dialekt leicht höher als für den Regiolekt, im Wmd. sind die Verhältnisse umgekehrt und im Obd. sind die Werte nahezu identisch. Lediglich im Vergleich mit den standardnahen Sprechlagen zeigen sich in allen drei Regionen Unterschiede dahingehend, dass der PersN-Artikel häufiger im Dialekt und im Regiolekt verwendet wird als im Kolloquialstandard. Dieser Effekt ist signifikant für wmd. Varietäten, er zeigt sich in der Tendenz aber auch für das Obd. und Nordd.[20] Hieraus lässt sich schließen, dass es sich bei dem PersN-Artikel präferiert um ein regionalsprachliches und nicht um ein standardsprachliches Phänomen handelt. Nichtsdestoweniger weisen die recht hohen Werte für den Kolloquialstandard aus, dass auch Sprecher, die nur in sehr geringem Maße regionalsprachliche Interferenzen zur Standardsprache aufweisen, den PersN-Artikel nicht selten verwenden.[21] Die Häufigkeit seines Gebrauchs hängt dabei von der regionalen Herkunft der Gewährsperson ab, d. h. selbst in der Varietät „Standard" lässt sich in den Daten noch ein Süd-Nord-Gefälle für den Gebrauch des PersN-Artikels feststellen.

Klassifikation der Daten allerdings als weitgehend unproblematisch. Zwischen Zwirner und REDE ließen sich hier ebenfalls keine signifikanten Effekte im Hinblick auf Artikelgebrauch und verwendete Varietät feststellen.
20 Wmd.: „Dialekt" zu „Kolloquialstandard": χ^2 (1, N = 815) = 90, p < ,001). Field, Miles & Field (2012: 826) zufolge besteht Signifikanz bei einer Irrtumswahrscheinlichkeit von 0,1 % ab einem Residuum von +/-3,29, für 1 % Irrtumswahrscheinlichkeit muss das Residuum mindestens den Wert +/-2,58 haben und für 5 % sind es +/-1,96. An diesen Werten habe ich mich für die folgenden Signifikanzberechnungen orientiert.
21 Oberdorfer & Weiß (2018: 474–477) konnten für den Gebrauch des PersN-Artikels in österreichischen Großstädten feststellen, dass dieser von jüngeren Sprecher/-innen seltener verwendet wird als von älteren. Sie deuten diesen Befund dahingehend, dass jüngere Sprecher/-innen im Zuge einer fortschreitenden Urbanisierung eine stärkere Standardorientierung aufweisen als ältere.

Die vorliegenden Befunde stimmen damit mit denen überein, wie sie in Bellmann (1990) für junge standardnahe Sprecher/-innen aus deutschen Großstädten präsentiert wurden (s. Kap. 6.1.2). Zusammen mit den hier referierten Sprachgebrauchsdaten lässt sich damit festhalten, dass das im Deutschen anzutreffende Süd-Nord-Gefälle in Bezug auf die Verwendung des PersN-Artikels kein Spezifikum des Dialekts oder Regiolekts ist, sondern auch in den standardnächsten Sprechlagen remanent ist. Zugleich legen die vorliegenden Befunde aber auch nahe, dass es sich bei dem Phänomen um ein genuin regionalsprachliches Phänomen handelt, welches sich in der Diachronie zumindest partiell in standardnähere Sprechlagen ausgebreitet haben muss.

Legt man in diesem Punkt die Grammatiken, besonders die älteren, zugrunde, zeigt sich ein sehr eindeutiges Bild. So wird der Gebrauch des PersN-Artikels dem „gemeinen Reden" (Hemmer 1775: 445), der „niedrigen Sprechart" (Bauer 1828: 264), dem „vertrauliche[n] Ton des Umgangs" (Grimm 1898: 496), der „Volkssprache" (Paul 1919: 181), dem „Volkstümlichen" und „Häuslichen" (Matthias 1914: 120) sowie der „despektierliche[n] oder distanzierende[n] Benennung" (Duden-Grammatik 1998: 320) zugeschrieben und strikt von der jeweils vorherrschenden sprachlichen Norm (z. B. dem „gebildeten Schreiben" Grimm 1898: 496) abgegrenzt. Es ist damit wahrscheinlich, dass sich der PersN-Artikel historisch tatsächlich zuerst in den Dialekten ausbildete und eine Expansion in standardnähere Sprechlagen (im 19. Jh. das landschaftliche Hochdeutsch, im 20. Jh. die Regiolekte und der Kolloquialstandard) erst zu einem späteren Zeitpunkt stattgefunden hat.

6.2 Das Verhältnis von Kasusmarkierung, Serialisierung und Belebtheit

Beginnen wir nun mit den Funktionsbestimmungen des Artikels am PersN. Kap. 6.2.1 dient im Folgenden dazu, für Sätze mit PersN das Verhältnis von Kasusmarkierung, Serialisierung und Belebtheit bei der Identifikation der semantischen Rollen des Handlungsverursachers „Proto-Agens" (kurz: P-Agens) und des Handlungserleidenden „Proto-Patiens" (kurz: P-Patiens) zu bestimmen. Dadurch sollen die folgenden Hypothesen überprüft werden:

H1: Der PersN-Artikel wird häufiger in Sätzen gebraucht, in denen er als Träger morphologischen Kasus von den Sprachteilnehmern zur Desambiguierung von P-Agens und P-Patiens benötigt wird, als in solchen, in denen er diesbezüglich redundant ist.

H2: Steht der Artikel am PersN nicht zur Verfügung, nimmt die Präferenz für P-Agens-vor-P-Patiens-Abfolgen und/oder der Anteil an Sätzen mit einem Belebtheitsgefälle zugunsten belebter Agenten zwischen den Argumenten zu.

H3: Steht der Artikel am PersN nicht zur Verfügung, nimmt der Anteil an global ambigen Sätzen zu, d. h. von Sätzen, in denen weder morphologischer Kasus, noch Serialisierung, noch ein Belebtheitsgefälle zwischen den Argumenten eindeutige Informationen für die Dekodierung der semantischen Rollen im Satz liefern.

Die aufgeführten Hypothesen dienen dazu, Annahmen aus der Forschung zu operationalisieren, denen zufolge der PersN-Artikel zur Kodierung semantischer Rollen im Satz funktional belastet ist. Die Hypothesen sind insbesondere vor dem Hintergrund zu betrachten, dass in der Forschung häufig gemutmaßt wurde, dass das Aufkommen des PersN-Artikels in direktem Zusammenhang mit dem Verschwinden der Namenflexion in den Objektkasus steht, wodurch die Zuordnung syntaktischer Funktionen, resp. der mit den syntaktischen Funktionen assoziierten semantischen Rollen, weiterhin gewährleistet ist (s. Kap. 4.2.2). Hierzu eine Bemerkung vorweg: Die im Folgenden dargelegte Korpusauswertung dient nicht dazu, zu klären, ob der PersN-Artikel als Kasusmarker überhaupt zur Rollenidentifikation beiträgt – sofern die formalen Merkmale kasusdeterminiert sind, tut er es sicherlich. Auch geht es mir hier nicht darum, „Kasus", „Serialisierung" und „Belebtheit" hinsichtlich ihrer Relevanz für die Rollenidentifikation zu gewichten – darüber müssen insbesondere Experimente zum Sprachverstehen Aufschluss geben (vgl. z. B. Dröge et al. 2016). Vielmehr soll untersucht werden, inwiefern der PersN-Artikel einer besonderen funktionalen Belastung für die Zuordnung semantischer Rollen unterliegt, d. h. es soll ermittelt werden, inwiefern es sich bei der konkreten Realisierung eines PersN-Artikels im Korpus – neben dem Kontext – um die **einzige** Möglichkeit für den Sprachteilnehmer handelt, die vom Sprecher intendierte Zuordnung von Rollen zu Argumenten im Satz korrekt zu identifizieren.

H2 bietet zudem eine Perspektiverweiterung insofern an, als die in Kap. 4.2.2 referierte Diskussion wieder aufgegriffen wird, der zufolge es einen allgemeinen, also über die PersN-NP hinausgehenden Zusammenhang zwischen der Kasusmarkierung und der Argumentabfolge gibt, der sich darin äußert, dass ein Mehr an morphologischer Markierung ein Weniger an Wortstellungsfixierung erfordert und umgekehrt.

Vor diesem Hintergrund wird in Kap. 6.2.4 zusätzlich ein Vergleich der verschiedenen Kodierungsstrategien bei PersN und APP bzw. Pronomen angestrebt. Hier gilt es zu untersuchen, inwiefern das potentielle Fehlen des Definitartikels bei PersN, resp. dessen obligatorische Setzung bei APP (im Singular), einen Einfluss darauf hat, zu welchen Anteilen verschiedene Kodierungsstrategien für semantische Rollen zum Einsatz kommen.

6.2.1 Methodisches Vorgehen

Um H1 bis H3 zu überprüfen, wurde wie folgt vorgegangen: Im Korpus ausgewertet wurden alle Belege für den PersN-Artikel in Sätzen (auch in Teilsätzen), auf die alle der folgenden Kriterien zutreffen:
– transitiver oder ditransitiver Satz
– Deklarativsatz
– mindestens ein PersN in Argumentposition (außer in PP)
– keine Präpositionalphrase in Argumentposition, sofern nicht zwei andere „nicht PP-Argumente" vorhanden sind
– keine Rollendesambiguierung über morphologische Kongruenz möglich
– keine Rollendesambiguierung über Kasusmorphologie an den appellativisch oder pronominal besetzten Argumenten möglich

Im Fokus der Betrachtung stehen damit (di-)transitive Sätze mit mindestens einem PersN in Argumentposition, d. h. alle Sätze, in denen die PersN-NP mit mindestens einem anderen (pro-)nominalen Argument um die P-Agensrolle konkurriert. Für die Fragestellung relevant sind hierbei Sätze, in denen den Sprachteilnehmern mit Ausnahme der Kasusmorphologie am Definitartikel keine oder wenige andere formale und inhaltliche Mittel zur Verfügung stehen, um dem PersN eine eindeutige semantische Rolle zuordnen zu können. Dies betrifft zum einen Sätze, in denen die (pro-)nominalen Wettstreiter morphologisch ebenfalls nicht eindeutig kasusmarkiert sind und auch keine Präposition einen Hinweis auf die Rollenzuordnung im Satz gibt. Weiterhin gilt dies für Sätze, in denen die morphologischen Kongruenzmarkierungen zwischen den (pro-)nominalen Argumenten und dem finiten Verb ambig sind, also in transitiven Sätzen, in denen die konkurrierenden Argumente im gleichen Numerus stehen. Schließlich betrifft dies Sätze, in denen die Argumente eine P-Patiens-vor-P-Agens-Abfolge aufweisen, sowie Sätze, in denen die Belebtheitseigenschaften der Argumente gleich sind oder in denen das P-Patiens belebter ist als das P-Agens.

So wurde zusätzlich zu den oben gelisteten Satzkriterien ein Katalog an Abfragen angewandt, mit dessen Hilfe jeweils die Anteile an Sätzen bestimmt wurden, die sich für die Bestimmung semantischer Rollen durch Eindeutigkeit im Hinblick auf eine oder mehrere der in Tab. 14 gelisteten Kategorien auszeichnen.

Tab. 14: Abgefragte Kategorien für die Identifikation semantischer Rollen und ihre Etikettierungen

Rollenzuordnung möglich über...	Etikettierung
Argumentabfolge (Serialisierung)	[+ A>P]
morphologischen Kasus	[+ Kasus]
Belebtheitsgefälle zwischen den Argumenten	[+ Belebtheitsg.]

Durch dieses Vorgehen sollten alle Belege identifiziert und in Relation zueinander gesetzt werden, in denen die Argumentabfolge [+ A>P] und die Kasusmarkierung am Artikel [+ Kasus] eindeutige formale Informationen darüber liefern, welches Argument die P-Agens-Rolle im Satz einnimmt.[22] Schließlich ist die desambiguierende Funktion des Artikels am PersN bei Sätzen zu betrachten, in denen Belebtheitsgefälle, d. h. Unterschiede in den Belebtheitseigenschaften zwischen den Argumenten [+ Belebtheitsg.], zur Rollenidentifikation genutzt werden können. Es ergeben sich somit acht mögliche Typen an Konstellationen, die im Folgenden näher besprochen und an Beispielen illustriert werden sollen.

6.2.2 Konstellationstypen

1. morphologisch eindeutig, A>P, semantisch ambig [+ Kasus, + A>P, - Belebtheitsg.]

Es handelt sich hierbei um Sätze, in denen der PersN-Artikel aus morphologischen Gründen eine eindeutige Rollenzuweisung erlaubt, während eine solche Zuweisung aus Gründen der Belebtheit nicht möglich ist. Zudem liegt eine A>P-Abfolge der Argumente im Satz vor. Beispiele für einen solchen Satztypen finden sich in (1):

(1)   a. wo **der peter** dann so **dem torsten** sagt; (REDE, WITjung1, Moselfränkisch)
      b. und **t lisa** is aber dann scho **em peter** entgegegekomme. (REDE, RA4, Alemannisch)
      c. da kennt **der sandro** die wirtin. (REDE, IN3, Bairisch)

---

[22] Noch einmal sei erwähnt, dass diese Informationen nichts darüber aussagen, ob die Sprachteilnehmer die semantischen Rollen dann auch tatsächlich anhand dieser *cues* identifizieren.

In diese Klasse fallen zudem all jene Sätze, in denen die morphologische Eindeutigkeit wie in (2) über die Kasusflexion am PersN selbst hergestellt wird. Da Flexive am PersN in den Korpora (mit Ausnahme der Genitivflexion) lediglich für die HexenV systematisch belegt sind, werden diese hier nicht behandelt und in Kap. 7.5 separat ausgewiesen.

(2) fragt **Her Boitzhaym Fiedlern**$_{AKK}$, ob dieße seine nach Mittaghighe bekandtnuß wahr. (HexenV, Trier 1590, Moselfränkisch)

2. morphologisch eindeutig, P>A, semantisch ambig [+ Kasus, - A>P, - Belebtheitsg.]

Es handelt sich hierbei um Sätze, auf die die gleichen morphologischen und semantischen Eigenschaften wie in Konstellation 1 zutreffen, in denen die Argumentabfolge aber zugunsten einer P>A-Abfolge gedreht ist, z. B. in (3). In dieser Bedingung ist der PersN-Artikel damit funktional maximal belastet, da die Zuordnung semantischer Rollen alleine über den Artikel als Träger morphologischen Kasus möglich ist. Die Abfrage rekurriert damit auf H1, der zufolge der PersN-Artikel häufiger in Sätzen gebraucht wird, in denen er als Träger morphologischen Kasus von den Sprachteilnehmern zur Desambiguierung semantischer Rollen benötigt wird als in solchen, in denen er diesbezüglich redundant ist.

(3) dann hat se$_{NOM/AKK}$ noch **de kurt**$_{NOM}$ gehat; Homburger. (REDE, HOMalt, Rheinfränkisch)

3. morphologisch eindeutig, A>P, semantisch eindeutig [+ Kasus, + A>P, + Belebtheitsg.]

Es handelt sich um Sätze, die wie in (4) sowohl aus morphologischer als auch aus semantischer und syntaktischer Sicht eine eindeutige Rollenzuordnung ermöglichen. Die semantischen Rollen sind damit formal und inhaltlich maximal kodiert. Die Artikelverwendung weist hierbei eine größtmögliche Redundanz im Hinblick auf die Rollenkodierung auf, entsprechend gering sollte der Anteil an Belegen für den PersN-Artikel sein.

(4) a. Geheiradet hat so kan die auch mit komen den **der Martin Laimbach** hat lust sie zu heiraten. (AuswB, Barthel 3, Hessisch)
b. **der Johann Krenn** hat auch eine Wage. (AuswB, Gansjäger5, Bairisch)

4. morphologisch eindeutig, P>A, semantisch eindeutig [+ Kasus, - A>P, + Belebtheitsg.]

Es handelt sich um Sätze, auf die die gleichen morphologischen und semantischen Eigenschaften wie in Konstellation 3 zutreffen, in denen die Argumentabfolge aber wie in (5) zugunsten einer P>A-Abfolge gedreht ist.

(5) **den Johannes Jökel** hat auch das loß getrofen. (AuswB, Bönsel, Hessisch)

5. morphologisch ambig, A>P, semantisch ambig [- Kasus, + A>P, - Belebtheitsg.]

Dies sind Sätze, in denen die PersN-NP nicht eindeutig kasusmarkiert ist und wo auch die Belebtheit keine eindeutige Rollenzuweisung ermöglicht. Die morphologische Ambiguität kann dabei einerseits auf einer artikellosen Verwendung des PersN beruhen (in (6a)), andererseits fallen darunter auch Sätze, in denen der PersN-Artikel, wie in (6b), einen Synkretismus zwischen Nominativ und (mindestens) einem der Objektkasus (hier dem Akkusativ) aufweist. Die Rollenzuordnung im Satz kann hier alleine aufgrund der A>P-Abfolge erfolgen.

(6) a. **Bergs Martin** habe Sie eine Hechßin gescholten. (HexenV, Mandern 1626, Moselfränkisch)
 b. Ob inquisitin nicht acht tage zuuorn, ehe sie **die Vrsul** bezaubert. (HexenV, Leipzig 1640, Obersächsisch)

6. morphologisch ambig, P>A, semantisch ambig [- Kasus, - A>P, - Belebtheitsg.]

Es handelt sich um Sätze, auf die die gleichen morphologischen und semantischen Eigenschaften wie in Konstellation 5 zutreffen, in denen die Argumentabfolge aber zugunsten einer P>A-Abfolge gedreht ist. Im Vorgriff auf die Datenauswertung sei angeführt, dass eine solche Konstellation in den Daten nur ein einziges Mal belegt ist, und zwar in den HexenV, vgl. (7). Dieser Befund ist insofern bemerkenswert, als dies die einzig mögliche Konstellation ist, in der den Sprachteilnehmern kein formales oder semantisches Mittel zur Verfügung steht, um die semantischen Rollen im Satz eindeutig zu bestimmen. Vielmehr können sich die Sprachteilnehmer für die Rollenzuweisung hier einzig auf Kontext und Weltwissen stützen.

(7) Bekennet Vnd saget gefanginne, das der Schwarze Hund bey ihr gelegen, und mit ihr Vnzucht getrieben vnd wehre Kalter Natur geweßen, Vnnd

hette sie sich erst nach Ihres Mannes Todt zu diesem Handell begeben, **darzu hett sie die Grete vffm Teich verführett**. (HexenV, Schwabstedt 1619, Nordnd.)

7. morphologisch ambig, A>P, semantisch eindeutig [- Kasus, + A>P, + Belebtheitsg.]

Es handelt sich um Sätze, in denen wie in (8) die PersN-NP kasusambig ist, Belebtheit aber eine eindeutige Rollenzuweisung ermöglicht. Zudem liegt eine A>P-Abfolge der Argumente im Satz vor. Konstellation 7 verhält sich damit komplementär zu Konstellation 2 und rekurriert ebenfalls auf H1. Der Anteil an artikellosen Korpusbelegen sollte demnach hier besonders hoch sein, da die Artikelverwendung in dieser Konstellation hochgradig redundant ist.

(8) a. wir steigen aus – **karina** knallt die tür zu, und der schlüssel war drin. (REDE, HI3, Ostfälisch)
 b. hat das nicht mal. **de tichel** hat das doch mal erzählt. (REDE, WTjung1, Alemannisch)

8. morphologisch ambig, P>A, semantisch eindeutig [- Kasus, - A>P, + Belebtheitsg.]

Es handelt sich um Sätze, auf die die gleichen morphologischen und semantischen Eigenschaften wie in Konstellation 7 zutreffen, in denen die Argumentabfolge aber zugunsten einer P>A-Abfolge gedreht ist, z. B. in (9).

(9) a. das andere hat **Folkert** selbst gemacht. (AuswB, Mannott2, Nordnd.)
 b. das macht **de peter**. (REDE, RA4, Alemannisch)

6.2.3 Ergebnisse zu den Kodierungsstrategien

Die Auswertungen betreffen an dieser Stelle alle (di-)transitiven Sätze, die die oben gelisteten Kriterien erfüllen und die zugleich einer der acht genannten Konstellationen entsprechen. Da der PersN-Artikel im Deutschen – wie in Kap. 6.1 gezeigt – zwischen den einzelnen Teilkorpora einer Dynamik unterliegt und zu vermuten ist, dass er als Träger morphologischen Kasus einen wesentlichen Einfluss auf die Kodierung semantischer Rollen im Satz hat, gingen in die quantitativen Auswertung zunächst ausschließlich Daten aus Zwirner und REDE ein. Ausgewählte Belege aus den HexenV und den AuswB werden im Anschluss unter qualitativen Gesichtspunkten diskutiert. Die Abfragen für Zwirner und REDE betreffen hierbei eine Gesamtzahl von 318 Satzbelegen, die sich aufgeschlüsselt nach den einzelnen Kodierungsstrategien wie in Tab. 15 dargestellt auf die einzelnen Sprachräume verteilen.[23]

Tab. 15: Relative und absolute Häufigkeiten der realisierten Kodierungsstrategien für Personennamen nach Sprachraum in Zwirner und REDE

Anteil	Oberdeutsch	Westmitteldeutsch	Norddeutsch
[+ A>P]	68 % (60)	73 % (90)	82 % (88)
[+ Kasus]	66 % (58)	60 % (74)	8 % (9)
[+ Belebtheitsg.	84 % (74)	77 % (95)	79 % (84)

Die Ergebnisse weisen aus, dass der Anteil an Sätzen, die dem Sprachteilnehmer eine eindeutige Rollenzuordnung ermöglichen, für alle drei Strategien bei deutlich über 50 Prozent liegt, für sich genommen also keine der untersuchten Strategien einen geringen Beitrag zur Rollenkodierung liefert. Betrachten wir zunächst alle morphologisch eindeutigen Sätze [+ Kasus], d. h. alle Sätze, in denen der PersN-Artikel eine eindeutige Zuordnung ermöglicht: Es zeigt sich, dass die PersN-NP durch einen Artikel häufig, aber nicht immer morphologisch eindeutig markiert ist. Dieser Effekt ist je nach Sprachraum unterschiedlich stark ausgeprägt, er liegt für den obd. und wmd. Raum bei 66 bzw. 60 Prozent und für den nordd. Raum signifikant niedriger bei 8 Prozent.[24] Vor dem Hintergrund, dass der PersN-Artikel im Obd. und Wmd. sehr häufig gebraucht wird, mögen die relativ geringen Anteile an morphologisch eindeutigen Sätzen hier überraschen. Ein Blick in das Korpus verrät, dass dieser Effekt weniger auf die Nichtverwendung des Artikels als vielmehr auf häufig anzutreffende Kasussynkretismen, besonders auch bei femininen Nomen, zwischen Nominativ und Akkusativ zurückzuführen ist. Die Beispiele in (10) sollen hierfür zur Illustration dienen.

---

23 Zwischen Zwirner und REDE konnten hierbei keine signifikanten Unterschiede festgestellt werden. Die Daten beider Korpora werden deshalb hier zusammen behandelt.
24 Obd. zu Nordd.: $\chi^2(1, N = 201) = 75$, $p < ,001$; Wmd. zu Nordd.: $\chi^2(1, N = 236) = 70$, $p < ,001$.

(10) a. daß die$_{\text{NOM/AKK}}$ **Helen** wieder dreimal die Woche die$_{\text{NOM/AKK}}$ **Nachtschule** besucht. (AuswB, Meis09, Ripuarisch)
b. dann hot de $_{\text{NOM/AKK}}$ **hermann** de $_{\text{NOM/AKK}}$ **peter schmigel** ogerufe. (REDE, GIGR1, Hessisch)
c. dann hat de$_{\text{NOM/AKK}}$ **ben thea** hergebracht. (REDE, ULjung, Schwäbisch)

Der niedrige Wert an morphologisch eindeutigen Sätzen für das Nordd. ist allerdings nicht (alleine) auf Kasussynkretismen, sondern insbesondere auf den seltenen Gebrauch des PersN-Artikels zurückzuführen, was eine Kasuskodierung an der PersN-NP insgesamt unterbindet und weswegen die PersN-NP auch nicht zur Rollenidentifikation beitragen kann.

Die Daten zeigen zudem, dass im Korpus die Mehrzahl an Sätzen mit A>P-Abfolge realisiert wird [+ A>P]. Im Nordd. lassen sich über die Serialisierung so 82 Prozent der kritischen Satzbelege desambiguieren, in den beiden anderen Sprachräumen liegen die Anteile leicht niedriger bei 68 Prozent für das Obd. und 73 Prozent für das Wmd. Zumindest in der Tendenz weist das Nordd. damit eine stärkere Tendenz zu P-Agens-vor-P-Patiens auf als die beiden anderen Sprachräume, wenn in den Daten hierfür auch keine statistische Signifikanz erreicht wird. H2, der zufolge bei morphologischer Ambiguität Serialisierung und Belebtheit einspringen können, um die Zuordnung semantischer Rollen zu ermöglichen, kann für das Nordd. damit eingeschränkt bestätigt werden, indem hier – auch im Vergleich der Sprachräume zueinander – ein hoher Anteil an A>P-Abfolgen zu verzeichnen ist. Dabei sind Sätze mit A>P-Abfolge in den Daten grundsätzlich häufiger belegt als solche, in denen die Kasusmorphologie am Artikel die Zuordnung leisten kann. Dieser Effekt ist am stärksten ausgeprägt für das Nordd., wo in 82 Prozent der Belege die Serialisierung, aber nur in 8 Prozent die Kasusmorphologie die Zuordnung erlaubt (χ^2 (1, N = 220) = 123, p < ,001). Er zeigt sich zudem im Wmd. (73 % zu 60 %) und Obd. (68 % zu 66 %), ohne dass die Unterschiede dort allerdings statistische Signifikanz erreichen. Auf etwa dem gleichen Niveau wie die Sätze mit A>P-Abfolge liegt im Korpus der Anteil an Sätzen, in denen Belebtheitsgefälle eine Zuordnung ermöglichen, wobei hier zwischen den einzelnen Sprachräumen kein signifikanter Effekt in den Gebrauchsanteilen festzustellen ist. Der Anteil an Sätzen, die durch Belebtheitsgefälle eindeutig desambiguiert werden können, liegt hier bei 77 Prozent für das Wmd. und 84 Prozent für das Obd. und damit ebenfalls deutlich höher als der Anteil an Sätzen, in denen die Kasusmorphologie am PersN-Artikel eine Desambiguierung ermöglicht.

Eine etwas andere Perspektive auf die Daten liefert Tab. 16, wo die verschiedenen Kodierungsstrategien für die Zuordnung miteinander ins Verhältnis gesetzt sind. Die Anteile an eindeutigen Sätzen sind hier nach Sprachraum getrennt jeweils dahingehend aufgeschlüsselt, ob die Kodierung von einer oder von mehreren der relevanten Kategorien geleistet werden kann (jeweils durch [+] markiert). Hinzu kommt der Anteil an global ambigen Sätzen, d. h. von Sätzen, bei denen keine dieser Kategorien eine eindeutige Zuordnung semantischer Rollen ermöglicht ([- A>P, - Kasus, - Belebtheitsg.]).

Tab. 16: Relative und absolute Anteile der Kodierungsstrategien für Personennamen nach Sprachraum in Zwirner und REDE

Kategorie	Konstellation	Oberdeutsch Anteil	Westmitteldeutsch Anteil	Norddeutsch Anteil
1	[+ A>P] [+ Kasus] [- Belebtheitsg.]	9 % (8/88)	15 % (18/123)	3 % (3/107)
2	[- A>P] [+ Kasus] [- Belebtheitsg.]	1 % (1/88)	2 % (2/123)	0 % (0/107)
3	[+ A>P] [+ Kasus] [+ Belebtheitsg.]	36 % (32/88)	27 % (33/123)	4 % (4/107)
4	[- A>P] [+ Kasus] [+ Belebtheitsg.]	19 % (17/88)	17 % (21/123)	2 % (2/107)
5	[+ A>P] [- Kasus] [- Belebtheitsg.]	6 % (5/88)	7 % (8/123)	19 % (20/107)
6	[- A>P] [- Kasus] [- Belebtheitsg.]	0 % (0/88)	0 % (0/123)	0 % (0/107)
7	[+ A>P] [- Kasus] [+ Belebtheitsg.]	17 % (15/88)	25 % (31/123)	57 % (61/107)
8	[- A>P] [- Kasus] [+ Belebtheitsg.]	11 % (10/88)	8 % (10/123)	16 % (17/107)

Vergleicht man hier zunächst konstellationenübergreifend die Anteile an Sätzen mit A>P-Abfolge gegenüber denen mit P>A-Abfolge, so zeigt sich, dass die P>A-Abfolge in allen abgefragten Konstellationen deutlich seltener belegt ist. Dieser

Effekt ist am stärksten ausgeprägt bei morphologisch ambigen Sätzen (Kategorie 5 bis 8), er führt im Fall von Sätzen, die morphologisch und semantisch ambig sind, dazu, dass P>A-Abfolgen in Zwirner und REDE überhaupt nicht belegt sind (in Kategorie 6). H3, der zufolge es einen Zusammenhang zwischen der Nichtsetzung des Artikels und dem Anteil an global ambigen Sätzen gibt, kann nach den vorliegenden Daten damit als falsifiziert gelten. Vielmehr spricht das Fehlen an Belegen für global ambige Sätze (Kategorie 6) hier dafür, dass die Sprachteilnehmer varietätenübergreifend zumindest eine der zur Verfügung stehenden Strategien verwenden, um die semantischen Rollen im Satz zu kodieren. Hierbei wird in allen untersuchten Sprachräumen die Mehrfachkodierung semantischer Rollen gegenüber der Einfachkodierung präferiert (Kategorie 7 gegenüber 5 und 8), wobei im Obd. und Wmd. sogar die Zuordnung über alle drei Kodierungsstrategien dominiert (Kategorie 3: 36 % für das Obd., 27 % für das Wmd.).

Bemerkenswert ist zudem, dass der PersN-Artikel für die Zuordnung kaum funktional belastet ist, es finden sich im Korpus insgesamt nur drei Belege (von 318 möglichen), in denen alleine die Kasusmorphologie am Artikel eine Desambiguierung der semantischen Rollen ermöglicht (Kategorie 2). Der PersN-Artikel wird also im Korpus nicht häufiger in Sätzen gebraucht, in denen er als Träger des morphologischen Kasus von den Sprachteilnehmern zur Desambiguierung semantischer Rollen benötigt wird. H1 kann damit nach den vorliegenden Daten ebenfalls als falsifiziert gelten.

Speziell für nordd. Varietäten lässt sich darüber hinaus konstatieren, dass die häufige Auslassung des PersN-Artikels – und damit der hohe Anteil an morphologisch ambigen Sätzen – im Wesentlichen durch eine Argumentabfolge zugunsten von [+ A>P] und durch einen hohen Anteil an Sätzen mit Belebtheitsgefälle aufgefangen werden kann. Der Anteil an Sätzen, in denen beide Kategorien die Zuordnung ermöglichen (Kategorie 7), ist dabei für das Nordd. dominant (57 %), das Verhältnis zu denen, für die dies nur für die Serialisierung (Kategorie 5: 19 %) oder nur für die Belebtheit (Kategorie 8: 16 %) gilt, beträgt in etwa 3:1. Der gleiche Effekt zugunsten der Mehrfachkodierung tritt, wenngleich weniger deutlich, auch im Obd. und Wmd. auf, dort ist allerdings die Kodierung über alle drei abgefragten Kategorien die häufigste (mit 36 % für das Obd. bzw. 27 % für das Wmd.). Im Vergleich von Serialisierung und Belebtheit lässt sich hingegen für keinen Sprachraum eine klare Tendenz ausmachen (Kategorie 5 zu 8), das Nordd. weist hier leicht höhere Werte zugunsten der Serialisierung auf (19 % zu 16 %), während im Obd. und Wmd. die Belebtheit etwas häufiger die Zuordnung ermöglicht (11 % zu 6 % im Obd., 8 % zu 7 % im Wmd.).

6.2.4 Personenname versus Appellativum – ein Vergleich mit der LingBas-Datenbank

Für einen systematischen Vergleich der Kodierungsstrategien für PersN-NPs mit denen für appellativische NPs und Pronomen wurde eine Abfrage der LingBas-Datenbank „ReffMech" durchgeführt. Ziel dieser Abfrage war es, zu untersuchen, ob hinsichtlich der Kategorien „Kasus", „Serialisierung" und „Belebtheit" (und ihres Zusammenspiels) im Deutschen Unterschiede zwischen den Kodierungsstrategien für semantische Rollen bei PersN und APP (inkludiert: Pronomen) bestehen. Hierzu wurde wie folgt vorgegangen: Um eine möglichst exakte Vergleichbarkeit zu den in Kap. 4.2.2 referierten Ergebnissen für die Kodierungsstrategien bei PersN zu erhalten, gingen an dieser Stelle all jene Satzbelege (auch Teilsätze) der LingBas-Datenbank in die Auswertung ein, auf die alle der folgenden Kriterien zutreffen:
– transitiver oder ditransitiver Satz
– Deklarativsatz
– kein Proprium in Argumentposition
– keine Präpositionalphrase in Argumentposition
– keine Rollendesambiguierung über morphologische Kongruenz möglich

Darüber hinaus wurde ein Katalog an Abfragen angewandt, mit dessen Hilfe jeweils die Anteile an Sätzen bestimmt wurden, die sich für die Rollenidentifikation durch Eindeutigkeit im Hinblick auf eine oder mehrere der in Tab. 17 gelisteten Kategorien auszeichnen (identisch zu Tab. 14).

Tab. 17: Abgefragte Kategorien für die Zuordnung semantischer Rollen und ihre Etikettierungen

Rollenzuordnung möglich über...	Etikettierung
Argumentabfolge (Serialisierung)	[+ A>P]
morphologischen Kasus	[+ Kasus]
Belebtheitsgefälle zwischen den Argumenten	[+ Belebtheitsg.]

Zu beachten ist, dass die LingBas-Datenbank zum Zeitpunkt der Abfrage (Februar 2017) – neben Daten aus anderen Sprachen und früheren Zeitstufen des Deutschen – ausschließlich regionalsprachliche, d. h. dialektale oder regiolektale Belege aus dem Obd. (Hochalemannisch, Schwäbisch, Ostfränkisch) und dem Nordd. (Nordnd.), nicht aber aus dem Md. beinhaltet, während die eigenen Korpusdaten für PersN an dieser Stelle auch Daten aus dem Wmd. umfasst. Die

Abfragen führen zunächst zu den in Tab. 18 dargestellten varietätenübergreifenden Ergebnissen.

Tab. 18: Häufigkeiten der realisierten Kodierungsstrategien für Personenname und Appellativum/Pronomen

Konstellation	Personenname	Appellativum+Pronomen
[+ A>P]	75 % (238)	79 % (223)
[+ Kasus]	44 % (141)	79 % (218)
[+ Belebtheitsg.	80 % (253)	84 % (255)

Die Auswertungen zeigen, dass bei APP (inkludiert: Pronomen) gegenüber PersN die Kategorie „Kasus" signifikant häufiger Verwendung findet, um die semantischen Rollen im Satz zu kodieren (χ^2 (1, N = 619) = 90, p < ,001). Der gleiche Effekt lässt sich allerdings nicht für die abgefragten Kategorien „Serialisierung" und „Belebtheit" feststellen, diese verhalten sich zwischen den Wortklassen vielmehr annähernd gleich. Mit anderen Worten: Was die hier untersuchten Kodierungsstrategien anbelangt, verhalten sich mit Ausnahme des Kasuskriteriums Argumente in transitiven und ditransitiven Sätzen im Deutschen unabhängig davon, ob eines (oder mehrere) der Argumente durch einen PersN ausgedrückt wird oder nicht. So sind die relativen Anteile an eindeutig rollenkodierten Sätzen jeweils dort am höchsten, wo Serialisierung oder Belebtheit Aufschluss über die Rollenzuordnung geben und dort am geringsten (bes. bei PersN), wo die Kasusmarkierung eine eindeutige Zuordnung erlaubt. Der zuletzt genannte Befund ist bei den APP und Pronomen auf eine Vielzahl an Kasussynkretismen, z. B. bei Feminina und Neutra, in den Regionalsprachen aber auch bei Maskulina, zurückzuführen. Für die PersN kommt hinzu, dass die Realisierung des Artikels als Träger morphologischen Kasus (varietätenabhängig) ausgespart sein kann, sodass hier mitunter aus zweierlei Gründen die eindeutige morphologische Kodierung der Argumente unterwandert wird.

Um diesen Aspekt genauer zu untersuchen, wurden in einer weiteren Abfrage die gleichen Kategorien nach ihrer obd. und nordd. Provenienz aufgeschlüsselt; dies vor dem Hintergrund, dass die Befunde in Kap. 6.1 erbracht haben, dass der PersN-Artikel im nordd. Raum seltener verwendet wird als im obd. und deshalb als Träger morphologischen Kasus auch seltener zur Verfügung steht. Umgekehrt neigen Sprecher/-innen im obd. Raum stärker zu Kasussynkretismen zwischen Nominativ und Akkusativ („Rheinischer Akkusativ", bes. im westlichen Teil des Alemannischen) bzw. (seltener) zwischen Nominativ und Dativ (bes. im Ostfränkischen) als im nordd. Raum, was die morphologische Kodierung ebenfalls erschweren sollte.

Tab. 19 weist aus, dass Sätze, in denen die semantischen Rollen mittels morphologischen Kasus eindeutig markiert sind, seltener sind, wenn eines der Argumente durch einen oder durch mehrere PersN besetzt ist, als wenn dies nicht der Fall ist. Dieser Effekt ist signifikant für das Nordd. (8 % zu 71 %; χ^2 (1, N = 200) = 86, p < ,001), er gilt aber nicht für das Obd., wo sich der Anteil an eindeutig kasusmarkierten PersN und eindeutig kasusmarkierten APP sehr ähnelt (66 % zu 58 %). Etwas überraschend lassen sich für das Nordd. hingegen keine Frequenzunterschiede in den Anteilen an A>P-Abfolgen feststellen, die Anteile liegen für PersN bei 82 Prozent und für APP bei 79 Prozent. Ein direkter Zusammenhang zwischen Kasusmarkierung und Serialisierung spiegelt sich in den Daten also nicht wider, die mangelhaft ausgeprägte Kasusmarkierung bei PersN führt demnach nicht zu einer Präferenz für A>P-Abfolgen gegenüber APP und Pronomen. Das Gleiche gilt auch für den obd. Raum, hier sind A>P-Abfolgen bei APP und Pronomen sogar etwas häufiger belegt als bei PersN. Die Anteile bei den Kasusmarkierungen und beim Belebtheitsgefälle zwischen PersN und APP/Pronomen sind hingegen annähernd gleich.

Tab. 19: Häufigkeiten der realisierten Kodierungsstrategien für Personenname und Appellativum/Pronomen nach Sprachraum

Konstellation	Oberdeutsch		Norddeutsch	
	Personenname	Appellativum +Pronomen	Personenname	Appellativum +Pronomen
[+ A>P]	68 % (60)	83 % (116)	82 % (88)	79 % (96)
[+ Kasus]	66 % (58)	58 % (81)	8 % (9)	71 % (62)
[+ Belebtheitsg.]	84 % (74)	82 % (115)	79 % (84)	84 % (102)

Betrachten wir nun das individuelle Zusammenspiel von Serialisierung, morphologischer Kasusmarkierung und Belebtheit bei der Kodierung semantischer Rollen in Tab. 20. Die Anteile an eindeutigen Sätzen sind hier nach Sprachraum getrennt jeweils dahingehend unterschieden, ob die Kodierung semantischer Rollen von einer oder von mehreren der relevanten Parameter geleistet werden kann (jeweils durch [+] markiert). Hinzu kommt der Anteil an global ambigen Sätzen, d. h. von Sätzen, auf die keines dieser Kriterien zutrifft ([- A>P, - Kasus, - Belebtheitsg.]).

Tab. 20: Häufigkeiten der realisierten Kodierungsstrategien für Personenname und Appellativum/Pronomen nach Sprachraum

Kategorie	Konstellation	Oberdeutsch		Norddeutsch	
		PersN	Appellativum +Pronomen	PersN	Appellativum +Pronomen
1	[+ A>P] [+ Kasus] [- Belebtheitsg.]	9 % (8)	3 % (4)	3 % (3)	2 % (2)
2	[- A>P] [+ Kasus] [- Belebtheitsg.]	1 % (1)	1 % (1)	0 %	0 %
3	[+ A>P] [+ Kasus] [+ Belebtheitsg.]	36 % (32)	41 % (57)	4 % (4)	36 % (44)
4	[- A>P] [+ Kasus] [+ Belebtheitsg.]	19 % (17)	14 % (19)	2 % (2)	13 % (16)
5	[+ A>P] [- Kasus] [- Belebtheitsg.]	6 % (5)	14 % (20)	19 % (20)	13 % (15)
6	[- A>P] [- Kasus] [- Belebtheitsg.]	0 %	0 %	0 %	3 % (3)
7	[+ A>P] [- Kasus] [+ Belebtheitsg.]	17 % (15)	25 % (35)	57 % (61)	29 % (35)
8	[- A>P] [- Kasus] [+ Belebtheitsg.]	11 % (10)	3 % (4)	16 % (17)	6 % (7)

Die Daten weisen aus, dass bei APP (inkludiert: Pronomen) sowohl im Nordd. als auch im Obd. der Anteil an Sätzen dominiert, in denen eine maximale formale und semantische Eindeutigkeit für die P-Agenszuordnung besteht, d. h., wo sowohl Serialisierung als auch morphologischer Kasus und Belebtheit eine eindeutige Rollenidentifikation erlauben ([+ A>P, + Kasus, + Belebtheitsg.): 36 Prozent für das Nordd., 41 Prozent für das Obd. Hier zeigt sich ein Unterschied zu den PersN, wo für das Nordd. mit 57 Prozent der Anteil an Sätzen dominiert, die in ihren Serialisierungs- und Belebtheitseigenschaften eindeutig sind, die aber Kasusambiguität im Sinne der oben aufgestellten Kriterien aufweisen ([+ A>P], [- Kasus], [+ Belebtheitsg.]).

Überhaupt lassen sich für die beiden Wortklassen Unterschiede zwischen den Kodierungsstrategien vor allem beim Kasuskriterium finden. So sind im Nordd. die Anteile an kasuseindeutigen Sätzen bei APP und Pronomen immer höher als bei PersN, in Kategorie 3 sind diese Unterschiede auch signifikant (χ^2 (1, N = 222) = 33, p < ,001). Neben der Kasusmarkierung am Pronomen ist hierfür ausschlaggebend, dass der Artikel als Träger morphologischen Kasus bei APP (im Singular) obligatorisch gesetzt wird, während der Artikel im Nordd. bei PersN häufiger entfällt. Anders verhält es sich hingegen im Obd., wo sich die Anteile an Belegen mit Eindeutigkeit im morphologischen Kasus [+ Kasus] zwischen PersN und APP in keiner der abgefragten Konstellationen signifikant voneinander unterscheiden. Doch laufen auch nordd. Sprecher/-innen nach den vorliegenden Daten keine Gefahr, dass die fehlende Kasusmarkierung zu einer Ambiguität in der Zuordnung semantischer Rollen führt: Die Anteile an global ambigen Sätzen im Korpus liegen im Nordd. bei den PersN bei 0 Prozent und bei den APP bei 3 Prozent. Vielmehr kann die mangelhaft ausgeprägte morphologische Kodierung in der Mehrzahl der Fälle im Nordd. dadurch aufgefangen werden, dass eine Argumentabfolge zugunsten von P-Agens-vor-P-Patiens vorherrscht und zudem ein Belebtheitsgefälle zugunsten des P-Agens zu verzeichnen ist.

Das Verhältnis an Sätzen, in denen sowohl die Serialisierung als auch die Belebtheit die Zuordnung ermöglichen, zu Sätzen, in denen dies nur für die Serialisierung oder nur für die Belebtheit gilt, beträgt im Korpus etwa 3:1, was verdeutlicht, dass nordd. Sprecher/-innen die Mehrfachkodierung semantischer Rollen gegenüber der Einfachkodierung präferieren. Dies gilt verstärkt für PersN (57 % zu 19 % bzw. 16 % bei der Einfachkodierung), der Effekt spiegelt sich aber auch für APP und Pronomen in den Abfragen der LingBas-Datenbank wider, wo Sätze, in denen Serialisierung und Belebtheit die Zuordnung ermöglichen, doppelt (25 % zu 14 %) bzw. achtmal (25 % zu 3 %) so häufig sind wie Sätze, in denen nur einer der Parameter zur Rollenkodierung beitragen kann. Im Vergleich von Serialisierung und Belebtheit überwiegt hingegen für das Nordd. sowohl bei PersN als auch bei APP der Anteil an Sätzen, in denen die Serialisierung die Zuordnung ermöglicht (19 % zu 16 % bei den PersN, 14 % zu 3 % bei den APP), ohne dass dafür allerdings statistische Signifikanz erreicht wird.

Werfen wir abschließend noch einen Blick auf den Vergleich von PersN und APP im Obd.: Die Daten weisen hier in keiner der abgefragten Konstellationen signifikante Unterschiede in den Gebrauchshäufigkeiten aus, die Wortklassen verhalten sich hinsichtlich der betrachteten Rollenkodierung demnach nahezu gleich – die Resultate müssen deshalb auch nicht im Einzelnen besprochen werden. Ich führe diesen Befund auf den sehr häufigen und in manchen Varietäten sogar obligatorischen Gebrauch des PersN-Artikels in obd. Varietäten zurück, der nach den vorliegenden Daten und anders, als es im Nordd. der Fall ist, zwischen PersN und APP eine einheitliche formale Kodierung semantischer Rollen ermöglicht.

Zusammenfassend zeigen die Ergebnisse also, dass der Gebrauch des PersN-Artikels bedingt einen Einfluss darauf hat, nach welchen Strategien die semantischen Rollen im Satz kodiert werden. So lässt sich im Nordd. bei PersN gegenüber APP eine signifikante Zunahme von morphologisch ambigen Sätzen feststellen, die darauf zurückzuführen ist, dass dort häufig kein Definitartikel am PersN verwendet wird, der Artikel als Träger morphologischen Kasus für die Rollenzuordnung also nicht zur Verfügung steht. Für diese Erklärung spricht auch, dass der Anteil an morphologisch ambigen Sätzen bei PersN und APP für den obd. Raum in etwa gleich hoch ist. Der PersN-Artikel ist hier im grammatischen System bereits voll etabliert, also unterscheiden sich die beiden Wortklassen auch nicht, was die Kodierung semantischer Rollen anbelangt. Sowohl bei den PersN als auch bei den APP können die semantischen Rollen dabei über mindestens eine der abgefragten Kodierungsstrategien desambiguiert werden, der Anteil an global ambigen Sätzen ist dementsprechend nicht existent (bei PersN) bzw. verschwindend gering (bei APP). Die Kodierung durch mehrere Strategien wird dabei sowohl bei PersN als auch bei APP gegenüber der einfachen Kodierung präferiert, was aus Perspektive der Sprachverarbeitung Sinn macht, da es dem Hörer die Zuordnung von P-Agens und P-Patiens erleichtert. Zudem wird im Nordd. bei PersN in der Tendenz der vergleichsweise hohe Anteil an morphologisch ambigen Sätzen durch eine stärkere Fixierung der Argumentabfolge zugunsten von A>P aufgefangen. Doch ist es insbesondere das Zusammenspiel von Argumentabfolge und Belebtheit, welches im Nordd. die Rollenzuordnung ermöglicht.

6.2.5 Der Zusammenhang von Artikelgebrauch und syntaktischer Funktion

Noch eine andere Perspektive auf die Daten ergibt sich, wenn man die Gebrauchsfrequenzen des PersN-Artikels unabhängig von den drei diskutierten Kodierungsstrategien nach der syntaktischen Funktion im Satz aufschlüsselt, also auszählt, wie häufig im Korpus ein PersN als Subjekt oder Objekt (letzteres noch mal unterschieden zwischen direktem Objekt (DO) und indirektem Objekt (IO)) mit Definitartikel verwendet wird. Es lassen sich dadurch die folgenden Hypothesen überprüfen:

H4: Der PersN-Artikel wird häufiger für Objekte verwendet als für Subjekte.
H5: Der PersN-Artikel wird häufiger bei indirekten Objekten verwendet als bei direkten Objekten.
H6: Der PersN-Artikel wird häufiger für Subjekte in transitiven Sätzen verwendet als für Subjekte in intransitiven Sätzen.

H4 bezieht sich auf Annahmen aus der Forschung, denen zufolge der PersN-Artikel historisch zuerst in Objektfunktion auftaucht, dort von der Namenflexion die Kasusmarkierung übernimmt und damit der Artikelgebrauch bei Objekten auch funktional stärker belastet ist, als es bei Subjekten der Fall ist (s. dazu Kap. 6.2.7).

H4 und H5 rekurrieren zudem auf Arbeiten zur Kasustheorie, in denen für das Deutsche davon ausgegangen wird, dass der Nominativ (als Subjektkasus) strukturell weniger restringiert ist als der Dativ und Akkusativ (als die beiden Objektkasus) und damit auch seltener einer morphologischen Kodierung (hier über den Artikel) bedarf (dazu z. B. Wunderlich 1985; Primus 1987; Dürscheid 1999; Kasper 2015a). Eine solche Markiertheitsabfolge wird auch für Akkusativ und Dativ in Anspruch genommen, wobei der Akkusativ als der weniger restringierte der beiden Kasus gilt (vgl. ebd.).

Mit H6 wird schließlich der Artikelgebrauch bzgl. des Wettbewerbs um die syntaktischen Funktionen im Satz untersucht. So ist in intransitiven Sätzen das Komplement per definitionem ohne Wettbewerber um die Subjektfunktion, während es in transitiven Sätzen mit einem zweiten Komplement um die Subjektfunktion konkurriert, dementsprechend auch die Affinität für eine morphologische Kodierung der Komplemente stärker ausgeprägt sein sollte.

In Tab. 21 sind für die Teilkorpora die absoluten und relativen Häufigkeiten für den PersN-Artikel nach syntaktischer Funktion im Satz aufgeschlüsselt. Die diachronen Veränderungen in den relativen Anteilen sind zudem in Abb. 23 dargestellt.

Tab. 21: Relative und absolute Häufigkeiten für den PersN-Artikel nach Teilkorpus und syntaktischer Funktion

Funktion	HexenV	AuswB	Zwirner	REDE
Subj. intrans.	13 % (62)	33 % (235)	59 % (481)	54 % (2392)
Subj. trans.	24 % (56)	39 % (112)	61 % (85)	52 % (743)
IO	60 % (49)	58 % (42)	63 % (19)	67 % (105)
DO	40 % (22)	53 % (39)	76 % (32)	59 % (234)

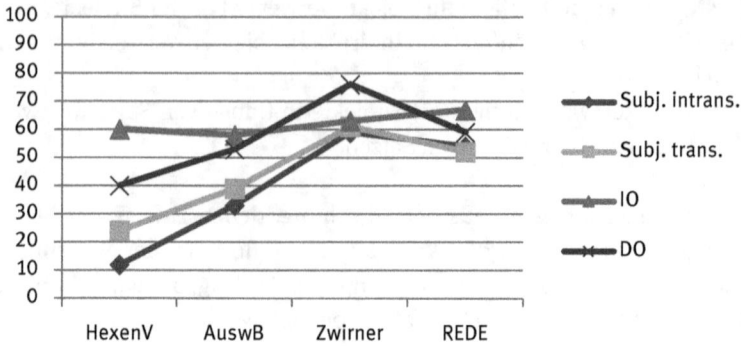

Abb. 23: Relative Häufigkeiten (in %) für den PersN-Artikel nach Teilkorpus und syntaktischer Funktion

Es zeigt sich, dass der Gebrauch des PersN-Artikels in allen Teilkorpora sowohl das Subjekt als auch das Objekt betrifft, und zwar sowohl bei PersN in intransitiven als auch in transitiven Sätzen. Die relativen Werte zeigen dabei eine breite Streuung zwischen 13 und 76 Prozent, sie sollen im Folgenden zuerst im Hinblick auf ihre diachrone Entwicklung besprochen und im Anschluss unter arealen Gesichtspunkten weiter differenziert werden.

Die Tabelle weist zunächst aus, dass die Anteile zwischen den Teilkorpora unterschiedlich hoch sind: Die älteren Daten weisen jeweils einen selteneren Gebrauch des PersN-Artikels aus als die jüngeren. Die in Abb. 23 dargestellten vier Graphen, die die beiden Subjektbedingungen und Objektbedingungen repräsentieren, laufen so von links nach rechts betrachtet jeweils ansteigend, was bedeutet, dass der PersN-Artikel hier einer Dynamik unterliegt, indem für alle ausgewerteten syntaktischen Funktionen die Tendenz zu einem häufigeren Artikelgebrauch nachweisbar ist.[25] Die Graphen laufen zudem weitgehend parallel, d. h. die syntaktische Funktion, die in den älteren Daten jeweils einen höheren Wert aufweist, weist diesen auch noch in den rezenteren Daten auf.

Unterschiede in den Gebrauchsfrequenzen lassen sich auch insofern feststellen, als in den beiden historischen Korpora das Objekt signifikant häufiger

---

[25] Eine Ausnahme stellt der Wert für das DO in Zwirner dar, der gegen den Trend höher liegt als der entsprechende Wert in REDE. Schlüssig lässt sich dieser Ausreißer m. E. nur über den Faktor Zufall erklären, die Unterschiede erreichen in der statistischen Auswertung auch keine Signifikanz.

den PersN-Artikel lizenziert als das Subjekt, wodurch H4 bestätigt wird.[26] In Zwirner und REDE ist dieser Effekt nur marginal und statistisch auch nicht nachweisbar. Zwischen IO und DO lässt sich in den Daten hingegen lediglich eine Tendenz dahingehend feststellen, dass das IO in den HexenV, den AuswB und in REDE leicht häufiger zur Artikelsetzung tendiert als das DO. Da diese Unterschiede in der statistischen Auswertung ebenfalls keine Signifikanz erreichen und sich in den Daten für Zwirner sogar der gegenteilige Effekt zugunsten des DO zeigt (ebenfalls ohne Signifikanz), kann H5 damit als falsifiziert gelten.

Historisch tritt der PersN-Artikel in den HexenV darüber hinaus signifikant häufiger auf, wenn der PersN als Subjekt eines transitiven Satzes gebraucht wird, denn als Subjekt eines intransitiven Satzes (χ^2 (1, N = 710) = 14, p < ,001). Dieser Effekt lässt sich für die anderen Teilkorpora nicht feststellen, er deutet aber zumindest darauf hin, dass der PersN-Artikel historisch affin war für Kontexte, in denen das Subjekt eines Satzes mit anderen Argumenten um die syntaktischen Funktionen im Satz konkurriert hat – dies entspricht der oben aufgestellten H6.

Der Datenvergleich zeigt zudem, dass die Zunahme für den Gebrauch des PersN-Artikels insbesondere das Subjekt betrifft, und zwar sowohl das Subjekt eines intransitiven als auch eines transitiven Satzes. Dabei sind für die beiden Objektfunktionen bereits in den HexenV relative Anteile für den PersN-Artikel von 60 Prozent für das IO und 40 Prozent für das DO zu verzeichnen, während Subjekte mit 13 Prozent (für intransitive Sätze) und 24 Prozent (für transitive Sätze) dem Wandel hier deutlich hinterherhinken. Die verzögerte Entwicklung für Subjekte hat, so die Argumentation, morphosyntaktische Gründe, indem der Artikel in der Objektbedingung als Träger morphologischen Kasus historisch früh genutzt wird, während PersN als Subjekte dort noch weitgehend ohne den Artikel als Kasusträger auskommen. Insbesondere die steil ansteigenden Werte für den Artikelgebrauch zwischen den HexenV und den AuswB verdeutlichen aber, dass die Subjektbedingung (transitiv wie intransitiv) in den Gebrauchsfrequenzen nachzieht, sodass in den rezenten REDE-Daten auch dort in über der Hälfte der Belege der PersN-Artikel verwendet wird.

Die folgenden Tabellen schlüsseln ergänzend für die syntaktischen Funktionen den Anteil für den PersN-Artikel nach Sprachraum und Teilkorpus auf. Ziel dieses Datenvergleichs ist es, für jeden der untersuchten Sprachräume zu ermitteln, wie sich der Artikelgebrauch in Abhängigkeit von der syntaktischen Funktion gewandelt hat.

---

26 HexenV: summierte Werte Subjekt vs. Objekt: χ^2 (1, N = 847) = 82, p < ,001; AuswB: summierte Werte Subjekt vs. Objekt: χ^2 (1, N = 1145) = 23, p < ,001.

Beginnen wir, der Chronologie der Daten entsprechend, mit den Werten für die HexenV in Tab. 22. Die arealen Unterschiede betreffen hier insbesondere den Vergleich zwischen dem Obd. und den beiden anderen Sprachräumen. So weist das Obd. relative Anteile für den PersN-Artikel zwischen 38 und 86 Prozent auf, während sie im Nordd. und Wmd. deutlich niedriger zwischen 6 und 50 Prozent liegen. Vergleichsweise hohe Werte werden dabei in allen Sprachräumen für die Objektfunktionen erreicht, sie sind mit Werten um die 80 Prozent am höchsten im Obd., während sie im Wmd. und Nordd. in etwa auf dem gleichen Niveau liegen, mit zirka 50 Prozent für das IO und zirka 20 Prozent für das DO. Deutlich niedriger sind die Werte hingegen überall für die Subjektbedingungen (bes. für das intransitive Subjekt), für das Obd. lassen sich aber auch hier schon deutlich höhere Anteile verzeichnen als für das Nordd. und Wmd. Überhaupt sind die Differenzen zwischen Subjekt und Objekt im Obd. deutlich geringer als in den beiden anderen Sprachräumen, wo insbesondere für das IO noch klare Unterschiede in den Gebrauchsfrequenzen zu den beiden Subjektbedingungen zu verzeichnen sind.

Was die Unterschiede in den Anteilen zwischen Obd. und Nordd. anbelangt, zeichnet sich in Tab. 23 für die AuswB ein ähnliches Bild ab. So ist in allen ausgewerteten syntaktischen Funktionen der Artikelgebrauch im Obd. deutlich häufiger als im Nordd.: Die Spanne liegt im Obd. zwischen 70 und 86 Prozent, im Nordd. beträgt sie zwischen 11 und 33 Prozent. Im Vergleich zu den HexenV nähert sich das Wmd. allerdings zunehmend dem Obd. an. Die Werte liegen dabei für das Wmd. für alle syntaktischen Funktionen höher als in den HexenV, wobei auch im Obd. die Anteile, insbesondere die für das intransitive Subjekt, noch mal deutlich zugelegt haben. So bleiben die Werte nur im Nordd. auf konstant niedrigem Niveau, und zwar sowohl für die beiden Subjekt- als auch für die Objektbedingungen. Im Vergleich zu den Werten in den HexenV nähern sich in den AuswB auch bereits die Anteile für den PersN-Artikel in den Subjekt- und Objektbedingungen an, und zwar in allen drei Sprachräumen.

Tab. 22: Relative und absolute Häufigkeiten für den PersN-Artikel nach syntaktischer Funktion und Sprachraum in den HexenV

Hexenverhöre			
Anteil	**Oberdeutsch**	**Westmitteldeutsch**	**Norddeutsch**
Subj. intrans.	38 % (29)	12 % (17)	6 % (16)
Subj. trans.	65 % (28)	26 % (14)	12 % (14)
IO	75 % (27)	50 % (8)	48 % (14)
DO	86 % (12)	25 % (6)	22 % (4)

Tab. 23: Relative und absolute Häufigkeiten für den PersN-Artikel nach syntaktischer Funktion und Sprachraum in den AuswB

Auswandererbriefe			
Anteil	Oberdeutsch	Westmitteldeutsch	Norddeutsch
Subj. intrans.	70 % (121)	36 % (76)	11 % (38)
Subj. trans.	76 % (55)	44 % (44)	12 % (13)
IO	86 % (25)	64 % (14)	14 % (3)
DO	84 % (16)	54 % (15)	33 % (8)

In Zwirner (Tab. 24) und REDE (Tab. 25) ist die Artikelexpansion, die sich für das Obd. und Wmd. bereits im Vergleich der HexenV mit den AuswB abgezeichnet hat, nun nahezu abgeschlossen.

Tab. 24: Relative und absolute Häufigkeiten für den PersN-Artikel nach syntaktischer Funktion und Sprachraum im Zwirner-Korpus

Zwirner-Korpus			
Anteil	Oberdeutsch	Westmitteldeutsch	Norddeutsch
Subj. intrans.	97 % (228)	67 % (183)	23 % (70)
Subj. trans.	100 % (34)	74 % (36)	18 % (15)
IO	100 % (4)	89 % (8)	41 % (7)
DO	100 % (10)	93 % (13)	50 % (9)

Tab. 25: Relative und absolute Häufigkeiten für den PersN-Artikel nach syntaktischer Funktion und Sprachraum in REDE

REDE-Korpus			
Anteil	Oberdeutsch	Westmitteldeutsch	Norddeutsch
Subj. intrans.	87 % (864)	86 % (1369)	9 % (159)
Subj. trans.	87 % (296)	89 % (403)	11 % (44)
IO	96 % (47)	92 % (54)	14 % (4)
DO	86 % (75)	86 % (127)	19 % (32)

Mit Anteilen um die 90 Prozent lassen sich für beide Sprachräume auch keine signifikanten Unterschiede in den Gebrauchsfrequenzen mehr zwischen den

Subjekt- und Objektbedingungen feststellen. Im Nordd. hingegen liegen die Werte auch noch in Zwirner und REDE auf konstant niedrigem Niveau, die Differenzen in den Gebrauchshäufigkeiten zwischen den nordd. und obd. bzw. wmd. Varietäten sind damit weiter ausgebaut und verfestigt worden. Für das Nordd. lässt sich sowohl für Zwirner als auch für REDE zudem eine häufigere Verwendung des PersN-Artikels in Objektfunktion gegenüber der Subjektfunktion feststellen.[27] Diesbezüglich entspricht die rezente Situation im Nordd. der, wie sie sich historisch auch für das Obd. und insbesondere für das Wmd. abzeichnet. Differenzen in den Gebrauchsfrequenzen zwischen Zwirner und REDE sind hingegen allesamt nicht signifikant und beruhen vermutlich darauf, dass in Zwirner für bestimmte Bedingungen nur eine geringe Anzahl an Korpusbelegen zur Verfügung stand.

Fassen wir den arealspezifischen Vergleich der Daten zusammen: Es konnte gezeigt werden, dass die Anteile für den PersN-Artikel zwischen den einzelnen Sprachräumen einer größeren Variation unterliegen, als es zwischen den verschiedenen syntaktischen Funktionen innerhalb eines bestimmten Sprachraums der Fall ist. So weisen die nordd. Varietäten in allen Teilkorpora und für alle untersuchten syntaktischen Funktionen jeweils signifikant geringere Werte für den Artikelgebrauch auf als im Obd. und Wmd. Dieser Effekt ist am Größten für die beiden Subjektbedingungen, er lässt sich in den Daten aber auch für die beiden Objektbedingungen nachweisen. Zwischen dem Obd. und Wmd. finden sich hingegen signifikante Unterschiede vor allem in den historischen Daten, indem die hohen Anteile für den PersN-Artikel im Obd. früher zu verzeichnen sind als im Wmd., wo insbesondere die beiden Subjektbedingungen eine verzögerte Entwicklung aufweisen.

Der Vergleich zwischen den Werten der HexenV und denen der AuswB spricht so in der Summe dafür, dass die Artikelexpansion hier zuerst den obd. Raum erfasst hat; mit hohen Werten für den PersN-Artikel in den beiden Objektbedingungen und im Vergleich zu den anderen Sprachräumen deutlich höheren Werten auch für die beiden Subjektbedingungen. Das Wmd. zieht dann spätestens ab den AuswB nach, und zwar insbesondere für das Subjekt, wo sich die anfangs niedrigen Werte den höheren Werten für das Objekt anpassen. In den beiden rezenteren Teilkorpora sind die Unterschiede zwischen Obd. und Wmd. hingegen nivelliert worden, sodass in Bezug auf den Artikelgebrauch nun die beiden Sprachräume dem Nordd. gegenüberstehen. Innerhalb eines Sprachraums treten die größten Unterschiede weiterhin im Nordd. auf, wo der Artikel

---

27 Zwirner: summierte Werte Subjekt vs. Objekt: χ^2(1, N = 422) = 10, p < ,001; REDE: summierte Werte Subjekt vs. Objekt: χ^2(1, N = 2364) = 27, p < ,001.

in den Objektbedingungen häufiger verwendet wird als in den Subjektbedingungen. Dies deutet darauf hin, dass im Nordd. die syntaktische Funktion des PersN im Satz einen stärkeren Einfluss auf den Artikelgebrauch hat, als es im Obd. und Wmd. der Fall ist. Zwischen IO und DO lassen sich hingegen in keinem der untersuchten Sprachräume signifikante Unterschiede in den Gebrauchsfrequenzen feststellen, PersN als IO werden demnach ebenso häufig mit PersN-Artikel gebraucht, wie PersN als DO.

6.2.6 Exkurs: Die Stellung von Personennamen im Satz

Die vorangehenden Abschnitte haben sich u. a. mit der Serialisierung von Argumenten in transitiven Sätzen befasst. Die Auswertungen haben hierbei ergeben, dass der Anteil an kritischen Satzbelegen mit A>P-Abfolge deutlich höher ist als der mit P>A-Abfolge, wenngleich die P>A-Abfolge in allen Teilkorpora und für alle untersuchten Sprachräume nicht selten vorkommt. Dies gilt gleichermaßen für Sätze mit PersN und APP (inkludiert: Pronomen) in Argumentposition und weist darauf hin, dass die Wortstellung im Deutschen allgemein weniger rigide ist, als es z. B. im Englischen der Fall ist, wo Abweichungen von der S>O-Abfolge (resp. der A>P-Abfolge) nur ganz selten, und zwar in pragmatisch oder informationsstrukturell lizenzierten Kontexten möglich sind – und wo sie dann auch (im Gegensatz zum Deutschen) strukturell immer eindeutig sind (dazu z. B. Hawkins 1986: 37–51; Speyer 2010: 24–79; Brown & Miller 2016: 67). Ich möchte die Untersuchungen zu den Kodierungsstrategien bei PersN deshalb an dieser Stelle um eine Korpusauswertung ergänzen, in der die syntaktischen Funktionen im Satz zusätzlich zu den bereits getesteten Faktoren auch ins Verhältnis zu den Akzessibilitätseigenschaften gesetzt werden, die den (pro-)nominalen Argumenten im Satz zugrunde liegen. Damit soll überprüft werden, ob neben Kasus und Belebtheit auch die Akzessibilität einen Einfluss auf die Stellung von PersN im Satz hat. Ich gehe dabei von den folgenden beiden Hypothesen aus:
H7: In Sätzen mit O>S-Abfolge wird ein hoch akzessibles Argument mit Objektfunktion bevorzugt.
H8: Für die Stellung von PersN wird die erste Argumentposition im Satz bevorzugt.

H7 rekurriert insbesondere auf Arbeiten zum Zusammenhang von Argumentabfolge und Informationsstruktur, in denen davon ausgegangen wird, dass O>S-Abfolgen im Deutschen besonders dann auftreten, wenn – im Sinne einer Thema-Rhema-Struktur – das Subjekt, das Objekt oder die gesamte Proposition des vorangehenden Satzes pronominal oder demonstrativ wieder aufgenommen werden (vgl. z. B. Duden-Grammatik 2016: 1119–1133). Im Rahmen des Akzessibilitätskonzeptes kann dieses Ergebnis nun dahingehend operationalisiert und über eine Auswertung empirisch überprüft werden, als Pronomen auf der Akzessibilitätsskala die höchsten Rangwerte einnehmen. Somit ist bei transitiven Sätzen mit PersN und O>S-Abfolge davon auszugehen, dass die Argumente ein Akzessibilitätsgefälle zugunsten von „hohe Akzessibilität-vor-niedrige Akzessibilität" aufweisen. Dies zeigt sich z. B. in (11a), wo das Demonstrativpronomen *dat* anaphorisch auf die Proposition der vorangehenden Frage ('unter Bomben zu leiden') verweist oder in (11b), wo das phonologisch reduzierte Pronomen *se* koreferent zu der definiten NP *die Liste* ist. Die PersN stehen hierbei jeweils in der zweiten Argumentposition.

(11) a. A: hätt säi au viel mit bomben äh unner bomben verliien hat ['zu leiden gehabt']?
B: ja, **dat** weit robert ok ja wohl. net robert. (Zwirner, ZW2S4, Nordnd.)
b. also die liste, weiß net, ob **se** de stefan genau so führt. (REDE, WUE1, Ostfränkisch)

Dem gegenüber stehen Sätze wie in (12), in denen das zweite Argument durch eine NP mit appellativischem Kopf besetzt ist. Solche Satztypen zeichnen sich gegenüber Pronomen durch einen geringeren Akzessibilitätsgrad aus, das Akzessibilitätsgefälle gegenüber dem PersN in der zweiten Argumentposition fällt dementsprechend auch geringer aus: „niedrige Akzessibilität-vor-mittlere Akzessibilität".[28]

(12) a. den Johannes Jökel hat auch **das loß** getrofen (AuswB, Bönsel, Hessisch)
b. hätt dann **die hälfte von dem bauplatz** de andi übernomme. (REDE, RA4, Alemannisch)

H8 bezieht sich wiederum auf das in Kap. 4.1.2 im Zusammenhang mit der Referenzherstellung im Diskurs angesprochene Prinzip, wonach die Sprachteilnehmer bestrebt sind, Referenz in der Äußerung möglichst früh herzustellen. Bezogen auf die Äußerungseinheit „Satz" würde dies eine Präferenz für PersN in der ersten Argumentposition implizieren. Hinzu kommt, dass PersN auf menschliche und damit auf belebte Referenten verweisen und es im Deutschen die all-

---

[28] In die Klasse der APP fallen hier alle Wortklassen, die bei Ariel als kurze oder lange referenzielle Beschreibung gefasst sind.

gemeine Tendenz gibt, belebte Argumente den unbelebten voranzustellen (z. B. Reis 1987; Müller 1999; Kasper 2015a, i. E.; Dröge et al. 2016).

Methodisch wurde für die Auswertung wie folgt vorgegangen: Betrachtet wurden alle transitiven Sätze im Korpus, in denen genau ein Argument durch einen PersN ausgedrückt wird. Das zweite Argument kann hingegen sowohl durch ein Pronomen als auch durch ein APP ausgedrückt sein. Um H7 und H8 zu überprüfen, wurden Sätze mit Pronomen und APP hier getrennt voneinander ausgewertet. Dadurch konnte getestet werden, ob die Stellung von PersN in Abhängigkeit von den Akzessibilitätseigenschaften des konkurrierenden Arguments im Satz erfolgt. (Noch einmal sei darauf hingewiesen, dass für APP allgemein geringere Akzessibilitätswerte anzusetzen sind, als es für Pronomen der Fall ist). Neben der Akzessibilität wurden als weitere Variablen die Abfolge syntaktischer Funktionen im Satz (S>O oder O>S), die syntaktische Funktion der PersN-NP (Subjekt oder Objekt) sowie die Belebtheit des zweiten Arguments (menschlich oder nicht menschlich) berücksichtigt. Hieraus ergibt sich ein Auswertungsdesign, mit dem der Einfluss der folgenden vier Variablen auf die Stellung des PersN im Satz getestet werden konnte:

- Akzessibilitätsgefälle zwischen den Argumenten
- Argumentabfolge
- syntaktische Funktion des PersN
- Belebtheitsgefälle zwischen den Argumenten

Tab. 26 weist hier zunächst die entsprechenden Belegwerte für die Korpora Zwirner und REDE zusammengenommen aus.[29] Es zeigt sich, dass PersN in den Daten deutlich häufiger die erste Argumentposition im Satz einnehmen als APP (allgemein: 90 %), und zwar weitgehend unabhängig von der Argumentabfolge (93 % bei S>O, 62 % bei O>S) und den Belebtheitseigenschaften des konkurrierenden Arguments (83 % bei menschlichen, 94 % bei nicht menschlichen Argumenten). Diese Tendenz relativiert sich, wenn das zweite Argument durch ein Pronomen ausgedrückt wird. So weisen PersN hier allgemein nur noch zu 38 Prozent eine Erststellung auf, für die einzelnen Bedingungen variieren die Anteile zwischen 22 Prozent bei O>S-Abfolgen und 61 Prozent bei PersN als Subjekte.

Die Differenzen zwischen den appellativischen und pronominalen Abfragen lassen sich gemäß H7 auf die unterschiedlich ausgeprägten Gefälle in der Akzessibilität zurückführen, wobei die hohen Anteile bei den APP auf schwach ausgeprägte und die niedrigen Anteile bei den Pronomen auf stark ausgeprägte

---

[29] Die Auswertungen erbrachten an dieser Stelle keine Differenzen zwischen den beiden Teilkorpora, weshalb die Resultate hier zusammengefasst dargestellt werden können.

Akzessibilitätsgefälle in Relation zu den PersN zurückzuführen sind. Die starke Präferenz für die Erststellung von PersN zeigt sich insbesondere für die Subjektfunktion und für Sätze, bei denen das zweite Argument auf eine nicht menschliche Entität verweist. In beiden Bedingungen liegen die Anteile für PersN in Erstposition sogar höher als die für Pronomen. Umgekehrt sind PersN als Objekte und bei O>S-Abfolgen in der Erststellung deutlich seltener belegt als ihre Subjekt-Pendants. Ich führe diesen Effekt darauf zurück, dass es für Argumente in der Objektbedingung weitere, hier nicht erfasste Faktoren gibt, die im Deutschen die Tendenz zur Erststellung von PersN durchkreuzen können (dazu z. B. Lenerz 1977; Haftka 1994; Primus 1998; Müller 1999, 2002a; Berg 2013: 57–72; Dröge et al. 2016).

Tab. 26: Relative und absolute Häufigkeiten für die Stellungseigenschaften von PersN in transitiven Sätzen nach Argumentabfolge und syntaktischer Funktion des PersN in den Teilkorpora Zwirner und REDE

Zwirner und REDE		
Bedingung	PersN > Appellativum	PersN > Pronomen
bei S>O	93 % (452)	42 % (222)
bei O>S	62 % (27)	22 % (28)
bei PersN als Subjekt	96 % (474)	61 % (199)
bei PersN als Objekt	14 % (5)	35 % (51)
bei 2. Argument menschlich	83 % (46)	36 % (231)
bei 2. Argument nicht menschlich	94 % (433)	52 % (109)
allgemein	90 % (479)	38 % (250)

Die beobachteten Zusammenhänge lassen sich auch für die historischen Teilkorpora (Tab. 27 und Tab. 28) feststellen. So weisen PersN gegenüber APP in den HexenV zu 80 Prozent eine Erststellung auf, in den AuswB liegt der Anteil sogar bei 94 Prozent. Auch verringert sich der Anteil an Erststellungen, sofern es sich bei dem zweiten Argument um ein Pronomen handelt; sie liegen dann bei 47 Prozent in den HexenV und 52 Prozent in den AuswB. Dies spricht dafür, auch historisch einen Einfluss der Akzessibilität auf das Stellungsverhalten des PersN in transitiven Sätzen anzunehmen. Schließlich dominiert auch in den historischen Daten die Erststellung bei PersN in den beiden Subjektbedingungen (S>O, bei PersN als Subjekt) deutlich gegenüber den beiden Objektbedingungen (O>S, bei PersN als Objekt). Eine mögliche Erklärung wurde oben für die rezenten Daten bereits angeführt.

Zusammenfassend zeigen die Ergebnisse, dass die Akzessibilität einen Einfluss darauf hat, an welcher Position im Satz ein PersN steht. So dominiert für PersN allgemein die Erststellung. Dies wird zum einen dadurch begünstigt, dass PersN in transitiven Sätzen sehr häufig als Subjekte gebraucht werden und die Varietäten des Deutschen allgemein zu einer S>O-Abfolge der Argumente tendieren (vgl. Ergebnisse der LingBas-Datenbank in Kap. 6.2.4). Zudem handelt es sich bei PersN um Referenzausdrücke, die hoch auf der Belebtheitsskala rangieren, was sie ebenfalls für die erste Argumentposition prädestiniert. Doch weist ein Vergleich mit den festgestellten Abfolgeregularitäten in Tab. 18 (Kap. 6.2.3) aus, dass PersN hier über die allgemeine Tendenz zu S>O hinaus häufiger in der Erststellung auftreten: Der allgemeine Wert für S>O-Abfolgen im Korpus beträgt 75 Prozent, der Wert für PersN gegenüber APP hingegen 90 Prozent. Allerdings kann diese Tendenz alleine nicht die Differenzen in den Anteilen erklären, wie der Vergleich zwischen Sätzen mit APP oder Pronomen als zweites Argument gezeigt hat. So weisen die Belege mit wenigen Ausnahmen dann eine O>S-Abfolge auf, wenn das Objekt durch ein Pronomen, also durch ein hoch akzessibles Element ausgedrückt wird; nur dann wird der PersN in die zweite Argumentposition „gedrängt". Die Belebtheit des konkurrierenden Arguments spielt für die Serialisierung des PersN hingegen nur eine geringe Rolle. So wird für PersN auch dann die Erstposition präferiert, wenn das zweite Argument ebenfalls auf eine menschliche Entität verweist. Dies ist aus meiner Sicht ein gewichtiges Indiz für H8 und für die Präferenz des PersN in der ersten Argumentposition im Satz.

Tab. 27: Relative und absolute Häufigkeiten für die Stellungseigenschaften von PersN in transitiven Sätzen in den HexenV

Hexenverhöre		
Bedingung	PersN > Appellativum	PersN > Pronomen
bei S>O	89 % (88)	51 % (42)
bei O>S	83 % (7)	21 % (3)
bei PersN als Subjekt	93 % (84)	76 % (37)
bei PersN als Objekt	42 % (11)	17 % (8)
bei 2. Argument menschlich	66 % (26)	47 % (43)
bei 2. Argument nicht menschlich	90 % (69)	50 % (2)
allgemein	80 % (95)	46 % (45)

Tab. 28: Relative und absolute Häufigkeiten für die Stellungseigenschaften von PersN in transitiven Sätzen in den AuswB

Auswandererbriefe		
Bedingung	PersN > Appellativum	PersN > Pronomen
bei S>O	95 % (132)	49 % (38)
bei O>S	50 % (2)	60 % (15)
bei PersN als Subjekt	97 % (131)	78 % (39)
bei PersN als Objekt	38 % (3)	26 % (14)
bei 2. Argument menschlich	93 % (39)	47 % (38)
bei 2. Argument nicht menschlich	94 % (95)	63 % (15)
allgemein	94 % (134)	52 % (53)

6.2.7 Einordnung der Ergebnisse

Das in den vorangehenden Kapiteln betrachtete Zusammenspiel von Kasusmorphologie, Serialisierung und Belebtheit für den Gebrauch des PersN-Artikels ist in der Forschung bislang gänzlich unerforscht geblieben. Auch der Zusammenhang zu den syntaktischen Funktionen und zu den morphosyntaktischen Eigenheiten von PersN im Vergleich zu APP wurde bislang, mit Ausnahme der Arbeit von Schmuck & Szczepaniak (2014), ausschließlich anhand von Einzelbeispielen diskutiert, aber nicht mit quantitativen Auswertungen unterfüttert. Zusätzliche Evidenz für die Gültigkeit der vorliegenden Ergebnisse lässt sich demnach hier vor allem über Arbeiten gewinnen, die sich entweder isoliert auf einzelne Kodierungsstrategien beschränken oder deren Ergebnisse sich pauschal auf alle nominalen Wortklassen im Deutschen beziehen lassen. Hierbei stütze ich mich im Wesentlichen auf Beobachtungen und empirische Befunde speziell aus der älteren Forschung, in denen ein Zusammenhang von Artikelgebrauch und Kasusflexion postuliert wurde. Zudem wird eine Brücke zu den Befunden in Berg (2013) geschlagen, wo mittels Akzeptabilitätsurteilen Aussagen über die varietätenspezifische Präferenz für bestimmte Argumentabfolgen getroffen wurden.

Der Artikel als Kasusmarker

Beginnen wir mit den kasusmarkierenden Funktionen des Artikels. Bereits früh wurde hier in der Forschung ein Zusammenhang zwischen der morphologischen Kasusmarkierung und dem Gebrauch des PersN-Artikels gesehen. So vermutet Paul (1919: 181, vgl. 184) hinter der Artikelsetzung ein „Bedürfnis zur genaueren Unterscheidung der Kasus" und bei Bach (1952: 49) heißt es dazu:

> Um die Flexion deutlicher zu machen, werden die Eigennamen im 17. u. 18. Jh. in den obliquen Kasus gern mit dem Artikel verbunden.

Darüber hinaus sehen Wunderlich & Reis (1925: 316–317) einen direkten Zusammenhang zwischen der Kasusmarkierung und der Artikelverwendung. Sie führen den häufigeren Gebrauch im Obd. gegenüber dem Nordd. auf weitgehend intakte Kasusdistinktionen zurück, während im Nordd. ein Gebrauch des Artikels „zweck- und sinnlos gewesen wäre" (Wunderlich & Reis 1925: 317), weil die Kasusformen sowieso stärker zusammengefallen wären – ein Einwand, der nach den einschlägigen Arbeiten zur Kasusmorphologie (Schirmunski 1962; Shrier 1965; Panzer 1972; Koß 1983) zumindest auf die Unterscheidung von Nominativ und den beiden Objektkasus nicht zutrifft (s. Kap. 3.2).

Widersprüchlich sind zudem die Ansichten darüber, ob der Artikel im Deutschen generell präferiert bei Subjekten (kodiert über den Nominativ) oder bei Objekten (kodiert über Dativ oder Akkusativ) auftritt. Aus morphologischer Perspektive entbehrlich ist der Artikel Hentschel (1729) und Adelung (1782) zufolge als Nominativmarker, während er zur Kodierung des Dativs und Akkusativs häufig gesetzt wird. Diese Diskrepanz wird von den Autoren wie folgt begründet:

> Oder man setzet den Nominativum, welcher an sich kennbar genug ist, bloß hin, und zeiget die andern Casus durch den Artikel an.
> (Hentschel 1729: 17)

> Da das Verhältniß des Nominatives schon durch sich selbst bestimmt genug ist, oder vielmehr, da die Deutsche Declination keinen eigenen Biegungslaut für den Nominativ hat, so bedarf er auch nicht erst durch den Artikel bezeichnet zu werden.
> (Adelung 1782: 513)

Eine ähnliche Sichtweise findet sich auch bei Bauer (1828: 276), wobei er einschränkend den Artikelgebrauch im Nominativ mit soziolektalen Gegebenheiten in Zusammenhang bringt:

> Der Nominativ ist der Namen selbst, und bedarf also keines Artikels, ob ihn gleich die niedrige Sprechart häufiger setzt.

Kolde (1995: 404) geht sogar soweit, einen mehr oder weniger obligatorischen Gebrauch des Definitartikels bei allen Namenklassen als Ersatz der Kasusflexive bei Objekten anzusetzen. Empirische Befunde zu diesem Thema liefern

Schmuck & Szczepaniak (2014: 128–130). In ihren Auswertungen frühneuhochdeutscher HexenV kommen sie zu dem Ergebnis, dass der PersN-Artikel in den obliquen Kasus etwa dreimal so häufig verwendet wird wie im Nominativ. Hartmann (1967: 87–88) hingegen verweist für die NP im Deutschen allgemein auf die „bevorzugte Verwendung des bestimmten Artikels statt des Nullartikels in der Subjektposition gegenüber sämtlichen anderen Satzstellen" und auch Leiss (2000: 70) betont, „dass der bestimmte Artikel bei Subjekten in Erstposition überwiegt".[30]

Ein zentrales Ergebnis der Auswertungen ist nun, dass sich ein Zusammenhang zwischen Kasusmarkierung (impliziert: syntaktischer Funktion) und Artikelgebrauch tatsächlich nachweisen lässt, und zwar insbesondere für den nordd. Raum, wo die Verwendung des PersN-Artikels für die Sprecher/-innen fakultativ ist. Demnach nehmen die Anteile an Ersatzstrategien (Serialisierung, Belebtheit) dort zu, wo der Artikel als Kasusmarker tendenziell nicht zur Verfügung steht (im Nordd.) und dort ab (Obd., Wmd.), wo die Kasusmarkierung am Artikel bereits eine eindeutige Zuordnung syntaktischer Funktionen erlaubt. Für die kasusmarkierende Funktion des PersN-Artikels spricht auch, dass dieser historisch häufiger für transitive als für intransitive Subjekte belegt ist und für Objekte häufiger als für Subjekte. Den entsprechenden Befunden aus der Forschung kann damit zugestimmt werden, dies allerdings mit der Einschränkung, dass der Artikelgebrauch am PersN alleine in den seltensten Fällen die Zuordnung ermöglicht, sondern diese in erster Linie über das Zusammenspiel der Kasusmorphologie mit der Serialisierung und Belebtheit geleistet wird.

Affinität für die Objektfunktion?
Etwas differenzierter als in der Forschung muss hingegen das Urteil in Bezug auf eine differente Artikelverwendung bei Subjekten oder Objekten ausfallen. So zeichnet sich historisch (HexenV, AuswB) eben jene von Adelung postulierte und von Schmuck und Szczepaniak festgestellte Präferenz für den PersN-Artikel bei Objekten auch in den vorliegenden Daten ab. Sowohl in Zwirner als auch in REDE findet sich diese Präferenz allerdings nur noch für das Nordd. wieder, wohingegen die Gebrauchsfrequenzen im Obd. und Wmd. zwischen Subjekt und Objekt annähernd gleich sind. Wichtiger als die Frage, wo im Satz die Kasusmarkierung erfolgt, scheint für die Sprachteilnehmer also die Tatsache zu

---

30 Passend dazu ist auch der Befund zu sprachlichem Korrekturverhalten in Bellmann (1990: 136): „[...] daß von den korrekturkompetenten Sprechern des Deutschen unter den möglichen Referenzausdrücken praktisch lediglich Ausdrücke in Subjektfunktion als Korrigenda in Erwägung gezogen werden".

sein, dass die syntaktischen Funktionen überhaupt morphologisch gekennzeichnet sind. Dieser Sachverhalt wurde bereits bei Gottsched (1762) erkannt und wie folgt formuliert:

> Die Casus bezeichnen das Verhältniß, in welchem sich ein selbständiges Ding gegen das Subject befindet, und dieses Verhältniß muß, wenn es zur Deutlichkeit der Rede erfordert wird, nothwendig bezeichnet werden. Allein es darf auch **nicht mehr als einmahl** angedeutet werden, weil die Rede eben so sehr allen Überfluß, als allen nachtheiligen Mangel, fliehet.
>
> (Gottsched 1762: 537, eigene Hervorhebung)

Der Gültigkeitsbereich von Gottscheds Beobachtung ist allerdings insofern einzuschränken, als die Daten den PersN-Artikel ebenso in transitiven Sätzen belegen, in denen **beide** Argumente eindeutig kasusmarkiert sind, vgl. (13).

(13) a. **Der Masson** hat **den Praun** bezahlt. (AuswB, Fink6, Moselfränkisch)
b. **de alwis** hätt **mich** drägefohrn ['hingefahren']. (Zwirner, ZWH51, Moselfränkisch)

Affinität für das indirekte Objekt?
Bellmann (1990: 276) berichtet von mehreren Orten im nordd. Raum, an denen seine Gewährspersonen den PersN-Artikel im Dativ (in der Funktion des IO), nicht aber im Akkusativ (in der Funktion des DO) akzeptiert hätten. Ebenso gilt Wunderlich & Reis (1925: 313) zufolge spätestens seit Luther ein präferierter Gebrauch des PersN-Artikels im Dativ, wohingegen Schmuck & Szczepaniak (2014: 128) für ihre Daten keine deutlichen Unterschiede im Artikelgebrauch zwischen Dativ (30 % der Belege) und Akkusativ (27 % der Belege) feststellen konnten.

In den vorliegenden Daten zeigt sich ein solcher Effekt für den Artikelgebrauch ebenfalls kaum und wenn dann auch nur sehr unsystematisch (und nicht signifikant) für einzelne Sprachräume in den jeweiligen Teilkorpora, sodass für die vorliegenden Daten insgesamt von keiner besonderen Affinität des Artikels für das IO oder DO (resp. für den Dativ und Akkusativ) auszugehen ist.

Serialisierungspräferenzen
Was die Serialisierung anbelangt, gilt das Deutsche allgemein als eine Sprache mit einer Präferenz für Subjekt-Objekt- resp. für Agens-Patiens-Abfolgen (dazu z. B. Primus 1994; Hemforth & Konieczny 2000). Hierfür sprechen auch die hohen Anteile, wie sie durch die Abfragen der LingBas-Datenbank ermittelt wurden. Dementsprechend wenig verwunderlich ist es, dass in den vorliegenden

Daten die Mehrzahl an Satzbelegen ebenso eine Präferenz für das Subjekt in Erstposition aufweist, und zwar unabhängig davon, ob der PersN im Satz als Subjekt oder Objekt auftritt.

Darüber hinaus deuten auch die in Berg (2013) vorgestellten Akzeptabilitätsdaten zur Abfolge nominaler Argumente in transitiven Sätzen darauf hin, dass diese in nd. Dialekten weniger variabel ist als im Standard, indem im Nd. eine vergleichsweise hohe Affinität für S>O-Abfolgen besteht.[31] Getestet wurde bei Berg unter anderem die Akzeptabilität von Sätzen, die sowohl ein unbelebtes, indefinites und rhematisches Subjekt als auch ein belebtes, definites und thematisches Objekt beinhalteten. Hiermit sollte „ein möglichst starkes Gegengewicht zur kanonischen Wortstellung" (Berg 2013: 130) im Deutschen geschaffen werden, um überprüfen zu können, inwiefern im Nd. die Umstellung zugunsten von O>S-Abfolgen unter semantisch und informationsstrukturell günstigen Bedingungen überhaupt möglich ist.

Tab. 29 weist die von Berg erhobenen Häufigkeiten in den präferierten Abfolgen für Sprecher/-innen des Nd. aus Emstek und für die monovarietären Standardsprecher/-innen aus den Orten Cloppenburg (im nd. Raum gelegen) und Bamberg (im obd. Raum gelegen) aus. Es zeigt sich, dass in diesen spezifischen Satzkontexten zwar auch im Dialekt von Emstek die Abfolge O>S gegenüber S>O deutlich präferiert wird, dass dort im Vergleich zu den standardsprachlichen Kontrollgruppen aber ein signifikant höherer Akzeptabilitätswert für S>O-Abfolgen erreicht wird. Passend dazu lassen sich auch die Differenzen in den Akzeptabilitätsurteilen der beiden Standardgruppen interpretieren. So weist die Sprechergruppe aus Cloppenburg einen höheren Anteil an ranggleichen Bewertungen (Cloppenburg: 15 %; Bamberg: 5 %) bei gleichzeitig niedrigeren Anteilen für die Abfolge O>S (Cloppenburg: 80 %; Bamberg: 87 %) auf.

Wie bei Berg weisen auch die vorliegenden Befunde für das Nordd. gegenüber dem Obd. und Wmd. auf einen etwas häufigeren Gebrauch von S>O-Abfolgen hin. Zusammen mit Bergs Befunden liefern die vorliegenden Ergebnisse somit zumindest Evidenz dafür, dass im Nordd. im Vergleich zu anderen Varietäten des Deutschen (bei Berg die Standardsprache, hier obd. und wmd. Varietäten) die Wortfolge eine etwas stärkere Tendenz zugunsten von S>O aufweist. Dies erklärt auch, warum trotz fehlender Möglichkeit der Kasuskodierung der PersN in den Daten nicht häufiger in global ambigen Sätzen vorkommt als in Varietäten, in denen Kasus als Markierungsstrategie stärker genutzt werden kann.

---

[31] In Berg (2013) wurde ebenfalls die Abfolge von IO und DO untersucht. Da die Tokenfrequenzen diesbezüglich im vorliegenden Korpus allerdings zu gering sind, bleiben Bergs Befunde dazu im Folgenden ausgespart.

Tab. 29: Häufigkeiten der Abfolgepräferenzen pro Ort und Varietät nach den Daten in Berg (2013: 252, Werte auf ganze Zahlen gerundet)

	Cloppenburg (Standarddeutsch)	Bamberg (Standarddeutsch)	Emstek (Niederdeutsch)
S>O	6 %	8 %	22 %
O>S	80 %	87 %	75 %
ranggleich	15 %	5 %	3 %

Personennamen versus Appellativa

Aussagen zu morphosyntaktischen Unterschieden zwischen PersN und APP wurden in der Forschung häufig ebenfalls nur sehr pauschal getroffen und die Unterschiede dann auch recht allgemein auf alle Klassen von EigenN bezogen. So geht Kolde (1995: 407) davon aus, dass „[j]e höher man in der Hierarchie der Grammatik auf der Suche nach Spezifika der EN steigt, umso seltener wird man fündig […]". Und weiter heißt es dort:

> Zur Satzsyntax der EN heißt es meist nur, daß sie in allen satzsyntaktischen Positionen stehen können, in denen appellative Nominalphrasen möglich sind, allenfalls mit einer Ausnahme, der prädikativen Position.

Ergebnis der vorliegenden Auswertungen ist nun, dass sich im Hinblick auf die abgefragten Kodierungsstrategien (und ihres Zusammenspiels) im Satz tatsächlich keine signifikanten Unterschiede zwischen PersN und APP bzw. Pronomen feststellen lassen, die Anteile an S>O-Abfolgen für die kritischen Satzbelege vielmehr nahezu identisch sind. Doch zeigt sich für die nordd. Daten zumindest für APP und Pronomen eine leichte Tendenz dahingehend, dass S>O-Abfolgen zunehmen, sobald die Kasusmarkierung für die Zuordnung syntaktischer Funktionen entfällt (s. Tab. 20). Darüber hinaus strebt der PersN in transitiven Sätzen auch stärker zur Erststellung, als es bei belebten und unbelebten APP bzw. Pronomen der Fall ist – eine Tendenz die m. W. in der Forschung bislang gänzlich unbemerkt geblieben ist. PersN in der zweiten Argumentposition sind im Korpus hingegen vor allem dann belegt, wenn es sich bei dem konkurrierenden Argument um ein hoch akzessibles Pronomen handelt.

6.3 Semantisch motivierter Artikelgebrauch – der Artikel als Sexusmarker

Der Artikel übernimmt im Deutschen wesentliche Funktionen für die Genusmarkierung des Nomens, auf das sich der Artikel bezieht. Dies gilt insbesondere für feminine Nomen im Singular, die aufgrund ihrer mangelhaft ausgeprägten Nominalflexion in erhöhtem Maße des Artikels als Träger morphologischer Informationen bedürfen. Das PersN-System des Deutschen weist nun allgemein eine Zweiteilung hinsichtlich Genus/Sexus auf: Der RufN ist üblicherweise sexusdefinit,[32] während der FamN diesbezüglich neutral ist und in einer und derselben Form zugleich eine Person männlichen und weiblichen Geschlechts bezeichnen kann (vgl. Nübling 2012: 217–218). Es ist folglich davon auszugehen, dass der Artikel dort präferiert verwendet wird, wo er in der Namen-NP für die (referenzielle) Genuszuordnung funktional relevant ist, also bei FamN, und dort unterbleibt, wo er diesbezüglich redundant ist, nämlich bei RufN (vgl. Behaghel 1923: 49; Bach 1952: 58; Kusmin 1960: 39; Duden-Grammatik 1966: 158; Kalverkämper 1978: 190). Die Hypothesen, die sich aus dieser Argumentation gewinnen lassen, lauten wie folgt:
H9: Der Artikel wird häufiger bei FamN verwendet als bei RufN.
H10: Der Artikel bei FamN wird häufiger bei Referenz auf Frauen verwendet als bei Referenz auf Männer.

Zur Überprüfung der beiden Hypothesen wurde wie folgt vorgegangen: In die Zählung mit aufgenommen wurden alle PersN-Belege im Korpus, die eindeutig einem Geschlecht und eindeutig einem Namentypen (RufN oder FamN) zugeordnet werden konnten. Die Geschlechterzuordnung erfolgte a) aufgrund von formalen Kongruenzkriterien (14), b) über die Eindeutigkeit im Sexus des RufN (15) sowie c) über den Kontext, in dem ein PersN auftritt und wo insbesondere Referenzketten (Mehrfachreferenz auf eine Person) Hinweise auf das Geschlecht des Referenten geben können. Sofern keines der genannten Kriterien hinreichend war, um einem PersN ein eindeutiges Geschlecht zuzuweisen, wurde der Beleg aus der Zählung ausgeschlossen. Ebenfalls wurden PersN-Belege mit präponiertem sexusdefinitem Lexem (Titel, Berufsbezeichnungen, Anredeformen) ausgeschlossen, ebenso SpitzN, die häufig sexusindefinit sind und wo die Artikelsetzung vermutlich aus anderen, insbesondere aus pragmatischen Gründen erfolgt.

---

32 Zu Ausnahmen siehe Nübling, Fahlbusch & Heuser (2015: 128–129).

(14) a. ich hab im erste stock gewohnt – und die hilde links un **die paulus** dann die marina rechts paulus ne, die hieß ja paulus, die hieß ja net fritz. (REDE, F1alt, Hessisch)
   b. auf einmal hat **die sascha** [Frauenname] da gestanden. (REDE, DAalt2, Hessisch)

(15) a. wie**'d barbara.** (REDE, SLS3, Moselfränkisch)
   b. ja vielleicht dann noch mit **em ingrid** gesacht. (REDE, SLS3, Moselfränkisch)

Die Auswertung in Tab. 30 ergibt für Zwirner und REDE zusammengenommen den folgenden Befund:

Tab. 30: Relative und absolute Häufigkeiten für den PersN-Artikel nach Namentyp und Geschlecht des Referenten in Zwirner und REDE

Zwirner und REDE				
	Frauen		Männer	
	RufN	FamN	RufN	FamN
Oberdeutsch	69 % (227)	100 % (36)	95 % (863)	94 % (418)
Westmitteldeutsch	75 % (444)	93 % (14)	87 % (1369)	82 % (335)
Norddeutsch	7 % (14)	100 % (1)	11 % (71)	25 % (57)
Σ	61 % (685)	98 % (51)	74 % (2303)	75 % (810)

Die Daten weisen allgemein einen höheren Anteil für den Artikelgebrauch bei FamN aus als für den bei RufN. Dieser Effekt ist bei Namen mit Referenz auf Frauen signifikant (χ^2 (1, N = 1175) = 29, p < ,001), bei solchen mit Referenz auf Männer sind die Anteile nahezu gleich. H9 und H10 können damit als bestätigt gelten. Die Befunde lassen sich dahingehend interpretieren, dass der Artikel bei FamN zur Sexusdifferenzierung herangezogen wird, wobei der FamN im nicht markierten Fall auf einen männlichen Referenten und im markierten Fall auf einen weiblichen Referenten verweist. Hierfür spricht auch, dass im Korpus bei der Verwendung des blanken FamN ein Geschlechterverhältnis von zirka 20:1 zugunsten der Referenz auf Männer besteht, ein Ungleichgewicht, welches bei den RufN deutlich schwächer ausgeprägt ist (zirka 4:1 zugunsten der Referenz auf Männer). Ich vermute, dass für diesen Unterschied in erster Linie pragmatische Gründe verantwortlich sind. So handelt es sich bei den Gewährspersonen der REDE-Erhebung nahezu vollständig und bei denen der Zwirner-Erhebung überwiegend um männliche Sprecher.[33] Diese verwenden PersN in den Daten m. E. besonders häufig, um auf männliche Freunde und Bekannte zu referieren. Der Gebrauch des blanken FamN könnte demnach eine besondere soziale Nähe zwischen Gesprächspartner und Referent suggerieren, die im Wesentlichen darauf beruht, dass für die dialektal geprägte Nähesprache andere Konventionen für die Verwendung von Referenzausdrücken bestehen als für die Standardsprache und für distanzsprachliche Kontexte – in diesem Zusammenhang sei auch noch einmal auf die recht feinen pragmatischen Unterschiede verwiesen, die Berchtold & Dammel (2014) in Dialektvarietäten für Abfolgen aus FamN und RufN feststellen konnten. Referenz mit dem blanken FamN scheint demnach in erster Linie eine nähesprachliche Referenzstrategie von Männern für Männer zu sein.[34]

Dass die mit der Verwendung des blanken FamN suggerierte Nähe auf varietäten- und sogar auf gruppenspezifisch festgelegten Referenzkonventionen beruht, zeigt sich im Korpus unter anderem auch daran, dass insbesondere jüngere Gewährspersonen den blanken FamN häufig despektierlich bei der Referenz auf ihre Lehrer/-innen verwenden.[35] Eine ähnliche despektierliche Komponente lässt sich auch bei der Referenz auf Politiker/-innen sowie allgemein auf Personen des öffentlichen Lebens (im Korpus z. B. auch auf Fußballer) feststellen, auf die die Sprecher ebenfalls besonders gerne mit dem blanken FamN verweisen (dazu auch Gyger 1991: 241). Diese Beobachtungen mögen auch erklären, warum bei der Referenz auf Männer für den nordd. Raum ein signifikanter Effekt zugunsten der Artikelsetzung bei FamN gegenüber RufN feststellbar ist (χ^2(1, N = 873) = 26, p < ,001), der im Obd. nicht gegeben ist und der im Wmd. sogar leicht zugunsten der Artikelsetzung am RufN ausfällt: Wie die folgenden Analysen zeigen werden, wird der PersN-Artikel speziell im Nordd. häufig pragmatisch verwendet und dient dem Sprecher dazu, seine (meist negative) Einstellung gegenüber dem Referenten zum Ausdruck zu bringen.

---

[33] In REDE war das männliche Geschlecht sogar Auswahlkriterium für die Gewährspersonen. Doch unterhalten sich diese in den Freundesgesprächen mitunter auch mit weiblichen Bekannten, deren Gesprächsbeiträge hier ebenfalls ausgewertet wurden.

[34] Vgl. auch die Befunde in Hartmann (1993: 65–67). Anhand einer Fallstudie zu Referenzstrategien im universitären Kontext (1960er Jahre) konnte dort gezeigt werden, dass männliche Lehrstuhlassistenten untereinander mit dem blanken FamN referieren, während bei der Referenz auf den Lehrstuhlinhaber sowie auf Kolleginnen präferiert mit der Verbindung „Titel/Anredeform + FamN" verwiesen wird.

[35] Auf die allgemeine Präferenz für die Verwendung des blanken FamN unter männlichen Jugendlichen sei an dieser Stelle ebenfalls verwiesen.

Einen pragmatischen Ursprung für die Verwendung des Artikels am FamN setzt auch Fleischer (1964: 377) an, wenn es heißt:

> Der bestimmte Artikel beim bloßen Familiennamen hat – ausgehend wohl vom Gebrauch vor Gericht und in der Kanzleisprache – eine versachlichende, distanzierende und schließlich auch pejorative Wirkung; er ersetzt dann die Bezeichnungen Herr und Frau.

Da die HexenV sowohl gerichtssprachlich als auch kanzleisprachlich sind, lässt sich Fleischers These anhand der vorliegenden Daten überprüfen. So weist die Auswertung in Tab. 31 wiederum einen Unterschied zwischen der Referenz auf Frauen und Männer dahingehend aus, dass auf Frauen – mit zwei Ausnahmen in (16) – in den HexenV niemals mit dem blanken FamN referiert wird, während auf Männer gleichermaßen mit dem RufN und dem blanken FamN verwiesen werden kann.

(16) a. kenne allein **die Biel** in der Schildergaßen. (HexenV, Köln 1629, Ripuarisch)
    b. Ob er nitt **die Meindel** ken[n], vnd wievil diß namens ime bekannt seyen. (HexenV, München 1600, Bairisch)

Dies lässt sich wie folgt begründen:
1. Während auf Männer in den HexenV ausschließlich mit RufN, FamN oder BeiN referiert wird, stellt die Femininmovierung eine zusätzliche und in den Verhören auch sehr häufig genutzte Referenzstrategie auf Frauen dar (vgl. Werth 2015; Möller 2017; Schmuck 2017). Der geringe Anteil an blanken FamN lässt sich also in erster Linie über einen hohen Anteil an movierten Formen erklären, die an dieser Stelle nicht mit in die Auswertung eingegangen sind.[36]
2. Alle bisherigen Auswertungen zu den HexenV legen nahe, dass der PersN-Artikel zu dieser Zeit noch nicht voll etabliert war bzw. wenn, dann pragmatisch genutzt wurde und deshalb zur Genusmarkierung auch nur eingeschränkt zur Verfügung stand. Zumindest für die Referenz auf Männer weisen die Ergebnisse in Tab. 31 allerdings einen statistisch signifikanten Artikelgebrauch beim blanken FamN gegenüber dem RufN aus (χ^2 (1, N = 531) = 13, p < ,001), was wiederum auf eine funktionale Belastung des Artikels bzgl. Genus/Sexus hindeutet.

---

[36] Da movierte Formen per definitionem sexusdefinit sind, kann der Artikel für die Genuszuweisung hier nicht primär relevant sein. Motive für die Artikelsetzung bei Femininmovierung werden in Kap. 7.4 gesondert betrachtet.

Tab. 31: Relative und absolute Häufigkeiten für den PersN-Artikel nach Namentyp und Geschlecht des Referenten in Hexenverhören

Hexenverhöre				
	Frauen		Männer	
	RufN	FamN	RufN	FamN
Oberdeutsch	17 % (8)	100 % (1)	32 % (38)	89 % (16)
Westmitteldeutsch	9 % (1)	100 % (1)	3 % (5)	8 % (3)
Norddeutsch	11 % (26)	–	6 % (10)	15 % (5)
Σ	12 % (35)	100 % (2)	12 % (53)	27 % (24)

Inwiefern die Verwendung des Artikels am blanken FamN über die Genuszuweisung hinaus auch spezielle, weil über die allgemeine Verwendung des PersN-Artikels hinausgehende pragmatische Funktionen erfüllt, wie es Fleischers (1964) These nahelegt, muss an dieser Stelle offenbleiben. So betrifft die Referenz mit dem blanken FamN in den HexenV vor allem männliche Zeugen und nicht die meist weiblichen Angeklagten, für die ein distanzierender und vor allem auch pejorisierender Sprachgebrauch eher zu erwarten gewesen wäre. Die im Folgenden angestellten pragmatischen Analysen des Artikelgebrauchs werden auf diesen Umstand noch einmal gesondert eingehen.

6.3.1 Der Nullartikel als Sexusmarker

Wenige Sprecher im Korpus weisen dahingehend eine idiolektale Besonderheit auf, dass sie PersN artikellos nur bei der Referenz auf Frauen und damit konträr zu der oben formulierten H10 verwenden. Ohne diesen Befund für das Gesamtergebnis der Analyse überbewerten zu wollen, soll er hier doch kurz berichtet und diskutiert werden, da idiolektale Eigenarten immer auch Auslöser für Sprachwandel sein können.

So verwenden die Sprecher TUT1 (Alemannisch), M9, WEN1, RValt (alle Bairisch) sowie DLG1 (Schwäbisch) aus REDE den Nullartikel überhaupt nur dann, wenn sich der PersN auf eine Referentin bezieht. Hierbei handelt es sich vermutlich um eine sexusspezifische Lizenzierung der Artikelverwendung, die Belege der jeweiligen Sprecher deuten in jedem Fall nicht darauf hin, dass die artikellose Verwendung von PersN hier pragmatisch gesteuert wäre und insbesondere etwas mit Höflichkeit bzw. Respektsbekundung zu tun hätte. Dass es sich dabei ausschließlich um Sprecher des Regiolekts aus dem obd. Raum handelt, ist möglicherweise kein Zufall. Noch einmal sei daran erinnert, dass der Nullartikel am PersN nur dann sekundäre, i. e. semantisch-pragmatische oder grammatische Funktionen übernehmen kann, wenn der Artikelgebrauch die Regel ist.

Hinzu kommt eine Besonderheit obd. Varietäten, der zufolge der Definitartikel vor femininen Nomen (und also auch vor weiblichen PersN) stark reduziert oder sogar elidiert sein kann (dazu Eroms 1989: 316 für das Bairische; Nübling 1992: 201–202 für das Alemannische). Dies zeigt sich im Korpus z. B. bei den REDE-Sprechern RA4, WTalt-F (beide Alemannisch), PAalt2 und TS2 (beide Bairisch), die in ihrer jeweiligen Aufnahme vornehmlich Dialekt sprechen:

(17) a. ah ja das war=**t sabrina.** (REDE, RA4, Alemannisch)
 b. wart so alt wie=**t ursel.** (REDE, WTalt-F, Alemannisch)
 c. und na ja=**t renate.** (REDE, PAalt2, Bairisch)
 d. **t rosemarie,** das war ne baierin gewen, die gibts a scho nimehr. (REDE, TS2, Bairisch)

Die Verwendung der artikellosen Variante mancher Sprecher bei der Referenz auf Frauen könnte nun darin begründet sein, dass sich hier eine Reanalyse vollzogen hat, indem die phonetisch reduzierten Artikelvarianten der Dialektsprecher bei Sprechern standardnäherer Sprechlagen/Varietäten als artikellose Realisationen des weiblichen PersN umgedeutet worden sind. Hierfür spricht auch, dass keiner der einleitend genannten Sprecher selbst den stark reduzierten Artikel bei femininen Nomen gebraucht, vielmehr in den Belegen immer mindestens eine Kombination aus dentalem Plosiv und schwahaltigem Element erhalten geblieben ist.

Greenberg (1978) und Lehmann (2015) betrachten die phonetische Erosion des Artikels als letzte Entwicklungsstufe, bevor der Definitheitszyklus von neuem beginnen kann. Nübling (1992: 202) zufolge scheint es sich bei der Elidierung des Artikels um die „diachron letzte Etappe der Verschmelzung" zu handeln. Die idiolektalen Verhältnisse der obd. Sprecher deuten nun darauf hin, dass dieses Grammatikalisierungsstadium im Obd. erreicht ist und der Definitartikel mitunter von den Sprachteilnehmern nur noch apperzeptiv ergänzt, aber nicht mehr aus dem akustischen Signal dekodiert werden kann. Hinzu kommt, worauf die Befunde hindeuten, dass obd. Sprecher, die nicht mehr die vollständige Dialektkompetenz besitzen, beginnen, die (vermeintlich) artikellose Variante einer Reanalyse zu unterziehen.

Sollten sich die idiolektal festgestellten Artikelverteilungen „mit Artikel für MännerN vs. ohne Artikel für FrauenN" als allgemeiner Trend bestätigen, wäre zudem eine Brücke zu schlagen zu den Befunden in Nübling (2015), wo für den Nullartikel bei EigenN im Deutschen insofern eine funktionale Belastung festgestellt wurde, als er als Klassifizierer (*classifier*) fungiert: Der Nullartikel in Kombination mit einem spezifischen Genus gewährleistet die Zuweisung des konkreten Namens zu ontologischen Objektklassen. Diese stehen hier obligatorisch im Neutrum (z. B. Städte, Länder/Staaten und Kontinente).[37] Der PersN-Artikel würde bei Sprechern obd. Regiolekte dann das Gleiche für die Zuordnung weiblicher und männlicher Personen leisten.

6.4 Pragmatische Funktionen der Artikelverwendung

In der Forschung wurde mehrfach die Vermutung geäußert, dass der PersN-Artikel im Deutschen pragmatisch lizenziert sei, indem der Artikel bestimmte referenzielle und sozio-pragmatische Funktionen übernehme. So wird etwa in Heger (1983: 104), Knobloch (1992: 458) und Kohlheim & Kohlheim (2004: 673) proklamiert, dass der PersN-Artikel in obd. Varietäten Nähe, Bekanntheit und Vertrautheit und in nordd. abschätzige Distanz konnotiert. Auch Heyse (1838: 426) und Heinrichs (1954: 90) gehen davon aus, dass PersN den Definitartikel erhalten, um dadurch die Bekanntheit und eine gewisse Vertraulichkeit innerhalb einer Beziehung oder Gruppe auszudrücken.[38] Schmuck & Szczepaniak (2014: 98–99) bringen den Artikelgebrauch bei RufN und FamN kontextabhängig sowohl mit einer positiven als auch negativen Wertung in Verbindung, und zwar sowohl für die historischen Sprachstufen (frühester Beleg zu Beginn des 16. Jh.s) als auch für das rezente Schriftdeutsche. Leys (1967: 25) hingegen bemerkt, dass der Artikel den determinativen Aspekt des PersN verdeutlichen und unterstützen kann und demnach – trotz monoreferentem EigenN-Status – eine Leistung für die Referenzherstellung erbringt.[39] Passend dazu konnten Golato (2013) und Betz (2015) mittels konversationsanalytischen Vorgehens feststellen, dass der PersN-Artikel im Deutschen gesprächsstrukturierende Funktionen

---

[37] Nübling (2015: 321) mutmaßt, dass das Prinzip „Zuordnung von artikellosem Namengebrauch zu neutralen Klassen bei vielen EigenN" auch der Grund sein könnte, warum sich der Artikel bei (femininen und maskulinen) PersN zunehmend durchsetzt: Die artikellosen femininen und maskulinen Klassen, die im Deutschen sowieso nur von den PersN besetzt sind, werden durch die Verwendung des onymischen Artikels „geräumt".

[38] Vgl. Duden-Grammatik (2016: 713) und besonders die in Meinunger (2015: 98) vertretene Auffassung: „So wird er [der Definitartikel am PersN, A. W.] in gewissen Gruppensituationen (Kindertagesstätten, Psycho-Gesprächsrunden etc.) be- und genutzt, um besondere Vertrautheit oder Nähe zu simulieren".

[39] Ähnlich ist wohl auch Erben (1972: 227–228) zu lesen, dem zufolge der PersN-Artikel neben einer expressiven auch eine „differenzierende" Funktion hat.

übernimmt, und zwar insbesondere in den Bereichen „Referenzierung" und „Kodierung sequenzieller Informationen".

Dieses Konglomerat an postulierten Funktionsdomänen gilt es für die Varietäten des Deutschen im Folgenden zu untersuchen. Anhand der vorliegenden Daten soll damit ermittelt werden, ob und wenn ja, wo es ausgezeichnete Orte im Diskurs gibt, an denen der PersN-Artikel gehäuft auftritt und mit denen es also funktionale Zusammenhänge geben muss. Hier wäre etwa an Sequenzen der Selbst- und Fremdreparatur zu denken, wo Probleme der Referenzherstellung offensichtlich sind und wo sie mit linguistischen Methoden erfassbar werden. Unter methodischen Gesichtspunkten setzt dies voraus, dass der PersN als sprachliches Zeichen nicht unabhängig vom Kontext betrachtet werden kann, in dem dieser verwendet wird – ein Umstand, auf den allgemein für Sprachzeichen auch schon in den Abschnitten zur Grammatikalisierung und Konstruktionsgrammatik hingewiesen wurde. Vielmehr gilt es zu fragen, welche Funktionen der PersN-Artikel für die Organisation des Diskurses übernimmt. Dabei rückt zuvorderst das verbale Verhalten des Hörers in den Fokus der Betrachtung, indem insbesondere aus dessen sprachlicher Reaktion heraus Rückschlüsse auf die Adäquatheit des entsprechenden referenziellen Ausdrucks und damit auch auf die Verwendung des PersN-Artikels gezogen werden können.

Vorab sei noch bemerkt, dass ein Grammem, wie es hier mit dem PersN-Artikel vorliegt, immer nur dann auch pragmatische Funktionen übernehmen kann, wenn es fakultativ Verwendung findet. Hierin besteht ein wesentlicher Unterschied zu bestimmten morphosyntaktischen Funktionen, die über die Artikelverwendung ausgedrückt werden können, und die sich per definitionem durch Obligatorik auszeichnen können (z. B. was Flexionseigenschaften anbelangt). Entsprechend wurden für die folgenden Auswertungen ausschließlich Belege von Sprecher/-innen im Korpus berücksichtigt, die den PersN-Artikel niederfrequent, d. h. zu Anteilen von unter 50 Prozent gebrauchen.

Das Kapitel ist folgendermaßen gegliedert: In Kap. 6.4.1 wird die Rolle des PersN-Artikels bei der Kennzeichnung von neu in den Diskurs eingeführten Referenten diskutiert. Es lässt sich zeigen, dass der PersN-Artikel spezifische indexikalitätsmarkierende (anamnestische) Funktionen für die Referenzierung von Referenten zum Ausdruck bringt und gleichzeitig zur Diskursorganisation beiträgt, indem er dazu dient, einen Referenten temporär zu fokussieren. Kap. 6.4.2 widmet sich den gleichen Funktionsdomänen, allerdings bei PersN, die im topologischen Feldermodell das linke Außenfeld besetzen. Nach einem Zwischenfazit (Kap. 6.4.3) folgt ein Abschnitt zu den pejorativen Verwendungsweisen des PersN-Artikels (Kap. 6.4.4) und zu seiner Verwendung bei Rechtsversetzung und im Reparatur-Nachtrag (Kap. 6.4.5). Hier wird mit der anadeiktischen Funktion eine weitere Verwendungsweise des PersN-Artikels identifiziert, die für die Rechtsversetzung auch den obligatorischen Artikelgebrauch erklärt. Kap. 6.4.6 dient im Folgenden dazu, eine konstruktionsgrammatische Schematisierung über die verschiedenen Verwendungsweisen hinweg vorzunehmen. Kognitive Proximität stellt sich dabei als gemeinsamer semantisch-pragmatischer Nenner (als *basic sense*) aller diskutierten Funktionen dar. Das Kapitel schließt mit einer kursorischen Auswertung des PersN-Artikels im Schriftdeutschen (Kap. 6.4.7). Mit Ausnahme einer pejorativen Funktion können die Verwendungen dort allesamt auf eine Imitation sprechsprachlicher Merkmale und auf eine Deonymisierung des PersN zurückgeführt werden.

6.4.1 Fokussierung und Indexikalitätsmarkierung

In 69 von 137 relevanten Belegen wird der PersN-Artikel im nordd. Raum eingesetzt, um einen Referenten im Diskurs zu determinieren, ihn besonders hervorzuheben oder um dem Kommunikationspartner zu signalisieren, dass gerade ein neuer Referent eingeführt wird, über den im Anschluss etwas ausgesagt wird.[40] Diese pragmatischen Funktionen der Artikelverwendung korrelieren vermutlich häufig miteinander, weshalb sie im Folgenden auch gemeinsam behandelt werden. Dabei gilt, dass diese Verwendungsweisen des PersN-Artikels ausschließlich für Sprecher aus dem nordd. Sprachraum und den Teilkorpora Zwirner und REDE belegt sind, während sie die Artikelverwendung im obd. und wmd. Raum sowie in den historischen Korpora nicht zu lizenzieren scheinen. Die Verwendungskontexte sollen im Weiteren anhand von Beispielen erläutert werden.

Fokussierung

In (18) stellt der erstgenannte PersN die Rhemainformation des Fragesatzes dar, auf den mit dem Verb *kennen* in Satzerstposition verwiesen wird. Der PersN-Artikel, so die These, fokussiert den Referenten zusätzlich. Dies wird besonders deutlich im Vergleich zu der Wiederaufnahme des gleichen RufN durch Sprecher B, diesmal ohne Artikel.

---

[40] Gewertet wurden hier alle Kontexte, in denen auf einen Referenten in einem Diskurs entweder a) erstmals referiert wird, b) nach einem Referentenwechsel referiert wird und/oder c) in unterschiedlichen Gesprächsphasen referiert wird.

(18) A: kennst **den peter klein**? den taxifahrer von hindenbeck? B: dér is dat? A: [...] B: ja, **peter** kenn ik. (REDE, CLP3, Nordnd.)

In (19) kann der Artikel ebenfalls als Fokusmarker klassifiziert werden. Die Situation wird vom Sprecher zunächst räumlich verortet. Im Anschluss führt er die Person in die konkrete Situation ein, wobei er durch den Gebrauch des Demonstrativums *dén* anaphorisch auf den Referenten verweist und ihn im Folgenden sozial zur eigenen Person in Beziehung setzt.

(19) und dann sit wir do all in de grote aula. [...] und dann säi ik **den hans peters** da sit. und ik kenn **dén** ja hier von brunsbüttel von rode krüütz. (REDE, SEalt2, Nordnd.)

(20) zeigt, dass der PersN-Artikel zusätzlich eingesetzt werden kann, um Referenz eindeutig zu machen. Sprecher A misslingt hierbei zunächst die selbst angestrebte Referenzherstellung, indem er den Referenten zwar über Eigenschaften beschreiben, ihn aber nicht mit Namen bezeichnen kann. Sprecher B signalisiert darauf hin, dass ihm die Beschreibung von Sprecher A dennoch ausreicht, um Referenz herstellen zu können (*ik wees schon*). Der folgende Gebrauch des PersN-Artikels zeigt demnach hier Determination und den sprecherseitigen Versuch an, Referenz für den Adressaten eindeutig zu machen.

(20) A: wie häit die geborene, na?
    B: Ik wees [schon]
    A: [karlsberch]
    B: **de ingo boss**. (REDE, FLalt, Nordnd.)

(21) weist dagegen nach, dass eine Fokussierung des Referenten durch den Artikel nicht gleichbedeutend mit dessen Erstnennung im Diskurs ist.

(21) turück nach **lohmann** of er übernachten könnt. ja, sächt **lohmann**, da könnt ihr hier übernachten. [...] und da sacht der schäper dann [...] und da kümmet er (...) ach so, da hat **der lohmann** dann awer versagt; (Zwirner, ZW4A0, Westfälisch)

So wird in der aufgeführten Erzählsequenz bereits zweimal der PersN *Lohmann* genannt, bevor der Artikel am gleichen PersN gebraucht wird. Die Fokussierung des Referenten erklärt sich hier vielmehr aus dem Umstand, dass zwischenzeitlich ein anderer Referent (Schäfer) in den Fokus der Erzählung gerückt ist, der

Erzähler aber vergessen hat, dem Hörer eine Information zur Person Lohmann zu geben und er ihm deshalb mittels Fokussierung wieder einen gegenüber der Person Schäfer (möglicherweise handelt es sich hierbei auch um eine Berufsbezeichnung) erhöhten Themenrang geben muss. Dieses Beispiel zeigt exemplarisch, dass der Artikel im nordd. Sprachraum besonders dann verwendet wird, wenn die Sprecher einen Referenten- und damit Themenwechsel vornehmen wollen. Bleibt der Referent gleich, reicht zur Markierung des Themenranges die artikellose Variante des PersN aus. Sobald aber durch die Referenz auf weitere Personen mindestens zwei Referenten um den höchsten Themenrang konkurrieren, markiert der Artikel denjenigen Referenten, der aus Sicht des Sprechers aktuell den höchsten Themenrang einnehmen soll.

Plausibel wird diese Deutung auch vor dem Hintergrund, dass Epstein (1993, 1996, 2002) für das Englische in mehreren Arbeiten gezeigt hat, dass der Definitartikel neben seiner primären Referenzfunktion allgemein auch dazu dienen kann, dem Kommunikationspartner eine Orientierung zu liefern, welcher Referent aus Sicht des Sprechers aktuell eine besonders prominente Rolle im Diskurs einnehmen soll (s. Kap. 3.3). Mit dieser Funktion geht einher, dass die Fokusposition des Referenten nicht ständig neu markiert werden muss, und zwar genau solange nicht, wie nicht ein anderer Referent um das Diskurstopik konkurriert.

Givón (1983) zufolge ist die Beibehaltung des Diskurstopiks im Diskursverlauf die Default-Option. Der Diskurstopik-Wechsel gilt im Gegensatz dazu als markierte Option des Diskursverlaufs. Dementsprechend ist sprachenübergreifend zu erwarten, dass ein Topikwechsel sprachlich (z. B. syntaktisch oder prosodisch) markiert wird. Um diese diskurspragmatischen Unterschiede der Beibehaltung bzw. des Wechsels von Diskurstopoi bei der Verwendung von PersN kenntlich zu machen, gebrauchen Sprecher nordd. Varietäten den PersN-Artikel als zulässige Variante.

Zusätzlich, und ebenfalls nicht von der Fokussierung zu trennen, kommt dem Artikel hier eine determinierende Funktion zu, indem Personen, die durch den PersN im Diskurs erstmals eingeführt werden, wie in (18) und (19), oder wieder eingeführt werden, wie in (21), für den Adressaten eindeutig identifizierbar gemacht werden. In (22) findet durch den Gebrauch des PersN-Artikels ebenfalls eine Refokussierung des Referenten statt. Sprecher A führt den Referenten Hinnak Hansen zunächst mit der artikellosen Variante und unter Verwendung des GesamtN in das Gespräch ein. Im Anschluss verortet sich Sprecher B sozial zum Referenten und weist sich selbst als guten Bekannten von diesem aus. Als sprachliches Ausdrucksmittel dieser sozialen Nähe dient hier die Referenz über den RufN, allerdings ebenfalls als artikellose Variante. Sprecher A schließt eine längere Erzählsequenz an, in der eine weitere mit dem Referenten in Beziehung stehende Person genannt und die Leistungen des Referenten beim Kartenspielen gewürdigt werden. Anders als in (21), wo zwei Referenten um den höchsten Themenrang konkurrieren, findet in (22) kein zwischenzeitlicher Referentenwechsel statt, doch verlagert sich in der längeren Erzählpassage von Sprecher A der Themenfokus von der Person auf bestimmte Handlungen und ihre zeitliche Verortung (Kartenspielen, Geld verdienen, 40 Jahre her). Im folgenden Turn von Sprecher B findet dann eine Neufokussierung des Gesprächsthemas auf die Person Hinnak Hansen bzw. die soziale Verortung von Sprecher B zu dieser Person statt. Diese Neufokussierung wird, so die hier vertretene These, durch den PersN-Artikel signalisiert und hier zudem durch die Partikel *nee* angezeigt.[41]

(22) A: ik fraach ma bi **hinnak hansen**. dann sin wi schon drei. B: ja **hinnak** kenn ik ja auch ganz gout ne. A: ja. und de kann au gut spielen ne. häi hät ja früher ganz dool spielt. er vertällt ja manchmal. B: ja. A: hef ik och manchmal dacht mensch und du bist immer tum kotenspielen gon und din din familie häst du aleen loten denn ne. B: ja. A: nachher hätt er denn spielt. manchmal vertellt er ja vom von von wichmanns glöf ik. B: paul wichmann? A: nee des is de gemüsehändler. B: ach so. A: häin. ik mein häi häi hät o viel geld verdäint dürch dat spielen weil er viel beter spielen kun als die annern ne die da mitspielen dun. dat is aber alles schon virtig johr her. B: nee **den hinnak hansen** kenn ik ja ganz gout weil ja den hinnak sin dochder und min jung die wärn ja ma verloubt. (REDE, SEalt2, Nordnd.)

Markierung von Indexikalität
(23) liefert schließlich einen Beleg dafür, dass der PersN-Artikel im Norden genutzt wird, um den Adressaten darauf hinzuweisen, dass bei ihm ein vom Gesprächskontext unabhängiges Vorwissen besteht, um den Referenten identifizieren zu können.[42]

---

[41] Passend dazu konnte auch Betz (2015) für ihre Gesprächsdaten zeigen, dass der PersN-Artikel im Deutschen mitunter eingesetzt wird, um die „Erzählwürdigkeit" (*tellability*, Betz 2015: 138) des entsprechenden Referenten hervorzuheben, d. h. zu markieren, dass „mit ihm thematisierbares Material verbunden ist" (Betz 2015: 138).
[42] Fehlende Betonung auf dem Determinierer wie auch die auditiv deutlich wahrnehmbare Pause nach *Susanne* sprechen in (23) dagegen, dass es sich bei dem Determinierer um ein Demonstrativum handelt, mit dem auf den nachfolgenden Attributsatz Bezug genommen wird.

(23) A: kennst ja **die susanne** (..) mit der ich mal kurz zusammen war. warst du
ja auch einmal [mit hin].
B: [hier äh],
A: die hermannstraße wohnt [da.]
B: [genau da hinter.]
A: bis zum letzten tach dachte sie medchen und was kam raus, n junge.
(REDE, WHV6, Nordnd.)

Bisle-Müller (1991: 156) schreibt in diesem Zusammenhang von einem „nichtepisodischen Dauerwissen", das durch die Verwendung von Artikelwörtern aktiviert werden kann und Betz (2015: 137) betont, dass mit dem Gebrauch des PersN-Artikels präsupponiert wird, dass „both speaker and recipient have independent epistemic access to the referent". Dem Adressaten wird durch den Artikel damit sozusagen eine Anweisung gegeben, welcher Typ von Wissensrepräsentation abzurufen ist, um zwischen PersN-Ausdruck und Person Referenz herstellen zu können. In (23) bezieht sich dieses gemeinsame Wissen der Kommunikationspartner auf die Person Susanne. Sprecher B wird durch die Verwendung des PersN-Artikels angezeigt, dass es eine gemeinsame Bekannte mit dem Namen *Susanne* gibt und dass das Wissen darum vom Adressaten nun eingesetzt werden muss, um Referenz herstellen zu können. Die Referenzherstellung wird von Sprecher A durch Zuschreibung von Eigenschaften ((i) *mit der ich mal kurz zusammen war*; (ii) *warst du ja auch mal mit hin*) unterstützt, was darauf hindeutet, dass er sich nicht ganz sicher ist, ob Sprecher B hier die Referenzherstellung alleine über sein situationsunabhängiges Vorwissen gelingt bzw. ob die Wahl des Referenzmittels (Artikel + RufN) ausreicht, um Sprecher B die Referenzherstellung zu ermöglichen (= Form der Selbstreparatur).[43]

Ausführlich sind solche „Problemzonen" der Referenzherstellung in Auer (1981, 1984), Himmelmann (1996: 230–239) und Golato (2013) beschrieben worden. Auer (1981) führt hierzu am Beispiel des Demonstrativartikels *dies-* aus, dass dieser gehäuft am „Beginn eines bestimmten Typs von Identifizierungssequenzen" (Auer 1981: 303) auftritt.[44] Dieser Sequenztyp wird von ihm als „Referenzierungssequenz" bezeichnet und zeichnet sich dadurch aus,

---

[43] Auch die Diskurspartikel *ja* dient hier zur Indexikalitätsmarkierung (vgl. Reineke 2016). Sie weist darauf hin, wie die mit *ja* eingeleitete Äußerung mit Konversationsmaximen (hier mit der Maxime der Quantität) übereinstimmt (sog. *maxim hedges* nach Levinson 1983: 162).
[44] Formvarianten der gleichen Funktion stellen Auer (1984: 636) zufolge *der...da, dieser...da, dieser...eine (da)* und *der eine...(da)* dar.

> daß in ihnen dem Referieren 'mehr Aufwand als gewöhnlich' gewidmet wird, [...] Referenz [also, A. W.] als praktische Leistung der Teilnehmer zum Problem wird.
>
> (Auer 1981: 304)

Als Beispiel für eine solche Referenzierungssequenz führt er u. a. den folgenden Gesprächsausschnitt an (Auer 1981: 301):

(24) C: aber was isch gut fande war dieser Hemdglöcknerumzug – von den Kindern, [wo die auch so]
    X: [was fürn Umzug]

In (24) nimmt Sprecher C eine Neufokussierung des Gesprächsthemas vor. Sprachlich wird diese Neufokussierung durch das vom bisherigen Thema abgrenzende *aber* und durch die Linksverlagerung des evaluativen Prädikats *gut* angezeigt. Im Kontext dieser Neufokussierung dient *dieser* Auer zufolge nun dazu, den Gesprächspartner darauf hinzuweisen, dass auf Seiten des Sprechers eine „eigene Unsicherheit bezüglich der Suffizienz des fraglichen referenziellen Ausdrucks [besteht, A. W.]" (Auer 1981: 307) und der Gesprächspartner zudem zur Stellungnahme motiviert werden soll, inwiefern der vom Sprecher verwendete referenzielle Ausdruck ausreicht, um Referenz eindeutig herstellen zu können. Auer schreibt in diesem Zusammenhang von „Indexikalitätsmarkern" und meint damit alle sprachlichen Verfahren, die dazu dienen,

> den Rezipienten offen auf die zwar vom theoretischen Standpunkt aus immer gegebene, von den Teilnehmern in der Regel aber vernachlässigte und übergangene Indexikalität aller sprachlichen Handlungen hinzuweisen.
>
> (Auer 1981: 308)

Neben dem angesprochenen Indexikalitätsmarker *dies-* identifiziert Auer als weiteres Kennzeichen von Referenzierungssequenzen kurze Gesprächspausen, die im Anschluss an den durch *dies-* eingeleiteten referenziellen Ausdruck getätigt werden und die dem Gesprächspartner eine Rückmeldung in Bezug auf das eigene Gelingen der Referenzherstellung ermöglichen sollen. Zudem ist es die Rückmeldung des Adressaten selbst, die Auer zufolge anzeigt, dass er sich genötigt sieht, zum referenziellen Ausdruck Stellung zu beziehen, d. h. zumindest dessen Suffizienz zu bestätigen. Im angeführten Beispiel (24) erfolgt die Rückmeldung von Sprecher X allerdings zeitverzögert in Form einer Fremdreparatur (*was fürn Umzug*), was einerseits Sprecher C zu einer ergänzenden referenziellen Beschreibung veranlasst (*von den Kindern*) und andererseits zu überlappenden Turns zwischen den beiden Gesprächspartnern führt.

Überträgt man die von Auer für *dies-* angesetzten Funktionen auf das oben diskutierte Beispiel (23), dann zeigt sich, dass der PersN-Artikel hier ebenfalls als Indexikalitätsmarker im Rahmen einer Referenzierungssequenz klassifiziert werden kann. So lassen sich die Nachschübe, die Sprecher A im Anschluss an den referenziellen Ausdruck *die Susanne* realisiert, als Selbstreparaturen und damit als sprachliche Manifestationen von Problemen bei der Referenzherstellung werten. Gleichzeitig deutet der Häsitationslaut bei Sprecher B (*hier äh*) darauf hin, dass die Referenzherstellung auf Seiten des Adressaten noch nicht abgeschlossen ist, was Sprecher A wiederum dazu veranlasst, mit einer weiteren referenziellen Beschreibung (*die hermannstraße wohnt da*) die Referenzherstellung zu unterstützen. Die Stellungnahme über eine gelungene Referenzherstellung auf Seiten des Adressaten erfolgt dann im Anschluss (*genau da hinter*), was Sprecher A schließlich dazu veranlasst, mit dem eigentlichen Thema der Gesprächssequenz fortzufahren. Zumindest für Sprecher A gilt damit die Referenzherstellung als abgeschlossen.

Die Ausführungen in Bisle-Müller (1991: 79–80) zu den Funktionen von *dieser* im Deutschen deuten zudem auf einen Zusammenhang zwischen den beiden identifizierten Verwendungsweisen, Themenstrukturierung und Indexikalitätsmarkierung, hin, indem die Referenzierung hier insbesondere solche Personen betrifft, die sich durch eine besondere und damit für den Sprecher erzählenswerte (im Sinne von Betz 2015) Eigenschaft auszeichnen. So heißt es bei Bisle-Müller (1991: 80):

> Der Demonstrativartikel wird verwendet, wenn es auf die Abgrenzung von anderen möglichen Referenzen ankommt. Entscheidend ist, daß andere mögliche Referenten im gemeinsamen Wissen vorhanden sind und daß sich der gemeinsame Referent von diesen anderen für den Hörer unter Berücksichtigung des gemeinsamen Wissens mit dem Sprecher deutlich unterscheidet und der Hörer diesen Unterschied als relevant ansehen kann.

Eben diese Verwendungsweise lässt sich hier auch für den PersN-Artikel nachweisen, was wiederum auf eine besondere funktionale Nähe zwischen Definitartikel und Demonstrativum im Deutschen hinweist – hierzu später mehr.

Besonders gehäuft, nämlich in 23 von 78 relevanten Belegen, tritt der PersN-Artikel in indexikalitätsmarkierender Funktion im Korpus in Kontexten auf, in denen es um (vermeintlich) prominente Persönlichkeiten geht:

(25) a. A: is doch unnormal wie viel millionen da übern disch goht.
B: dat **de ronaldo** do in e wirtschaft gaht und betohlt da anschließend zwanzigtausend dollar oder euro wat er da [betohlt hat.]
A: [dat hef ik nich jelesen.]
(REDE, Halt, Nordnd.)
b. landstrich kärnten, bundesland kärnten, da kommt ja ik glaub **der haider** her. (REDE, NF10, Nordnd.)
c. jetzt **der rösler** ist der gesundheistminister jetzt, der neue, ne? (REDE, WHV6, Nordnd.)

Anders als in (23), wo die Referenzierung auf eine Person erfolgt, die aus dem gemeinsamen sozialen Umfeld der Gesprächspartner stammt, betrifft die Referenzierung in Beispielen wie in (25) Personen aus dem öffentlichen Leben, in (25a) einen Fußballer, in (25b und c) jeweils Politiker und damit solche Personen, bei denen eine Referenzierung auch unabhängig davon erfolgen kann, ob die Gesprächspartner über gemeinsame Bekannte verfügen. Bezeichnenderweise treten anders als in den zuvor diskutierten Beispielen die sprachlichen Merkmale, die Auer zufolge für Referenzierungssequenzen typisch sind (Sprechpausen, referenzielle Nachschübe, Fremdreparaturen), hier mit Ausnahme des Indexikalitätsmarkers *der* auch nicht auf, was dafür spricht, dass sich der Referent aufgrund der aus seiner Sicht besonderen Prominenz der Person sicher bezüglich der Suffizienz des referenziellen Ausdrucks ist. Dem Adressaten wird durch die Verwendung des PersN-Artikels an dieser Stelle somit lediglich ein Hinweis gegeben, dass der Kontext alleine zur Herstellung von Referenz nicht ausreicht. Die Suffizienz des referenziellen Ausdrucks wird dagegen nicht in Frage gestellt, und der Referent geht vielmehr davon aus, dass Referenz *en passant* hergestellt werden kann.

Inwiefern die beschriebenen Gebrauchsbedingungen neben den nordd. Varietäten auch den Kolloquialstandard betreffen, muss an dieser Stelle allerdings offenbleiben, da das vorliegende Korpus für den Kolloquialstandard nicht genügend Belege liefert. Die Befunde von Betz (2015) lassen sich in dieser Hinsicht variationslinguistisch nur schwer verorten.[45] Die Tatsache, dass die von ihr angeführten Beispiele allesamt nur wenige Abweichungen vom Standard ausweisen und sie selbst auch keinen klaren regionalen Bias für das Auftreten des PersN-Artikels finden konnte, deuten aber zumindest darauf hin, dass die von

---

[45] Das von Betz verwendete Korpus setzt sich aus Quellen unterschiedlicher Provenienz zusammen. Sie erwähnt u. a. das Pfeffer-Korpus, welches überwiegend intendierte Standardsprache aus den 1960er Jahren enthält (dazu Schmidt & Herrgen 2011: 352–353).

ihr identifizierten und für nordd. Varietäten hier ebenfalls nachgewiesenen Verwendungsweisen auch standardnahe Sprechlagen betreffen könnten.

6.4.2 Fokussierung und Referenzierung bei Linksherausstellung

Hinweise auf die eben diskutierten Verwendungsweisen des PersN-Artikels finden sich auch noch an anderer Stelle in den Daten, nämlich bei PersN, die im linken Außenfeld eines Satzes stehen (sog. Linksherausstellung).[46] Für die vorangehenden Funktionsbestimmungen ist diese syntaktische Position im topologischen Feldermodell von besonderem Interesse, da PersN-Artikel und linkes Außenfeld hier offensichtlich Ähnliches für den Diskurs leisten.

So wird für das linke Außenfeld im Deutschen allgemein in Anspruch genommen, dass es zur Fokussierung und Strukturierung von Themen, zur Aufmerksamkeitssteuerung, insbesondere auf nicht vorerwähnte Referenten sowie zur Identifizierung referenzieller Ausdrücke dient (vgl. Selting 1993: 307; Scheutz 1997: 44; Elspaß 2010: 1017; Petrova 2012: 21).[47] Definite NPs werden dabei allgemein sehr gerne vorangestellt, und zwar deshalb, weil so ein referenzieller Ausdruck in den Diskurs eingeführt werden kann, der zuvor noch nicht erwähnt worden ist (Altmann 1981: 51; Scheutz 1997: 29; Petrova 2012: 21). Dementsprechend ist es nicht verwunderlich, dass Linksherausstellungen von PersN im Korpus mit insgesamt 430 Belegen sehr häufig vorkommen. Betrachten wir hierbei zunächst den folgenden Ausschnitt aus einem Gespräch zweier nd. Plattsprecher:

---

46 Der Phänomenbereich „Außenfeld" wird in der Forschung durch verschiedene Termini bezeichnet und konzeptionell zum Teil auch unterschiedlich begriffen. Forschungsüberblicke zum Thema sind in Altmann (1981), Vinckel (2006: 13–55) und Averintseva-Klisch (2009) zu finden. Siehe zur angloamerikanischen Forschung auch die Arbeit von Lambrecht (2001). Die Wahl des Terminus „linkes Außenfeld" ist selbstverständlich an linksläufigen Schriftsystemen orientiert und ist vielleicht, wie auch der in der Diskursanalyse anders besetzte Terminus „Herausstellung", nicht ganz glücklich gewählt (vgl. dazu auch die Kritik in Elspaß 2005: 236–242). Da die Termini in der Forschung aber weitgehend etabliert sind, behalte ich sie für meine Ausführungen bei.

47 Es kann dabei kein Zufall sein, dass die Linksherausstellung im Deutschen ein Phänomen der konzeptionellen Mündlichkeit ist (vgl. Selting 1993; Scheutz 1997). So lassen sich für konzeptionell mündliche Texte ganz andere Referenzierungsstrategien annehmen als für konzeptionell schriftliche Texte, wo Planung und Auswahl von Referenzakten weniger ad hoc geschieht und auch weniger auf Interaktion zwischen den Kommunikationspartnern angelegt ist.

(26) A: dann war dat bestimmt niks mehr und dann wär au kein stimmung mehr dazu.
B: nee, du kannst ja säin di hät wi de grote fertich da – [...]
A: dat hätt au gor niks brächt.
B: näh, näh
A: [aber **härder**, häi] is ja vollkommen kaputt nee, wa?
B: [dat tau man –]
A: dä jagt na luft [dä jagt na luft.]
B: [jagt na luft ja.]
(REDE, FLalt, Nordnd.)

Thema der Sequenz sind die schlechten Leistungen einer Fußballmannschaft, von der die Gesprächspartner offensichtlich Anhänger sind. In diesem Kontext referiert Sprecher A auf den Spieler Härder, der im vorangehenden Gespräch unerwähnt geblieben ist. Der PersN steht im linken Außenfeld eines Matrixsatzes mit Verb-Zweit-Stellung und er ist koreferent zu dem Personalpronomen *häi* in diesem Satz.[48] Der Intonationsverlauf auf dem PersN ist final hoch-monoton, das linke Außenfeld ist damit prosodisch in den nachfolgenden Satz integriert.[49] Dass hier (zumindest partiell) ein Themenwechsel vorliegt, der durch die Besetzung des linken Außenfeldes angezeigt wird, zeigt sich ebenfalls durch die linksversetzte Konjunktion *aber*, welche einen Kontrast zu dem vorangehenden

---

48 Bei Koreferenz zwischen herausgestelltem Element und Resumptivum handelt es sich der Forschung zufolge um ein notwendiges Kriterium für Linksversetzung (vgl. Altmann 1981; Selting 1993; Auer 1997; Petrova 2012). Dieses Kriterium schließt syntaktische Konstruktionen wie Ausklammerung, lockere Apposition und Extraposition aus, die zwar ebenfalls am linken (oder auch rechten) Satzrand stehen können, die darüber hinaus aber keine Referenzidentität zu einer Proform im Matrixsatz aufweisen müssen (vgl. Altmann 1981).

49 Nach dem Kriterienkatalog in Altmann (1981) weist die prosodische Integration des herausgestellten Elementes in den Matrixsatz auf eine Linksversetzung hin. Gegensätzlich dazu verhalten sich die sog. Freien Themen, die prosodisch autonom vom Matrixsatz sind (vgl. Dewald 2012). Siehe zu der Unterscheidung von Linksversetzung und Freiem Thema auch die Ausführungen in Altmann (1981), Selting (1993), Lötscher (1995), Auer (1997), Scheutz (1997), Frey (2004), Averintseva-Klisch (2009), Petrova (2012) und Dewald (2012). Für den Artikelgebrauch am PersN spielt eine solche Subdifferenzierung des linken Außenfeldes keine Rolle, der PersN-Artikel wird im Korpus vielmehr ebenso häufig bei linksversetzten PersN verwendet, wie bei Freien Themen. Dieser Befund bestärkt die Sichtweise, zwischen Linksversetzung und Freiem Thema „einen breiten Übergangsbereich" (Scheutz 1997: 35), eine „unscharfe Übergangszone" (Lötscher 1995: 35) oder gar eine „kontinuierliche Skala" (Lötscher 1995: 38) anzusetzen, die zumindest für die Artikelverwendung auch keine kategoriale Zuordnung zu dem einen oder anderen Konstruktionstypen ermöglicht.

Thema (fehlende Stimmung im Stadion) anzeigt. Über die Besetzung des linken Außenfeldes wird der Referent zudem in den Diskurs eingeführt und als Thema des nachfolgenden Redebeitrags fixiert. Die syntaktische (Besetzung des Außenfeldes) und wahlweise auch die prosodische (thematischer Akzent, intonatorische Pause) Markiertheit der Konstruktion lassen den Schluss zu, dass die Aufmerksamkeit des Adressaten auf den Referenten gelenkt werden soll, über den im Folgenden etwas ausgesagt wird. Dies gilt besonders auch für Linksherausstellungen mit morphologisch inkongruenten Wiederaufnahmestrukturen wie in (27), die sich Altmann (1981: 50) zufolge als Freie Themen subklassifizieren lassen:

(27) a. **de winfried**? mit dém hab ich die ersten vier schuljahrn verbracht – der war in meiner klass. (REDE, DA1, Rheinfränkisch)
b. ei ja **de peter**; (.) dén kennt niemand so richtig. (REDE, WTjung1, Alemannisch)
c. **der kóhler**. das war schon bissel á a seltsamer kauz. (REDE, Ralt1, Bairisch)
d. dann **der nacker**? (.) díe sind ausgezogen; (REDE, AN4, Ostfränkisch)

Für den vorliegend diskutierten Zusammenhang von Interesse ist nun, dass im Korpus für Sprecher aus dem Nordd. der PersN-Artikel in Linksherausstellungen ebenfalls belegt ist, und zwar mit 19 Prozent (20 von 105) sogar häufiger als außerhalb des linken Außenfeldes (s. Vergleichswerte in Tab. 11).[50] Das gehäufte Auftreten des Artikels in dieser Verwendungsweise führe ich auf die zuvor genannten Gebrauchsbedingungen zurück. Das linke Außenfeld schafft demnach eine Art Nährboden für den PersN-Artikel und sorgt zusammen mit diesem für Referenzierung und für die Fokussierung von Referenten im Diskurs. Dies zeigt sich etwa in (28), wo der Referent Bohnensack nach einem zwischenzeitlichen Themen- und Referentenwechsel durch einen PersN im linken Außenfeld wieder aufgenommen wird und wo durch den Gebrauch des PersN-Artikels signalisiert wird, dass es sich um einen Referenten handelt, der bereits vorerwähnt ist und der nun als Diskurstopik fungiert.

---

50 Im Obd. und Wmd. lässt sich in den Daten hingegen keine Präferenz für den PersN-Artikel im linken Außenfeld feststellen. Die relativen Anteile liegen in Zwirner und REDE für das Obd. bei 90 Prozent (105 von 117) und für das Wmd. bei 84 Prozent (153 von 184); vgl. dazu die Gebrauchsanteile in Tab. 11. Auch unter Berücksichtigung der nordd. Daten kann damit konstatiert werden, dass der PersN-Artikel bei Linksversetzung zwar häufig, aber nicht obligatorisch auftritt. Dies postuliert allerdings Altmann (1981: 235), wenn es heißt: „Bei Personennamen ohne sonstige Zusätze ist der definite Artikel für die Konstruktion Linksversetzung obligatorisch".

(28) jetzt gait mi lehrmeister rin da **den kirchemaler bohnesack**, der malte bloß de kirchen, der war in helmstedte. und säicht dat den höre zu, de domina hat wieder spouk da maket. du mußt saien; dat de blauen blatt wegkriegen tast. utseten kün wir dat nich mit holz, dat is tu saien. ja; sachtt er is dat denn viel? ach sacht er; du musst erstmal mitkommen, musst dir dat ansehen. Is er mitgangen und sächt – dat werde ik scho maken. Hat er dat utgebessert, dat dat gar nicht zu sahen war. Andern Tag, die waren noch an der an der Hintertür. Und sie da an, da komme sie, da sächt sie, ich war noch da, es war noch ein Geselle noch mit da, sächtt sie – so is et gut. dat is wat aneres. hätt se denn dat – ik säch – frau domina, wir haben dat brett rutgenommen und hät dann – dat war richtig; sächt sie – dat is gut gewiß wore. **und der bohnesack**, der hätte dat overgemalt, aber das hät se nich hat se hat se nich war auch genau dasselbe [...] (Zwirner, ZWN34, Ostfälisch)

Altmann (1981: 235) sieht hingegen rhythmische Gründe für das Auftreten des PersN-Artikels im linken Außenfeld verantwortlich. Demnach wären Linksversetzungen mit blankem PersN prosodisch zu wenig „gewichtig", um „eine normale Akzent- und Intonationskontur zu ermöglichen" (Altmann 1981: 235). Diese These lässt sich mit den vorliegenden Daten nicht stützen. Eine prosodische Lizenzierung des Artikelgebrauchs hätte zur Folge, dass der Artikel in Abhängigkeit von Namentyp und besonders auch von der Silbenzahl des PersN unterschiedlich häufig verwendet werden würde. Hierfür liefert das Korpus keine Evidenz. Hinzu kommt, dass der PersN-Artikel in den regionalen Varietäten häufig stark reduziert oder gar klitisiert verwendet wird (s. Kap. 3.2), die prosodische Gewichtung wäre demnach auch bei Artikelsetzung nur geringfügig höher einzuschätzen als die beim artikellosen Gebrauch von linksversetzten PersN.

Werfen wir abschließend noch einen Blick in die historischen Daten: Hier lassen sich linksversetzte PersN ebenfalls beobachten, wenn auch mit drei Belegen für die HexenV und 34 Belegen für die AuswB insgesamt deutlich seltener als für die rezenteren, sprechsprachlichen Daten.[51] Es dominiert mit 27 von 34

---

51 Besetzungen des linken Außenfeldes sind historisch ebenfalls belegt in Zäch (1931) und Lötscher (1995) für das Mittelhochdeutsche und in Elspaß (2010) für das Frühneuhochdeutsche. Dies deutet Lötscher (1995: 33) zufolge darauf hin, „daß in diesen früheren Sprachstufen die funktionale und sprachsystematische Trennung zwischen geschriebener und gesprochener Sprache noch nicht so grundsätzlich gegeben war wie heute". In Lötscher (1995) wird für die historischen Sprachstufen des Deutschen zudem die These vertreten, dass Herausstellung nach links insbesondere dann genutzt wurde, wenn das herausgestellte Element grammatisch besonders komplex war, es sich also z. B. um erweiterte NPs (im Sinne dieser Arbeit) oder um

Belegen die artikellose Variante, der PersN-Artikel kommt vor, und zwar bei oben diskutierter (Re-)Etablierung des Referenten und bei Fokuswechsel:

(29) a. und **der Herm Hasebrock** der ist Ganß Aleine. (AuswB, Farwick12, Westfälisch)
   b. und **die Fanni** sie ist Überhaubt ser groß. (AuswB, Schabl3, Bairisch)
   c. **Der Eieser** Von Ortenberg der hatte es vergehrt gesagt. (AuswB, Möller2, Hessisch)

6.4.3 Zwischenfazit

Ich fasse zusammen: Die qualitative weil kontextbezogene Betrachtung der Daten hat erbracht, dass der PersN-Artikel in nordd., nicht aber in obd. und wmd. Varietäten spezifische diskurspragmatische Funktionen übernimmt. Dies betrifft zum einen die Strukturierung von Gesprächsthemen, indem der Definitartikel zur Fokusmarkierung dient und damit anzeigt, dass eine Person als Thema gegenüber anderen einen erhöhten Themenrang im Gespräch einnimmt und in der Folge eine Gesprächssequenz folgt, in der etwas über diese Person berichtet wird. Zum anderen dient der Definitartikel zur Determinierung des referenziellen Ausdrucks. Er wird in Kombination mit PersN indexikalisch eingesetzt, um dem Hörer zu signalisieren, dass dieser ein sowohl beim Sprecher als auch beim Hörer vorhandenes, weil auf gemeinsamen Erfahrungen beruhendes Vorwissen abrufen muss, um zwischen PersN und Person Referenz her-

---

koordinierte Elemente handelte. Hierbei wirken Lötscher zufolge sprachökonomische Prinzipien, indem „Herausstellungsstrukturen [...] als Hilfsmittel der Komplexitätsreduktion und zum Abbau des Verarbeitungsaufwands bei der Satzproduktion und -rezeption verwendet werden" (Lötscher 1995: 40). Folgt man diesem Ansatz, so lässt sich die geringe Anzahl an Gesamtbelegen für linksversetzte PersN in den vorliegenden historischen Daten hier auf eben jenen Komplexitätsaspekt zurückführen. So treten PersN tendenziell eher isoliert als in grammatisch komplexen Strukturen auf. Andererseits setzt Lötschers These voraus, dass Herausstellung immer ein geplantes sprachliches Handeln voraussetzt. Wie bereits Auer (1991, 1997) bemerkt hat, stimmt diese Prämisse allerdings nicht mit der kommunikativen Realität überein. So muss die Planung des folgenden Matrixsatzes bei der Besetzung des linken Außenfeldes noch nicht abgeschlossen sein (vgl. Auer 1991: 140). Vielmehr dient das linke Außenfeld gerade dazu, um Planungszeit für die Realisation des Folgesatzes zu gewinnen, was wiederum bedeutet, dass der Grad an grammatischer Komplexität aus Sprecherperspektive nicht ursächlich für die Wahl der Linksherausstellung sein muss. Immerhin weist die Duden-Grammatik (2016: 1214) Linksherausstellung auch in der rezenten Standardaussprache und im Schriftdeutschen als grammatisch aus.

stellen zu können. Der Gebrauch des PersN-Artikels dient damit zur Koordination gemeinsamer Wissensbestandteile (Himmelmann 1996: 233 schreibt von „'personalized' knowledge") und er gibt gleichzeitig Hinweise darauf, welche Art von Wissensrepräsentation abzurufen ist, um Referenz eindeutig herstellen zu können.

Das linke Außenfeld hat sich dabei als Strukturposition erwiesen, in der Referenz effektiv abgehandelt und Themen im Diskurs mit geringem syntaktischen Aufwand etabliert werden können. Dementsprechend häufig ist im Nordd. der Gebrauch des PersN-Artikels in dieser Position. Besetzt ein PersN das linke Außenfeld, unterstützt die Syntax die Fokussierung des Referenten, sie ersetzt damit aber nicht die Verwendung des PersN-Artikels, wie die Auswertungen gezeigt haben. Vielmehr dient die Linksherausstellung als zusätzliches formales Mittel, um diese Funktionsweisen zum Ausdruck zu bringen. Das syntaktische Verfahren reiht sich damit ein in eine ganze Gruppe sprachlicher Mittel, die Givón (1983) zufolge einen Topikwechsel einleiten können. Das linke Außenfeld schafft außerdem einen Nährboden für den Gebrauch des PersN-Artikels, der im Nordd. die gleichen Funktionen bedient. Anders verhält es sich im Obd. und Wmd. Hier hat die Besetzung des linken Außenfeldes keinen Einfluss auf den Gebrauch des referenziellen Ausdrucks, und zwar deshalb, weil PersN-Artikel und linkes Außenfeld dort keine Schnittmengen hinsichtlich ihrer Funktionsweisen haben.

6.4.4 Pejoration

Der PersN-Artikel wird in den nordd. Daten auch verwendet, um zu signalisieren, dass sich der Sprecher von der Person emotional und sozial distanzieren möchte, auf die durch den PersN verwiesen wird. Diese Deutung lässt sich aus dem Umstand ableiten, dass der Artikel im Korpus besonders häufig, nämlich in 89 von 194 relevanten Belegen, in Kontexten verwendet wird, in denen ein PersN in eine negativ konnotierte Proposition eingebettet ist, was oftmals auch erst über die Reaktion des Gesprächspartners abzuleiten ist (bestätigendes Lachen, Widerspruch etc.). Dies gilt für die historischen Varietäten ebenso wie für die rezenten nordd. Varietäten und für das Schriftdeutsche, nicht aber für die rezenten obd. und wmd. Varietäten, für die bzgl. des PersN-Artikels im Korpus keine spezifische Abwertungskomponente nachweisbar ist. Ich möchte die Gebrauchsbedingung im Folgenden unter dem Terminus „Pejoration" behandeln und folge dabei Finkbeiner, Meibauer & Wiese (2016: 1), die das Konzept sehr allgemein wie folgt fassen: „[P]ejoration has to do with the speaker's evaluation of something as bad".[52] Betrachten wir zunächst die folgenden Belege:

(30) a. **der danner** – gehts nach alter? äh hallo? et geht nich nach alter. so en schwachmat. (REDE, BOR2, Westfälisch)
    b. un **e spieß** – (...) dat is ne kanone für sik (Zwirner, ZWU69, Westfälisch)
    c. A: hätt se **den jürgen drews** holt, ich säch ja, da häbt er ja den richtigen holt.
       B: nee, **jürgen drews** müssen se net holen, so en quatsch du. (REDE, CLP3, Nordnd.)

Es zeigt sich, dass für den pejorativen Artikelgebrauch besonders solche Kontexte charakteristisch sind, in denen über negative Eigenschaften oder Taten einer Person gesprochen wird, typischerweise einhergehend mit einer besonders emotionalen Ausdrucksweise des Sprechers (auch mittels Ironie wie in 30b–c). Hinzu kommt, dass die Sprecher hier bewusst Verstöße gegen Normen der sprachlichen Höflichkeit in Kauf nehmen, indem sie z. B. auf nicht Anwesende nur mit dem FamN und dann auch nicht mit der Höflichkeitsanrede *Herr* verweisen (vgl. zu diesen Normverstößen Besch 1996: 106–108; Glück & Sauer 1997: Kap. 8.5; Seibicke 2008: 61–63, 69–79). Dies gilt zumindest für den im Korpus besonders häufig belegten Fall, in dem auf einen nicht anwesenden Vorgesetzten (in REDE) bzw. auf Angeklagte vor Gericht (in den HexenV) referiert wird. Pejoration und unhöfliches Verhalten gehen dabei sehr häufig miteinander einher, was Finkbeiner, Meibauer & Wiese (2016: 12) folgendermaßen erklären:

> Pejoration is a cognitive attitude of evaluating something, and when persons are evaluated, this tends to be considered as impolite or rude behaviour.

Vor diesem Hintergrund ist auch davon auszugehen, dass Sprecher den PersN-Artikel pejorativ nur dann gebrauchen, wenn es der situative Rahmen des Diskurses wie auch ihr konkreter Beziehungsstatus zum Gesprächspartner zulassen, d. h. die Sprecher berücksichtigen bei der Wahl des referenziellen Ausdrucks nicht nur ihre eigene soziale Beziehung und Einstellung zum Referenten, sondern auch die des Gesprächspartners (dazu ausführlich Hartmann 1993). So werden Sprecher ihre negative Einstellung nur dann zum Ausdruck

---

[52] Theoretisch fassen lässt sich der evaluative Charakter von Pejoration über das Konzept des positiven oder negativen Face, welches ursprünglich in Goffman (1959) erarbeitet und im Weiteren in Brown & Levinson (1987) auf linguistische Aspekte der Höflichkeit übertragen worden ist (vgl. mit Bezug zum Deutschen auch Simon 2003).

bringen, wenn sie davon ausgehen können, dass a) die Gesprächspartner ebenso über den Referenten denken wie sie selbst oder b) die Gesprächspartner sich von ihrer Meinung überzeugen lassen. Voraussetzung hierfür ist c), dass die Sprecher von der Wahl ihres Referenzausdrucks keine negativen Folgen für sich selbst zu erwarten haben.

Die vorliegenden Daten legen zudem den Schluss nahe, dass der PersN-Artikel als sprachliches Mittel selten alleine eingesetzt wird, um die Einstellung des Sprechers gegenüber dem Referenten zum Ausdruck zu bringen. Vielmehr sind es besonders lexikalische und prosodische Mittel (Schimpfwörter, spezielle Intonationsmuster etc.) sowie pragmatische Verfahren (z. B. die „Ausbeutung" konversationeller Implikaturen), die in Verbindung mit dem Artikel Pejoration ausdrücken, es ist aber selten sein Gebrauch alleine.[53] Diese Gebundenheit des Referenzausdrucks an den Ko- und Kontext verdeutlicht, dass dem Artikel hier ein anderer linguistischer Stellenwert zukommt, als es für bestimmte Wortbildungsmuster (*Gewinn-ler*, *Schreiber-ling*; dazu Müller 1953; Dammel 2011) und insbesondere für die Verwendung von Schimpfwörtern der Fall ist, die als Referenzausdrücke obligatorisch mit einer negativen Wertung verbunden sind.[54] So wird in Müller (1953: 23, Hervorhebung im Original) auch wie folgt differenziert:

> Ein Schimpfwort, dessen Stamm an sich eine schlimme Bedeutung trägt, ist nicht eigentlich pejorativ, denn der Begriff „pejorativ" wird nur da sinngemäss angewandt, wo eine neutrale oder positive Bedeutung ins Schlimme *umgewandelt* wird.

Am ausführlichsten hat Bellmann (1990) die teils recht feinen negativen Konnotationen untersucht, die durch den Definitartikel wie auch durch das Demonstrativum als Referenzweise auf Personen ausgedrückt werden. So konnte in seiner Erhebung zur Akzeptanz für den RufN-Artikel gezeigt werden, dass der Artikel in denunzierendem Kontext [zum Lehrer: *(der) Peter hat mich geschlagen*] als einziger der abgefragten Kontexte an allen Erhebungsorten akzeptiert wurde (Bellmann 1990: 274, 276; s. Kap. 6.6.2). Besonders aufschlussreich sind in diesem Zusammenhang von Bellmann gesammelte Korrekturformeln, die als

---

53 Einen aktuellen Forschungsüberblick über die sprachlichen Ausdrucksmittel für Pejoration gibt der Sammelband von Finkbeiner, Meibauer & Wiese (2016).
54 Der Unterschied von kontextgebundener und -ungebundener Abwertung lässt sich terminologisch durch eine Differenzierung in „Dysphemismus" und „Pejorativ" fassen. Dazu heißt es bei Dammel (2011: 327): „So ist Dysphemismus ein funktional-pragmatisches Konzept: Zeichen auch mit neutraler lexikalischer Semantik werden dysphematisch eingesetzt (z. B. *Opa*, *Tante*). Unter „pejorativ" wird dagegen das semantische Konzept verstanden, das semantisierte Dysphemismen in lexikalisierter (*Weib*) und grammatikalisierter Form (*Schreiberling*) umfasst".

verbale Sanktionierungen von Verstößen gegen Höflichkeitsnormen verstanden werden können – typischerweise mit konventionalisiertem und routinehaftem Charakter – und die für den Forscher Rückschlüsse zulassen, welche sprachlichen Mittel für eine Gemeinschaft als unhöflich empfunden werden, wie zum Beispiel:

(31) A. (Tochter): „*Hat die Inge...?*"
B. (Vater, fällt ins Wort): *DIE* [hervorgehoben] *Inge! Wenn ich das schon höre!*" (Leipzig)
(Bsp. aus Bellmann 1990: 280)

Auch die älteren Grammatiken heben besonders stark auf den pejorativen Gebrauch des PersN-Artikels ab, wie die folgenden Zitate verdeutlichen:[55]

> Die eigenen Namen des höchsten Wesens, der falschen Gottheiten, der himmlischen und höllischen Geister, der Menschen, Länder, Städte, Flecken, Dörfer und der vier Weltgegenden, lassen das Geschlechtswort nicht unmittelbar vor sich her gehen [...]. Hievon muß man ausnehmen [...] Die eigenen Namen der Menschen, von denen man mit keiner sonderlichen Achtung spricht. Z. B. bei Benennung geringer Leute, seiner Kinder, seiner Hausgenossen, seiner Freunde und Bekannten u.s.w.
> (Hemmer 1775: 444–445)

> [...] legt er dem Gebrauch des bloßen Artikels vor den Personennamen den Nebenbegriff der Vertraulichkeit, Sorglosigkeit, oder gar der Geringschätzung und Verachtung bei.
> (Bauer 1828: 278)

> Die Eigennamen der Personen werden, wenn immer möglich, ohne Artikel gebraucht; denn der Artikel bei Personennamen klingt gemein. Man sagt nicht: der [gesperrt] Wilhelm, sondern Wilhelm [...].
> (Götzinger & Meyer 1881, zitiert nach Bellmann 1990: 259)

> Der bestimmte Deuter [Artikel] tritt vor Eigennamen von Personen oder Ortschaften, wenn er besondere Beziehungen, unter denen sie gedacht werden, ausdrücken soll. [...] Um auf einen Menschen oder einen Ort von besonderer Eigenthümlichkeit hinzudeuten; daher die Hinweisung bald Achtung, bald Geringschätzung ausdrückt.
> (Jost 1852, zitiert nach Bellmann 1990: 264)

Historisch lässt sich der pejorative Artikelgebrauch überhaupt sehr gut belegen, wie Schmuck & Szczepaniak (2014) in ihrer Auswertung von HexenV zeigen

---

[55] Weitere Belege aus der Forschung für den pejorativen Artikelgebrauch sind in Bellmann (1990: 262–270) zusammengetragen.

konnten – dies allerdings ohne erkennbare areale Bindung. So wird der PersN-Artikel von Schreibern dort insbesondere bei der Referenz auf Personen verwendet, die im Gerichtsprozess die Rolle der Angeklagten (in (32a und b)) oder ihrer vermeintlichen Komplizin (in (32c)) einnehmen:

(32) a. Segt ok Datt Anna Schwarfes se **de Anna kockes** geseh[en] hebbt. [...] Duße vorbeschreuene bekentnuße Is **der Anna kockes** vor dEm Erbarn Rade ok vp apenem Dinge vorgelesen word[en], [...] Hirvp is dorch Einhelligen Votis des Erbarn Rades **de Anna kockes** condemnert vnd verordelt word[en] (HexenV, Flensburg 1608, Nordnd.)
b. Am 17. Martii hat **die Christina Thymen** Vor Richter vnnd Schöpff[en], vff vorgehende befragunge noch weitter güttlich gestand[en] vnd bekandt [...] (HexenV, Georgenthal 1597, Ostfränkisch)
c. Ob sie nit baldt hinach mit **der Gunckhel** vnuersehenlich In Ir der Spanneyin haus eingangen, mit vermelden, ob sie herein dörffe [...] (HexenV, Günzburg 1613, Schwäbisch)

Passend dazu wurde etwa in Topalović (2003: 58–62) darauf hingewiesen, dass sich die Gerichtsschreiber allgemein nicht immer neutral in Bezug auf die Prozessbeteiligten verhalten haben, sondern dass in das Protokoll auch immer wieder negative Einstellungsbekundungen insbesondere gegenüber der Angeklagten eingeflossen sind. Zudem belegen Schmuck & Szczepaniak (2014: 117) den Artikelgebrauch auch für Kontexte, in denen die (oft negative) Einstellung der Angeklagten zu nicht anwesenden Personen zum Ausdruck kommt:[56]

(33) a. Item sie sagt **der fedder hanß** habe vnzucht mit ir treiben wollen. (HexenV, Friedberg 1620, Hessisch)
b. Item mitt **dem Geßer**, wie er noch allhir geweßen. (HexenV, Friedberg 1620, Hessisch)

An dieser Stelle zeichnet sich allerdings eine methodische Schwierigkeit bei der Variantenbewertung insofern ab, als die Protokollpassagen, in denen die Aussagen der Angeklagten wiedergegeben sind, allgemein prädestiniert dafür sind, gesprochensprachliche Merkmale zu beinhalten; dies gilt insbesondere vor dem Hintergrund, dass deren Aussagen (Geständnisse resp. Leugnungen) besonders detailgetreu protokolliert werden sollten, um sie für den Fortlauf des Gerichts-

---

[56] In (33a) referiert der Name *fedder hanß* auf den Teufel und damit auf einen – im Kontext der Äußerung – eindeutig negativ konnotierten Referenten (dazu Hille 2009).

prozesses (meist gegen die Angeklagte) verwenden zu können (s. Kap. 5.2.1). So ist für die HexenV oft nicht zu entscheiden, ob der Gebrauch des PersN-Artikels aus pejorativen Gründen erfolgt oder ob er auf die konzeptuelle Mündlichkeit der Textpassage zurückzuführen ist. Schmuck & Szczepaniak bringen hierzu das folgende illustrative Beispiel, wo der PersN-Artikel „im ersten Teil in der indirekten Rede erscheint, nicht jedoch im zweiten Teil mit freier Redewiedergabe (Redebericht) als eine Art Kurzzusammenfassung des Gesagten durch den Schreiber selbst" (Schmuck & Szczepaniak 2014: 122):

(34) bey dem Letsten dantz sey sie vor einem Jahr geweßen, darbey habe sie niemandt alß **d[as] bier Annele** gekhant, vnnd Ir Schwester **die haffner Vrßla**. [...] Gleich darauf laugnet sie wid[er] daß medele, **bier Annele**, vnd **haffner vrßla** seyen nit bey dem dantz[en] geweß[en]. (HexenV, Messkirch 1644, Schwäbisch)

Aber zurück zur Pejoration: Folgendes Zitat aus Gottsched (1762) verdeutlicht, dass sich bei dem pejorativen Gebrauch des PersN-Artikels abermals eine funktionale Nähe zur Verwendung des Demonstrativums („Pronomen" bei Gottsched) abzeichnet:

> Geschiehet solches [der Artikelgebrauch am PersN, A. W.] im gemeinen Leben dennoch, so ist das **der** nicht der bloße Artikel, sondern das Pronomen, welches man aus einer Art von Geringschätzung gebraucht, und gleichsam mit Fingern auf die Person zeigt.
> (Gottsched 1762: 513, Hervorhebung im Original)

Die Funktionen der Demonstrativa sind für das Standarddeutsche (Standardd.) bereits eingehend untersucht worden (z. B. in Auer 1981; Bisle-Müller 1991: 69–83; Ahrenholz 2007; Averintseva-Klisch 2016). Ihr pejorativer Gebrauch lässt sich – wie in Kap. 3.4 bereits erwähnt – Averintseva-Klisch (2016: 134) zufolge im Wesentlichen darauf zurückführen, dass die mit dem Demonstrativum verbundene Zeigegeste mit einer Handlung assoziiert ist, die beim Referenten eine Face-Verletzung bewirkt. Mit seiner Verwendung kann der Sprecher dem Hörer demnach signalisieren, dass nun ein Referent im gemeinsamen Fokus der Aufmerksamkeit steht, von dem sich der Sprecher emotional und sozial distanzieren möchte:

> [I]n that S[peaker] [...] shows H[earer] a human referent X in their shared physical or mental space, he both induces cognitive proximity between him and H in stressing the fact that they have a shared mental space and threatens X's negative face in bringing X "into the spotlight" of their shared attention without giving a clear face saving reason for it.

This is how mere demonstrativity simultaneously achieves closeness and distancing: the closeness concerns S and H, whilst the distancing concerns S [...] and X.

(Averintseva-Klisch 2016: 134)

Hinzu kommt, dass der Sprecher versucht, den Hörer von seiner negativen Meinung über den Referenten zu überzeugen. In der Sprechaktklassifikation von Austin (1972) handelt es sich damit um einen perlokutiven Sprechakt, wobei die Perlokution hier nicht vom Verb abzuleiten ist, sondern eben grammatisch ausgedrückt wird. Diese perlokutive Kraft gilt in nordd. Varietäten auch für den Artikelgebrauch, sodass schlussendlich davon auszugehen ist, dass sich die pejorativen Gebrauchsweisen von Definitartikel und Demonstrativum bei PersN hier im Wesentlichen deckungsgleich verhalten.

6.4.5 Artikelgebrauch im rechten Außenfeld: referenzielle Verankerung und Anadeixis

Spiegelbildlich zum linken Außenfeld, das in Kap. 6.4.2 unter diskurspragmatischen Gesichtspunkten untersucht wurde, lassen sich im Korpus auch insgesamt 249 Belege für PersN identifizieren, die im rechten Außenfeld eines Satzes (Matrixsatz) stehen. PersN im rechten Außenfeld sind für die vorliegende Arbeit von besonderem Interesse, da es sich um den einzigen Kontext handelt, für den auch in der Schriftsprache eine obligatorische Verwendung des PersN-Artikels in einfachen NPs anzunehmen ist (vgl. Kolde 1995: 404; Averintseva-Klisch 2009: 113–115; Meinunger 2015: 99), z. B. in den folgenden Belegen:[57]

(35) a. „Die anderen haben das Dreifache verdient, **der Franz Beckenbauer** in Bayern und auch **der Wolfgang Overath** in Köln." (Die Zeit, 06.06.2012: 23)
b. Er ist sehr reich, **der Herr Rockefeller**. (Bsp. nach Kolde 1995: 404)

Die Gründe hierfür sind bislang unklar. Doch ist in den vorliegenden Daten für das rechte Außenfeld durchaus eine Variation im Artikelgebrauch feststellbar, die wir im Folgenden näher beleuchten wollen.

Als übergeordneter methodischer Zugriff erweist sich dabei eine Subdifferenzierung der Belege in die Kategorien „Rechtsversetzung" und „Reparatur-

---

[57] Das Gleiche gilt offensichtlich nicht für das Englische, Niederländische und Norwegische, wo in Rechtsversetzungen artikellose PersN Meinunger (2015: 113) zufolge möglich sind. Langendonck (1985: 120) führt für das Englische das folgende Beispiel an: *He is very rich, Mr. Rockefeller.*

Nachtrag" als sinnvoll, eine Unterscheidung, die auch in der Forschung eingehend diskutiert wurde (vgl. Altmann 1981: 54–72, IDS-Grammatik 1997: 548, Vinckel 2006, Averintseva-Klisch 2009, Kalbertodt, Primus & Schumacher 2015).

Rechtsversetzung
Rechtsversetzungen zeichnen sich im Korpus durch die folgenden Eigenschaften aus:

1. Die PersN-NP folgt unmittelbar auf einen Matrixsatz und weist Referenzidentität zu einer Proform in diesem Satz auf:

(36) a. der lebt ja a noch – **de alois**; (Zwirner, ZWB26, Ostfränkisch)
 b. lauter so blödsinn hat er gemacht – **de willi**. (Zwirner, ZW0A0, Ostfränkisch)
 c. da kenn i zum beispiel oanen – **de joch nau** – der hoat bis hait no kei zentrifug net. (Zwirner, ZW928, Bairisch)

2. Die kataphorisch gebrauchte Proform im Matrixsatz wird meist von einem Personalpronomen, einem schwachen *d*-Pronomen (*dér* etc.) oder auch von einem Indefinitpronomen gebildet. In seltenen Fällen kann das Subjektpronomen des Matrixsatzes auch gedroppt sein, z. B. in (37). Altmann (1981: 116) stellt hierfür die Bedingungen auf, dass die Proform stark thematisch ist und vor der Tilgung in der Vorfeldposition stehen muss. Beides ist in den angeführten Beispielen gegeben.

(37) a. hat nix gesagt **de gottfried reinhard**; (REDE, MZG7, Moselfränkisch)
 b. hat gut gefeiert seinen hundertsten geburtstag – **de onkel bernd**. (REDE, SLS2alt, Moselfränkisch)

3. PersN-NP und Proform weisen, sofern formal ausgedrückt, Kongruenz in Numerus und Kasus auf. Genuskongruenz ist hingegen nicht obligatorisch, wie (38) beispielhaft zeigt. Dies spricht m. E. dafür, bei rechtsversetzten Elementen nicht zwangsläufig von einer vollständigen morphosyntaktischen Integration in den Matrixsatz auszugehen.[58]

---

[58] Vgl. dagegen Averintseva-Klisch (2009: 36), die bei Rechtsversetzung von einer solchen Integration ausgeht und das rechtsversetzte Element deshalb auch als Teil des Nachfeldes und nicht des Außenfeldes klassifiziert.

(38) a. das war e flüchtling. **de möbius**. (REDE, OG2, Alemannisch)
   b. díe hat mich angerufe? **et paula**. (REDE, TRalt2, Moselfränkisch)

4. Die PersN-NP schließt unmittelbar an den Matrixsatz an. Prosodisch äußert sich der Anschluss darin, dass zwischen Matrixsatz und Rechtsversetzung keine Äußerungspause steht und auf dem rechtsversetzten Element auch kein eigenständiges Intonationsmuster realisiert wird. Das nachfolgende Element ist damit zumindest prosodisch vollständig in den vorangehenden Satz integriert (vgl. Averintseva-Klisch 2009: 16–17). Zudem ist das rechtsversetzte Element meist schwach betont.

Reparatur-Nachtrag
Reparatur-Nachträge zeichnen sich hingegen durch die folgenden Eigenschaften aus:

1. Die PersN-NP folgt auf einen Matrixsatz und weist Referenzidentität zu einer Proform in diesem Satz auf. In seltenen Fällen muss die Anaphorik zwischen Reparatur-Nachtrag und Proform semantisch inferiert werden, wie (39a) am Beispiel einer metonymischen Beziehung verdeutlicht.[59] Parenthesen und eingeschobene Nebensätze mit attributiver Funktion können dabei zu Distanzstellung zwischen Matrixsatz und Reparatur-Nachtrag führen, vgl. (39b).

(39) a. und von der stadt waren dabei (...) es bauamt, **de döbbels**. (REDE, HO-alt, Ostfränkisch)
   b. da war der unser koch – wo wir im lager hatten – **der albert ulm** – der kaffeebesitzer von der stadt (.) saarlouis (Zwirner, ZWH43, Moselfränkisch)

2. Anders als bei Rechtsversetzungen sind bei Reparatur-Nachträgen im Matrixsatz neben schwachen *d*-Pronomen und Personalpronomen auch volle lexikalische NPs und Demonstrativa als koreferente Formen zulässig, vgl. (40). Zudem besitzt die Proform hier keinen kataphorischen Status. Vielmehr ist davon auszugehen, dass der Reparatur-Nachtrag zum Zeitpunkt, an dem die Proform realisiert wird, vom Sprecher noch nicht vorgesehen ist, sondern ihre Realisierung vielmehr spontan erfolgt (vgl. Auer 1991: 140). Dementsprechend ist Averintseva-Klisch (2009: 131) zufolge

---

[59] Schwarz-Friesel (2000) schreibt in diesem Zusammenhang von einer indirekten Anaphorik.

bei der Proform die Referenzzuweisung verzögert, und zwar erst nach der Verarbeitung der R-N-NP [Reparatur-Nachtrags-NP, A. W.], wobei das Ermöglichen der Referenzzuweisung der Beitrag der Reparatur ist.

(40) a. hat mei anderer kamerad gesagt da – **de meiers sepp**. (Zwirner, ZWC56, Bairisch)

b. und mittlerwil leer ik do en deern kennen. **anna klasen**. (Zwirner, ZW0Q3, Nordnd.)

Der Reparatur-Nachtrag ist deshalb auch als syntaktisch eigenständige Äußerung zu betrachten, die erst auf der Diskursebene durch ihre Funktion als Anapher in die Matrixäußerung integriert wird (vgl. Averintseva-Klisch 2009: 129). Dieser Umstand stellt zunächst mal den Status des Reparatur-Nachtrages als eigenständiges rekurrentes (Konstruktions-)Muster generell in Frage, es könnte sich vielmehr um „vergessene" Nachträge des Sprechers ohne autonomen syntaktischen Status handeln (dazu Imo 2011b) – dazu später mehr.

3. Proform und Reparatur-Nachtrag können Kontaktstellung miteinander aufweisen, und zwar unabhängig davon, an welcher Position im Matrixsatz die Proform steht. Die relative Stellungsfreiheit unterscheidet den Reparatur-Nachtrag von der Rechtsversetzung, wo das rechtsversetzte Element obligatorisch erst im Anschluss an den Matrixsatz realisiert wird. Zu unterscheiden sind Reparatur-Nachträge, die wie in (41) innerhalb eines Matrixsatzes Kontaktstellung zur Proform aufweisen, und solche, die wie in (40) dem Matrixsatz postponiert sind. Ich gehe davon aus, dass mit den Stellungsunterschieden des Reparatur-Nachtrags keine funktionalen Unterschiede verbunden sind. Vielmehr ist seine Stellung davon abhängig, wie schnell der Sprecher für sich die Notwendigkeit erkennt, eine Reparatur des Referenzmittels vorzunehmen. Demnach werden Varianten, wie sie in (41) gelistet sind, als Funktionsäquivalente bewertet.

(41) a. und da hat ja auch **die frau schneider – die gerlinde** – dort gewohnt. (REDE, DA1, Rheinfränkisch)

b. und da hat ja auch **die Frau Schneider** dort gewohnt, **die Gerlinde**. (konstruiert)

Zu beachten ist, dass in der IDS-Grammatik (1997: 548) Verbindungen, in denen der spezifischere Ausdruck unmittelbar auf die Katapher folgt, den Status von

Appositionen haben (vgl. auch Schindler 1990: 335).[60] Ich schließe mich Averintseva-Klisch (2009: 37) an, die Kontaktstellung zwischen Proform und Anapher ebenfalls als Variante des Reparatur-Nachtrags interpretiert. Hierfür lassen sich insbesondere funktionale Gründe verantwortlich machen. So zeichnet sich die Rechtsherausstellung gegenüber der Apposition Altmann (1981: 60–63) zufolge dadurch aus, dass sie eine unklare Referenz auflöst, während die Apposition der Prädikation und der Zuschreibung von Eigenschaften dient (s. dazu Kap. 7.3). Die referenzauflösende Funktion ist insbesondere bei rechtsversetzten PersN-NPs gegeben, während die Prädikation aufgrund ihres semantischen Definitheitsstatus nicht mit dem Gebrauch von PersN in Einklang zu bringen ist.

Im Korpus sind Reparatur-Nachträge mit Kontaktstellung zur Proform insbesondere in den HexenV häufig zu finden. Diese treten im Korpus mit und ohne Artikel, aber auch flektiert auf, vgl. (42). Ich führe die besonders häufige Verwendung solcher Reparatur-Nachträge auf die spezifischen Anforderungen zurück, die an Gerichtsprotokolle gestellt werden. So ist es geradezu konstitutiv für die Textsorte, dass Verlauf und Inhalt des Prozesses durch das Protokoll beurkundet und in beweiskräftiger Form festgelegt werden (vgl. Topalović 2003: 103). Hierzu gehört, dass die in einer Gerichtsverhandlung getätigten Aussagen auch im Nachhinein noch eindeutig dem entsprechenden Protagonisten zugeschrieben werden können. Diese eindeutige Referenzleistung erbringt in den HexenV der PersN, während das als Kataphher in den Protokollen häufig gebrauchte Personalpronomen diese Referenzleistung im Verständnis der Schreiber nur unzureichend zu erfüllen scheint.

---

60 In der IDS-Grammatik (1997: 1661) werden Sätze wie *Die Straßenfalle wäre uns beide fast zum Verhängnis geworden, Katja und mir* ebenfalls als Appositionen gewertet. Da in diesem Beispiel Distanzstellung zwischen der Kataphher und dem Bezugselement vorliegt, wäre nach den hier angestellten Überlegungen Rechtsherausstellung anzusetzen. Grundsätzlich bleibt die Abgrenzung zwischen (nachgestellter/lockerer) Apposition und Rechtsherausstellung aber ein Forschungsdesiderat, wie auch die IDS-Grammatik (1997: 1648) betont: „Ob eine nachgestellte Apposition als desintegrierter Zusatz im Außenfeld anzusehen oder – aufgrund ihres engeren Komponentenbezugs – als integrativer Bestandteil des Satzes zum Nachfeld zu rechnen ist, muß hier grundsätzlich offen bleiben." Altmann (1981: 60) schreibt in diesem Zusammenhang bezeichnenderweise auch von einer „innere[n] Verwandtschaft zwischen NP-Apposition und Rechtsversetzung".

(42) a. daß Er **Gebhardt** dem Teufel eingewilliget und die Salb behalten. (HexenV, Bamberg 1628, Ostfränkisch)
b. Ihrem Nachbar **dem Jacob N.** vor 5 oder 6 Jahren ein schwarz Mutterpferdt vergeben. (HexenV, Paderborn 1615, Westfälisch)
c. Ob nicht die Mökersche bey ihme **Rabenten** gewesen? (HexenV, Hildesheim 1628, Ostfälisch)

4. Die PersN-NP steht, sofern formal ausgedrückt, bei Reparatur-Nachträgen in allen Korpusbelegen obligatorisch im Nominativ, selbst dann, wenn, wie in (43), der koreferente Ausdruck als Objekt im Matrixsatz verwendet wird und z. B. akkusativisch markiert ist. Der Nominativ kann demnach hier, analog zur rezenten Schriftsprache (Averintseva-Klisch 2009: 26), als Default-Kasus für den Reparatur-Nachtrag betrachtet werden.[61]

(43) a. un mir hatte en annere dabei – **de fritz**; (REDE, FD3, Hessisch)
b. du host doch en schoulkomeroden – oder den kollege, **de geiß**; (REDE, Halt, Nordnd.)

5. Reparatur-Nachträge sind prosodisch autonom, d. h. das Intonationsmuster auf der PersN-NP ist vom Sprecher grundsätzlich frei und unabhängig vom Matrixsatz wählbar. In den Daten tragen Reparatur-Nachträge auch meist einen eigenen thematischen Akzent. Anaphorischer Bezug zum Matrixsatz wird charakteristisch dadurch hergestellt, dass die koreferente Proform ebenfalls einen thematischen Akzent trägt, vgl. (44). Dies unterscheidet den Reparatur-Nachtrag von der Rechtsversetzung, bei der der thematische Akzent auch auf andere Elemente im Satz verteilt werden kann und bei der sich Matrixsatz und Rechtsversetzung zusammen auch lediglich einen thematischen Akzent teilen.

(44) a. bloß unser **déern** hätt wirn hier, ída und lína mit ihren (...) männern und kindern. (Zwirner, ZWL96, Nordnd.)
b. und **dér** aus basel, der xherdan shaquíri. (REDE, INjung1, Bairisch)

---

[61] Averintseva-Klisch (2009: 26) stellt in ihren Daten eine Abhängigkeit der Kasuskongruenz von der Länge der NP fest, die sich darin äußert, dass „je länger diese ist, desto leichter wird die Kongruenz verletzt". Da im Korpus keine nicht nominativisch markierten Reparatur-Nachträge vorliegen, kann dieser Befund hier nicht überprüft werden.

So viel zu den formalen und funktionalen Unterschieden zwischen Rechtsversetzung und Reparatur-Nachtrag bei PersN im rechten Außenfeld. Wie verhalten sich die angesetzten Kategorien nun zu der Verwendung des PersN-Artikels?

Ergebnisse zum Artikelgebrauch
Tab. 32 listet zunächst die Anteile im Artikelgebrauch, für Zwirner und REDE zusammengenommen, differenziert nach Sprachraum und Herausstellungstyp. Es zeigt sich, dass, analog zu seinem Gebrauch in der Schriftsprache (s. oben), auch in den regionalen Varietäten der PersN-Artikel bei Rechtsversetzung obligatorisch verwendet wird: Er tritt in allen 40 Korpusbelegen auf, die nach den oben referierten Kriterien als Rechtsversetzungen identifiziert wurden.

Tab. 32: Relative und absolute Häufigkeiten für den PersN-Artikel nach Herausstellungstyp und Sprachraum in Zwirner und REDE

Zwirner und REDE		
	Rechtsversetzung	Reparatur-Nachtrag
Oberdeutsch	100 % (21)	97 % (36)
Westmitteldeutsch	100 % (18)	86 % (55)
Norddeutsch	100 % (1)	39 % (9)
Σ	100 % (40)	82 % (100)

Bei Reparatur-Nachträgen ist hingegen für alle untersuchten Sprachräume auch eine artikellose Verwendung von PersN zu verzeichnen, eine Belegauswahl findet sich in (45). Die regionalen Varietäten verhalten sich diesbezüglich wie die gesprochene Standardsprache, wo nach Averintseva-Klisch (2009: 27) der PersN-Artikel bei Reparatur-Nachträgen ebenfalls unterbleiben kann. Zumindest für das Obd. und Wmd. dominiert in den Daten aber auch bei Reparatur-Nachträgen der Artikelgebrauch, wie Tab. 32 zu entnehmen ist. Für den nordd. Raum gilt darüber hinaus, dass der PersN-Artikel im Verhältnis zu den Gesamtbelegen bei Reparatur-Nachträgen signifikant häufiger Verwendung findet ($\chi^2(1, N = 1276) = 9$, $p < ,005$), die gleiche Tendenz konnte ja bereits für die Herausstellung von PersN in das linke Außenfeld verzeichnet werden.

(45) a. un da hät er mi do ja besöcht; (...) **peter**; (REDE, WHValt1, Nordnd.)
   b. **klaus** war zwar au okay; **klaus müller** aber. (REDE, CW1, Schwäbisch)
   c. dat héi die hälfte von polen kricht; **stalin**. (REDE, VRalt, Mecklenburgisch)
   d. Er solte in der Kirche die Testamente halten, **Ca[spar]** da er hierinnen seumig. (HexenV, Blankensee 1619, Brandenburgisch)

Seltener als in den sprechsprachlichen Belegen stehen PersN in den historischen Datensätzen im rechten Außenfeld. Dies zeigt sich insbesondere für die AuswB, für die insgesamt lediglich 23 Herausstellungen von PersN in das rechte Außenfeld zu ermitteln sind, davon fünf mit Artikel und allesamt Reparatur-Nachträge. Für die HexenV findet sich mit (45d) ein einziger Beleg für einen rechtsversetzten PersN, wohingegen Reparatur-Nachträge, besonders in Kontaktstellung mit der Proform, mit 101 Belegen sehr häufig vorkommen (davon 9 Belege mit Artikel).

Funktionsbereiche
Widmen wir uns damit nun den Funktionsweisen des rechten Außenfeldes im Diskurs, um darüber dann im Anschluss die Verwendung des PersN-Artikels motivieren zu können.

In der IDS-Grammatik (1997: 1647) werden rechtsversetzte Elemente so eingeordnet, dass sie ein im Diskurs bereits eingeführtes Thema bzw. einen bereits eingeführten Referenten noch einmal nachträglich thematisieren und damit seine Wichtigkeit für die folgende Gesprächssequenz markieren (vgl. Averintseva-Klisch 2009: 7–8; Vinckel-Roisin 2011: 394–395). Mit der Rechtsversetzung kann damit sowohl ein neues Diskurstopik etabliert, als auch die Beibehaltung eines alten Diskurstopiks signalisiert werden. Altmann (1981: 130) bezeichnet die Rechtsversetzung aufgrund dieser sich wiederholenden Struktur als „eine sehr wirksame Form der Hervorhebung". Rechtsversetzungen sind dabei so strukturiert, dass

> das Thema der kommunikativen Minimaleinheit zunächst mit einem kataphorischen (oder katadeiktischen) Ausdruck im Mittel- oder Vorfeld angedeutet und dann hinter der rechten Satzklammer voll verbalisiert [wird, A. W.].
>
> (IDS-Grammatik 1997: 1647).

Der Referent selbst muss einen relativ hohen Grad an Salienz aufweisen und für den Hörer zugleich identifizierbar sein (dies erklärt die hohe Anzahl an Gesamtbelegen für PersN im rechten Außenfeld), ansonst kann er nicht als Diskurstopik fungieren und damit auch nicht das rechte Außenfeld besetzen (vgl. Lambrecht 2001: 1073).

Hiervon funktional zu unterscheiden ist der Reparatur-Nachtrag, der Averintseva-Klisch (2009: 6) zufolge dazu dient, weiterführende Informationen über einen unmittelbar zuvor in den Diskurs eingeführten Referenten zu liefern, und zwar solche Informationen, die seine eindeutige Identifizierung erlauben (PersN-Ausdrücke sind ebenfalls prädestiniert dafür). Aus konversationsanalytischer Sicht findet damit von Seiten des Sprechers eine Verständnissicherung bzw. selbstinitiierte Selbstreparatur bzgl. des im Matrixsatz genannten referenziellen Ausdruckes statt (vgl. Auer 1991). Anders als bei der Rechtsversetzung, bei der die Referenzherstellung zwischen den Gesprächspartnern bereits erfolgt ist, bzw. *en passant* erfolgen kann (vgl. Selting 1994: 312), dient der Reparatur-Nachtrag zu eben jener Referenzherstellung und findet sich demnach typischerweise auch in solchen Sequenzen, in denen ein Referent neu in den Diskurs eingeführt und im Folgenden dann auch als Thema des Diskurses beibehalten wird.

Der Gesprächsausschnitt in (46a) stellt eine solche selbstinitiierte Selbstreparatur beispielhaft dar. Sprecher A verweist dort zunächst mit den referenziellen Ausdrücken *er* und *Rehm* auf zwei verschiedene Referenten. Die folgende Äußerung des gleichen Sprechers weist eine referenzielle Ambiguität auf, indem das dort verwendete *der oi* ('der Alte') sowohl als Anapher zu *er* als auch zu *Rehm* verstanden werden kann. Die potentielle Ambiguität wird im Anschluss von Sprecher B durch die Verwendung der unspezifischen Proform *er* fortgesetzt und erst im Anschluss durch den Reparatur-Nachtrag und durch die nochmalige Verwendung des PersN *Rehm* aufgelöst. Sprecher B ist die Ambiguität in den Referenzausdrücken also anscheinend selbst bewusst. Die deutlich wahrnehmbare Pause zwischen Matrixsatz und Reparatur-Nachtrag deutet so auch auf eine selbstinitiierte Reparaturleistung von Sprecher B hin.

Eine ähnliche Auflösung der unklaren Referenzzuordnung liegt auch in (46b) vor, wo sich die pronominale Anapher *sie* auf beide der eingeführten Referentinnen beziehen kann und wo erst der Reparatur-Nachtrag die Referenz verdeutlicht.

(46) a. A: und das sagt er auch **zum rehm** jedes mal. aber in dér frage ist der oi einfach stur wie en alter esel.
B: i woiß nit – mir kommts so vor als wenn ers aushocke will (...) **de rehm** (REDE, UL1, Schwäbisch)
b. Teresa und Verena haben sich gestritten. Dann ist *sie* weggelaufen, **die Verena**. (Bsp. nach Averintseva-Klisch 2009: 6)

Typisch für selbstinitiierte Selbstreparaturen sind Belege wie in (47), wo der mentale Zugriff auf den PersN und damit die Referenzleistung zunächst scheitert (*dings*) und diese vom Sprecher erst im Nachtrag über die Nennung des PersN hergestellt werden kann. Hier ist ebenfalls von einem stark anaphorischen bis anadeiktischen Bezug des Syntagmas im rechten Außenfeld zu der Proform im Matrixsatz auszugehen.

(47) a. sollte ja der dings auf die mittagsschicht gehen – **der matthias**. (REDE, WITjung1, Alemannisch)
b. hast du die ding gefrogt? **die bettina**? (REDE, N4, Ostfränkisch)

Anders als der Reparatur-Nachtrag kann die Rechtsversetzung dagegen auch in Kontexten verwendet werden, in denen das rechtsversetzte Element keine spezifischere Information über den Referenten liefert als die koreferente Proform. So ist es z. B. nicht angebracht, bei den rechtsversetzten Elementen in (48) von einer Auflösung einer potenziell unklaren Referenz auszugehen.

(48) a. Ich war der Meinung, ein bisschen Bewegung koenne uns nicht schaden, **dir und mir**. (aus Hakan Nesser: Sein letzter Fall, 413)
b. Meine Chefin dreht manchmal völlig durch. **Die** ist halt so, **die Frau**. (Bsp. nach Averintseva-Klisch 2009: 6)

Aus diskurspragmatischer Sicht wird beim Reparatur-Nachtrag demnach im Gegensatz zur Rechtsversetzung ein Referenzmittel, welches sich im Diskurs als unzureichend erwiesen hat, durch den Gebrauch eines anderen, spezifischeren Referenzmittels korrigiert. Eine solche Spezifizierungsleistung des Reparatur-Nachtrags erklärt, dass bei Reparatur-Nachträgen im Deutschen ausschließlich definite NPs auftreten können, während bei Rechtsversetzung und bei der Besetzung des linken Außenfeld grundsätzlich auch indefinite NPs möglich sind (vgl. Altmann 1981: 209–211; Meinunger 2015: 107–108). Hinsichtlich der vorliegenden Korpusdaten lässt sich der Zusammenhang dahingehend präzisieren, dass die PersN-NP, die als Reparatur-Nachtrag im rechten Außenfeld eines Satzes fungiert, obligatorisch einen höheren Spezifizitätsgrad (bzw. einen geringeren Akzessibilitätsstatus) aufweist als der referenzielle Ausdruck, auf den er sich bezieht. Beispiele für diese semantische Abhängigkeit zwischen den koreferenten Referenzausdrücken finden sich z. B. in (49).

(49) a. un der bruder kam schnell angeläft; **der walter**. (Zwirner, ZW1K6, Rheinfränkisch)
b. un da hät er mi do ja besöcht; (...) **peter**; (REDE, WHValt1, Nordnd.)
c. #Max hat mich nicht gesehen, **er/mein Freund**. (konstruiert)

Ausschlaggebend für die Verwendung von Reparatur-Nachträgen ist demnach, dass im rechten Außenfeld ein referenzieller Ausdruck gewählt wird, der eine möglichst gute Reparatur leistet, also wie in (49a) ein RufN anstatt eines APP oder wie in (49b) ein RufN anstatt eines Personalpronomens verwendet wird. Ausgeschlossen sind damit Konstellationen, in denen, wie im konstruierten Beispiel in (49c), im Matrixsatz ein PersN steht, während im rechten Außenfeld ein koreferentes APP oder Pronomen gebraucht wird. Ebenso deutlich zugunsten einer solchen Abhängigkeit sind die Verhältnisse, wenn die koreferenten Ausdrücke sowohl im Matrixsatz als auch im Reparatur-Nachtrag von PersN gebildet werden, z. B. in (50).

(50) a. **klaus** war zwar au okay; **klaus müller** aber. (REDE, CW1, Schwäbisch)
b. wie war et beim **gustav**? **kreyen gustav**? (REDE, TRSWalt2, Moselfränkisch)
c. jeden sonntag aufm sportplatz is **de hubert**; **de baier**. (REDE, DA1, Rheinfränkisch)
d. * jeden Sonntag aufm sportplatz is **de baier**; **de hubert**. (konstruiert)

Typisch sind Belege wie in (50a und b), wo ein RufN im Matrixsatz durch eine Verbindung von RufN und FamN im rechten Außenfeld wieder aufgenommen wird. Der GesamtN spezifiziert hier den mittels eines RufN eingeführten Referenten. Der FamN kann aber auch ohne den wieder aufgenommenen RufN im rechten Außenfeld auftreten, wie (50c) exemplarisch zeigt. Die umgekehrte Abfolge, wie es in dem konstruierten Beispiel (50d) der Fall ist, also wo ein FamN im Matrixsatz durch einen RufN im rechten Außenfeld wieder aufgenommen wird, ist im Korpus hingegen überhaupt nur einmal, nämlich in (51), – und dann auch mit unklarer Referenz – belegt.

Dieser Befund bietet schließlich Evidenz dafür, dass der FamN im Deutschen allgemein stärker desambiguiert als der RufN. Zumindest für die Varietäten, in denen die Abfolge FamN-vor-RufN verwendet wird, scheint über die allgemeine Verwendung des GesamtN hinaus aber gerade diese Variante den größtmöglichen Grad an Spezifizität darzustellen, wie der Gesprächsausschnitt in (51) beispielhaft zeigt.[62]

(51) A: und **de pohl** nebedro? **de gottfried** ne? der hätt ja bissel (..) **pohl gott-fried** [weisch]
B: [wer] **der** (.) **pohl**?
A: **pohl gottfried**
B: mhm
(REDE, RA4, Alemannisch)

Stehen hingegen wie in (52a und b) zwei koreferente Formen im rechten Außenfeld, wird obligatorisch zunächst das Element realisiert, welches im Vergleich weniger spezifisch ist. Das Gleiche gilt für Äußerungen, in denen wie in (52c) ein Matrixsatz sowohl eine linksversetzte als auch eine rechtsversetzte PersN-NP aufweist.

(52) a. der hat e maß bier gekricht – de alt bürgermeister – **de benninger**; ne. (Zwirner, ZW1E1, Ostfränkisch)
b. achtzehnvierundsechzig ist er ja gestorben **der max der zweite**, **könig max der zweite**. (REDE, Malt1, Bairisch)
c. **die braun** – die hat ja dieses jahr in der saarbrücker zeitung; **die edith braun.** (REDE, MZGalt1, Moselfränkisch)

Theoretisch fassen lässt sich die beschriebene Desambiguierungsleistung nominaler Ausdrücke über das in Kap. 4.1.3 eingeführte Konzept der Akzessibilität. Noch einmal sei erwähnt, dass die Akzessibilität den Grad an kognitiver Zugänglichkeit (Memorierbarkeit) für die Ausdrücke (pro-)nominaler Referenten abbildet. Hierbei gilt, dass je niedriger ein referenzieller Ausdruck auf dieser Skala steht, desto größer ist seine vom Kontext unabhängige Referenzleistung bzw. desto geringer ist die Abhängigkeit des Hörers vom Kontext, um diesem Ausdruck einen eindeutigen Referenten zuzuweisen.

Legt man die zuvor dargelegten Befunde zu Wiederaufnahmestrukturen im rechten Außenfeld als Kriterien für den monosemantischen Status von PersN-NPs zugrunde, so ergibt sich die in Abb. 24 dargestellte Skala, wobei gilt, dass je weiter links ein Typ onymischer Referenz steht, desto höher sind seine Spezifizi-

---

[62] Passend dazu konnten Berchtold & Dammel (2014) ermitteln, dass in Dialekten beim GesamtN die Reihenfolge „FamN-vor-RufN" der Referenz auf Teilhaber der Dorfgemeinschaft dient, während die umgekehrte Reihenfolge zur Referenz auf Außenseiter eingesetzt wird.

tätseigenschaften und desto wahrscheinlicher ist es damit, dass dieses Element im Deutschen das rechte Außenfeld besetzt.

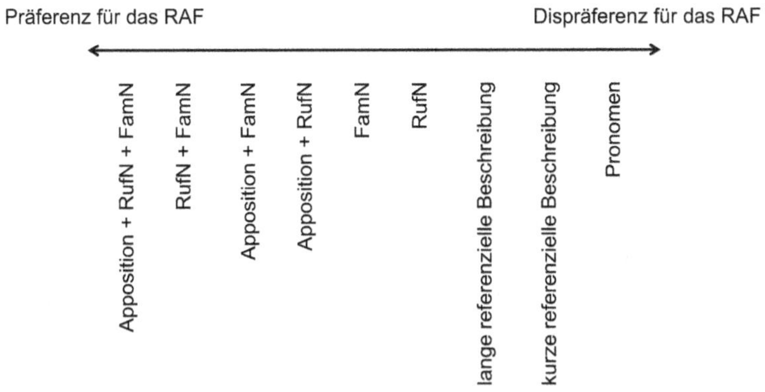

Präferenz für das RAF ←―――――――――――――――→ Dispräferenz für das RAF

Apposition + RufN + FamN | RufN + FamN | Apposition + FamN | Apposition + RufN | FamN | RufN | lange referenzielle Beschreibung | kurze referenzielle Beschreibung | Pronomen

Abb. 24: Präferenz für die Besetzung des rechten Außenfeldes

Und tatsächlich wird gegen diese Hierarchie anscheinend nicht verstoßen. Vielmehr lässt sich im Korpus nur ein Beleg (bei 249 möglichen) finden, in denen ein PersN im rechten Außenfeld auf der Akzessibilitätsskala weiter rechts stehen würde als sein Antezedens im Matrixsatz.

Nun zurück zum Artikelgebrauch: Es bleibt zu klären, warum der PersN-Artikel auch bei der Besetzung des rechten Außenfeldes varietätenübergreifend und sogar bis in die Schriftsprache besonders häufig verwendet wird bzw. – wie die Daten gezeigt haben – der PersN-Artikel bei Rechtsversetzung sogar obligatorisch ist. Ich meine, die Erklärung ist in den Funktionsweisen des rechten Außenfeldes begründet. So dient das rechte Außenfeld der obigen Argumentation zufolge zur Strukturierung des Diskurses, insbesondere zur Verankerung eines Diskurstopiks sowie zur Identifikation eines neu eingeführten Referenten. Die gleichen diskurspragmatischen Verwendungsweisen wurden dem PersN-Artikel in Kap. 6.4.1 allgemein zugeschrieben und somit ist der präferierte Artikelgebrauch bei PersN im rechten Außenfeld auf eben jene gemeinsamen Funktionsweisen zurückzuführen. (Es sei an die Besetzung des linken Außenfeldes erinnert, wo Gemeinsamkeit in den Funktionsweisen ebenfalls als Argument für den gehäuften Artikelgebrauch diente.) Demnach wird durch den Artikelgebrauch in Verbindung mit der Besetzung des rechten Außenfeldes angezeigt, dass ein Referent im Diskurs verankert wird. Dieser Referent erhält in rechtsversetzten Elementen obligatorisch den Rang eines Diskurstopiks, über die syntaktische Position hinaus wird die Verankerung des Diskurstopiks aber auch morphologisch overt kodiert, und zwar im Deutschen über den Gebrauch des Definitartikels.[63]

Zudem ist der evaluative Beitrag zu berücksichtigen, den die Rechtsversetzung bzgl. des Referenten liefern kann (vgl. Vinckel 2006: 183–184; Averintseva-Klisch 2009: 166–170) und der ebenfalls mit der Verwendung des PersN-Artikels in Einklang steht, zumindest mit der bei Sprechern, die den PersN-Artikel fakultativ gebrauchen (s. Kap. 6.4.4). Schließlich kann der Artikel in seiner Funktion als Kasusmarker im rechten Außenfeld Altmann (1981: 236) zufolge die Rechtsherausstellung von solchen Konstruktionen unterscheiden, in denen der PersN im Vokativ steht.[64] So liegt z. B. in (53a) aufgrund des Artikelgebrauchs eindeutig Rechtsherausstellung vor, während für (53b) auch eine vokativische Lesart möglich ist, wenn es sich dabei vielleicht auch nicht um die präferierte Lesart der Konstruktion handelt.

(53) a. und dann hat er mich da ja besucht (...) **der peter**. (konstruiert)
  b. un da hät er mi do ja besöcht; (...) **peter**; (REDE, WHValt1, Nordnd.)

Für die Rechtsversetzung kommt als Motiv hinzu, dass der PersN-Artikel hier anadeiktische Funktionen übernimmt und damit eine kohärente Wiederaufnahmestruktur zwischen Antezedens und Anapher schafft. Entsprechend beschränkt sind die syntaktischen Möglichkeiten bei der Rechtsversetzung, das rechtsversetzte Element kann weder durch parenthetische Einschübe, noch durch intonatorische Pausen oder durch zusätzliches lexikalisches Material syntagmatisch vom Matrixsatz abgegrenzt werden (s. Kriterienkatalog oben). Der anadeiktisch gebrauchte Artikel gewährleistet dabei, dass der Skopus der Referenz auf den nächst liegenden Referenten beschränkt bleibt. Im Sinne der Akzessibilität entspricht diese Verwendungsweise des Artikels damit dem nahdeiktischen Demonstrativum, wie ihn Ariel für ihre Daten annimmt (s. Kap. 4.1.3). Im Gegensatz zum Reparatur-Nachtrag, bei dem Rekurrenzherstellung häufig nur semantisch möglich ist, bietet der Definitartikel als ana-

---

[63] Ähnlich ist auch die Erklärung in Averintseva-Klisch (2009: 115): „Bei Personennamen hingegen ist das Individuum per se gegeben, seine Verankerung im Diskurs geschieht jedoch erst durch den definiten Artikel selbst. Deshalb ist sowohl bei RV-NP [...] als auch bei Hanging-Topik-NP [...] ein definiter Artikel notwendig, wie die jeweiligen Varianten ohne definiten Artikel schlecht sind".
[64] So auch vertreten in Meinunger (2015: 100): „Koinzidierungsoperationen suggerieren, dass der Wegfall des Artikels zur Lesart des Ansprechens führt. Das heißt, der artikellose Gebrauch führt zu Vokativ-Interpretation".

deiktisches Mittel damit die Möglichkeit, Rekurrenz auch obligatorisch durch formale Mittel herzustellen.[65]

Imo (2011b, 2015) hat dafür argumentiert, dass es sich bei sprachlichen Einheiten im Nachfeld (inkludiert: rechtes Außenfeld) nicht nur um „vergessene" Nachträge handelt, sondern um grammatische Strukturen mit Konstruktionsstatus. So weist die Präferenz für bestimmte Wortklassen (bes. temporale und lokale Angaben) und innerhalb der Wortklassen für bestimmte Lexeme (z. B. *hier*, *heute* und *eigentlich*), ebenso auf rekurrente Muster hin, wie auch die gesprächsorganisierenden Funktionsbereiche, die mit der Nachfeldbesetzung assoziiert sein können (z. B. Verortungsstrategien oder Erzähltechniken). Die vorliegenden Daten zu rechtsversetzten Elementen legen einen solchen Konstruktionsstatus auch für den PersN-Artikel nahe. So weist der Definitartikel eine besondere Affinität für PersN im rechten Außenfeld auf, die Kookkurrenz ist mitunter sogar obligatorisch, so dass die Verbindung als kognitiv *entrenched* gelten kann. Hinzu kommt, dass der PersN-Artikel im rechten Außenfeld mit der Anadeixis eine spezifische Funktion für die Diskursorganisation übernimmt, die er außerhalb des Außenfeldes nicht ausübt. Rechtsversetzungen mit PersN haben damit Zeichencharakter.

6.4.6 Kognitive Proximität als gemeinsame semantisch-pragmatische Funktionsweise

Die vorherigen Abschnitte haben sich mit den Verwendungsweisen des PersN-Artikels im Diskurs beschäftigt. Es konnte gezeigt werden, dass sein Auftreten in nordd. Varietäten an spezifische Gebrauchskontexte gebunden ist. Im Sinne der Grammatikalisierungstheorie Himmelmannscher Prägung wurde von diesen Kontexttypen im Anschluss auf seine semantisch-pragmatischen Funktionsweisen geschlossen. Eine Trennung dieser Bereiche hat sich im Einzelfall allerdings als schwer durchführbar gestaltet, so etwa bei der Fokussierungs- und Referenzierungsfunktion. Es stellt sich nicht zuletzt deshalb die Frage, inwie-

---

65 In einem alternativen Zugang wird die Rechtsversetzung als nicht getilgter Rest einer Doppelsatzstruktur analysiert (Dewald 2012: 18–19, 164–174). Für die Artikelverwendung am PersN bedeutet eine solche Analyse m. E. aber nur eine Verlagerung des Problems, denn dann müsste geklärt werden, warum im Schriftdeutschen und in nordd. Varietäten der Artikel in Konstellationen wie der folgenden überhaupt gebraucht werden sollte: *Ich habe sie gesehen. Ich habe die Maria gesehen.* (Bsp. nach Meinunger 2015: 103). Darüber hinaus wäre bei elliptischen Doppelsatzstrukturen auch keine morphologische Inkongruenz zu erwarten, wie sie in vorliegendem Korpus zumindest für die Genuskongruenz belegt ist.

fern die identifizierten Funktionsbereiche hier eine Generalisierung im Hinblick auf **eine** Kernfunktion, einen *basic sense*, im Sinne der Konstruktionsgrammatik, erlauben. Eine solche Generalisierung über verschiedene Verwendungsweisen hinweg wäre zu begrüßen, nicht zuletzt für eine konstruktionsgrammatische Modellierung semantisch-pragmatischer Komponenten des Sprachzeichens über verschiedene Abstraktionsebenen hinweg.

Ich greife hierzu auf einen Modellvorschlag von Consten & Averintseva-Klisch (2010, 2012) zurück, die für die Verwendungsweisen des anaphorisch gebrauchten Demonstrativums im Deutschen eine Generalisierung vorgenommen haben, die m. E. ähnlich auch auf die zuvor diskutierten Verwendungsweisen des PersN-Artikels anwendbar ist. So identifizieren sie für das Demonstrativum eine übergeordnete semantisch-pragmatische Instanz, die sie als „kognitive Proximität" bezeichnen und die eine Generalisierung über verschiedene Verwendungsweisen hinweg zulässt. Hierzu gehören den Autor/-innen zufolge a) die Referenz auf nicht-topikale Referenten, die dadurch eine kurzzeitige Fokussierung erfahren, z. B. in (54a), b) die (ana-)deiktische Referenz (54b), c) die Kennzeichnung zweifelhafter Bekanntheitsgrade von Referenten (54c), d) die Referenz auf „naher" epistemischer oder zeitlicher Ebene (54d) sowie e) die emotive Kennzeichnung einer besonderen emphatischen Einstellung, meist negativer Art, des Sprechers gegenüber dem Referenten (54e).

(54) a. Apropos Müntefering, er war doch auch so, als er noch SPD-Chef war. Er wollte seinen Vertrauten zu seinem Stellvertreter machen. Dieser bekam aber keine Mehrheit. (Bsp. aus Consten & Averintseva-Klisch 2010: 4)
 b. Dieses Café gefällt mir besser als das große dort drüben. (ebd.: 5)
 c. Dieser Formalsemantiker, den wir in Siegen getroffen haben, weißt Du noch? (ebd.: 7)
 d. Hier blitzt an diesem Montag die Polizei. (ebd.: 10)
 e. Sein Bruder, dieser Idiot, hat wieder die ganze Feier vermasselt. (ebd.: 12)

Eng verbunden sind die genannten Verwendungsweisen dabei jeweils

> mit einer spezifischen, engen Relation zwischen dem Referenten der demonstrativen NP und einer anderen physischen, kognitiven oder textuellen Größe […]; diese Größe kann ein textuell verbundenes Ankerkonzept, eine zeitliche Diskursperspektive oder eine spezifische emotionale Einstellung sein. […] Die Beobachtung, dass es in allen diesen Fällen um eine besonders enge Beziehung, d.h. besondere Nähe, geht, begründet unser integratives Konzept von Proximität als einem grundlegenden Merkmal demonstrativer Referenz.
> (Consten & Averintseva-Klisch 2010: 13)

Spielen wir den Zusammenhang von Grammem und kognitiver Proximität für die oben skizzierten Verwendungsweisen des PersN-Artikels durch, so stellen wir zunächst fest, dass sich sowohl die emotiven Kennzeichnungen als auch die Kennzeichnung eines zweifelhaften Bekanntheitsgrades Eins-zu-Eins auch in den Verwendungsweisen des PersN-Artikels wiederfinden. Die emotive Kennzeichnung schlägt sich für den Gebrauch des PersN-Artikels dabei ausschließlich in einer pejorativen Komponente nieder, indem der Sprecher mit der Artikelverwendung seine negative Einstellung gegenüber dem Referenten zum Ausdruck bringt (s. Kap. 6.4.4). Dies geht konform mit den allgemeinen Verwendungsweisen des Definitartikels im Deutschen, die bei emotiver Kennzeichnung ebenfalls präferiert eine negative Lesart der NP zulassen (s. Bsp. (11), Kap. 3.4). Referenzsemantische und indexikalitätsmarkierende Aspekte der Artikelverwendung greifen hingegen im Hinblick auf die Kennzeichnung eines zweifelhaften Bekanntheitsgrades. So markiert der Sprecher mit dem demonstrativen Determinierer den Autor-/innen zufolge

> 'versuchsweise' den Referenten als 'kognitiv nah', d. h. als rekonstruierbaren Teil der von Sprecher und Hörer geteilten kognitiven Welt, und fordert den Hörer auf, diesen Diskursstatus des Referenten zu bestätigen oder zurückzuweisen.
>
> (Consten & Averintseva-Klisch 2010: 7)

Ebendies leistet in nordd. Varietäten auch der PersN-Artikel, indem der Sprecher eine Person, die zuvor unerwähnt geblieben ist, in den Diskurs einführt und mit dem Definitartikel markiert, dass der Adressat diese Person nur über das geteilte Vorwissen (die „geteilte kognitive Welt" bei Consten & Averintseva-Klisch) der Sprachteilnehmer, nicht aber über sein situatives Wissen identifizieren kann („anamnestischer" Gebrauch bei Bühler 1934: 309; „indexikalischer" Gebrauch bei Auer 1981: 308).

Referenz auf nicht-topikale, aber fokussierte Referenten spielt für den Gebrauch des PersN-Artikels ebenfalls eine Rolle, und zwar im Hinblick auf die Referentenfokussierung. Da der PersN-Artikel hier jeweils auf einen neu eingeführten und „erzählwürdigen" (Betz 2015) Referenten verweist, wird der „pragmatische Fokus" (in der Terminologie von Auwera 1981), die Aufmerksamkeit des Adressaten, auf einen bestimmten Referenten gelenkt, wobei der Artikelgebrauch hier zur Fokusmarkierung dient. Dabei ist mit starken Überlappungen in den Funktionsbereichen, z. B. zu der emotiven Einstellungsbekundung, zu rechnen, wie das folgende Zitat aus Consten & Averintseva-Klisch (2010: 29) verdeutlicht:

> Sprecher benutzen sprachliche Mittel der Fokussierung [...], um die besonders starke kurzzeitige Aktivierung des entsprechenden Referenten (Aufmerksamkeitsfokussierung)

zu erreichen. Diese Fokussierung kann unterschiedliche Funktionen haben. Eine davon ist das Etablieren einer bestimmten Diskursstruktur; dies trifft zu, wenn das Diskurstopik fokussiert wird. Eine andere Funktion kann die Markierung einer besonderen Einstellung zum Referenten sein (z.B. negativer Einstellung). Hörer hingegen müssen auf Grund der ko(n)textuellen Information erschließen, welche dieser Funktionen die Fokussierung in jedem konkreten Fall hat.

Deiktische Referenz spielt für die Verwendung der Konstruktion hingegen nur bei Rechtsherausstellung eine Rolle, indem der PersN-Artikel eine anadeiktische Referenz zum Antezedens herstellt. An dieser Stelle ist also eine formseitige Spezifizierung der Konstruktion bzgl. syntaktischer Eigenschaften vorzunehmen. Darüber hinaus kann der PersN-Artikel weder in nordd. Varietäten, noch im Schriftdeutschen genuin raum- oder zeitdeiktische Funktionen übernehmen, was zeigt, dass Definitartikel und (adnominal gebrauchte) Demonstrativa beim PersN in ihren Distributionen nicht vollständig gegeneinander austauschbar sind. So finden sich im Korpus auch Belege, in denen ein Determinierer am PersN deiktische Referenz erfüllt und damit einen (semantischen) Kontrast zwischen einem Referenten und einer Menge anderer Referenten eröffnet. Doch sind die Determinierer in diesen Belegen nach den in Kap. 3.4 diskutierten Kriterien als Demonstrativa und nicht als Definitartikel zu klassifizieren, z. B. in (55).

(55) a. A: ja die susanne üben die hat
   B: ist das **díe susanne**, wo hinten bauen will? (REDE, SWalt1, Ostfränkisch)
b. A: mim gruber bernd
   B: ach **dér gruber** (REDE, LAUTER3, Rheinfränkisch)

Abb. 25 fasst die vorangehenden Überlegungen zu den semantisch-pragmatischen Verwendungsweisen des PersN-Artikels in nordd. Varietäten unter konstruktionsgrammatischen Gesichtspunkten zusammen. Die angesetzten Konstruktionen generalisieren dabei auf inhaltlicher Ebene über verschiedene Zeichenfunktionen hinweg, wobei sich als gemeinsamer Nenner aller Funktionen die kognitive Proximität herausgestellt hat. Das Schema [def. Artikel + PersN] wird von Sprechern nordd. Herkunft demnach eingesetzt, um einen Referenten als kognitiv nah zu klassifizieren. Kontextabhängig sind dabei sowohl pejorative als auch indexikalitätsmarkierende und informationsstrukturelle Lesarten für den Artikelgebrauch zulässig.

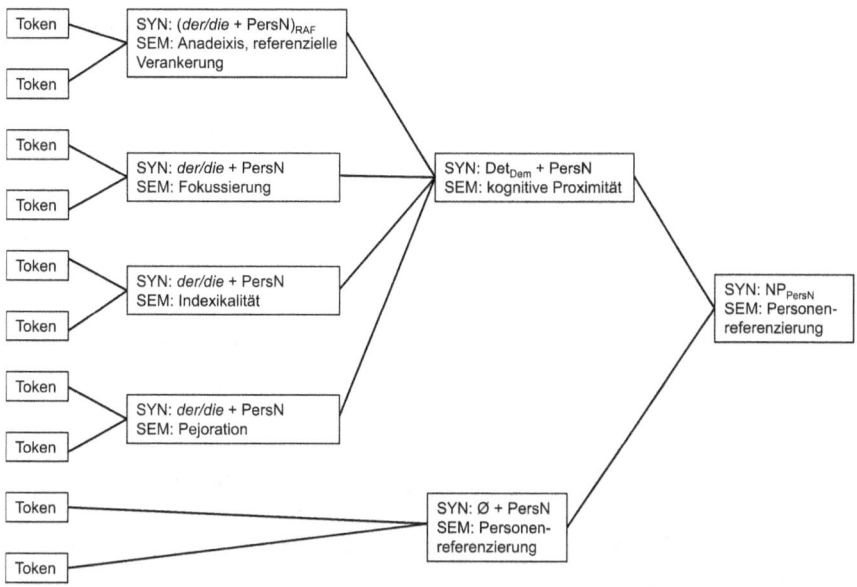

Abb. 25: Teilkonstruktikon des PersN-Artikels im norddeutschen Sprachraum

Auf der Mesoebene ist der Determinierer dabei maximal unspezifiziert (Det.$_{DEM}$), kognitive Proximität kann damit ebenso durch einen Definitartikel in Verbindung mit einem PersN ausgedrückt werden, wie auch durch ein Demonstrativum. Dieser Umstand verdeutlicht, dass der Definitartikel bei PersN im Nordd. demonstrative (Rest-)Funktionen bewahrt hat: Er ist in seinen Distributionsbedingungen zwar nicht gegen das Demonstrativum austauschbar, teilt mit diesem allerdings wesentliche Funktionsbereiche, nämlich die Fokussierung, Referenzierung und Pejoration von Referenten. Historisch wie rezent sind hier Vererbungen zwischen den Sprachzeichen zu erwarten, diese sollen in Kap. 8 unter Grammatikalisierungsaspekten eingehender beleuchtet werden.

Etwas abseits des Teilkonstruktikons steht die Rechtsversetzung von PersN, da diese gegenüber den anderen Konstruktionen eine Spezifizierung hinsichtlich ihrer syntaktischen Formbedingungen verlangt. Zudem handelt es sich zwar bei der referenziellen Verankerung, nicht aber bei der Anadeixis um eine Funktionsweise, die auch vom PersN-Artikel außerhalb des rechten Außenfeldes ausgeübt werden kann.

Inwiefern sich hierbei Vererbungsrelationen sowohl auf der Form- als auch auf der Inhaltsebene zwischen den Konstruktionen innerhalb und außerhalb des rechten Außenfeldes zeigen, muss an dieser Stelle offenbleiben. Die rezenten Daten zum nordd. Sprachraum weisen in jedem Fall keine anadeiktischen Funktionen für Konstruktionen mit Definitartikel und PersN außerhalb des rechten Außenfeldes aus, und auch historisch weisen die Daten auf keine formalen oder funktionalen Zusammenhänge zwischen den Konstruktionen hin. Im Gegenteil ist der Definitartikel im rechten Außenfeld historisch insgesamt nur selten belegt. Linksversetzungen hingegen, die in Kap. 6.4.2 betrachtet wurden, gliedern sich hier idealtypisch auf der Mesoebene des Teilkonstruktikons ein, sie lassen sich in den Konstruktionen mit den semantischen Eigenschaften „Fokussierung" und „Referenzierung" wiederfinden. Eine Spezifizierung hinsichtlich der topologischen Stellungseigenschaften ist demzufolge, und anders als für die Rechtsversetzung, an dieser Stelle nicht erforderlich.

6.4.7 Pragmatischer Artikelgebrauch auch im Schriftdeutschen

Der PersN-Artikel wird im Schriftdeutschen nur sehr selten verwendet. Eine stichprobenartige Zählung in mehreren Ausgaben der Wochenzeitung „Die Zeit" aus dem Zeitraum 2012 und 2013 ergab eine Beleghäufigkeit von deutlich unter einem Prozent für den Artikelgebrauch in einfachen NPs. Der Artikel ist grundsätzlich belegt in Kontexten, in denen eine besondere Bodenständigkeit bzw. Intimität (auch im pejorativen Sinne) zum Ausdruck gebracht werden soll. In diesem Sinne lässt sich z. B. der Artikelgebrauch in (56a) interpretieren, wo die außergewöhnliche Hilfsbereitschaft zwischen den Referenten betont wird (vermutlich mit einer spöttischen Nebenbedeutung), der in (56b und c), wo die Bodenständigkeit und Nahbarkeit der Referenten zum Ausdruck kommt[66] oder auch der in (56d und e), wo auf die Klüngelei zwischen Politikern angespielt wird.[67] Diese pragmatischen Funktionsweisen sind problemlos in das Konzept der kognitiven Proximität integrierbar, das in Abb. 25 dargestellte Teilkonstruktikon bedarf auf der Makroebene deshalb für das Schriftdeutsche hier keiner Modifizierung.

---

66 In (56b) handelt es sich bei dem Referenten um den Altbundeskanzler Helmut Schmidt, der im Kontrast zu seinem hohen politischen Amt hier als besonders nahbar dargestellt wird.
67 Der Eindruck sozialer Nähe wird in den aufgeführten Beispielen dadurch verstärkt, dass dort RufN als Referenzmittel verwendet werden, obwohl die Referenten in dem vorangehenden Text nicht mit Namen eingeführt worden sind (in 56d und e) – der Leser also nicht wissen kann, um welche Personen es sich handelt – und obwohl der offizielle Kontext dort eigentlich eine Referenz mit dem FamN erfordert.

(56) a. Auf dem Land aufzuwachsen heißt, Freunde zu haben, die einem helfen beim Mauern (**der Jochen**), Dachdecken (**der Marc**) und Wärmedämmen (**der Frank**). Abseits der Großstädte startet man mit seinen Freunden keine Projekte, da baut man. So groß, dass eigentlich **der Marc** und **der Frank** und **der Jochen** mit einziehen könnten, aber das wünschen sich nicht mal die Menschen in Vechta. (Zeit-Magazin, 21.03.2013, 12)
b. Hier lebte auch der Nachbar. **Der Herr Schmidt** von nebenan. (Hamburger Wochenblatt-Online, 15.11.2015)
c. Sie ist **die Frau Müller**, so bodenständig wie ihr Mann, der einst beim TSV Pähl unweit des Ammersees mit dem Fußballspielen begann. (Süddeutsche-Online, 22.06.2012)
d. So legten sich das in der Tat beide zurecht, dass **der Norbert** die steilere Karriere machen würde und **der Peter** die flachere. (Die Zeit, 24.05.2012, 2)
e. [...] außerdem erlaubt ihm sein Verständnis von Freundschaft nicht, zu sehr in **den Sigmar** zu dringen, das wäre ihm zu invasiv. (Die Zeit, 26.01.2017, 3)

Der PersN-Artikel wird im Schriftdeutschen außerdem häufiger in Zitationsformen verwendet, z. B. in (57). Dadurch wird die Authentizität des Zitats gestärkt und gleichzeitig wird durch die Verwendung des PersN-Artikels der mündliche und mitunter auch der regionalsprachliche Charakter der Aussage betont.

(57) a. „**der Maik** war kein Nazi-Dummkopf", sagt S. (Die Zeit, 11.04.2013, 14)
b. „Ich hab einfach gesagt: ich bin jetzt **die Steffi**." (Spiegel-Online, 29.07.2012; Thema: Transsexualität)
c. Ein Mann Mitte zwanzig, den Pieper nie zuvor gesehen hat, tritt an sie heran. "Hey, ich bin **der Andreas** und will Plakate aufhängen." (Zeit-Online, 26.04.2012)

Das Gleiche gilt für Aussagen, die vom Schreiber von der direkten in die indirekte Rede übertragen wurden, wie in (58), wo das Statement einer Angeklagten vor Gericht wiedergegeben ist.

(58) Sie wisse das sicher nicht, da sie ja in der DDR aufgewachsen sei, aber **die Susanne Albrecht** von der RAF, die habe ja damals alles gesagt. (Die Zeit, 08.08.2013, 3)

Zu beachten ist, dass sich aus den diskutierten Verwendungsweisen des PersN-Artikels keine sprachlichen Funktionsweisen im engeren Sinne ableiten lassen, es sich vielmehr vermutlich um die Imitation gesprochensprachlicher Merkmale zu bestimmten kommunikativen Zwecken handelt. Das volle Bedeutungsspektrum des Artikelgebrauchs lässt sich hier somit auch erst über den Kontrast zur gesprochenen Sprache erfassen, indem sprechsprachliche Merkmale wie der PersN-Artikel im Schriftdeutschen gezielt eingesetzt und möglicherweise auch verballhornt werden.

Über die genannten Kontexte hinaus konnten in den vorliegenden Zeitungstexten so auch keine weiteren Kontexttypen identifiziert werden, in denen der PersN-Artikel im Schriftdeutschen pragmatisch verwendet wird. Die Konstruktion hat weder eine spezielle Affinität für Verwendungen, in denen ein Referent determiniert oder in einen Diskurs neu eingeführt wird, noch für solche, in denen auf einen Referenten anaphorisch verwiesen wird. Die in Abb. 25 angesetzten Mesoschemas können, mit Ausnahme der pejorativen Konstruktion, damit für das Schriftdeutsche frei bleiben. Auch können Artikelbelege, wie sie in (59)–(62) exemplarisch aufgeführt sind, nicht der pragmatischen Artikelverwendung zugeschrieben werden. Vielmehr liegen hier Deonymisierungen von PersN vor, mit dem Ausdruck lassen sich jeweils spezifische semantische Merkmale assoziieren. So handelt es sich in (59) um literarische Charaktere, denen bestimmte semantische Eigenschaften und Handlungsweisen zuzuschreiben sind, und der Artikelgebrauch in (60) ist auch nur dann möglich, wenn es sich um eine Referentin handelt, für den der Sprecher eine gewisse Prominenz und Extravaganz „als Betonung der Einzigartigkeit" (Seibicke 2008: 63) in Anspruch nimmt. Verbindungen aus Definitartikel und PersN können außerdem dann eine deonymische Lesart evozieren, wenn sie im Plural stehen, vgl. (61).

(59) a. Cumberbatch spielt **den Hamlet** als Charmeur, der Männerfreunde wie Horatio oder Rosencranz und Güldenstern mit Umarmungen begrüßt. (Spiegel-Online, 27.08.2015)
   b. Tenor Lukas Kaufmann singt **den Lohengrin**. (Münchner Abendzeitung-Online, 23.07.2010)

(60) a. Laut der Recherchen der Autoren soll **die Monroe** kurz vor ihrem Tod im Begriff gewesen sein, mit all den kleinen schmutzigen Geheimnissen, die sie über die Kennedy-Familie wusste, an die Öffentlichkeit zu gehen. (Welt-Online, 18.05.2014)
   b. Zu teuer sind Figur und Image erkauft, zu sehr hat **die Callas** für ihre schlanken Konturen gelitten. (Hamburger Abendblatt-Online, 18.08.2007)

c. Nicolas Sarkozy wird nachgesagt, während seiner Amtszeit ein Politikdarsteller gewesen zu sein, **die Bruni** geht den umgekehrten Weg und betreibt die Fortsetzung der Politik mit theatralischen Mitteln. (Die Zeit, 04.04.2013, 43)

(61) a. Für **die Robbespierres dieser Welt** aber ist der Staat eine Erziehungsanstalt. (Zeit-Online, 06.06.2012)
b. [...] dem Loser-Image derer, die sich gemeingemacht haben mit **den Honeckers und Mielkes**. (Die Zeit, 24.05.2012, 5)

Am weitesten vorangeschritten ist die Deonymisierung in Vergleichen wie in (62). Der Artikel tritt dort als deonymischer Marker sogar obligatorisch auf, wie eine stichprobenartige Internetrecherche erbracht hat.

(62) a. Da steht mir Ali Askar Lali zur Seite. Er ist **der Franz Beckenbauer** des Landes. (TAZ-Online, 01.10.2003)
b. Er ist **der Schwarzenegger** von Teltow. Dirk Bujack (33), Vize-Weltmeister und zweifacher Deutscher Meister im Figur-Bodybuilding, will am 10. Juni in Wien "Mister Universum" werden. (Berliner Kurier-Online, 11.03.2001)

6.4.8 Regionale Spezifika

Der Umfang der Daten lässt es nicht zu, unterhalb der Dialektverbände Oberdeutsch, Westmitteldeutsch und Niederdeutsch quantitative Aussagen über die Verwendungsweisen des PersN-Artikels treffen zu können. Doch zeigen sich in den Daten auch Spezifika in der Artikelverwendung, die auf einzelne Dialekträume beschränkt zu sein scheinen. Diese Spezifika sollen Thema der folgenden Ausführungen sein.

Westfälisch
Die quantitativen Auswertungen haben gezeigt, dass der PersN-Artikel im Westfälischen deutlich häufiger gebraucht wird als in den anderen Dialekträumen des Nd. Dies spiegelt sich auch in den Verwendungsweisen wider, und so wird der PersN-Artikel im Westfälischen auch in Kontexten verwendet, in denen er in nordd. Varietäten sonst nicht steht. Konstruktionsgrammatisch betrachtet haben wir es damit mit einem erhöhten Typen-Entrenchment im Westfälischen zu tun. Dies zeigt sich z. B. für PersN in prädikativer Verwendung, etwa bei der

Vorstellung von Personen (63) und bei der Selbstvorstellung (64). Darüber hinaus lassen sich im Westfälischen Sprecher finden, die den Artikel beim PersN zwar nicht obligatorisch, aber doch sehr gehäuft und auch in nicht-deiktischen Kontexten verwenden, wie (65) und (66) (Aufzählung) exemplarisch zeigen. Dies gilt selbst für Kontexte, in denen mehrfach und ohne Referentenwechsel auf die gleiche Person Bezug genommen wird, wie in (67). Überwiegend (in 10 von 15 Belegen) wird der PersN-Artikel im Westfälischen zudem bei Linksherausstellung verwendet, z. B. in (68).

(63) a. und die lehrerin, dat wars **de fräulein henke.** (Zwirner, ZW5A9, Westfälisch)
b. und **der siegfried kahn** ist jetzt der erste vorsitzende vom gesamtverein. (REDE, HA3, Westfälisch)
c. dat was **der hersel hinrik** gewes. (Zwirner, ZWU02, Westfälisch)

(64) Ja, also ik bin **der schneiders willi**, dat heißt bottenbergs willi, wir sagen hier schneiders, is ein alter hausname. (Zwirner, ZW9I8, Westfälisch)

(65) und ik heb ja einige jahre auch hier bi **den landtagsabgeordneten schmelzer** in de berge gearbeit. (...) und da hat sich da **de ferber**, dat ist der förster von em fürstenberg, der hat sich do an eine ecke stellt, und hier **de karl schulte-schmelter**, der stand an der annern ecke, und **de schmelzer** (...) ja, sacht **de schmelzer.** (Zwirner, ZWU11, Westfälisch)

(66) dat was **de tasken fritz** und dann **de lau werner** [...] ik glaube dat was **de Pricken Hermann.** (Zwirner, ZWR72, Westfälisch)

(67) a. **bim schaltenberg** [...] und damit ging **der schaltenberg** in die Küche [...] und **der schaltenberg** riß [...] na, mann, wie hat euch denn **der schaltenberg** gefallen? (Zwirner, ZWU30, Westfälisch)
b. **der michael** hat dann alles selber gekauft [...] **der michael** bildet ja auch aus (REDE, COE1, Westfälisch)

(68) a. **der pölink**; der sächt immer, (Zwirner, ZWU69, Westfälisch)
b. un **e spieß** – (...) dat is ne kanone für sik. (Zwirner, ZWU69, Westfälisch)
c. un **de fritz** – der ist sieben Jahre bi uns wesen für knecht (Zwirner, ZWR71, Westfälisch)
d. un **de frei**, der hat dat brukt ['gebraucht']. (Zwirner, ZWR71, Westfälisch)

Für das Westfälische ist damit anders als für die übrigen Dialekträume des Nd. davon auszugehen, dass der PersN-Artikel nicht mehr alleine aus semantisch-pragmatischen Gründen verwendet wird.

Niederfränkisch

Das Niederfränkische stellt den Daten zufolge insofern eine Besonderheit im Vergleich zu den anderen Dialekträumen dar, als sich hier sowohl Sprecher finden lassen, die den PersN-Artikel obligatorisch oder zumindest sehr häufig gebrauchen, als auch solche, die ihn nie oder selten verwenden. Die Belege (69) und (70) sollen hierfür zur Illustration dienen.

(69) **der günter berger**. nee, ich hatte **die sofie** dran. nee, erst mal erst mal hatte ich **petra** dran [...] ich freu mich da auch richtig drüber, dat dat mit dem mit **dem jupp** gut hingehauen hat [...] weißt du, wie lange der der hm sach schon **der helmut**, der ist doch jetzt in urlaub gefahren. (REDE, KR5, Niederfränkisch)

(70) A: **maximilian gröb** war auch da [...] mein gott; der hat dich so gelobt noch.
B: wer?
A: **johannes** [...] sachte **de klaus friedrich** – [...] nee, **klaus** hatte wohl; [...] ich hab **willi** auch noch nie so erlebt. [...] wie alt ist **wili**?
(REDE, KLEV2, Niederfränkisch)

Daneben gibt es aber auch Sprecher, die den PersN-Artikel in den Daten fakultativ verwenden, sodass hier insgesamt von einer hohen Variabilität im Gebrauch auszugehen ist. Areallinguistisch lässt sich dies dahingehend interpretieren, dass es sich beim Niederfränkischen um einen „Interferenzraum" (Wiesinger 1983: 824) zwischen hochdeutschen und niederdeutschen Dialekten handelt, in dem die Artikelverwendung anscheinend frei variiert. Dies gilt im Niederfränkischen insbesondere für den Regiolekt, den die meisten Sprecher der REDE-Erhebung überwiegend gebrauchen. Im Zwirner-Korpus hingegen, wo niederfränkische Dialektsprecher noch häufiger auftauchen, fallen die Gebrauchsanteile für den PersN-Artikel mit 19 gegenüber 38 Prozent in REDE deutlich geringer aus (s. Tab. 11).

Moselfränkisch

Für das Moselfränkische zeigt sich eine Besonderheit dahingehend, dass Verbindungen aus RufN und FamN dann artikellos verwendet werden können, wenn sie in der Abfolge FamN-vor-RufN realisiert sind (vgl. die Beispiele in (71)).[68] In Zwirner und REDE ist dies in 26 von 59 relevanten Belegen der Fall (44 %).

(71) a. **hildebrand klaus**; der weiß das. (REDE, BETZalt2, Moselfränkisch)
 b. **dirks franz** ist letztes jahr gestorben. (REDE, MTalt2, Moselfränkisch)
 c. vielleicht bei **gründgens lena**? (REDE, WIT5, Moselfränkisch)
 d. **wilhelms oskar**? (REDE, WIT5, Moselfränkisch)

Dass es sich dabei um eine Besonderheit des Moselfränkischen handelt, zeigt auch ein Blick in andere Dialekträume, z. B. in das Rheinfränkische und Bairische, wo die gleiche Abfolge von RufN und FamN den PersN-Artikel evoziert (72).[69]

(72) a. wo **die morstett inge** is. (REDE, Ralt1, Bairisch)
 b. hat mei anderer Kamerad gesagt da **der meier sepp**. (Zwirner, ZWC56, Bairisch)
 c. ob das früher **der walperbrunners peter** war. (Zwirner, ZWA97, Rheinfränkisch)
 d. **de zimmerer michael** – kennst du den noch? (REDE, HOM1, Rheinfränkisch)

Warum der Artikel in dieser Verwendung im Moselfränkischen entfällt, ist nicht eindeutig zu klären. Sicher ist, dass die Referenzweise FamN-vor-RufN dialektal oder zumindest substandardsprachlich geprägt ist (dazu Bach 1952; Weiß 1998: 71; Berchtold & Dammel 2014). Möglicherweise wird der GesamtN in dieser Abfolge als Nennform (als anrufender Vokativ) begriffen und der PersN deshalb auch artikellos verwendet (s. dazu Kap. 6.5.4). Alternativ könnten mit der Artikelopposition hier auch pragmatische Unterschiede verbunden sein, selbiges

---

[68] Ähnliches schreibt auch Bach (1952: 57), dort allerdings mit Bezug zum gesamten wmd. Raum.
[69] Siehe dazu auch die Ausführungen in Berchtold & Dammel (2014), wo je für einen hochalemannischen, rheinfränkischen, obersächsischen und bairischen Erhebungsort von einer Obligatorik im Artikelgebrauch bei der Abfolge „FamN-vor-RufN" berichtet wird.

berichten Berchtold & Dammel (2014) z. B. für die Opposition der Artikelformen „s vs. der" im hochalemannischen Feldkirch.

6.4.9 Der Artikelgebrauch bei Familiennamen im Plural

Deutlich seltener als im Singular sind im Korpus PersN im Plural belegt. So beschränkt sich ihre Verwendung meist auf die kollektive Bezeichnung einer Familie, z. B. in (73).[70] Es dominiert die Verwendung von FamN mit s-Plural (phonologisch konditioniert alternieren hier -es und -sch), seltener, und dann auch nur bei Dialektsprechern, treten zudem schwache Pluralflexive auf -e und -en auf (in (73e und f)).[71]

(73) a. das ham jetzt **die simmons**. (REDE, Ralt, Bairisch)
    b. und da daneben haben **teichers** gebaut. (REDE, TRSW3, Moselfränkisch)
    c. und da sind wir schon mit **maches** öfters schon. (REDE, RValt, Alemannisch)
    d. jetzt **die hinackersch** und so weiter. (REDE, GIBIalt, Hessisch)
    e. die mit **den barzen** zu tun haben. (REDE, BM2, Ripuarisch)
    f. ei **schmitte** wohnen ja ach noch drübe im neubaugebiet. (REDE, LAUTER3, Rheinfränkisch)

Tab. 33: Relative und absolute Häufigkeiten für den Definitartikel bei Familiennamen im Plural nach Dialektraum in Zwirner und REDE

	Artikel bei FamN im Plural
Oberdeutsch	93 % (13)
Westmitteldeutsch	50 % (6)
Norddeutsch	38 % (3)

---

70 Entsprechend heißt es auch bei Seiler (2003: 19) zu alemannischen Dialekten: „Häufig sind Genitivformen reanalysiert zu Pluralformen, die Familienangehörigkeit ausdrücken: s *Müllers* 'die Familie Müller', s *Graafe* 'die Familie Graaf', auch s *Leerers* 'die Familie Lehrer'". Vgl. zu Kollektivlesarten bei EigenN im Plural auch die Ausführungen in Coseriu (1975) und Nübling & Schmuck (2010).
71 Pluralallomorphie bei EigenN in Dialekten des Deutschen wird ausführlich diskutiert in Nübling & Schmuck (2010).

Die Häufigkeiten für den Artikelgebrauch in Tab. 33 spiegeln dabei recht gut die allgemeinen Tendenzen wider, wie sie sich zuvor für den Gebrauch des Definitartikels bei PersN im Singular dargestellt haben. Demnach ist das identifizierte Süd-Nord-Gefälle im Artikelgebrauch auch bei Pluralentitäten erkennbar. Ebenso ist der PersN bei Pluralen im Norden etabliert, wie die Belege in (74) nahelegen.

(74) a. und da hätt nebenan **die hinners** gewohnt. (REDE, HBalt2, Nordnd.)
b. **die ahrends** geben so viel her. (REDE, HBalt1, Nordnd.)

Besonders die relativen Anteile für das Wmd. scheinen dabei die Beobachtung aus Bach (1952: 59) zu bestätigen, wo es heißt:

> Bei den eine ganze Familie bezeichnenden pluralischen Namensformen [...] herrscht auch in Süd- und Mitteldeutschland Schwanken zwischen Artikelgebrauch und Artikellosigkeit.

Bedingungen für die Varianz im Artikelgebrauch bei PersN im Plural herauszuarbeiten, bleibt dabei weiteren Untersuchungen an größeren Datenmengen vorbehalten.[72]

6.5 Der artikellose Gebrauch von Personennamen

In den Daten lassen sich wenige sprachliche Kontexte identifizieren, in denen der PersN-Artikel varietätenübergreifend nie oder zumindest selten belegt ist. Hierzu gehören Koordinationsstrukturen (Kap. 6.5.1), Namenflexion in Objektfunktion (Kap. 6.5.2), Präpositionalphrasen (Kap. 6.5.3) und Vokative (Kap. 6.5.4). Zur möglichen Bestimmung pragmatischer Verwendungsweisen möchte ich mich im Folgenden (Kap. 6.5.5) zunächst auf Daten aus obd. und wmd. Varietäten konzentrieren, da artikellos gebrauchte PersN dort auf das Sprachsystem bezogen besonders auffällig sind. Daten aus nordd. Varietäten und aus der Schriftsprache sollen zusätzliche Evidenz liefern und für das Diasystem des Deutschen Verallgemeinerungen über einzelne Sprachräume hinweg zulassen.

---

[72] Wie zuletzt eingehend Nübling & Schmuck (2010) zeigen konnten, beruht der *s*-Plural bei EigenN im Deutschen auf der Reanalyse eines Genitivmarkers. Möglicherweise erklärt sich die teils fehlende Artikelsetzung in obd. und insbesondere auch in md. Varietäten dadurch, dass die „alte" Genitivkonstruktion nie mit Artikel eingeleitet wurde und dies bei der Reanalyse so auch in die „neue" Konstruktion übernommen wurde.

So gilt es abschließend in Kap. 6.5.6 die Funktionsweisen des PersN-Artikels denen des Nullartikels gegenüber zu stellen.

6.5.1 Syntaktisch motivierte Artikellosigkeit: Koordination

Als koordinierte Strukturen wurden im Folgenden alle Verbindungen gewertet, in denen zwei oder mehr PersN durch Konjunktoren wie *und* oder *oder* sowie durch Aufzählung, entweder mit einer Konjunktion nur vor dem letzten Glied (Monosyndese, z. B. in (76a)) oder ganz ohne Konjunktoren (Asyndese, z. B. in (75b)), semantisch und syntaktisch miteinander verbunden sind:

(75) a. **ewald hörsch – knöll tubbas** und **gerhard enns**; die mike sich up sonntags uf de wech nach stenden. (Zwirner, ZW7B4, Niederfränkisch)
  b. **adolf – göhring – göbbels** und sowie de ganze stab. (Zwirner, ZWR64, Westfälisch)
  c. **de werner** – du – i – **der walter.** (REDE, PA2, Bairisch)
  d. wie **der markus** oder **der klaus** oder so und **der dennis** sowieso. (REDE, COC1, Moselfränkisch)

Im Korpus (und allgemein) weitaus am häufigsten belegt sind Typen der Koordination mit *und*, die Eisenberg (2013b: 200) zufolge der elementaren kognitiven Operation „Zusammenfassung" zugeordnet werden können:

> Zum Verstehen eines Ausdrucks mit **und** gehöre es, dass man die Konjunkte integriere und auf eine gemeinsame Größe beziehe.
> (Hervorhebung im Original; Zitat in Anlehnung an Lang 1977)

Legt man die Kriterien für die *und*-Koordination, z. B. nach Eisenberg (2013b: 199), zugrunde, können PersN beliebig miteinander koordiniert werden, da die Konjunkte hier allesamt den Status von Konstituenten haben und zudem kategorial identisch sind, d. h. der gleichen Klasse an Sprachzeichen angehören und die gleiche syntaktische Funktion erfüllen (vgl. Weinrich 2005: 799). Hierbei sind koordinierte Strukturen möglich, in denen alle, mehrere oder keiner der koordinierten PersN mit Artikel gebraucht werden.

Die Daten weisen für koordinierte Strukturen aus, dass der regionalsprachliche Hintergrund der Sprecher/-innen den größten Einfluss auf die Artikelsetzung hat, indem in obd. und wmd. Varietäten der PersN-Artikel in Zwirner und REDE überwiegend gebraucht wird (Obd: 69 %, 29 Belege; Wmd.: 59 %, 27), während der Artikel in nordd. Varietäten seltener verwendet wird (11 %, 4). Hierbei ist mit kleinräumigen Besonderheiten zu rechnen, etwa im Niederfränkischen, wo bei koordinierten PersN in etwa der Hälfte der Belege ein Artikelgebrauch zu verzeichnen ist. Linguistische Faktoren, die in den einzelnen Sprachräumen die Distribution der jeweils indominanten Variante erklären können, konnten hier auch aufgrund der teils geringen Belegmenge allerdings nicht identifiziert werden.[73] In den Daten lässt sich aber eine interessante Asymmetrie in der Verteilung insofern feststellen, als der Artikel deutlich häufiger das Konjunkt begleitet, welches in der Koordination zuerst genannt wird:

(76) a. und **den Matthias** und **Peter Schuster** nebst Familien. (AuswB, Schmitz04, Ripuarisch)
b. **den Mathias Reindel** u. **Jakob Weisenhorn** hab ich getroffen die Adres ist an. (AuswB, Maier, Schwäbisch)
c. **Dem Valentin** und **Anton Rast** aus Pfaffenhofen geht es recht gut. (AuswB, Zeller-Rueß03, Schwäbisch)
d. da hät ja enmal **et babbett** und **käthel**; die häm salat gesucht. (Zwirner, ZW458, Rheinfränkisch)

Der entgegengesetzte Fall, Auslassung des Artikels im ersten Konjunkt bei gleichzeitiger Setzung des Artikels in den nachfolgenden Konjunkten, ist im Korpus hingegen (fast) nicht belegt, lediglich bei Unterbrechung der Aufzählung kann der PersN im Nachtrag wiederum von einem Artikel begleitet sein:[74]

(77) haben sich **Heinrich** und **Franz** und **Charlotta** underschrieben und **die Sophia** nicht. (AuswB, Karcher3, Rheinfränkisch)

Dieser Befund ist insofern interessant, als Eisenberg (2013b: 197) und Weinrich (2005: 799) zufolge Konjunkte, abgesehen von deren Abfolge, als gleichberechtigt gelten, sie auch kein Determinationsgefüge (Unterordnung) darstellen und also zwischen den Konjunkten keine Asymmetrien im Artikelgebrauch zu erwarten wären. Wälchli (2005: 56) zufolge handelt es sich bei asymmetrischen

---

[73] Auf eine besondere Gebrauchsbedingung artikelloser Koordination macht Wälchli (2005: 12) aufmerksam. So werden im Berndeutschen PersN dann artikellos koordiniert, wenn zwischen den beiden Referenten eine besondere soziale Nähe, z. B. eine Partnerschaft, besteht. Erklären lässt sich dieser Umstand wiederum durch das assoziierte semantische Merkmal „Zusammenfassung".
[74] Das einzige Gegenbeispiel im Korpus lautet wie folgt: *dadurch, dass* **susi** *und* **der theo** *allergie ho* (REDE, GIDIalt1, Zentralhessisch).

Kodierungen von Koordination so um kontraikonische Markierungsstrategien, wenn auch um typologisch häufig belegte. Eine simple syntaktische Erklärung für die hier gefundene Asymmetrie besteht nun darin, den Ausfall des Artikels in den nachfolgenden Konjunkten als eine Form von Ellipse (sog. Koordinationsellipse) zu betrachten. So heißt es bei Weinrich (2005: 801):

> Die syntaktische Gleichartigkeit der beiden Konjunkte in einer Koordinativ-Junktion erlaubt grundsätzlich Einsparungen gleichartiger Elemente im zweiten Konjunkt. Das im ersten Konjunkt Ausgedrückte gilt dann für das zweite Konjunkt weiter.

Als Beispiel für eine solche Einsparung nennt Weinrich (2005: 801) u. a. die Artikel-Ellipse und so ist es plausibel, die festgestellte Asymmetrie im Artikelgebrauch bei PersN auf eben dieses Auslassungsprinzip in Koordinationsellipsen zurückzuführen. Hierfür spricht auch, dass ein asymmetrischer Artikelgebrauch insbesondere in den AuswB zu finden ist, wo aufgrund der besonderen Anforderungen an die Textsorte mit einer starken Tendenz zur sprachlichen Ökonomie und damit zusammenhängend mit einem häufigen Ellipsengebrauch zu rechnen ist.[75] Ich sehe diese Markierungsstrategie so auch als ein Übergangsstadium in der Grammatikalisierung des PersN-Artikels an, indem sein Gebrauch (bzw. seine Auslassung) hier mit einer spezifischen Funktion verknüpft ist, nämlich die Zusammengehörigkeit der Konjunkte hervorzuheben. So heißt es auch in der Duden-Grammatik (2016: 913) zur Artikel-Ellipse allgemein:[76]

> Bei Reihungen darf von zwei gleichlautenden Artikelwörtern das zweite eingespart werden, sofern mit der Reihung eine Einheit bezeichnet werden soll.

Der elliptische Status der Verbindung zeigt sich außerdem darin, dass der einseitige Artikelgebrauch im Korpus nur dann belegt ist, wenn in Koordinationsstrukturen die Referenten aller Konjunkte entweder männlichen oder weiblichen Geschlechts sind, das Artikelwort also das Genus aller Konjunkte anzeigen kann. Dass es sich bei diesem einseitigen Artikelgebrauch um eine Eigenart von PersN (oder allgemein von EigenN) gegenüber APP handelt, zeigt das folgende appellativische Kontrastbeispiel aus dem Schriftdeutschen, wo entweder beide

---

[75] Daneben zeigt sich die Tendenz zur Ökonomie in den AuswB z. B. auch in der häufigen Verwendung von Abkürzungen.
[76] Vgl. dazu auch schon Paul (1919: 184): „Wo mehrere Substantiva durch *und* verbunden werden, steht der Art. nur vor dem ersten, wenn dieselben nur verschiedene Seiten desselben Gegenstandes bezeichnen, vgl. *der Geheime Rat und Professor N*".

NPs mit bzw. ohne Artikel verwendet werden können, die einseitige Auslassung des Artikels aber ungrammatisch ist:[77]

(78) a. Er hatte **das** Fahrrad und den Kinderwagen im Hof abgestellt.
b. Er hatte Fahrrad und Kinderwagen im Hof abgestellt.
c. *Er hatte **das** Fahrrad und Kinderwagen im Hof abgestellt.
(Bsp. a und b nach IDS-Grammatik 1997: 2375)

6.5.2 Morphologisch motivierte Artikellosigkeit: Artikelsetzung und Namenflexion bei Objektfunktion

In der Forschung wurde wiederholt das komplementäre Verhältnis von Artikelsetzung und Namenflexion bei Objektfunktion betont (s. unten). In den vorliegenden Daten sind PersN, die bei Objektfunktion flektieren, d. h. die den Dativ oder Akkusativ durch -(e)n-Suffix bzw. -e-Suffix (nur bei Dativ) markieren, lediglich in den HexenV zu finden.[78] Tab. 34 zeigt für die HexenV die Häufigkeiten, mit denen ein PersN bei Objektfunktion flektiert. Die Werte sind für die einzelnen Sprachräume jeweils ins Verhältnis gesetzt zu den Belegen mit und ohne Definitartikel sowie zu denen, in denen der Name sowohl flektiert als auch von einem Artikel begleitet wird.

Es zeigt sich, dass die Namenflexion bereits im 17. Jh. nicht mehr in allen untersuchten Sprachräumen die dominante Ausdrucksvariante darstellt. Lediglich im Wmd. flektieren PersN demnach vergleichsweise häufig, während im obd. Raum bereits die Variante mit Artikel überwiegt und im nordd. Raum ein relatives Gleichgewicht zwischen den drei Ausdrucksvarianten vorherrscht. Zwischen IO und DO lassen sich dabei, möglicherweise auch aufgrund der geringen Anzahl an Gesamtbelegen, keine deutlichen Unterschiede in den Gebrauchsfrequenzen feststellen: Sprachraumübergreifend stehen hier 39 Belege für flektierte PersN als DO 49 Belegen als IO gegenüber. Insbesondere für den obd. Raum zeigt der Vergleich mit den beiden anderen Sprachräumen zudem,

---

[77] Das Gleiche gilt auch für koordinierte Nomen mit gleichem Genus: *Er hatte das Fahrrad und Auto im Hof abgestellt. Im Englischen ist in der Koordination ein asymmetrischer Artikelgebrauch hingegen auch bei APP möglich: *the house and garden, the rights and freedoms* (Bsp. aus Wälchli 2005: 49).
[78] Zu beachten ist, dass in den HexenV mitunter Homographie zwischen Akkusativ- bzw. Dativflexion und Genitivflexion vorliegen kann, wie folgendes Beispiel belegt: *So bekent se Datt se Katarinen* (Dat.-Flex.) *Jaspers Hans Jaspersen* (Gen.-Flex.) *Husfrouwe ehre Kranckheit vp den halß getöuert.* (HexenV, Flensburg 1608, Nordd.).

dass die aus diachroner Perspektive neue Ausdrucksvariante mit Definitartikel nicht etwa die flektierte Variante ersetzt (flektierte PersN sind im Obd. ebenso häufig belegt wie im Nordd.), sondern vielmehr der Anteil an artikellosen Belegen im Vergleich zu den beiden anderen Sprachräumen im Obd. geringer ist. Definitartikel und Flexionsendung teilen sich also, bezogen auf das Sprachsystem, die morphologische Kasusmarkierung, was ebenfalls erklärt, warum flektierte PersN mit Artikel im Korpus insgesamt nur 12-mal und damit vergleichsweise selten belegt sind.

Tab. 34: Relative und absolute Häufigkeiten morphologischer Kodierungsstrategien in den HexenV nach Sprachraum

Hexenverhöre				
	Oberdeutsch	Westmitteldeutsch	Norddeutsch	Σ
mit Artikel	48 % (39)	17 % (14)	24 % (18)	30 % (71)
ohne Artikel	14 % (11)	32 % (26)	39 % (29)	28 % (66)
Flexion	32 % (26)	48 % (39)	31 % (23)	37 % (88)
Artikel+Flexion	6 % (5)	3 % (2)	7 % (5)	5 % (12)

Fraglich ist zudem, in welchem Verhältnis die PersN-Flexion zur Serialisierung, d. h. zur Abfolge der Argumente im Satz steht. Ähnlich, wie es für den PersN-Artikel in Kap. 6.2 gezeigt werden konnte, wäre zu erwarten, dass PersN, die in Objektfunktion flektieren, in transitiven Sätzen häufiger die erste Argumentposition einnehmen können als PersN, die dies nicht tun, und zwar deshalb, weil die morphologische Kasusmarkierung die Identifikation syntaktischer Funktionen unabhängig von deren Serialisierung gewährleistet.

Abb. 26 stellt die absoluten Häufigkeiten für die verschiedenen morphologischen Bedingungen mit Bezug zur Serialisierung in transitiven Sätzen dar. Entgegen der eben formulierten Erwartung lassen sich an dieser Stelle keine Abhängigkeiten zwischen PersN-Flexion und Serialisierung feststellen. Vielmehr zeigen sich in etwa die gleichen Verhältnisse in den Kodierungsstrategien für Sätze mit S>O-Abfolge wie für Sätze mit O>S-Abfolge (bei geringerer Beleganzahl für O>S), sodass davon auszugehen ist, dass die Argumentabfolge hier kein Erklärungspotential für das Auftreten flektierter PersN hat bzw. umgekehrt Sätze mit flektierten PersN in Relation zu den beiden anderen Kodierungsstrategien nicht häufiger zu O>S-Abfolgen führen als Sätze mit PersN, die nicht flektieren.

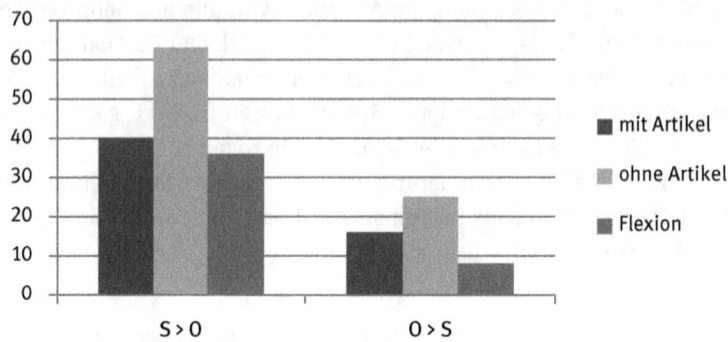

Abb. 26: Absolute Häufigkeiten morphologischer Kodierungsstrategien bzgl. Serialisierung der Komplemente in den HexenV

Während das Zusammenspiel von PersN-Flexion und Serialisierung bislang gänzlich unerforscht ist, wurde ein Zusammenhang zwischen Artikelgebrauch und Ausbleiben der PersN-Flexion bereits in Grammatiken des 18., 19. und frühen 20. Jh.s postuliert (z. B. Adelung 1782: 513; Bauer 1828: 260, 276; Götzinger 1836: 547; Blatz 1900a: 337; Paul 1919: 166). Dem Artikel wurde dabei die Rolle einer Ersatzflexion für den zunehmenden Abbau der PersN-Flexion zugesprochen und der Abbau der Flexion sogar als Motiv für das Aufkommen des PersN-Artikels herangezogen. Dazu beispielhaft Heyse (1838: 507):

> Sollte durch den Mangel einer Endung im Dativ und Accusativ eine Undeutlichkeit entstehen, so nimmt man den Artikel als Casuszeichen zu Hülfe, und sagt z. B. statt: ich habe Adolph Karl emfohlen –: ich habe den Adolph dem Karl empfohlen; statt: er zieht Göthe Schiller vor –: er zieht Göthe dem Schiller vor.

Stützen lässt sich eine solche Argumentation durch die Verhältnisse, wie sie sich im Neuhochdeutschen darstellen, wo sich bei PersN in Objektfunktion Artikelgebrauch und PersN-Flexion gegenseitig ausschließen, die NP hier also strenge Monoflexion aufweist.[79] So heißt es etwa bei Blatz (1900a: 338):

> Diese Regel beruht auf dem neuesten Sprachgebrauch, der den Grundsatz befolgt, daß Doppelbezeichnung des Kasus (durch Artikel und Flexion) im vorliegenden Falle zu unterlassen ist.

---

[79] Adelung (1782: 513) ist m. W. die einzige Quelle, in der zumindest der Artikel in demonstrativer Funktion als Begleiter flektierter PersN für akzeptabel gehalten wird.

Die allgemeine Gültigkeit dieser Regel spiegelt sich im Korpus allerdings nur bedingt wider. So lassen sich in den HexenV immerhin 12 Belege finden, in denen der PersN gleichzeitig flektiert und von einem Definitartikel begleitet wird, einige dieser Belege sind in (79) gelistet. Insbesondere polyflektierende und miteinander kongruierende Varianten wie in (79c), mit Kasusflexion am Artikel, am RufN und am FamN, sprechen hier dafür, ein frühes Sprachwandelstadium anzusetzen, in dem den Schreibern mehrere Kodierungsmöglichkeiten für Kasus anscheinend frei zur Verfügung standen.[80]

(79) a. habe sie Ihres Maisters Bruoder **den Jacoben** Angesprochen Ir Ainen Trog gehn Leüderingen zufieren. (HexenV, Rosenfeld 1603, Schwäbisch)
b. auß waß Ursachen sie **der Sophien** ueber daß Bein gestrichen. (HexenV, Lindheim 1631, Hessisch)
c. Es habe der böse Geist Auch vff ein Zeit **den Hanßen Grymmen** Inn ihr hauß gepracht. (HexenV, Georgenthal 1597, Ostfränkisch)
d. **Dem Hoeßlebbern** habe eine schwarze Kuhe auf der Straße betzaubert. (HexenV, Arnsberg 1629, Westfälisch)

Widmen wir uns abschließend dem Flexionsverhalten von Verbindungen aus RufN und FamN in Objektfunktion. In Abhängigkeit vom lexikalischen Status der flektierenden Basis und ihrer Position innerhalb der NP lassen sich hier die folgenden Ausdrucksvarianten unterscheiden:
– linksköpfig FamN:

(80) Dunckt er hab **Trommen Johanneth** vur Achtt Jahrn vnnd die zum Drachen vnnd Ire Dochtter daselbst gesehenn. (HexenV, Trier 1590, Moselfränkisch)

– linksköpfig RufN:

(81) alß sie nochmahlen **Petern Klutsch** genennt. (HexenV, Neuerburg 1614, Moselfränkisch)

---

80 Wie in Kap. 6.4.4 besprochen, wurde der PersN-Artikel speziell in den HexenV pragmatisch und besonders pejorativ eingesetzt. Diese Funktion mag ebenfalls erklären, warum hier der Artikel in Kombination mit der Namenflexion auftritt.

– rechtsköpfig FamN:

(82) diesen vergangnen windter **Caspar Hainoldten** 2 Kue geschmirbt. (HexenV, Ellingen 1590, Ostfränkisch)

– rechtsköpfig RufN:

(83) er hat daselbsten und auf andren danzplatzen **Meiers Petern** [...] gesehen. (HexenV, Fell 1588, Moselfränkisch)

– beides:

(84) ob sie **Annen Krusen** wol gekent? (HexenV, Münster 1630, Westfälisch)

Abb. 27 zeigt, dass in den HexenV für die Namenflexion grundsätzlich alle möglichen Varianten belegt sind.

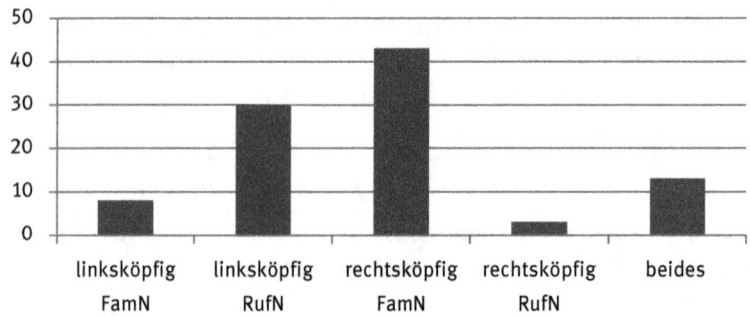

Abb. 27: Absolute Häufigkeiten flektierter PersN in Objektfunktion nach syntaktischer Position im Syntagma und nach Namentyp in den HexenV

Der PersN flektiert dabei ebenso linksköpfig (38-mal) wie rechtsköpfig (46-mal), was darauf hindeutet, dass die Flexionszuweisung bei PersN im Frühneuhochdeutschen noch nicht festgelegt war (dazu auch Ackermann 2018a). Zudem ist nicht selten Polyflexion möglich, ein Flexionstyp, der spätestens zum Neuhochdeutschen hin abgebaut wird.[81] An dieser Stelle sei auf die Ausführungen in Ackermann (2014) zur Diachronie der Genitivflexion bei Verbindungen aus RufN und FamN verwiesen, wo ein Zusammenhang zwischen dem Flexionsverhalten innerhalb des GesamtN und dem morphosyntaktischen Status der Konstruktion als Syntagma oder Kompositum angenommen wurde – diese Sichtweise wird uns bei PersN in engen Appositionsverhältnissen noch einmal näher beschäftigen (s. Kap. 7.3.5).

Die Daten zeigen außerdem, dass der lexikalische Status des PersN (RufN oder FamN) für die Zuweisung der Flexive hier keine Rolle spielt, RufN werden vielmehr unabhängig von ihrer Position im Syntagma ebenso häufig flektiert wie FamN. Geringe Belegzahlen für die Typen „linksköpfiger FamN" und „rechtsköpfiger RufN" sind demnach nicht morphosyntaktisch oder lexikalisch zu begründen, sondern sie sind einzig auf den Umstand zurückzuführen, dass die Serialisierung „RufN-vor-FamN" in den HexenV bereits die dominante Abfolge für den GesamtN darstellt.

Aber zurück zum Artikelgebrauch: Insgesamt lässt sich eine genauere Datierung des morphologischen Umbaus von der Namenflexion zum Artikelgebrauch in Objektfunktion anhand der vorliegenden Daten nicht vornehmen. Es kann allerdings als gesichert gelten, dass der PersN-Artikel bereits im Althochdeutschen, d. h. vor dem Abbau der PersN-Flexion, im Deutschen, etabliert war (s. Kap. 6.5.2). Nübling (2012: 215) zufolge setzt die Deflexion der PersN in mittelhochdeutscher Zeit ein. Paul (1917: 157) zufolge beginnt die PersN-Flexion ab dem 18. Jh. als vulgär zu gelten, sie wird teils durch den kasusmarkierenden Artikel, teils durch artikellose Varianten ersetzt. Dementsprechend führt etwa Gottsched (1762: 523) aus,

> daß der Dativ und Accusativ in sehr vielen Fällen einen niedrigen und geringschätzigen Nebenbegriff haben, daher man alsdann [...] das fehlende Casus-Zeichen durch den Artikel ersetzet.

Und weiter heißt es dort:

> Ich weiß keine andere Ursache davon, als weil diese Endung hier nicht ein bloßes Zeichen des Casus, sondern zugleich der nachgesetzte Artikel ist, welcher nur noch zuweilen im gemeinen Leben vorkommt.
>
> (Gottsched 1762: 535)

---

81 Vgl. dazu auch die Ergebnisse in Ackermann (2014: 31; 2018a) sowie die Ausführungen in Nübling (2012: bes. 226).

Paulus (1906: 42) nennt die PersN-Flexion im 18. Jh. noch „durchaus üblich, obwohl auch schon viele unflektierte Formen vorkommen". Für die vorliegenden Daten gilt dies für die HexenV des 16. und 17. Jhs., aber bereits nicht mehr für die AuswB des 19. Jh.s, sodass davon auszugehen ist, dass im 19. Jh. diesbezüglich der morphologische Umbau der PersN-NP hin zu einer Kodierung von Kasus über den präponierten Artikelgebrauch weitgehend abgeschlossen ist.[82] Entsprechend bezeichnet auch Blatz (1900a: 336) die PersN-Flexion Ende des 19. Jh.s als „veraltet". Jünger zu datierender Gebrauch der PersN-Flexion findet sich im 19. Jh. vereinzelt in der Literatursprache (Goethe, Schiller etc.) und wird etwa in Sütterlin (1924: 352) auf einen humanistischen Einfluss, und damit einhergehend mit einer Orientierung am Lateinischen, zurückgeführt. Doch lässt sich auch hier mitunter eine sozial determinierte Abwertung der PersN-Flexion verzeichnen, wenn es etwa bei Blatz (1900a: 336 mit Verweis auf Ludwig Börne) heißt:[83] „Mich ärgert von solchen Männern (Göthe und Schiller) das pöbelhafte Deklinieren der Eigennamen".

Interessanterweise finden sich in den Grammatiken auch Hinweise, dass die Namenflexion zuerst in der Schriftsprache und dann erst in der gesprochenen Sprache vollkommen aufgegeben worden ist (vgl. z. B. Wustmann 1891: 57; Matthias 1914: 52). Im 20. Jh. ist die PersN-Flexion zudem in Form von Dialektalismen (Hoekstra 2010 für das Friesische; Dauwalder 1992 für schweizerdeutsche (schweizerd.) Dialekte) und regionalspezifischen Erinnerungsformen (Bellmann 1990: 276 für das Omd.) belegt. Inwiefern die Dialekte bereits historisch in unterschiedlichem Maße an der Namenflexion partizipiert haben, wie es Bauer (1828: 257) und Götzinger (1836: 547) vermuten, muss aufgrund der Datenlage allerdings offen bleiben.

---

[82] Mit Ackermann (2014) lässt sich die Deflexion in Objektfunktion genauer auf das 18. Jh. datieren. So kommt sie für ihr Titelblattkorpus zu dem folgenden Befund: „Die aus den Titelblättern gewonnenen Daten sprechen dafür, dass die Namendeflexion im Akk. und Dat. bereits im 18. Jh., vor allem ab der zweiten Hälfte dieses Jhs. weit vorangeschritten war" (Ackermann 2014: 29).

[83] Begrüßt wird die (Wieder-)Einführung der Namenflexion hingegen bei Matthias (1914: 52): „Um so dankbarer ist es daher aufzunehmen und desto mehr nachzuahmen, daß die Romanschriftsteller jetzt auch den 4. und 3. Fall auf -en oder -n, der in der Schriftsprache fast abgekommen war und nur vom Volke fortgebraucht worden ist, neu zu beleben beginnen".

6.5.3 Morphosyntaktisch motivierte Artikellosigkeit: der Artikel in Präpositionalphrasen

In Kap. 6.2 konnte gezeigt werden, dass der Definitartikel zumindest historisch häufiger bei PersN in Objektfunktion als in Subjektfunktion vorkommt. Gleichzeitig wiesen die Ergebnisse darauf hin, dass die Kasusmarkierung am Artikel (zumindest partiell) zur Desambiguierung syntaktischer Kernfunktionen beiträgt und die Artikelverwendung damit funktional belastet ist. Vor dem Hintergrund dieser Befunde stellt sich hier nun die Frage, wie sich die Artikelsetzung bei PersN verhält, die in Präpositionalphrasen (PP) eingebettet sind. Terminologisch orientiere ich mich an der Duden-Grammatik (2016: 851–852), die die PP als eine syntaktische Kategorie fasst, der die folgenden syntaktischen Funktionen zugeordnet werden können: Präpositionalobjekt, prädikative PP, adverbiale PP und attributive PP. Wesentlich für die Unterscheidung der Funktionen ist hierbei, ob die PP vom Verb gefordert ist (lexikalisch bzw. valenzgebunden), d. h. ein Objekt vorliegt, oder ob dies nicht der Fall ist und die Phrase dann Adjunktstatus hat.

Präpositionalphrase und syntaktische Funktion
Bezüge zwischen Präposition und Kasus lassen sich in dergestalt ausmachen, dass Präpositionen im Deutschen den Kasus ihrer Bezugswörter regieren (dazu z. B. Eroms 1981). Da diese Rektionseigenschaften bei den Präpositionen ausschließlich die obliquen Kasus betreffen,[84] ist aus der Perspektive des Sprachverstehens davon auszugehen, dass Präpositionen bereits wesentliche Informationen darüber beinhalten, in welcher Relation das nachfolgende Nomen (hier der PersN) zu den (anderen) Argumenten im Satz steht.[85] Sieht man von der semantisch gesteuerten Wechselpräposition zwischen Dativ und Akkusativ ab, z. B. *im Stall* (Dativ = Position) versus *in den Stall* (Akkusativ = Richtung), würde die Kasusmorphologie am Artikel dem Adressaten demnach hier lediglich eine

---

[84] Bartels (1979) ermittelte für 127 Präpositionen in der Schriftsprache die folgende Rektionsverteilung: 51,2 % mit Genitiv, 16,5 % mit Dativ, 7,9 % mit Akkusativ, 9,5 % sowohl mit Akkusativ als auch mit Dativ (Wechselpräposition), 4,7 % mit schwankendem Kasus (Nebenkasus) und 10,2 % mit besonderer Rektion. Die hier in erster Linie interessanten primären Präpositionen weisen dagegen ausschließlich Dativrektion, Akkusativrektion oder Wechselpräposition zwischen Dativ und Akkusativ auf (vgl. Duden-Grammatik 2016: 619).
[85] Weiß (1998: 68; 2014) zufolge können in bairischen Basisdialekten *von*-Präpositionen mit nachfolgendem FamN in seltenen Fällen sogar das Subjekt eines Satzes bilden. Er nennt u. a. das folgende Beispiel, wobei *K.* für einen FamN steht: *Von K. wohnan do vorn.*

redundante Information liefern, die für die Identifikation syntaktischer Funktionen nicht zwingend notwendig ist, was wiederum den generellen Nutzen der Artikelverwendung bei PersN in PPs in Frage stellt.[86] Bereits bei Bach (1952: 54) wird dieser Zusammenhang gesehen und wie folgt ausgedrückt:[87]

> In der Vergangenheit nur zeitweise und heute nicht mehr steht hier [bei PersN, A. W.] der Artikel nach Präpositionen, da diese den Kasus meist deutlich genug erkennen lassen.

Hinzu kommt aus syntaktischer Perspektive, dass PPs im Deutschen häufig keinen Objekt-, sondern eben Adjunktstatus haben und damit für die Bestimmung der Argumente im Satz auch keine Relevanz besitzen, z. B. in (85):[88]

(85) a. ich gehe dann erst Mal aus **zu Betty**. (AuswB, Freese1, Nordnd.)
    b. mußten wir wieder die Särg machen **beim wanger** hinten. (Zwirner, ZWK79, Bairisch)

Die folgenden Auswertungen beziehen sich deshalb auch in erster Linie auf den Artikelgebrauch, während das in Kap. 6.2 betrachtete Zusammenspiel von Kasus, Serialisierung und Belebtheit an dieser Stelle ausgeblendet wird. Hinweise in Wahrig-Burfeind (1998: 327) deuten aber zumindest für die nd. Dialekte darauf hin, dass der Artikel bei Präpositionen in Abhängigkeit vom semantischen Status ihrer nominalen Bezugswörter gebraucht wird. Demnach weisen insbesondere Präpositionen mit Unika die Tendenz zur Artikellosigkeit auf, was aufgrund der in Kap. 4.1.1 referierten semantischen Ähnlichkeit zwischen Unika und PersN (Monoreferenz durch inhärente Definitheit) das Auftreten des PersN-Artikels ebenfalls in Frage stellt.

Klitische Formen
Auf ein zentrales Problem der Auswertung sei an dieser Stelle noch kurz eingegangen. Es liegt darin begründet, dass der Artikel nach Präpositionen im Deut-

---

[86] Die gleichen Redundanzverhältnisse gelten historisch für die PersN-Flexion, wobei die formale Redundanz dort dadurch noch verstärkt wird, dass Dativ und Akkusativ morphologisch häufig nicht unterschieden werden (Einheitssuffix -*en* in den Objektkasus, s. Kap. 6.5.2).
[87] Ähnlich bemerkt Behaghel (1923: 52), dass Präpositionen bei PersN „in älterer Zeit meist ohne Artikel [stehen, A. W.]; dann wird der Artikel häufig, ist aber etwa seit Schiller wieder geschwunden, denn die Präposition läßt den Kasus deutlich genug erkennen".
[88] Dies zeigt sich nicht zuletzt im Gebrauch von sog. intransitiven Präpositionen, die ohne funktionale Argumente auskommen und stets relativ zu interpretieren sind (vgl. Wunderlich 1984: 82–87).

schen häufig nicht isoliert vorliegt, sondern er reduziert verwendet wird oder sogar mit der Präposition verschmilzt, wie z. B. in (86):

(86) a. also so wars auch **beim dietmar**. (REDE, OG7, Alemannisch)
b. ja ja **mim bully** telefoniert. (REDE, Ralt1, Bairisch)
c. daß du diese Reise **zum Nicklaus** und der Eva Margareth machest. (AuswB, Haßfurther07, Ostfränkisch)
d. die kleine Tochter die Ältere Tochter ist **bein Johan Wa[ld]**. (AuswB, Schattauer, Bairisch)

Dieser Umstand stellt keine Eigenart von PersN gegenüber APP dar, wie etwa Steffens (2010: 280) für Flurnamen herausarbeiten konnte, tritt das Phänomen allerdings besonders häufig in Kombination mit EigenN auf. Klitisierungen von Präposition und Artikel sind auch nicht auf die gesprochene Sprache beschränkt, sie tauchen ebenfalls im Schriftdeutschen auf. In Abhängigkeit von Präpositionstyp, phonotaktischer Beschränkung, morphologischer Kategorie und (referenz-)semantischer Bedingung lassen sich dabei unterschiedlich starke Reduktions- und Verschmelzungsgrade feststellen, die sich je nach (Allegro-)Sprechweise und regionalsprachlichen Besonderheiten noch mal verstärkt auf das Klitisierungsverhalten des Artikels auswirken können (Nübling 1992, 2005a; Schiering 2005; Ulbrich & Werth 2017; historisch auch Coniglio & Schlachter 2014; Werth i. E.a). Die formal am stärksten grammatikalisierten Verbindungen sind Fälle von Fusionierungen, bei denen sich die lautliche Form in der Präposition selbst verändert, z. B. *von dem* zu *vom*, *in dem* zu *im* und *an dem* zu *am*. Bei Präpositionen wie *ins*, *beim* und *fürn* (aus: *in das*, *bei dem* und *für den*) liegen hingegen agglutinierende Verfahren vor, indem die lautliche Form der Präposition von der Verschmelzung unberührt bleibt und die lautlichen Reste des Artikels lediglich additiv an die Präposition angefügt werden. Die unterschiedlichen Verschmelzungsgrade, die sich insbesondere in den deutschen Dialekten, aber auch im Schriftdeutschen für die Präposition-Artikel-Enklise nachweisen lassen, spiegeln dabei verschiedene Etappen der historischen Entwicklung wider (Nübling 2005a; Steffens 2010, 2012; Christiansen 2016). Der Sprachwandel gilt in diesem Bereich bis heute als nicht abgeschlossen und wird als „Grammatikalisierungsbaustelle" (Nübling 2005a) bezeichnet. Mitunter ist die Grammatikalisierung Nübling (2005a: 112) zufolge aber bereits derart weit vorangeschritten, dass in bestimmten Kontextbedingungen eine semantische Abspaltung der Klise von der Vollform stattgefunden hat und nun ausschließlich die klitisierte Form als grammatisch anzusehen ist (sog. spezielle Klise, z. B. bei Unika: *Die Fahrt zum Mond* versus **die Fahrt zu dem Mond*).

Interessant für die hier angestellten Betrachtungen ist nun, dass im gesprochenen Standard, im Schriftdeutschen und, wie ich es überblicke, auch in den regionalen Varietäten bei all den zu beobachtenden Verschmelzungstendenzen der morphologische Kasus auch in der klitisierten Form immer erhalten bleibt:[89]

(87) in dem → im; zu der → zur; in das → ins; an den → an'n; von dem → vom; hinter dem → hinterm usw.

Dies gilt selbst für Dialekte, in denen neben der Enklise des Artikels auch der Kasuszusammenfall bereits weit vorangeschritten ist.[90] Folgt man den phonologischen Generalisierungen in Wiese (1988: 184), erklärt sich der Erhalt von Kasus hier darüber, dass der finale Konsonant des Artikelwortes, der zugleich, sofern überhaupt vorhanden, die morphologische Kasusinformation ausdrückt, niemals von der Reduktion betroffen ist, während die vorangehenden Segmente getilgt werden können. Dieser Umstand rechtfertigt aus meiner Sicht das Vorgehen, für die im Folgenden dargestellten Auswertungen klitisierte Formen der Artikelverwendung zuzuordnen und lediglich Präpositionen, deren Form gegenüber der isolierten Verwendung unverändert ist, wie in (88), als artikellose Belege zu zählen.

(88) a. du bist nicht lange genug **neben hartmut** gesessen um den lustig zu finden. (REDE, WTjung1, Alemannisch)
b. dann hab ich zuerst **an lydia** gedacht. (REDE, M9, Bairisch)
c. Auch haben wir einen Brief **von Herman Frankamp** aus dem fernen Westen. (AuswB, Dunker4, Westfälisch)

Eine solche Vereinheitlichung erfolgt unter der Maßgabe, dass es mir hier an erster Stelle um die kasusmarkierenden Funktionen des Artikels und nicht um seine referenzsemantischen Eigenschaften geht, die in einem eigenen Kapitel (Kap. 6.4) behandelt wurden. Die aus theoretischer Sicht interessante Frage nach dem grammatischen Status der Präposition-Artikel-Enklise als flektierte

---

89 Diese Verschmelzungstendenzen gehen im Ruhrdeutschen mitunter soweit, dass Nübling (1992: 41) und Schiering (2005: 54) für die Präposition dort bereits einen stark flektierenden Status ansetzen. Vgl. zum Flexionsstatus von Präpositionen im Deutschen aus theoretischer und sprachtypologischer Perspektive auch die Ausführungen in Hinrichs (1984) und Stolz (1990).
90 Vgl. z. B. die morphologischen Paradigmen in Nübling (1992: 232–234) zum Berndeutschen.

Präposition oder als kasusmarkierte Artikelform bleibt hiervon ebenfalls unberührt (dazu Hinrichs 1984; Schellinger 1988).

Ergebnisse

Die Häufigkeiten, mit denen im Korpus der PersN-Artikel in Verbindung mit einer Präposition auftritt, sind in Tab. 35 (linke Spalte) aufgeschlüsselt. Ausgezählt wurden alle Belege, in denen ein PersN in einer PP auftritt und diese mit Hilfe einer sog. primären (*in, mit, zu, von, an* usw.) oder sekundären Präposition (*gegen, hinter, mithilfe, anstelle* usw.) gebildet wird.[91] Da der Genitiv im gesprochenen Deutschen und in nähesprachlichen Texten mit wenigen Ausnahmen ungebräuchlich ist und die Mehrzahl an ausgewerteten Präpositionen auch den Dativ oder Akkusativ regieren, beziehen sich die Auswertungen alleine auf diese beiden Kasus. Das Gleiche gilt für possessive *von-* und *zu-*Phrasen, die unter formalen und funktionalen Aspekten eingehend in Kap. 7.5 behandelt werden.

Tab. 35: Relative und absolute Häufigkeiten für den PersN-Artikel in Präpositionalphrasen im Vergleich zu den Häufigkeiten für den PersN-Artikel in sonstigen Phrasen

	PersN-Artikel in PP	PersN-Artikel sonstige
Oberdeutsch	90 % (400)	88 % (1028)
Westmitteldeutsch	61 % (438)	75 % (1863)
Norddeutsch	7 % (36)	14 % (280)
Σ	50 % (874)	56 % (3171)

Die Tabelle weist zunächst aus, dass sich die Häufigkeiten für den Artikelgebrauch zwischen allen untersuchten Sprachräumen deutlich voneinander unterscheiden. Der PersN-Artikel in PPs findet sich demnach über alle Teilkorpora hinweg mit 90 Prozent am häufigsten im Obd. und mit 7 Prozent am seltensten im Nordd., wobei das Wmd. mit 61 Prozent Artikelgebrauch eine Zwischenstellung einnimmt.

---

91 Die Vorgehensweise, zwischen primären und sekundären Präpositionen zu unterscheiden, folgt hier dem Vorschlag der Duden-Grammatik (2016: 620). Primäre Präpositionen bilden dabei Eisenberg (2013b: 184) zufolge im Deutschen den Kernbestand an Präpositionen, sie sind historisch früher entstanden als die sekundären Präpositionen und sie drücken meist eine lokale Bedeutung aus.

Interessanter für die oben aufgeworfene Frage ist, in welchem Maße die Einbettung des PersN in eine PP den Artikelgebrauch beeinflusst. Um dies zu ermitteln, wurden die Häufigkeiten für den Artikelgebrauch in PPs ins Verhältnis gesetzt zu den Häufigkeiten, wie sie für das Auftreten des PersN-Artikels außerhalb von PPs feststellbar sind (rechte Spalte, basierend auf den Werten in Tab. 11). Es zeigt sich, wie eingangs vermutet, dass der Artikel allgemein seltener Verwendung findet, wenn der PersN in einer PP steht, als wenn dies nicht der Fall ist. Dieser Effekt ist am stärksten ausgeprägt für das Wmd. (χ^2 (1, N = 3210) = 52, p < ,001), er zeigt sich aber auch im Nordd. (χ^2 (1, N = 2505) = 19, p < ,001). Im Obd. hingegen differieren die Häufigkeiten leicht und nicht signifikant zugunsten des Artikelgebrauchs in PPs.

Weiterhin wurde exemplarisch für die REDE-Daten geprüft, ob der funktionale Status einer PP (Komplement oder Adjunkt) einen Einfluss auf den Artikelgebrauch hat. Damit sollte getestet werden, ob der PersN-Artikel in PPs valenzgebunden auftritt. Für die Unterscheidung der Klassen habe ich mich an den Kriterien in Eisenberg (2013b: 301–304) und der Duden-Grammatik (2016: 851–852) orientiert, insbesondere an dem Kriterium der Weglassbarkeit: Präpositionalobjekte sind vom Verb gefordert (lexikalisch oder zumindest valenzgebunden) und können nicht getilgt werden.[92]

Die Werte in Tab. 36 weisen aus, dass sich ein Effekt in den Daten nicht feststellen lässt, der PersN-Artikel wird mit 65 Prozent vielmehr in allen untersuchten Sprachräumen ebenso häufig als Komplement wie als Adjunkt verwendet.

Tab. 36: Relative und absolute Häufigkeiten für den PersN-Artikel nach Valenzstatus der Präpositionalphrase in REDE

REDE	PP (Komplement)	PP (Adjunkt)
Oberdeutsch	90 % (44)	94 % (143)
Westmitteldeutsch	92 % (49)	92 % (191)
Norddeutsch	7 % (3)	2 % (3)
Σ	65 % (96)	65 % (337)

---

[92] Sowohl bei Eisenberg als auch in der Duden-Grammatik wird allerdings auch auf die grundsätzliche Problematik hingewiesen, die eine Differenzierung beider Funktionen in der Praxis mit sich bringt.

Die Artikelhäufigkeiten sind in Tab. 37 für alle Teilkorpora zusätzlich nach den Rektionseigenschaften der Präpositionen (Dativ vs. Akkusativ) unterschieden.[93] Als *tertium comparationis* wurden dabei die schriftdeutschen Rektionseigenschaften der Präpositionen angesetzt. Es gilt, dass in die Auswertung ausschließlich Belege von Sprecher/-innen eingegangen sind, die Dativ und Akkusativ morphologisch unterscheiden. Dies schließt eine Vielzahl an nordd. Korpusbelegen aus, wo im Dialekt mit wenigen Ausnahmen alle Präpositionen den Akkusativ regieren (vgl. Meyer 1983: 90).

Es zeigt sich, dass die Kasusrektion der Präposition einen leichten Häufigkeitseffekt zugunsten des Dativs hat. Die Unterschiede sind signifikant im Wmd. (χ^2(1, N = 719) = 5, p < ,005) und Obd. (χ^2(1, N = 444) = 9, p < ,005), lediglich im Nordd. lassen sich zwischen dativ- und akkusativregierenden Präpositionen keine signifikanten Unterschiede in den Gebrauchshäufigkeiten für den PersN-Artikel feststellen. Die absoluten Zahlen weisen hier vielmehr einen häufigeren Artikelgebrauch bei Akkusativ aus.

Tab. 37: Relative und absolute Häufigkeiten für den PersN-Artikel in Präpositionalphrasen nach Kasus und Sprachraum

	PP (Dativ)	PP (Akkusativ)
Oberdeutsch	86 % (340)	69 % (34)
Westmitteldeutsch	62 % (395)	49 % (40)
Norddeutsch	6 % (27)	9 % (5)
Σ	51 % (762)	42 % (79)

Ich schließe den Auswertungsteil zu den PPs mit Abb. 28, in der für die Gebrauchshäufigkeiten des PersN-Artikels die diachrone Entwicklung über die Teilkorpora und Sprachräume hinweg aufgezeigt wird. Die Verläufe der Graphen in der linken Abbildung machen deutlich, dass sowohl für das Wmd. als auch für das Obd. eine deutliche Zunahme der Anteile zu verzeichnen ist: Sie steigen von zirka 30 Prozent im Obd. bzw. zirka 20 Prozent im Wmd. auf über 90 Prozent in beiden Sprachräumen an, während im Nordd. die Anteile über die Zeit hinweg auf einem konstant niedrigen Niveau von 20 Prozent und darunter liegen. Der eingangs zitierten Beobachtung von Bach, der zufolge der PersN-

---

[93] Zwischen den Teilkorpora wurden hierbei keine signifikanten Unterschiede gefunden, weshalb die Ergebnisse hier zusammen behandelt werden können.

Artikel in PPs diachron abgebaut wird, muss aufgrund der vorliegenden Ergebnisse damit widersprochen werden.

Ein Vergleich dieser Werte mit den relativen Anteilen für den Gebrauch des PersN-Artikels in sonstigen (einfachen) Phrasen (rechte Grafik) zeigt zudem, dass für beide Bedingungen parallele diachrone Entwicklungen anzusetzen sind. Dies spricht dafür, für den Gebrauch des PersN-Artikels eine gemeinsame Erklärung anzusetzen bzw. davon auszugehen, dass die Regularitäten der Artikelverwendung in PPs nicht losgelöst von der Gesamtentwicklung des PersN-Artikels betrachtet werden brauchen. Insbesondere für den obd., bedingt auch für den wmd. Raum ist allerdings von einer zeitverzögerten Entwicklung auszugehen, wobei die Werte für den Artikelgebrauch in PPs der allgemeinen Entwicklung hier historisch etwas „hinterherhinken".

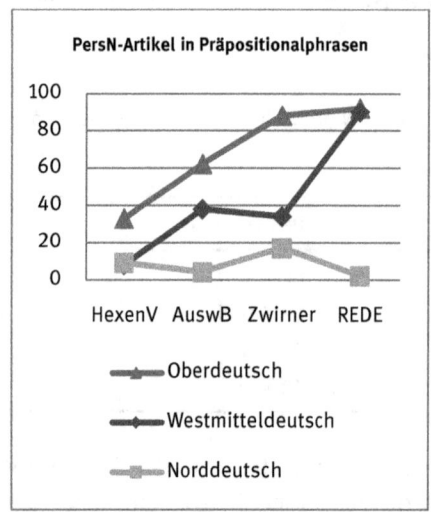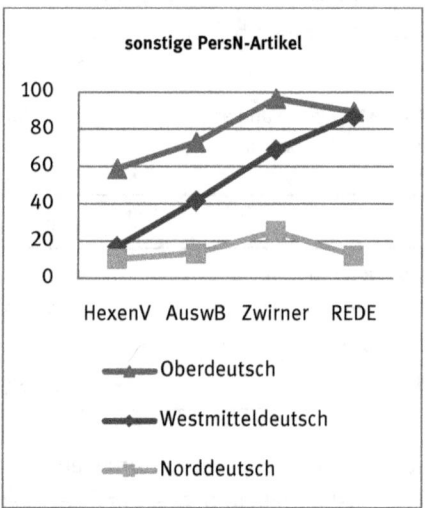

Abb. 28: Relative Häufigkeiten (in %) für den PersN-Artikel in Präpositionalphrasen (links) und in sonstigen Phrasen (rechts) nach Teilkorpus und Sprachraum

Diskussion

Was können wir aus den Ergebnissen nun schließen? In Wahrig-Burfeind (1998: 327) wird für nd. Dialekte in Anspruch genommen, dass der Artikel dort seltener nach Präpositionen verwendet wird als im Schriftdeutschen (vgl. Meyer 1983: 90; Schroeder 2006: 566; Thies 2010: 150). Begründet wird diese Tendenz zur Artikellosigkeit zum einen über das Nichtvorhandensein des Dativs, welcher die Artikelverwendung aus Gründen der Kasusmarkierung in den meisten PPs obsolet machen sollte und zum anderen über die Redundanz des Artikels in spezifischen semantischen Gebrauchsbedingungen (bei Unika und Generizität). Zudem weisen Lindow und Kollegen (1998: 218–219) sowie Thies (2010: 219) darauf hin, dass Präpositionen im Nd. ausschließlich den Nicht-Nominativ regieren und damit die für das Schriftdeutsche beschriebene und am Artikel markierte Wechselpräposition im Nd. ebenso wenig Relevanz besitzt, wie die morphologische Unterscheidung verschiedener präpositionaler Objektkasus.

Beide Beobachtungen sind mit den vorliegenden Ergebnissen kompatibel. Demnach lassen sich die in den nordd. Daten ermittelten Effekte darauf zurückführen, dass die Präposition im Nd. tendenziell dazu führt, dem nachfolgenden Nomen den Artikel zu entziehen. Gleichzeitig führt die fehlende funktionale Differenzierung im Bereich der Objektkasus zu dem Umstand, dass sich, anders als im Wmd. und Obd., hier keine signifikanten Effekte im Artikelgebrauch zwischen dativ- und akkusativregierenden Präpositionen feststellen lassen. Dies gilt bemerkenswerterweise nicht nur für die nd. Dialekte, in denen Dativ und Akkusativ meist zusammenfallen, sondern ebenfalls für die hier ausgewerteten standardnäheren regionalen Sprechlagen, in denen eine Unterscheidung zwischen Dativ und Akkusativ im Sprachsystem morphologisch angelegt ist, z. B. für das Ostfälische in (89).

(89) a. aber der war auch ziemlich teuer **von dem dieter** ne. (REDE, HI3, Ostfälisch)
 b. hast du mitbekommen **übern tim dräger** – (REDE, MD5, Ostfälisch)

Ähnlich, wie es Berg (2013) für die Wortstellung nachweisen konnte (s. Kap. 6.2.5), können die Befunde somit als Evidenz dafür gewertet werden, dass morphosyntaktische Strukturen, die spezifisch für das Nd. sind, in nordd. Varietäten einen Einfluss auf die Morphosyntax standardnäherer Sprechlagen haben können. Ein häufigerer Gebrauch des PersN-Artikels bei dativregierenden Präpositionen im Obd. gegenüber den beiden anderen Sprachräumen lässt sich nach den Befunden in Nübling (1992: 194, 212) zu alemannischen Dialekten hingegen damit erklären, dass der Dativ dort besonders häufig als Präpositionalkasus gebraucht wird und als solcher über die Artikelverwendung dann auch morphologisch kodiert wird. Die Tatsache, dass obd. Varietäten im Korpus eine besondere Affinität gegenüber dem Artikel in PPs aufweisen, hat somit morphologische Gründe und spricht aus einer Sprachverstehensperspektive zudem dafür, dass syntaktische Funktionen hier präferiert mehrfach angezeigt werden.

Werfen wir abschließend einen Blick auf die PersN-Flexion in PPs. Es zeigt sich, dass PersN mit Anteilen von 40 Prozent (115 von 285) in den HexenV besonders häufig flektieren. Dies gilt sowohl für Präpositionen, die einen Dativ regieren (90), als auch für solche, die einen Akkusativ regieren (91).

(90) a. die hab erstesmal **mit Georgen Seitzen** und das andermal mit dem Bruggmayer Kastner zu Dollnstein getanzt. (HexenV, Eichstätt 1629, Bairisch)
b. habe er vor vngefähr .5. Jahrn ein solche Salben **bey Marthin webern** an einer zech in ein trunckh. (HexenV, Reichertshofen 1629, Bairisch)
c. sie hette auch damahlen **zu Meyen** gesagett. (HexenV, Schwabstedt 1619, Nordnd.)

(91) Vnnd hat gemellter Her Schultheiß Proponiert, wie daß neuweligher tags, noch etliche Neuwe denuntiationes **gegenn Niclaßenn Fiedler** beiprachtt worden. (HexenV, Mandern 1626, Moselfränkisch)

Häufig nicht belegt ist die PersN-Flexion dabei alleine (a) aus phonologischen Gründen, etwa wenn der PersN bereits auf einen Nasal endet (92a)[94], (b) aus morphologischen Gründen, wenn bereits das prä- oder postponierte APP flektiert (92b)[95] und (c) aus morphosyntaktischen Gründen, wenn der PersN von einem Artikel begleitet wird (93). In allen anderen Kontexten finden sich im Korpus fast ausnahmslos flektierte PersN, was insbesondere im Vergleich zu dem recht weit vorangeschrittenen Abbau der PersN-Flexion in anderen Bedingungen (s. Kap. 6.5.2) darauf hindeutet, dass die PP im Frühneuhochdeutschen eine besondere Affinität für die PersN-Flexion aufwies. Dieser Umstand unterscheidet die Flexion vom Artikelgebrauch und verdeutlicht, dass beide Verfahren – entgegen der älteren Forschungsmeinung (s. Kap. 6.5.2) – zumindest im Frühneuhochdeutschen nicht den gleichen morphosyntaktischen Status hatten.

(92) a. **Mit hanß herman**, were es beschehen wie er truncken geweßen vndt in seiner stuben geschehen. (HexenV, Friedberg 1620, Hessisch)
b. sey er **mit Leonhardt Pfahler** Stadtkastnern nach Berching die Steuer von neum beschreiben zu lassen. (HexenV, Eichstätt 1629, Bairisch)

---

[94] Möglich ist, dass wie in folgendem Beispiel Doppelschreibungen die Kasusmarkierung bei auf Nasal auslautenden PersN übernehmen: *wie es dann mit Johann Keeller sey Zugangen* (HexenV, Lindheim 1603, Hessisch). Sofern eine solche Regel für die Frühe Neuzeit tatsächlich bestand, wurde sie von den Schreibern aber nicht konsequent umgesetzt, wie (92) zeigt.
[95] Dieser Befund sagt nichts über die tatsächlichen Häufigkeiten aus. Die Auswertungen in Kap. 7.3 werden zeigen, dass Polyflexion bei enger Apposition historisch häufiger vorkommt als Monoflexion.

(93) als hätt er **von der Maria Thiels** öffentlich sagende gehört. (HexenV, Grünholz 1641, Nordnd.)

6.5.4 Pragmatisch motivierte Artikellosigkeit: Vokativ

Häufig werden PersN als Vokative gebraucht. Mit Anderson (2008: 24) lässt sich dieser Umstand darauf zurückführen, dass Vokative besonders häufig belebt sind und auf menschliche Objekte verweisen. Hill (2014: 58) betont zudem, dass PersN bestimmte referenzielle Informationen inhärent sind, sie aber durch den Vokativ gleichzeitig eine Spezifizierung dieser Informationen hinsichtlich des Merkmals „2. Person" erhalten (dazu auch Harnisch i. E.).

In der Forschung werden dem Vokativ zwei Grundfunktionen zugeschrieben: anrufen (*call*) und anreden (*direct address*) (vgl. Zwicky 1974: 787; Levinson 1983: 71; ähnlich auch Schegloff 1968: bes. 1080), eine Unterscheidung, die ich hier ebenfalls anwenden will.[96] Hinzu kommt, dass Vokative allgemein zum Aufbau und zur Festigung sozialer Beziehungen und von Machtverhältnissen (Hook 1984; Troemel-Ploetz 1994), zur Gesprächsorganisation (Osterman 2000), zur Modulation von Höflichkeit (Wood & Kroger 1991), zur Gruppenabgrenzung (Brown & Levinson 1987: 107–108; Kubo 2004; Axelson 2007) und zur Steuerung von Aufmerksamkeit (Lambrecht 1994) genutzt werden können, was PersN ebenfalls für einen vokativischen Gebrauch prädestiniert.

In den Daten werden PersN bei anredenden Vokativen obligatorisch artikellos verwendet (0 von 98 Belegen). Dies gilt für alle untersuchten Varietäten und Zeitstufen und umfasst gleichermaßen die Verwendung einfacher PersN (94a und b) und die von PersN in Appositionsverhältnissen (94c und d):

(94) a. na **hugo**, waaßt noch wie es woar im bad drunten? (Zwirner, ZW7E8, Ostfränkisch)
  b. **sepp**. bisch jetz (...) sin mer da bald fertig da drobe? (Zwirner, ZW042, Alemannisch)
  c. alsdan hefft de Claeger tho ehr gesegt **Gundell Knutzen** woruemb verfolgstu my so schrecklich. (HexenV, Westerland 1614, Nordnd.)
  d. her mal – **dante marie** – du dust dich da astrenge. (Zwirner, ZWG33, Rheinfränkisch)

---

[96] Weiterreichende Bestimmungen der Funktionsdomänen von Vokativen finden sich z. B. in Kubo (2004) und Schaden (2010).

Beleg (95) ist hingegen m. E. nicht als anredender Vokativ aufzufassen, es handelt sich vielmehr um einen der Situation geschuldeten indirekten Sprechakt: Die Referentin ist zwar Teil der Aufnahmesituation und wird vom Sprecher vermutlich auch direkt angesprochen, der Sprechakt (Einführung einer neuen Referentin) ist allerdings für das nicht-anwesende Publikum (Hörer der Zwirner-Tonaufnahme) gedacht und kommt damit der Referenz auf Dritte gleich.[97]

(95) jetzt erzählt **die lintrud** mal von den bundesjugendspiele. (Zwirner, ZW0K3, Rheinfränkisch)

In der Nennform werden PersN im Korpus meist durch die assertiven Sprechaktverben *heißen*, *(sich) nennen* und *(sich) schreiben* eingeleitet (96a–c), oder sie sind in eine Prädikativstruktur eingebettet (96d).

(96) a. da rin in hilde en gendarm, **der hieß beck**, und der efler, **der hieß nikolaus.** (Zwirner, ZW9B8, Ripuarisch)
b. **walpert schreibt der sich** hier. (Zwirner, ZWB58, Ostfränkisch)
c. hab seinen Namen nit von sich gebenn, Vnnd Innen **Fiedler Greyß gnennt.** (HexenV, Trier 1590, Moselfränkisch)
d. seyn Name ist **Theodor Gmänder.** (AuswB, Schwarz-Monn04, Schwäbisch)

In der Klassifikation von Lyons (1977: 217) entsprechen diese Formen der sog. Didaktischen Nomination (*didactic nomination*), die von ihm, in Abgrenzung zur Perfomativen Nomination (*ich taufe dich auf den Namen…*), folgendermaßen definiert wird:

> By didactic nomination we mean teaching someone, whether formally or informally, that a particular name is associated by an already existing convention with a particular person, object or place.
>
> (Lyons 1977: 217)

Anders als anredende Vokative, die im Korpus fast ausschließlich satzinitial vorkommen, ist die Stellungsfreiheit für die anrufenden Vokative dabei deutlich

---

[97] Ähnliche Implikaturen sind anzusetzen, wenn sich zwei Personen z. B. begegnen: *Ach, der Peter!* (im Korpus nicht belegt). Hier liegt vermutlich eine besondere Form von phatischer bzw. emotionaler Kommunikation vor. Eine gewisse Parallelität scheint mir auch zur Artikelverwendung bei pluralischen APP als Ausdruck von Höflichkeit zu bestehen, die die Duden-Grammatik (1966: 157) der saloppen Umgangssprache zuordnet: *Guten Tag, die Herren* (Bsp. aus Gallmann 1997: 76).

größer, indem sie sowohl satzinitial als auch -medial und -final belegt sind.[98] Für PersN bei anrufenden Vokativen dominiert im Korpus ebenfalls die artikellose Variante, das folgende Kontrastbeispiel zwischen PersN-Gebrauch mit und ohne Artikel aus dem Rheinfränkischen mag hierfür zur Illustration dienen:

(97) A: also dem sei vadder war de [lars]   sperschneiders lars
    B: [sperschneiders] lars.
    (REDE, HOMalt, Rheinfränkisch)

Für obd. und wmd. Varietäten ist daneben aber auch ein seltener Gebrauch des PersN-Artikels im Vokativ zu verzeichnen (7 von 94 Belegen), dies allerdings ausschließlich in Satzkontexten, in denen der Vokativ entweder, wie in (98a), identifikatorische Funktionen für ein Teil-Gruppen-Verhältnis übernimmt (dazu Schaden 2010: 181), wie in (98b), die vokativische Funktion mittels einer Apposition ausgedrückt wird oder, wie in (98c), der PersN in eine Prädikativstruktur eingebettet ist.[99] In nordd. Varietäten ist der Artikelgebrauch in der Nennform hingegen überhaupt nicht belegt (0 von 23 Belegen) und demzufolge als ungrammatisch zu werten.

(98) a. wie heißt er denn? **de weiser** und so weiter. (REDE, UL1, Schwäbisch)
    b. **de kronprinz ludwig** hat er geheiße. (Zwirner, ZWB49, Ostfränkisch)
    c. wer ist **der tobias**? (REDE, TS2, Bairisch)

Syntaktisch werden Nomen und NPs im Vokativ mitunter als satzwertig betrachtet (Sweet 1891: 50; Jespersen 1924: 184), zumindest zeichnen sie sich aber durch eine fehlende syntaktische Einbettung in die Verb-Argument-Struktur aus (Zwicky 1974: 789; Levinson 1983: 71); vgl. hierfür die folgenden Belege, die syntaktisch als Linksherausstellungen zu klassifizieren sind:

(99) a. **fránz – franz kolaschnik**; is dir dát en begriff? (REDE, VRalt, Mecklenburgisch)
    b. **de dubrovnik dieter**; kennsch du dén noch? (REDE, HOM1, Rheinfränkisch)

---

[98] Inwiefern dabei pragmatische Funktionsunterschiede in Abhängigkeit von den Stellungseigenschaften von Vokativen vorliegen, wie es Schaden (2010: 184) vermutet, muss an dieser Stelle offenbleiben. Dies scheint mir aber ein lohnenswerter Untersuchungsgegenstand zu sein.
[99] Vom Artikelgebrauch bei PersN im Vokativ in obd. und md. Varietäten berichtet auch Bach (1952: 56).

Für PersN macht sich die fehlende syntaktische Einbettung nach den vorliegenden Daten insbesondere in obd. und wmd. Varietäten über einen fehlenden Artikelgebrauch bemerkbar.[100] Zudem ist mit intonatorischen Besonderheiten (Markierung der Grenze einer Intonationsphrase (IP), spezifische Verlaufskonturen etc.) zu rechnen, die an dieser Stelle aber nicht weiter untersucht werden konnten (dazu Göksel & Pöchtrager 2013; Borràs-Comes, Sichel-Bazin & Prieto 2015).[101]

Anderson (2008: 280) erklärt das Fehlen des Artikels bei PersN in radikalen Artikelsprachen wie Griechisch und Seri (indigene Sprache in Mittelamerika) über den besonderen Sprechaktstatus des Vokativs. So ist ihm zufolge die Markierung von Definitheit bei Vokativen nicht nur redundant, wie es für den PersN-Artikel grundsätzlich postuliert wird, sondern irrelevant, da bei vokativischen Sprechakten die Identifikation des Adressaten als 2. Person über die Situationsdeixis hergestellt wird und dem Sprechakt damit inhärent ist. Anderson (2008: 280) begründet dies wie folgt:

> For vocatives are not referential acts as far as the addressee is concerned; the addressee is not referred to but identified as the addressee.

Aus diesem Umstand heraus wurde in Hill (2014: 61–67) Funktionsäquivalenz zwischen der Nichtsetzung des Artikels bei PersN im Vokativ in radikalen Artikelsprachen und der Verwendung von morphologischen Vokativmarkern, z. B. im Litauischen, angesetzt.[102] Ein besonderer syntaktischer Status kommt der Verbindung auch insofern zu, als die attributive und appositive Erweiterung bei PersN im Vokativ im Deutschen nur sehr eingeschränkt möglich ist. So lässt sich im Korpus ein attributiver Gebrauch bei anredenden Vokativen ausschließlich für die Höflichkeitsform *lieber* (*Lieber Peter*, *mein lieber Erwin*) und ein appositiver Gebrauch nur in Kombination mit Anrede- und Verwandtschaftsbezeichnungen belegen. Es liegt hierbei ein prädikativer Gebrauch von Vokativen (in der Klassifikation von Schaden 2010) vor, da mit der Anrede gleichzeitig und vor allem eine Wertung verbunden ist. Weiter gefächert scheinen hingegen die Attributionsmöglichkeiten bei anrufenden Vokativen zu sein, der PersN steht allerdings auch dort obligatorisch artikellos, z. B. in (100).

---

100 Das Gleiche gilt natürlich auch für nordd. Varietäten und für die Schriftsprache, nur ist dort die fehlende Einbettung aufgrund des allgemeinen Fehlens des PersN-Artikels weniger offensichtlich.
101 In Merkle (2005: 100) wird für bairische Varietäten darauf verwiesen, dass PersN im Vokativ dort das Suffix *-ä* erhalten können: *Hans → Hansä, Beck → Beggä*.
102 Im Litauischen erhalten native PersN im Vokativ das irreguläre Suffix *-i* (Hill 2014: 48).

(100) na ja aber **blöde inge**; die (...) äh mag wohl ne alte rechnung noch uff haben. (REDE, BRBalt1, Brandenburgisch)

6.5.5 Pragmatische Verwendung auch beim Nullartikel?

Der artikellose Gebrauch von PersN stellt in nordd. Varietäten wie auch im Schriftdeutschen die dominante Variante dar, wenn es darum geht, auf Personen zu referieren. Für das Nordd. ergaben die Korpusdaten eine Präferenz für den artikellosen Gebrauch von PersN von 75 Prozent (für Zwirner) und 88 Prozent (für REDE), in der Schriftsprache erhöht sich diese Tendenz auf über 99 Prozent artikellose Belege (s. Tab. 11 und Kap. 6.4.7). Die hohen Gebrauchsfrequenzen verbieten es damit, für diese Varietäten von einer pragmatischen Verwendung des Nullartikels bei PersN auszugehen. Vielmehr stellt der blanke PersN hier die unmarkierte Referenzweise auf Personen dar, dem Adressaten wird damit signalisiert, dass der Referenzausdruck hinreichend ist, um die Person zu identifizieren.

Wie sieht es aber nun in obd. und wmd. Varietäten aus? Dort wird die artikellose Variante von PersN mit Werten im Obd. von 3 Prozent (für Zwirner) und 8 Prozent (in REDE) und im Wmd. von 31 Prozent (in Zwirner) und 13 Prozent (in REDE) recht niederfrequent gebraucht (s. Tab. 11) und ist damit eigentlich prädestiniert dafür, pragmatische Funktionen auszudrücken.[103] Die in Kap. 6.5.1 bis 6.5.4 identifizierten Kontexttypen für die Verwendung des Schemas [Nullartikel + PersN] im Obd. und Wmd. sprechen nun allerdings dafür, dass es sich hier nicht um pragmatische Bedeutungen handelt, die durch die Verwendung artikelloser PersN ausgedrückt werden. Vielmehr ist es zum einen die Markierung einer spezifischen, semantisch markierten Referenzweise (beim Vokativ) sowie zum anderen die (vermeintliche) morphosyntaktische Redundanz des Artikelgebrauchs (bei Koordination, in PPs und historisch bei der Namenflexion), die die Setzung der artikellosen Variante evoziert. Was die Markierung spezifischer Referenzverhältnisse anbelangt, verhalten sich die Varietäten dementsprechend komplementär: Während im Nordd. und Schriftdeutschen die Variante mit Definitartikel auf eine Besonderheit in der Referenz hinweist (im Nordd. bei indexikalischer Verwendung und generell bei referenzieller Verankerung, im Schrift-

---

103 An dieser Stelle sei noch einmal an das Zitat von Wandruszka (1966: 219) in Kap. 3.3 erinnert: „Das ist das Paradox des bestimmten Artikels: er ist Anzeiger der Bekanntheit – gerade durch sein Vorhandensein in einer Sprache aber kann die Artikellosigkeit zu einem noch selbstverständlicheren Kennzeichen der Bekanntheit werden".

deutschen bei Deonymisierung), gilt das Gleiche im Obd. und Wmd. für den artikellosen Gebrauch von PersN (bei Vokativen).

Für keine der diskutierten Kontexttypen lassen sich dabei Funktionsunterschiede zwischen dem Gebrauch des PersN mit und ohne Artikel feststellen. So variiert der PersN-Artikel, z. B. in PPs, anscheinend frei, die Gebrauchsfrequenzen sind alleine morphosyntaktisch (Kasus) und diatopisch bedingt, und sie lassen deshalb auch nicht auf das Vorliegen unterschiedlicher Konstruktionen schließen. Anders als bei den Verwendungsweisen des PersN-Artikels verzichte ich deshalb an dieser Stelle auf eine Generalisierung über verschiedene Verwendungsweisen hinweg und gehe vielmehr davon aus, dass sich die Verwendung des Nullartikels bei PersN auf Kontexte bezieht, in denen die Grammatikalisierung des onymischen Artikels noch nicht zur Gänze vollzogen worden ist. Gründe dafür wurden unter systemischer, referenzieller und sprachverarbeitender Perspektive diskutiert, sie sollen in Kap. 8 unter Grammatikalisierungsaspekten wieder aufgegriffen werden.

6.5.6 Kontrastierung von Personennamenartikel und Nullartikel

Alle bisherigen Befunde legen nahe, allgemein eine Funktionsäquivalenz zwischen der Verwendung des Schemas [def. Artikel + PersN] im Obd. und Wmd. und dem Schema [Nullartikel + PersN] im Nordd. anzusetzen.[104] So verhalten sich zumindest die rezenten Varietäten annähernd komplementär im Hinblick auf die Kontexttypen, in denen das jeweilige Schema zum Einsatz kommt. In obd. und wmd. Varietäten wird der PersN-Artikel demnach (mit Ausnahme des Vokativs) in allen denkbaren morphosyntaktischen und diskurspragmatisch determinierten Verwendungsweisen hoch frequent verwendet. Morphosyntaktisch gilt dies z. B. a) für die Subjektfunktion (transitiv wie intransitiv) und die beiden Objektfunktionen, b) für Satzkontexte, in denen der PersN-Artikel für die Zuordnung syntaktischer Funktionen belastet oder nicht belastet ist, c) für Links- und Rechtsherausstellungen, d) für PPs und Adjunkte, e) für Kontexte, in

---

[104] Zumindest aus funktionaler Perspektive stellt dieser Befund die im Rahmen der DP-Hypothese getroffene Unterscheidung zwischen NPs und DPs in Frage (s. Kap. 4.3): DPs, wie sie für Phrasen mit PersN z. B. für das Bairische angesetzt werden (z. B. Weiß 1998), verhalten sich demnach funktional gleich zu Phrasen mit PersN im Nordd. Strukturelle Unterschiede wären nach der DP-Hypothese demnach rein formalsyntaktisch zu begründen, indem im einen Fall (Obd. und Wmd.) die D-Position durch ein Grammem (ein Artikelwort) besetzt sein muss, während diese Position im anderen Fall (Nordd. und Schriftdeutsch) durch ein Proprium gefüllt sein kann.

denen der PersN-Artikel als Sexusmarker funktional relevant (bei weibl. FamN) oder redundant (bei RufN) ist sowie f) für koordinierte Strukturen (im ersten und in weiteren Konjunkten). Unter diskurspragmatischen Gesichtspunkten gilt dies außerdem z. B. a) für referenzielle Verankerungen, b) für anaphorische und anamnestische Verweise, c) bei Themenwechsel und -kontinuität, d) für die emotive Kennzeichnung von Referenten (positiv wie negativ) sowie e) für Fokus und Nonfokus.

Zu geringen Anteilen bleibt der PersN-Artikel im Obd. und Wmd. mitunter auch ausgespart. Dies gilt z. B. für PersN in PPs sowie in Koordinations- und Prädikativstrukturen. Zudem ist immer auch mit situationsbedingten und idiolektalen Besonderheiten ohne eigenen Form-Funktionsstatus zu rechnen. Doch ist der Nullartikel im Obd. und Wmd. funktional nur schwach belastet, er taugt demnach auch nur eingeschränkt zur Kontrastbildung gegenüber dem Artikel. Umgekehrt können die Funktionen des PersN-Artikels im Obd. und Wmd. ebenfalls nur sehr allgemein (und semantisch-pragmatisch als nicht angereichert) beschrieben werden. Aus einer Sprachverarbeitungsperspektive heraus ist es deshalb plausibel, davon auszugehen, dass der Definitartikel hier zum einen als Klassifizierer der Wortart Nomen fungiert und zum anderen, wo möglich, d. h. wo nicht Synkretismen vorliegen, zur Kasusmarkierung und damit zur Identifikation syntaktischer Funktionen beiträgt. Auch in dieser Hinsicht ist der PersN-Artikel allerdings funktional nur gering belastet, wie die vorangehenden Auswertungen zu den Kodierungsstrategien gezeigt haben.

Im Nordd. hingegen gelten die oben für den Definitartikel aufgeführten Verwendungsweisen in gleichem Maße für den Nullartikel, der sowohl in morphosyntaktisch als auch in pragmatisch determinierten Kontexten verwendet wird. Während im Obd. und Wmd. der Nullartikel nach den vorliegenden Analysen im Korpus also frei variiert, gilt selbiges nicht für die Verwendung des PersN-Artikels im Nordd. Dort lassen sich mit der Referenzierung, Fokussierung, Pejoration und Anadeixis (bei Rechtsherausstellung) spezifische Kontexttypen identifizieren, die den Gebrauch des PersN-Artikels steuern. Bezogen auf den gesamtdeutschen Sprachraum können wir demnach eine Asymmetrie im Hinblick auf die funktionale Belastung der Artikelsetzung feststellen: Das Schema [Nullartikel + PersN] ist nirgendwo funktional spezifiziert, während das Schema [def. Artikel + PersN] nur im Obd. und Wmd. keine funktionale Spezifikation aufweist, im Nordd. aber schon (s. Abb. 29).

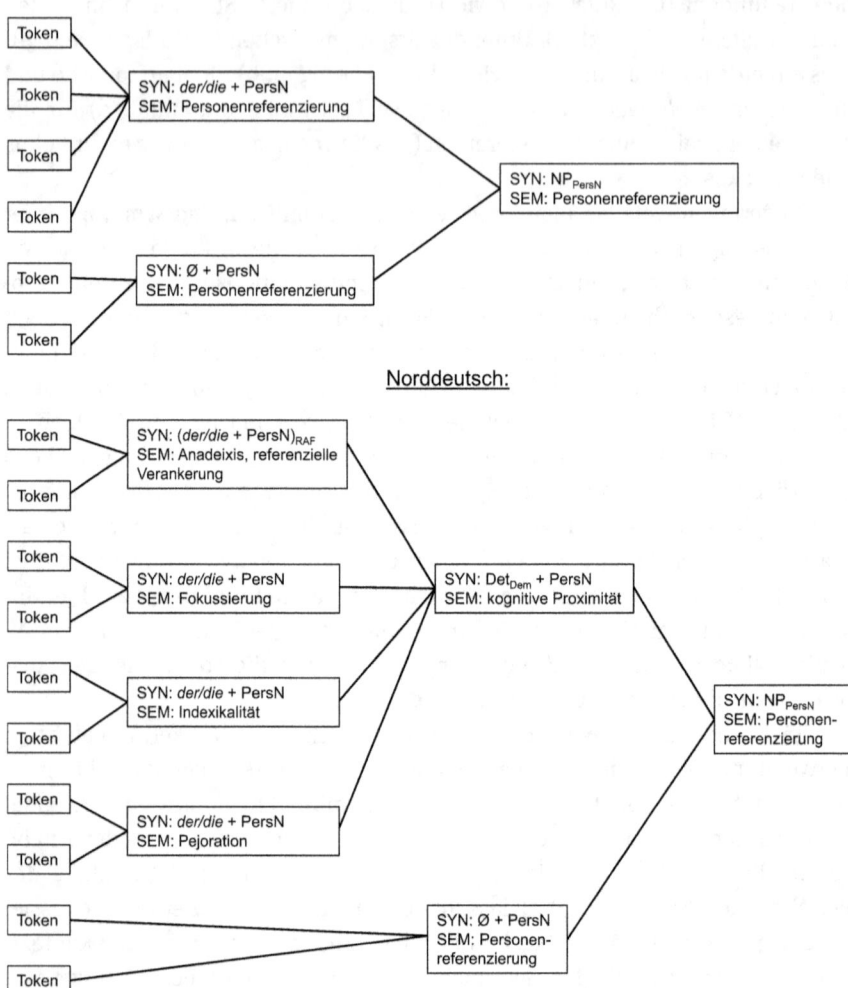

Abb. 29: Teilkonstruktikon des PersN-Artikels im Ober- bzw. Westmitteldeutschen (oben) und im Norddeutschen (unten)

6.6 Akzeptabilitätsurteile

Wir kommen nun zu den Ergebnissen der Akzeptabilitätstests. Im Rahmen von SyHD und LingBas wurde die Akzeptabilität für den Definitartikel bei RufN in verschiedenen sprachlichen Kontexten abgefragt. Die Auswahl der Bedingungen orientierte sich an den Befunden der Korpusauswertung, es sollten insbesondere jene Kontexte abgefragt werden, für die in den Performanzdaten ein Einfluss auf die Häufigkeit des Artikelgebrauchs nachgewiesen wurde. In Kap. 6.6.1 werden hierzu die Ergebnisse aus der gesamtdeutschen Erhebung vorgestellt und in Kap. 6.6.2 um Befunde aus der Erhebung von Bellmann (1990) ergänzt. Es folgen zwei Abschnitte, die sich für das Bundesland Hessen mit den Ergebnissen der SyHD-Erhebung beschäftigen. In Kap. 6.6.3 werden hierzu Daten aus Akzeptabilitätsurteilen vorgestellt, Kap. 6.6.4 behandelt für das gleiche Erhebungsgebiet die Resultate eines Tests zur Hörerurteilsdialektalität.

6.6.1 Ergebnisse der LingBas-Erhebung (Gesamtdeutschland)

Tab. 38 weist die Ergebnisse für die Akzeptanz des PersN-Artikels in insgesamt zwölf Testsätzen bei variierenden sprachlichen Kontexten aus. Die Akzeptanzwerte wurden nach den Teilgebieten summiert, die sich in der Auswertung zur arealen Verteilung des PersN-Artikels als gruppenbildend herausgestellt haben (s. Abb. 18, Kap. 6.1.2). Die Ergebnisse zu Teilgebiet 3 (nördl. Nordd.) sind ausgespart, da dort mit einer Ausnahme in allen 120 Abfragen der PersN-Artikel als nicht akzeptabel eingestuft wurde. Die Akzeptanzwerte rangieren für Teilgebiet 1 zwischen 79 und 97 Prozent und für Teilgebiet 2 zwischen 18 und 37 Prozent, was insgesamt sehr gut zu den Anteilen passt, die in Kap. 6.1.1 für den Gebrauch des PersN-Artikels in den einzelnen Sprachräumen ermittelt werden konnten. Darüber hinaus weisen die Daten innerhalb der Teilgebiete eine überraschend große Homogenität im Antwortverhalten aus, die Gewährspersonen reagierten also wenig sensibel auf den dargebotenen Kontext und beurteilen den PersN-Artikel pro Teilgebiet vielmehr als recht einheitlich im Hinblick auf seine Akzeptabilität. Vereinzelt lassen sich aus den Daten aber doch Trends ablesen.

Tab. 38: Akzeptanzwerte für den PersN-Artikel nach Testsatz und Sprachraum. Die Klammern markieren variable Bestandteile

Abfrage	Teilgebiet 1 (Oberdeutsch & Westmitteldeutsch)	Teilgebiet 2 (südliches Norddeutsch & Ostmitteldeutsch)
1) Ich werde **(dem) Peter(n)** gleich mal schreiben.	91 % (39)	29 % (10)
2) Ich habe **(den) Klaus(en)** gestern erst gesehen.	87 % (32)	33 % (14)
3) Ich glaube, dass **(die) Maria** (dem) Dieter(n) gerne hilft.	84 % (31)	24 % (7)
4) Ich glaube, dass (die) Maria **(dem) Dieter(n)** gerne hilft.	85 % (32)	37 % (11)
5) **(Die) Karin** macht bestimmt mit.	89 % (32)	24 % (9)
6) Hier ist **(der) Franz**. Ist (der) Lothar dar?	79 % (31)	18 % (6)
7) Hier ist (der) Franz. Ist **(der) Lothar** dar?	97 % (38)	21 % (7)
8) **(Der) Klaus** schießt immer den Ball gegen die Garage. (pejorativ)	97 % (38)	35 % (13)
9) **(Der) Helmut** machts morgen anders als mein Bruder. (Der) Helmut fährt immer mit der Bahn.	88 % (30)	29 % (9)
10) (Der) Helmut machts morgen anders als mein Bruder. **(Der) Helmut** fährt immer mit der Bahn.	85 % (28)	23 % (7)
11) Aber **(der) Franz** hat (die) Maria doch lieb.	97 % (29)	33 % (11)
12) Aber (der) Franz hat **(die) Maria** doch lieb.	82 % (28)	24 % (7)

So werden in beiden Teilgebieten die höchsten Akzeptanzwerte für die Artikelverwendung in pejorativem Kontext (Abfrage 8) und bei PersN als transitives Subjekt (Abfrage 11) erreicht. Beide Bedingungen haben sich auch in den Korpusdaten als artikelfreundlich herausgestellt. Gering sind die Akzeptanzwerte hingegen bei weiblichen RufN (Abfrage 3 und 12) und in einem Kontext, in dem sich der Referent selbst vorstellt (Abfrage 6).[105] Die geringen Akzeptanzwerte für den RufN-Artikel bei Selbstvorstellung gehen hingegen konform mit den Resultaten in Bellmann (1990), denen zufolge die Gewährspersonen besonders in Teilgebiet 2 „zur Unterdrückung des Vornamenartikels bei der Selbstnennung" (Bellmann 1990: 276) neigten (s. unten). Zu beachten ist, dass in Teilgebiet 2 für PersN in der Funktion des IO (Abfragen 1 und 4) zu 30 Prozent die Namenflexion akzeptiert wurde (gegenüber null Belegen für flektierte PersN in Teilgebiet 1 und gegenüber einem Beleg für die Namenflexion bei DO in Abfrage 2) – dies mag umgekehrt die recht geringen Akzeptanzwerte für den PersN-Artikel in den Abfragen 1 und 4 erklären.[106]

6.6.2 Bellmann (1990)

Von Bellmann wurden Ende der 1980er Jahre Straßeninterviews in deutschen Großstädten durchgeführt (Bellmann 1990). Die Interviews beinhalteten Fragen zur Akzeptanz des RufN-Artikels in acht verschiedenen Kontexten. Hinzu kommen offene Fragen, die gestellt wurden und die die Einstellung der Gewährsperson zum Artikelgebrauch erheben sollten (Wie wirkt es auf sie, wenn...?).

Zunächst zu den Akzeptabilitätsurteilen: Die areale Verteilung von Bellmanns Daten wurde in Kap. 6.1.2 bereits dargelegt. Im Ergebnis lässt sich eine grobe Einteilung des bundesdeutschen Sprachraums in drei Teilgebiete vornehmen, wobei die Akzeptanz für den RufN-Artikel von Süden nach Norden hin abnimmt. Die Urteile der Informant/-innen im Hinblick auf die einzelnen Testsätze können nun wie in Tab. 39 zusammengefasst werden. Für die Klassifikation der Daten beziehe ich mich auf die Kontexte, die sich im Verlauf der Korpusauswertung als relevant für die Verwendung des PersN-Artikels herausgestellt haben. Manche dieser Kontexte wurden auch von Bellmann zur Dateninterpretation herangezogen, andere basieren auf meiner eigenen Interpretation. Zu

---

105 Für weibliche RufN, die sich in den Korpusdaten ebenfalls als nicht besonders artikelaffin herausgestellt haben, werden die Befunde zur SyHD-Erhebung in Kap. 6.6.3 zeigen, dass die Tendenz zur Artikellosigkeit hier auf die mangelhaft ausgeprägte Kasusmarkierung am femininen Nomen zurückzuführen ist.
106 Die Akzeptanz für die Namenflexion im Dativ ist am weitesten verbreitet in den omd. Erhebungsorten Lindau und Großzschepa: in 10 von 17 möglichen Abfragen wurden flektierte Namen dort akzeptiert. Auch Bellmann (1990: 276) konnte in seiner Erhebung die Namenflexion im Dativ als Erinnerungsform im Omd. ausmachen. Doch zieht sich die Akzeptanz für die Namenflexion in der vorliegenden Untersuchung bis in das Ostfälische hinein (in 5 von 10 möglichen Abfragen wurden flektierte Namen im Erhebungsort Betheln akzeptiert).

beachten ist, dass mit Bellmanns Testsätzen teilweise mehr als eine der genannten Bedingungen abgefragt werden konnte.

In Tab. 39 sind die Urteile der Gewährspersonen pro Bedingung wie folgt abgestuft: voll akzeptabel [+], teilweise akzeptabel [(+)], nicht akzeptabel [-].[107]

Tab. 39: Kategorisierte Akzeptabilitätsurteile für den RufN-Artikel pro Bedingung und Sprachraum nach den Daten in Bellmann (1990: 274)

Bedingung	Oberdeutsch & Westmitteldeutsch	Norddeutsch
Referenz: 1) Gib das mal dem Peter. 2) Sieh mal, da kommt der Peter. 3) Kennst Du den Peter?	+	(+)
Selbst-Referenz: 4) Hallo, Tante, hier ist der Peter.	+	-
Vorstellung einer anwesenden Person: 5) Das ist der Peter.	+	-
Lob und Denunziation: 6) Der Peter hat sehr gut vorgelesen. 7) Der Peter hat mich geschlagen.	+	(+)
Subjektfunktion: 2), 4), 5), 6), 7)	+	(+)
Objektfunktion: 1), 3)	+	(+)

Es zeigt sich, dass die Gewährspersonen aus dem obd. und wmd. Raum den RufN-Artikel in allen Testsätzen voll akzeptierten.[108] Nordd. Gewährspersonen hingegen beurteilten an keinem Ort und in keinem der Testsätze den RufN-Artikel als voll akzeptabel. Der Artikel wurde im Nordd. am besten bewertet, wenn der PersN als Objekt oder in einem pejorativen Kontext verwendet wird. Die schlechtesten Beurteilungen bekam der RufN-Artikel hingegen in Kontex-

---

[107] Bellmanns Daten beziehen sich auf acht bis fünfzehn Gewährspersonen für jeden der 24 Erhebungsorte. Variation bezieht sich hier auf die Anzahl an Gewährspersonen, die einen bestimmten Testsatz als akzeptabel oder als nicht akzeptabel beurteilten. In Bellmann (1990: 274–275) wird die Variation am Ort als sozial-determinierte Variation interpretiert.
[108] Lediglich in lobendem Kontext wurde der RufN-Artikel an zwei Orten (Saarbrücken, Stuttgart) als teilweise akzeptabel eingestuft.

ten, in denen die Referenzierung im Vordergrund steht, also bei Selbst-Referenz und bei der Einführung (Vorstellung) anwesender Personen in den Diskurs.

In Ergänzung zu den Akzeptabilitätsurteilen erbringen die Einstellungsdaten zusammenfassend die folgenden Befunde (vgl. Bellmann 1990: 277–279): Gewährspersonen aus dem obd. Raum berichteten, dass die Auslassung des RufN-Artikels für sie distanziert oder elitär klinge. Die Person komme demnach nicht aus der Gegend, sie gehöre einer höheren Schicht an und stamme eher aus dem Norden Deutschlands. Umgekehrt nehmen die nordd. Gewährspersonen die RufN-Verwendung, insbesondere bei der Selbstvorstellung und bei der Referenz auf Dritte, als herablassend oder anmaßend wahr. Personen erschienen dadurch unsympathisch, und wer sich sprachlich so verhalte, wolle sich hervortun.

Ohne auf die einzelnen Faktoren nun genauer eingehen zu wollen, ist das Bild, das sich für den PersN-Artikel aus den metakommunikativen Zuschreibungen der Gewährspersonen ergibt, sehr konsistent zu dem, wie der PersN-Artikel in der historischen und rezenten Forschung gesehen wird. So bekommt der PersN-Artikel in historischen Grammatiken die folgenden Attribute zugeschrieben: Respektlosigkeit (Gottsched 1762: 511; Hemmer 1775: 445; Adelung 1782: 513; Bauer 1828: 278), Geringschätzung (Bauer 1828: 278; Heyse 1838: 426), Verächtlichkeit (Heyse 1838: 245), Nähe (Bauer 1828: 278; Grimm 1898: 496; Meyer 1915: 508), Nachlässigkeit (Bauer 1828: 278), volkstümlich und heimelig (Matthias 1914: 120). Zusätzlich wird noch die regionale Verteilung des Phänomens betont und es wird dem volkssprachlichen und niederen sozialen Sprechen zugeschrieben (Baermann 1776: 145; Gayler 1835: 65; Meyer 1915: 508). Und auch in jüngeren Arbeiten wird die Artikelverwendung in obd. Varietäten mit sozialer Nähe und die Nichtverwendung in nordd. mit Distanziertheit in Zusammenhang gebracht (Heger 1983: 104; Knobloch 1992: 458).

6.6.3 Ergebnisse der SyHD-Erhebung (Bundesland Hessen)

Im Rahmen der SyHD-Erhebung wurden im Bundesland Hessen insgesamt vier Bewertungsaufgaben zur Verwendung des Artikels bei RufN und zur Namenflexion gestellt. Alle abgefragten Varianten sind nachfolgend aufgeführt, die eingeklammerten Elemente stehen für die entsprechenden variablen Bestandteile:[109]

---

[109] Die Nummerierung der Testsätze folgt hier der Systematik in SyHD. Die ersten beiden und die letzten beiden Testsätze wurden dabei in unterschiedlichen Erhebungsrunden abgefragt (E2 vs. E3). Noch einmal sei erwähnt, dass die Testsätze tatsächlich in ihrer dialektalen Varian-

E2_19: Ich habe den Klaus(en) gestern erst gesehen.
E2_25: (Der) Klaus schießt immer den Ball gegen die Garage.
E3_03: Aber (der) Franz hat (die) Maria doch lieb.
E3_12: Ich glaube, dass (die) Maria (dem) Dieter(n) gerne hilft.[110]

Von primärem Interesse bei der Erhebung war die Akzeptanz für den RufN-Artikel in intransitiven und transitiven Sätzen. So variierten die abgefragten Sätze hinsichtlich der Anzahl an Argumenten, die durch einen RufN realisiert sind (ein RufN in Aufgabe E2_19 und E2_25 bzw. zwei RufN in Aufgabe E3_03 und E3_12) und hinsichtlich der syntaktischen Funktion des RufN im Satz, Subjekt oder Objekt. Der intransitive Satz in Aufgabe E2_25 denunziert zudem infolge des gewählten Kontextes den Referenten, auf den sich der PersN bezieht. Zusätzlich zum Artikelgebrauch wurden in Aufgabe E2_19 und E3_12 Varianten vorgegeben, in denen der RufN eine Dativ- bzw. Akkusativflexion aufweist. Da Kasussynkretismen bei femininen Nomen generell weiter verbreitet sind als bei maskulinen, wurden für die Abfragen (mit zwei Ausnahmen) ausschließlich männliche RufN gewählt.

Die Auswertungen zu den Erhebungen der vier aufgeführten Aufgaben sind in Abb. 30 und Abb. 31 dargestellt. Die Anzahl der Kreise entspricht hier der Anzahl der 172 abgefragten Orte, die Größe der Kreise steht für die Anzahl der befragten Informant/-innen (mindestens eine/r, maximal sieben pro Ort). Differenzen in der Anzahl der Belege sind insbesondere auf Mehrfachnennungen von Varianten, auf nicht sachgemäße Antworten sowie auf geringe Abweichungen in der Anzahl der befragten Gewährspersonen zurückzuführen.[111] Die Zahlen, die in der Legende jeweils in Klammern stehen, entsprechen den absoluten Belegzahlen, die für die entsprechenden Varianten erzielt wurden.

Die Karten in Abb. 30 zeigen zunächst die Ergebnisse für die Aufgaben E2_19 und E2_25 mit RufN in intransitivem Gebrauch. Sie liefern ein nahezu identisches Raumbild ab. So dominiert in beiden Karten für das Bundesland Hessen die Akzeptanz für den RufN-Artikel: Das Verhältnis von Varianten mit Artikel zu Varianten ohne Artikel beträgt in etwa 4:1. Zudem weisen die Karten für das Phänomen ein graduelles Süd-Nord-Gefälle aus, indem die Variante mit

---

te und nicht, wie hier angegeben, in ihrer schriftdeutschen Form von den Gewährspersonen bewertet werden sollten.

110 Die aufgeführten Abfragen sind identisch zu den Abfragen 2, 3, 4, 8, 11 und 12 der Ling-Bas-Erhebung.

111 Bei Mehrfachnennungen in den Antworten wurde zunächst die Variante gewertet, die von der Gewährsperson als am natürlichsten beurteilt wurde. Erst wenn diese Information nicht nur Verfügung stand, wurde mehr als eine Variante für eine Gewährsperson gezählt.

Artikel im Süden des Bundeslandes deutlich häufiger akzeptiert wurde als im Norden. Klare syntaktische Isoglossen sind hingegen nicht zu verzeichnen. So sind selbst für die im Rheinfränkischen sowie im Westfälischen und Ostfälischen gelegenen Erhebungsorte immer auch Varianten belegt, die der jeweils dominanten Variante widersprechen. Die partielle Akzeptanz für den Artikelgebrauch im Westfälischen und Ostfälischen deckt sich dabei mit den Befunden der Korpusauswertung, in denen ein Artikelgebrauch am RufN für beide Sprachräume ebenfalls nachgewiesen werden konnte.

Die in Abb. 31 dargestellten Karten weichen vom Raumbild her insofern von denen in Abb. 30 ab, als die artikellose Variante (grau) hier auf die nördliche Hälfte des Erhebungsgebietes beschränkt ist, während in der südlichen Hälfte ausschließlich Varianten auftreten, in denen mindestens einer der beiden RufN von einem Artikel begleitet wird. Den beiden Karten ist ebenfalls zu entnehmen, dass die Varianten für RufN ohne Artikel von Süden nach Norden hin zunehmen, sodass die artikellose Variante am häufigsten an den nördlichen Grenzen des Bundeslandes und am seltensten an den südlichen Grenzen und auch in Teilen des Zentralhessischen akzeptiert wurde.

Die Karten in Abb. 30 und Abb. 31 weisen für die Aufgaben E2_19 und E3_12 auch marginale Belegzahlen für flektierte Namen auf. Die Karten lassen hier keine arealen Muster erkennen, sodass für das Bundesland Hessen insgesamt von einer abgebauten Namenflexion in den Objektkasus auszugehen ist. Hierfür spricht auch, dass flektierte Namen von den Gewährspersonen in den Fragebogen nicht als eigene Varianten angegeben wurden (s. Abb. 22).

Die geringste Frequenz und Verbreitung der artikellosen Variante ist für Aufgabe E3_03 belegt. Dies lässt sich dahingehend deuten, dass zumindest einer der beiden RufN eines Artikels als Kasusmarker bedarf. Dabei wird zirka dreimal häufiger der Artikel im Nominativ als im Akkusativ akzeptiert, was darauf hindeutet, dass hier die Kasusmarkierung an der ersten Argumentposition ausreicht, um die syntaktischen Funktionen eindeutig identifizieren zu können. Eine solche Einfachkodierung syntaktischer Funktionen in transitiven Sätzen ist plausibel nachvollziehbar auch vor dem Hintergrund zahlreicher Befunde aus der Sprachverarbeitung, in denen gezeigt werden konnte, dass Sprachteilnehmer präferiert eine overte Kasusmarkierung zur Identifikation syntaktischer Funktionen nutzen (z. B. Schlesewsky 1996; Bader & Bayer 2006; Dröge et al. 2016). Hinzu kommt, dass die Kasusmarkierung an der zweiten Argumentposition hier gar nicht erfolgen kann, da die Nominativ-Akkusativ-Distinktion am Artikel bei Feminina und Neutra im Deutschen vollständig abgebaut ist.

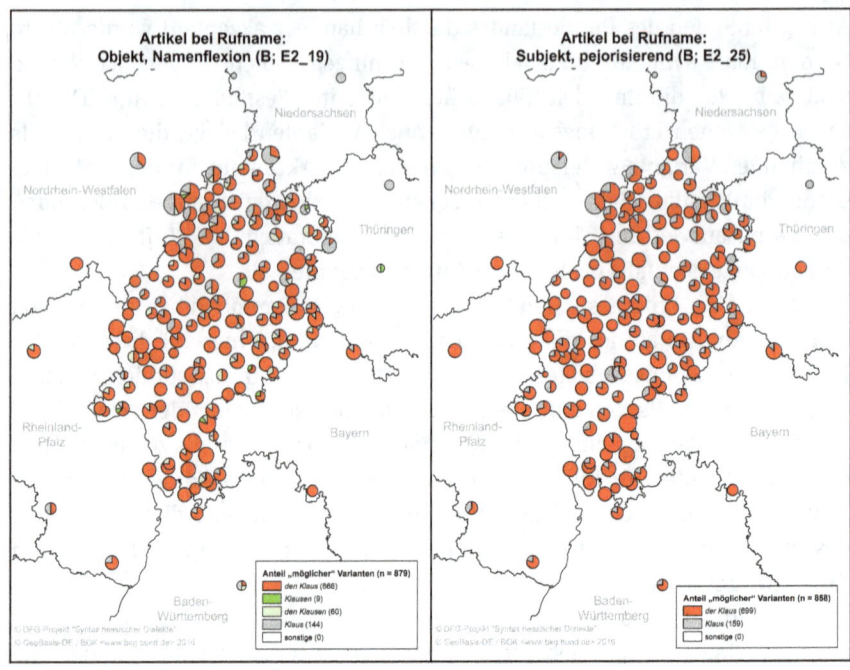

Abb. 30: Ergebnisse für den Definitartikel bei RufN in intransitiven Sätzen (E2_19 links, E2_25 rechts)

Annähernd identische Belegzahlen für die Aufgaben E2_19 und E2_25 weisen zudem aus, dass die Kasusmarkierung am RufN prinzipiell unabhängig von der syntaktischen Funktion erfolgt: Der RufN *Klaus* mit Subjektfunktion (Aufgabe E2_25) wird ebenso häufig mit Artikel verwendet wie der gleiche RufN mit Objektfunktion (Aufgabe E2_19). Im Vergleich von Aufgabe E3_03 und E3_12 lässt sich zudem eine Affinität für den Artikel im Dativ gegenüber dem Akkusativ feststellen ($\chi2$ (1, N = 1671) = 55, p = 0). Diese Affinität ist sicher ebenfalls auf die mangelhaft ausgeprägte Kasusmarkierung am weiblichen RufN in Aufgabe E3_3 zurückzuführen und deutet nochmals darauf hin, dass die Gewährspersonen den Artikel besonders dann akzeptierten, wenn durch seine Verwendung eine eindeutige Zuordnung syntaktischer Funktionen ermöglicht wird.[112] Eine pejora-

---

[112] Unwahrscheinlich ist dagegen die Interpretation, die geringere Akzeptanz für die Verwendung des Artikels bei *Maria* auf den weiblichen Namen des Referenten zurückzuführen. Präferierte artikellose Varianten aus Gründen der Höflichkeit bzw. des Respekts bei weiblichen PersN würde areale Differenzen in der Verteilung wie die vorliegenden unwahrscheinlich

tive Verwendung, wie sie in Aufgabe E2_25 abgefragt wurde, scheint den PersN-Artikel in Hessen hingegen nicht zu lizenzieren, wie ein Vergleich mit dem pragmatisch neutralen Kontext in Aufgabe E2_19 zeigt.

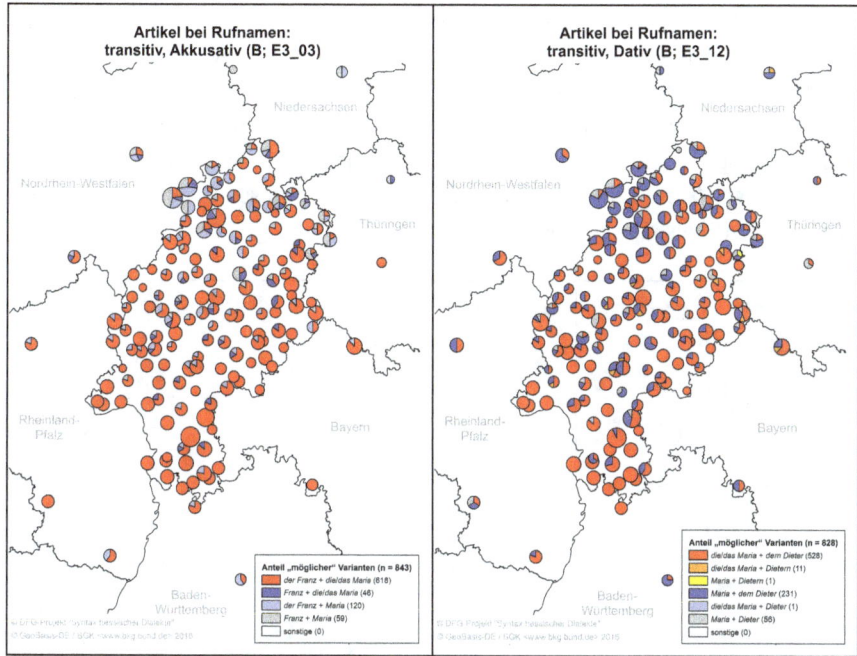

Abb. 31: Ergebnisse für den Definitartikel bei RufN in transitiven Sätzen (E3_03 links, E3_12 rechts

---

machen, zumal z. B. die Karte von Eichhoff (s. Abb. 19) das hier festgestellte Süd-Nord-Gefälle in der Artikelsetzung auch für weibliche RufN belegt. Auch die Befunde von Bellmann (1990: 21) zum Korrekturverhalten bei der Verwendung von *der* bzw. *die* als Ausdruck pronominaler Referenz deuten darauf hin, dass der Artikelgebrauch bei PersN unabhängig vom Geschlecht des Referenten gleich stark (bzw. im Erhebungsgebiet gleich gering) sanktioniert wird. Zu berücksichtigen ist auch, dass Frage 5 aus der LingBas-Erhebung mit weiblichem PersN in intransitivem Kontext ebenfalls keine Evidenz für eine Dispräferenz des RufN-Artikels erbracht hat. Zudem haben auch die Gebrauchsdaten hier keinen Hinweis auf eine unterschiedliche Verwendung des PersN-Artikels für männliche und weibliche RufN geliefert (s. Kap. 6.3).

6.6.4 Ergebnisse eines Tests zur Hörerurteilsdialektalität (Bundesland Hessen)

Im Rahmen der SyHD-Erhebung wurde im Erhebungsgebiet für den PersN-Artikel auch ein Test zur sog. Hörerurteilsdialektologie (Terminus nach Herrgen & Schmidt 1985) durchgeführt. Den Gewährspersonen wurden hierzu Sätze einer Sprecherin des Standarddeutschen vorgespielt. In diesen Sätzen variierte jeweils ein grammatisches (oder lautliches) Merkmal, die Gewährspersonen sollten die Sprachprobe nun auf einer siebenstufigen Skala zwischen den Polen „Hochdeutsch" und „Dialekt" einordnen.[113] Die Ergebnisse für die Dialektalität des PersN-Artikels sind in Abb. 32 kartiert.

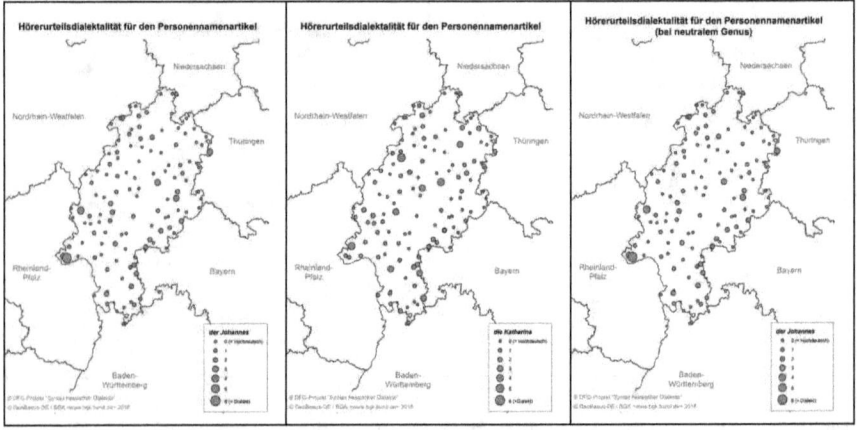

Abb. 32: Hörerurteilsdialektalität für den PersN-Artikel bei differierendem Genus

Es zeigt sich, dass Sprachproben mit PersN-Artikel im Erhebungsgebiet allgemein recht Standarddeutsch eingestuft wurden. Selbst für die nördlichsten Areale, in denen laut Akzeptabilitätsurteilen und besonders laut Korpusbefunden ein seltenerer Artikelgebrauch vorliegen sollte, zeichnen sich keine Differenzen in den Bewertungsstrukturen gegenüber den südlicheren ab. Dass es sich dabei um einen Effekt des Phänomens und nicht der Methode handelt, zeigt die Karte rechts, wo die Hörerurteile für den PersN-Artikel mit neutralem Genus abgetragen sind. Diese liegen deutlich höher als die beiden Pendants mit

---

[113] Vorab wurden die Gewährspersonen mit je einer Sprachprobe im hessischen Dialekt und einer im Standarddeutschen auf die Pole geeicht.

femininem bzw. maskulinem Genus,[114] doch sind sie ebenfalls nicht arealbildend, was aufgrund der klaren Verteilung für die Verwendung des neutralen Genus bei Referenz auf Frauen im Bundesland Hessen eigentlich zu erwarten gewesen wäre (dazu Leser-Cronau 2017). Nichtsdestoweniger weisen die Ergebnisse auf eine geringe Auffälligkeit des Phänomens in der Hörerbeurteilung hin, was letztlich den Befund aus den Akzeptabilitätsurteilen stützt, dem zufolge es sich beim PersN-Artikel um ein etabliertes Phänomen in hessischen Dialekten (und Regiolekten) ohne klare Raumbildung handelt.

6.6.5 Zusammenfassung der Bewertungsdaten

Fassen wir die Befunde aus den Akzeptabilitätserhebungen zusammen: Es konnte über alle Erhebungen hinweg gezeigt werden, dass die Bewertungen der Gewährspersonen sehr gut zu den arealen Verteilungen passen, wie sie sich im Sprachgebrauch abzeichnen. So lassen sich auch für die Häufigkeiten, mit denen der PersN-Artikel akzeptiert wird, drei Teilgebiete im deutschen Sprachraum unterscheiden: eines im Süden und Westen, wo der Artikel in nahezu allen Bedingungen vollständig akzeptiert wird, eines im Osten und im südlichen Teil des Nordens, wo der Artikel kontextbezogen unterschiedlich bewertet wird und eines im äußersten Norden, wo für den PersN-Artikel allgemein nur geringe bis gar keine Akzeptanzwerte feststellbar sind.

Größere Differenzen zwischen Sprachgebrauch und Akzeptabilität liegen hingegen im Hinblick auf die Kontextabhängigkeit der Artikelverwendung vor. Eine starke Präferenz für den Artikel zeigt sich demnach insbesondere im Norden für den emphatischen Gebrauch (bei negativer Evaluation) sowie für Referenzierungskontexte, besonders bei PersN in Objektfunktion. Für das Bundesland Hessen gilt dies hingegen nur sehr eingeschränkt, die Datenlage ist hier über die Kontexte hinweg weitgehend homogen, wobei sich die stärkste Tendenz zur artikellosen Variante für transitive Sätze mit zwei PersN feststellen lässt, und zwar dort, wo der Artikel als Kasusmarker für einen der beiden PersN (tendenziell dem weiblichen) redundant ist. Letztlich bestätigen die Daten aus den Akzeptabilitätstests aber die Befunde aus der Korpusauswertung, wonach Sprecher/-innen aus dem Wmd. (und vermutlich auch solche aus dem Obd.) den PersN-Artikel kontextunabhängig hoch frequent gebrauchen.

---

114 Der Mittelwert für die Hörerurteilsdialektalität beim PersN-Artikel mit neutralem Genus (*das Katharina*) beträgt 2,96, der für das maskuline (*der Johannes*) 0,62 und für das feminine (*die Katharina*) 0,79 (bei insgesamt 123 Erhebungsorten und einer Gewährsperson pro Ort).

Die von Bellmann erhobenen Einstellungsdaten deuten schließlich darauf hin, dass Gewährspersonen aus obd. und nordd. Varietäten die dispräferierte Variante als Schibboleth betrachten und die Sprecher/-innen bei einer entsprechenden Verwendung oder Nichtverwendung des Artikels sprachlich beurteilen und sozial abwerten.

7 Der Personennamenartikel in erweiterten Nominalphrasen

Wir kommen damit nun zum zweiten übergeordneten Bereich der Korpusauswertung, dem Gebrauch des PersN-Artikels in erweiterten NPs. Analysen zum Aufbau erweiterter NPs, d. h. zu NPs, die neben einem substantivischen Kern aus weiteren Ausdrücken bestehen, die den Kern restriktiv oder appositiv modifizieren, beziehen sich für das Deutsche fast ausschließlich auf die Schriftsprache und dort insbesondere auf das Flexionsverhalten der Elemente in der NP sowie auf die Abfolgeregularitäten zwischen Attribut(en) und Kernsubstantiv (Bezugsnomen).[1] Ich konzentriere mich im Folgenden auf den Artikelgebrauch sowie auf das Flexions- und Stellungsverhalten der Attribute und möchte zeigen, dass die für das Schriftdeutsche anzusetzenden Regularitäten, im Unterschied zur einfachen PersN-NP, im Allgemeinen auch auf morphosyntaktisch erweiterte zutreffen, wobei sich im Korpus mitunter auch geringfügige varietätenspezifische Besonderheiten zeigen. Dem hier untersuchten Artikelgebrauch entspricht damit der sekundäre Artikelgebrauch, wie er nach der Duden-Grammatik (2016) vom primären Artikelgebrauch zu unterscheiden ist. Die Auswertungen werden zeigen, dass der PersN-Artikel je nach semantisch-syntaktischem Status des Attributes und je nach regionaler Herkunft des Sprechers unterschiedlich oft verwendet wird. Inwiefern die syntaktische Stellung des Attributes (prä- oder postnominal) dabei eine eigene Konstruktion erfordert, soll ebenfalls Thema des Kapitels sein.

Kap. 7.1 führt zunächst, historisch wie rezent, in Aufbau und Struktur erweiterter NPs (auch bei APP) im Deutschen ein. Es folgen Analysen zu Gebrauchshäufigkeiten und Funktionsweisen des PersN-Artikels in adjektivisch (Kap. 7.2) und appositiv (Kap. 7.3) erweiterten NPs (bei appositiv erweiterten auch anhand von schriftdeutschen Daten), ehe in Kap. 7.4 ein Bogen geschlagen wird von dem syntaktisch motivierten Artikelgebrauch bei adjektivischer Erweiterung hin zu seinem Gebrauch für die – nur in den historischen Daten belegte – onymische Femininmovierung. Der Auswertungsteil zu erweiterten NP-Strukturen schließt in Kap. 7.5 mit einer Studie zum Artikelgebrauch bei PersN in verschiedenen Typen von Possessivkonstruktionen, ehe in Kap. 7.6 alle

---

[1] Siehe Kolde (1985), Haider (1988), Bhatt (1990: 67–88), Olsen (1991), Schmidt (1993), Gallmann (1996), Ágel (1996) und Kasper & Schmidt (2016) zum Gegenwartsdeutschen sowie Behaghel (1923: 95–104), Admoni (1990) und Demske (2001) zur Struktur erweiterter NPs in historischen Sprachstufen des Deutschen.

Klassifikationsparameter der Korpusauswertungen in einem Datenvarianzmodell zusammenfassend analysiert werden.

7.1 Zum Aufbau erweiterter Nominalphrasen im Deutschen

Erweiterte NPs zeichnen sich der IDS-Grammatik (1997: 1987) zufolge grundsätzlich dadurch aus, dass sie syntaktisch und semantisch betrachtet dieselben Eigenschaften aufweisen wie einfache NPs und damit dieselbe Kategorie haben wie diese. Somit können die Erweiterungen immer auch weggelassen werden, ohne dass sich der grammatische Status der NP oder deren syntaktische Funktion im Satz ändern.

Ein Phrasenausbau ist im Deutschen insbesondere durch restriktive oder appositive Attribuierung, etwa in Form von beigestellten Adjektiven oder substantivischen Appositionen, aber auch durch Relativsatzanschlüsse, Genitivattribute und präpositionale Elemente möglich.[2] Zwischen appositiver und restriktiver Erweiterung wird dabei semantisch wie folgt unterschieden:

> [NPs] sind appositiv erweitert, wenn die Erweiterung eine Zusatzinformation zu der durch die nicht erweiterte Nominalphrase gegebenen Charakteristik darstellt. Sie sind restriktiv erweitert, wenn die Erweiterung selbst mit in die Charakteristik eingeht.
> (IDS-Grammatik 1997: 1990)

Für beide Typen von Erweiterungen gilt, dass diese dem Bezugsnomen nebengeordnet sind und ihm in Abhängigkeit von den jeweiligen Flexionseigenschaften des Attributes und seinem Verhältnis zu anderen Attributen meist obligatorisch vorangestellt oder nachgestellt sind. Dabei werden Adjektive im heutigen Deutschen fast ohne Ausnahme dem Bezugsnomen vorangestellt, während substantivische Appositionen sowie attributive Nebensätze und präpositionale Attribute dem Kopfnomen meist nachgestellt werden und Genitivattribute sowohl vor- als auch nachgestellt werden können.[3] Hierbei sind die folgenden Abfolgeregularitäten als prototypisch, wenn auch nicht als obligatorisch für das Schriftdeutsche anzusetzen (nach Eisenberg 2013b: 387; Duden-Grammatik 2016: 814–815):

---

[2] Inwiefern zwischen Attribut und Apposition syntaktisch zu unterscheiden ist, soll hier nicht Gegenstand der Diskussion sein. Siehe dazu den Überblick in Trost (2006: 275–289) sowie die Diskussion in Schmidt (1993: 103–116).
[3] In seltenen, stilistisch markierten Fällen kann ein restriktives Adjektiv auch nach seinem Bezugsnomen stehen. Es bleibt dann unflektiert: *Röschen rot, Forelle blau, Hänschen klein* etc.

(1) Artikel > adjektivisches Attribut > Kernsubstantiv > enge Apposition/Genitivattribut > Präpositionalattribut > Attributsatz/lockere Apposition

Eisenberg (2013b: 239) zufolge weisen erweiterte NPs im Deutschen

> zwei im Grundsatz unterschiedlich strukturierte Felder auf, nämlich einmal das über Flexion syntagmatisch stark integrierte Feld vom Kopf bis zum Kern [...]. Der Bereich nach dem Kern ist syntagmatisch weniger dicht. Reihenfolge und Form der Attribute sind zwar für den Prototyp eindeutig syntaktisiert, aber es gibt hier trotzdem vielerlei Ambiguitäten und Bezugsprobleme.

Hierbei gilt gemeinhin das Behaghelsche Gesetz der wachsenden Glieder als Triebfeder der Stellungsregularitäten innerhalb der NP, wobei sich nach Eisenberg (2013b: 387) die folgende Schwerehierarchie abzeichnet:

> Sowohl von der Länge als auch von der Struktur her sind die Artikelwörter prototypisch leichter als die adjektivischen Attribute, diese leichter als die Genitiv- und Präpositionalattribute und am schwersten sind die Attributsätze.

Aus der Perspektive der Sprachverarbeitung lässt sich dieses Abfolgeprinzip ebenfalls nach Eisenberg (2013b: 387) wie folgt motivieren:

> Die Schwerehierarchie ist verarbeitungstechnisch funktional. Da sprachliche Einheiten zeitlich oder räumlich linearisiert sind, kann das Kurzzeitgedächtnis mit seiner beschränkten Kapazität mehr Bestandteile einer NGr [= Nominalgruppe, A. W.] speichern, wenn ihm zuerst die kürzeren angeboten werden. Im Deutschen wird dieser Effekt durch die formale Abstimmung der Einheiten am Anfang der NGr unterstützt.

Syntaktisch betrachtet verlangt der attributive Phrasenausbau in Abhängigkeit vom semantischen Status des Bezugsubstantivs im Schriftdeutschen meist den Gebrauch eines Determinierers, sodass an dieser Stelle von einer morphosyntaktisch voll ausgebauten NP gesprochen werden kann. Dementsprechend setzt die IDS-Grammatik (1997: 1929) auch die folgende syntaktische Grundfunktion für Determinierer (Determinative) an: „Determinative überführen Nomina in Nominalphrasen." Das Flexionsverhalten innerhalb der NP wird dabei wesentlich durch das Auftreten und durch die Flexionseigenschaften des Determinierers bestimmt. Adjektivische Attribute, Appositionen und Determinierer kongruieren hierbei mit dem Bezugsnomen hinsichtlich der morphologischen Kategorien Kasus, Numerus, Genus und Person. Das Bezugsnomen selbst kann, muss aber in erweiterten NPs nicht flektieren (vgl. Gallmann 1996: 284 und Beispiele darin). Im Unterschied zu Determinierern und Nomen gehören Adjektive hierbei verschiedenen Flexionstypen an, d. h. der Flexionstyp ist keine lexikalische, sondern eine syntaktische Eigenschaft von Adjektiven. So flektieren vorangestellte Adjektive hinsichtlich der genannten morphologischen Kategorien schwach, sobald ein Determinierer vorhanden ist und dieser selbst stark flektiert (sog. pronominale Flexion, wie z. B. bei *dieser kluge Hund*). Ist hingegen kein Determinierer vorhanden oder ist dieser flexionslos, flektiert das nachfolgende Adjektiv meist stark. Dies gilt obligatorisch für NPs ohne Determinierer und eingeschränkt für NPs mit flexionslosem Artikel (etwa bei Maskulina im Nominativ: *ein kluger Hund*; sog. gemischte Adjektivflexion).[4] Ágel (1996: 34) zufolge gilt die schwache Adjektivflexion als Marker des attributiven Adjektivs und die starke Flexion als Marker der sog. Gruppenflexion der NP, sodass die Flexionsmorphologie selbst hier die eindeutige syntaktische Kennzeichnung der Elemente als homogene Einheit (Gruppe) übernimmt.[5] Die Flexion des Adjektivs kann dabei Olsen (1991: 66) zufolge „als eine Konsequenz seiner Teilnahme an der Kongruenzkette gesehen werden, die sich zwischen DET[erminierer] und N[omen] erstreckt". Für die gesprochene Sprache gilt darüber hinaus zumindest für die Kasusflexion, dass eine Tendenz zur Monoflexion besteht, d. h. der Kasus der gesamten NP wird, wenn überhaupt, nur noch an einem Element in der NP markiert (Confais 1993; Gallmann 1996: 286–295, 305–307). Diese Markierung erfolgt zeitlich betrachtet möglichst früh, nämlich am Determinierer als eröffnendem Element der NP (Durrell 1977: 48; Primus 1997: 148). Ausnahmen von dieser Regel betreffen lediglich Gradadverbien (*gerade*, *genau* etc.) und All-Quantoren, die im Deutschen in der Linearstruktur links vom Determinierer platziert werden (Eroms 2000: 253, 260–261).

Den Artikelmorphemen kommen damit im Vergleich zum substantivischen Kern und den Attributen auch in erweiterten NPs zentrale morphologische Kennzeichnungsaufgaben zu. Dies gilt verstärkt für die Dialekte, da in diesen am Artikel zumindest die Kasusdistinktionen noch weitgehend erhalten geblieben sind (dazu Shrier 1965; Panzer 1983: 1171), während sich starke und schwache Adjektivflexion in vielen Dialekten mitunter stark durchmischt haben (vgl. Heinrichs 1954: 81; Lipold 1983: 1181; Panzer 1983: 1172–1173) und, was Genus und Numerus anbelangt, zusätzlich mit weitreichenden Synkretismen in den einzelnen morphologischen Paradigmen zu rechnen ist (vgl. Mironow 1957; Schirmunski 1962: 464–470). Zudem flektiert auch das Kernsubstantiv selbst in den Dialekten nur noch in seltenen Fällen. Dies gilt, mit Ausnahme einiger Da-

---

4 Siehe zu den entsprechenden morphologischen Paradigmen ausführlich Ágel (1996: 34), Bhatt (1990: 199) und Eroms (2000: 278–279).
5 Vgl. zum Terminus „Gruppenflexion" und seiner Forschungstradition zusammenfassend Ágel (1996: 22–23).

tivreste, insbesondere für die Kasusflexion am Nomen (vgl. Mironow 1957: 398; Schirmunski 1962: 432; Panzer 1983: 1171; Rauth 2016: 112–116).

7.1.1 Die erweiterte NP in den historischen Sprachstufen

Werfen wir ergänzend einen Blick in die Diachronie: Hier zeigt sich für erweiterte NPs, dass Adjektive und Determinierer im Althochdeutschen, Mittelhochdeutschen und Frühneuhochdeutschen ebenfalls mit dem Bezugsnomen hinsichtlich Genus, Numerus und Kasus kongruiert haben. Anders als im Gegenwartsdeutschen, wo der Artikel festlegt, ob das Adjektiv stark oder schwach flektiert, wird diese Wahl im Althochdeutschen allerdings im Wesentlichen durch das semantische Merkmal der Definitheit gesteuert. So flektieren Adjektive im Althochdeutschen obligatorisch schwach bei definiter Referenz und stark bei indefiniter Referenz (Demske 2001: 66–71; Braune & Heidermanns 2018: 297–298).[6] In Kombination mit dem im Entstehen begriffenen Definitartikel kann es im Althochdeutschen dabei mitunter zur Doppelmarkierung von Definitheit in der NP kommen.[7] Die Markierung von Definitheit am Adjektiv wird durch die Tendenz zur Monoflexion allerdings spätestens zum Mittelhochdeutschen hin aufgegeben und diese im Anschluss alleine über das Auftreten eines entsprechenden Determinierers angezeigt (vgl. Admoni 1990: 111).

Im Unterschied zum Gegenwartsdeutschen können attributive Adjektive – neben anderen Attributen – in historischen Sprachstufen des Deutschen auch postnominal auftreten. Dabei ist folgende Entwicklung zu beobachten: Im Althochdeutschen unterliegen flektierte und unflektierte Adjektive in attributivem Gebrauch keinen lexikalischen Beschränkungen hinsichtlich ihrer Stellung zum Bezugsnomen. So werden attributive Adjektive zwar in der Regel dem Bezugsnomen vorangestellt, doch finden sich meist aus metrischen und rhythmischen Gründen auch zahlreiche Belege für deren Nachstellung (vgl. Dal 1966: 62; Schrodt 2004: 37). Das Gleiche gilt für das Mittelhochdeutsche, wobei die Voranstellung dort bereits als „Normalfall" deklariert wird (Paul 2007: 326). Im Frühneuhochdeutschen schließlich sind nachgestellte Adjektive auf bestimmte lexikalische Klassen wie Herkunftsbezeichnungen oder textdeiktische Adjektive beschränkt (vgl. Ebert et al. 1993: 325; Behaghel 1923: 113–114).

---

6 Ausnahmen von dieser Regel werden in Primus (1997: 152–154) diskutiert.
7 Daneben gibt es weitere syntaktische Mittel, wie die Wortstellung, der verbale Aspekt oder auch Kasusalternationen, die im Althochdeutschen semantische Definitheit ausdrücken können (dazu Leiss 2000 und Szczepaniak 2011: 65–68).

Nahezu spiegelverkehrt zu den Stellungsregularitäten des attributiven Adjektivs verhalten sich die der Genitivattribute. So steht nach Behaghel (1932: 179) ein nicht-partitives Genitivattribut im Althochdeutschen in der Regel vor dem Kernsubstantiv, während etwa ab dem 16. Jh. die generelle Tendenz zu seiner Postponierung zu verzeichnen ist (vgl. Admoni 1990: 56, 208; Demske 2001: 217–218).[8] Eine Ausnahme stellt der sog. Sächsische Genitiv dar, welcher stabil vor dem Kopfnomen auftritt und welcher auf die lexikalischen Klassen der EigenN und (eigennamenähnlichen) Verwandtschaftsbezeichnungen bzw. Nomina Sacra beschränkt ist (*Peters Buch, Omas Handtasche, Gottes Werk*; s. Kap. 7.5).

Gänzlich variabel erscheint hingegen das Stellungsverhalten der substantivischen Appositionen, wobei präponierte Appositionen insbesondere dann auftreten, wenn das Bezugsnomen besonders belebt ist, es sich also z. B. um einen EigenN oder um ein Nomen Agentis handelt (vgl. Behaghel 1923: 99–103). Lediglich Präpositionalattribute und attributive Nebensätze weisen in der Geschichte des Deutschen eine relative Konstanz in ihrer Poststellung auf, was sich nach dem oben diskutierten Schweregesetz damit in Zusammenhang bringen lässt, dass auch in den historischen Sprachstufen des Deutschen die Tendenz dazu besteht, den postpositiven Komplex tendenziell umfangreicher und grammatisch komplexer zu gestalten als den präpositiven (dazu Admoni 1990: 114–115, 208–209).[9]

Attributiv erweiterte Nomen gelten als die frühesten syntaktischen Kontexte überhaupt, in denen sich der Artikelgebrauch im Deutschen durchgesetzt hat. Mit Behaghel (1923: 111) ist dabei von einem allmählichen Aufkommen seiner Verwendung seit althochdeutscher Zeit auszugehen. Wie die Befunde in Oubouzar (1992: 77, 81) ausweisen, wird der Definitartikel bei adjektivisch erweiterten Nomen bei Notker (10. bis 11. Jh.) „sehr oft" gesetzt und bei Otfrid (9. Jh.) werden mitunter sogar „praktisch alle" (Oubouzar 1992: 81) attributiv erweiterten definiten NPs durch einen Determinierer eröffnet. Heinrichs (1954: 34) verweist zudem auf einen häufigen Gebrauch des Artikels bei postponierten Adjektiven in altsächsischer und althochdeutscher Zeit. Behaghel (1923: 99–103) und Hodler (1954: 33) gehen darüber hinaus auch für Nomen, die um eine substantivische Apposition erweitert sind, davon aus, dass diese bereits in alt-

---

[8] Vgl. zu den Stellungsvarianten von Genitivattributen in den historischen Zeitstufen wie auch im Gegenwartsdeutschen die Ausführungen in Demske (2001: 206–317). Behaghel (1932: 181–193) zufolge betraf die Nachstellung von Genitivattributen zunächst Gattungsnomen und Abstrakta, später auch nicht-onymische Personenbezeichnungen und PersN. Siehe zur Rolle von Belebtheit für die Abfolgeregularitäten die Ausführungen in Kasper (2015c, i. E.).
[9] Vgl. zu dieser Erklärung in Bezug auf den Stellungswandel der Genitivattribute aber die kritischen Ausführungen in Demske (2001: 220–230).

hochdeutscher Zeit von einem Definitartikel begleitet wurden, und zwar unabhängig davon, ob die Apposition vorangestellt oder nachgestellt wurde. Ebenfalls Behaghel (1923: 102) zufolge zeigt sich für vorangestellte Appositionen allerdings insofern eine interessante Abweichung in der diachronen Entwicklung gegenüber den anderen attributiven Erweiterungen, als sich „[b]ei Appositionen, die Titelbezeichnungen sind, [...] seit dem späteren 12. Jahrhundert die Möglichkeit [entwickelt], den Artikel wegzulassen".

Ich fasse zusammen: Erweiterte NPs weisen in der Diachronie des Deutschen die Tendenz zur Fixierung ihrer Elemente auf. Diese Fixierung betrifft zum einen den Wandel von der semantisch zur morphosyntaktisch gesteuerten Konditionierung von Determinierer und Adjektiv. Daneben betrifft sie auch die starke Tendenz zur regelhaften Präponierung der kongruierenden Adjektivattribute und die Tendenz zur Postponierung der nichtkongruierenden Genitiv- und Präpositionalattribute. Schließlich betrifft sie auch die sich schon in althochdeutscher Zeit ausbildende und zur Obligatorik neigende Verwendung des Artikelwortes als zeitlich gesehen frühestem und damit eröffnendem Element der NP.

7.1.2 Der Determinierer als klammereröffnendes Element

Diese und weitere diachrone Prozesse wurden in der Forschung häufig als typologische Evidenz dafür angesehen, im Deutschen einen zielgerichteten Sprachwandel im Bereich der nominalen Klammerbildung anzusetzen, der sich darin äußert, dass mehrere morphologische, syntaktische und sogar morphophonologische Entwicklungen darauf abgestimmt sind, den linken und rechten Rand der NP zu stärken und damit die Grenzen der Konstituenten eindeutig zu markieren.[10] In diesem Zusammenhang wurden auch häufig dem pronominalen Kopf und substantivischem Kern einer NP die Funktion einer Klammerstruktur zugewiesen, die sich u. a. darin äußert, dass der flektierende Determinierer am linken Klammerrand darauf hinweist, dass am rechten Klammerrand ein Kopfnomen folgt, welches in Genus, Numerus und Kasus mit dem Determinierer

---

10 Die Idee des klammernden Verfahrens ist in der deutschen Forschungslandschaft eng verbunden mit den Arbeiten von Ronneberger-Sibold (1991 et seq.). Darüber hinaus gibt es zahlreiche Arbeiten, die sich mit Teilaspekten des klammernden Verfahrens beschäftigt haben, siehe etwa Werner (1979), Kolde (1985) und Primus (1997). Während in diesen Arbeiten das Wirken von Verbal- und Satzklammern für historische Sprachstufen und auch für das Gegenwartsdeutsche gezeigt werden konnte, handelt es sich bei der Existenz der Nominalklammer im Deutschen bis heute um einen Gegenstand kontroverser Diskussionen (vgl. z. B. Schmidt 1993: 137–145 und Eisenberg 2013b: 388–390).

übereinstimmt (vgl. Ronneberger-Sibold 2010: 88–89). Dieses unter der Chiffre „Nominalklammer" vertretene morphosyntaktische Bauprinzip ist inzwischen Gegenstand einer umfangreichen Forschungsdiskussion geworden, die hier im Einzelnen nicht rekapituliert werden muss. Ich möchte mich vielmehr der Frage widmen, welche Funktionen dem Artikel im Rahmen des klammernden Verfahrens zugeschrieben werden können und verweise auf Ronneberger-Sibold, die aus der Perspektive der Sprachverarbeitung die folgenden Zuschreibungen vornimmt:

> Das klammernde Verfahren besteht darin, daß bestimmte Bestandteile eines Satzes so von zwei Grenzsignalen umschlossen werden, daß der Hörer aus dem Auftreten des ersten Signals mit sehr großer Wahrscheinlichkeit schließen kann, daß der betreffende Bestandteil erst dann beendet sein wird, wenn das passende zweite Signal in der Sprechkette erscheint.
>
> (Ronneberger-Sibold 1994: 115)

> [S]ehen wir die primäre Funktion des klammernden Verfahrens in einer speziellen Erleichterung der syntaktischen Dekodierung: Dadurch, dass die jeweils zueinander passenden Klammerränder die Grenzen von (verschieden definierten) Konstituenten klar markieren, weiß der Hörer / Leser während des Dekodierprozesses jederzeit, ob er sich am Anfang, im Inneren oder am Ende einer Konstituente befindet.
>
> (Ronneberger-Sibold 2010: 95)

Übertragen auf die Stellung des Artikels als linkem Element der NP bedeutet dies, dass ihm hier vorausweisende Informationen für die Dekodierung der gesamten NP zugeschrieben werden können. Diese Informationen beziehen sich zum einen auf die morphologischen Kategorien Numerus, Genus und Kasus und zum anderen auf die Definitheitseigenschaften des Kopfnomens selbst. Zudem wirkt der Artikel als nominaler Klassenmarker, indem beim Hörer eine Erwartung darüber aufgebaut wird, dass ein Nomen folgt, welches mit ihm hinsichtlich der genannten morphologischen Kategorien übereinstimmt (vgl. Eroms 1988: 266, 268). Erst das Zusammenspiel der pronominalen Flexion (und teilweise auch der schwachen Adjektivflexion) mit den Merkmalen des Kopfnomens sorgt schließlich für eine eindeutige morphologische Kennzeichnung der NP und damit für die nominale Klammerbildung.[11]

---

[11] Traditionell wurde die Nominalklammer deshalb auch als Kongruenzklammer verstanden (z. B. in Werner 1979). Wie Eisenberg (2013b: 388) plausibel dargelegt hat, beziehen sich die Kongruenzverhältnisse innerhalb der NP allerdings nicht nur auf den Artikel und den nominalen Kopf, sondern auch auf das intermediäre Adjektiv, so dass besser von einer Kongruenzlinie als von einer Kongruenzklammer auszugehen ist. Hinzu kommt das Problem, dass das Kopfnomen besonders in Substandardvarietäten und bei EigenN häufig gar keine Flexionsmerkma-

Mit Blick auf die NP-Strukur kann für die oben skizzierte Entwicklung also insofern eine plausible Stringenz angenommen werden, als im Zuge der fester werden Serialisierungseigenschaften in der NP die kongruierenden Attribute zur Voranstellung und die nicht kongruierenden zur Nachstellung tendiert haben. Hiermit einher geht zudem das Bestreben zur Auslagerung morphologischer Flexionsmarker an den linken NP-Rand (Monoflexion am Determinierer oder am starken Adjektiv).

7.2 Der Personennamenartikel in adjektivisch erweiterten Nominalphrasen

Beginnen wir mit den Struktureigenschaften adjektivisch erweiterter PersN-NPs. Hier gilt für das Schriftdeutsche, dass der Artikel obligatorisch gesetzt wird, sobald ein PersN adjektivisch erweitert ist. Dabei ist es prinzipiell unerheblich für den Artikelgebrauch, ob der PersN restriktiv oder appositiv modifiziert ist, wobei die restriktiven Erweiterungen im Deutschen im Wesentlichen auf die Zeitungs- und Literatursprache beschränkt sind.[12] Ein artikelloser Gebrauch von prä- und postponierten, selbst nicht flektierenden Adjektivattributen ist hingegen nur in ganz speziellen Kontexten akzeptabel, die mitunter aber bereits als archaisch oder zumindest als morphosyntaktisch markiert gelten können (*klein Erna, Hänschen klein, Röslein rot* etc; dazu Trost 2006: 322–339).[13] Dementsprechend sind solche Syntagmen in den vorliegenden Daten auch nicht belegt.

Paul (1919: 179–180), Bach (1952: 53) und Hartmann (1967: 198) zufolge handelt es sich bei attributiv erweiterten NPs um den frühesten Kontext überhaupt, für den im Deutschen ein Artikelgebrauch am PersN nachweisbar ist. Ich möchte mich an dieser Stelle auf das adjektivische Attribut beschränken und zeigen, dass der Artikelgebrauch, wie auch die Präponierung des Adjektivs, von wenigen semantisch bedingten Beschränkungen abgesehen, auch in den ge-

---

le mehr aufweist und demnach auch nicht von Kongruenz im Sinne einer morphologischen Formenwiederaufnahme gesprochen werden kann.

12 Eine restriktive Erweiterung liegt insbesondere bei Lesarten vor, in denen durch die PersN-NP nicht auf das Individuum insgesamt, sondern nur auf ein begrenztes zeitliches Stadium der Person referiert wird, z. B. in *Der alte Goethe war schlauer als der junge.* Vgl. dazu auch Heusinger (2010: 109–110).

13 Indefinite NPs mit attributiver Erweiterung können hingegen auch im rezenten Schriftdeutschen ohne Artikel stehen, etwa bei Massennomen (*dreckiges Wasser*), Abstrakta (*gute Lehre*) sowie in attributiven und prädikativen Genitiv- und Präpositionalphrasen und bei Topikalisierung.

sprochenen Varietäten des Deutschen obligatorisch erfolgt, sodass hier von einer regelhaften Struktur und Abfolge nach dem Schema [Det. + Adjektiv + PersN] auszugehen ist.

7.2.1 Ergebnisse

Tab. 40 zeigt die Häufigkeiten, nach denen im Korpus eine PersN-NP um ein Adjektiv erweitert und von einem Definitartikel begleitet wird. Zugleich weist die Tabelle die Häufigkeiten für die Voran- bzw. Nachstellung von Adjektiven bei PersN aus.

Tab. 40: Relative und absolute Häufigkeiten für den PersN-Artikel bei adjektivischer Erweiterung und für die Voranstellung des Adjektivs in erweiterten PersN-NPs

	PersN-Artikel	Adjektiv vorangestellt
HexenV	64 % (91)	90 % (128)
AuswB	97 % (28)	100 % (29)
Zwirner	84 % (84)	100 % (96)
REDE	100 % (26)	100 % (26)

Es zeigt sich, dass der Definitartikel gegenüber dem Nullartikel hier nahezu obligatorisch verwendet wird. Dies gilt für alle Varietäten und alle untersuchten Zeitstufen mit Ausnahme der HexenV und von nd. Basisdialekten (bes. in Zwirner), wo in spezifischen Gebrauchsbedingungen auch die artikellose Variante möglich ist.

Die nd. artikellosen Belege (12 von 61) beschränken sich dabei auf solche Kontexte, in denen dem PersN ein Adjektivattribut vorangeht, welches für das soziale Umfeld (typischerweise der Dorfgemeinschaft) als ständiges Merkmal der Person gelten kann, z. B. in (2).[14] Ich gehe hier deshalb, den Kriterien der IDS-Grammatik folgend, von einer restriktiven und nicht von einer appositiven Modifikation der PersN-NP aus, da die attributive Erweiterung selbst funktional

---

[14] Eigene Hörbelege für das Nordhessische (Kreis Eschwege) deuten zumindest darauf hin, dass der artikellose Gebrauch von adjektivisch erweiterten PersN-NPs auch Areale südlich der Uerdinger Linie betrifft.

in die Personenidentifikation integriert ist und das Attribut somit nicht, wie bei appositiven Erweiterungen üblich, als fakultativ zu interpretieren ist.

(2) a. **oln rúmp** (.) den hef ik afgelöst. (Zwirner, ZWS49, Niederfränkisch)
b. da kümt **graute wegfeld** aufe anlaufe. (Zwirner, ZW2A3, Ostfälisch)
c. sin vadder war hier nämlik **klauke dammann**. un hei is uk so klauk. (Zwirner, ZW8K9, Ostfälisch)

Bereits frühe Abhandlungen, z. B. von Wiggers (1858: 33) und Sarauw (1924: 81), gehen auf diese Eigenart nd. Dialekte ein, wobei die hier gesammelten Belege die artikellose Variante eingeschränkt nur für die Adjektive *groß*, *klein*, *alt*, *jung* und *klug* ausweisen, sodass an dieser Stelle von einem kleinen und geschlossenen Schema auszugehen ist, mit dem eine solche Identifikationsleistung erbracht wird.[15] Nicht unplausibel ist es deshalb, dass die genannten Adjektive hier ähnlich stark in den GesamtN integriert sind, wie die ebenfalls häufig artikellos stehenden Titel in engen Appositionen (*König Ludwig*, *Mutter Teresa* etc; s. dazu Kap. 7.3). Dies gilt insbesondere für die Attribute *jung* und *alt*, bei denen es sich in Verbindungen mit FamN vermutlich um Referenzausdrücke handelt, die dazu dienen, mehrere Personen der gleichen Familie sprachlich zu unterscheiden. Hierfür spricht auch, dass PersN besonders im Nordd. unter patronymischen Gesichtspunkten vergeben werden (vgl. Schmuck 2007; Kunze & Nübling 2011), was mitunter dazu führen kann, dass Vater und Sohn den gleichen GesamtN tragen.

Interessant in diesem Zusammenhang ist auch, dass sich solche artikellosen Konstruktionen ebenfalls im Englischen erhalten haben (vgl. Kałuża 1968: 363; Langendonck 2007: 124):[16]

(3) **poor Mary** will do that.

Zumindest die hier gesammelten Belege legen allerdings, anders, als es für das Englische von Allerton (1987: 66) vorgeschlagen wurde, nahe, solche artikellosen Konstruktionen nicht als Komposita, sondern eben als restriktiv erweiterte PersN-NPs zu analysieren, da 1. das Adjektiv wie in (2) flektieren kann, 2. das Adjektiv im Vergleich zum PersN immer weniger betont ist und 3. (teils von

---

15 Hoekstra (2010: 767–768) belegt die artikellose Variante bei erweiterten PersN mit dem Adjektiv *latj* 'klein' auch für das Nordfriesische.
16 Kałuża (1968: 363) geht für das Englische davon aus, dass der Nullartikel hier auf Adjektive mit „emotional and ornamental character" beschränkt ist (*dear*, *old*, *poor* etc.).

denselben Sprechern) die gleichen erweiterten PersN-NPs auch mit Artikel verwendet werden, z. B. in (4).

(4) säi wat fürn klaugen denn? **klaugen dammann**? [...] née, **den klaugen dammann** meen ik ja nich. (Zwirner, ZW8K9, Ostfälisch)

Nicht auszuschließen ist allerdings, dass wir es an dieser Stelle mit einem Übergang von einem Syntagma zu einem Kompositum zu tun haben. Dies wäre insbesondere dann der Fall, wenn das Adjektiv, wie in (5a), unflektiert bleibt; vgl. dagegen (5b) mit Flexionsendung bei vergleichbarem femininen Genus.

(5) a. und dann weet ja **lütt cornelia** bescheid. (Zwirner, ZW2H6, Mecklenburgisch)
    b. **ol rogge** un **ole frau rogge**, die wörn dann in ber. (Zwirner, ZWU69, Westfälisch)

Ohne Definitartikel tauchen adjektivisch erweiterte PersN-NPs im Korpus zudem in den HexenV auf, und zwar fast ausschließlich bei der Verwendung von textdeiktischen Adjektiven in anaphorischem Gebrauch (*genannte Mergh, gedachter Peter Klutsch, obg[emel]t angezogener Schrentzges Johann*; dazu auch Schmuck & Szczepaniak 2014: 108). Hierbei ist davon auszugehen, dass die in den HexenV zu findende Variation im Artikelgebrauch Reste einer noch nicht abgeschlossenen Grammatikalisierung seit althochdeutscher Zeit widerspiegelt, in deren Rahmen der syntaktisch determinierte Artikel hier lediglich in solchen Domänen noch nicht obligatorisiert worden ist, in denen eine Überlagerung genuiner Artikelfunktionen (Deixis, Anaphorik) mit denen der Adjektive (Textdeixis) zu konstatieren ist.

Ebenfalls ausschließlich für die HexenV sind Adjektivattribute belegt, die dem PersN nachgestellt sind:

(6) a. vnnd vor 2. Jaren **der furth-berbel seligen** ein Kue, alle mit Irer Teufels salben geschmirbt d[as] sie dauon gestorben. (HexenV, Ellingen 1590, Ostfränkisch)
    b. **P[ethersche] inhafftirte** die Töpkersche einstendig zur bekantniß ermahnet, daß sie sich woll beden cken solle. (HexenV, Lemgo 1632, Westfälisch)

Hier zeigt sich, dass der Umbau adjektivisch erweiterter NPs von einer variablen Prä- oder Poststellung des Adjektivs hin zu einer rigiden Prästellung im Frühneuhochdeutschen noch nicht abgeschlossen war, wenn die Auswertungen mit 90 Prozent Belegen auch bereits eine klare Tendenz zugunsten vorangestellter Adjektive erkennen lassen. Augenscheinlich handelt es sich bei den postponierten Varianten in den Daten allesamt um solche Adjektive, die im oben definierten Sinne lediglich für eine appositive, nicht aber für eine restriktive Modifikation der PersN-NP taugen. Dies gilt insbesondere für das Adjektiv *selig*, welches im Korpus dem PersN besonders häufig nachgestellt wird und welches auch in der Frühneuhochdeutschen Grammatik explizit als Kandidat für die Postponierung diskutiert wird (vgl. Ebert et al. 1993: 325). Restriktive Modifikationen liegen hingegen vermutlich dann vor, wenn zwischen PersN und Adjektivattribut ein Definitartikel gesetzt wird, vgl. (7).

(7) **Hanns Mannemair dem alten** In [ver]gangnem Sommer vnnd georg geigern, beede alhir In dem herbst Jedem ein Reupling geschmirbt. (HexenV, Ellingen 1590, Ostfränkisch)

Eine kategoriale Differenzierung zwischen nachgestellten Adjektivattributen und aus Adjektiven entstandenen BeiN scheint hierbei allerdings nur schwer möglich zu sein, wie auch die Ausführungen in Bach (1952: 60–61) nahelegen.

7.3 Der Artikel bei Personennamen in engen Appositionen

Besonders interessant für das Thema der vorliegenden Arbeit sind PersN, die in engen Appositionsverhältnissen stehen, z. B. in (8). Ein PersN wird dabei von einem appellativischen Nomen in Adjazenzstellung (in sog. Juxtaposition nach Duden-Grammatik 2016: 997) begleitet, wobei dieses Nomen dem PersN präponiert (häufiger) oder postponiert sein kann. Solche und ähnliche syntaktische Verfahren werden (bei aller terminologischen Unschärfe) in der Forschung meist als „enge Appositionen" (eA) bezeichnet, weshalb ich mich diesem Terminus hier anschließen möchte.[17]

(8) a. wo will **die frau merkel** die denn herholen? (REDE, TR1, Moselfränkisch)
 b. fischer und **die bildungssenatorin jürgens piepers** sind da. (REDE, HB1, Nordnd.)

---

[17] Siehe hierzu die Forschungsüberblicke in Molitor (1977: 1–19), Schmidt (1993: 103–116) und Lawrenz (1993: 1–12).

c. **Vatter Michel** hat dieses Jahr einen neuern Bau bebaut. (AuswB, Reuter1, Hessisch)
d. habe ich Johanes Kempf Bruder von Pfeifle und Schul-kamerad von **Schwester Magdalena** auch gesehen. (AuswB, Walz1, Schwäbisch)

Bei eA handelt es sich dabei um den einzigen Kontext überhaupt, für den im rezenten Schriftdeutschen eine umfangreiche Variation in der Verwendung des PersN-Artikels feststellbar ist. Ich ergänze deshalb an dieser Stelle die Korpusauswertung um einen Datensatz aus der rezenten Zeitungssprache und will untersuchen, welche Regularitäten sich für die Verwendung des PersN-Artikels dort abzeichnen.[18]

7.3.1 Die enge Apposition mit Personenname

Zunächst zu den formalen und funktionalen Eigenschaften eAs: Semantisch betrachtet dienen eAs dazu, das Referenzobjekt/den Referenten näher zu beschreiben und damit dem Adressaten Referenz zu ermöglichen. Dies gilt insbesondere für Verbindungen aus APP und PersN, wo das APP ergänzende Informationen (semantische Merkmale) zur Person gibt, die vom Adressaten im Anschluss genutzt werden können, um zu erkennen, welcher Thomas Müller oder welche Angela Merkel gemeint ist: *Frau Merkel* spezifiziert stärker als der Name *Merkel* und *Nationalspieler Thomas Müller* stärker als *Thomas Müller*. Über die Referenzfunktion lässt sich zudem die besondere Präferenz erklären, die bestimmte Lexemklassen, z. B. Verwandtschafts- und Berufsbezeichnungen, für appositive Verbindungen mit PersN haben. So dient Hackel (1978: 108–109) zufolge die spezifische Verbindung dazu, „Menschen in ihren verschiedenen gesellschaftlichen Bezügen zu kennzeichnen", wobei sich dieser gesellschaftliche Bezug kulturspezifisch z. B. auf die Zugehörigkeit zu einem Berufstand, auf einen gesellschaftlichen Rang oder eben auch auf eine Verwandtschaft beziehen kann. Ontologisch betrachtet liegt bei der Verbindung meist ein Eigenschafts- (*Kollege Müller*), Identitäts- (*Papst Franziskus*) oder auch Element-Klassenverhältnis (*Bäcker Wagner*) vor. Mit der Bildung von eAs ist auch häufig eine Wertung des entsprechenden Referenten verbunden (*Faulpelz Meier*, *Genie Mozart*). Der Referenzausdruck kann damit emotional angereichert werden, wobei mit Ad-hoc-Bildungen und gruppenspezifischen Gebrauchspräferenzen (Spitznamengebung) zu rechnen ist.

---

[18] Die Ausführungen zum Schriftdeutschen sind in Teilen auch in Werth (2017b) publiziert.

Zudem können eAs mit PersN dahingehend unterschieden werden, ob beide Elemente koreferenziell gebraucht werden oder nicht. So weisen z. B. die oben aufgeführten *Kollege Müller*, *Papst Franziskus* und *Bäcker Wagner* für ihre Elemente allesamt eine Koreferentialität auf den Referenten auf. Selbiges gilt hingegen nicht für Appositionsverhältnisse, in denen der Kopf der Verbindung nicht auf eine Person referiert, etwa bei *die Regierung Brand* oder *das Erbe Kohl* (dazu Löbel 1988: 111; Gallmann 1990: 310–314; Lawrenz 1993: 41; Zifonun 2010) – solche Verbindungen sollen für die nachfolgenden Betrachtungen ausgeblendet werden.

In den häufigen Fällen, in denen ein PersN historisch aus der Klasse der Berufsbezeichnungen entstanden ist, legen varietätenspezifisch festgelegte Serialisierungsregeln fest, welches Nomen appellativische und welches onymische Funktion erfüllt, vgl. (9).

(9) a. **Lehrer Jäger** ist seit Herbst unser Nachbar. (AuswB, Hambloch, Westfälisch)
   b. Weiter ließ ich auch noch den **Schmid Schmidt**, wie auch den Herrn Stahl grüßen. (AuswB, Beck, Schwäbisch)
   c. ich weiß noch beim **lorenz pfarrer** drunten. (Zwirner, ZWC54, Bairisch)

Abweichungen von der im Korpus häufiger belegten Abfolge APP-vor-PersN, z. B. in (9a und b), treten dabei insbesondere im bairischen Raum auf, wie (9c) exemplarisch zeigt.[19] Zudem ist mit Kusmin (1960: 26) davon auszugehen, dass neben der Serialisierung auch Unterschiede in der Betonung zur Desambiguierung der Wortklassen beitragen können, indem jeweils das Element von eAs betont wird, welches Kopfstatus hat.

Syntaktisch besonders sind eAs insofern, als es sich Eroms (2000: 301) zufolge um einen „speziellen Attributionstyp" handelt, für den es nach Eisenberg (2013b: 259) kennzeichnend ist, „dass es vielfach schwerfällt, eines der beteiligten Nominale als das semantisch gewichtigere auszumachen, als den Kern, der vom anderen >modifiziert< wird". In der Forschung wird dabei häufig zwischen engen und lockeren Appositionen unterschieden, ohne dass über die Kriterien zur Unterscheidung Konsens bestünde (vgl. Engel 1986: 186; Eisenberg 2013b: 257). Mir scheint, zumindest für die Analyse der hier vorliegenden Daten, am plausibelsten und vor allem am besten operationalisierbar der Vorschlag von

---

19 Lediglich für die Klasse der BeiN (*Karl der Große*, *Walther von der Vogelweide*) sind die Serialisierungseigenschaften der Appositionsverhältnisse im Deutschen varietätenunabhängig strikt zugunsten der Abfolge PersN-vor-APP geregelt.

Schmidt zu sein, der zwischen lockerer und enger Apposition wie folgt unterscheidet:

> Enge Appositionen bilden mit ihrem Kern eine Intonationseinheit und weisen Kontaktstellung zum Kern auf, lockere Appositionen stellen eigenständige Intonationseinheiten dar (gesprochene Sprache) oder sind interpunktionell abgegrenzt (geschriebene Sprache) und ermöglichen Distanzstellung.
>
> (Schmidt 1993: 115)

Dem folgend können Korpusbelege wie in (8) und (9) als eAs und solche wie in (10) als lockere Appositionen gefasst werden. Für Appositionen mit PersN gilt dabei Hackel (1978: 98) zufolge allgemein die Besonderheit, „daß die meisten der syntagmatischen Varianten [...] sowohl als enge als auch als lockere Appositionsgruppe auftreten können".

(10) a. und **Emilie, die älteste Tochter** ist daheim. (AuswB, Dunker, Westfälisch)
   b. **stefan neumann; der vorsitzende vom schützenverein.** (REDE, Halt, Nordnd.)
   c. Des anderen morgens berichtete **Marcus Sternberg, der Herrendiener.** (HexenV, Göttingen 1649, Ostfälisch)

Aus semantischer und syntaktischer Perspektive ebenso stark diskutiert werden bei eAs die Abhängigkeitsverhältnisse zwischen Kopf und Apposition. Löbel (1988: 112) führt die Beispiele *Bäcker Müller* und *der Dichter Goethe* an und merkt an, „daß die Art der Determination unklar ist bzw. je nach Kontext unterschiedlich sein kann". Kusmin (1960: 26) wiederum verweist darauf, „daß die Beziehungen der Determination in diesen Fällen keine einseitige Abhängigkeit ausdrücken, sondern beiderseitig sind". Hackel (1978) schlägt zur Klassifikation zwei Typen von Satztransformationen vor, wobei er die Frage, welche der beiden Möglichkeiten jeweils adäquat ist, von der Kommunikationssituation abhängig sieht, vgl. (11):

> Wird die Namengebung akzentuiert, so wird die heißen-Transformation adäquat sein, bei betonter Funktionsangabe bzw. Wertung die sein-Transformation.
>
> (Hackel 1978: 108, unterstrichen im Original)

(11) a. Bäcker Müller → 'Müller ist Bäcker'
   b. Der Dichter Goethe → 'Der Dichter heißt Goethe'

Syntaktisch gesehen gilt das flektierende Nomen als Kopf einer eA. Dies lässt sich am besten anhand der Genitivflexion im Schriftdeutschen zeigen, da PersN nur noch dort überhaupt flektieren können (vgl. Ackermann 2014: 14–15):

(12) a. [Nicht-Kopf Dichter] [Kopf Goethes] Buch
    b. Das Buch des [Kopf Dichters] [Nicht-Kopf Goethe]

Das Flexionsverhalten hängt hier insofern von der Artikelsetzung ab, als bei fehlender Artikelsetzung in (12a) das Kopf-Rechts-Prinzip gilt und damit das zweite Nomen der Verbindung flektiert, während bei Artikelsetzung (12b) das links stehende Nomen den flektierenden Kopf der Verbindung darstellt.[20] Übertragen auf den Nominativ als morphologisch nichtflektierenden Kasus setzen die Grammatiken zum Schriftdeutschen so auch die folgenden Dependenzen an (vgl. IDS-Grammatik 1997: 2046; Eisenberg 2013b: 259; Duden-Grammatik 2016: 998, 1004):[21]

(13) a. [Nicht-Kopf Dichter] [Kopf Goethe]
    b. [Kopf der Dichter] [Nicht-Kopf Goethe]

Es ergeben sich Löbel (1988: 113) zufolge insofern klare Determinationsverhältnisse, als bei artikellosem Gebrauch von eAs, in (13a), Prädetermination und bei Artikelgebrauch, in (13b), Postdetermination vorliegt. Zudem gelten die Weglassprobe sowie die Genuskongruenz bei Possessivpronomen, Relativsatzanschlüssen und Resumptiva als Kriterien für den Kopfstatus in eAs:

(14) a. [Nicht-Kopf Lehrling] [Kopf Susanne] hat ihr/*sein Zeugnis erhalten. (Bsp. nach Löbel 1988: 113)
    b. [Kopf Der Lehrling] [Nicht-Kopf Susanne], der/*die ein Zeugnis erhalten hat. (konstruiert)

Allerdings haben bereits Molitor (1977: 7) und Lawrenz (1993: 50–51) darauf hingewiesen, dass sich die Tilgungsprobe bei eAs nicht immer dazu eignet, den Status von Köpfen zu bestimmen. So kann z. B. in (15) jedes der beiden nomina-

---

20 In Hackel (1986: 6) wird diesem Umstand mit dem Terminus „Schaukelsyntagma" Rechnung getragen. Auch Eisenberg (2013b: 259) schreibt davon, dass „die Konstruktion mit dem Erscheinen des Artikels um[kippt]".
21 In früheren Arbeiten, etwa bei Blatz (1900b: 35) und Jude (1975: 130), wird hingegen unabhängig von der Artikelverwendung immer der PersN als Kopf der Verbindung angesehen.

len Elemente das gesamte Syntagma repräsentieren, ohne dass der Satz ungrammatisch wird oder gar ohne Einbeziehung des Kontexts entscheidbar wäre, welche der getilgten semantischen Informationen nun wichtiger für die Proposition des Satzes ist. Dies gilt für alle Kasus außer dem Genitiv, der in der gesprochenen Sprache allerdings kaum auftritt und deshalb auch nur bedingt geeignet ist, den Status von Köpfen in eAs zu bestimmen (auch wenn er dafür meist herangezogen wird).

(15) a. **Der Onkel Hans** ist gekommen.
b. **Hans** ist gekommen.
c. **Der Onkel** ist gekommen.

7.3.2 Forschungsstand zum Artikelgebrauch

Die Forschung ist sich nun uneins darüber, wie mit der Variation im Artikelgebrauch bei PersN in eAs theoretisch umzugehen ist. Dies ist nicht zuletzt auf den Umstand zurückzuführen, dass bislang nur wenige empirische Studien zum Phänomen vorliegen, Urteile vielmehr vordergründig auf Introspektion oder auf der Analyse von Einzelbelegen beruhen. Allgemein gilt, worauf Hackel verweist, dass sich für den Artikelgebrauch in eAs „[v]erbindliche Regeln [...] kaum aufstellen [lassen, A. W.]" (Hackel 1978: 112), da „Substantive in Verbindung mit einem PEN [PersN, A. W.] fast sämtlich sowohl mit als auch ohne Artikel verwendet werden" (Hackel 1978: 101). Hinzu kommt, worauf Raabe (1979: 121) hinweist, dass über den linguistischen Status eAs (und seiner Elemente) in der Forschung Uneinigkeit vorherrscht, indem „unterschiedliche Analyseverfahren und Betrachtungsweisen (formale, strukturelle oder semantische) gerade bei der ‚engen Apposition' unterschiedliche Ergebnisse zeigen".

So sind für Jung (1973), Hackel (1986) und Löbel (1988) kontextuelle Faktoren für die Artikelverwendung maßgeblich. In Kusmin (1960: 32) wird hingegen angeführt, „daß der Gebrauch des Artikels, der sich nur auf die Apposition bezieht, eine stärkere Hervorhebung derselben verursacht und damit die Beziehungen in der Wortgruppe etwas loser macht". Umgekehrt dienen die artikellosen Varianten Paul (1919: 47), Kusmin (1960: 31), Hackel (1978: 101) und Gallmann (1990: 299) zufolge dazu, das Syntagma „enger" oder „fester" zu gestalten. Die Verbindung wird dadurch konzeptuell verdichtet bzw. „als Einheit aufgefaßt" (Blatz 1900a: 344) und „[d]er Titel verwächst für das Sprachgefühl derart mit dem Namen, daß beide wie eins erscheinen" (Wustmann 1891: 52). APP und PersN können dabei mitunter derart stark lexikalisiert sein, dass eine

Trennung der Elemente nicht mehr möglich ist (*Turnvater Jahn, Mutter Teresa*). Besonders für Verbindungen aus Titeln und PersN ist so Kalverkämper (1978: 240) zufolge mitunter sogar ein kompositionaler Status anzunehmen (s. Kap. 7.3.5).[22] Kusmin (1960: 32) bemerkt zudem das gehäufte Auftreten der artikellosen Variante im Nominativ gegenüber den anderen Kasus, ein Umstand, den auch Fritzinger (2014) herausgearbeitet hat (s. unten). Auch textstrukturelle und syntaktische Kriterien, z. B. die tendenzielle Auslassung des Artikels in Textüberschriften (Molitor 1977: 104; Hackel 1986: 101) und in lockeren Appositionsverhältnissen (Molitor 1977: 102), wurden hierfür als Kriterien diskutiert.

Wie oben angedeutet, wurde der Artikelgebrauch bei eAs darüber hinaus häufiger mit dem lexikalischen Status des APP in Verbindung gebracht. So weist Motsch (1965: 108) aus, dass eAs mit Titel und PersN ohne Artikel gebraucht werden, während Verbindungen mit Berufsbezeichnungen den Artikel üblicherweise mit sich führen.[23] Auch Meyer (1915: 512) und Kusmin (1960: 31) verweisen darauf, dass Appositionen mit Titel ohne Artikel gebraucht werden, wohingegen bei Hess-Lüttich (1989: 214) der Artikel nur dann entfällt, wenn „der Titel zum Namen [gehört, A. W.]". Dahinter steht die auch bei Kusmin (1960: 31) vertretene Sichtweise, der zufolge

> [d]ie appositionellen Verbindungen der Personennamen mit Dienstgrad- und Titelbezeichnungen [...] durch eine besonders enge Verknüpfung gekennzeichnet und [...] in dieser Einsicht einigermaßen den zusammengesetzten Personennamen ähnlich [sind, A. W.].

Die Duden-Grammatik (2016: 1000) ergänzt zudem die Klasse der artikellosen Appositionen um die lexikalische Klasse der Verwandtschaftsbezeichnungen (so auch Heyse 1923: 516). Sowohl aus theoretischer als auch aus empirischer Sicht weist die Annahme einer solchen Bindung des Artikels an den lexikalischen Status des APP allerdings Probleme auf. So wendet Molitor (1977: 101–102) ein, dass sich

---

22 Letztgenannten Verbindungen kommt damit m. E. der Status von Gattungseigennamen in der Klassifikation von Harweg (1983, 1997) zu; dies in Analogie etwa zu toponymischen Verbindungen wie *Kloster Eberbach* oder *Schloss Neuschwanstein*. Kolde (1995: 401) hingegen bestreitet das Vorkommen von Gattungseigennamen bei PersN.

23 Harweg (1983, 1997) trägt dieser Unterscheidung durch eine terminologische Differenzierung von „halbgenuinen Gattungseigennamen" und „nichtgenuinen Gattungseigennamen" Rechnung. Nichtgenuine Gattungseigennamen wie *die Stadt Marburg* oder *der Maler Vincent van Gogh* zeichnen sich demnach gegenüber halbgenuinen wie *(der) Professor Schmidt* oder *(das) Bad Homburg* dadurch aus, dass sie obligatorisch mit Artikel stehen, während letztgenannte den Artikel auch entbehren können.

> [e]ine Abgrenzung zwischen Titeln, titelartigen Verwandtschaftsbezeichnungen und Anredeformen einerseits und Berufsbezeichnungen, nicht-titelartigen Verwandtschaftsbezeichnungen und Anredeformen andererseits [...] nicht eindeutig treffen [lässt, A. W.].

Und auch Hackel (1978: 112) bemerkt, dass sich „verbindliche Regeln" für den Artikelgebrauch „kaum aufstellen" lassen, da Titel und Berufsbezeichnungen gleichermaßen mit Artikel gebraucht werden können (vgl. Wimmer 1973: 65; Kalverkämper 1978: 239).

Riesel (1959: 44), Henn-Memmesheimer (1986: 100) sowie Hartmann (1993: 58) klassifizieren den PersN-Artikel in eAs schließlich als stilistisch markiert, als Phänomen der Umgangssprachen oder auch der Dialekte; dies sicher vor dem Hintergrund, dass die Artikelverwendung bei PersN in der Forschung grundsätzlich als regionalsprachliches Merkmal identifiziert wurde. Hiergegen opponiert allerdings schon Hackel (1978: 101), wenn es heißt:

> Die Artikelverwendung bei Titeln oder Rangbezeichnungen ist in der Umgangssprache, aber auch im literatursprachlichen Bereich offenkundig und kann nicht nur als süddeutscher Dialektismus qualifiziert werden.

Die Arbeit von Fritzinger (2014) stellt m. W. bislang die einzige empirische Studie dar, in der der PersN-Artikel in eAs auf breiter Datengrundlage untersucht wurde. Anhand einer Korpusrecherche („Deutsches Referenzkorpus" (DeReKo)) wurden hierbei u. a. die Belegfrequenzen für den Artikelgebrauch bei unterschiedlichem Kasusgebrauch kontrastiert. Die Auswertungen beziehen sich dabei auf insgesamt acht Verbindungen von eAs. Für den Nominativ wurden feste Verbindungen aus APP und PersN untersucht (z. B. *Nationalstürmer Miroslav Klose*), die Angaben zum Genitiv beziehen sich hingegen auf Verbindungen mit verschiedenen PersN.[24] Es zeigt sich, dass die Variante mit Artikel häufiger bei eAs im Genitiv auftritt als im Nominativ: Genitiv: 37 Prozent (1468 von 4021) mit Artikel, Nominativ: 14 Prozent (133 von 939).[25] Dieser Befund wurde nun dahingehend gedeutet, dass der Artikel in genitivischer Verwendung als overter Kasusmarker dient, wodurch die Genitivflexion am PersN selbst unterbleiben kann und so dessen Wortkörper geschont wird. Zudem lassen sich lexemspezifische Präferenzen feststellen, indem titelartige Verbindungen (Abfragen: *Finanzminister, Königin, Papst*) häufiger ohne Artikel gebildet werden als nicht

---

24 Abgefragt wurden die folgenden Lexeme: Schriftsteller, Physiker, Nationalspieler, Moderator, Verleger, Finanzminister, König(in) und Papst.
25 Die relativen Häufigkeiten wurden nach den Zahlenangaben in Fritzinger (2014: 60) ermittelt.

titelartige (*Physiker, Schriftsteller*). Diese Tendenz ist im Genitiv ebenfalls stärker ausgeprägt als im Nominativ. Über alle abgefragten Lexeme hinweg stellte sich zudem heraus, dass keine der abgefragten Verbindungen völlig frei ist vom Artikelgebrauch und sich umgekehrt auch keine Verbindung nachweisen ließ, in der der Artikel obligatorisch verwendet wird.

Ich möchte die Befunde von Fritzinger im Folgenden zum Anlass nehmen und untersuchen, ob sich neben dem morphologischen Kasus und dem lexikalischen Status des APP weitere sprachliche Faktoren identifizieren lassen, die im Schriftdeutschen, repräsentiert über die Zeitungssprache, die Artikelverwendung bei PersN in eAs steuern können. Zeitungssprache eignet sich dabei allgemein sehr gut für die Untersuchung von eAs, da diese dort besonders häufig Verwendung finden. Ein besonderes Augenmerk soll hierbei auf dem wiederholten Gebrauch gleicher Verbindungen gelegt werden, da dort Einflussfaktoren auf die Artikelsetzung besonders gut untersucht werden können.

7.3.3 Variation in der Schriftsprache

Bei PersN in eAs handelt es sich – wie erwähnt – um die einzige Bedingung überhaupt, für die der PersN-Artikel in der Schriftsprache umfangreich variiert, vgl. (16) und (17).

(16) Jens Juszczak sitzt in seinem Büro, E108, im ersten Stock der Hochschule Bonn-Rhein-Sieg in Sankt Augustin, er ist dort wissenschaftlicher Mitarbeiter im Fachbereich Wirtschaftswissenschaften. [...] **Bundesärztekammerpräsident Frank Ulrich Montgomery** sagt, dass es "dubiose Vermittler" gebe, die Patienten nach Deutschland "importieren". [...] Laut **Forscher Juszczak** die übliche Vorgehensweise, meist nutzen die russischen Patienten die heimische Suchmaschine Yandex. [...] und mit besagter Agentur aus Lüdenscheid mache ihr Haus keine Geschäfte mehr, sagt **die Leiterin Marlies von Borries**. [...] Experten wie **der Wissenschaftler Juszcak** sagen aber, dass viele Kliniken "branchenübliche Provisionen" bezahlten. [...] Für **Bundesärztekammerpräsident Montgomery** sind das "klare Fälle von verbotener Zuweisung gegen Entgelt, das verbietet das ärztliche Berufsrecht". (Zeit-Online, 11.04.2013)

(17) »[...] Nur die Ängstlichen kommen zu mir«, sagt **der Anwalt Schwedhelm**. **Steuerrechtsprofessor Roman Seer** von der Ruhr-Universität Bochum hält das allerdings nicht für den springenden Punkt. [...] »Die Datensamm-

lung, das BGH-Urteil – in den Köpfen der Menschen steckt, dass das Risiko immer größer wird«, sagt **Anwalt Franz Salditt**. [...] **Der CSU-Abgeordnete Hans Michelbach** sagte dem ARD-Magazin Panorama, die momentane Entwicklung der Selbstanzeigen »pervertiert den Sinn des Gesetzes«. [...] Die wiederkehrende Forderung nach der Abschaffung ist meist populistisch und wenig durchdacht«, sagt **der Steuerexperte Roman Seer**. [...] »Bei der Selbstanzeige muss man die Hosen runterlassen bis ganz unten«, sagt **der Anwalt Schwedhelm**. [...] **Der Rechtsanwalt Franz Salditt** vertrat vor Jahren **den Steuersünder Peter Graf**. (Zeit-Online, 11.03.2010)

So werden in den aufgeführten Beispielen mitunter sehr ähnliche Verbindungen aus APP und PersN (*Forscher Juszczak* vs. *der Wissenschaftler Juszczak*; *Anwalt Franz Salditt* vs. *Der Rechtsanwalt Franz Salditt*; *Steuerrechtsprofessor Roman Seer* vs. *der Steuerexperte Roman Seer*) sowohl mit als auch ohne Artikel gebraucht, es lässt sich in den Beispielen auch keine Tendenz zugunsten der einen oder anderen Variante ausmachen. Der Artikelgebrauch lässt sich selbst für Verbindungen mit unikalen Titeln (18) und Anredeformen (19) belegen, ein Umstand, der in der Forschung m. W. bislang nicht berücksichtigt wurde.

(18) a. Am Mittag will sich auch **die Bundeskanzlerin und Parteivorsitzende Angela Merkel** zu den Konsequenzen der Wahl äußern. (Tagesspiegel-Online, 28.01.2008)
b. Das Attentat am 13. Mai 1981: **Der Papst Johannes Paul II.** in seinem Fahrzeug auf dem Petersplatz in Rom, kurz nachdem ihn eine Kugel getroffen hat. (Zeit-Online, 13.05.2011)
c. Zur Premiere des neuen Bond-Streifens Casino Royale begrüßte **die Königin Elisabeth II.** ihren sechsten 007, der für das Vaterland gerade wieder Kopf und Kragen riskiert hatte, am Dienstagabend auf dem Londoner Leicester Square. (FAZ-Online, 15.11.2006)

(19) a. Hier lebte auch der Nachbar. **Der Herr Schmidt** von nebenan. (Hamburger Wochenblatt-Online, 15.11.2015)
b. Sie ist **die Frau Müller**, so bodenständig wie ihr Mann, der einst beim TSV Pähl unweit des Ammersees mit dem Fußballspielen begann. (Süddeutsche-Online, 22.06.2012)

Der lexikalische Status des APP alleine kann also offensichtlich nicht die Variation im Artikelgebrauch erklären. Wenn es nun aber nach dem oben referierten Forschungsstand so sein sollte, dass mit der Artikeldistribution ein syntaktischsemantischer Unterschied insofern verbunden ist, als mal das eine und mal das andere Element einer eA kommunikativ relevanter ist (Hackel) bzw. aus syntaktischer Perspektive Kopfstatus hat (Löbel), dann wäre auch zu erwarten, dass sich sprachliche Faktoren bestimmen lassen, die die Artikelverwendung bei PersN in eAs steuern. Inwiefern es solche Faktoren für das Schriftdeutsche gibt, soll Gegenstand der nachfolgenden Betrachtungen sein. Diese sollen im Anschluss als Grundlage dienen, um die Distributionsbedingungen im Schriftdeutschen mit denen in den regionalen Varietäten vergleichen zu können.

Ergebnisse der Korpusauswertung
Ausgewertet wurden mehrere Jahrgänge der Wochenzeitung „Die Zeit". Das Teilkorpus umfasst insgesamt 8.661 Belege für PersN in eAs. Qualitative und quantitative Auswertungen über mehrere Jahrgänge hinweg wurden für Verbindungen mit vier hoch frequenten Lexemen durchgeführt: *Bundeskanzler*, *Wissenschaftler*, *Rechtsanwalt* und *Schriftsteller*; jeweils in der männlichen und weiblichen Form und inklusive präponierten Zusätzen (z. B. *Sprachwissenschaftler*). Die Lexeme wurden so ausgewählt, dass sie die in der Forschung für eAs am häufigsten angesetzten Lexemklassen repräsentieren: Titel (*Bundeskanzler*) und Berufsbezeichnung (*Wissenschaftler*, *Schriftsteller*). Mit *Rechtsanwalt* wurde zudem ein Lexem in die Auswertung mit aufgenommen, welches semantisch eine Zwischenstellung für beide Kategorien einnimmt. So weist das Duden-Wörterbuch (1995: 2719) *Rechtsanwalt* als Berufsbezeichnung aus, während die Bedeutungsangabe im Wahrig-Wörterbuch auf einen Titel hindeutet: „Jurist mit der Befähigung zum Richteramt, der als Berater u. Vertreter in allen Rechtsangelegenheiten wirkt u. bei einem Gericht zugelassen sein muß." (Wahrig 1983: 311).

Ergänzt wurden die Daten um 283 Belege von eAs mit PersN, die aus einer lexemübergreifenden Auswertung von vier Ausgaben der gleichen Zeitung gewonnen wurden. Der Datensatz setzt sich zusammen aus 251 Einzelbelegen, 13 Doppelbelegen und 2 Verbindungen, die dreifach belegt sind. Es handelt sich überwiegend um eAs mit Berufsbezeichnungen und Titeln, wobei eine genaue Einordnung – wie in der Forschung bereits moniert (s. oben) – oft nicht möglich ist. Verbindungen mit Verwandtschaftsbezeichnungen sind hingegen textsortenbedingt nur insgesamt siebenmal belegt.

Aus der Zählung ausgeschlossen wurden Verbindungen mit adjektivischen Erweiterungen (*der kluge Bundeskanzler Schmidt*; auch bei deonymischen Adjektiven: *der Marburger Sprachwissenschaftler Georg Wenker*), im Plural (*die Bundeskanzler Adenauer und Schmidt*) sowie im Genitiv (*des Bundeskanzlers Schmidt*): Der Artikelgebrauch ist in den beiden erstgenannten Fällen obligatorisch, für den Genitiv wird er – wie von Fritzinger gezeigt – stark präferiert. Gesondert betrachtet und ebenfalls nicht mitgezählt wurden weiterhin eAs in Text- und Bildüberschriften sowie bei Koordination (*der Bundeskanzler Adenauer und die Bundeskanzlerin Merkel*). Die quantitativen und qualitativen Auswertungen beziehen sich auf eine Abfrage der oben genannten Lexeme in den Jahrgängen 2010–2012.[26] Qualitativ, d. h. über Einzellexeme hinweg ausgewertet wurden zudem die Print-Ausgaben vom 21.03.2013, 04.04.2013, 11.04.2013 und 25.04.2013.

Tab. 41: Häufigkeiten für den PersN-Artikel in engen Appositionen im Schriftdeutschen

	PersN-Artikel
_Schriftsteller_in	99 % (154)
_Wissenschaftler_in	96 % (296)
_Rechtsanwalt_in	49 % (63)
_Bundeskanzler_in	<0,01 % (6)

Tab. 41 listet für die schriftdeutschen Daten die Häufigkeiten für den Gebrauch des PersN-Artikels in eAs auf. Es zeigt sich, dass die Häufigkeit, mit der der Artikel verwendet wird, lexemspezifisch stark variiert. So wird der Definitartikel in Verbindungen mit den Lexemen *Wissenschaftler* und *Schriftsteller* im Korpus fast immer vorangestellt, während dies für *Bundeskanzler* so gut wie nie der Fall ist. *Rechtsanwalt* nimmt diesbezüglich eine Zwischenstellung ein, der Artikel wird dort in zirka 50 Prozent aller Belege verwendet. Dies bestätigt die entsprechenden Befunde aus Fritzinger (2014), der lexikalische Status des APP in Appositionsverbindungen scheint demnach einen großen Einfluss auf den Artikelgebrauch zu haben.

Weiterhin wurde geprüft, ob die Länge des Syntagmas einen Einfluss auf den Artikelgebrauch hat. So wurden die Daten nach der Anzahl der realisierten appellativischen Lexeme unterschieden, z. B. *Direktor Eberhart* (1 Lexem) versus *Labelgründer, Musiker und Künstler Wolfgang Voigt* (3 Lexeme).[27] Durch dieses

---

[26] Die Abfragen wurden online im elektronischen Korpus „Die Zeit" durchgeführt (unter: www.zeit.de, letzter Zugriff: 31.07.2019).
[27] Komposita (*Labelgründer* etc.) wurden als ein Lexem gewertet, attributive Erweiterungen als mehrere Lexeme. Verschiedene Namenformen gingen hingegen nicht in die Auswertung mit ein, isolierte RufN oder FamN wurden also genauso gewertet wie der GesamtN. Aufgrund

Vorgehen kann überprüft werden, ob das koordinierte Auftreten mehrerer Lexeme einen Einfluss auf den Artikelgebrauch hat; dies vor dem Hintergrund, dass dem Artikel (in Kombination mit der pronominalen Flexion) allgemein die Funktion eines eröffnenden Elementes der NP-Klammer zugeschrieben wird und diese Eigenschaft für längere NPs eine größere Relevanz haben sollte als für kürzere (vgl. Ronneberger-Sibold 1994: bes. 119).

Die Auswertung weist einen solchen Effekt hier nicht nach, der Artikel wird bei Verbindungen mit einem Lexem ebenso häufig gebraucht wie mit mehreren Lexemen: ein Lexem zu 66 Prozent (721 von 1090), mehrere Lexeme zu 58 Prozent (57 von 98). Ein qualitativer Blick in die Daten lässt aber doch Regularitäten erkennen. So neigen eAs mit mehreren Lexemen vor allem dann zur artikellosen Variante, wenn die Lexeme *Doktor* oder *Professor*, bzw. deren Abkürzungen *Dr.* und *Prof.*, vorhanden sind (31 von 59). Umgekehrt wird der Artikel in den Daten meist gesetzt, wenn die Lexeme, wie in (20a), mit *und* koordiniert (29 von 35) oder, wie in (20b), durch präpositionale Attribute erweitert sind (2 von 2). Beiden Typen ist gemeinsam, dass sie weniger fest sind, weniger als Einheit konzeptualisiert und perzipiert werden als eAs mit nur einem appellativischen Element. Dies begünstigt nach den vorliegenden Ergebnissen die Artikelsetzung, ein Umstand, den wir im Verlauf des Abschnitts noch näher beleuchten wollen.

(20) a. "Die meisten Bewerber haben einen Masterstudiengang als bildende Künstler, Kunsthistoriker, Kuratoren oder im Bereich Kunstvermarktung absolviert", sagt **die Soziologin, Kunsthistorikerin und Journalistin Sarah Thornton**. (Zeit-Online, 04.04.2013)
b. Oder ist es völlig in Ordnung, wie beispielsweise **der Fachanwalt für IT-Recht Thomas Stadler** bloggte. (Zeit-Online, 08.06.2012)

Kommen wir damit nun zu der qualitativen Auswertung von eAs mit einem appellativischen Bestandteil. Diese machen in den Daten mit knapp 90 Prozent der Belege (*Bundeskanzler* wieder nicht mitgerechnet) den Hauptbestand aus. Es soll untersucht werden, inwiefern sich neben dem lexikalischen Status und der syntaktischen Struktur der Verbindung weitere Faktoren bestimmen lassen, die den Artikelgebrauch bei eAs steuern. Hierzu werden insbesondere pragmatische und textstrukturelle Einflüsse geprüft.

---

der sehr stark ausgeprägten Tendenz zur artikellosen Realisierung gingen Verbindungen mit *Bundeskanzler* hier nicht in die Wertung mit ein.

Anaphorik

In 15 von 17 relevanten Belegen und damit besonders häufig werden eAs ohne Artikel gebildet, wenn der Referent, auf den mit der Apposition verwiesen wird, im Text bereits eingeführt und mit den semantischen Attributen, auf die das Lexem des Antezedens rekurriert, in Zusammenhang gebracht worden ist. Dies verdeutlicht (21a), wo auf die Person Daniel Bahr zweimal mit dem identischen Ausdruck referiert wird, in der Erstnennung erfolgt dies mit Artikel, bei Anaphorik ohne Artikel. Ein ähnliches Beispiel liefert (21b), der anaphorisch gebrauchte Ausdruck wird dort ebenfalls ohne Artikel gebildet und ist außerdem extensional erweitert. (Das Merkmal, dass der Referent aus Darmstadt kommt, bleibt hier unerwähnt.) In (21c) schließlich nimmt die eA die semantischen Informationen des vorangehenden Kopulasatzes wieder auf (im Text unterstrichen), die Wiederaufnahme erfolgt wiederum ohne den Artikel.

(21) a. Allerdings sind die Vorschläge, die **der Gesundheitsminister Daniel Bahr** am Mittwoch ins Kabinett einbrachte, eine Nummer zu klein. [...] Dass **Bundesgesundheitsminister Bahr** endlich die Initiative ergreift, stößt deshalb einhellig auf Zustimmung. [...] Für die Privatversicherung plant Daniel Bahr einen Nichtzahlertarif. (Zeit-Online, 11.04.2013)

b. "Der Zuwachs ist zum Teil Protestkunden zu verdanken", sagt **der Darmstädter Bankenprofessor Dirk Schiereck**. [...] Bankenprofessor Schiereck meint, dass die Sparkassen im Kampf um ökologisch motivierte Anleger aufholen. (Zeit-Online, 11.04.2013)

c. »Laboratorium« nennt Astrid Lorenz den Osten. <u>Lorenz, 1975 in Rostock geboren, ist seit 2010 Professorin für Politikwissenschaft in Leipzig.</u> [...] »Die Sehnsucht nach Sicherheit in der Krise erklärt auch einen Teil von Joachim Gaucks Popularität im Westen«, sagt Lorenz. [...] Trotzdem darf man freilich, das sagt auch Lorenz, den schönen Osten nicht verklären. [...] »Die Elitenstrukturen des Landes verändern sich«, sagt Politikwissenschaftlerin Lorenz. (Zeit-Online, 28.06.2012)

Dieser Befund mag insofern überraschen, als der Definitartikel im Deutschen eigentlich und insbesondere anaphorische Funktionen übernimmt (s. Kap. 3.3). Diametral dazu weisen die vorliegenden Befunde aus, dass anaphorisch gebrauchte eAs präferiert mit der artikellosen Variante gebildet werden. Dies verdeutlicht einmal mehr, dass Namen für die anaphorische Referenzherstellung nicht auf den Definitartikel angewiesen sind. Für den gegensätzlichen Typ, eA in der Erstnennung, sind die Verhältnisse nach den vorliegenden Daten hingegen weniger klar, hier lassen sich auch Belege für die artikellose Variante finden:

(22) »Das wird den Trend in diesem Jahr noch einmal deutlich beschleunigen«, sagt Branchenkenner Peter Renton, der ein US-Online-Informationsportal zum Thema betreibt. [...] Seit Beginn der Krise hat sich das Kreditvolumen jährlich jeweils mehr als verdoppelt, im vergangenen Jahr wuchs es laut **Branchenbeobachter Renton** um 162 Prozent, die Milliarden-Dollar-Marke wurde durchbrochen. (Zeit-Online, 04.04.2013)

Kontrastierung
Obligatorisch ist die Artikelsetzung in Belegen wie in (23).

(23) a. Es sieht so aus, als sei Max Brod weniger **der Schriftsteller Max Brod**, als der Eckermann Kafkas. (Zeit-Online, 10.06.1954)
b. Dass Cummings, Cembalist und Dirigent, derzeit vor allem die leidenschaftliche Seite des Wahllondoners Georg Friedrich Händel im Kopf hat, liegt am ältesten Händel-Festival der Welt, [...] Cummings fasziniert auch **der Wissenschaftler Händel**, der in Versuchsanordnungen die Charaktere unter Spannung setzt, »bis sie losschießen und rotieren«. (Zeit-Online, 16.05.2012)
c. **Der Mensch Ratzinger** konnte diese sieben Jahre nur durchhalten, weil er sich kleine Fluchten offenhielt. (Spiegel-Online, 11.06.2012)

Die eA wird hier aus recht spezifischen semantischen Gründen verwendet: Es handelt sich bei dem Referenten jeweils um eine prominente Persönlichkeit, also um eine Person, die für bestimmte Eigenschaften, Charakterzüge oder Merkmale allgemein bekannt ist. Die eA erfüllt dabei die Funktion, eines dieser Merkmale (ein Sem) besonders hervorzuheben und dieses Sem vor anderen auszusondern. Insofern ergeben sich hier Parallelen zu dem sog. subindividuellen Gebrauch von PersN, bei denen der Name den Ausführungen von Heusinger (2010) zufolge ebenfalls semantisch belastet ist (z. B. in *er spielt wie der junge Beckenbauer*). In (23a) bezieht sich der semantische Kontrast auf die Seme 'Schriftsteller' und 'Vertrauter Kafkas', wobei das letztgenannte Merkmal wiederum nur über Eigenschaften inferiert werden kann, die der Person Eckermann zugeschrieben werden – Johann Peter Eckermann war ein enger Vertrauter Johann Wolfgang von Goethes. Die kontrastierenden Seme in (23b) sind 'Wissenschaftler' und 'Komponist', das zuletzt genannte Merkmal muss wiederum vom enzyklopädischen Wissen erschlossen werden, da Georg Friedrich Händel im vorangehenden Beitrag nicht explizit als Komponist eingeführt wurde. (23c) stellt insofern eine interessante Ergänzung zu den zuvor besprochenen Belegen dar, als der frühere Papst Joseph Ratzinger allgemein mit dem Merkmal

'Mensch' in Verbindung gebracht werden sollte. Da der Vorlauf des Beitrags allerdings in erster Linie von seinem kirchlichen Amt handelt, welches er zuvor aufgegeben hatte, wird hier durch die Verwendung der Apposition wiederum ein Kontrast eröffnet, indem auf ein Sem Bezug genommen wird, welches zuvor nicht im Fokus der Betrachtung stand.

Der obligatorische Artikelgebrauch in der eben beschriebenen Verwendungsweise eAs steht im Einklang mit der zuvor identifizierten anaphorischen Verwendung. So wird die artikellose Variante in den Daten besonders dann verwendet, wenn Seme, die durch das APP aktiviert sind, bereits vorerwähnt und in den PersN lexikalisch integriert sind. Der hier beschriebene semantisch angereicherte Gebrauch eAs widerspricht dieser lexikalischen Integration allerdings. Es soll vielmehr einmalig oder zumindest temporär auf ein Merkmal des Referenten verwiesen werden, das möglicherweise unerwartet, in jedem Fall aber anders ist als das im Text zuvor genannte und mit diesem sogar kontrastiert. In der gesprochenen Sprache wäre hierfür der Gebrauch von Kontrastakzenten auf dem APP zu erwarten (*nicht der Pápst Ratzinger, der Ménsch Ratzinger*; dazu auch Hackel 1995: 19–20), im Schriftdeutschen wird nach den vorliegenden Daten zur Kodierung des semantischen Kontrasts der Definitartikel verwendet. Semkontrastierung alleine kann den Artikelgebrauch hier allerdings nicht vollständig erklären, wie die mehrfache kontrastierende Verwendung der eA *Vater Walter* und *Sohn Walter* in (24) zeigt. Vielmehr ist es die oben beschriebene Etablierung eines neuen, temporär fokussierten Sems, welches die Verwendungsweise charakterisiert.

(24) **Vater Walter**, 80, guckt aus der Dachluke, **Sohn Walter**, 50, steht am Gartenzaun. **Vater Walter** ist noch nie geflogen. **Sohn Walter**: "Die Leute, die immer gegen den neuen Flughafen demonstrieren, sind doch die Ersten, die mit easyJet nach Mallorca fliegen." (Zeit-Online, 11.04.2013)

Symmetrie bei Koordination

Dort, wo mehrere eAs koordiniert auftreten, z. B. in (25), wird der Artikel in allen eAs einheitlich verwendet oder nicht verwendet, und zwar unabhängig vom lexikalischen Status, den einzelne APP aufweisen. Hier zeigt sich ein Unterschied zur Koordination einfacher PersN-NPs in der gesprochenen Sprache, in der ein asymmetrischer Artikelgebrauch nicht selten zu verzeichnen ist (s. Kap. 6.5.1). Die Tendenz zur Symmetrie im Artikelgebrauch hat hier nicht nur formale Gründe, es ist vielmehr davon auszugehen, dass eine Abweichung von der zuerst gewählten Variante eine markierte Lesart, einen semantischen Kontrast zwischen der Variante mit und ohne Artikel evoziert. So haben die Aufzählungen in (25a und b) die Funktion, die Diversität in den Berufen der Beteiligten herauszustellen. Dadurch soll wohl Interdisziplinarität suggeriert werden, die Referenz auf die konkreten Personen ist hierfür jedenfalls sekundär. In (25c) wiederum geht es um einen juristischen Streitfall, die handelnden Personen – und nicht ihre Berufe – sind hierfür primär von Relevanz, und also entfällt der Artikel in allen aufgeführten Verbindungen.

(25) a. Dieser Frage widmet sich das Vademekum der Inspirationsmittel, eine im besten Sinne inspirierende Textsammlung, die **der Theologe Christoph Markschies** und **der Literaturwissenschaftler Ernst Osterkamp** zusammengestellt haben und von der wir vorab eine Auswahl dokumentieren. (Zeit-Online, 29.11.2012)
b. Die Veranstalter, das sind **die Diplom-Psychologin Silke Wolckenhaar**, **der Diplom-Sozialwissenschaftler Ulrich Möhring** und **die Berufsfalknerin Klaudia Brommund**. (Zeit-Online, 29.06.2012)
c. Gemeinsam mit **Personalvorstand Stephan Leithner** und **Chefjustiziar Richard Walker** erstellte sie jenen Zwischenbericht, auf dessen Basis **Aufsichtsratschef Paul Achleitner** im Juli 2012 alle aktiven und früheren Vorstände von einer Verwicklung in die skandalösen Vorgänge freisprach. (Zeit-Online, 11.04.2013)

Lockere Apposition

Sofern Verbindungen aus APP und PersN wie in (26) selbst in einem lockeren Appositionsverhältnis stehen (nach den Kriterien in Schmidt 1993, s. Kap. 7.3.1), entfällt der Artikel überzufällig häufig (in 20 von 32 relevanten Belegen). Da die lockere Apposition qua definitionem dem Bezugsnomen immer untergeordnet ist, liegt hier wohl eine syntaktische Abhängigkeit speziell in der Form vor, dass der Definitartikel entfällt, sofern die lockere Apposition im Skopus einer vorangehenden NP liegt, welche selbst bereits determiniert ist; vgl. hierzu das Kontrastbeispiel mit nicht determinierter Bezugs-NP in (26d).[28]

(26) a. Zum Beispiel sein Vorgesetzter, **Finanzminister Pierre Moscovici**, der die Aufklärung, sagen wir: nicht beschleunigte. (Zeit-Online, 11.04.2013)

---

[28] Die Verbindung selbst kann auch artikellos verwendet werden, z. B. in folgendem Beleg: Im Zusammenhang mit den Siegesfeiern bei der Fußball-EM sprach **Grünen-Vorsitzende Claudia Roth** im Fernsehsender Phoenix von einem Party-Patriotismus. (Focus-Online, 24.06.2008).

b. Der Wirt, **Herr Apel**, führt den Laden schon in dritter Generation. (Zeit-Online, 11.04.2013)
c. Deshalb haben die Parteien ständig aneinander vorbeigeredet, und zwar nicht nur in der Hauptversammlung, sondern auch in den vorangegangenen Wochen und Monaten, in denen die Verwaltung bemüht war, mit dem Sprecher der Opposition, **Rechtsanwalt Gordan**, in ein Vertrauensverhältnis zu gelangen. (Zeit-Online, 24.06.1959)
d. Zum ersten Mal wird eine Grüne, **die Vorsitzende Claudia Roth**, zum Parteivolk sprechen. (Zeit-Online, 13.09.2013)

Zwischenfazit

Fassen wir die Befunde der Auswertung zusammen, indem wir einen Blick auf die Beispiele (16)–(19) werfen, welche einleitend in diesem Kapitel zur Illustration der Artikelvariation im Schriftdeutschen dienten: Es konnte gezeigt werden, dass der Artikel in eAs im Schriftdeutschen häufig über die lexikalische Klasse gesteuert wird, der das APP zuzurechnen ist. So treten eAs mit titelartigem Element (z. B. *Bundesärztekammerpräsident Frank Ulrich Montgomery* in (16)) häufig artikellos auf, solche mit Berufsbezeichnung hingegen mit Artikel (z. B. *der Wissenschaftler Juszscak* in (16)). Die in (18) und (19) aufgeführten Belege für den Gebrauch von Titeln und Anredeformen mit Artikel sind hingegen recht selten und auf Koordination mit *und* (in (18)) bzw. auf Erstnennungen im Text zurückzuführen (in (18b und c)) sowie als Ausdruck besonderer sozialer Nähe zu interpretieren (in (19)).[29] Daneben ist auch die textstrukturelle Einbettung eAs von Belang. So bleibt der Artikel in anaphorischer Verwendung häufig ausgespart, sofern die semantischen Merkmale, auf die die Verbindung rekurriert, im Text zuvor bereits eingeführt und etabliert worden sind (*Forscher Juszscak* in (16)), bei Erstnennung der Verbindung ist hingegen häufig ein Artikelgebrauch zu verzeichnen (*die Leiterin Marlies von Borries, der CSU-Abgeordnete Hans Michelbach* in (16) und (17)). Dies gilt ebenso für wenig etablierte Ad-hoc-Bildungen (*den Steuersünder Peter Graf* in (17)), die sich damit semantisch geradezu konträr zu Titeln verhalten, welche ja geradezu als ständige Merkmale von Namen gelten können.[30] Weitere Kontexte, die den Artikelgebrauch nach der

---

[29] Hierbei handelt es sich wohl um einen pragmatisch-stilistisch stark aufgeladenen Artikelgebrauch, der in Kap. 6.4.7 für das Schriftdeutsche auch schon für die einfache PersN-NP festgestellt werden konnte und der allgemein dazu dient, für den Referenten eine besondere Bodenständigkeit/Intimität (auch im pejorativen Sinne) zum Ausdruck zu bringen.
[30] Solche Ad-hoc-Bildungen eAs sind als typisches Stilmittel für die Zeitungssprache anzusehen, entsprechend hoch sollte die Tendenz zum Artikelgebrauch hier sein.

vorliegenden Auswertung lizenzieren, die in (16) und (17) aber nicht repräsentiert sind, stellen a) die Einbettung von eAs in lockere Appositionsverhältnisse, b) das koordinierte Auftreten mehrerer eAs sowie c) die Fokussierung von einzelnen, für den Referenten untypischen Semen dar.

Soweit zur Bestimmung der semantischen und syntaktischen Abhängigkeiten, wie sie am Beispiel des Schriftdeutschen diskutiert wurden. Im Folgenden wollen wir nun untersuchen, inwiefern sich die skizzierten Verhältnisse auf die regionalsprachlichen Daten übertragen lassen.

7.3.4 Konstanz in den Regionalsprachen

In den regionalen Varietäten des Deutschen ist die Variation im Gebrauch des PersN-Artikels bei eAs gegenüber dem Schriftdeutschen deutlich reduziert und seine obligatorische Verwendung keine Seltenheit, z. B. in (27).

(27) a. A: wie war denn das, wo **de pfarrer huber** [...]
B: dann hätt **de pfarrer huber** hätt dann de de harsche willi gfrogt.
A: un da hätt **de pfarrer huber** das auto dri geha.
C: **de lehrer mauk**, weißte wo au. [...] da hätt i zu de anneliese gesagt, schau mal, das isch **de lehrer mauk**. (REDE, OG2, Alemannisch)
b. ja **der babst bius der neunte**, der hätt se oll verbonnt [...] da haben wir ihn auch mal so geplagt, ich un mei schwester drauß, **die frau uhl**, ham mer gesagt [...] da haben wir ihn auch mal so geplagt, ich und meine schwester draußen, **die frau uhl** – haben wir gesagt [...] und hat gesagt: jawohl, herr hauptmann, **der herr endres** hat recht eingespannt [...] **de kronprinz ruprecht** is zur chaise gegangen [...] un do is der erzherzog äh äh ferdinand von österreich ermordet worden. (Zwirner, ZWJ49, Ostfränkisch)

Im Korpus kommen insgesamt 671 eAs mit PersN vor. Die Häufigkeiten für die Artikelverwendung pro Teilkorpus und Sprachraum sind in Tab. 42 gelistet. Sie liegen in den HexenV jeweils auf einem Niveau von zirka 50 Prozent und weisen über die Datensätze hinweg eine simultane diachrone Zunahme auf zirka 90 Prozent im Obd. und Wmd. sowie im Vergleich dazu einen stabil geringeren Artikelgebrauch im Nordd. aus (s. Abb. 33).

Beginnen wir mit den Befunden in den beiden regionalsprachlichen Korpora Zwirner und REDE: Ein Vergleich der vorliegenden Werte mit den Häufigkeiten, wie sie für den Artikelgebrauch bei einfachen PersN-NPs ermittelt werden konnten (Tab. 11, Kap. 6.1.1), zeigt, dass der Artikel im Nordd. deutlich häufiger gesetzt wird, wenn der PersN in einem engen Appositionsverhältnis steht, als wenn dies nicht der Fall ist ((χ^2 (1, N = 1367) = 27, p = 0). Ein solcher Effekt ist weder für das Obd. noch für das Wmd. feststellbar, der PersN-Artikel wird hier ebenso häufig bei eAs verwendet, wie in einfachen PersN-NPs.

Tab. 42: Relative und absolute Häufigkeiten für den PersN-Artikel bei engen Appositionen nach Sprachraum und Teilkorpus

	Oberdeutsch	Westmitteldeutsch	Norddeutsch
HexenV	50 % (5)	50 % (8)	44 % (7)
AuswB	81 % (28)	63 % (20)	19 % (4)
Zwirner	90 % (47)	97 % (33)	37 % (11)
REDE	95 % (67)	87 % (45)	29 % (5)

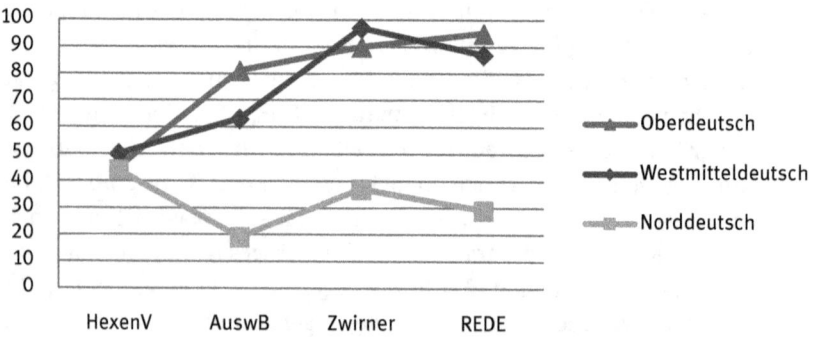

Abb. 33: Diachrone Entwicklung für den PersN-Artikel (Werte in %) bei engen Appositionen

Tab. 43 schlüsselt ergänzend die Häufigkeiten für den Artikelgebrauch in Abhängigkeit vom lexikalischen Status des APP auf.[31]

---

[31] Insbesondere zwischen Titeln und Berufsbezeichnungen ist im Deutschen oftmals keine Trennschärfe gegeben. Folgende Lexeme wurden deshalb aus der Zählung ausgeschlossen: *Doktor, Professor, Rechtsanwalt, (Ober-)Bürgermeister, Köster, Pastor, Pater, Papst, Bischof, Bildungssenatorin, Land(wirtschafts-)rat, (Wirtschafts-)Minister* und *Pfaffe*. Ebenfalls aus der Zählung ausgeschlossen wurden eAs, in denen mehrere APP koordiniert auftreten.

Tab. 43: Relative und absolute Häufigkeiten für den PersN-Artikel bei engen Appositionen nach lexikalischer Kategorie und Sprachraum in Zwirner und REDE

	Oberdeutsch	Westmitteldeutsch	Norddeutsch
Berufsbezeichnung	73 % (21)	87 % (29)	50 % (9)
Verwandtschaftsbezeichnung	86 % (22)	48 % (15)	13 % (2)
Titel	68 % (19)	50 % (5)	42 % (5)
Herr	80 % (31)	57 % (11)	25 % (3)
Frau	91 % (38)	85 % (30)	30 % (5)

Es zeigt sich, dass der lexikalische Status des APP in den regionalen Varietäten nur einen geringen Einfluss auf die Artikelverwendung hat. Hierfür sind insbesondere die Anteile für Verbindungen mit Titel verantwortlich, die mit Werten zwischen zirka 40 und 70 Prozent deutlich höher liegen, als es im Schriftdeutschen der Fall ist. So verhalten sich etwa Verwandtschafts- und Berufsbezeichnungen im Hinblick auf den Artikelgebrauch im Obd. und Wmd. wie Titel, was verdeutlicht, dass diese in den regionalen Varietäten stark in den GesamtN integriert sein können. Lediglich für das Nordd. zeigen sich hier Unterschiede in den Daten, Titel werden dort sogar signifikant häufiger mit Artikel verwendet als Verwandtschaftsbezeichnungen (χ^2 (1, N = 142) = 7, p < ,005). Zwischen den sexusdefiniten Höflichkeitsformen lassen sich ebenfalls nur geringfügige Unterschiede feststellen: *Frau* wird in allen Sprachräumen etwas häufiger von einem Artikel begleitet als *Herr*, ohne dass für diese Differenz allerdings statistische Signifikanz erreicht wird.

Ein qualitativer Blick ins Korpus verrät zusätzlich, welche linguistischen Faktoren den Artikelgebrauch in eAs begünstigen können. Demnach wird der Artikel in den Daten besonders häufig verwendet, wenn mehrere APP, wie in (28), koordiniert auftreten (in 11 von 12 relevanten Fällen), ein Kontext, für den im Schriftdeutschen keine besondere Affinität für die Artikelsetzung nachgewiesen werden konnte.

(28) a. da hat ja unser verwandter (.) – **der herr kirchenrat mahler** – (REDE, ERalt1, Ostfränkisch)
  b. u. dies **dem Herrn Lehrer Lohmann** u. H. Neuten mittheilen. (AuswB, Lehnhoff01, Westfälisch)
  c. **Der her Schultheiß Doctor Hultzbach**, (HexenV, Trier 1590, Moselfränkisch)

Der gegenteilige Effekt zu Ungunsten der Artikelverwendung ist in den beiden historischen Teilkorpora feststellbar, wenn bei eAs nicht die APP, sondern PersN koordiniert auftreten, vgl. (29). Auch hier ist – wie auch schon bei der Koordination einfacher PersN-NPs festgestellt (s. Kap. 6.5.1) – eine Asymmetrie im Artikelgebrauch kennzeichnend, indem das zuerst genannte Konjunkt obligatorisch von einem Artikel begleitet wird, während die nachfolgenden Konjunkte artikellos sind.

(29) a. **der Bruder Johan** und **Schwester Sofi** sind zu Haus. (AuswB, Gamsjäger1, Bairisch)
   b. So haitt **d[er] Stadthalter Pictivs** vnd **voigt Gaickels** von den scheffen. (HexenV, Erkelenz 1598, Ripuarisch)

In seltenen Fällen kann die Artikelverwendung sogar zur Desambiguierung der syntaktischen Abhängigkeiten beitragen, wie das (konstruierte) Kontrastbeispiel in (30) illustriert.

(30) a. dann hats de polizeiarzt – (.) **de doktor bing** (.); aufgehalst kriegt. (REDE, WND1, Moselfränkisch)
   b. dann hats **de polizeiarzt doktor bing** aufgehalst kriegt. (konstruiert)

Während in (30a) der syntaktische Status als enge oder lockere Apposition nach der in Kap. 7.3.1 zitierten Definition von Schmidt nur intonatorisch bestimmt werden kann (Lesarten: a) lockere Apposition: [de polizeiarzt]$_{IP}$ [doktor bing]$_{IP}$, b) enge Apposition: [de polizeiarzt doktor bing]$_{IP}$), führt der präponierte Artikel vor *Doktor* in (30b) dazu, dass hier aus syntaktischen Gründen ausschließlich die Lesart einer lockeren Apposition zu *de polizeiarzt* möglich ist.[32] Das Gleiche gilt für APP, die nicht von einem Artikel begleitet werden und die postponiert zum PersN auftreten, vgl. (31).

(31) [de kropf peter]$_{Kopf}$ [sachbearbeiter]$_{Nicht-Kopf}$ (REDE, WND1, Moselfränkisch)

Postponierte Appositionen treten in den historischen Daten besonders dann auf, wenn der syntaktische Status der Apposition besonders komplex ist, vgl. (32).

(32) habe ich **Johanes Kempf Bruder von Pfeifle und Schulkamerad von Schwester Magdalena** auch gesehen. (AuswB, Walz1, Schwäbisch)

---

32 IP steht in den aufgeführten Beispielen für Intonationsphrase.

Anders als bei den präponierten eAs kann der Artikel bei den postponierten, lockeren Varianten auch entfallen. Dies gilt etwa für lockere Appositionen, die funktionale Äquivalenz zu Relativsatzanschlüssen aufweisen, vgl. (33a), aber auch für lockere Anschlüsse mehrerer Titel oder Berufsbezeichnungen, z. B. in (33b).[33]

(33) a. Mathilde jetzt **Frau Streutker** ist 3 Jahr verheirathet. (AuswB, Overdiek3, Westfälisch)
b. vnd habe lange gewert bis **Herr Marx haußman Pfarrer Zu leistadt** es mit allerhandt gekraut Curirt. (HexenV, Lindheim 1631, Hessisch)

Zu vermuten ist, dass die Postponierung in Kombination mit der Setzung einer Intonationsphrasengrenze hier aus informationsstrukturellen Gründen erfolgt. Ein „Mehr" an Appositionsmaterial, Meyer (1915: 520) schreibt von einer „größere[n] [B]eschwerung", kann aus der Perspektive des Sprachverstehens besser verarbeitet werden, wenn dieses dem Referenzausdruck postponiert wird. Die Serialisierungseigenschaften im Verhältnis von Kopf und lockerer Apposition bilden diese Tendenz zur „gedanklich-sprachlichen Reihung" (Baumgärtner 1959: 96) prozesshaft ab. Demnach wird zunächst ein Referent eingeführt, der im Folgenden näher bestimmt wird.[34] Gleichzeitig wird damit der von der IDS-Grammatik (1997: 2042) für Appositionen allgemein postulierten syntaktischen Funktion Ausdruck verliehen, den rechten Rand einer NP zu markieren. Semantisch betrachtet gilt, was bereits Meyer (1915: 520) beobachtet hat: Postponierte Appositionen tragen im Vergleich zu präponierten stärker zur Individualisierung des Referenten bei. Zudem kann die Reihenfolge der Konstituenten Hackel (1986: 5) zufolge kommunikativ relevant sein:[35]

> Erscheint bei der lockeren Variante der EN zuerst, so wird die zweite Konstituente meist weniger erwartet und darum hervorgehoben, was durch die intonatorische Absonderung bzw. Kommasetzung wirksam unterstützt wird.

---

33 Eine ähnliche Beobachtung macht Hackel (1978: 102) für das Schriftdeutsche.
34 Welcher Art diese Bestimmung ist, d. h. ob hier etwa ein Prädikations- oder Attributverhältnis vorliegt, ist in der Forschung umstritten (vgl. z. B. Molitor 1977: 1–19).
35 Historisch waren die Abfolgeregularitäten in Appositionsverhältnissen überhaupt weniger fest, als es für die rezenten Varietäten zu konstatieren ist. So konnten Titel und Berufsbezeichnungen noch in der Frühen Neuzeit sowohl prä- als auch postponiert verwendet werden, während heute, zumindest bei eA, nur noch die präponierte Stellung von Titeln möglich ist. Diese relative Stellungsfreiheit ist insbesondere dem postponierten Gebrauch von BeiN geschuldet, sie zeigt sich aber auch bei Appositionen, die als Titel oder Berufsbezeichnungen zu klassifizieren sind.

Aber zurück zum Artikelgebrauch: Bezogen auf die einzelnen Sprachräume und Varietäten zeichnet sich zusammenfassend das folgende Bild ab: In den regionalen Varietäten des Deutschen wird der Definitartikel bei eAs mit PersN deutlich häufiger verwendet als in der Schriftsprache. Zumindest für den obd. und wmd. Raum lässt sich der Artikel hier für alle Verwendungsweisen feststellen, in denen der Artikelgebrauch bei eAs auch für das Schriftdeutsche nachgewiesen werden konnte. Dies gilt zusätzlich für die Domänen, für die im Schriftdeutschen eine Präferenz für die artikellose Variante zu beobachten ist, so z. B. für die anaphorische Verwendung (34a), für den Gebrauch eAs mit PersN in lockeren Appositionsverhältnissen (34b) sowie für titelartige Lexeme und für Anredeformen (34c–e).

(34) a. der hat ja von von der schwarzkoppe von der fuchshütten sagt man des, bis nach em kirschstein das hat **em graf schönborn** gehört. und **der graf schönborn**, der ist neunzehnhundertundachtzehn ham sie den dann die tschechen meistens enteignet. (Zwirner, ZWK88, Bairisch)
b. dann hats de polizeiarzt – (.) **de doktor bing** (.); aufgehalst kriegt. (REDE, WND1, Moselfränkisch)
c. des konn von mir aus **der reichskanzler adenauer** hörn. (Zwirner, ZWZ16, Ostfränkisch)
d. ja **der babst bius der neunte**, der hätt se oll verbonnt. (Zwirner, ZWJ49, Ostfränkisch)
e. dass sogar **de kaiser rudolf von habsburch** den e zeit lang als sei tafelwein gehobt hot. (Zwirner, ZWG01, Rheinfränkisch)

Eine solche domänenunspezifische Artikelverwendung zeigt sich darüber hinaus für eAs in Listen (35a) und vor lexikalisierten BeiN (35b), zumindest für den zuletzt genannten Kontext scheint mir die artikellose Variante im Schriftdeutschen auch obligatorisch zu sein (vgl. Duden-Grammatik 2016: 1003).

(35) a. da hatte mer **de lehrer söderbersch; de lehrer heseding; un de lehrer abel**. (Zwirner, ZW2J5, Niederfränkisch)
b. damals hat **de bischof bertold der erste von stroßburg** drübe, der hat müsse e so e streitigkeit, weißte, so e zehentstreit. (Zwirner, ZW555, Alemannisch)

Auch für nordd. Varietäten lässt sich der PersN-Artikel in eAs nachweisen, und zwar überzufällig häufig gegenüber seinem Auftreten in einfachen PersN-NPs. Ein häufiger Artikelgebrauch kann dabei insbesondere für Berufsbezeichnungen und Titel verzeichnet werden, während Verwandtschaftsbezeichnungen und Anredeformen im Norden eher ohne Artikel verwendet werden. Im Unterschied zu den obd. und wmd. Varietäten weisen die vorliegenden Daten für das Nordd. zudem eine Affinität für die in Kap. 6.4.1 für einfache NPs beschriebene Abfolgeregularität Artikel-vor-kein Artikel auf, wie (36) exemplarisch zeigt.

(36) un dann han se noch son olen magister, dat was **de lehrer lenz** [...] ja un **lehrer lenz**, dei söit de hasen, un böt au drup. (Zwirner, ZW2A3, Westfälisch)

Dies steht wiederum in Zusammenhang mit den diskurspragmatischen Funktionen, die in Kap. 6.4.1 für die Verwendung des PersN-Artikels im Nordd. allgemein herausgearbeitet werden konnten. Noch einmal sei erwähnt, dass eAs insbesondere zur Referenzierung und gesellschaftlichen Verortung des Referenten dienen, entsprechend groß sollten damit im Nordd. die Überschneidungsbereiche zwischen diesen Funktionsweisen und denen des PersN-Artikels sein. So wird der Referent in (36) in der Erstnennung mit Definitartikel im Diskurs verankert und in Verbindung mit der Berufsbezeichnung gesellschaftlich verortet. In der Wiederaufnahme steht der gleiche Referenzausdruck dann ohne Artikel. Besonders augenscheinlich ist die diskurspragmatische Verwendung des PersN-Artikels in eAs auch in (37). Während der referenzielle Rahmen für die Einführung der Person Fischer über die vorherige Angabe *Werder-Tag* zuvor bereits geschaffen worden ist,[36] der Referent demnach artikellos in den Diskurs eingeführt werden kann, handelt es sich bei Jürgens Pieper um eine neue und an dieser Stelle weniger erwartbare Referentin, auf die deshalb auch mit Definitartikel und in Verbindung mit einer Amtsbezeichnung referiert wird.

(37) ja gleich muss ich noch mal eben zur gätje schule. da ist wie gesagt dieser werder tach da. fischer und **die bildungssenatorin jürgens pieper** sind da. die machen äh, die stellen dieses projekt vor. (REDE, HB1, Nordnd.)

Zudem tritt der Artikel bei eAs im Norden in Kontexten auf, in denen zwei (oder mehrere) Referenten (typischerweise mit dem gleichen FamN) über das zugehörige APP erst eindeutig identifizierbar gemacht werden, z. B. in (38). Anders als

---

[36] Bei dem Referenten handelt es sich um den damaligen Vizepräsidenten des Fußballvereins Werder Bremen, der vor allem für wohltätige und repräsentative Aufgaben im Verein bekannt war. Zwischen *Fischer* und *Werder-Tag* besteht damit ein Assoziationsverhältnis, das Referenz erleichternd wirkt und damit den Artikelgebrauch obsolet macht.

im Schriftdeutschen, wo der Artikel zur Semkontrastierung für ein und denselben Referenten eingesetzt wird, betrifft der lexikalische Kontrast hier allerdings verschiedene Referenten.

(38) nach **dem buern gehrke** [...] **die frau martha gehrke**. (Zwirner, ZWA25, Mecklenburgisch)

Ich fasse zusammen: Im Nordd. unterliegt der Artikelgebrauch bei eA mit PersN einer deutlich größeren Variation, als es für die obd. und wmd. Varietäten der Fall ist. Sein Gebrauch kann, wie in (39), frei variieren, es lassen sich mit der koordinierten und kontrastierenden Verwendung mehrerer APP, wie auch mit dem lexikalischen Status des APP (besonders Titel vs. Verwandtschaftsbezeichnungen), aber auch Kontexttypen benennen, die sein Auftreten beeinflussen.

(39) a. da wohnte unten **fräulein kämmerer** und oben wohnte **die fräulein müller.** dat war ne lehrerin oder war ne. (REDE, PRalt1, Brandenburgisch)
 b. und dat hatte denn **dem bruder lustich** derartich jefallen, dat er den mädken eine bitte fri stellte [...] und er – **bruder lustich** – wusste im moment nu nich; wo er die orgel her kriegen sollte. (Zwirner, ZWV72, Ostfälisch)

Im Obd. und Wmd. werden PersN bei eA hingegen fast ausschließlich mit Definitartikel verwendet. Dieser Befund gilt unabhängig vom lexikalischen Status des APP und betrifft auch den Gebrauch von Titeln und Anredeformen. Dies bedeutet gleichzeitig, dass der Gebrauch des Artikels hier – anders, als es in der Forschung angenommen wurde (s. Kap. 7.3.2) – auch kein verlässliches Kriterium für die Bestimmung von Kopf und Apposition darstellt. Diesen Aspekt möchte ich im Folgenden vertiefen und untersuchen, inwiefern die vorliegenden Daten Aufschluss darüber geben können, welcher morphosyntaktische Status der Konstruktion in den verschiedenen Varietäten des Deutschen zukommt.

7.3.5 Syntagma oder Kompositum? – Der Artikel als morphosyntaktischer Klassenmarker

Vor dem Hintergrund der dargelegten Befunde möchte ich abschließend diskutieren, wie PersN in eAs morphosyntaktisch zu klassifizieren sind. In der Forschung werden hierzu im Wesentlichen zwei Analysen verfolgt:

1. Bei Verbindungen aus APP und PersN handelt es sich um je eigenständige Nomen, die im gleichen Kasus stehen (z. B. IDS-Grammatik 1997: 2043–2046; Helbig & Buscha 2001: 510–513; Eisenberg 2013b: 257–259). Semantisch ist entweder von einer einseitigen oder beidseitigen Determination auszugehen, die Richtung der Determination hängt dabei insbesondere vom lexikalischen Status des APP und von der Artikelsetzung ab (s. Kap. 7.3.2). Die Nomen treten dabei in Adjazenzstellung auf, wobei das „Erweiterungsnomen" (IDS-Grammatik 1997: 2043) dem Bezugsnomen subordiniert ist; feststellbar etwa über Rektionseigenschaften, Kongruenzbeziehungen zum Relativsatz und Restriktionen für adjektivische Erweiterungen und Genitivattribute (z. B. Löbel 1988; Ackermann 2014). Aufgrund der Kasusidentität der nominalen Bestandteile wurde in der Forschung außerdem in Erwägung gezogen, die Verbindung als „einen besonderen Fall von Koordination" (Eisenberg 2013b: 259) oder als „reduzierten Kopulasatz" (Helbig & Buscha 2001: 511) zu werten.

2. Die Verbindung aus APP und PersN stellt eine „syntaktische Einheit" (Molitor 1977: 103) oder gar ein „Kompositum" (Kalverkämper 1978: 240) dar. Molitor knüpft den morphosyntaktischen Status der Verbindung (Syntagma oder Kompositum) dabei an den lexikalischen Status des APP, wenn es heißt:

> Verbindungen aus Titel und titelartigen Verwandtschaftsbezeichnungen/Anredeformen plus EN sind wie Verbindungen aus VN(VN)+FN(FN) keine eAs, sondern **eine syntaktische Einheit**; sie verhalten sich syntaktisch wie EN. Verbindungen aus Berufsbezeichnungen und nicht-titelartigen Verwandtschaftsbezeichnungen/Anredeformen plus EN sind eaS; sie sind syntaktisch eine Zweiheit, was sich im obliquen Kasus an dem Flexionsmorphem zeigt.
>
> (Molitor 1977: 103, eigene Hervorhebung)

Die Duden-Grammatik (2016: 1000) expliziert dahingehend, dass bestimmte Gattungsbezeichnungen wie Titel, Berufs- und Verwandtschaftsbezeichnungen in den PersN integriert sein können, sofern sie ohne Artikel gebraucht werden. Eine noch stärkere Fixierung der Elemente setzt Kalverkämper (1978: 240, 251) an, indem er Verbindungen aus präponiertem Titel (inkludiert: Verwandtschaftsbezeichnungen und Anredeformen) und PersN Kompositionsstatus und damit lexikalischen Einwortstatus zuschreibt (ähnlich schon Schötensack 1856: 117).[37] Als Abgrenzungskriterien macht er hierbei geltend, dass Komposita a) nur global expandieren, b) nur *in toto* durch andere freie Moneme ersetzt werden sowie c) nur aus freien Monemen bestehen, während selbiges für Syntagmen

---

37 Typen postponierter Varianten (*Meier, Bäcker*; *Meier, Dr.* etc.) haben nach Kalverkämper (1978: 241) hingegen keinen Kompositionsstatus.

nicht gilt (vgl. Kalverkämper 1978: 198, 240, 252).[38] Auch Berufsbezeichnungen können dabei Kalverkämper (1978: 243) zufolge in das Kompositum integriert sein, sofern sie mit dem Titel morphologisch, etwa über Fugenelemente, oder graphematisch (z. B. über Bindestriche) verbunden sind (*Elektro-Obermeister Willi Schulte*). Mehrere APP in Reihung gelten bei Kalverkämper (1978: 252–253) als Makro-Komposita. Sie zeichnen sich durch eine strikte Abfolge der Elemente sowie durch eine Einhaltung der allgemeinen Kompositionskriterien (s. oben) aus und treten aufgrund ihrer spezifischen morphosyntaktischen Eigenschaften ausschließlich in Verbindung mit EigenN auf (vgl. Kalverkämper 1978: 253).

Die Situation im Schriftdeutschen

Nun zurück zu der Ausgangsfrage, wie sich die Befunde zum Artikelgebrauch in die Diskussion über den morphosyntaktischen Status der Verbindung einordnen lassen: Für das Schriftdeutsche konnte zunächst gezeigt werden, dass die Artikelsetzung bei PersN in eAs nicht beliebig erfolgt, sondern diese vielmehr funktional belastet sein kann. So tendieren PersN zur Artikellosigkeit, wenn die Verbindung a) aus einem titelartigen APP besteht, b) im Text bereits eingeführt ist, c) bei Koordination die erste Verbindung ebenfalls artikellos ist und/oder d) die Verbindung selbst in einem lockeren Appositionsverhältnis steht und das Bezugsnomen syntaktisch über einen Determinierer bereits determiniert ist. Umgekehrt treten PersN gehäuft mit Artikel auf, wenn durch die Verbindung a) eine spezifische eA mit PersN im Text eingeführt und etabliert werden soll, b) eine spezifische semantische Eigenschaft des Referenten besonders hervorgehoben bzw. zu anderen Eigenschaften in Kontrast gesetzt wird, c) die Verbindung durch präpositionale Attribute erweitert ist und/oder d) die Lexeme mit *und* koordiniert sind.

Ich möchte aus den Befunden nun schlussfolgern, dass der Artikelgebrauch bei PersN in eAs einen Einfluss darauf hat, wie eAs mit PersN im Deutschen morphologisch und syntaktisch konzipiert bzw. perzipiert werden, ob als Syntagma oder als Kompositum. Für das Schriftdeutsche stellt sich der Zusammenhang nach den vorliegenden Ergebnissen dabei grundsätzlich wie folgt dar: Der Artikelgebrauch deutet tendenziell auf den Status der Verbindung als Syntagma hin, während die artikellose Verwendung für Komposition spricht. So zeichnen sich die in Kap. 7.3.3 für das Schriftdeutsche identifizierten artikellosen Verwen-

---

[38] Zumindest das zuerst genannte Kriterium gilt nach Ackermann (2014: 19) allerdings auch für eigentliche Syntagmen, „da auch enge Appositionen als Ausnahmefall syntaktisch gebildeter Zeichen keine Erweiterung erfahren dürfen, z. B. *Berlin* in *die (Stadt Berlin)* vs. **die (Stadt (schönes Berlin))*".

dungsweisen allesamt dadurch aus, dass das APP in den PersN semantisch integriert (bei Wiederaufnahme: lexikalisch oder textstrukturell) oder semantisch kontextualisiert (z. B. determiniert) ist (bei Koordination und lockerer Apposition). Umgekehrt ist der Artikelgebrauch besonders affin für Kontexte, in denen eine Verbindung semantisch erst etabliert werden muss (im weitesten Sinne über Attribute) oder gerade keine semantische Integration stattfinden soll, indem ein Sem als temporäres Merkmal eines Referenten in den Diskurs eingeführt (fokussiert) wird, im Fortlauf aber auch wieder zugunsten anderer Seme aufgegeben werden kann. Hinzu kommt eine besondere Affinität (bis hin zur Obligatorik) für den Artikelgebrauch, wenn die Verbindung durch syntaktische Erweiterung als Syntagma formal erkennbar ist (durch präpositionale Attribute und Koordinatoren). Für diese Annahme spricht auch, dass PersN im Schriftdeutschen mehrheitlich ohne Artikel gebraucht werden, bei Komposition also der PersN als Kopfglied des Kompositums der gesamten Verbindung den Artikel entzieht (so auch schon Meyer 1915: 512). Bei attributiv erweiterten Syntagmen mit PersN handelt es sich im Schriftdeutschen hingegen um einen von wenigen Kontexten überhaupt, in denen dem PersN ein Artikel obligatorisch vorangeht, und also sind auch die Verbindungen mit Artikel eher als Syntagmen denn als Komposita zu werten.

Für diese These gilt es allerdings eine Einschränkung dahingehend zu machen, dass der oben formulierte Zusammenhang zwischen Artikelgebrauch und morphosyntaktischem Status der Verbindung nur in dem Maße gilt, wie die Artikelverwendung bei PersN in eAs überhaupt einer Variation unterliegt. Anders gesagt: In einer Varietät, in der in eAs z. B. ausschließlich der Artikel gebraucht wird, spielt die Unterscheidung von Syntagma und Kompositum keine oder in jedem Fall eine deutlich geringere Rolle als für das Schriftdeutsche, wo nach den vorliegenden Befunden in etwa der Hälfte aller Fälle die Artikelsetzung in eAs erfolgt. Hinzu kommt, dass es einige morphologische und syntaktische Faktoren gibt, die den Zusammenhang von Artikelgebrauch und Status der Verbindung durchkreuzen. Anredeformen wie *Herr* oder *Kollege*, die in eAs flektieren (*den Herrn Schmidt, des Kollegen Meier*), können so unabhängig vom Artikelgebrauch Komposition verhindern. Gegenteilig kann der Gebrauch von Fugenelementen, uneigentlichen Nomina Agentis (*Elektro Schmidt, Polizei Hans*; dazu Androutsopoulos 1998: 169–172, 431–434) und Bindestrichen trotz präponiertem Artikelgebrauch kompositionsfördernd wirken. Zumindest für die hier untersuchte Schriftsprache sprechen hingegen die Spatiensetzung und der Majuskelgebrauch auch bei fehlendem Artikel für den Status der Verbindung als Syntagma; dies mit der Einschränkung, dass im Schriftdeutschen grundsätzlich auch N+N-Komposita ein Spatium an der Kompositionsfuge aufweisen können (dazu Scherer 2012).

Überhaupt ist der oben beschriebene Zusammenhang mehr als Tendenz denn als Regel zu verstehen. So lassen sich im vorliegenden Material zahlreiche Emittenten identifizieren, die in ihren Texten den Artikel bei PersN in eAs ausschließlich (oder fast ausschließlich) gebrauchen. Auch die in der Forschung angenommene Tendenz zur artikellosen Variante in Textüber- und -unterschriften hat nichts mit dem konzeptionellen Status der Verbindung zu tun, sondern erfolgt vielmehr aus Ökonomiegründen und deutet so darauf hin, dass die kommunikativen Funktionen, mit denen die Artikelsetzung bei PersN in eAs verbunden ist, für das Textverständnis und den propositionalen Gehalt der Äußerung von vergleichsweise geringer Relevanz sind. So erklärt sich auch, warum es mir nicht möglich war, für alle Belege im Korpus Prinzipien für die Artikeldistribution zu finden. Vielmehr bleiben in den Daten unklare Fälle, die auch begründen, warum sich die Grammatikforschung bislang so schwer getan hat, den Artikelgebrauch bei PersN in eAs zu erklären.

Die Situation in den regionalen Varietäten

Einfacher scheinen mir hingegen die Zusammenhänge in den untersuchten regionalen Varietäten zu sein. Einige Indizien sprechen hier dafür, der Verbindung einen stärkeren Grad an Kompositionalität zuzuschreiben, als es im Schriftdeutschen der Fall ist. Dies äußert sich zum einen darin, dass in den Daten zahlreiche Muster zu finden sind, die für einen hohen Grad an morphologischer Integration des APP in den PersN sprechen. Dies zeigt sich zum einen in der Wortbildung, wo Fugenelemente und uneigentliche Nomina Agentis in eAs sehr häufig gebraucht werden (Belege aus dem Korpus: *Elektro Schmidt*, *Käs Michel*, *Wasser Wolfgang*, *Husum Walter*, *Polen Robert*) und die nach den Ausführungen in Kalverkämper (1978) auf eine besondere Fügungsenge des Syntagmas hindeuten. Generell scheinen die Verbindungsmöglichkeiten in den regionalen Varietäten damit deutlich freier zu sein als im Schriftdeutschen. So wird bereits in Socin (1903: 545) darauf hingewiesen, dass in den Dialekten generell dazu tendiert wird, Berufsbezeichnungen dem Namen nachzustellen. In Bach (1952: 59) wird hierfür der folgende Beleg angeführt:

(40) 'der Schneider Koch' → *der Kócheschneider*

Das Gleiche gilt für Verbindungen mit dem APP *Familie* in kollektiver Lesart, z. B. in (41).

(41) und wir haben oben gewohnt was jetzt **die hempffamilie** hat das haus. (REDE, GIBIalt, Hessisch)

Zusätzlich zeigt sich die Tendenz zur Komposition auch in einer fehlenden Binnenflexion (*den Herr Schmidt*) und in der teils obligatorischen Artikelverwendung, die insofern für den kompositionalen Status der Verbindung spricht, als der PersN als Kopfglied des Kompositums auch eigentlich artikellosen APP wie Anredeformen oder „echten" Titeln den Artikel zuweist:

(42) a. **de kronprinz ludwig** hat er geheiße. (Zwirner, ZWB49, Ostfränkisch)
 b. da is **der herzog julius von braunschweigwolfenbüttel**. dem unterstand das Gebiet hoier mol. (Zwirner, ZWA34, Ostfälisch)
 c. des konn von mir aus **der reichskanzler adenauer** hörn. (Zwirner, ZWZ16, Ostfränkisch)

Ich schlage deshalb vor, die für eAs im Schriftdeutschen postulierte syntaktische Gleichrangigkeit zwischen APP und PersN zumindest für die rezenten obd. und wmd. Varietäten aufzugeben und vielmehr davon auszugehen, dass dort üblicherweise der PersN den Kopf der Verbindung bildet. Hierfür möchte ich die folgenden Argumente anbringen:

1. In den Fällen, in denen zwischen APP und PersN verschiedenes Genus vorliegt, kongruiert in obd. und wmd. Dialektvarietäten besonders häufig der PersN mit dem Bezugswort und nicht das APP. Dies gilt sowohl für die Genuskongruenz innerhalb der NP zwischen Determinierer und PersN, in (43a), als auch für die pronominale Wiederaufnahme bei Relativsatzanschlüssen, z. B. in (43b), dort allerdings mit Genuskongruenz zwischen Determinierer und APP.

(43) a. un donn donach **die fräulein thaisinger**. (Zwirner, ZW0K3, Rheinfränkisch)
 b. un da kommt **das fräulein walter** von kaiserslautern und die tut uns en kochkurs halten. (Zwirner, ZWG31, Rheinfränkisch)

2. In Verbindungen aus Titel und PersN dominiert im Obd. und Wmd. ebenfalls der Artikelgebrauch. Dies ist umso bemerkenswerter, als Titel isoliert betrachtet keine Referenzleistung erbringen und hier bei einer Zuweisung des Kopfes die

eA semantisch leer bleiben würde.[39] Zumindest diskutabel ist zudem, inwiefern die lexikalischen Sexus- und Höflichkeitsmarker *Herr* und *Frau*, die in diesen Sprachräumen ebenfalls fast ausnahmslos mit Artikel verwendet werden, bei eAs ein eigenes Denotat besitzen oder ob es sich nicht vielmehr um semantisch leere Lexeme handelt, die nur in Verbindung mit PersN Referenz herstellen können, vgl. (44).

(44) a. **der herr frank** und ich; (.) mir hät heute morge einen tisch gemacht. (Zwirner, ZW042, Alemannisch)
b. und **die frau heinzmann** – die hon ich immer mit in de kirch genomme. (REDE, MTalt2, Moselfränkisch)

3. Auch Betonung wird in der Forschung als Kriterium für Köpfe angesehen (s. Kap. 7.3.1). Im Korpus finden sich fast ausschließlich Belege, in denen der PersN und nicht das APP betont werden. Die Zuweisung der Betonungsstrukturen erfolgt dabei anscheinend unabhängig von den Serialisierungseigenschaften der Elemente und tritt auch auf, wenn der PersN dem APP vorangestellt wird, vgl. (45).

(45) a. zu der zeit hatt ich auch **den pastor klúge** kennengelernt. (REDE, KRalt2, Niederfränkisch)
b. **die frau míller** ist aber schon noch da hinten; oder? (REDE, AN4, Ostfränkisch)

Dies gilt sogar für Kontexte, in denen die Herstellung eines thematischen Kontrastes aus Kohärenzgründen die Betonung des appellativischen Resumptivums erforderlich machen sollte, wie z. B. in (46).[40]

(46) da ist **die fráu** is immer hergekomme mit em rollstuhl. die frau – **die frau báuer**. (REDE, CWalt, Schwäbisch)

4. Appositionen weisen im Korpus in den seltensten Fällen Kasusflexion am APP auf. Dies gilt insbesondere für die Dialekte und die Genitivflexion, aber

---

39 So heißt es auch bei Tse (2005: 47): „Grammatically speaking, titles are typical premodifiers because they are structurally dependent on the head noun: they cannot stand alone [...] or follow the head noun that they modify".
40 Vgl. zu den prosodischen Mustern thematischer Kontraste im Deutschen die Ausführungen in Braun (2005).

auch für das im Schriftdeutschen noch obligatorisch flektierende Lexem *Herr*, vgl. (47). Anders, als es für das Schriftdeutsche beispielhaft gezeigt wurde, lässt sich das Flexionsverhalten am Nomen demnach in den regionalen Varietäten nicht als Kriterium zur Bestimmung des Kopfes heranziehen.

(47) a. ich hab deutsch **den herr fritsch**. (REDE, WITjung1, Moselfränkisch)
    b. Wegen deiner Karlin [...] haben wir **den Herr Briter** [?] gefragt (AuswB, Schmalzried08, Schwäbisch)
    c. vnd vnter **Herr Dieterichs** Zaun gegoßen. (HexenV, Schwabstedt 1619, Nordnd.)

Für die nordd. Varietäten spricht hingegen vieles dafür, den häufigeren Gebrauch des Artikels bei eAs gegenüber sonstigen Kontexten in Zusammenhang mit dem klammernden Verfahren im Deutschen zu bringen. Demnach wäre zwischen dem in Kap. 7.2 beschriebenen syntaktisch motivierten Artikelgebrauch bei adjektivisch erweiterten PersN-NPs und dem hier belegten Artikelgebrauch bei eAs syntaktisch eine Vererbungsrelation anzusetzen. Hierfür lassen sich die folgenden Argumente anführen:

1. Der Artikel wird im Nordd. insgesamt häufiger verwendet, wenn der PersN in eAs steht, als wenn der PersN syntaktisch nicht erweitert ist. Dies unterscheidet die nordd. Varietäten von obd. und wmd., wo ein solcher Effekt in den Daten nicht festgestellt werden konnte.

2. In den Daten lässt sich für eAs eine Tendenz zum Artikelgebrauch feststellen, wenn dem PersN mehr als ein APP vorangestellt wird. Dies gilt insbesondere für die Koordination präponierter Titel oder Berufsbezeichnungen, nicht aber für deren Postponierung. Ein Mehr an Formmaterial zwischen pronominalem Kopf und Bezugsnomen würde entsprechend eine Stärkung der linken Nominalklammer erfordern, was den häufigeren Gebrauch des Artikels bei koordinierten präponierten Appositionen erklären würde.

3. Im Frühneuhochdeutschen weisen eAs mit PersN häufiger eine Postponierung des APP auf, als es heute der Fall ist. Mit der diachronen Entwicklung hin zu einer Voranstellung des APP geht einher, dass der Artikel als sein obligatorischer Begleiter im Deutschen nun auch in Appositionsverhältnissen häufiger gesetzt wird (vgl. dazu die Ergebnisse in Abb. 33). Der ursprünglich als Klassenmarker eingesetzte Artikel wird damit in einem zweiten Schritt zum linken Klammermarker der NP grammatikalisiert und erweitert seinen Skopus damit auch auf den PersN. Diese Skopuserweiterung geht schließlich einher mit dem Abbau von flektierenden Elementen in der PersN-NP, indem nun nicht mehr alle Elemente der Konstruktion flektieren, sondern das Flexionsverhalten nur

noch in Abhängigkeit von der Artikelsetzung gesteuert wird (sog. syntaktisch determinierte Flexion, s. Kap. 7.1).

4. Die in 3. genannte klassenmarkierende Funktion des Artikels ist erhalten geblieben. Dies zeigt sich insbesondere für das Schriftdeutsche (vgl. die Werte für *Schriftsteller* und *Wissenschaftler* in Tab. 41), aber auch für die nordd. Varietäten, wo der Artikel zumindest bei Berufsbezeichnungen in der Hälfte aller Belege gesetzt wird und mitunter sogar zur Desambiguierung von Berufsbezeichnungen und Titeln eingesetzt werden kann. Hinzu kommt, dass der Artikelgebrauch in diesen Varietäten – ähnlich wie es für die einfache PersN-NP im Nordd. nachgewiesen werden konnte – pragmatisch gesteuert ist, indem die gleiche Appositionsverbindung bei Mehrfachnennung auch ohne Artikel gebraucht werden kann, sofern es die spezifischen Gebrauchsbedingungen erfordern.

7.4 Syntaktisch motivierter Artikelgebrauch – Femininmovierung im Niederdeutschen

Die onymische Movierung mit Derivationssuffix *-sche*, wie sie in den HexenV häufig vorkommt, gehört nach den hier angelegten Kriterien eigentlich zur einfachen PersN-NP, da der Kopf hier nicht obligatorisch durch ein Attribut erweitert ist. Ich behandle sie hier dennoch im Rahmen erweiterter PersN-NPs und möchte dafür argumentieren, dass sich die *-sche*-Movierung historisch aus einem Attribut entwickelt und aus dieser Konstruktion auch den Definitartikel ererbt hat.[41]

Für die vorliegende Arbeit ist die onymische Movierung damit insofern von Interesse, als sich für den PersN-Artikel hier eine sehr spezifische morphosyntaktische Konditionierung abzeichnet. Lizenziert wird der Artikelgebrauch einerseits über die (areal gebundene) Auswahl sexusmarkierender Suffixe und andererseits über den funktionalen Status der Movierung als Referenzausdruck auf Namen oder APP (onymische vs. funktionale Movierung). Beide Aspekte sollen in den folgenden Teilkapiteln behandelt werden.

7.4.1 Die onymische Femininmovierung im Deutschen

Die onymische Femininmovierung zeichnet sich im Deutschen allgemein dadurch aus, dass einem PersN (meist einem FamN) als Basis ein Suffix angehängt

---

[41] Die Ausführungen in diesem Kapitel sind in Teilen auch publiziert in Werth (2015).

wird, mit der Funktion, die Zugehörigkeit einer weiblichen Person zu ihrem Ehemann (matrimonielle Movierung) oder zu ihrem Vater (patronymische Movierung) zu kennzeichnen.[42] Beispiele für solche Ableitungen finden sich in (48), die onymischen Basen sind jeweils unterstrichen.

(48) a. Anfencklich wahr, das die Gretie Dwengers bey Männiglichen nicht allein der zauberey verdechtigh [...] sie **die Dwengersche** dazumahln der Zauberey offentlich beschüldiget. (HexenV, Bad Oldesloe 1639, Nordnd.)
  b. Jacob Grantzowen hette sie vor 3 jahren ein kindt vorgafen [...] **die Grantzowsche** hette ihr kein brodt lehnen wollen. (HexenV, Seehausen 1633, Brandenburgisch)
  c. Wider Susannam Caspar Pfisters N Haußfrawen beschwehret [...] ist **Susanna Pfisterin** befraget worden. (HexenV, Schweinfurt 1616, Ostfränkisch)
  d. Ob sie nit sollicher gestallt vnd zue dem ende Christian Winzerlin vnd Conz Eberhardten stallung haimlichen vnd ohne Ir vorwißen zue mehrmaln eingegangen [...] Ob sie nit vor zway Jahren **der Eberhärdtin** In Irer Cam[m]er ain grose vngestüm[m]e nächtlicher zeit zuegericht. (HexenV, Günzburg 1613, Schwäbisch)

Hiervon zu unterscheiden ist die funktionale Femininmovierung, bei der nicht ein Name, sondern ein APP (meist ein Nomen Agentis) als maskuline oder geschlechtsneutrale Basis fungiert und davon durch Derivation eine feminine Form abgeleitet wird, z. B. in (49).

(49) a. wardt up einer Karen noch eine **Toversche**, Pellcke Stubben genandt. (HexenV, Bremen 1603, Nordnd.)
  b. sie waehre eine **Suende-rin.** (HexenV, Paderborn 1615, Westfälisch)
  c. Ob sie nicht der Furtnerin **gespülin** nicht Vor 8 oder 10. Jahren hero gewesen. (HexenV, Hemau 1616, Bairisch)

Während für die funktionale Movierung dabei in allen Zeitstufen und Varietäten des Deutschen ein hoher Grad an Produktivität angenommen werden muss,

---

[42] Der Forschungsstand zur onymischen Movierung im Deutschen ist in den folgenden Arbeiten zusammengetragen: Mottausch (2004), Steffens (2014, 2018, 2019), Nübling, Fahlbusch & Heuser (2015: 164–166), Werth (2015, i. E.b, i. E.c), Roolfs (2016), Schmuck (2017) und Möller (2017).

handelt es sich bei der onymischen Movierung um einen Wortbildungstypen, der im Schriftdeutschen aus noch unbekannten Gründen spätestens seit dem 19. Jh. nicht mehr verwendet wird (Bach 1952: 179; siehe zur genaueren Einordnung Werth i. E.c).[43] Die Sexusmarkierung wird bei FamN seitdem meist durch ein präponiertes *Frau* (bis zirka zur Mitte des 20. Jh.s auch *Fräulein*), durch das Genus des Determinierers oder erst durch Hinzufügung eines RufN geleistet.

In den regionalen Varietäten ist der produktive Status des Derivats hingegen weniger klar: So weist die „Plattdeutsche Grammatik" von Thies (2010: 268) die onymische Movierung mit *-sche* noch aus. Wie ich es überblicke, scheint diese Referenzstrategie im gesprochenen nd. Dialekt aber weitgehend im Rückgang begriffen zu sein, in Zwirner und REDE ist die Movierung für nordd. Sprecher jedenfalls nicht mehr belegt. Daten aus dem „Mittelrheinischen Sprachatlas" (Bellmann, Herrgen & Schmidt 2002: Karten 653–654) sowie eigene Hörbelege aus dem bairischen Raum weisen die onymische Movierung hingegen für obd. und wmd. Varietäten noch aus. Inwiefern dabei von einem abschätzigen Gebrauch auszugehen ist, wie es Bach (1952: 179) für das Obd. und Md. sowie Thies (2010: 268) für das Nd. vermuten, muss hingegen offen bleiben.

Aus formaler Sicht zeichnet sich die onymische Movierung im Deutschen durch eine Vielzahl von areal gebundenen Movierungsallomorphen aus (dazu Bach 1952: 178–186; Steffens 2014, 2018; Werth 2015; Schmuck 2017). Ich möchte mich an dieser Stelle auf die areale Verteilung der beiden häufigsten Suffixe *-in* und *-sche* konzentrieren und auf Grundlage der HexenV zunächst eine regionale Verortung der Suffixvarianten vornehmen (Kap. 7.4.2). In einem zweiten Schritt werden an gleicher Stelle für die onymische Movierung die Artikeldistribu-

---

43 Als Gründe für das Aussterben der onymischen Movierung vermutet Bach (1952: 179) französischen Einfluss, indem die im 18. Jh. aufkommenden sexusdefiniten Lexeme *Madame* und *Mademoiselle* der Movierung von FamN „Abbruch getan und sie schließlich beseitigt [...] haben, da sie dem hochsprachigen Frz. unbekannt war". Plank (1981: 119) sieht hingegen den gesellschaftspolitischen Wandel und damit einhergehend die zunehmende Emanzipation der Frau als Grund für den Rückgang der onymischen Movierung. Demnach wäre mit der Teilhabe der Frau am vollen Berufsspektrum nicht mehr entscheidbar gewesen, ob movierte Formen wie *Müller-in/-sche*, *Apotheker-in/-sche* oder *Schneider-in/-sche* auf einer appellativischen oder onymischen Basis beruhen, was schließlich zu einem Abbau der onymischen Movierung und damit einhergehend zu einer Profilierung der funktionalen Movierung geführt hätte (dazu kritisch Nübling, Fahlbusch & Heuser 2015: 165–166). Schmuck (2017: 47) wiederum sieht den Anstoß für die Aufgabe der onymischen Movierung darin begründet, dass „movierte Namen offensichtlich zunehmend mit gleichem bzw. niedrigerem sozialen Status assoziiert" werden. Auf gesellschaftliche Motive, die insbesondere etwas mit dem sich wandelnden ökonomischen und rechtlichen Status von Frauen zwischen dem Spätmittelalter und der Frühen Neuzeit zu tun haben, wird der Movierungsabbau zudem in Werth (i. E.b) zurückgeführt.

tionen ermittelt und denen der funktionalen Movierung gegenübergestellt. Zur Motivierung des nordd. Artikelgebrauchs wird abschließend in den Kap. 7.4.3 und 7.4.4 ein diachrones Szenario vorgeschlagen, welches für die onymische Movierung mit -sche eine Entwicklung von einer attributiv erweiterten hin zu einer einfachen NP-Struktur vorsieht.

7.4.2 Suffixdistribution und Artikelgebrauch

Abb. 34 weist zunächst die absoluten Belegfrequenzen für die onymische und funktionale Movierung in den HexenV aus. Es zeigt sich, dass im Vergleich der Sprachräume zueinander die onymische Movierung als Referenzmittel in nordd. HexenV besonders häufig verwendet wird, während sie vor allem im md. Raum deutlich seltener auftritt. Unter dem Vorbehalt, dass die Anzahl der Protokolle nicht für alle Sprachräume gleich ist und je nach Schreiber die Movierung mitunter verschieden eingesetzt wurde, lassen sich die Befunde dahingehend deuten, dass die onymische Movierung in der Frühen Neuzeit im Nordd. besonders produktiv war.[44]

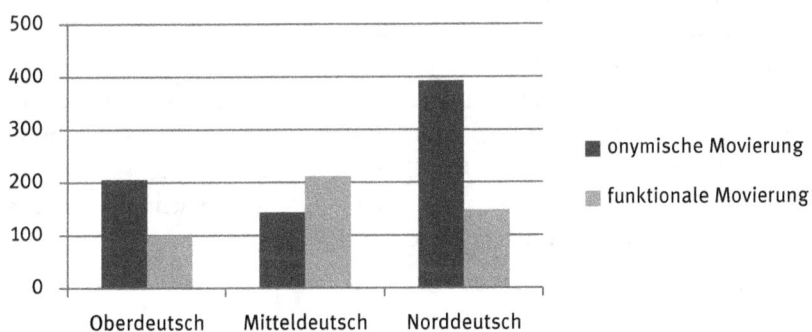

Abb. 34: Absolute Häufigkeiten für movierte Formen nach Basistyp und Sprachraum

Bezogen auf den gesamtdeutschen Raum tritt die onymische Movierung im Korpus mit den folgenden Movierungsallomorphen auf: *-sche, -in, -s, -se* und

---

[44] Überhaupt ist die onymische Movierung als Referenzstrategie auf Frauen in den HexenV besonders produktiv. So konnte Schmuck (2017: 38) für ihr Korpus an HexenV ermitteln, dass von den insgesamt 985 FrauenN (FamN und GesamtN) 628 moviert sind.

-ske. Funktionale Movierung ist hingegen lediglich mit den Suffixen -sche und -in belegt.⁴⁵ Die Karten in Abb. 35 weisen für beide Funktionstypen die arealen Verteilungen der Movierungsallomorphe aus. Die Karte links zeigt für die onymische Movierung, dass das Suffix -sche (schwarze Kreise) ausschließlich von Schreibern aus dem Norden des Sprachgebietes, also aus Orten nördlich der Uerdinger Linie, verwendet wurde. Umgekehrt findet sich die Variante -in, mit Ausnahme eines Belegortes im Südbrandenburgischen (Blankensee),⁴⁶ ausschließlich im obd. und md. Raum (graue Kreise), sodass hier für die Frühe Neuzeit von einem stabilen regionalsprachlichen Marker auszugehen ist, der das nd. vom hd. Sprachgebiet trennt. Darüber hinaus findet sich ganz im Westen des Sprachgebietes sowie in den nordd. Belegorten Coesfeld und Flensburg alternierender Suffixgebrauch von -s, -se, -sche und -ske (gekachelte Kreise).⁴⁷

Die Karte rechts weist dagegen aus, dass die funktionale Movierung im Vergleich zur onymischen Movierung häufiger und dabei an mehr Orten mit -in gebildet wird als mit -sche. Neben dem obd. und md. Sprachraum betrifft dies auch den nordd., wo – mit Ausnahme der Belegorte Westerland, Grünholz, Wüstenfelde und Wernigerode, in denen die Schreiber nur -sche verwendeten (schwarze Kreise) – ausschließlich Orte belegt sind, in denen entweder das Suffix -in verwendet wurde (graue Kreise) oder in denen die Schreiber zwischen -sche und -in variiert haben (schraffierte Kreise). Auffällig ist darüber hinaus, dass im wmd. Raum für die funktionale Movierung ebenfalls mehrere Orte mit Suffixalternation zwischen -sche und -in vorliegen. Dies deutet darauf hin, dass das -sche-Suffix historisch nicht nur im Nd. gebraucht wurde, sondern dass das Verbreitungsareal zumindest auch das Ripuarische und Moselfränkische mit umfasst hat (dazu auch Frings 1932: 29). Variation zwischen -s, -se, -sche und -ske (gekachelte Kreise) ist für den gesamten deutschen Sprachraum hingegen bei der funktionalen Movierung im Korpus nicht belegt.

---

45 Steffens (2014) nennt als weitere Movierungsallomorphe -sin/-sen und -issa/+ -in. Diese Formen sind in den vorliegenden Daten nicht belegt.
46 Passend dazu stellt Bischoff (1943/44: 18–19) den Gebrauch von -in-Movierungen für das Mittelelbische bereits im Mittelalter fest.
47 Damit sei nicht impliziert, dass die genannten Varianten auf das gleiche Etymon zurückgehen. Siehe zur Etymologie von -s und -se die Ausführungen in Schmuck (2017: 35). In der Forschung ist insbesondere umstritten, ob es sich bei onymischen Basen mit -s um Movierungen oder um Genitive handelt (vgl. dazu auch Roolfs 2016).

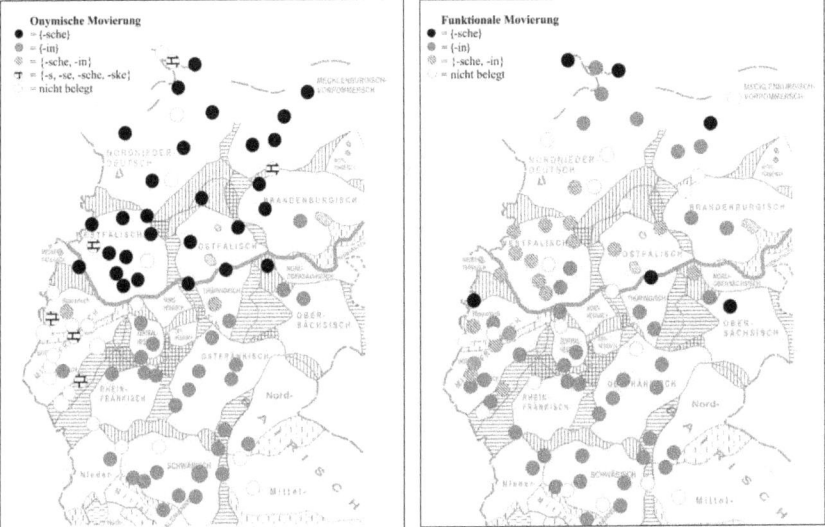

Abb. 35: Areale Verteilung onymischer (links) und funktionaler (rechts) Movierungsallomorphe in den Hexenverhörprotokollen aus Werth (2015: 65)

Abb. 36 weist die Häufigkeiten aus, mit denen im Korpus ein movierter PersN mit Definitartikel gebraucht wird. Es zeigt sich, dass bei der onymischen Movierung insbesondere im nordd. Raum der Artikel besonders häufig gesetzt wird, während er im obd. Raum zu über 50 Prozent ausgespart wird. Das Md. nimmt diesbezüglich eine Zwischenstellung ein, der Artikel ist dort zu knapp 70 Prozent belegt. Darüber hinaus zeigt Abb. 37, dass die Verwendung morphologisch konditioniert ist, der Artikel wird deutlich häufiger bei der onymischen Movierung mit -sche gebraucht als mit -in (χ^2 (1, N = 678) = 114, p < ,001).[48]

---

[48] Ähnlich sind die Beobachtungen von Schöffl zu movierten FamN im Limburgischen des 13. und 14. Jh.s, wo „das Suffix -sche in keinem Fall ohne den Artikel ‚die' erscheint, der bei den anderen Varianten oft fehlt." (Schöffl 1993, zitiert nach Schmuck 2017: 48).

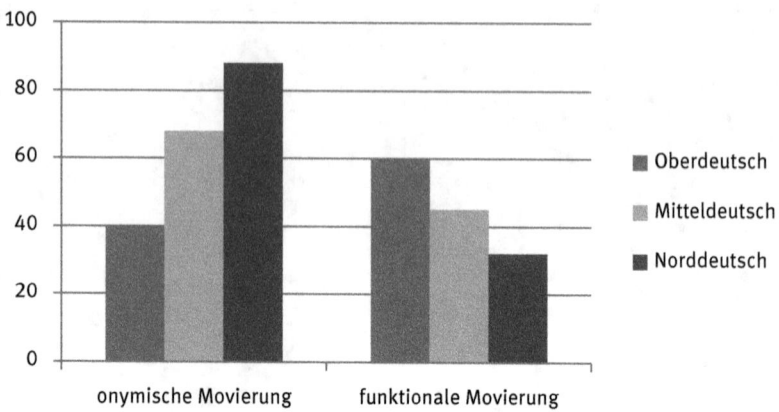

Abb. 36: Relative Anteile (in %) für den Definitartikel bei movierten Namen nach Basistyp und Sprachraum

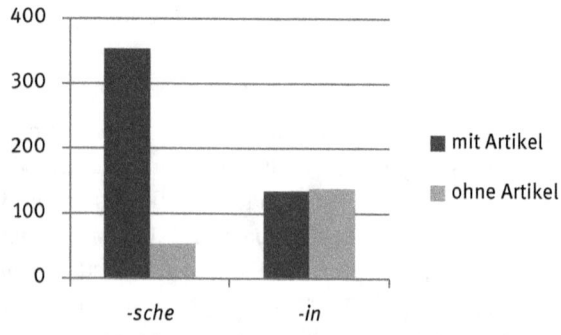

Abb. 37: Absolute Anteile für Artikel bei onymischer Movierung nach Movierungssuffix

Nahezu spiegelbildlich zur arealen Verteilung des Artikelgebrauchs verhalten sich in Abb. 36 die Anteile für die funktionale Movierung. Bei einer vergleichsweise geringen Anzahl an Gesamtbelegen wird der Definitartikel dort häufiger von Schreibern aus dem obd. Raum verwendet als von solchen aus den beiden anderen Sprachräumen.[49] Besonders für den nordd. Raum mögen die Ergebnis-

---

[49] Formen funktionaler Movierung sind im Korpus häufig von anderen Determinierern, besonders vom Indefinitartikel, begleitet: *eine Zauberin*, *seine Buhlin* etc.

se zum Artikelgebrauch bei onymischer Movierung auf den ersten Blick überraschen, passen sie doch nicht zu den allgemeinen Befunden dieser Arbeit, denen zufolge PersN-Artikel in obd. und md. Varietäten häufiger verwendet werden als in nordd.

Werfen wir ergänzend einen qualitativen Blick in die Daten. Hier zeigt sich zunächst, dass die onymische Movierung im Nordd. sowohl mit als auch ohne Definitartikel vorkommen kann, z. B. in (50).

(50) wahr vnnd Zeugen bewust, daß **die verstorbene Knockische** auch eben sothanen Lemuith gehabt. Wahr zum 5. vnnd Zeugen bewust, daß Inquisita einßmahls mit **gedachter Knockischen** auß der Kirchen gangen. [...] daß **Muscherdische** darauff geandtwortet, eiiahe ßoegh gleichwoll lobbete 2anicht. [...] vnnd **die Muscherdische** gefragt, ob mahn alhy auch daß Zauberen brennen anfangen wolt. [...] daß **Muscherdische** durch dieße formbliche Worter geandtwortet, iahe wahnehr ßie aber wolten die Wenneken brennen vnnd die Reichen gehen laßen, ßolte ßie der Theuffell holen. (HexenV, Arnsberg 1629, Westfälisch)

Dieser Befund stellt eine wichtige Ergänzung zu der Datenauswertung in Schmuck & Szczepaniak (2014: 127) dar, wo für -*sche*-Movierungen ausschließlich Artikelgebrauch festgestellt wurde. Ohne Artikel tauchen movierte Formen in den Daten dabei häufig (a) bei attributiv erweiterten NPs mit textdeiktischen Adjektiven (*gedachter Knockischen* (Arnsberg 1629); *oftgedachte Vordingsche* (Coesfeld 1632); *bemelte ziesingische* (Rosenburg 1618)), (b) in appositivem Gebrauch (*daß ihr schwester Catrina Meiersche, daß ihr schwest[er] Meiersche Auering* (Münster 1630)), (c) bei anrufenden Vokativen (*Cantoris Ludekings frauwe: Linnemanßsche* (Lemgo 1632); *d[as] eine Frawe mit nahme[n] Watthowersche* (Stralsund 1630); *Margareten Hüessers genandt Vordingsche* (Coesfeld 1632)) sowie (d) bei koordinierten NPs (*die Alte Moddemansche vnd Apothekersche* (Osnabrück 1636); *mit der Vordingschen und Schweringschen* (Coesfeld 1632)) auf: Die Bedingungen (c) und (d) entsprechen denen, für die auch bei einfachen PersN-NPs eine Tendenz zum artikellosen Gebrauch festgestellt werden konnte (s. Kap. 6.5.1 und 6.5.4), für (a) und (b) ist in den HexenV auch bei nicht movierten Formen eine Tendenz zur Artikellosigkeit zu verzeichnen (s. Kap. 7.2 und 7.3.4).

Neben dieser primär syntaktisch motivierten Artikellosigkeit finden sich im Korpus aber auch artikellose Belege, die nicht über den spezifischen sprachlichen Kontext erklärt werden können, vgl. z. B. die in (50), sodass insgesamt im Nordd. zwar eine Dominanz des Artikelgebrauchs bei onymischer Movierung festzustellen ist, keinesfalls aber von einer obligatorischen Setzung ausgegangen werden kann. Umgekehrt weisen insbesondere die Belege in Kontexten, in denen der PersN-Artikel eigentlich keine Verwendung findet, etwa bei anrufenden Vokativen wie in (51a) oder bei asyndetischer Koordination wie in (51b), darauf hin, dass der Artikelgebrauch bei movierten PersN zu dieser Zeit bereits weit vorangeschritten war und mitunter sogar seine Verwendung bei der Verwendung von APP überholt hat; vgl. hierzu die geringen Werte zur funktionalen Movierung im Nordd. in Abb. 36.

(51) a. hatt gedachte Johan Haltermans haussfraw **die Vordingsche** genandt sub comminatione iterandæ torturæ bekanndt. (HexenV, Coesfeld 1632, Westfälisch)
   b. **Die Tremptersche, die Vordingsche, die Lademachersche**, welche justificirt. [...] Repetirte **die Nibersche, die Tremptersche, die Lademachersche**. (HexenV, Coesfeld 1632, Westfälisch)

7.4.3 Movierte PersN als Attribute

Wie lässt sich das gehäufte Auftreten des PersN-Artikels ausgerechnet im nordd. Raum nun erklären? Ich möchte die These vertreten, dass die Verwendung des Definitartikels bei -*sche*-Movierungen mit dem Status des PersN als Attribut und damit einhergehend mit dem syntaktischen Status der Konstruktion als Ellipse zusammenhängt. Folglich kommt der movierten Form hier historisch der Status eines Adjektivs zu. Hierfür lassen sich sowohl semantische als auch morphosyntaktische Argumente anführen.

Etymologisch betrachtet drückte die Wurzel des nd. -*sche*-Suffixes (germ. *-*iska*, nhd. -*isch*) im Germanischen Krahe & Meid (1967: 196) zufolge

> Abstammung, Herkunft und Zugehörigkeit, speziell zu einem Kollektiv, aus und dient daher vorzugsweise zur Bezeichnung der ethnischen oder sonstigen kollektiven oder gattungsmäßigen Zugehörigkeit.

Spätestens ab dem Mittelniederdeutschen und Mittelniederländischen ist das Suffix dann auch als Movierungsform vertreten (Bach 1952: 182–183). Semantisch ist für die onymische Movierung Plank (1981: 119) zufolge von der abstrakten Bedeutung „Zugehörigkeit eines weiblichen zu einem männlichen Wesen" auszugehen. Hinzu kommt, dass Wegera (1996: 386) zufolge im Frühneuhochdeutschen Adjektive mit proprialer Basis häufig großgeschrieben wurden, was wiederum die häufige Großschreibung von mit -*sche* movierten Formen im Korpus erklärt. Bezogen auf die oben genannten Beispiele wäre im Hinblick auf den elliptischen Status der Konstruktion so z. B. Funktionsäquivalenz zwischen *die Vordingische* und *die Vordingische Tochter* bzw. die *Vordingische Frau* anzusetzen. So finden sich im Korpus auch einige Belege, in denen das APP nicht elidiert ist, z. B. in (52).

(52) a. Hernach ahm Freitagh den 2. Juni bynnen Steelh ist **vorgenannte Huttmansche Tochter** zur Pein gestellt. (HexenV, Essen 1589, Westfälisch)
b. daß Gerdt Schucking von Borcken sein Schwager mit seiner frauwen, **der Gedingschen Schwester**, Auff der deelen gelegen. (HexenV, Ahaus 1608, Westfälisch)
c. Als nun **der Huttmanschen Tochter Ire Moder** angeklagt und schuldig zo sein besagt [...] hatt sie gleichwoll in und außer der Pein bestendiglich geleuchnet und nichts bekandt. (HexenV, Essen 1589, Westfälisch)

Vermutlich wird das APP hier aus Gründen der Referenzverdeutlichung gesetzt. Demnach wäre der matrimonielle Gebrauch (*die Vordingische Frau*) die typische Lesart, während der patronymische Gebrauch (*die Vordingische Tochter*) eine Spezifizierung durch das APP *Tochter* verlangt.

Unklar bleibt hingegen, ob auch movierte Formen wie in (53) adjektivisch zu interpretieren sind.

(53) a. Item am 19. Octobris anno 65 ist **Katherina Koldeweggesche** uth dem kerspel Leissbornne in biwesende des gogreven zu Ulde, meiner und des vogedes zu Stromberge pinlich verhort worden. (HexenV, Stromberg 1565, Westfälisch)
b. wahr daß einßmahlß **die Fraw Ledeburische** ihn Kindtbett gelegen [...] wie inquisitam **Fraw Beschoedische** aldahe gefunden. (HexenV, Arnsberg 1629, Westfälisch)

So ist es zumindest diskutabel, ob der vorangestellte RufN in (53a) nicht die adjektivische Lesart der Konstruktion verhindert (?*Katharina Koldeweggesche Frau*). Prinzipiell möglich wäre es, für *Koldeweggesche* den Status einer lockeren Apposition – im Sinne der Definition von Schmidt 1993 (s. Kap. 7.3.1) – anzusetzen: [*Katharina*]$_{IP}$ [*Koldeweggesche (Frau)*]$_{IP}$. Dies würde allerdings einerseits voraussetzen, dass zwischen dem RufN und dem FamN eine Intonationsphrasengrenze steht (wofür die Zeichensetzung mittels Kommata o. ä. keine Evidenz liefert) und andererseits gegen die allgemeine Tendenz sprechen, dass sich seit dem Spätmittelalter die Kombination aus RufN und FamN als homogenes Syntagma zu etablieren scheint (dazu Ackermann 2014: 23–35). (53b) wiederum liefert Belege, in denen die (womöglich) ursprüngliche attributive Lesart zugunsten einer appositiven Lesart aufgegeben worden ist. So rückt das appellativische (Kopf-)Nomen hier vor die movierte Form, diese erhält damit den Status eines PersN.

Ein gewichtiges Indiz für den Status des -sche-Suffixes als Adjektivderivat ergibt sich, wenn man die obd. und md. Korpusbelege mitberücksichtigt. Hier zeigt sich, dass der onymischen Movierung mit -in im Korpus niemals ein APP nachgestellt wird, also Verbindungen vom Typ *die Müllerin Frau/Tochter etc. ausgeschlossen sind. Zugleich weist Abb. 38 aus, dass -in-Movierungen im Korpus deutlich häufiger RufN vorangestellt werden, als es für -sche im Nordd. der Fall ist (χ^2 (1, N = 742) = 126, p < ,001; dazu auch Möller 2017: 141).

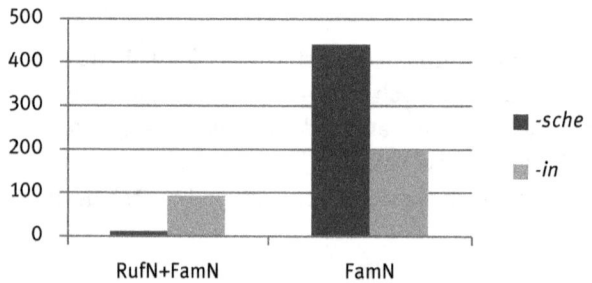

Abb. 38: Absolute Anteile für die Bildung onymischer Formen nach Movierungssuffix

Dieser Befund deutet darauf hin, dass die onymische Movierung im Obd. und Md. bereits zu größeren Anteilen in den GesamtN integriert war, während die ursprüngliche Funktion des -sche-Suffixes als Ausdruck von Zugehörigkeit im Nd. noch stärker gewahrt wurde.[50] Besonders augenscheinlich ist dies auch in (54). So ist in (54a) dem movierten FamN der RufN des Mannes vorangestellt, was selbstverständlich hier gegen den proprialen Status der movierten Form spricht. In (54b) wiederum ist der RufN der Frau dem movierten FamN nachgestellt, die movierte Form „verharrt" also noch in der für adjektivische Attribute

---

50 Vgl. aber Bach (1952: 179), der die Movierung bei GesamtN als genuin schriftsprachliches und nicht als dialektales Phänomen ausweist.

adäquaten syntaktischen Position. Kopfstatus hat damit der RufN und nicht der movierte FamN.

(54) a. It[em] war, das **die Berndt bonische** aus nachfolgenden vrsachen **der Jochim kunowischen** den gif[ft] vorschutten laßen. (HexenV, Perleberg 1588, Brandenburgisch)
b. Auffm Teufelß dantz sein mit ihme gewesen Scheper Godert, **die Bodekersche Engel**, die **Bodekersche Trine**, Vnd Enneke die Johanverschen mit ihrer Tochter Trinen. (HexenV, Alme 1630, Westfälisch)

Zudem passen die ermittelten Anteile für den Gebrauch des Definitartikels bei der Movierung im obd. und md. Raum auch besser zu den allgemeinen Befunden über den Artikelgebrauch in diesen Räumen, als es für das Nordd. der Fall ist. So entspricht die relative Häufigkeit von 40 Prozent Artikelbelege bei onymischer Movierung im Obd. recht gut den Verteilungen, wie sie allgemein für den Gebrauch des PersN-Artikels in den HexenV ermittelt werden konnten (s. Tab. 11) und wie sie auch in Schmuck & Szczepaniak (2014: 120, 123) für die von ihnen ausgewerteten HexenV festgestellt wurden.

7.4.4 Von der erweiterten zur einfachen Nominalphrase – ein Reanalyse-Szenario

Abb. 39 zeigt zusammenfassend an einem Beispiel, wie die morphologische Entwicklung der Movierung im Nordd. abgelaufen sein könnte.

Für die onymische Movierung zeichnet sich demnach das folgende Bild ab: Den Startpunkt der Entwicklung stellt eine volle NP dar, in der das APP den Kopf der NP bildet und der PersN das abhängige Attribut mit Zugehörigkeitsfunktion. Da attributiv erweiterte APP bereits im Mittelniederdeutschen häufig von einem Definitartikel begleitet wurden (Lasch 1974: 204), kann die Artikelsetzung hier ebenfalls als reguläre Form angesetzt werden. In einem zweiten Schritt erfährt das Adjektivderivat *-sche* nun eine Bedeutungserweiterung, es übernimmt zusätzlich zur Markierung von Zugehörigkeit auch die sexusmarkierenden Eigenschaften der appellativischen Personenbezeichnung. Hierdurch wird das APP in der NP semantisch obsolet, es tritt zur Verdeutlichung der Referenz nur noch dann auf, wenn sich die Movierung nicht auf eine Ehefrau, sondern bspw. auf eine Tochter bezieht. Ansonsten wird das Adjektiv zu einem Nomen reanalysiert, der propriale Ausdruck wird damit zusätzlich zum semantischen auch zum syntaktischen Kopf der NP. Dieser Reanalyseprozess ist allerdings nicht gleichbedeutend mit einem Wegfall des Definitartikels, wie die hohen Belegzahlen für die -*sche*-Movierung ausgewiesen haben (s. Abb. 37). Erst durch das Aufkommen des präponierten lexikalischen Sexusmarkers *Frau* (vermutlich unter hd. Einfluss) sowie des Gebrauchs von sexusmarkierenden RufN (Entwicklung eines GesamtN seit dem Spätmittelalter) kann es in der Kombination mit dem Suffix -*sche* im Folgenden auch zur Doppelmarkierung (unter Berücksichtigung des sexusdefiniten Artikels auch zur Dreifachmarkierung) des femininen Genus/Sexus in der NP kommen. Diese Doppelmarkierung wird schließlich spätestens ab dem 19. Jh. durch den Abbau des -*sche*-Suffixes wieder aufgelöst.[51] Als einzig produktive Formen bleiben (als Höflichkeitsform) das präponierte *Frau* und ansonsten die Kombination aus RufN und FamN erhalten – dann präferiert artikellos, wie die Befunde hier ausgewiesen haben.

Onymische Movierung

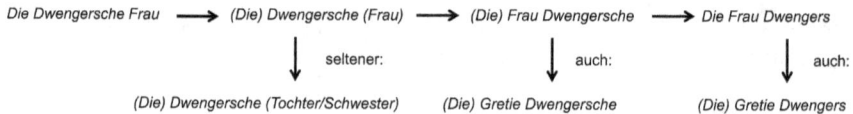

Funktionale Movierung

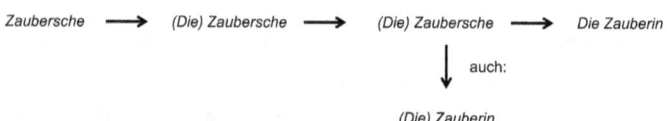

Abb. 39: Morphologische Entwicklung der onymischen und funktionalen Movierung im norddeutschen Sprachraum aus Werth (2015: 71)

Die Entwicklung der funktionalen Movierung vollzieht sich hingegen strikt unter hd. Einfluss. So wird die alte nd. -*sche*-Variante, die Homomorphie zum onymischen Movierungsderivat aufweist, unter hd. Einfluss zugunsten der -*in*-Variante abgebaut. Dieser Abbauprozess läuft im Nd. räumlich gestaffelt, indem insbesondere in den Randgebieten des Nd. die historisch gültige Form (-*sche*-Suffix auch bei funktionaler Movierung) noch gewahrt ist, während vor allem

---

51 Das onymische Movierungssuffix -*sche* ist – auch unter hd. Einfluss – vermutlich nie zur -*in*-Variante gewechselt. Vielmehr wurde das Wortbildungsmuster selbst abgebaut.

für die westfälischen Belegorte bei der funktionalen Movierung bereits Allomorphie zwischen -*sche* und -*in* vorliegt (s. Abb. 35 rechts). Beschleunigt wird der Abbauprozess Schmuck (2017: 47) zufolge durch „die Entwicklung des Adjektivsuffixes -*sche*, das seit dem 18. Jhd. gleichermaßen negativ konnotiert ist" (dazu auch Henzen 1965: 200–201; Kempf 2016: 273–288). Nach den vorliegenden Daten ist in einer Frühphase der Entwicklung dabei von einer lexemweisen Integration auszugehen, indem insbesondere Wörter dialektaler Herkunft noch die alte -*sche*-Variante beibehalten (z. B. *toeversche*). Allerdings findet sich auch bereits vollständiger Gebrauch des -*in*-Suffixes für die funktionale Movierung. Dies erklärt die vergleichsweise geringen Artikelanteile von zirka 30 Prozent für die funktionale Movierung im nordd. Raum; die -*sche*-Variante mit Artikel wird hier durch die (tendenziell artikellose) -*in*-Variante ohne Artikel ersetzt.

In der Frühen Neuzeit entsteht im Norden damit ein transparentes, weil prinzipiell distinktives System morphologischer Sexusmarkierung, welches sich gegenüber der hd. -*in*-Monomorphie durch einen hohen Grad an morphologischer Transparenz (Funktionsteilung durch Movierungsprofilierung) auszeichnet. Der Artikelgebrauch ist dabei ebenfalls konditioniert und variiert in seiner Gebrauchsfrequenz in Abhängigkeit von Movierungsallomorph und Movierungstyp. Mit der -*sche*-Movierung ist damit ein mögliches Einfallstor für den PersN-Artikel im nordd. Sprachraum in der Frühen Neuzeit gegeben.

7.5 Syntaktisch motivierter Artikelgebrauch: PersN als Possessoren innerhalb und außerhalb der Determiniererposition

Einen Sonderstatus für die Kategorie erweiterter NPs nehmen auch Belege wie in (55) ein, da PersN dort den Status von Attributen haben.

(55) a. **Der kleine Brief des Eduard** hat mich sehr gefreut. (AuswB, Schnurr1, Alemannisch)
b. **des Alten Peters weib** sei der leüchter. (HexenV, Alme 1630, Westfälisch)
c. wo **dem markus sei häusle** gestande isch. (REDE, WNalt1, Schwäbisch)
d. **vom dill e studienkamerad.** (Zwirner, ZW3E9, Bairisch)
e. **mann von de hilde** war das. (REDE, MT2alt, Moselfränkisch)
f. und das war **e bruder zum karl.** (REDE, HOMalt, Rheinfränkisch)

Semantisch betrachtet nimmt der PersN in einer Relation mit (im weitesten Sinne) possessiver Bedeutung die Rolle des Possessors ein. In einer Struktur von zwei (oder mehr) Nomen steht der PersN dabei in einem Kopf-Dependens-Verhältnis und fungiert als restriktiver Modifikator eines Kopfnomens, das sich selbst in der Rolle eines Possessums befindet.[52] Mich interessiert wiederum die Artikelverwendung am PersN, die über alle Ausdrucksvarianten adnominaler Possessivität hinweg im Korpus deutlich streut: in 394 (46 %) von 866 relevanten Belegen ist einem PersN ein Definitartikel vorangestellt. Zwei Befunde aus der Forschung sind dabei zunächst bemerkenswert:

Erstens sind im rezenten Schriftdeutschen – wie bereits mehrfach erwähnt – Namenflexion und Artikelsetzung bei pränominalen Genitiven komplementär verteilt (sog. Sächsischer Genitiv):

(56) a. Lottas Ausstellung
 b. die Ausstellung
 c. *Lottas die Ausstellung
 d. *die Lottas Ausstellung
 (Beispiele aus Demske 2001: 208)

Erklärt wird dieser Umstand damit, dass sich beide Kodierungsverfahren die gleiche Definitheitsfunktion teilen: Der pränominale Genitiv lässt ausschließlich eine definite Lesart der Verbindung zu und bedarf somit auch keines Determinierers als Definitheitsmarker (vgl. aus typologischer Warte Koptjevskaja-Tamm 2002: 964). Zusätzlich erscheint die genitivische Variante obligatorisch phraseninitial, was den Schluss nahelegt, für pränominalen Genitiv und Determinierer hier die gleiche syntaktische Strukturposition anzusetzen. Diese soll hier in Anlehnung an Demske (2001) als „Determiniererposition" bezeichnet werden. Der syntaktische Status des pränominalen Genitivattributes ist in der Forschung allerdings umstritten, der NP wird mitunter sowohl der Status als Attribut als auch als Genitiv aberkannt.[53] Sächsische Genitive verhalten sich

---

[52] Das semantische Spektrum, das durch Possessivrelationen abgedeckt wird, ist über die Sprachen hinweg sehr vielfältig und auch für das Deutsche vollständig womöglich nicht zu fassen: „It has been repeatedly argued that any attempt to describe the semantics of PNPs [possessive noun phrases, A.W.] is a hopeless enterprise." (Koptjevskaja-Tamm 2002: 964).
[53] So wurde bspw. vorgeschlagen, den *s*-markierten EigenN in pränominaler Position als possessiv-definites Artikelwort (Demske 2001; Hartmann & Zimmermann 2003; Hoekstra 2010), als Adjektiv (Lindauer 1995: 203; Gallmann 1990: 280, 1996: 294), als (klitischen) Possessivmarker (Eisenberg & Smith 2002; Müller 2002b: 126; Fuß 2011; Nübling, Fahlbusch & Heuser

damit syntaktisch offensichtlich anders als die in (55) gelisteten Ausdrucksvarianten adnominaler Possessivität, in denen PersN eindeutig Attributstatus aufweisen und mit der Referentialität der Gesamt-NP auch nichts zu tun haben. Wie die Korpusbefunde ausweisen werden, liegt der komplementären Verteilung von pränominalem Genitiv und Artikelwort allerdings eine diachrone Entwicklung zugrunde, da historisch eben jene Kookkurrenz von Artikelwort und flektiertem Namen in pränominaler (nicht aber in postnominaler) Stellung möglich war, vgl. z. B. die folgenden Korpusbelege:

(57) a. daß nachdemmal er in seiner Jugend einmal mit **der Marien Sohn** gespielt und ihn niedergeworfen. (HexenV, Grünholz 1641, Nordnd.)
b. Ob sie nit vff **des Lohmullers wißen** gegraßt. (HexenV, Kronach 1617, Ostfränkisch)
c. Wenn nur **des Lochbillers Urse** sich entschließen würde, (AuswB, Beck1, Schwäbisch)

Zweitens sind Genitive in den regionalen Varietäten des Deutschen als Ausdrucksvarianten adnominaler Possessivität fast vollständig abgebaut. Stattdessen dominiert der sog. Possessive Dativ (PD), für den sich nach den Daten in Eichhoff (2000: Karte 4-77) für den Artikelgebrauch eine interessante Süd-Nord-Staffelung ergibt: Eichhoffs Befunde sind in Abb. 40 kartiert. Ihnen ist zu entnehmen, dass im Süden und Westen des bundesdeutschen Sprachraums bis auf eine Höhe von Wuppertal, Fritzlar, Mühlhausen, Eisleben und Leipzig Varianten mit Definitartikel (Typ: *der Ruth ihr Kleid*, ganz im Westen auch mit neutralem Genus) dominieren (schwarze Kreise), während im Nordd. ausschließlich Varianten ohne Artikel (Typ: *Ruth ihr Kleid*) von den Gewährspersonen akzeptiert wurden (weiße Kreise). Das Gleiche gilt für die arealen Verteilungen der Artikelverwendung in postnominalen *von*-Phrasen (Typ: *das Kleid von (der) Ruth*), einer weiteren Ausdrucksvariante adnominaler Possessivität. Diese weist nach Abb. 40 ebenfalls eine Scheide zwischen südlicher Akzeptanz für den Definitartikel (schwarze Dreiecke) und nördlicher Artikellosigkeit (weiße Dreiecke) auf, die geographisch betrachtet in etwa auf einer Höhe mit der des PD liegt.

Beide Beobachtungen zusammengenommen lässt sich festhalten, dass die Artikelverwendung bei PersN in Possessivrelationen in erster Linie von der Wahl der Ausdrucksvariante abhängig zu sein scheint. Eine Analyse der Arti-

---

2015: 71; Ackermann 2018b) oder sogar als Variante des pränominalen Dativs (Krause 2000: 90–93) zu interpretieren.

kelverwendung setzt demnach in einem ersten Schritt ein Verständnis für die Distributionsverhältnisse der Ausdrucksvarianten adnominaler Possessivität voraus. Daneben spielt für den Artikelgebrauch aber auch die Diatopik eine Rolle, wie Eichhoffs Befunde gezeigt haben.

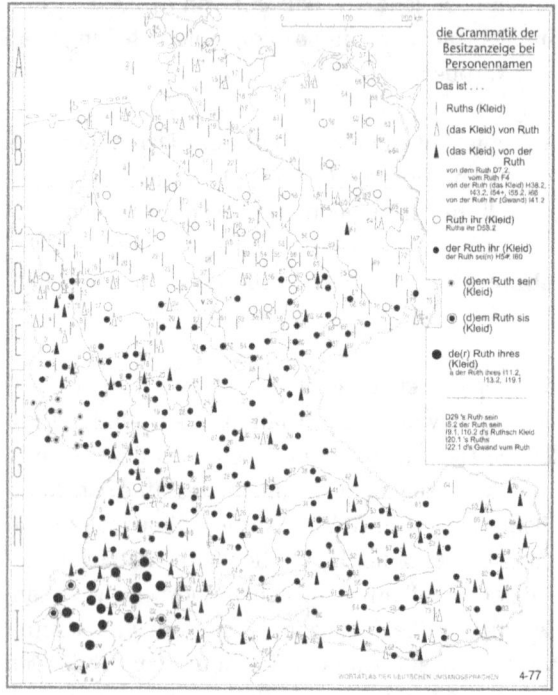

Abb. 40: Areale Verteilung der Ausdrucksvarianten adnominaler Possessivität bei PersN (aus Eichhoff 2000: 4-77)

7.5.1 Zu den Ausdrucksvarianten

Possessivrelationen mit PersN als Possessor werden im Korpus durch acht verschiedene Ausdrucksvarianten realisiert:[54]

---

[54] In runden Klammern stehen hier die variablen Bestandteile. Nicht erfasst sind Eigennamenkomposita (*Merkel-Besuch, Torsten-Video*), die im Korpus ebenfalls als Ausdruck von Possessivrelationen mit PersN belegt sind (dazu ausführlich Schlücker 2018).

(a) Pränominale *von*-Phrase [*von* + (Art.) + PersN + Det. + N]:

(58) a. **vom baumgart ein bekannter.** (REDE, AM2, Bairisch)
 b. und dann sind **vom bauer johannes zwee** net mehr komme. (REDE, BBalt2, Schwäbisch)

(b) Postnominale *von*-Phrase [Det. + N + *von* + (Art.) + PersN]:

(59) a. Ich besuchte noch **die Tochter von Herrn Kerler**, Veronika sie hat einen Kaufman Frank. (AuswB, Beck1, Schwäbisch)
 b. kenschte die veräußere **die veröffentlichunge von de gisela funk**? (REDE, HOMalt, Rheinfränkisch)

(c) Sächsischer Genitiv [PersN + -*s*/-*ens*/-*en* + N]:

(60) a. datt se in **Lohemeiers Keller** Hinrich Rattken midt der sallve gesallvet. (HexenV, Bremen 1603, Nordnd.)
 b. **Schultheißen Sohn** soll ja auch verwundet u. hinaus gereißt nach Deutschland sein. (AuswB, Keppler2, Schwäbisch)

(d) Pränominaler Genitiv [Art.$_{\text{GEN}}$ + PersN + (-*s*/-*ens*/-*en*) + N]:

(61) a. Es sei ihr zwar von **des Lorenzen Bruder** zugesagt, (HexenV, Grünholz 1641, Nordnd.)
 b. Wenn nur **des Lochbillers Urse** sich entschließen würde, (AuswB, Beck1, Schwäbisch)

(e) Postnominaler Genitiv [Det. + N + (Art.$_{\text{GEN}}$) + PersN + (-*s*)]:

(62) a. und es betrübt mich sehr **den Tod des Eberhard Scheiner** zu sehen. (AuswB, Hambloch8, Westfälisch)
 b. vnd sey **der wein Adam Schneiders** gewest, daruber der wirtt lorentz konigk Inn grossen schaden kommen. (HexenV, Ellingen 1590, Ostfränkisch)

(f) <u>Possessiver Genitiv</u> [(Art._{GEN}) + PersN(+-s/-ens/-en) + Poss.-Relator + N][55]

(63) a. vndt **Martens Buwmans siner fruwen**, so vpm bedde gelegen, (HexenV, Meldorf 1618, Nordnd.)
  b. meine l. tochter *Herniette* **des l.** *Salomon* **seine l. Frau** ist Freitag den 9ten Dieses M. glüklich mit einen gesunden Knaben entbunden worden. (AuswB, Hagedorn2, Westfälisch)

(g) <u>Possessiver Dativ</u> [(Art._{DAT}) + PersN + Poss.-Relator + N]:

(64) a. auf emal kommt **dem albert sei fraa** mir nogeläfe. (Zwirner, ZWH43, Moselfränkisch)
  b. **philipp sei vater** ne also, da wird wirklich mit der wasserwaage gearbeitet. (REDE, AN4, Ostfränkisch)

(h) <u>Allative Relation</u> [Det. + N + *zu* + (Det.) + PersN]

(65) das war **e bruder zu tobias mai**. (REDE, HOMalt, Rheinfränkisch)

Hinzu kommen ausschließlich für die schriftsprachlichen Daten und insbesondere für die HexenV insgesamt 26 Belege, in denen Possessor und Possessum in Juxtaposition stehen und die Possessivrelation overt überhaupt nicht markiert ist, z. B. in (66).

(66) Ob er **Johan Otten**_{NOM}, seine Beeste solte vmb bringen [...] damit wehren Sie nach **Johan Otten**_{GEN} **Stall** geritten. (HexenV, Schwabstedt 1619, Nordnd.)

Für die folgenden Auswertungen werden diese Fälle aus der Zählung ausgeschlossen.[56] Nicht weiter berücksichtigt wird zudem Ausdrucksvariante (h), die im Korpus insgesamt nur viermal belegt ist. Im Weiteren zusammen behandelt werden Varianten prä- und postnominaler Genitive, bei denen der Genitiv zu-

---

55 Der grammatische Status von *sein/ihr* als Pronomen oder Determinativ ist in der Forschung umstritten. Ich verwende deshalb hier allgemeiner den Terminus „Possessivrelator".
56 Zu vermuten ist, dass es sich hierbei um Varianten des Sächsischen Genitivs mit schwacher oder nicht ausgeschriebener Flexionsendung handelt. Hierfür sprechen in erster Linie die pränominale Stellung des Personennamenattributes wie auch das Fehlen des für den PD charakteristischen Possessivrelators. Schwache Genitive auf *-en*, wie sie für das Althochdeutsche und Mittelhochdeutsche üblich waren, wurden zum Frühneuhochdeutschen hin abgebaut und durch Endungen auf *-s* oder *-ens* ersetzt (dazu Steche 1927: 141–142; Nübling 2012: 220–222).

sätzlich zum Artikel durch eine Flexionsendung auch am PersN markiert wird, ebenso Possessive Akkusative und Einheitskasus, die im Folgenden aus funktionalen Gründen dem PD zugeordnet werden können.[57]

7.5.2 Distribution der Ausdrucksvarianten

Tab. 44 weist für die Teilkorpora zunächst die Belegzahlen für die jeweilige Ausdrucksvariante semantischer Possessivität aus.

Tab. 44: Relative und absolute Häufigkeiten der Ausdrucksvarianten adnominaler Possessivität nach Teilkorpus

	Pränominal				Postnominal		
	von-Phrase	Possessiver Dativ	Possessiver Genitiv	Genitiv	Sächsischer Genitiv	von-Phrase	Genitiv
HexenV	0 %	2 % (8)	5 % (16)	10 % (34)	82 % (275)	0 %	1 % (2)
AuswB	0 %	26 % (42)	33 % (53)	1 % (2)	21 % (33)	11 % (17)	8 % (12)
Zwirner	4 % (2)	60 % (32)	26 % (14)	0 %	8 % (4)	0 %	2 % (1)
REDE	7 % (18)	49 % (125)	7 % (18)	0 %	11 % (27)	26 % (65)	0 %

Es zeigt sich, dass bestimmte Ausdrucksvarianten in den Teilkorpora häufig, selten oder nie vorkommen, wobei eine Variante niemals ausschließlich gebraucht wird. Ich fasse die Daten im Folgenden nach je spezifischen Parametern zusammen und will damit zeigen, dass sich in der diachronen Entwicklung wie auch in der diatopischen Variation bestimmte morphosyntaktische Tendenzen abzeichnen, die für den Gebrauch von PersN in Possessivrelationen kennzeichnend sind.

Abb. 41 zeigt die relativen Belegwerte für die vier Untersuchungszeiträume. Zu Kategorien zusammengefasst wurden dabei einerseits prä- und postnominale von-Phrasen zu „von-Phrase" und andererseits prä- und postnominale Geniti-

---

57 Da die formale Ausprägung der Ausdrucksvarianten den Befunden in Nickel (2016) zufolge von den spezifischen morphologischen Synkretismen der zugrunde liegenden Varietät und nicht von funktionalen Aspekten abhängig zu sein scheint, sehe ich eine solche Kategorisierung als gerechtfertigt an. Possessive Genitive und Possessive Dative werden im Folgenden aber getrennt behandelt, da die Genitivmarkierung beim Possessiven Genitiv nicht nur das Artikelwort, sondern auch den PersN betreffen kann, wie (63a) belegt.

ve sowie Sächsische Genitive und Possessive Genitive mit Possessivrelator zu „Genitiv".[58] Im Vergleich der Teilkorpora zueinander weisen die Belege einen Wandel in den Gebrauchshäufigkeiten der Ausdrucksvarianten aus, der sich darin äußert, dass der Genitiv, besonders im Vergleich der HexenV zu den AuswB, abgebaut wird, während die Verwendung des PD über die Zeit hinweg deutlich zunimmt.[59] Dieser Befund ist sicherlich auf die spezifischen Anforderungen des Korpus zurückzuführen, insbesondere solche Sprecher/-innen zu berücksichtigen, die in einer regionalen Varietät des Deutschen sozialisiert worden sind – so gilt der adnominale Genitiv in fast allen Dialekten des Deutschen als vollständig abgebaut (vgl. Shrier 1965: 421; Koß 1983: 1242).[60]

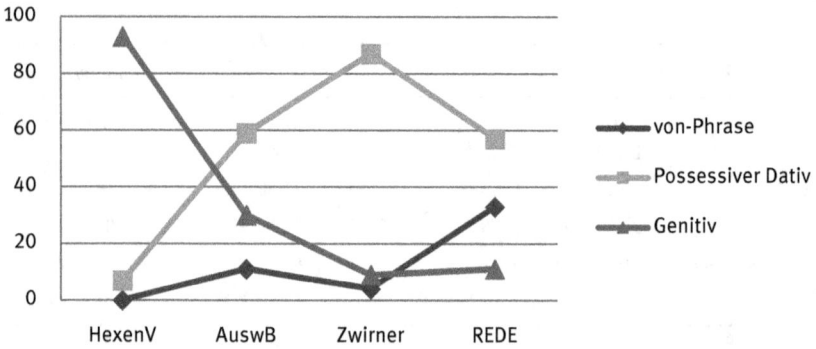

Abb. 41: Relative Häufigkeiten (in %) der Ausdrucksvarianten adnominaler Possessivität nach Teilkorpus

---

58 Die Forschung betrachtet Possessive Genitive mit Possessivrelator in der diachronen Entwicklung als eine Kontamination zwischen dem älteren pränominalen Genitiv und dem jüngeren PD, die vermutlich durch Interferenzen von Dialekt und Standard entstanden sind (vgl. Behaghel 1923: 640; Ebert 1986: 91; Fleischer & Schallert 2011: 98–99). Dementsprechend wäre hier auch eine Eingruppierung in die Klasse der PD möglich gewesen. Bei den insgesamt geringen Fallzahlen fällt die Einordnung in Bezug zu den Gesamtwerten allerdings nur gering ins Gewicht.
59 Der auffällig häufige Gebrauch des PD in Zwirner lässt sich vermutlich auf die besonders dialektale Sprechweise der dort erhobenen Gewährspersonen zurückführen.
60 Lediglich in den südlichsten Reliktgebieten des deutschen Sprachraums ist der adnominal gebrauchte Genitiv in den Dialekten erhalten geblieben, und zwar interessanterweise bei EigenN sowie bei Berufs- und Verwandtschaftsbezeichnungen (vgl. Mironow 1957: 392).

Die *von*-Phrase hingegen, die in den HexenV überhaupt noch keine Verwendung findet, ist zu geringen Anteilen ab den AuswB belegt und löst schließlich in REDE den Genitiv als zweit häufigste Ausdrucksvariante (nach dem PD) ab. Dieser Befund steht in Einklang mit den Entwicklungen, wie sie in der Forschung postuliert werden, und er bestätigt die Annahme, dass es sich bei den Varianten des Genitivs um vergleichsweise alte und beim PD sowie den Varianten der *von*-Phrase um recht junge Ausdrucksvarianten semantischer Possessivität handelt (dazu Fleischer & Schallert 2011: 94–99; Weiß 2012: 273–280; Kasper 2015b: 68).

Bezogen auf die einzelnen Sprachräume zeichnen sich in Zwirner und REDE zusammengenommen die folgenden Verteilungen ab (Abb. 42):

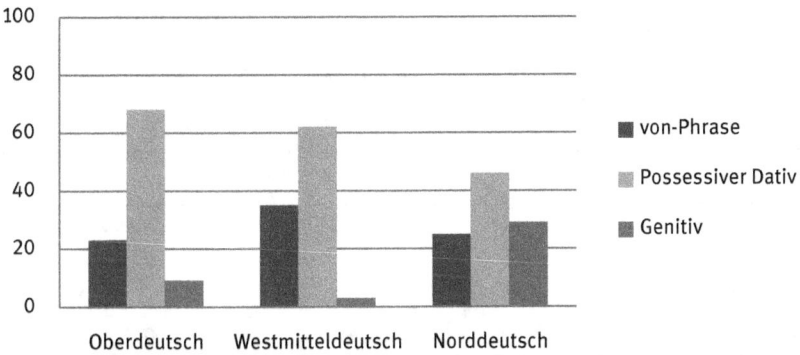

Abb. 42: Relative Anteile (in %) der Ausdrucksvarianten adnominaler Possessivität nach Sprachraum in Zwirner und REDE

Die Daten weisen aus, dass der PD in allen untersuchten Sprachräumen am häufigsten als Ausdrucksvariante semantischer Possessivität genutzt wird. Diese Tendenz ist am stärksten ausgeprägt im Obd., sie zeigt sich aber auch im Wmd. und Nordd., wobei dort die artikellose Ausdrucksvariante dominiert – hierzu später mehr. Selten werden hingegen in obd. und wmd. Varietäten Varianten des Genitivs verwendet, während diese im Nordd., vor allem als Sächsischer Genitiv, häufiger, und zwar überraschend auch im nd. Platt auftreten:[61]

---

[61] So auch sporadisch dokumentiert für das Nd. in Mironow (1957: 393), Durrell (1990: 75) und Lindow et al. (1998: 144).

(67) a. dat se damas as huusmädche in **meinens hotel** wä. (Zwirner, ZW1S7, Nordnd.)
   b. ik was tofällig no kerken; da käm ich dann tosomen do mit **brackmanns vodern**. (Zwirner, ZW6K4, Ostfälisch)

Die *von*-Phrase hingegen wird im Korpus in allen untersuchten Sprachräumen in etwa gleich häufig verwendet, wobei sich insbesondere im Obd. und Wmd. deutliche Frequenzunterschiede gegenüber dem Gebrauch des Genitivs abzeichnen.

Die Verteilungen in den HexenV (Tab. 45) und AuswB (Tab. 46) belegen zudem, dass die Varianten des Genitivs in den historischen Varietäten keine areale Bindung aufweisen. Hingegen taucht der PD in beiden Teilkorpora am häufigsten im Nordd. auf.

Tab. 45: Relative und absolute Häufigkeiten der Ausdrucksvarianten adnominaler Possessivität nach Sprachraum in den Hexenverhören

Hexenverhöre			
	Oberdeutsch	Westmitteldeutsch	Norddeutsch
Genitiv	97 % (86)	100 % (95)	89 % (164)
Possessiver Dativ	3 % (3)	0 %	11 % (21)
von-Phrase	0 %	0 %	0 %

Tab. 46: Relative und absolute Häufigkeiten der Ausdrucksvarianten adnominaler Possessivität nach Sprachraum in den Auswandererbriefen

Auswandererbriefe			
	Oberdeutsch	Westmitteldeutsch	Norddeutsch
Genitiv	39 % (11)	18 % (9)	34 % (28)
Possessiver Dativ	50 % (14)	67 % (33)	58 % (48)
von-Phrase	11 % (3)	14 % (7)	8 % (7)

Abb. 43 weist außerdem aus, dass die attributive Voranstellung von PersN in allen Teilkorpora und in allen Sprachräumen gegenüber deren Nachstellung deutlich dominiert. In dieser Eigenschaft unterscheiden sich PersN von APP, die in attributiver Funktion dem Bezugsnomen spätestens seit dem Mittelhochdeutschen meist nachgestellt werden.[62]

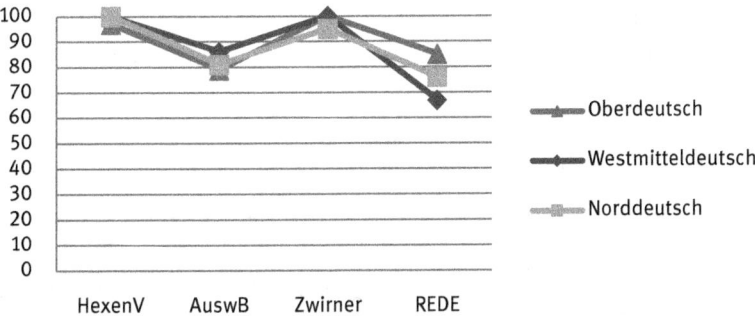

Abb. 43: Relative Anteile (in %) pränominaler Personennamenattribute

Die Effekte zugunsten vorangestellter PersN sind im Korpus in den HexenV und bei Zwirner am stärksten und in REDE am geringsten ausgeprägt. Die stärkere Tendenz zur Nachstellung in REDE beruht dabei auf einer Verwendung postnominaler *von*-Phrasen, während die seltene Nachstellung in den HexenV und in Zwirner auf die artikellose Variante postnominaler Genitive beschränkt ist. Lediglich in Zwirner findet sich eine Variation im Gebrauch postnominaler Varianten, indem sowohl nachgestellte *von*-Phrasen als auch nachgestellte Genitivattribute zu finden sind. Effekte zwischen den Sprachräumen sind hingegen an dieser Stelle überhaupt nicht feststellbar, vielmehr verläuft die Entwicklung hinsichtlich der Stellungspräferenzen in den einzelnen Sprachräumen nahezu gleich ab (s. Abb. 43).

Die Anteile für den PersN-Artikel verteilen sich nun wie folgt auf die einzelnen Ausdrucksvarianten: Für Zwirner und REDE weist Tab. 47 aus, dass der

---

62 Die angeführten Stellungsasymmetrien zwischen PersN und APP haben sich im Deutschen erst herausgebildet. Demnach wurden im frühen Althochdeutschen die Genitivattribute dem Bezugsnomen allgemein vorangestellt. Spätestens seit dem Mittelhochdeutschen wurden dann in einem ersten Schritt die unbelebten und seit dem Frühneuhochdeutschen zusätzlich die appellativischen Attribute dem Bezugsnomen nachgestellt, sodass hier von einer kontinuierlichen syntaktisch lizenzierten Umgruppierung der Stellungseigenschaften innerhalb der Possessivphrase zugunsten einer syntaktischen Unterscheidung von PersN und APP ausgegangen werden kann. Vgl. hierzu die Befunde in Demske (2001: 215–232), Fuß (2011: 30–33) und Nübling et al. (2017: 129–133).

PersN-Artikel in Possessivrelationen im Obd. fast ausschließlich und im Wmd. überwiegend gebraucht wird. Dies gilt für alle Ausdrucksvarianten außer dem pränominalen Genitiv, bei dem der Artikel überhaupt nicht gesetzt wird. Im Nordd. hingegen wird der Artikel deutlich seltener verwendet, er ist zu geringen Anteilen belegt für PD und postnominale *von*-Phrasen, nicht aber für ihre pränominalen Pendants und für prä- und postnominale Genitivattribute.

Tab. 47: Häufigkeiten für den Definitartikel bei PersN nach Ausdrucksvariante adnominaler Possessivität und Sprachraum in Zwirner und REDE

Zwirner und REDE					
	Pränominale *von*-Phrase	Possessiver Dativ	Pränominaler Genitiv	Postnominale *von*-Phrase	Postnominaler Genitiv
Oberdeutsch	100 % (6)	96 % (69)	0 %	100 % (14)	–
Westmitteldeutsch	57 % (4)	95 % (83)	0 %	86 % (37)	–
Norddeutsch	0 %	31 % (5)	0 %	20 % (2)	0 %

Tab. 48: Häufigkeiten für den Definitartikel bei PersN nach Ausdrucksvariante adnominaler Possessivität und Sprachraum in den Hexenverhören

Hexenverhöre					
	Pränominale *von*-Phrase	Possessiver Dativ	Pränominaler Genitiv	Postnominale *von*-Phrase	Postnominaler Genitiv
Oberdeutsch	–	100 % (3)	24 % (16)	–	0 %
Westmitteldeutsch	–	–	0 %	–	–
Norddeutsch	–	24 % (5)	16 % (25)	–	–

Tab. 49: Häufigkeiten für den Definitartikel bei PersN nach Ausdrucksvariante adnominaler Possessivität und Sprachraum in den Auswandererbriefen

Auswandererbriefe					
	Pränominale *von*-Phrase	Possessiver Dativ	Pränominaler Genitiv	Postnominale *von*-Phrase	Postnominaler Genitiv
Oberdeutsch	–	93 % (13)	13 % (1)	0 %	67 % (2)
Westmitteldeutsch	–	73 % (24)	–	14 % (1)	–
Norddeutsch	–	10 % (5)	11 % (2)	0 %	89 % (8)

Für die beiden historischen Datensätze ändert sich das Bild insofern etwas, als für den pränominalen Genitiv, besonders in den HexenV (Tab. 48), nun Varianten mit Artikel vorkommen, z. B. in (68).

(68) a. Christine hette **des Sparlings kinde** die holl[en] zugewiesen. (HexenV, Helmstedt 1580, Ostfälisch)
  b. vnd **des Hagens weib** allein nach Kriuitz gehen laßen. (HexenV, Crivitz 1642, Mecklenburgisch)
  c. Vor 8 Jahr hab Er **des Dr. Mittners seel. Söhnle**, Namens Hanns Heinrich, so damalen nur 1 1/2 Jahr alt gewesen, (HexenV, Meldorf 1618, Nordnd.)

Artikelbelege für den PD im Nordd. zeigen darüber hinaus, dass die Artikelvarianten in Zwirner und REDE keine Neuerung darstellen, sondern historisch schon verwendet wurden:

(69) a. suchten mich auf war von Holtausen bei der Fredeburg und einen von Aberrarbach **dem Kreusrichter Peitz seiner Schwester sein StifSohn** der von Holtausen. (AuswB, Geucke3, Westfälisch)
  b. das er in **den Wittenbrok seinen Brief** komt. (AuswB, Stille-Krumme01, Westfälisch)
  c. und wir den gleich erfuhren das dis **den Karl sein Kosthaus** gewesen. (AuswB, Berthold04, Westfälisch)
  d. daß er vor 14 Tagen habe gesagt **zur Metta Jonß ihren Mann**. (HexenV, Grünholz 1641, Nordnd.)

Ausschließlich in den AuswB und dann auch selten kommen hingegen postnominale Genitive mit Artikel vor, und zwar in obd. und nordd. Varietäten, nicht aber in wmd., vgl. (70).

(70) a. **Der kleine Brief des Eduard** hat mich sehr gefreud. (AuswB, Schnurr1, Alemannisch)
  b. **Das Testament des H. Pfarrer Bauer** lautet dahin. (AuswB, Haßfurther02, Ostfränkisch)
  c. Grundstücke von ihrem verstorbenen Mann [...] an **die Erben des Johs Beier** abtrat. (AuswB, Hambloch5, Westfälisch)
  d. und es betrübt mich sehr **den Tod des Eberhard Scheiner** zu sehen. (AuswB, Hambloch8, Westfälisch)

Niehaus (2016) konnte nun für sein Korpus neuhochdeutscher Schrifttexte zeigen, dass EigenN mit Artikel vor 1830 tendenziell nachgestellt wurden. Er macht dabei fünf Verwendungskontexte ausfindig, die eine Nachstellung des Genitivattributes bedingen (vgl. Niehaus 2016: 208–209): a) Der Definitartikel ist Teil des EigenN (z. B. bei Toponymen: *Orte der Schweiz, Königspaar der Niederlande*), b) Der Definitartikel steht bei fremdsprachlichen EigenN oder Abkürzungen, c) Der Definitartikel hat demonstrative Funktion, d) Der Definitartikel eröffnet weitere Attribuierungen, e) Der unbestimmte Artikel führt zu Deonymisierung. Keiner dieser Faktoren scheint mir nun besonders geeignet, den Artikelgebrauch bei Nachstellung von PersN in (70) zu erklären,[63] vgl. dazu auch die folgenden Kontrastbeispiele mit Genitivattribut und Artikel in pränominaler Stellung:

(71) a. Euern lieben Brief samt der Postkarte habe ich grad am 21. dieß, als **am Hochzeitstag Richards und Maries** erhalten. (AuswB, Hilger1, Alemannisch)
 b. in den ich durch **einen Verwandten Herrn Zentgrafs** eingeführt bin. (AuswB, Abel3, Ostfälisch)
 c. under denen **eins Jacob holzers** gewesen. (HexenV, Rottweil 1615, Schwäbisch)

Vielmehr ist es das auch schon historisch gültige komplementäre Verhältnis zur Namenflexion, welches den Artikelgebrauch an dieser Stelle zu steuern scheint.

Wir halten damit zunächst fest: Die Verwendung des PersN-Artikels streut im Korpus über alle Ausdrucksvarianten hinweg. Historisch wie rezent wird der Artikel präferiert bei PD verwendet, dafür lässt sich auch ein starkes areales Gefälle im Untersuchungsgebiet identifizieren. Die gleiche Tendenz ist in den rezenten Daten auch für die prä- und postnominalen *von*-Phrasen feststellbar, eine Ausdrucksvariante adnominaler Possessivität, die in den historischen Daten überhaupt nicht belegt ist. Historisch tritt der Artikel hingegen zu geringen Anteilen bei den pränominalen Genitiven auf. Zu den rezenten Varietäten gehen diese Verwendungskontexte dann verloren, die Variantenvielfalt wird hier auf

---

[63] Ohne Kontextangabe ist Kriterium c) „der Definitartikel hat demonstrative Funktion" überhaupt sehr schwer zu operationalisieren. Die Belege in (70) und (71) lassen jedenfalls nicht den Schluss zu, dass hier grundsätzlich differierende Kontexte vorliegen würden, die die Verwendung eines Definitartikels mit demonstrativer Funktion an der einen Stelle rechtfertigen würde und an der anderen Stelle nicht.

den Sächsischen Genitiv verengt, der per definitionem Flexion am Namen aufweist, aber artikellos ist.

7.5.3 Funktionsweisen

Wie lässt sich die Variation im Gebrauch der Ausdrucksvarianten und damit auch die im Artikelgebrauch nun motivieren? Der einschlägigen typologischen und kognitiv-linguistischen Literatur zufolge stellt die semantische Domäne der Possessivität eine komplexe Domäne dar, deren Kern durch eine Besitzrelation (Possessivität im engeren Sinne) konstituiert wird, die zugleich aber auch Übergänge zu anderen, nicht-possessiven Domänen wie die der räumlichen (Ablation, Allation, Lokation) und metonymischen Relation aufweist (z. B. Seiler 1983; Heine 1997; Lehmann 1998). Wie Kasper (2015b, c; 2017) beispielhaft für das Deutsche (und seine regionalen Varietäten) zeigen konnte, werden semantische Domänen dabei durch je spezifische Konstruktionstypen ausgedrückt, wobei je nach Stadium ihrer Grammatikalisierung semantische Extensionen auch auf andere Domänen zu konstatieren sind. Bezogen auf ein einzelnes Sprachsystem können damit identische Konstruktionen auch als Ausdruck verschiedener semantischer Relationen verwendet werden. So drückt beispielsweise die Konstruktion NP *von* NP prototypisch die Bewegung eines Lokatums weg von einer Lokation aus (= ablative Relation). Zusätzlich kann sie im Deutschen aber auch als Ausdruck von Teil-Ganzes-Verhältnissen (= meronymische Relation) oder auch von Possessivrelationen (= Possession in engerem Sinne) verwendet werden.

Die Befunde in Kasper (2015b, c; 2017) weisen nun darauf hin, dass die Frage, welche der genannten semantischen Relationen eine bestimmte Konstruktion ausdrückt, davon abhängig ist, wie die Konstruktion lexikalisch gefüllt ist, d. h. in diesem Fall, welche Belebtheits- oder Empathieeigenschaften (in der Terminologie von Kasper 2015c: 224) die zugrunde liegenden lexikalischen Entitäten aufweisen und in welcher semantischen Relation sie diesbezüglich zueinander stehen. Vor diesem Hintergrund gilt es für die nachfolgende qualitative Analyse der Daten die je spezifischen semantischen Eigenschaften von Possessor und Possessum zu berücksichtigen. Dieses Vorgehen dient einerseits dazu, Aussagen über die semantischen Relationsverhältnisse zwischen den lexikalischen Entitäten treffen zu können und ermöglicht damit gleichzeitig, für die Korpusbelege die je spezifische Wahl an Ausdrucksvarianten und damit auch an Artikelverwendungen motivieren zu können.

Possessiver Dativ

Beginnen wir mit den Ausdrucksvarianten des PD: Die Daten haben ausgewiesen, dass diese Ausdrucksvariante in allen untersuchten Sprach- und Zeiträumen zu finden ist. Ihr vergleichsweise häufiges Auftreten lässt sich hierbei unter anderem durch die spezifischen Anforderungen an die Auswertung erklären, nur solche Verbindungen zu berücksichtigen, in denen ein PersN die semantischen Funktionen des Possessors übernimmt. So findet man in der Forschung häufig die Behauptung, dass die Possessoren beim PD im Deutschen belebt sein müssen, während für unbelebte Possessoren andere Ausdrucksvarianten als die des PD genutzt werden (vgl. Weise 1898: 288; Behaghel 1923: 540, 638; Zifonun 2003: 102).[64] Den Ausführungen in Mironow (1957: 396) und Schirmunski (1962: 433) zufolge kann eine solche semantische Beschränkung auf belebte Possessoren darauf zurückgeführt werden, dass der PD hauptsächlich den persönlichen Besitz und die Verwandtschaftsbeziehung zwischen Possessor und Possessum ausdrückt, womit sich PersN als besonders typische Possessoren auszeichneten. In den Worten von Zifonun (2003: 102):

> Dabei ist auch zu bedenken, dass die prototypische Possessor-Relation ohnehin einen menschlichen Possessor fordert.

Das Possessum kann hingegen sowohl aus belebten als auch aus unbelebten Entitäten bestehen, wobei sich je nach lexikalischer Füllung verschiedene Verwendungsweisen ergeben (vgl. Zifonun 2003: 106–109; Kasper 2015b, c; 2017). Tatsächlich wird in den vorliegenden Daten der PD präferiert als Ausdrucksvariante für persönlichen Besitz und für Verwandtschaftsbeziehungen verwendet, vgl. (72a und b). Daneben findet sich die Ausdrucksvariante allerdings auch als Ersatz des *Genitivus Auctoris* (72c) und des *Genitivus Objectivus* (72d), sodass an

---

[64] Die Befunde in Kasper (2015c: 220–221) deuten allerdings darauf hin, dass nicht deren Belebtheitseigenschaften den Konstruktionstypen lizenzieren, sondern dass der PD in bestimmten Dialekträumen des Deutschen (hier: Rheinfränkisch und Zentralhessisch) auch für Konstruktionen belegt ist, in denen ein unbelebter, aber anthropomorpher Possessor verwendet wird (*der Puppe ihr Fuß*). In Kasper (2015c: 223–224) wird deshalb vorgeschlagen, die Belebtheitsskala als Lizenzbedingung für die Wahl des Ausdrucks adnominaler Possessivität als Empathie-Skala zu rekonstruieren und um die Einheit [unbelebt, anthropomorph] zu erweitern. In der Forschung wird zudem sowohl für das Lothringische als auch für das Nd. von einer Verwendung des PD auch bei unbelebten Possessoren berichtet (Schirmunski 1962: 433; Lindow et al. 1998: 160).

dieser Stelle für den PD von einer polysemen Form-Funktionszuordnung auszugehen ist.[65]

(72) a. **Im Frantz sein Vatter** ist so alt wie die Mutter. (AuswB, Klinger15, Schwäbisch)
b. Heinrich, sie haben **im Schorsch seinem Brief** erwähnt. (AuswB, Keller1, Rheinfränkisch)
c. **dem Nic. Leinen seine Forderung** ist 269 Mark. (AuswB, Lehnen3, Moselfränkisch)
d. **em bichler franz seine beerdigung** is er gewen. (REDE, Ralt1, Bairisch)

PD werden gebildet aus einem Dependens, meist im Dativ (s. aber unten), das den Possessor bezeichnet, einem Kopf, der das Possessum bezeichnet, sowie dem Possessivrelator *sein* oder *ihr*, welcher eine syntaktische Relation zwischen Kopf und Dependens herstellt und welcher mit dem Dependens morphologisch (bes. im Genus) kongruieren kann.[66] Zusätzlich kann die Konstruktion durch einen Definitartikel eingeleitet werden. Morphologische Varianten des PD beruhen auf einem fehlenden Gebrauch des Definitartikels (73a), – sofern der Dativ im Sprachsystem fehlt – auf einem Kasuswechsel zugunsten des Akkusativs (73b) oder zugunsten eines morphologischen Einheitskasus (73c) sowie auf einer diatopisch bedingten Inkongruenz zwischen Possessivrelator und Possessor (73d).[67] Die nominalen Bestandteile PD sind dabei ihrerseits je durch Attribute erweiterbar, wobei sowohl deren Stellungs- als auch Kongruenzeigenschaften die jeweilige Zuordnung der Attribute gewährleistet, vgl. (73e).

(73) a. wurde **H. Brodman aus Lohausen seine Frau** von einen gesunden Knaben glücklich entbunden. (AuswB, Oeveste1, Westfälisch)
b. und wir den gleich erfuhren das dis **den Karl sein Kosthaus** gewesen. (AuswB, Berthold4, Westfälisch)
c. und **de sven sei vater** – der hat mit de hacke gearbeitet. (REDE, AN4, Ostfränkisch)

---

65 Vgl. zu den mit Genitivattributen assoziierten Bedeutungen und den dazugehörigen Begrifflichkeiten die Ausführungen in Blatz (1900b: 358–385), Behaghel (1923: 498–505), Helbig (1973), IDS-Grammatik (1997: 2025–2033) und Eisenberg (2013b: 251–254).
66 In der typologischen Literatur werden solche Possessivrelatoren auch als „linking pronouns" bezeichnet, z. B. in Koptjevskaja-Tamm (2002: 963).
67 Siehe zur Genusinkongruenz beim PD die Befunde von Leser-Cronau (2017) im Rahmen der SyHD-Erhebung sowie von Nickel (2016) zum Ostfränkischen. Die verschiedenen Kasusvarianten des PD sind beschrieben in Weiß (2008: 384), Nickel (2016) und Kasper (2017).

d. dat wor **dem tina sein**. (REDE, BETZalt2, Moselfränkisch)
e. der allte Rastl ist schon 89 Jahr alt der ist **de[m] Johann sein Weib** ihr Grosvater. (AuswB, Gamsjäger5, Bairisch)

Interessant sind zudem die diachronen und diatopischen Unterschiede, wie sie sich bei der Verwendung des PD im Artikelgebrauch abzeichnen. So weisen die Daten dahingehend ein Gefälle aus, dass der Artikel, sowohl rezent als auch historisch, im Obd. und Wmd. deutlich häufiger belegt ist als im Nordd. Anders, als es die entsprechende Karte in Eichhoff (2000) (s. Abb. 40) sowie die „Niederdeutsche Grammatik" von Lindow und Kollegen (1998: 165) ausweisen, finden sich in den Daten allerdings auch für das Nordd. Artikelbelege, und zwar rezent wie historisch, vgl. (69) oben sowie (74). Diesen Befund halte ich insofern für wichtig, als es sich dabei um eine weitere Bedingung handelt, in der der PersN-Artikel in (eigentlich artikellosen) nordd. Varietäten gebraucht wird. Die Tatsache, dass einerseits mehrere dieser Belege aus dem nd. Platt stammen und andererseits der PD (wie auch der Possessive Genitiv) im gesprochenen Standard nicht verwendet und von den normativen Grammatiken konsequent abgelehnt wird,[68] lässt zudem den Schluss zu, dass es sich hierbei vermutlich um einen Artikelgebrauch handelt, der sich aus den regionalen Varietäten heraus entwickelt hat und bei dem der Artikel nicht über den Kontakt zur Standardsprache oder zu südlicheren regionalen Varietäten Eingang in den Sprachraum gefunden hat.

(74) a. daß er vor 14 Tagen habe gesagt **zur Metta Jonß ihren Mann**. (HexenV, Grünholz 1641, Nordnd.)
b. un da was da e froo up mal; **dem meint bertholt sine froo**. (Zwirner, ZW1D8, Nordnd.)
c. **den hinrik sin dochter** und meen jung; die wärn ja mol verlobt. (REDE, SEalt2, Nordnd.)

Was die diachrone Entwicklung der Ausdrucksvarianten anbelangt, lassen sich in den Daten allerdings keine Differenzeffekte feststellen, d. h. die Anteile PD mit Artikel sind im Obd. und Wmd. konstant hoch und im Nordd. konstant niedrig (vgl. die Werte in Tab. 47 bis Tab. 49). Nicht auszuschließen ist, dass der

---

68 So z. B. in der bundesweit bekannten Zwiebelfischkolumne von Bastian Sick. Siehe zur Abwertung von PD und Possessivem Genitiv auch die Ausführungen in Elspaß (2005: 325–336) und Davies & Langer (2006: 160–169). Eine syntaktische Begründung für das Fehlen des PD im Schriftdeutschen liefert Ágel (2017: 789).

Artikel im Nordd. über die gleichen Gebrauchsbedingungen lizenziert wird, die in Kap. 6.4 für den Artikel im Nordd. auch bei einfachen PersN-NPs identifiziert wurden. Doch sind die Belegzahlen für eine verlässliche Aussage hierfür zu gering. Es lässt sich allerdings insofern eine Systematik in den Daten erkennen, als der PD mit Artikel im Korpus nur von solchen Sprecher/-innen verwendet wird, die den PersN-Artikel auch in anderen Verwendungskontexten gebrauchen.

von-Phrase
Im Vergleich zum PD stellt die *von*-Phrase als Ausdrucksvariante semantischer Possessivität eine historische Neuerung dar. Sie ist in den HexenV bei PersN nicht belegt, vielmehr finden sich erst in den AuswB vereinzelte Belege, und zwar für nachgestellte, nicht aber für vorangestellte *von*-Phrasen. Vorangestellte *von*-Phrasen tauchen in geringen Anteilen und in allen Untersuchungsräumen (mit Ausnahme von einem Beleg in Zwirner) erst in REDE auf.[69] Allerdings stimmen die vorliegenden zeitlichen Verteilungen für die *von*-Phrase mit PersN nur bedingt mit denen überein, wie sie sich aus der Forschung allgemein für den Ersatz des adnominalen Genitivs durch *von*-Phrasen ableiten lassen. Dies spricht möglicherweise dafür, für Verbindungen mit PersN von einer verzögerten Entwicklung auszugehen. So erwägt Kiefer (1910: 57, 66) bereits für das 12. Jh. den Ersatz des Genitivs durch die *von*-Phrase. Rausch (1897: 99–100) für das 14. Jh. und Schirmunski (1962: 434) für das 16. Jh. setzen die gleiche Entwicklung hingegen etwas später an. Tatsächlich finden sich in den HexenV für appellativische Entitäten bereits wenige Belege, in denen die *von*-Phrase als Ausdrucksvariante adnominaler Possessivität zum Einsatz kommt. Dies gilt besonders als Ausdruck meronymischer Relationen (75a–c), aber auch als Ausdruck des *Genitivus Subjectivus* (75d) und des *Genitivus Possessivus* (75e). Da solche frühen Belege für PersN hier nicht erbracht werden können, legen die vorliegenden Daten zumindest die Vermutung nahe, dass sich *von*-Phrasen als Ausdrucksvariante adnominaler Possessivität genuin nicht in Verbindung mit PersN entwickelt haben.

---

[69] Die Duden-Grammatik (2016: 840) führt vorangestellte *von*-Phrasen überhaupt als Phänomen des mündlichen Sprachgebrauchs und dann auch hauptsächlich bei Personenbezeichnungen.

(75) a. Ein gemalt Schechtlein darin liegt **ein stuckhlein von einen strickht**, wiste nit waß es fuer ein strickh seye. (HexenV, Kronach 1617, Ostfränkisch)
b. und hefft **eine von d. Toeverdschen** mit uahmen Gundell Knutzen etliche Loechers in ehrem Rock gestecken. (HexenV, Westerland 1614, Nordnd.)
c. das die Rauische nebenst ihrer tochter der Ridewegische, It[em] die lange paschenske, vnd frickesche **einen gifft von schlangen vnd poggen** in aller teufel nahmen in dem gasthause alhier zu gerichtet. (HexenV, Perleberg 1588, Brandenburgisch)
d. vndt für erst wegen **der rede von Damerahts schwiegermutter** gefraget, (HexenV, Göttingen 1649, Ostfälisch)
e. daß Sie eine Cramerin im Seelhauß getruckht vnd gesprochen, daß Sie der Teüfel greiffe, hab **ein Salb vom bösen feind** in die hand geschmirbt, so Ihr der böß feind beim Steinbogen gegeben. (HexenV, Memmingen 1665, Schwäbisch)

Darüber hinaus bietet die *von*-Phrase, sowohl prä- als auch postnominal, große Freiheiten an, was die Belebtheits- und Definitheitseigenschaften des Possessums anbelangt:

(76) a. **vom baumgart ein bekannter.** (REDE, AM2, Bairisch)
b. das war ja **vom heinz bauer** so **ein anliegen.** (REDE, GIBIalt, Hessisch)
c. dabei ist auch die maria und **vom timo gebhard die tina.** (REDE, KR8, Niederfränkisch)
d. **von dem doktor klinker das stichwort.** (REDE, CWalt, Schwäbisch)
e. und dann hat **en bekannte vom pete** hat es sichs ogeguckt. (REDE, CW1, Schwäbisch,)
f. un das hat ja **die reaktion** noch **von dem klaus** gezeicht. (REDE, COC1, Moselfränkisch)

Charakteristisch für diese Ausdrucksvariante adnominaler Possessivität ist demnach, dass die Gesamt-NP bei entsprechender lexikalischer und morphosyntaktischer Füllung sowohl eine definite als auch indefinite Lesart zulässt, während sowohl der pränominale Genitiv als auch der PD obligatorisch eine definite Lesart der Gesamt-NP evozieren (vgl. Zifonun 2003: 97–98; Demske 2001: 229–230). Noch einmal sei erwähnt, dass die Definitheitsrestriktion eine wesentliche Erklärung dafür war, warum sich pränominaler Genitiv und Artikelwort gegenseitig ausschließen.[70]

Hingegen lässt sich die von Baumgärtner (1959: 18–19) für den Dialekt von Leipzig beobachtete Beschränkung, *von*-Phrasen als Ersatz für Genitivattribute nur in partitiver Bedeutung und bei Referenz auf Sachen zu verwenden, in den vorliegenden Daten nicht wiederfinden. Vielmehr drückt die *von*-Phrase in attributivem Gebrauch genauso auch Funktionsbereiche aus, die der Possessivität im engeren Sinne zuzurechnen sind, vgl. (77a) und die außerdem auf Verwandtschaftsrelationen abzielen, vgl. (77b und c).[71]

(77) a. **das haus** vorne **vom thomas** war weg. (REDE, ULalt, Schwäbisch)
 b. **der schwager vom dietmar krüger.** (REDE, SW1, Ostfränkisch)
 c. **de bruder von de sabine.** (REDE, PAalt2, Bairisch)

Zusammenfassend bietet also die *von*-Phrase in Bezug auf die Stellungseigenschaften der Attribute wie auch in Bezug auf die lexikalische Füllung der Konstituenten dem Sprecher einen weitaus größeren Freiraum als der PD, indem weder die Definitheits- noch die Belebtheitseigenschaften der lexikalischen Entitäten die Verwendung von *von*-Phrasen beschränken. Dies könnte zumindest eine mögliche Erklärung dafür sein, warum sich die *von*-Phrase als Ausdruck semantischer Possessivität auch in den regionalen Varietäten des Deutschen, neben dem PD, der wie erwähnt wesentlich mehr Restriktionen aufweist, etablieren konnte.[72] Für Varianten mit belebtem Possessor und definitem Possessum lassen sich im Korpus allerdings keine linguistischen Faktoren bestimmen, die die Wahl zwischen beiden Ausdrucksvarianten erklären könnte. So finden sich mitunter für die gleichen Gewährspersonen bei vergleichbarer lexikalischer Füllung und im selben Äußerungsakt verschiedene Ausdrucksvarianten semantischer Possessivität, vgl. (78) – dazu später mehr.[73]

---

70 Dies gilt auch für solche Fälle, in denen ein indefiniter Possessor vorliegt: a) *Ich habe eine Woche lang auf einer alten Frau ihren Hund aufgepasst.* b) *Einem sein Bier ist weggekommen.* (Bsp. aus Zifonun 2003: 99).
71 Vgl. dazu auch die Befunde Kaspers (2017) zu den Ausdrucksvarianten adnominaler Possessivität im Rahmen der SyHD-Erhebung.
72 In Nickel (2016: 103, basierend auf Ramat 1986: 586) hingegen wird der Unterschied zwischen PD und *von*-Phrase typologisch damit begründet, dass „[t]he latter is more analytical, while the former is connected to the 'highly developed inflectional structure'".
73 Neben der *von*-Phrase kann der Ersatz des postnominalen Genitivattributes in bestimmten dialektalen Varietäten des Deutschen auch mit der Präposition *zu* gebildet werden (vgl. Schirmunski 1962: 433; Koß 1983: 1244; Kasper 2015c: 213). Die vorliegenden Belege weisen den

(78) un äh **paul sin schwester** und ihrn mann von schleswig. [...] die frau is dann fuhrn; also **gabis schwägerin** eben **die mutter von torsten**. (REDE, FL3, Nordnd.)

Was den Artikelgebrauch anbelangt, verhält sich die *von*-Phrase hingegen auffällig ähnlich zum PD. So lässt sich in den Daten auch hier ein regionales Gefälle identifizieren, indem im Obd. und Wmd. der Artikel meist verwendet wird, während er im Nordd. auch häufig ausbleibt – die Karte in Eichhoff (2000) hat ja auch ganz ähnliche areale Verteilungen für beide Ausdrucksvarianten nachgezeichnet. Im Unterschied zu den Befunden von Eichhoff zeigt sich der Artikel im Korpus allerdings zumindest bei den postnominalen *von*-Phrasen auch im Nordd. (vgl. Thies 2010: 139), wie die folgenden Belege illustrieren:

(79) a. das is **en sohn von dem gisbert brehm**. (REDE, PRalt1, Brandenburgisch)
  b. dat is ja **n brauder von den sigfried derick**. (REDE, VRalt, Mecklenburgisch)

Für beide Ersatzkonstruktionen des Genitivs konnte damit eine Artikelverwendung nachgewiesen werden, die im Obd. und Wmd. sehr häufig erfolgt und die im Nordd. relativ frei variiert. In seinen Auftretensfrequenzen verhält sich der Artikel in beiden Ausdrucksvarianten adnominaler Possessivität konform zu den Gebrauchsfrequenzen, wie sie für den PersN-Artikel in einfachen NPs ermittelt werden konnten (vgl. die Werte in Tab. 11). Es handelt sich damit sowohl für den PD als auch für die *von*-Phrase um einen für die Einzelvarietäten üblichen Gebrauch des Definitartikels, der hier nichts mit dem spezifischen Verwendungskontext zu tun hat und so auch keiner gesonderten Erklärung bedarf.

Genitiv
Die Ausdrucksvarianten des Genitivs weisen im Korpus schließlich die folgenden Eigenschaften auf: Wie Tab. 44 zeigt, stellt der Sächsische Genitiv für alle untersuchten Zeit- und Sprachräume die dominante Ausdrucksvariante im Ge-

---

Gebrauch dieser Konstruktion einzig für das Rheinfränkische und Ostfränkische und für den Ausdruck von Verwandtschaftsverhältnissen aus. Schirmunski (1962: 433) belegt die Konstruktion darüber hinaus für das Hessische und die Literatursprache des 18. Jh.s (Schiller: *Würden Sie Vater zu dem Schurken sein wollen*). Mironow (1957: 395) berichtet zudem für das Schwäbische von dem Gebrauch possessiver *mit*-Phrasen: *sui isch braut mit deam*. Im Korpus sind solche Formen als Ersatz von Genitivattributen nicht belegt.

nitiv dar. Einem PersN in pränominaler Stellung wird dabei ein Genitivsuffix -s (historisch auch -ens oder -en) angehängt, das Bezugsnomen weist hingegen die Flexion auf, die mit seiner syntaktischen Funktion einhergeht (z. B. *Peters Bär-*$_{\text{NOM}}$ vs. *Peters Bären*$_{\text{AKK}}$). Die postnominalen Pendants sind im Korpus hingegen seltener und dann auch häufig bei unbelebten und indefiniten Possessa zu finden:

(80) a. hier in de nabarschaft bei **de wirtschaft heinrich quandts**. (Zwirner, ZWU69, Westfälisch)
 b. in den ich durch **einen Verwandten Herrn Zentgrafs** eingeführt bin. (AuswB, Abel3, Ostfälisch)

Die postnominale Modifikation lässt damit bei entsprechender lexikalischer und grammatischer Füllung auch eine indefinite Lesart zu, während selbiges bei pränominaler Modifikation – wie erwähnt – nicht möglich ist.

Nach den Ausführungen in Fuß (2011: 26) ist die Stellung genitivischer PersN-Attribute im rezenten Schriftdeutschen funktional gesteuert, indem der Possessive Genitiv auf die pränominale Position beschränkt ist, während andere Funktionen auch postnominal ausgedrückt werden können:[74]

(81) a. ??der Koffer Peters (Possessiver Genitiv)[75]
 b. das Jauchzen Peters (Subjektgenitiv)
 c. die Werke Goethes (Genitivus Auctoris)
 (Beispiele nach Fuß 2011: 26)

Der pränominale onymische Genitiv verengt sich damit diachron zu einem reinen Possessivmarker (vgl. Demske 2001; Eisenberg & Smith 2002; Fuß 2011: 22; Nübling, Fahlbusch & Heuser 2015: 71). Die gleichen Restriktionen scheinen allerdings nicht für die historischen Varietäten zu gelten, die Belege in (82) sind trotz Nachstellung eindeutig als Possessive Genitive zu klassifizieren.

---

[74] In Peschke (2014) wurde zudem gezeigt, dass die Poststellung von Genitiven (und auch die der *von*-Phrase) gegenüber der Prästellung im rezenten Schriftdeutschen vermehrt dann erfolgt, wenn das EigenN-Attribut besonders komplex ist und z. B. um ein appellativisches Element erweitert ist (z. B. bei *der Pressesprecher Angela Merkels*). Dies gilt besonders auch für EigenN, die auf /s/ enden und die damit Homophonie zum Genitivmarker {-s} aufweisen. Hier dominiert ebenfalls die postnominale *von*-Phrase gegenüber dem Genitiv (*der Plan von Rüttgers* vs. *Rüttgers Plan*).
[75] „Possessiver Genitiv" wird bei Fuß semantisch definiert und ist nicht zu verwechseln mit dem periphrastischen Possessiven Genitiv, wie er in dieser Arbeit verwendet wird.

(82) a. das fast ein gantz Faß wein dieselbe nacht Inn keller gelauff[en] vnd sey **der wein Adam Schneiders** gewest. (HexenV, Georgenthal 1597, Ostfränkisch).
   b. daß sie dan selbigen abendts mit den Schaffen verricht, darueber etliche abgangen, under denen **eins Jacob holzers** gewesen. (HexenV, Rottweil 1615, Schwäbisch)

Wie kommt es nun einerseits zum Abbau pränominaler Attribute und andererseits zur Stärkung des Sächsischen Genitivs und des PD? Zwei Erklärungen scheinen mir hierfür relevant:

Erstens lässt sich der Stellungswechsel vom prä- zum postnominalen Genitivattribut vor dem Hintergrund einer Profilierung der Nominalklammer im Deutschen betrachten (vgl. Ronneberger-Sibold 1994: 122; Szczepaniak 2011: 104–109; Nübling et al. 2017: 129–130). So kongruiert der einleitend gebrauchte Determinierer nach der Ausklammerung des Genitivs aus dem Mittelfeld mit dem Kopf der NP. Dies hat er in pränominaler Stellung vorher nicht getan:

(83) a. des Vaters [...] Haus
   b. das [...] Haus des Vaters
   (Bsp. nach Nübling et al. 2017: 130)

Der einleitende Genitivartikel (z. B. in (83a)) weckte falsche Erwartungen in Bezug auf die folgende NP-Struktur, da er sich nicht auf deren Kopf bezog, sondern auf das Attribut. Durch die Postponierung des Attributes (in (83b)) konnte dies umgangen und die (linke) Nominalklammer damit gestärkt werden. In den Worten von Ronneberger-Sibold (1994: 122):

> Offensichtlich werden diejenigen Attribute nachgestellt, die sich nicht zur Konstruktion einer Nominalklammer eignen, weil sie kein flektierbares Element enthalten, das mit dem Kern der Nominalphrase kongruieren könnte.

Ein ähnliches Argument lässt sich auch für die *von*-Phrase anführen, die im Korpus, bei gleichen lexikalisch-semantischen Füllmöglichkeiten, in ihrer postponierten Variante deutlich häufiger vertreten ist als in ihrer präponierten und die für den Hörer in pränominaler, nicht aber in postnominaler Stellung in irreführender Weise eine PP anstatt eines Attributes erwarten lässt:

(84) a. das Haus vom Vater
   b. vom Vater das Haus

Zweitens kann die diachrone Stabilität des Sächsischen Genitivs über ein Prinzip erklärt werden, das in der Kognitiven Linguistik als „referential anchoring" oder „reference point" bekannt ist und welches für den Gebrauch des Sächsischen Genitivs im Englischen mehrfach als Explanans herangezogen wurde (z. B. in Taylor 2000: 205–235; Langacker 2000: 174–179). Als funktionale Motivation für die präferierte Prästellung von EigenN lässt sich demnach geltend machen, dass mit einem präponierten Attribut ein „referenzieller Anker" für die Identifikation des mit der Gesamt-NP Gemeinten im Diskurs zeitlich früh und damit in besonders effektiver Weise bereitgestellt wird. Dazu Zifonun (2003: 122):

> Bevor überhaupt der semantische Nukleus durch das Kopfsubstantiv genannt wird, ist bereits klargestellt, auf welcher referenzbezogenen Information dieser Nukleus operieren kann.

Eindeutig identifizierbare Possessoren, typischerweise EigenN, können dabei als besonders geeignete referenzielle Anker im Hinblick auf die Identifikation des Possessums gelten.[76] Dies mag auch erklären, warum EigenN in pränominaler Position keines zusätzlichen Definitheitsmarkers in Form eines Determinierers für die referenzielle Verankerung des Possessums benötigen (vgl. Koptjevskaja-Tamm 2002: 964).

In den regionalen Varietäten, in denen der Sächsische Genitiv nicht zur Verfügung steht, stellt hingegen der PD ein syntaktisches Verfahren dar, welches in der Perzeption eine frühe effektive Verankerung des Possessors ermöglicht (vgl. Nickel 2016: 93). So erklärt sich auch, warum die Konstruktion meist auf belebte Referenten beschränkt ist – solche Possessoren werden in der Forschung als besonders gute *reference points* betrachtet (Taylor 2000: 219–220).[77] Wie die Befunde für das Obd. und Wmd., teilweise auch für das Nordd., zeigen, kommt es dabei in den regionalen Varietäten für die Gesamt-NP zu einer Doppelmarkierung der *reference-point*-Funktion: Die referenzielle Verankerung des Possessums geschieht sowohl kovert über die Präponierung des Attributes als auch overt durch die Verwendung des Definitartikels.

---

76 Gemäß den Ausführungen in Taylor (2000: 238–242) verfügen EigenN damit über eine hohe „cue-validity", um als *reference points* in Possessivkonstruktionen zu funktionieren.
77 Siehe zum Faktor „Belebtheit" auch die Ausführungen in Kasper (2015b). Dort wird für Genitivkonstruktionen im Deutschen ein syntaktischer Wandel entlang der Belebtheitshierarchie angesetzt: Während die unbelebten pränominalen Attribute sukzessive nachgestellt wurden, können die belebten auch weiterhin pränominal realisiert sein.

Ich fasse zusammen: Die Artikelverwendung bei PersN als Possessoren hängt im Deutschen wesentlich von der Ausdrucksvariante ab, durch die die Possessivrelation ausgedrückt wird. So wird der Artikel beim PD und bei der *von*-Phrase ziemlich genau in der varietätenspezifischen Häufigkeit gebraucht, wie der PersN-Artikel auch in anderen, nicht attributiv erweiterten Gebrauchsbedingungen verwendet wird. Anders sieht es hingegen beim Genitiv aus, für den der Artikel historisch zu geringen Anteilen belegt ist, wo er spätestens zum Neuhochdeutschen hin aber komplett durch die artikellose Variante ersetzt wird. Hierfür sind zwei Gründe auszumachen: Zum einen wird der postnominale Genitiv im Korpus spätestens zum Neuhochdeutschen hin nahezu vollständig abgebaut, sodass die in den HexenV noch durchaus artikelfreundliche Genitivvariante später nicht mehr zur Verfügung steht. Zum anderen wird die Auswahl an pränominalen Genitiven diachron auf die obligatorisch artikellose Variante des Sächsischen Genitivs verengt, die in der Phrase selbst die Determiniererposition einnimmt und die damit eine Besetzung der Position durch den Determinierer (hier: den Definitartikel) obsolet macht.

Was die Motive für die Wahl der Ausdrucksvariante anbelangt, lassen sich Sächsischer Genitiv, PD und pränominale *von*-Phrase als Grammatikalisierung der *reference-point*-Funktion im Sinne kognitiv-linguistischer Ansätze interpretieren, während die postnominalen Pendants ganz im Zeichen eines morphosyntaktischen Wandels stehen, der zur Profilierung der Nominalklammer dient.[78] PD und postnominale *von*-Phrase, die in den regionalen Varietäten nach den vorliegenden Befunden die beiden dominanten Ausdrucksvarianten adnominaler Possessivität darstellen, ergänzen sich dabei im Hinblick auf ihre semantisch-lexikalischen Restriktionen. So wird der PD präferiert als Ausdruck einer Besitzrelationen von belebtem Possessor und Possessum eingesetzt, während die *von*-Phrase auch als Ausdruck von Verwandtschaftsrelationen und von abstrakten Besitzverhältnissen Verwendung findet; vgl. hierzu nochmals die Befunde von Kasper (2017) im Rahmen der SyHD-Erhebung.

---

78 Es bleibt weiteren Studien vorbehalten, an größeren Belegzahlen zu prüfen, wie sich besonders die pränominalen von den postnominalen *von*-Phrasen abgrenzen lassen. Möglicherweise greifen hier informationsstrukturelle Einflüsse, die Ausführungen in Taylor (2000) lassen sich jedenfalls in diese Richtung deuten.

7.6 Datenvarianzmodell

Ich schließe die Korpusanalyse mit der Berechnung eines Datenvarianzmodells (Logit-Modell). Hiermit soll statistisch ermittelt werden, welche Erklärungsrelevanz die in dieser Arbeit identifizierten Einflussfaktoren auf den Artikelgebrauch bei PersN in den Varietäten des Deutschen haben. Zudem gilt es, den prädiktorischen Wert jedes einzelnen Faktors für den Artikelgebrauch (für die abhängige Variable) zu bestimmen. Für das Teilkorpus REDE wurde hierzu eine binäre logistische Regression gerechnet.[79] Die REDE-Daten bieten sich hierfür gegenüber den anderen untersuchten Datensätzen am besten an, da dort die meisten PersN belegt sind. Hinzu kommt, was die Ausführungen in dieser Arbeit gezeigt haben, dass der Sprachwandel bzgl. Kontextexpansion und Obligatorisierung des Artikelgebrauchs in REDE am weitesten vorangeschritten ist, wodurch die Einflussfaktoren dort am besten festzumachen sein sollten. Als Prädiktoren des Modells wurden dabei all jene Faktoren berücksichtigt, für die sich nach den vorangehenden Analysen für REDE zumindest in einem der drei Sprachräume ein signifikanter Einfluss auf das Vorkommen des PersN-Artikels nachweisen lies. Dies sind: Namentyp, Topologisches Feld, syntaktische Funktion, Varietät, Sprachraum, Dialektraum, Sexus, Präpositionalphrase, Adjektivattribut, Apposition, Vokativ, Indexikalität, Pejoration, Possessivkonstruktion und Koordination (s. Kap. 6 und 7).

Tab. 50 zeigt zunächst die Ergebnisse (Regressionskoeffizienten, Signifikanzwerte und Effektkoeffizienten) der Logistischen Regression für alle REDE-Daten (N = 5.655).[80] Für Faktoren, die mehr als zwei Ausprägungen haben, wurde in der Berechnung zufällig einer der Faktoren als Baseline herangezogen (in der Tabelle fett markiert).

---

[79] Berechnung mit SPSS Statistics 24.
[80] Ausgenommen sind hier PersN aus dem omd. Raum, PersN im Plural, PersN, die von anderen Determinierern als dem Definitartikel begleitet werden sowie insgesamt 70 Belege, für die einzelne Prädiktoren nicht applizierbar waren.

Tab. 50: Regressionskoeffizienten, Signifikanzniveaus und Effektkoeffizienten der abhängigen Variable „PersN-Artikel" für die REDE-Daten

Faktor	B-Koeffizient	p-Wert	Odds-Ratio	
RufN				
FamN	,677	<,001	1,968	**
GesN	-,229	,093	,795	
RAF				
LAF	-,993	<,005	,370	*
HF	-,917	,008	,400	
Adjektivattribut	-2,816	<,001	,060	**
Apposition	-,409	,086	,665	
Vokativ	4,174	<,001	64,984	**
Indexikalität	-,156	,099	,856	
Pejoration	-,427	,424	,652	
Possessivkonstruktion	,046	,814	1,047	
Standard				
Regiolekt	,898	,037	2,455	*
Dialekt	,539	,220	1,714	
Oberdeutsch				
Mitteldeutsch	-,519	,086	,595	
Norddeutsch	-2,615	<,001	,073	**
Präpositionalphrase	-,124	,347	,883	
Koordination	1,159	<,001	3,186	**
Sexus	,963	<,001	2,620	**

Alle anderen Faktoren wiesen nur zwei Ausprägungen (meist ja/nein) auf. Die Güte des Modells ist als gut einzuschätzen, mit 88,9 % liegt der beobachtete Wert (c-Wert) deutlich über dem Wert für die maximale Zufallswahrscheinlichkeit von 68 % (vgl. zur Einordnung Kuckartz et al. 2013: 279). Faktoren, die einen signifikanten Prädiktionswert für das Varianzmodell haben, sind durch Sternchen gekennzeichnet.[81] Deutlich am stärksten wirkt der Faktor „Vokativ",

---

[81] Nicht erfasst sind hier die Werte für den Prädiktor „Dialektraum", der in Abhängigkeit von der Baseline stark unterschiedlich ausfallen kann. Festzuhalten bleibt aber, dass in allen gerechneten Modellen „Dialektraum" zumindest partiell einen hohen prädiktiven Wert für die Artikelvarianz aufweist. Ebenfalls nicht erfasst sind die Werte für „syntaktische Funktion", da

gefolgt von „Adjektivattribut" und „Norddeutsch". Die beiden zuerst genannten Faktoren hatten sich in der Korpusanalyse sprachraumunabhängig als Kontextbedingungen herausgestellt, bei denen die Anwesenheit („Adjektivattribut") bzw. Abwesenheit („Vokativ") des PersN-Artikels nahezu obligatorisch ist. Der prädiktive Wert des Faktors „Norddeutsch" ist hingegen in Relation zur Baseline „Oberdeutsch" zu setzen, er verweist auf eine hohe Relevanz des Faktors „Sprachraum" für die Artikeldistribution. Nachfolgend sind dann auch die Faktoren „Koordination", „topologisches Feld", „Namentyp", „Sexus des Referenten" und „Varietät" von Relevanz. Bei den beiden zuerst genannten Faktoren tendiert der Artikel aus syntaktischen Gründen zur Nichtsetzung (bei Koordination) bzw. Setzung (im linken und rechten Außenfeld), „Namentyp" bzw. „Sexus des Referenten" rekurrieren hingegen auf morphologische (Sexusmarkierung) und pragmatische (Höflichkeit, Akzessibilität von Namentypen) Einflüsse.

Tab. 51 zeigt im Anschluss ausgewählte Ergebnisse der Regressionsmodelle für die Sprachräume „Oberdeutsch", „Westmitteldeutsch" und „Norddeutsch".

Erfasst sind hier alle Faktoren, die bei einem vergleichsweise hohen B-Koeffizienten (positiv wie negativ) einen signifikanten p-Wert aufweisen. Die Güte des Modells ist jeweils hoch, die c-Werte liegen bei um die 90 Prozent. Es zeigt sich in der Berechnung, dass bestimmte Faktoren (z. B. Geschlecht) in allen oder zumindest in mehreren Sprachräumen einen signifikanten Einfluss auf die Artikelvarianz haben, während das gleiche bei anderen Faktoren (z. B. Adjektivattribut oder topologisches Feld) nicht zutrifft. Ohne die Faktoren nun im Einzelnen durchgehen zu wollen, ist Folgendes zu bemerken: Den mit Abstand größten prädiktorischen Wert für den artikellosen Gebrauch von PersN im Obd. nimmt der Faktor „Vokativ" ein, gefolgt von „Geschlecht" (Tendenz zur artikellosen Variante bei FrauenN) und „Koordination", in deren Rahmen der Artikel überzufällig häufig bei nachrangigen Konjunkten auftritt. Wmd. verhält sich hier ganz ähnlich wie Obd., dort ist es insbesondere der GesamtN, dessen prädiktiver Wert sich für den artikellosen Gebrauch von PersN als hoch herausstellt. Nordd. hingegen weicht – erwartbar – hinsichtlich der Prädiktoren deutlich von den beiden anderen Sprachräumen ab. So wird der PersN-Artikel bezogen auf das Gesamtmodell überzufällig häufig bei adjektivischer Erweiterung, bei Links- und Rechtsversetzung („Topologisches Feld") und als Indexikalitätsmarker verwendet, während umgekehrt Gesamt- und FamN besonders stark zur artikellosen Variante tendieren.

---

diese in der Datenklassifikation eine Vielzahl von Fehlwerten („nicht applizierbar") aufweisen (z. B. was PersN im linken und rechten Außenfeld anbelangt).

Tab. 51: c-Werte, Regressionskoeffizienten, Signifikanzniveaus und Effektkoeffizienten der abhängigen Variable „PersN-Artikel" für ausgewählte Faktoren in den REDE-Daten nach Sprachraum

Faktor	B-Koeffizient	P-Wert	Odds-Ratio
OBERDEUTSCH (c = 90,3 %, N = 1.676)			
Vokativ	3,687	<,001	39,943
Geschlecht	1,271	<,001	3,563
Koordination	1,179	<,001	3,252
Varietät	,602	<,05	1,825
WESTMITTELDEUTSCH (c = 87,4 %, N = 2.574)			
GesamtN	-,700	<,001	,496
Geschlecht	,949	<,001	2,584
Koordination	,829	<,005	2,291
Varietät	,311	,054	1,364
NORDDEUTSCH (c = 90,8 %, N = 1.405)			
FamN	1,663	<,001	5,275
Adjektivattribut	-3,516	<,001	,030
GesamtN	7,88	<,005	2,2
Topologisches Feld	-,1449	<,005	,235
Indexikalität	-,726	<,005	,484

8 Artikelgrammatikalisierung – der lange Weg des Definitartikels zum nominalen Klassenmarker

Das folgende Kapitel dient dazu, die in Kap. 6 und 7 identifizierten Funktionsbereiche des PersN-Artikels in einen Zusammenhang zu bringen. Es wird die These vertreten, dass der PersN-Artikel rezent wie historisch nicht willkürlich bestimmte Funktionsdomänen besetzt, sondern dass er Stufen eines Grammatikalisierungspfades beschritten hat, den er im Wesentlichen bei anderen nominalen Ausdrücken im Deutschen bereits durchlaufen hat. Hinsichtlich des Geltungsbereichs dieser Grammatikalisierung schließe ich mich Himmelmann (1997: 91) an, dem zufolge

> die Grammatikalisierung von D[eiktika]-Elementen nicht in Isolation stattfindet, sondern es sich genau betrachtet immer um die Grammatikalisierung von N[omen] + D[eiktika]-Ausdrücken handelt.

Demnach sind die folgenden Ausführungen immer auf die spezifische Konstellation bezogen, in der ein Determinierer (hier: Demonstrativum, Definitartikel) in Verbindung mit einem PersN einem grammatischen Wandel unterliegt. Die Grammatikalisierungsdomäne stellt also in unserem Fall die PersN-NP dar, es handelt sich damit um die Grammatikalisierung einer Konstruktion im Sinne der Konstruktionsgrammatik.

Für die Sprachen der Welt gilt ein anaphorisch gebrauchtes Demonstrativum als die häufigste Quelle für die Grammatikalisierung des Definitartikels (vgl. Wackernagel 1924: 130–133; Heinrichs 1954: 46; Hodler 1954: 15–17; Greenberg 1978: 61–74; Lüdtke 1991; Vogel 1993; Laury 1995; Himmelmann 1997; Diessel 1999: 128–129; Lyons 1999; Heine & Kuteva 2002: 109–111; de Mulder & Carlier 2011: 523; Lehmann 2015: 41–42). Auch im Deutschen hat sich der Definitartikel in althochdeutscher Zeit aus einem Demonstrativum entwickelt (vgl. Paul 1919: 172; Hodler 1954: 279; Dal 1966: 89–90; Oubouzar 1992; Leiss 2000; Szczepaniak 2011: 69–78; Schmuck & Szczepaniak 2014: 101–104; Flick 2017).[1] Wir haben es damit mit einem Fall von sekundärer Grammatikalisierung zu tun: ein Wort, was – im Sinne der Konstruktionsgrammatik – weiter vom grammatischen Pol des Lexikon-Grammatik-Kontinuums entfernt ist, wandelt sich zu

---

[1] Lediglich Behaghel (1923: 33, 38) sieht die Quelle für den Definitartikel im Deutschen in einem anaphorisch gebrauchten Pronomen.

einem Wort, was näher am grammatischen Pol steht.² Zur Beschreibung ihrer Entwicklung wurden in der Forschung verschiedene Grammatikalisierungspfade vorgeschlagen, die ich im Folgenden mit Bezug zum Deutschen auszugsweise rekapitulieren möchte.

8.1 Der Artikel als Genus- und nominaler Klassenmarker

Einer der bekanntesten Grammatikalisierungspfade des Demonstrativums stammt von Greenberg (1978: 61–74). Er sieht sprachübergreifend die folgenden vier Stufen („stages") vor:

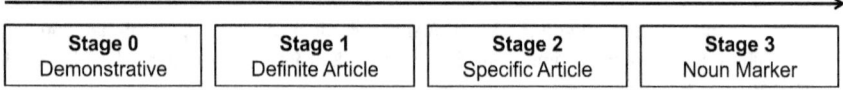

Abb. 44: Die Grammatikalisierung des Demonstrativums (nach Greenberg 1978: 61)

Die Skala korreliert von links nach rechts betrachtet mit einem graduellen Abbau von Individuiertheit (vgl. de Mulder & Carlier 2011: 525). Die angesetzten Stufen werden von Greenberg als „cluster of characteristics" bzw. „prototypes" verstanden (Greenberg 1991: 305), sie gilt es im Folgenden näher zu beschreiben.

Als Ausgangspunkt oder Quelle der Grammatikalisierung (Stufe 0) fungiert ein anaphorisch gebrauchtes Demonstrativum, woraus sich im Weiteren ein Definitartikel entwickelt (Stufe 1).³ Dieser trägt dazu bei, den Referenten allgemein und unabhängig vom gegebenen Kontext als identifizierbar zu kennzeichnen. Greenberg (1978: 61–62) macht hierzu die folgenden Ausführungen:

> The point at which a discourse deictic becomes a definite article is where it becomes compulsory and has spread to the point at which it means "identified" in general, thus includ-

---

2 Im Gegensatz dazu steht die primäre Grammatikalisierung, bei der sich ein Wort, was am lexikalischen Pol des Kontinuums steht, zu einem Wort wandelt, was weiter vom lexikalischen Pol entfernt ist. Ein solcher Fall liegt für die Grammatikalisierung des Indefinitartikels im Deutschen vor, der sich historisch aus dem Zahlwort *eins* entwickelt hat. Schlussendlich handelt es sich bei Grammatikalisierung – zumindest aus konstruktionsgrammatischer Perspektive – aber immer um einen Sprachwandel entlang des Lexikon-Grammatik-Kontinuums.
3 Inwiefern sich das Demonstrativum selbst aus einem anderen Wort heraus entwickelt hat, ist in der Forschung umstritten (vgl. Himmelmann 1997: 20–23).

ing typically things known from context, general knowledge, or as with 'the sun' in non-scientific discourse, identified because it is the only member of its class.

Für Stufe 2 setzt Greenberg die Emergenz eines spezifischen Artikels an. Himmelmann (2001: 834) unterscheidet den spezifischen Artikel vom Definitartikel (und vom Demonstrativum) wie folgt:

> [T]he crucial difference between specific articles on the one hand and demonstratives and definite articles on the other is that in the case of specific article use it is not necessary that the speaker assumes that the intended referent is identifiable for the hearer.

Spezifische Artikel sind in den Sprachen der Welt weit verbreitet (vgl. Himmelmann 1997: 101–108; Lyons 1999: 57–60). Als semantische Kategorie spielt Spezifizität für das Deutsche allerdings eher eine untergeordnete Rolle und fällt dann auch meist in die Funktionsbereiche des Indefinitartikels (s. Kap. 3.3).[4] Zudem weisen Himmelmann (1997: 107) und Diessel (1999: 139) darauf hin, dass auch Demonstrativa als spezifische Artikel fungieren können. Offensichtlich können in den Einzelsprachen demnach Stufen auf Greenbergs Grammatikalisierungspfad auch übersprungen werden (vgl. de Mulder & Carlier 2011: 534) bzw., wie Greenberg (1978: 61) selbst einräumt, ist für den Grammatikalisierungspfad des Demonstrativums insgesamt eine Gradualität in der Entwicklung anzunehmen:

> In some cases it is possible to see that a language is well advanced within a particular stage, while in other instances it is clear that it has only entered the stage recently. Hence, the whole development is to be viewed as a single continuous process marked by certain decisive turning points.

Als weiteres Kriterium für Stufe 2 nennt Greenberg (1978: 64), dass der Artikel in bestimmten Kontexten noch nicht obligatorisch verwendet wird, z. B. bei EigenN, bei APP in vokativischem Gebrauch sowie in Verbindung mit Demonstrativa und Possessivpronomen. So hat der Artikel auf dieser Entwicklungsstufe zwar schon alle Referenzfunktionen verloren, doch wird er im Hinblick auf seine Verwendungskontexte noch restriktiv eingesetzt. Diesen Entwicklungsstand hat z. B. das Schriftdeutsche heute erreicht.

Stufe 3 stellt nach Greenberg schließlich das (vorläufige) Endstadium der Grammatikalisierung dar. Der Artikel fungiert nun entweder als Genusmarker

---

4 Im Gegenteil weisen die vorliegenden Befunde für den Gebrauch des PersN-Artikels im nordd. Raum aus, dass dieser auf Kontexte beschränkt ist, in denen der Sprecher davon ausgeht, dass der Referent, der mit dem PersN bezeichnet wird, für den Hörer identifizierbar ist.

oder, und dies ist der Fall, wenn das ursprüngliche Demonstrativum das Nomen nicht nach Genus klassifiziert hat, er wird als nominaler Klassenmarker verwendet und dient so z. B. zur Kennzeichnung deverbierter Nomen (Greenberg 1978: 70, 73; vgl. Greenberg 1991: 305). Dies war in Stufe 2 noch nicht der Fall. Hingegen spielen Identifizierbarkeit und Spezifizität des Referenten in Stufe 3 der Entwicklung keine Rolle mehr, der Artikel wird hier vielmehr hyperdeterminierend (im Sinne von Leiss 2000) in allen möglichen Verwendungskontexten gebraucht.

Mit dem Abbau von Referentialität ist nach Greenberg ebenfalls ein gradueller Schwund auf der Formebene verbunden. Es kommt im Sprachwandel zu Affigierungen und überhaupt zu starken Erosionserscheinungen, wie es z. B. im Schwedischen bei der Artikelsuffigierung und in obd. Dialekten mit der Tilgung des femininen Artikels der Fall ist (s. Kap. 3.2). Wird die Ausdrucksseite des Determinierers zu stark geschwächt, beginnt der Definitheitszyklus nach Greenberg von neuem. Das ursprüngliche Demonstrativum erfährt erneut eine formale Stärkung, wodurch Deixis und Demonstrativität im Sprachsystem re-etabliert werden können – so z. B. in den Varietäten des Deutschen mit einer frequenten Verwendung von Lokaladverbien (dazu Fleischer 2003) und betonten Artikelwörtern (s. Kap. 3.4).

Bei Greenberg steht der Definitheitszyklus somit ganz im Zeichen morphologischer Genusmarkierung, z. B. in Niger-Kongo-Sprachen, in denen Affixe die Genuskodierung zunehmend nicht mehr leisten können und der Artikel als Ersatzstrategie einspringt (Greenberg 1978: 54–58). Doch ist im Einzelfall schwer zu ermitteln, wann eine Sprache das Endstadium der Grammatikalisierung (Stufe 3) erreicht hat, wie Greenberg (1978: 69) selbst einräumt:

> The line between Stages II and III is somewhat arbitrary. How restricted and non-productive must the alternating forms of the noun be for a language to be assigned to Stage III rather than Stage II?

Ein Hinweis, dass es Zwischenstufen in der Entwicklung gibt, findet sich z. B. in Lehmann (2015: 41–42). Er setzt zwischen Demonstrativum und Definitartikel eine Kategorie „weakly demonstrative definite determiner" an, charakterisiert diese im Folgenden aber nur kurz: „The demonstrative component is gradually reduced to mere definiteness, and the result is a DEFINITE ARTICLE." (Lehmann 2015: 41, Hervorhebung im Original). Zudem spielen Kontexterweiterungen, wie sie insbesondere bei Himmelmann (1997) und darauf aufbauend bei Szczepaniak (2011) für die Grammatikalisierung des Demonstrativums vorgesehen sind, bei Greenberg nur eine untergeordnete Rolle. Diesem Thema möchte ich mich im folgenden Abschnitt zuwenden.

8.2 Artikelgrammatikalisierung als Ausweitung von Kontextverwendungen

Himmelmanns (1997) Überlegungen zur Grammatikalisierung des Demonstrativums bieten in zweierlei Hinsicht eine Erweiterung zu Greenbergs Ausführungen an. Erstens – und darauf wurde einleitend bereits hingewiesen – betrachtet Himmelmann die Grammatikalisierung von Determinierern nicht isoliert, sondern in ihren semantischen und syntaktischen Beziehungen zum Nomen, auf das sich der Determinierer bezieht. Diese Beziehungen, so die These Himmelmanns, „ändern sich im Grammatikalisierungsprozeß, und zwar in einer Art, die sich als Generalisierung oder Kontextausweitung beschreiben läßt" (Himmelmann 1997: 27) – hierzu noch einmal die bereits in Kap. 2.1 zitierten Ausführungen aus Himmelmann (Himmelmann 1997: 28):

> [Ich gehe] davon aus, daß Grammatikalisierung als Kontextausweitung, d.h. als expansive Veränderung der syntaktischen und semantischen Beziehungen des Grammems, zu beschreiben und zu analysieren ist. So gesehen manifestiert sich Grammatikalisierung im wesentlichen darin, daß ein Grammem in immer zahlreicheren Kontexten auftritt oder, umgekehrt betrachtet, immer wenigeren kontextuellen Beschränkungen unterliegt.

Vordergründig für den Wandel ist damit die funktionale Seite des Sprachzeichens, bei Himmelmann operationalisiert über seine Verwendungen in verschiedenen Kontexten. Unter „Kontext" fasst Himmelmann die folgenden drei Aspekte (vgl. Himmelmann 1997: 28): **Erstens** ist Kontext semantisch-pragmatisch als Gebrauchskontext zu begreifen. Die Grammatikalisierung des Demonstrativums zum Definitartikel ist in diesem Sinne als Ausweitung seiner Gebrauchsweisen zu interpretieren. **Zweitens** sind Kontexte mit Kollokationsmustern gleichzusetzen, die zwischen zwei (oder mehreren) Elementen bestehen. Die Grammatikalisierung des Demonstrativums ist damit als sukzessive Aufgabe von Kollokationsbeschränkungen zu verstehen, ein Umstand, auf den auch schon Greenberg (1978) aufmerksam gemacht hat. Und **drittens** ist Kontext syntaktisch zu fassen: Demonstrativa können sich je nach syntaktischer Position zu unterschiedlichen Grammemen wandeln, im Deutschen etwa konnte sich das Demonstrativum zum Relativ- oder Personalpronomen sowie zur Konjunktion *dass* entwickeln (vgl. Szczepaniak 2011: 104). Determinierer sind allerdings per definitionem an eine NP gebunden (Himmelmann 1997: 144–157; Diessel 1999: 129), und so handelt es sich bei der Grammatikalisierung des adnominal gebrauchten Demonstrativums immer um eine, die sich auf die spezifische Verbindung von Determinierer und Nomen bezieht.

In Szczepaniak (2011; vgl. auch Schmuck & Szczepaniak 2014; Flick 2017; Flick & Szczepaniak 2018) wurde schließlich speziell für das Deutsche ein Ablaufszenario der Artikelgrammatikalisierung entwickelt, das sich einerseits auf Himmelmanns Modell des Kontextausbaus stützt und das andererseits empirische Befunde zur Verwendung von *dher* im Althochdeutschen berücksichtigt (bes. auch solche aus Oubouzar 1992, 1997).[5] Im Ergebnis wurde damit für das Deutsche ein Grammatikalisierungspfad vorgeschlagen, der, besonders, was die Entwicklung vom Demonstrativum zum Definitartikel anbelangt, wesentlich feiner ausdifferenziert ist, als es bei Greenberg und Lehmann der Fall ist. Die Überlegungen sollen im Folgenden kurz nachvollzogen werden, um dann im darauffolgenden Abschnitt eine grammatikalisierungstheoretische Einordnung der eigenen Befunde vornehmen zu können.

8.3 Zur Emergenz des Definitartikels im Althochdeutschen

Im frühen Althochdeutschen sind es zunächst andere sprachliche Strategien als der Gebrauch von Artikelwörtern, die die Definitheit eines nominalen Ausdrucks anzeigen, z. B. Wortstellung und Thema-Rhema-Struktur, verbaler Aspekt, Objektkasus, Stellung des Genitivattributes und schwache vs. starke Adjektivflexion (Szczepaniak 2011: 65–69; Szczepaniak & Flick 2015: 191–194; Flick 2017: 35–44; dazu auch Leiss 2000; Demske 2001).[6] Durch die häufigere Verwendung des distalen Demonstrativs *ther* (später auch in der geschwächten Form *dher*) dringt der Determinierer dann in die Definitheitsdomäne ein und übernimmt sukzessive die Funktionen, die zuvor über andere Kodierungsstrategien ausgedrückt wurden. Es liegt damit ein Fall von sprachlicher Innovation vor, indem eine grammatische Funktion neu geschaffen wird.[7] Die Gründe für diese Innovation sind weitgehend unklar (dazu Flick 2017: 44–51). Neben systemlinguistischen Erklärungen (Übernahme der Nominalflexion, Ersatz für die schwache Adjektivflexion, Kompensation zum Aspektsystem, Reaktion auf

---

[5] Wenn im Folgenden auf *dher* verwiesen ist, gilt dies auch für alle Formen, die im morphologischen Paradigma von *dher* auftauchen.
[6] Die Emergenz des Definitartikels im Altsächsischen ist m. W. bislang gänzlich ununtersucht, weswegen ich mich hier auch auf die Entwicklung im Althochdeutschen beschränke. Bei Tiefenbach (2000: 1254; vgl. Gallée 1993: 238) heißt es zum Artikelgebrauch im Altsächsischen lediglich: „Das einfache Demonstrativpronomen fungiert außerdem als bestimmter (nichtobligatorischer) Artikel und als Relativpronomen".
[7] Im Gegensatz dazu steht die Renovation, bei der eine bereits bestehende grammatische Funktion lediglich formal erneuert wird (vgl. Lehmann 2015: 19–22).

Wortstellungswandel) wurde auch pragmatische Expressivität als Triebfeder für die Herausbildung des Definitartikels diskutiert (z. B. in Flick 2017: 52–54). Szczepaniak & Flick (2015: 187–188) zufolge haben wir es in jedem Fall mit einem Wandel von koverter zu overter Definitheit zu tun, indem die Nominalkategorie nun durch ein eigenes Grammem formal ausgedrückt wird. Hierbei lassen sich grob die vier folgenden Entwicklungsschritte nachzeichnen (vgl. Oubouzar 1992; Leiss 2000: 161–170; Szczepaniak 2011: 73–78; Schmuck & Szczepaniak 2014: 101–104):

1. Im frühen Althochdeutschen (am Beispiel des Isidors, der um 800 entstanden ist), wurde das schwach deiktische Demonstrativum *dher* verwendet, um Referenten hervorzuheben, die „kommunikativ besonders wichtig sind" (Oubouzar 1992: 75) und die auf einen im Diskurs bereits eingeführten Referenten anaphorisch verweisen. Dies gilt nach den Befunden von Flick (2017: 130–131) auch bereits zu großen Anteilen für semantisch-definite Referenten. Zudem trat *dher* auch schon gehäuft bei erweiterten NPs auf, etwa bei attributiver Erweiterung (Oubouzar 1992: 76–77).[8] Dies gilt ebenfalls für Genitivphrasen, die im Isidor sogar in Verbindung mit Unika (nicht aber bei EigenN, vgl. Flick & Szczepaniak 2018) von *dher* begleitet wurden, z. B. in (1).[9]

(1) dhera dhrinissa zala, dhera gotliihhun dhrinissa bauhnunga.
('der Zahl der Dreieinigkeit', 'die Bezeichnung der göttlichen Dreieinigkeit')
(Beispiele aus Oubouzar 1992: 77, eigene Übersetzungen)

Die demonstrative bzw. deiktische Kraft von *dher* kann im Isidor aber auch schon als geschwächt gelten, indem das Grammem anamnestisch gebraucht wurde (vgl. Szczepaniak 2011: 74). Die Referenzherstellung war damit nicht an die konkrete Äußerungssituation gebunden, sondern der Referent konnte mitunter nur über das gemeinsame Vor- oder Weltwissen von Sprecher und Hörer identifiziert werden. Szczepaniak (2011: 74) nennt hierfür das folgende Beispiel aus dem Isidor:

(2) dhiu magad christan gabar ('diese Frau, die Christus gebar')

---

[8] Grimm (1898: 516) bspw. hält diesen Kontext für den frühesten überhaupt, in dem der Determinierer im Deutschen verwendet wurde.
[9] Szczepaniak & Flick (2015: 201) konnten für ihre Daten ermitteln, dass *dher* im Isidor immer nur bei nachgestellten Genitivphrasen, nicht aber bei vorangestellten verwendet wurde (Ausnahme: bei adjektivischer Erweiterung). Die Verhältnisse ähneln demnach denen im Neuhochdeutschen, wo pränominale Genitive ebenfalls ohne vorangestellten Artikel verwendet werden (s. Kap. 7.5).

Dhiu magad ist im Text nicht vorerwähnt, die heilige Maria, um die es hier geht, muss also über das enzyklopädische Wissen der Leserschaft identifiziert werden. Himmelmann (1997: 93–101) und Szczepaniak (2011: 73–74) zufolge gilt der anamnestische Gebrauch des Demonstrativums allgemein als Brückenkontext im Sinne der Grammatikalisierungstheorie und so ist mit dem Gebrauch von *dher* in Beispielen wie dem angeführten bereits ein Wandel für die Grammatikalisierung des Demonstrativums hin zum Definitartikel eingeleitet.

2. Zusätzlich zu diesem pragmatisch geprägten Kontextausbau hat es im Althochdeutschen eine entscheidende Entwicklung gegeben, und zwar dort, wo *dher* in Verbindung mit einem Nomen auftrat, das aufgrund seiner Semantik für den Hörer identifizierbar war. Oubouzar (1992: 80) führt als Beispiele die Referenz auf einzelne Personen und Gruppen von Personen an und nennt die folgenden Belege aus dem ahd. Tatian (um 830):

(3) ther heilant 'der Heiland', thie jungiron 'die Jünger', ther diufal 'der Teufel', ther sun 'der Gott/der Christus'.

Für Unika und APP mit monoreferentem Status (z. B. *got* 'Gott') sowie für Abstrakta, die nicht pluralisierbar sind (*finstarnessi* 'Finsternis'), galt der Artikelgebrauch im Tatian Oubouzar (1997: 167) und Leiss (2000: 161–162) zufolge allerdings noch nicht. Als Ordnungsprinzip für die Verwendung von *dher* machen Szczepaniak (2011: 75), Schmuck & Szczepaniak (2014: 103) und besonders auch Flick (2017: 140–148) die Belebtheitsskala aus, indem sich im Tatian (und auch in folgenden ahd. Denkmälern) der emergierende Definitartikel auf Bereiche des appellativischen Wortschatzes die Belebtheitsskala entlang ausgebreitet hat: menschlich > belebt > unbelebt > abstrakt. Leiss (2000: 161–162) hebt außerdem hervor, dass im Tatian ein auffällig häufiger Artikelgebrauch bei anaphorischer Wiederaufnahme, d. h. in thematischer Position, zu verzeichnen ist (dazu kritisch Szczepaniak & Flick 2015: 192). Sie sieht darin ein übergeordnetes Prinzip begründet, indem eine overte Kodierung von Definitheit in der Diachronie des Deutschen zunächst dort stattgefunden hat, wo sie kontextbedingt bereits gegeben war.[10]

3. Im Folgenden wurde *dher* im Ahd. dann auch zunehmend bei nicht pluralfähigen Abstrakta, die im Tatian ja noch artikellos verwendet wurden, sowie

---

10 Hieraus ergeben sich Leiss (2000: 161) zufolge die folgenden Konsequenzen bzgl. der Situation im Althochdeutschen: „Der Artikel kann also im Althochdeutschen nicht primär die Funktion haben, Definitheit zu signalisieren. [...] Statt dessen wird der Artikel bzw. DEM I genutzt, um die Thema-Rhema-Progression zu signalisieren".

vor allem in generischen Kontexten verwendet. Oubouzar (1992: 80) führt hierfür den folgenden Beleg aus Otfrids Evangelienbuch (spätes 9. Jh.) an:

(4) nio mag **ther man** iouuiht intphaen, noba immo iz gigeban uuerde fon himile.
'Der Mensch kann nichts empfangen, wenn es ihm nicht vom Himmel geschenkt werde.'

Die Verwendung von *dher* ist an dieser Stelle besonders bemerkenswert, zeichnen sich generische Kontexte doch allgemein durch Typen- und nicht durch Token-Referenz aus (s. Kap. 3.3). Außerdem lässt sich bei Otfrid ein fakultativer Gebrauch von *dher* auch bei unikaler Referenz feststellen (Oubouzar 1992: 80, 83; Szczepaniak 2011: 75):

(5) diu sunna 'die Sonne', tiu erda 'die Erde', ter himil 'der Himmel'.

Schmuck & Szczepaniak (2014: 104–105) zufolge stellt die Verwendung von *dher* bei Unika einen wichtigen Schritt in der Grammatikalisierung des Definitartikels im Allgemeinen und der des onymischen Artikels im Speziellen dar. So denotieren Unika wie auch EigenN singuläre Entitäten, die inhärent definit sind, d. h. individualisierend wirken und die somit – so die Argumentation – auch keines Determinierers für die Referenzherstellung bedürfen. Die Funktion liegt hier vielmehr in der overten Markierung von Definitheit (im Sinne von Leiss 2000) begründet, damit ist bereits im Ahd. die Entwicklung vom adnominal gebrauchten Demonstrativum zum Definitartikel (Stufe 1 bei Greenberg) vollzogen worden. Zusätzlich dient der Definitartikel hier als Marker für morphologische Kategorien (und nicht nur für die des Genus) und er besetzt bei Otfrid nahezu obligatorisch die initiale Position erweiterter NPs (vgl. Oubouzar 1992: 81).

4. Zu Beginn des 11. Jh.s ist die Entwicklung in Notkers Boethius dann (vorläufig) abgeschlossen. Es bestehen keine pragmatischen und semantischen Beschränkungen mehr, die auf die deiktischen und demonstrativen Funktionen von *dher* oder auf die Semantik des Bezugsnomens zurückgeführt werden können. Die Form *dher* wird vielmehr gleichberechtigt bei allen nominalen Klassen und in nicht-referenziellen Kontexten verwendet, also auch bei Unika und Abstrakta. (Eine Ausnahme stellen natürlich weiterhin die EigenN dar.) Zu beachten ist, dass bei Notker über die Akzentmarkierung erstmals auch eine differenzierende formale Etikettierung zwischen schwach-deiktischem Demonstrativum *dér* und Definitartikel *der* zu finden ist (vgl. Oubouzar 1992: 83). Dies ist ein gewichtiges Indiz dafür, dass sich der Definitartikel bei Notker schon vollständig aus dem Demonstrativum herausgebildet hat.

Wir halten damit fest: Die Herausbildung des Definitartikels aus dem Demonstrativum ist im Ahd. unter Gesichtspunkten des Kontextausbaus zu fassen. So expandiert *dher* in immer weitere Verwendungskontexte, und zwar in solche, die häufig nicht mehr in Einklang zu bringen sind mit den ursprünglichen demonstrativen und deiktischen Verwendungsweisen des Demonstrativums. Als „Brückenkontext" (Evans & Wilkins 2000; Heine 2002) bzw. „kritischer Kontext" (Diewald 2002) im Sinne der Grammatikalisierungstheorie ist dabei zum einen der anamnestische Gebrauch des Demonstrativums zu verstehen, bei dem *dher* nun erstmals auch in solchen Kontexten verwendet wird, in denen nicht kotextuell, sondern kontextuell rückverwiesen wird. Einen weiteren Brückenkontext stellt dann sein Gebrauch bei Unika dar, da diese inhärent definit sind und *dher* somit keine Aufgaben mehr für die Determinierung des Bezugsnomens zukommen. Hiermit ist bereits ein Weg gewiesen für den Gebrauch des Definitartikels bei EigenN, der uns im nächsten Abschnitt näher beschäftigen wird. Einen Sonderpfad in der Entwicklung nimmt zudem der Artikelgebrauch bei Genitivphrasen und generell derjenige bei attributiv oder restriktiv erweiterten NPs ein. Hier ist *dher* bereits sehr früh belegt und wird zudem frequenter gebraucht, als es im gleichen Zeitraum bei einfachen NPs der Fall ist. So ist es plausibel anzunehmen, dass die Grammatikalisierung des Definitartikels im Deutschen beides beinhaltet, eine Entwicklung von der pragmatischen Definitheit zum nicht-referenziellen Artikelgebrauch sowie einen Auf- und Ausbau morphosyntaktischer Strukturen, welche in engem Zusammenhang mit dem allgemeinen Aufbau von NP-Strukturen im Deutschen stehen.

8.4 Die Grammatikalisierung des Definitartikels bei Personennamen

In der Forschung besteht Konsens darüber, dass es sich beim onymischen Artikel um ein sehr spätes Stadium in der Grammatikalisierung des Definitartikels handelt. So führt bspw. Greenberg (1978) die Häufigkeit, mit der ein Determinierer bei EigenN verwendet wird, als Kriterium an, wenn es darum geht, das Endstadium des von ihm vorgeschlagenen Grammatikalisierungspfades zu bestimmen (Stufe 3). Und auch Schmuck & Szczepaniak (2014: 134) betonen für das Deutsche,

> dass die Entwicklung des onymischen Artikels erst dann möglich ist, wenn die Grammatikalisierung des Definitartikels weit genug fortgeschritten ist, d. h. erst nach der Etablierung des expletiven Artikels vor Unika.

Exponiert betrachtet wird der onymische Artikel zudem bei Lyons (1999: 337), der für die Progression des Definitartikels allgemein die folgende Implikationsskala vorschlägt:[11]

1 (English): simple definite
2 (French):   simple definite, generic
3 (Italian): simple definite, generic, possessive
4 (Greek):   simple definite, generic, possessive, proper noun

Abb. 45: Die Implikationsskala des Definitartikels nach Lyons (1999: 337)

So steht der onymische Artikel („proper noun") bei ihm am Ende der Implikationsskala und wird also erst verwendet, wenn er andere Kontexttypen bereits durchlaufen hat. In den Worten von Lyons (1999: 337):

> [T]here is a diachronic progression reflected here, in that, for example, a language is only likely to start using the article with proper nouns when it already makes extensive use of it.

Und an anderer Stelle heißt es zum Artikelgebrauch in diesem späten Stadium der Grammatikalisierung:

> When it comes to be stretched close to its maximum possible extent, as in Modern Greek and Samoan, it has such a high frequency of occurrence in noun phrases that it becomes possible for speakers to reanalyse it as a particle characterizing nouns or noun phrases but conveying nothing.
>
> (Lyons 1999: 339)

Dieses Stadium der Artikelgrammatikalisierung hat das Schriftdeutsche noch nicht erreicht, wie die Befunde in dieser Arbeit gezeigt haben. Gleichzeitig liefern uns Implikationsskalen aber geeignete Instrumentarien, um die diachrone Entwicklung des PersN-Artikels adäquat beschreiben zu können. Dies gilt insbesondere für die regionalen Varietäten, in denen sein Gebrauch insgesamt ja schon wesentlich weiter vorangeschritten ist, als es im Schriftdeutschen der Fall ist. Gebrauchshäufigkeiten alleine lassen hier allerdings keine hinreichenden Schlüsse zu. Vielmehr ist es der Zusammenhang von Gebrauchshäufigkeit und

---

11 Schmuck & Szczepaniak (2014: 104–105) haben mit Blick auf die Entwicklung im Deutschen eine Modifizierung der Skala von Lyons dahingehend vorgeschlagen, dass sie zwischen der generischen Funktion und dem Artikelgebrauch bei EigenN eine Zwischenstufe ansetzen, bei der der Definitartikel obligatorisch auch bei Unika verwendet wird.

(morphosyntaktisch oder pragmatisch determiniertem) Verwendungskontext, der uns Aufschluss über den Stand der Entwicklung geben kann. Dies betont auch Himmelmann (2001: 833), bei dem es heißt:

> However, the mere fact that a demonstrative or numeral is used more frequently in one language or historical period than in another does not necessarily show that the element in question has become grammaticised as an article. In order for this to be the case it has to be shown that the increase in overall textual frequency correlates with a substantial difference in the semantics and pragmatics of the grammaticising element.

Die Herausbildung des PersN-Artikels kann also als „Abzweigung" im Grammatikalisierungspfad des Definitartikels betrachtet werden, wie auch Schmuck & Szczepaniak (2014: 134) betonen. Ich möchte im Folgenden die eigenen Befunde unter diesem Gesichtspunkt näher betrachten. Kap. 8.4.1 widmet sich dem Grammatikalisierungspfad zunächst unter diachroner Perspektive, Kap. 8.4.2 im Anschluss unter arealen Gesichtspunkten. Es folgt ein sprachenübergreifender Exkurs zur Verwendung des PersN-Artikels (Kap. 8.4.3), ehe in Kap. 8.4.4 ein diachrones Szenario zu Entstehung und Entwicklung des PersN-Artikels in den Varietäten des Deutschen vorgeschlagen wird.

8.4.1 Die diachrone Perspektive

Mit Ausnahme der Studie von Schmuck & Szczepaniak (2014) zu HexenV in der Frühen Neuzeit fehlt es bislang an empirischen Auswertungen zur Entstehung und Entwicklung des PersN-Artikels im Deutschen. Auch die einschlägigen Arbeiten zur Emergenz des Definitartikels behandeln seine Verwendung bei PersN nur recht allgemein (Oubouzar 1992; Szczepaniak 2011; Flick 2017). Es wird generell postuliert, dass EigenN gegenüber anderen nominalen Wortklassen eine verzögerte Entwicklung aufweisen, wobei die inhärente semantische Definitheit hierfür als ursächlich angesehen wird.

Belege für den PersN-Artikel in einfachen NPs lassen sich dabei bereits für das Mittelhochdeutsche finden, z. B. in (6).[12]

---

[12] Weitere Belege für den PersN-Artikel im Mittelhochdeutschen sind in Grimm (1898: 476–478) und Behaghel (1923: 54–55) aufgeführt.

(6) a. diz was **den Daniel** slâfinde gesach / in einem troume dâ er lach (Alexanderlied 475, zirka 1150)
b. Von demi gezûgi des stiphtis / Worti **diu Semîramis** / Die burchmura viereggehtich (Annolied X, 15, 11. Jh.)
c. der was **der Hiudan** genant.
(Bsp. aus Grimm 1898: 476)

Über genauere Gebrauchsfrequenzen und Verwendungsweisen ist allerdings nur wenig bekannt. So sieht Paul (1919: 179–181) in der adjektivischen Erweiterung (*diu edele Kriemhilt*), bei anaphorischem Gebrauch und mit Objektfunktion die frühesten Verwendungskontexte. Grimm (1898: 476) ergänzt die artikelaffinen Kontexte um eAs (*der herre Sîfrit, der künec Liudgast*) und um Genitivattribute (*golt daz Kriemhilde, sun den Sigemundes, der Rûmoldes rât*), Behaghel (1923: 54) um nicht-native PersN (*den Jhesum von Nazaret, der Johannes von evangelista*). Eine Fülle von Belegen für das Frühneuhochdeutsche listen etwa Wunderlich & Reis (1925: 308–320) auf. So taucht der PersN-Artikel, wenn auch sporadisch, z. B. bei Luther auf, dort präferiert bei adjektivischer Erweiterung (nicht bei eA) und im Dativ (Wunderlich & Reis 1925: 312–313).

Die Auswertungen in dieser Arbeit haben gezeigt, dass die Tokenfrequenzen für den PersN-Artikel über die vier Teilkorpora hinweg ansteigen, und zwar je nach Sprachraum in unterschiedlichem Maße. Die größten Sprünge sind dabei zwischen den HexenV und den AuswB zu verzeichnen, die Expansion des PersN-Artikels vollzieht sich damit besonders im Übergang vom Frühneuhochdeutschen zum Neuhochdeutschen. Wie sieht es aber nun mit den Typenfrequenzen aus, d. h. mit der Ausbreitung des PersN-Artikels auf neue Verwendungskontexte?

Bereits gegen Ende des 16. Jh.s ist der PersN-Artikel in den HexenV umfassend belegt. Dies gilt vor allem für (pragmatisch determinierte) Kontexte, die zur Fokussierung und Pejorisierung von Referenten (z. B. der Angeklagten und ihrer Kompliz/-innen) dienen.[13] Daneben lässt sich für den Artikel eine Präferenz bei Argumenten mit Objektfunktion feststellen, wenngleich er in den HexenV auch schon bei Subjekten auftritt. Zudem tendieren GesamtN (bes. in der dialektalen Variante FamN-vor-RufN) und komplexe BeiN historisch zum PersN-Artikel, wie Schmuck & Szczepaniak (2014) herausarbeiten konnten (zu letzterem auch Bach 1952: 55–56).[14] Das gleichzeitige Auftreten von Definitartikel und

---

[13] Inwiefern dabei auch von einer indexikalitätsmarkierenden Verwendung des Definitartikels auszugehen ist, muss hingegen offen bleiben.
[14] Schmuck & Szczepaniak (2014) sehen darüber hinaus eine Präferenz für den Artikel bei FamN gegenüber RufN. Da ihre Auswertungen für die FamN allerdings auch die artikelaffinen

Namenflexion in der PersN-NP ist ebenfalls möglich (s. Kap. 6.5.2), wie auch die Alternation von definitem und demonstrativem Artikel in Verbindung mit PersN, z. B. in (7).

(7) Vnd hebbe Anna Jenses Schwarte Steyne darthogedan, Welchen drunck **duße Anna Kockes** der Lißbeth Tegelmeisters in den Backofen Ihngerieket hebbe. [...] Segt ok Datt Anna Schwarfes se **de Anna kockes** geseh[en] hebbt. (HexenV, Flensburg 1608, Nordnd.)

Weiter vorangeschritten ist die Kontextexpansion in den HexenV für PersN in erweiterten NPs. Hier gilt, dass adjektivisch erweiterte PersN in den HexenV nur noch in seltenen Fällen, nämlich bei Adjektiven mit textdeiktischer Funktion, ohne einleitenden Determinierer stehen können. Ein Großteil der Belege für den PersN-Artikel entfällt in den HexenV zudem auf die onymische Movierung. Dies gilt insbesondere für die *-sche*-Movierung, die in dieser Arbeit als Reanalyse einer elidierten Adjektivkonstruktion interpretiert wurde. Schließlich taucht der Definitartikel in den HexenV auch bei PersN bei eA sowie in Possessivkonstruktionen auf. In letztgenanntem Verwendungskontext scheint sich der Artikelgebrauch in den HexenV allerdings erst zu etablieren, was insbesondere auch darauf zurückzuführen ist, dass artikelaffine periphrastische Possessivkonstruktionen in den HexenV erst zu geringen Anteilen (PD) oder noch gar nicht (*von*-Phrase) belegt sind.

In den AuswB stellt sich die Situation für den PersN-Artikel in einfachen NPs hingegen wie folgt dar: Der prägnanteste Unterschied zu den HexenV ist, dass, mit Ausnahme des nordd. Raums, die Tokenfrequenzen nun auch bei PersN mit Subjektfunktion stark zugenommen haben, und zwar bei intransitiven wie bei transitiven Subjekten. Die Frequenzunterschiede zwischen dem Artikelgebrauch bei PersN mit Subjekt- und Objektfunktion sind damit in den AuswB deutlich geringer geworden. Die Zunahme des Artikelgebrauchs bei Subjektfunktion ist möglicherweise auch der Grund dafür, dass in den AuswB für das Obd. und Wmd. keine pragmatisch lizenzierte Verwendung des PersN-Artikels mehr feststellbar ist: Die Möglichkeiten zur Oppositionsbildung zwischen Definitartikel und Nullartikel sind hier inzwischen zu gering geworden, als dass über die Artikelverwendung noch pragmatische Bedeutung ausgedrückt werden könnte. Lediglich in nordd. Varietäten bietet der PersN-Artikel hierfür noch entsprechende Möglichkeiten. Dies äußert sich in den AuswB da-

---

movierten FamN beinhalten, können sie uns an dieser Stelle nicht zur Beantwortung der Frage nach einem etwaigen Zusammenhang dienen.

rin, dass er als Marker für neu in den Diskurs eingeführte Referenten verwendet wird. Inwiefern mit dem PersN-Artikel auch eine pejorative Komponente verbunden ist, lässt sich anhand der Daten allerdings nicht klären.[15] Im Vergleich zu den HexenV wird der PersN-Artikel zudem nun häufiger in eAs (Ausnahme: Nordd.) und bei der Herausstellung von PersN in die beiden topologischen Außenfelder verwendet. Auer (1997: 84) zufolge ist insbesondere das linke Außenfeld „eine derjenigen topologischen Positionen, die sich ausgezeichnet für Prozesse der Grammatikalisierung eignen". Dies zeigt sich nach den vorliegenden Daten auch für den PersN-Artikel, der bereits in den AuswB im linken Außenfeld besonders häufig auftritt.

In PPs wurde der Artikel hingegen auch in den AuswB niederfrequent gebraucht. Keine Belege finden sich mehr für die in den HexenV artikelaffine onymische Movierung, für artikellose PersN mit vorangestelltem Adjektivattribut sowie für die Namenflexion (sowohl mit als auch ohne Artikel). Zudem lässt sich in den AuswB erstmals der Artikelgebrauch bei koordinierten PersN beobachten, dies mit der Tendenz, den Artikel im zweiten Konjunkt auszusparen. In den HexenV sind hier ausnahmslos artikellose PersN belegt, und zwar insbesondere in Listen, die in den Verhörprotokollen besonders häufig auftauchen.

Die Daten aus der Mitte des 20. Jh.s (Zwirner) bzw. aus dem Anfang des 21. Jh.s (REDE) unterscheiden sich nur noch marginal im Hinblick auf Tokenfrequenz und Verwendungsweisen des PersN-Artikels, sie können deshalb an dieser Stelle zusammenfassend behandelt werden. Grundsätzlich haben sich die arealen Unterschiede in den Token- und Typenfrequenzen, besonders für PersN in einfachen NPs, zwischen den historischen und rezenten Daten verstärkt, es bietet sich deshalb an, den Entwicklungsstand für den hd. und nordd. Sprachraum getrennt auszuweisen.

Im Obd. und Wmd. wird der PersN-Artikel in einfachen NPs nun in fast allen Kontexten verwendet und akzeptiert. Dies gilt für referenzielle Kontexte (Selbstvorstellung, Referenz auf Dritte, Etablierung neuer Referenten, Anadeixis, Anaphorik, Prädikation) ebenso wie für informationsstrukturelle (Topik, Fokussierung) und emotiv lizenzierte Kontexte (Lob, Tadel, Denunziation). Gegenüber den HexenV und AuswB wurden die Unterschiede in den Gebrauchsfrequenzen für die Subjekt- und Objektbedingungen zudem komplett neutralisiert, der PersN-Artikel wird nun ebenso bei intransitiven wie bei transitiven Subjekten und bei indirekten wie bei direkten Objekten verwendet. Auch lässt sich kein

---

15 Da es sich bei den AuswB um Privatbriefe mit starker Kontaktfunktion handelt, ist Pejoration hier eher nicht zu erwarten. Ganz anders sieht es natürlich für die HexenV aus, wo insbesondere auf die Angeklagte sehr häufig pejorativ verwiesen wurde.

Einfluss des syntaktisch-semantischen Satzkontexts auf den Artikelgebrauch mehr feststellen, der PersN-Artikel wird also ebenso häufig bei P-Patiens-vor-P-Agens-Abfolgen verwendet wie bei der umgekehrten Abfolge und bei belebten Wettbewerbern um das P-Agens ebenso wie bei unbelebten. Dies zeigt, dass der PersN-Artikel zumindest aus einer systemisch-strukturellen Perspektive heraus für die Rollenkodierung im Satz nicht (mehr) funktional belastet ist.

In Kontexten, in denen der PersN-Artikel historisch noch niederfrequent gebraucht wurde, ist nun ebenfalls ein starker Anstieg der Tokenfrequenzen bis hin zu einem obligatorischen Artikelgebrauch zu verzeichnen. Dies gilt für PP ebenso wie für das linke bzw. rechte Außenfeld und für Koordinationsstrukturen. Lediglich der Vokativ sperrt sich im Obd. und Wmd. gegen den PersN-Artikel, er ist im Korpus zu geringen Anteilen ausschließlich bei anrufenden Vokativen belegt.

Das Norddeutsche hingegen hinkt der Entwicklung, sowohl was die Token- als auch die Typenfrequenzen anbelangt, nun weit hinterher. So wird der PersN-Artikel in einfachen NPs systematisch ausschließlich in referenziell und pragmatisch aufgeladenen Kontexten verwendet. Dies gilt für die indexikalitätsmarkierende Funktion ebenso wie für die Fokussierung und Pejoration von Referenten. Zudem ist eine gewisse Affinität des Artikelgebrauchs für das rechte Außenfeld mit einer anadeiktischen Referenzfunktion zu beobachten. Die historisch gültigen Distributionsunterschiede für den Artikelgebrauch in Objekt- vs. Subjektfunktion sind für das Nordd. weiterhin gültig. Die Tendenz zugunsten von Subjekt-vor-Objekt-Abfolgen im Nordd. gegenüber dem Obd. und Wmd. deutet zudem darauf hin, dass die Serialisierung im Nordd. stärker genutzt werden kann, um die semantischen Rollen zu identifizieren. Für (vermeintliche) Redundanzkontexte wie PP und Koordinationsstrukturen ist der Artikelgebrauch im Nordd. hingegen als unüblich zu bezeichnen.

Der PersN-Artikel in erweiterten NPs weist in den rezenten Daten hingegen die folgenden Eigenschaften auf: In obd. und wmd. Varietäten erfordert ein prä- oder postponiertes Attribut im Korpus nahezu obligatorisch den Definitartikel. Dies gilt für adjektivisch erweiterte NPs ebenso wie für periphrastische Possessivkonstruktionen, die den Genitiv nahezu vollständig ersetzt haben. Lediglich bei Appositionsbildungen kann der Artikel zu geringen Anteilen entfallen, eine Lizenzierung nach dem lexikalischen Status des APP („Titelhaftigkeit") erscheint möglich, konnte für die vorliegenden Daten allerdings nicht systematisch nachgewiesen werden. Das Nordd. lässt hingegen auch bei attributiv erweiterten PersN-NPs eine größere Variation im Hinblick auf die Artikelsetzung zu. So werden bei restriktiver Modifikation PersN ohne Artikel verwendet, bei eA orientiert sich der Artikelgebrauch an dem lexikalischen Status der Verbindung, wobei insbesondere Anredeformen tendenziell artikellos verwendet werden. Periphrastische Possessivkonstruktionen tendieren ebenfalls zur artikellosen Variante, wobei in den Daten auch Artikelbelege zu verzeichnen sind. Genitive, die im Nordd. häufiger gebraucht werden (auch im Dialekt), treten hingegen obligatorisch artikellos auf.

Abb. 46 zeigt die diachrone Entwicklung des PersN-Artikels, wie sie sich aus den vorliegenden Daten ergibt.

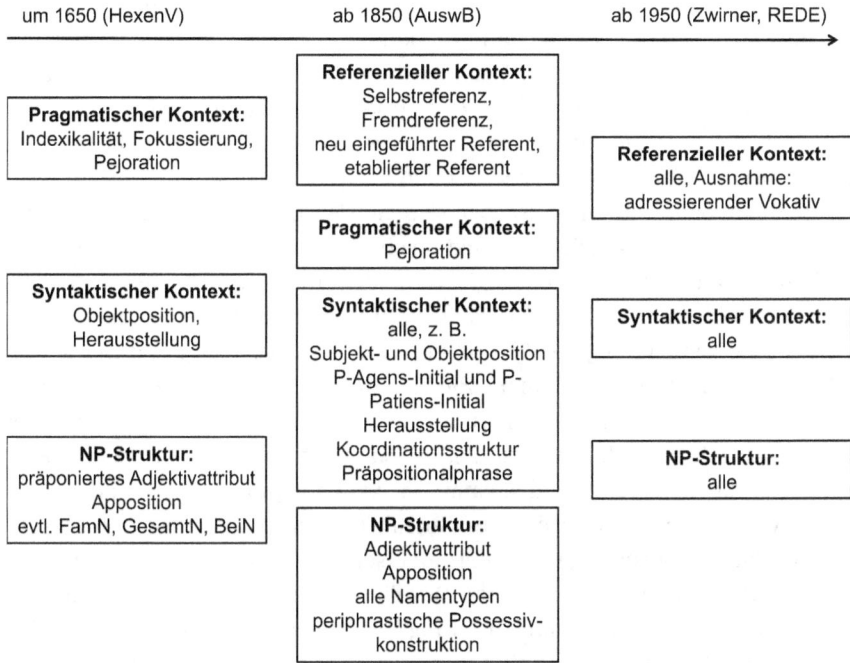

Abb. 46: Diachronie des Definitartikels bei Personennamen im Deutschen (regionenunabhängig)

Da der PersN-Artikel über die Zeit hinweg in immer mehr Kontexttypen verwendet wird, nimmt das Typen-Entrenchment von links nach rechts betrachtet zu. Allgemein lässt sich dabei von einer Artikelexpansion von pragmatisch determinierten Kontexten hin zu syntaktisch determinierten ausgehen. Damit geht ein Anstieg des Token-Entrenchments einher, und zwar sowohl allgemein als auch bezogen auf die einzelnen Kontexte. Auf der ersten Entwicklungsstufe wird der PersN-Artikel demnach eingeschränkt verwendet, er dient insbesondere als Ausdruck pragmatischer Funktionen, aber auch zur Objektmarkierung und zur Markierung der linken NP-Klammer. Auf der zweiten Entwicklungsstufe tritt der Artikel dann weitgehend kontextungebunden und demnach zusätzlich in allen referenziell und informationsstrukturell determinierten Kontexten auf. Dies hat zur Folge, dass der PersN-Artikel von den Sprechern nun nicht mehr als Indexikalitäts- und Fokusmarker eingesetzt werden kann, beide Funktionsbereiche des Artikels sind über die Zeit hinweg verloren gegangen. Dazu trägt auch bei, dass er nun auch bei Subjektfunktion ein hohes Token-Entrenchment hat und damit zur morphologischen Rollenkodierung eingesetzt werden kann. Zu dem erhöhten Token-Entrenchment tragen auch die höheren Gebrauchsanteile von periphrastischen Possessivkonstruktionen als Ersatz für den Genitiv bei (bes. PD). Die (vorerst) letzte Entwicklungsstufe konstituiert sich darüber, dass mit Ausnahme anredender Vokative der PersN-Artikel nun in allen sprachlichen Kontexten verwendet wird. Der artikellose Gebrauch von PersN stellt demnach die absolute Ausnahme dar, mit über 90 Prozent Artikelbelegen ist diese Situation für das Obd. in Zwirner und REDE gegeben.[16]

Implikationsverhältnisse ergeben sich aus den Daten insofern, als der Artikelgebrauch bei PersN in Subjektfunktion einen vorherigen Gebrauch in Objektfunktion voraussetzt. Das Gleiche gilt vermutlich für eAs, auf die der Artikelgebrauch historisch erst dann ausgeweitet wurde, nachdem er sich bei Adjektivattributen bereits durchgesetzt hatte. Pejoration, Fokussierung und Indexikalität scheinen dagegen unabhängig voneinander verwendet werden zu können. Darauf deuten jedenfalls die Distributionen im Schriftdeutschen hin, wo der PersN-Artikel in einfachen NPs zur Pejoration, nicht aber als Fokus- und Indexikalitätsmarker eingesetzt werden kann. Doch können pragmatische und syntaktische Verwendungsweisen des PersN-Artikels auch problemlos koexistieren, wie die Artikelverwendungen im Schriftdeutschen zeigen.

Inwiefern sich für die einzelnen Dialekträume des Deutschen nun feinere Abstufungen in der Grammatikalisierung des PersN-Artikels ergeben, soll Gegenstand des folgenden Abschnitts sein.

8.4.2 Die areale Perspektive

Die Auswertungen haben gezeigt, dass der PersN-Artikel über die Zeit hinweg einer arealen Expansion unterliegt. Diese Expansion ist regionenabhängig unterschiedlich weit vorangeschritten, wobei mit *layering*, d. h. mit dem gleichzeitigen Auftreten eines Grammems in verschiedenen Verwendungskontexten zu rechnen ist. So können bspw. Varianten mit fein nuancierten Bedeutungsunter-

---

[16] Hierfür spricht auch, dass die Probanden eines Hörtests den Artikel selbst dort apperzeptiv ergänzten, wo er im akustischen Signal nicht vorhanden war.

schieden innerhalb einer grammatischen Domäne koexistieren. Ebenso ist es möglich, dass der PersN-Artikel in morphosyntaktisch lizenzierten Kontexten verwendet wird, in pragmatisch lizenzierten aber nicht.

Norddeutsch
Die geringsten Typen- und Tokenfrequenzen weist der PersN-Artikel in nordd. Varietäten auf (Ausnahme: Westfälisch), er wird hier ausschließlich in spezifischen, morphosyntaktisch und pragmatisch lizenzierten Kontexten verwendet. Zunächst zur Pragmatik: In Kap. 6.4.6 wurde dafür argumentiert, für nordd. Varietäten kognitive Proximität als gemeinsames Merkmal aller pragmatisch lizenzierten Verwendungsweisen des PersN-Artikels anzusehen. Sprecherbezogen geht kognitive Proximität mit der deiktischen Kennzeichnung einer Entität (hier: eines Referenten) als besonders „nahe" einher, der Hörer interpretiert diese Nähe situationsabhängig als anadeiktische, anamnestische oder emotive Referenzweise. Es handelt sich bei den Funktionsweisen kognitiver Proximität dabei allgemein um ein frühes Stadium der Artikelgrammatikalisierung, der Determinierer hat hier noch (rest-)deiktische Funktionen bewahrt und wird nur in wenigen Kontexttypen verwendet (= geringes Typen-Entrenchment). Inwiefern zwischen fokussierender, indexikalischer und pejorativer Verwendung des PersN-Artikels in der Entwicklung noch einmal chronologisch abzustufen ist, bleibt hingegen unklar, da die Sprecher nordd. Varietäten im Korpus den PersN-Artikel diesbezüglich polyfunktional einsetzen. Es ist allerdings plausibel, davon auszugehen, dass der Determinierer seine deiktische Kraft zunächst in konkreten Verwendungsweisen entwickelt hat und diese dann auf abstraktere Funktionsbereiche übertragen worden sind.[17] Dies würde dafür sprechen, die Raumdeixis, die für den vorliegenden Gegenstand keine Relevanz hat, als primär anzusehen, davon die Text- und Diskursdeixis (als Konzeption eines Raumes) abzuleiten und in einem dritten Schritt die metaphorische Übertragung auf die Sozialdeixis (als Marker sozialer Nähe und Distanz) anzunehmen. Die pejorative (sozialdeiktische) Verwendung des PersN-Artikels wäre demnach der indexikalischen und demonstrativen (beide diskursdeiktisch determiniert) zeitlich nachgelagert, sie ist möglicherweise auch auf andere Ursachen zurückzuführen (s. unten).

Zur Morphosyntax: Am Weitesten vorangeschritten ist die Verwendung des PersN-Artikels in nordd. Varietäten in Kontexten, die zur nominalen Klammer-

---

[17] Diese Sichtweise wird durch den sog. Lokalismus gestützt, die Theorie, die versucht, nicht räumliche Ausdrücke von räumlichen Ausdrücken abzuleiten (dazu z. B. Lyons 1977: 718–724).

bildung dienen. Dies gilt insbesondere bei Verbindungen mit Adjektiven, die obligatorische Artikelsetzung bei attributiver Lesart des Adjektivs kann hier sogar zur Oppositionsbildung führen, indem der Nullartikel eine restriktive Lesart des Attributes evoziert. Weiterhin liegt ein vergleichbar hohes Token-Entrenchment bei eA vor, was nicht verwundert, da der PersN hier ebenfalls von einem Attribut begleitet wird (oder selbst das Attribut einer erweiterten NP darstellt). Zumindest für die historischen Korpusdaten ist im Nordd. zudem eine Präferenz für den Artikelgebrauch bei PersN mit Objektfunktion zu verzeichnen, was darauf hindeutet, dass der Artikel hier zunächst in solchen Kontexten verwendet wird, in denen er für die Kodierung syntaktischer Funktionen im Satz auch relevant ist. Als weiteres Einfallstor des PersN-Artikels dient sein Gebrauch in PPs (auch bei Adjunkten) sowie in Possessivkonstruktionen, auch wenn das Token-Entrenchment hier weniger weit entwickelt ist als bei attributiver Erweiterung.

Westfälisch
Westfälisch scheint hinsichtlich der skizzierten Entwicklung im nordd. Raum dagegen bereits weiter fortgeschritten zu sein. Dabei taucht der Artikel mitunter auch in eigentlich artikellosen Kontexten auf, wie z. B. bei der Selbstvorstellung, der Vorstellung von Dritten und bei der Referenz auf Diskursthemen. Für das Westfälische ist damit anders als für die übrigen Dialekträume im Nordd. davon auszugehen, dass der PersN-Artikel bereits in Kontexttypen verwendet wird, die nicht mehr rein pragmatisch oder morphosyntaktisch lizenziert sind. So lassen sich auch die in Tab. 11 dargestellten Ergebnisse erklären, denen zufolge im Westfälischen durchschnittlich dreimal so häufig der PersN-Artikel verwendet wird wie in den anderen Dialekträumen im Nordd. Aus meiner Sicht zeichnen sich hierbei zwei (miteinander kompatible) Erklärungen für diese weiter fortgeschrittene Grammatikalisierung im Westfälischen ab:

1. Der Sprachwandel ist weiter vorangeschritten, da das Westfälische an wmd. Dialekträume wie das Ripuarische, das Nordhessische und das Übergangsgebiet zum Zentralhessischen angrenzt, in denen nach Datenlage der PersN-Artikel bereits deutlich häufiger und funktional weniger eingeschränkt verwendet wird als in norddeutschen Varietäten. Die stärker durchgeführte Grammatikalisierung wäre demnach auf Einflüsse des Sprachkontakts aus dem wmd. Raum zurückzuführen. Historisch ist dieser Einfluss plausibel anzunehmen, vor dem Hintergrund, dass sich Westfalen v. a. im 16. Jh. zunehmend nach Westen, nach den Niederlanden, und besonders nach Südwesten, auf die rheinische Kultur- und Handelsmetropole Köln, hin orientiert hat (Gabrielsson 1983: 142). Nach den vorliegenden Daten (HexenV) kennt Köln im 16. Jh. bereits

den PersN-Artikel. Für einen kontaktbedingten Einfluss spricht zudem, dass insbesondere in den Orten an der südlichen Grenze des Westfälischen der PersN-Artikel in den Daten mitunter obligatorisch gebraucht wird (vgl. Abb. 16).[18] Außerdem haben die Auswertungen gezeigt, dass sich das Westfälische hinsichtlich der Gebrauchsfrequenzen für den PersN-Artikel erst ab Zwirner deutlich von den anderen Dialekträumen im Nd. abgrenzen lässt. Dies deutet darauf hin, dass es sich bei der Artikelexpansion im Westfälischen um eine – im Vergleich z. B. zum Obd. – recht späte Entwicklung handelt.

2. Der PersN-Artikel wird im Westfälischen häufiger und funktional weniger eingeschränkt verwendet, da der Sprachwandel – wie in Kap. 6.1.3 gezeigt – (zunächst) stärker die standardfernen Sprechlagen betrifft. Da das Westfälische generell als vergleichsweise konservativer Dialektraum des Nd. gilt (vgl. Wiesinger 1983: 873; Niebaum & Macha 2014: 250–251), sind die gezeigten Unterschiede nach dieser Erklärung auf strukturelle Differenzen zwischen den regionalen Varietäten zurückzuführen, indem der PersN-Artikel im Westfälischen in vergleichsweise autochthone Sprachsysteme eindringen bzw. sich in diesen entwickeln konnte. Dass der PersN-Artikel noch nicht überall im Westfälischen angekommen ist, lässt sich ebenfalls dialektologisch erklären, etwa durch die Arbeit von Nörrenberg (1969: 140) und besonders auch von Lameli (2013: 136–140), in denen, primär aufgrund von lautlichen Kriterien, für das Westfälische heterogene Dialektstrukturen mit einer „inhärenten Komplexität" (Lameli 2013: 139) angesetzt wurden.

Westmitteldeutsch
Im Wmd. ist die Verwendung des PersN-Artikels wesentlich weiter vorangeschritten als im Nordd. So wird er (mit Ausnahme bei Vokativen) in allen denkbaren morphosyntaktischen und (diskurs-)pragmatisch lizenzierten Kontexten hoch frequent gebraucht, seine funktionale Belastung ist damit als gering einzustufen. Das gleiche gilt umgekehrt für den artikellosen Gebrauch von PersN, der nur im Moselfränkischen ein Distributionsmuster dahingehend zeigt, dass der Definitartikel bei der Abfolge FamN-vor-RufN häufig entfällt.

Aussagen über die chronologische Abfolge der Grammatikalisierungsschritte lassen sich demnach für das Wmd. nur aus den Token-Frequenzen, nicht aber aus den Typen-Frequenzen ableiten. So wird der PersN-Artikel obligatorisch bei adjektivischer Erweiterung und bei Links- wie Rechtsversetzung

---

18 Im 14. Jh. ist hier sogar ein schmaler Streifen (Höhe: Drolshagen – Remscheid – Ruhrort) vom Westfälischen zum Mittelfränkischen gewechselt (Foerste 1957: 1763; Peters 1973: 69).

verwendet. Sein Gebrauch ist zudem sehr häufig in Possessivkonstruktionen, in PPs (nicht historisch), bei Reparatur-Nachträgen und bei eAs mit Berufsbezeichnungen oder der Anredeform *Frau*. Seltener ist sein Gebrauch hingegen bei Koordinationen, bei eAs mit Titeln, bei Verwandtschaftsbezeichnungen oder der Anredeform *Herr* sowie vor allem bei anrufenden Vokativen.

Historisch deuten die Gebrauchsfrequenzen hingegen auf Folgendes hin: Deutliche Frequenzunterschiede zugunsten von PersN mit Objektfunktion in den HexenV weisen für historische wmd. Varietäten darauf hin, dass die Artikelgrammatikalisierung zunächst für die Objektfunktion stattgefunden hat und erst im Anschluss auf die Subjektfunktion übertragen worden ist. Ein niederfrequenter Gebrauch des PersN-Artikels in PPs deutet auch hier auf ein relativ spätes Entwicklungsstadium hin. Sobald periphrastische Ersatzkonstruktionen für den Genitiv ins Sprachsystem eindringen, wird der PersN-Artikel in Possessivkonstruktionen schnell durchgrammatikalisiert und obligatorisiert, das Gleiche gilt dann ab den AuswB für PersN mit Subjektfunktion. Was die Tokenfrequenzen anbelangt, befindet sich das Wmd. in den HexenV in etwa auf dem Stand, den das Nordnd. in den rezenten Daten erreicht hat.

Oberdeutsch

Legt man die Grammatikalisierungsparameter von Lehmann (2015: 132, 174; s. Kap. 2.1) zugrunde, ist in obd. Varietäten die Grammatikalisierung des PersN-Artikels am weitesten vorangeschritten (und setzt dort auch früher ein). So wird er in Zwirner und REDE nahezu obligatorisch verwendet (Kriterium der paradigmatischen Variabilität bei Lehmann), Token-Entrenchment und Typen-Entrenchment sind dementsprechend als besonders hoch einzustufen. Die funktionale Belastung des Artikelgebrauchs ist hingegen sehr gering (Kriterium der Integrität) und beschränkt sich vermutlich auf die Markierung der Wortart Nomen. Zugleich kommt dem (onymischen) Artikel im Obd. der Status eines Definitheitsmarkers zu: Die Definitheit aller Typen von NPs wird im Obd. obligatorisch overt über den Definitartikel kodiert. Hierfür spricht, dass sich PersN und APP hinsichtlich Gebrauchshäufigkeiten und Verwendungsweisen des Artikels gleich verhalten, die Konstruktion [def. Artikel + Nomen] generalisiert damit gleichermaßen über PersN und APP hinweg. Im Vergleich zum Wmd. wurden im Obd. auch alle fakultativen Verwendungsweisen obligatorisiert, die phonetische Erosion (Reduktion oder Klitisierung) der Artikelform ist mitunter so weit vorangeschritten, dass der Artikel nun nicht mehr als Träger morphologischer Informationen (bes. Kasus, auch Genus) taugt (Kriterium der Gebundenheit). Als letzte „Bastion" der artikellosen Variante steht im Obd. der anredende Vokativ, bei anrufenden Vokativen hat sein Gebrauch zu geringen Anteilen bereits Einzug gehalten.

Die Entwicklungspfade

Abb. 47 fasst dialektraumgebunden die Expansion des PersN-Artikels zusammen. Pragmatisch und morphosyntaktisch lizenzierte Kontexttypen sind hierbei getrennt voneinander ausgewiesen, da die Verhältnisse in nordd. Varietäten (wie auch die im Schriftdeutschen) darauf hindeuten, dass beide Wandelpfade zunächst unabhängig voneinander existieren können. Dennoch sind Vererbungsbeziehungen, insbesondere vom morphosyntaktischen zum pragmatisch-referenziellen Artikelgebrauch, nicht auszuschließen, wenn auch schwer zu belegen. In jedem Fall zeigen die Schemata, dass der Artikel bereits in mehr morphosyntaktische Domänen vorgedrungen ist, als es bei den pragmatischen der Fall ist. Dies ist insbesondere für nordd. Varietäten feststellbar, in denen die Artikelverwendung einerseits auf einer sehr frühen, pragmatisch determinierten Entwicklungsstufe verharrt, in denen er sich andererseits aber schon in mehreren morphosyntaktischen Kontexten durch ein hohes Token-Entrenchment auszeichnet.

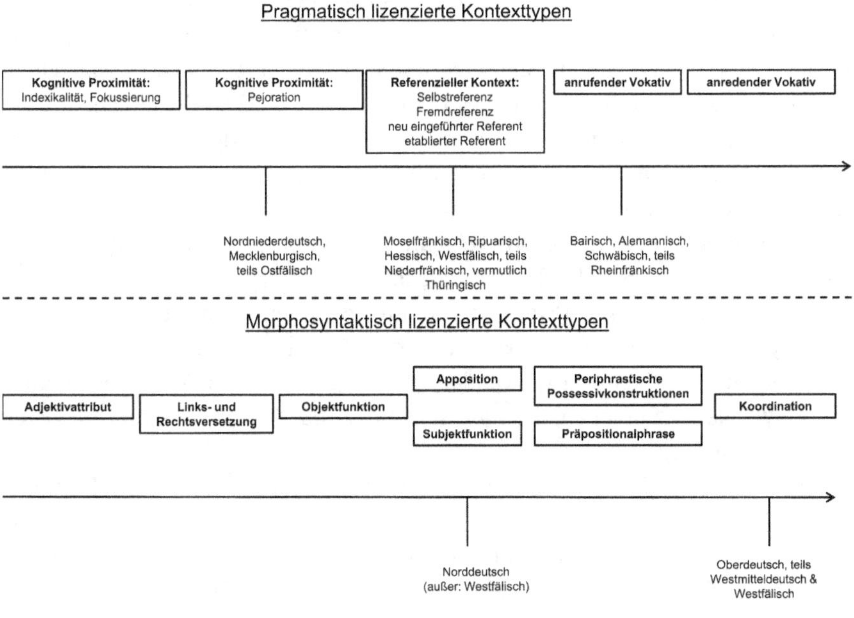

Pragmatisch lizenzierte Kontexttypen

Kognitive Proximität: Indexikalität, Fokussierung	Kognitive Proximität: Pejoration	Referenzieller Kontext: Selbstreferenz Fremdreferenz neu eingeführter Referent etablierter Referent	anrufender Vokativ	anredender Vokativ
Nordniederdeutsch, Mecklenburgisch, teils Ostfälisch		Moselfränkisch, Ripuarisch, Hessisch, Westfälisch, teils Niederfränkisch, vermutlich Thüringisch		Bairisch, Alemannisch, Schwäbisch, teils Rheinfränkisch

Morphosyntaktisch lizenzierte Kontexttypen

Adjektivattribut	Links- und Rechtsversetzung	Objektfunktion	Apposition / Subjektfunktion	Periphrastische Possessivkonstruktionen / Präpositionalphrase	Koordination
		Norddeutsch (außer: Westfälisch)			Oberdeutsch, teils Westmitteldeutsch & Westfälisch

Abb. 47: Die Entwicklung des Definitartikels bei Personennamen nach Dialektregion

8.4.3 Sprachenübergreifende Evidenz: Der onymische Artikel in anderen Sprachen

Fraglich ist, ob es sich bei den zuvor dargelegten Verwendungsweisen des PersN-Artikels um Distributionsmuster handelt, die spezifisch für das Deutsche (und seine regionalen Varietäten) sind oder um solche, die sprachenübergreifende Gültigkeit beanspruchen können. Typologisch ist der Definitartikel am PersN bislang schlecht untersucht. So fehlt es einzelsprachlich und sprachenübergreifend an belastbarem empirischem Material (bes. an quantitativen und sprechsprachlichen Daten), das Aufschluss über Verwendungsweisen und Gebrauchsfrequenzen des PersN-Artikels geben kann. In den wenigen Überblicksarbeiten, z. B. von Krámský (1972), Lyons (1999: 121–124) und Matushansky (2006), wird zudem nicht konsequent zwischen den einzelnen Namenklassen unterschieden. Der genaue Status des PersN-Artikels und seine Variationsmöglichkeiten in verschiedenen Kontexten bleiben damit meist unklar, ich spreche deshalb im Folgenden nur dann vom PersN-Artikel, wenn sein Gebrauch bei PersN explizit ausgewiesen ist. Ansonsten verwende ich die Bezeichnung „onymischer Artikel". Mit Himmelmann (2001: 835) ist allgemein davon auszugehen, dass im Hinblick auf die Setzung des Definitartikels – neben Vokativen, adpositionalen Phrasen und anderen Determinieren – insbesondere EigenN der sprachenübergreifenden Variation unterliegen. Diese Variation gilt es im Folgenden in den Blick zu nehmen.

Eine grobe Einteilung des Artikelgebrauchs bei EigenN nimmt Napoli (2009: 588–589) vor. Sie unterscheidet vier Sprachtypen:

1. Sprachen, die dissoziative Strukturen ausgebildet haben, d. h. die für den onymischen Artikel eine eigene und damit vom Definitartikel bei APP abweichende Artikelform verwenden. Hierzu gehören z. B. Katalanisch, viele polynesische Sprachen, Tagalog sowie der Dialekt von Kambera im Osten Indonesiens.
2. Sprachen, die den onymischen Artikel niemals gebrauchen, wie z. B. Bulgarisch und Ungarisch.
3. Sprachen, die den onymischen Artikel obligatorisch oder zumindest annähernd obligatorisch verwenden, wie z. B. (Modernes) Griechisch, Albanisch und nordschwedische Varietäten – hierunter wären dann auch obd. und wmd. Varietäten zu fassen.
4. Sprachen, die den onymischen Artikel fakultativ und in Abhängigkeit vom Kontext verwenden. Hierzu gehören Varietäten des Italienischen und die hier untersuchten nordd. Varietäten.

Besonders auffällige Verwendungsweisen des onymischen Artikels sollen im Folgenden ohne Anspruch auf Vollständigkeit kurz referiert werden. Der sprachenübergreifende Exkurs wird zeigen, dass besonders PersN im Vokativ ohne Definitartikel verwendet werden.[19] Häufig tritt er hingegen bei attributiver Erweiterung und als Kasusmarker auf und damit in jenen Kontexten, in denen der PersN-Artikel auch im Deutschen historisch früh belegt ist. Besonders, was die diachrone Entwicklung im Griechischen anbelangt, bestätigt sich zudem die Entwicklung vom pragmatischen zum generalisierenden Artikelgebrauch am Namen, wie es die Grammatikalisierungstheorie auch prognostizieren würde.

Pragmatik: Das Neugriechische weist, mit Ausnahme von Vokativen (Matushansky 2006: 286; Anderson 2008: 279–280), einen obligatorischen Gebrauch des onymischen Artikels auf. Dieser Distribution liegt allerdings eine diachrone Entwicklung zugrunde, die ausführlich in Napoli (2009: 589–594) beschrieben worden ist. So wurde der onymische Artikel im Altgriechischen nur dann verwendet, wenn der Referent allgemein oder für den Hörer bereits bekannt war, er gegenüber anderen Referenten hervorgehoben werden sollte oder wenn der Referent in der konkreten Äußerungssituation anwesend war. Die Distribution stimmt dabei in wesentlichen Teilen mit der in nordd. Varietäten überein, auch im Altgriechischen hatte der onymische Artikel also noch pragmatische, i. e. restdeiktische und demonstrative Funktionen bewahrt. Dies macht sich insbesondere auch in einer anadeiktischen Artikelverwendung bemerkbar, die Napoli (2009: 592, 594) wie folgt beschreibt:

> When a proper noun is mentioned by a certain speaker for the first time, it is generally bare; however, when the same speaker mentions it again, the definite article is often found; in subsequent mentions, the article can be omitted, especially if it occurs with a preposition. [...] [W]hat is relevant to the use of the definite article is not necessarily the 'second mention' of a proper noun (if this mention is close to the first), but the 'second context' in which such a name is uttered, mainly if this mention is important for establishing the referent as the topic of discourse.

Über zirka 3000 Jahre hinweg lässt sich der Wandel des onymischen Artikels im Griechischen damit als eine Ausweitung von Kontexttypen fassen: Der onymische Artikel tritt zunächst fakultativ und in pragmatisch lizenzierten Kontexten auf. Er wird im Anschluss generalisiert bzw. obligatorisiert und erreicht damit einen Status, der hier für den PersN-Artikel auch in obd. und wmd. Varietäten festgestellt werden konnte.

---

19 Bezeichnenderweise gilt dies auch für Sprachen, die eine spezifische Artikelform bei Namen ausgebildet haben; vgl. Anderson (2008: 181) für polynesische Sprachen.

Familiarität: Im Sisaala (Sprache in Burkina Faso und Ghana) markiert der PersN-Artikel Blass (1990) zufolge die Bekanntheit des Referenten für den Hörer, ebenso in flämischen Dialekten nach Langendonck (2007: 158) und im Spanischen (nur bei weiblichen RufN) nach Krámský (1972: 86). Auf prominente, d. h. allgemein bekannte Persönlichkeiten (z. B. Schriftsteller und Künstler) verweist der Artikel zudem im Italienischen (Krámský 1972: 124) und im Französischen (nur bei Frauen, Kalverkämper 1978: 182).

Nullartikel: Im Albanischen wird der onymische Artikel ebenfalls sehr häufig verwendet (vgl. Lyons 1999: 121–122). Es handelt sich hierbei um ein sog. Wackernagel-Affix. Ausnahmen stellen PPs, eAs und Vokative dar und damit genau jene Kontexte, in denen nach den vorliegenden Daten der PersN-Artikel auch in den Varietäten des Deutschen nicht oder zumindest fakultativ gebraucht wird. Der onymische Artikel wird zudem sprachenübergreifend bei anrufenden Vokativen vermieden, so in italienischen und isländischen Varietäten, im Nordnorwegischen und Nordschwedischen, im Katalanischen, im Tagalog, im Pima (Uto-Atzekische Sprache) und im Albanischen (vgl. Delsing 1993: 54–55; Matushansky 2006: 287).

Kasusmarker: Im West-Armenischen wird der onymische Artikel ausschließlich als Kasusmarker verwendet. Er tritt Lyons (1999: 122) zufolge im Genitiv, Akkusativ, Dativ und Ablativ auf, nicht aber im Nominativ und Instrumental. Ausschließlich im Akkusativ tritt der onymische Artikel außerdem im Türkischen auf (vgl. Lewis 1967: 35–36).

Sexusmarker: Im Rumänischen ausschließlich (Krámský 1972: 167) und im Italienischen präferiert (Longobardi 1994: 622) tritt der onymische Artikel bei weiblichen PersN auf.

Deonymisierung: Bei Deonymisierung, z. B. in generischen Kontexten und bei restriktiven Relativsätzen, steht der Artikel bei PersN im Portugiesischen (Krámský 1972: 87), im Schwedischen (Delsing 1993: 53) und im Englischen (Kałuża 1968: 363–364).

Attribuierung: Im Spanischen steht der onymische Artikel bei attributiver Erweiterung (*la pequeña Elvira, el señor Figueras;* Krámský 1972: 86–87), ebenso im Portugiesischen (*o grande Santos Dumont,* Krámský 1972: 79) und im Dänischen (*den rare Christian,* Krámský 1972: 128). Im Englischen kann sein Gebrauch den Befunden von Tse (2005) zufolge bei eA variieren, der Artikel wird hier gesetzt bei unbekannten (nicht-nativen) Titeln (*the Guru Budd, the Marquis de Sade, the Ayatollah Khomeini*) und entfällt bei bekannten/nativen Titeln (*Earl Fitzwilliam, Prince Charles, Viscount Boyne*). Im Italienischen steht der PersN-Artikel Longobardi (1994: 624) zufolge bei präponierten Adjektiven, bei postponierten entfällt er, vgl. (8).

(8) a. *E venuto il vecchio Cameresi*
 ist gekommen der alte Cameresi
 b. *E venuto Cameresi vecchio*
 ist gekommen Cameresi alter

Plural: Im Dänischen tritt der (postponierte) onymische Artikel nicht bei PersN im Singular auf, wohl aber bei PersN im Plural, sofern sie sich auf Entitäten (Kollektiva) beziehen, z. B. auf eine Familie (*Hansen* 'die Hansens' vs. *Hansenerne* 'die Hansen', Krámský 1972: 129).

Namenklassenmarker: In nordschwedischen Varietäten ist der präponierte onymische Artikel obligatorisch bei RufN. Bei FamN ist der Artikel hingegen postponiert und er kann dort fakultativ gebraucht werden (vgl. Delsing 1993: 54):

(9) a. *n Erik ha arrestere student'n*
 der Erik hat gefangengenommen Studentin-die
 b. *Norströmm(en) ha släjje hästn*
 Nordström-der hat schlagen Pferd-das

8.4.4 Genese und Entwicklung des Personennamenartikels im Deutschen

Die vorliegenden Befunde legen nahe, dass sich der PersN-Artikel im obd. und md. Raum eigenständig entwickelt hat und sich hinsichtlich des Typen-Entrenchments auch bereits in frühneuhochdeutscher Zeit verfestigt hat. Ursächlich hierfür ist Behaghel (1923: 54, 1928: X–XI) zufolge, dass der Artikel historisch zunächst bei FamN, nicht aber bei RufN verwendet wurde (ähnlich Dal 1966: 93). Da im Obd. Berufsbezeichnungen und BeiN, im Nd. hingegen Patronyme, also RufN der Väter, das häufigste Motiv für die FamN-Gebung darstellten, wäre im Obd. der Artikel vom FamN übertragen worden, während die gleiche Übertragung im Nd. die artikellose Variante evoziert hätte.

Unabhängig davon, dass sich die historische Präferenz für den PersN-Artikel bei FamN in den vorliegenden Daten tatsächlich andeutet (s. Kap. 6.3),[20] lässt sich gegen Behaghels These anführen, dass der PersN-Artikel historisch zunächst in morphosyntaktisch lizenzierten Kontexten (bes. bei Attribution) belegt ist, und zwar unabhängig davon, ob es sich um einen RufN oder FamN

---

[20] Dagegen bemerkt Paul (1919: 181) für das 16. Jh. eine „unterschiedlose Verwendung des Art. neben Vor- oder Zunamen oder Vor- und Zunamen in der Volkssprache".

handelt. Hinzu kommt, dass der Artikel im norddeutschen Raum zuvorderst, und unabhängig vom Namentyp, pragmatisch lizenziert ist, ein Ausgleich zugunsten der artikellosen Variante also nicht stattgefunden hat oder aus den Daten heraus zumindest nicht belegbar ist. Umgekehrt deutet der häufige Gebrauch des PersN-Artikels bei movierten FamN im Norden sogar darauf hin, dass der Artikel gerade auch bei FamN mit Referenz auf weibliche Personen historisch schon früh etabliert war. Plausibel ist es hingegen, mit Bach (1952: 56) davon auszugehen, dass der Artikel bei BeiN (*Hans der Schlosser*) zur Dynamik des emergierenden (präponierten) PersN-Artikels beigetragen hat (dazu auch Schmuck i. E.). Inwiefern diese Übertragung allerdings einem regionalen Bias unterliegt, bleibt zur Klärung weiterer Studien vorbehalten.

Ebenfalls anzuzweifeln ist die recht pauschale Erklärung von Wunderlich & Reis (1925: 316–317), der zufolge sich der PersN-Artikel im Süden auch deshalb stärker durchgesetzt hätte als im Norden, da die Kasusdistinktionen am Artikel dort allgemein stärker erhalten geblieben wären und der Artikel im Süden somit stärker zur Kodierung der syntaktischen Funktionen im Satz hätte beitragen können. So ist einzuwenden, dass die Kasussynkretismen im nd. Raum am stärksten die Unterscheidung zwischen Dativ und Akkusativ betreffen, nicht aber die zwischen Nominativ und den obliquen Kasus, die hier primär relevant sind. Außerdem sind auch die obd. (und md.) Varietäten reich an Kasussynkretismen am Definitartikel (s. Kap. 3.2). Zudem weisen die vorliegenden Befunde darauf hin, dass der PersN-Artikel historisch bereits in Kontexten verwendet wurde, in denen er für die Kodierung syntaktischer Funktionen im Satz redundant ist, also z. B. bei Namenflexion und in intransitiven Sätzen.

Schließlich überzeugt auch Galtons (1973: 7) Erklärung nicht, der zufolge der obd. Artikelgebrauch aus dem Italienischen entlehnt worden sei. So wird der PersN-Artikel im Italienischen insgesamt nur sehr eingeschränkt verwendet (vgl. Longobardi 1994). Zudem ist unklar, wie es im Italienischen mit der historischen Artikelverteilung aussieht. Hinzu kommt, dass sich in den vorliegenden Daten für den obd. Raum keine Süd-Nord-Staffelung hinsichtlich des Artikelgebrauchs nachweisen lässt, was für einen kontaktinduzierten Sprachwandel gesprochen hätte. So taucht der Artikel in den HexenV in nördlichen Arealen des Obd. ebenso auf wie in südlichen (s. Abb. 16).

Wie lassen sich aber nun Genese und areal determinierte Expansion des PersN-Artikels im Deutschen fassen und erklären? Die oben referierten Erklärungsansätze haben gemeinsam, den Gebrauch des PersN-Artikels als Explanandum zu betrachten. Dies ist sicher zum einen dadurch gerechtfertigt, dass der artikellose Gebrauch von Namen ursprünglicher ist (Hodler 1954: 9; Glaser 2008: 94). Zum anderen passt die Artikellosigkeit besser zur inhärenten Definitheit und der Individuierungsfunktion von Namen generell. Umgekehrt lässt sich allerdings auch fragen, warum der onymische Artikel im Deutschen noch nicht vollständig durchgrammatikalisiert worden ist, wie es etwa im Neugriechischen der Fall ist. So ist es durchaus plausibel, davon auszugehen, dass die Grammatikalisierung des Definitartikels, besonders über Brückenkontexte (Unika, andere Namenklassen, evtl. auch BeiN), Vererbung evoziert, die zu einer Erhöhung des Typen- und Token-Entrenchments in den einzelnen nominalen Wortklassen führen sollte. Damit wird die artikellose Variante bei Namen zur grammatischen Irregularität und damit zum Explanandum der Analyse erklärt. So heißt es auch bei Weiß (2004: 610–611):

> Die grammatisch-konsistente Konstruktion bei Eigennamen ist diejenige mit Artikel, wie sie umgangssprachlich, dialektal und bei Konstruktionen mit Attribut vorliegt. [...] Was auch immer nun die Artikellosigkeit steuert, es dürfte klar sein, dass sie die Ausnahme ist. [...] Die Konstruktion mit Artikel ist daher der unmarkierte Fall, die Artikellosigkeit dagegen der markierte.

Diese Irrregularität bzw. Abweichung zu erklären, soll Thema der folgenden Abschnitte sein.

Artikelentstehung auch im (Mittel-)Niederdeutschen
Die arealen Verteilungen der historischen Daten deuten darauf hin, dass der PersN-Artikel im Deutschen polyzentrisch entstanden ist (s. Abb. 16). So lässt sich zwar schon bereits für die HexenV ein areales Gefälle hinsichtlich Gebrauchshäufigkeit und Kontextgebundenheit von Süden nach Norden hin feststellen, doch sind die Gebrauchsfrequenzen bei den nordd. Schreibern im Korpus zu hoch, als dass man sie als bloße Fehlschreibungen interpretieren könnte. Und auch der ab 1500 einsetzende Schreibsprachenwandel, bei dem im nd. Sprachgebiet, zeitlich versetzt von Südosten nach Nordwesten, die Schreibsprachen von Nd. zu Hd. gewechselt haben (vgl. Gabrielsson 1983; Langer 2003), kann den Artikelgebrauch alleine nicht erklären, wie die folgenden Belege aus Gerichtsprotokollen auf Nd. zeigen:

(10) a. Idt sy aber **de Leneke Peyners** ahn dem orde nicht mede gewesen. (HexenV, Hamburg 1583, Nordnd.)
 b. Segt ok Datt Anna Schwarfes se **de Anna kockes** geseh[en] hebbt. (HexenV, Flensburg 1608, Nordnd.)
 c. Datt duttsuluige Spanen an **der Katarinen Jaspers** nicht hebbe helpen wollen. (HexenV, Flensburg 1608, Nordnd.)

Hinzu kommt, dass der PersN-Artikel auch schon für das Mittelniederdeutsche (zirka 1200–1550) belegt ist. Dies ergibt zumindest eine kursorische Auswertung des elektronischen Bestandes des „Mittelniederdeutschen Handwörterbuches" (MndHwb), wo sowohl Belege für den PersN-Artikel in einfachen NPs, in (11), als auch in erweiterten NPs, in (12), zu finden sind:

(11) a. Unde dat was **de Henneke Wulff**. (Die Geschichte des Henning Wulff, Mnd.)
   b. [...] alse Clawes Moller unde Hynryck Junge **dem Danyel Lubbeken** carspelvaget des vagedes bock averandtwerdeth. (Die Geschichte des Henning Wulff, Mnd.)
   c. Hyr vor schal unde wyll Jacob Styndt **dem Danyel Lubbeken** geven. (Die Geschichte des Henning Wulff, Mnd.)
   d. jodoch so **de Cremper marsch** nycht lenger konde thofreden wesen, so scholden de **Cremper marsch** ehren acker myt der rode meten laten. (Archiv mittelniederdeutsches Handwörterbuch)

(12) a. Dyt was do se ersten myt evern unde boien dyckeden unde dat schyp gesencket was unde wechdreff de up namen an **de vogede Johan Becker** / Danyel Lubbeke / Jacob Nagel tho Beyenfleth, tho Wevelsfleth unde Brocktorp. (Die Geschichte des Henning Wulff, Mnd.)
   b. **Der her amptman Benedyctus van Alefelth** ladt ernstlyck aff unde anseggen van wegen der kon[inklken] ma[yes]t[ä]t unses gnedygsten hern. (Archiv mittelniederdeutsches Handwörterbuch)
   c. Noch **dem tymmerman Jurgen Vaget** gegeven I daler, dat he den locht balcken anders umme lede. (Die Geschichte des Henning Wulff, Mnd.)
   d. den andern wo syck de Cremper marsch myt der Wylster marsch **vor dem konyng Chrystyan** vordregen hadden van wegen des havedenstes. (Archiv mittelniederdeutsches Handwörterbuch)
   e. Ihnn saken **der Dammeker docht** ahn eynem unde Mattyes Olter unde Marckes Brasehaver anders dels wegen des geschulden ordels [...] unde schal der wegen **der Dammeker dochter** appellatyon van den 32 vor der heren rede gan unde nycht vor de 18 landtschwaren der Cremper marsch. (Archiv mittelniederdeutsches Handwörterbuch)

Für den nordd. Raum deutet dies schlussendlich darauf hin, dass sich der PersN-Artikel dort autochthon entwickelt hat und genuin nicht über den Kontakt zum Hd. (vermittelt über die Schrift) Eingang in die regionalen Varietäten gefunden hat.

Der Einfluss der normativen Grammatiken
Für das Schriftdeutsche ist allgemein davon auszugehen, dass die Grammatiken der jeweiligen Zeit normativ auf die sprachlichen Verhältnisse gewirkt haben, sie den Gebrauch grammatischer Konstruktionen somit verhindern oder zumindest eindämmen können (dazu z. B. Schletter 1985; Konopka 1996; Takada 1998; Langer 2001; Davies & Langer 2006). In Langer (2001) konnte in diesem Zusammenhang für das 16. bis 18. Jh. gezeigt werden, dass 1. grammatische Phänomene nicht von allen Grammatikern gleichermaßen abgewertet oder als ungrammatisch beurteilt wurden, 2. sich Phasen der Abwertung über einen längeren Zeitraum erstrecken konnten und 3. diese Phasen je nach Phänomen unterschiedlich ausgeprägt waren. Vor diesem Hintergrund lässt sich die Behandlung des Artikelgebrauchs am PersN in den zeitgenössischen Grammatiken wie folgt zusammenfassen (dazu auch Bellmann 1990: 257–273).

In der Frühphase des Neuhochdeutschen (z. B. Clajus 1578/1894: 134–135; Schöpf 1625: 196; Moritz 1793: 142) wurde generell empfohlen, den PersN-Artikel komplett auszusparen, und zwar deshalb, weil der Name die Determinationsleistung schon in sich trage und somit keines zusätzlichen Determinationszeichens bedürfe – eine Erklärung, die bis heute in der Grammatikschreibung tradiert wurde (z. B. Jung 1973: 273; Duden-Grammatik 2016: 712–713).[21] Doch lässt diese Regel auch mehrere kontextbedingte Ausnahmen zu. So weisen bereits Gottsched und Adelung, die beiden einflussreichsten Grammatikschreiber des 18. Jh.s (Davies & Langer 2006: 71), darauf hin, dass der eigentlich artikellose PersN mit Artikel gebraucht werden konnte, sofern es sich a) um einen fremden EigenN mit nicht nativer Flexionsendung handelt, b) der PersN adjektivisch erweitert ist oder c) der PersN appellativisch verwendet wird (Gottsched 1762: 409; Adelung 1781: 94). Weniger rigide ist der Umgang mit dem PersN-Artikel im Anschluss in den Grammatiken des 19. Jh.s. Hier steht die Variante mit Artikel oftmals gleichberechtigt der Variante ohne gegenüber, und zwar in Abhängigkeit vom Kasusflexiv am PersN:

> Die Eigennahmen werden entweder mit dem Artikel gebraucht [...] oder ohne Artikel.
> (Götzinger 1828: 107)

> Alle Eigennahmen von Personen können entweder mit oder ohne Geschlechtswort decliniert werden.
> (Loose 1828: 17–18)

---

[21] Nicht auszuschließen ist, dass die Tradierung grammatischer Regeln mitunter schlicht darauf beruht, dass Grammatiker voneinander abgeschrieben haben (dazu auch Davies & Langer 2006: 76).

So wird noch in verschiedenen Auflagen der Duden-Grammatiken (1966: 157, 1984: 219) wie auch in der Forschung der PersN-Artikel als Kasusmarker (bes. im Genitiv) und auch als Genusmarker (bei der Referenz auf Frauen) akzeptiert und mitunter gar als notwendig erachtet:

> [...] daß die Eigennamen den Artikel nur da annehmen, wo sie ihn nicht entbehren können, und daß sie ihn dann also als ein bloßes Deklinationszeichen zur Bezeichnung des Casus und Genus brauchen.
> (Bauer 1828: 260)

> Der bestimmte Artikel [am PersN, A. W.] steht aber, um den Kasus zu verdeutlichen.
> (Duden-Grammatik 1966: 157)

Hinzu kommt, dass der PersN-Artikel als sprechsprachliches Phänomen klassifiziert und dem artikellosen Gebrauch von PersN im Schriftdeutschen gegenübergestellt wird:[22]

> Drücket man ihn aber in einer Schrift, oder in irgend einer feierlichen Handlung aus: so fällt das Geschlechtswort wieder weg.
> (Hemmer 1775: 445)

> Der Artikel vor dem Personennamen ist gemütlicher süddeutscher oder österreichischer Provinzialismus [...], aber in die Schriftsprache gehört das nicht.
> (Wustmann 1891: 55)

In den Bewertungsstrukturen macht sich dabei auch ein soziolektaler Einschlag bemerkbar, die Artikelverwendung wird bspw. der „gemeinen und niedrigen Sprechart" (Bauer 1828: 264) und dem „Volkston" (Blatz 1888: 184) zugeordnet. Wichtiger für die Argumentation ist, dass dem PersN-Artikel nun auch eine expressive und meist auch negative Färbung beigemessen wird, die sich typischerweise wie folgt äußert (weitere Belegstellen in Bellmann 1990: 263–270, vgl. Kap. 6.4.4):

> Spricht man aber mit Vertraulichkeit oder Geringschätzung, so bleibt das Geschlechtswort: *der Heinrich*, *die Caroline*, [...]
> (Heinsius 1801: 69)

---

[22] Unklar ist, warum im Duden in manchen Ausgaben der PersN-Artikel u. a. als verwaltungssprachlich klassifiziert wird: „Die Verwendung von Personennamen mit dem bestimmten Artikel ist auch in der Rechts- und Verwaltungssprache verbreitet, hier aber fasst immer in Verbindung mit dem Familiennamen. Der signalisiert Bekanntheit und Distanz" (Duden-Zweifelsfälle 2016: 713).

Noch in der aktuellen Auflage der Duden-Grammatik wird davon ausgegangen, dass PersN „gewöhnlich ohne Artikel" stehen (Duden-Grammatik 2016: 299) und auch der Duden-Zweifelsfälle (2016: 713) schreibt, dass PersN „standardsprachlich im Allgemeinen ohne Artikel gebraucht" werden. Variation wird damit grundsätzlich toleriert, der Artikelgebrauch ist allerdings morphosyntaktisch (Attribuierung, Kasusmarkierung) oder semantisch-pragmatisch (Deonymisierung, Expressivität) lizenziert.

Zusammenfassend ist die Norm, welche die Grammatiken für die Verwendung des PersN-Artikels vorgibt, überaus inkonsistent. Grammatiken, in denen der PersN-Artikel akzeptiert wird, stehen dabei solchen gegenüber, in denen sein Gebrauch pragmatisch abgewertet wird. In Bellmanns (1990: 260) Worten:

> Eine gezielte Durchsicht der zwischen dem späten 18. und dem frühen 20. Jh. überaus zahlreich erschienenen muttersprachlichen Unterrichtswerke auf das Thema Artikel und Personenname hinterläßt den Eindruck einer großen Unsicherheit seitens der Verfasser. Kaum in einem anderen Themenbereich werden in der Zeit so gegensätzliche Ansichten vertreten und Standpunkte so unvermittelt von einer Auflage auf die andere revidiert wie hier [...].

Bellmann sieht diesen Umstand zum einen in dem Wegbrechen der Namenflexion und zum anderen in einer um sich greifenden Toleranz für den volkstümlicheren Gebrauch des PersN-Artikels begründet. Hinzu kommt, was die Befunde dieser Arbeit zeigen, dass der PersN-Artikel in morphosyntaktischen Relevanzkontexten, z. B. bei Attribuierung und in Objektfunktion, bereits früh etabliert war, was die Grammatikschreiber in der (Fort-)Schreibung rigider grammatischer Regeln aber möglicherweise zusätzlich verunsichert hat. Normativ wird die vorhandene Variation im Artikelgebrauch damit einerseits in grammatische Regeln „gepresst" (Ausbleiben der Namenflexivik, Attribution) und andererseits über soziolektale (niederes vs. gehobeneres Sprechen) und diatopische Faktoren (süddeutsch vs. norddeutsch) erklärt.

Pejoration als Bremse des Sprachwandels

Kommen wir zurück zu der Frage, warum sich der PersN-Artikel im Deutschen noch nicht vollständig durchgesetzt hat. Die allgemeine Schlussfolgerung, die ich aus den vorliegenden Befunden ziehen möchte, ist die, dass hierfür der pragmatische Artikelgebrauch, i. e. seine pejorative Verwendung in nordd. Varietäten wie auch im Schriftdeutschen verantwortlich ist. So missverstehen Sprecher vor dem Hintergrund ihrer nordd. (oder auch schriftdeutschen) Grammatikkompetenz den „generalisiert[en] und entpragmatisiert[en]" (Nübling, Fahlbusch & Heuser 2015: 127; ähnlich Oberdorfer & Weiß 2018: 474) Artikelgebrauch von Sprechern obd. und md. Varietäten, indem sie ihn generell deiktisch und damit pragmatisch interpretieren, und zwar deshalb, weil sie selbst den PersN-Artikel so verwenden. Wie der vorherige Abschnitt zu den normativen Grammatiken wie auch die von Bellmann erhobenen Einstellungsdaten gezeigt haben, zeichnen sich die Bewertungsstrukturen nordd. Sprecher somit durch eine stark negative Einstellung gegenüber dem PersN-Artikel aus, seine Verwendung wird als „unsympathisch", „herablassend", „anmaßend" oder auch „verächtlich" empfunden und damit auf eine pejorative Bedeutungskomponente verengt. Der gleichen Fehlinterpretation unterliegt übrigens auch die Forschung, wenn sie den Artikelgebrauch am Namen in obd. und md. Varietäten mit den Attributen „besondere Vertrautheit" (Heger 1983: 104), „familiärvertraut" (Lenk 2002: 53) und „expressiv" (Fleischer 1967: 150) in Verbindung bringt. Und auch im Schriftdeutschen wird die Konstruktion [def. Artikel + PersN] ausschließlich evaluativ verwendet, wie die Auswertungen hier gezeigt haben (s. Kap. 6.4.7).

Differierende Bewertungsstrukturen, ausgelöst über eine unterschiedliche Verwendung des PersN-Artikels, wie sie in Abb. 48 noch einmal schematisch zusammengefasst sind, sind also letztendlich die Ursache dafür, dass sich bestimmte Varietäten konservativer hinsichtlich des PersN-Artikels verhalten als andere. Dies erklärt nicht, warum sich der PersN-Artikel im Deutschen überhaupt entwickeln konnte. (Hierfür mache ich – wie gesagt – den systeminternen Druck verantwortlich, den der Artikel am Nomen im Deutschen generell auf Namen ausgeübt hat und auch heute noch ausübt.) Es erklärt aber, wie es zu einem so unterschiedlichen Token- und Typen-Entrenchment zwischen den Varietäten kommen konnte. So ist mit den vorliegenden Befunden anzunehmen, dass die Verwendung des PersN-Artikels in einfachen NPs besonders in obd. Varietäten von jeher unbeschränkt war und damit auch in pragmatisch nicht lizenzierten Kontexten verwendet werden konnte. In nordd. Varietäten hingegen hat der PersN-Artikel in einfachen NPs seine pragmatischen Beschränkungen nie abgelegt und somit muss jede systeminterne oder auch kontaktbedingte Neuerung in nordd. Varietäten den in den Bewertungsstrukturen der Sprecher vorhandenen „pragmatischen Filter" erst überwinden, damit der PersN-Artikel in neue Kontexte expandieren kann.

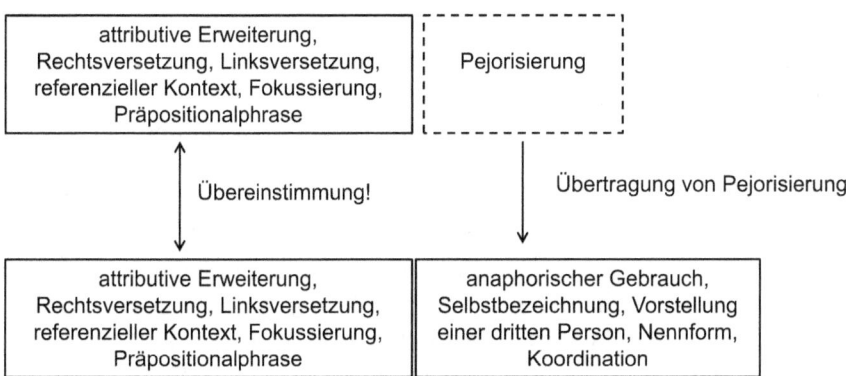

Abb. 48: Intervarietäre Bewertungsstrukturen für die Verwendung des Personennamenartikels in verschiedenen Kontexten

Davon unberührt bleibt der (syntaktisch motivierte) Artikelgebrauch in erweiterten NPs, der PersN-Artikel konnte sich hier autark von dem in einfachen NPs entwickeln und wurde dementsprechend auch in allen Varietäten des Deutschen weitgehend durchgrammatikalisiert und obligatorisiert (siehe zu Ausnahmen nochmals Abb. 47). Dies spricht schlussendlich dafür, dass es sich bei einfachen und erweiterten NPs mit PersN um zwei separate Konstruktionen mit je eigenständigem Zeichencharakter im Sinne der Konstruktionsgrammatik handelt. Die areal determinierte Artikelvariation steht dabei ganz im Zeichen eines Konstruktionswandels. So legt die Funktion (hier: die pragmatische Funktion) des Form-Funktionspaares fest, zu welchen Anteilen sich der PersN-Artikel bezogen auf einen bestimmten Konstruktionstypen durchsetzen konnte.

Umgekehrt zeigt die Darstellung aber auch, dass eine Expansion pejorativer Kontexte im Obd. nicht möglich ist, da der PersN-Artikel dort in allen möglichen Kontexttypen Verwendung findet. Dementsprechend kann die Bewertung des nordd. und standardd. Nullartikels bei PersN als distanziert, arrogant oder elitär (s. Kap. 6.6.2) hier nicht rein linguistisch, d. h. über die Verwendungsweisen des PersN-Artikels erklärt werden. Vielmehr ist es die Reaktion auf die Abwertung des Artikelgebrauchs durch nordd. Sprecher, die hier einen Einfluss auf die Bewertung artikelloser PersN bei obd. und md. Sprechern zu haben scheint.

9 Resümee

Ausgangspunkt der Betrachtungen war die Annahme, dass Verbindungen aus Definitartikel und PersN (*die Petra, der Rudi Völler* etc.) im Deutschen eine vermeintliche Redundanz dahingehend aufweisen, dass Definitheit in der NP mehrfach und damit redundant kodiert wird. In der Forschung wurde diese Redundanz bislang so gedeutet, dass der Artikel bei PersN neben der Definitheitsanzeige weitere, i. e. morphosyntaktische und pragmatische Funktionen erfüllt, indem er z. B. zur Kasusmarkierung eingesetzt wird und/oder durch ihn pragmatische Bedeutung (Expressivität, Markierung sozialer Distanzverhältnisse etc.) zum Ausdruck kommt. Gleichzeitig wurde das Redundanzkriterium als Erklärung dafür genommen, warum sich der PersN-Artikel im Schrift- und Standarddeutschen bislang nicht durchgesetzt hat. Aus arealsprachlicher Perspektive lieferten Akzeptabilitätsdaten, z. B. aus Bellmann (1990) und den Atlasprojekten des „Wortatlas der deutschen Umgangssprachen" (WDU, Eichhoff 2000) und „Atlas zur deutschen Alltagssprache" (AdA, Elspaß & Möller 2003ff.), zudem Evidenz dafür, dass im Süden des bundesdeutschen Sprachraums der PersN-Artikel häufiger akzeptiert wird als im Norden. Mitunter wurde in der Forschung sogar eine areal-determinierte Progression angenommen, indem sich der Artikel von Süden und Westen nach Norden und Osten hin ausbreitet. Historisch ist der PersN-Artikel bereits früh belegt (Mittelhochdeutsch, Mittelniederdeutsch), doch hat sich sein Gebrauch in der Schriftsprache zum Neuhochdeutschen hin lediglich in erweiterten NPs, z. B. bei attribuierten PersN, nicht aber in einfachen NPs durchsetzen können. PersN nehmen damit eine vermeintliche grammatische Sonderstellung im Vergleich zu anderen nominalen Wortklassen ein, die nur unter ganz bestimmten semantischen Restriktionen artikellos verwendet werden können (z. B. als Massennomen oder auch in pluralischer Verwendung).

Dieses Konglomerat an Forschungsergebnissen zum Artikelgebrauch galt es für die vorliegende Arbeit zu systematisieren und durch eigene Studien auf ein breiteres empirisches Fundament zu stellen. Aufgrund aller bisherigen Befunde war zu erwarten, dass sich der Gebrauch des PersN-Artikels im Deutschen nicht monokausal erklären lässt, sondern dass es eine ganze Reihe sprachlicher Einflussfaktoren gibt, die seine Verwendung lizenzieren. Diese zu bestimmen und ggf. zu hierarchisieren, war Ziel dieser Arbeit.

Als methodischer Zugang bot sich in einem ersten Schritt die quantitative und qualitative Korpusanalyse an. So stehen für das Deutsche (und seine Varietäten) mit den HexenV, den AuswB, Zwirner und REDE aktuell vier umfangreiche, wenn auch nur eingeschränkt automatisch auswertbare Korpora zur Verfügung, die aufgrund ihres je spezifischen Charakters nicht nur eine Fülle von PersN-Belegen beinhalten, sondern die auch regional einigermaßen ausdifferenziert sind und anhand derer also Aussagen über Gebrauchshäufigkeiten und Verwendungsweisen des PersN-Artikels in verschiedenen Sprachräumen und über die Zeit hinweg möglich sind.

Die Befunde zu den rezenten Varietäten sollten dann in einem zweiten Schritt durch die Erhebung von Akzeptabilitätsurteilen und Einstellungsdaten quervalidiert werden, was letztlich allerdings nur eingeschränkt möglich war. So stellte sich bereits früh im Arbeitsprozess heraus, dass das Interview nicht geeignet dafür ist, bei den Informanten feinkörnige Bedeutungs- und Funktionsunterschiede im Gebrauch des PersN-Artikels herauszuarbeiten. Die Gewährspersonen waren in ihren Urteilen vielmehr recht unsensibel gegenüber dem Artikelgebrauch in unterschiedlichen Verwendungskontexten und urteilten meist pauschal mit Aussagen wie „den Artikel am Namen gebrauche ich immer" oder „ich würde den Artikel am Namen niemals verwenden".

Etwas differenzierter muss hingegen die Methodenkritik im Hinblick auf die Erhebung grammatischer Akzeptabilitätsurteile ausfallen, die in dieser Arbeit im Rahmen von zwei groß angelegten Fragebogenerhebungen (SyHD, LingBas) durchgeführt wurden. So bestätigte sich zum einen der Eindruck aus den Interviews, wonach eine kontextbedingte Artikelverwendung bei den Informanten nur sehr eingeschränkt zu unterschiedlichen Akzeptabilitätsurteilen führt. Immerhin lässt sich hier aber eine Tendenz dahingehend feststellen, dass Varianten, in denen der PersN-Artikel eine eindeutige Zuordnung semantischer Rollen ermöglicht, gegenüber ambigen Varianten ohne PersN-Artikel bevorzugt werden. Was die Isoglossenbildung anbelangt, lassen sich mit dieser Methode aber auch keine „harten" Isoglossen hinsichtlich der Akzeptanz für den PersN-Artikel bestimmen. Sowohl für das Bundesland Hessen als auch für den gesamten bundesdeutschen Sprachraum zeichnet sich vielmehr von Süden nach Norden gehend ein gradueller Abfall der Akzeptanzwerte ab, der bedingt kontextabhängig erfolgt, aus denen sich in den summierten Akzeptanzwerten in jedem Fall aber regionale Staffelungen (Raumbild einer „schiefen" Ebene) ergeben, die weitgehend übereinstimmen mit den arealen Artikelverteilungen, wie sie aus den Korpusauswertungen resultieren.

Kommen wir damit nun zu den zentralen Ergebnissen der Korpusauswertungen: Die quantitativen und qualitativen Analysen haben hier gezeigt, dass es zwei übergeordnete Faktoren gibt, die den Gebrauch des Definitartikels am PersN steuern: Pragmatik und NP-Struktur.

Zunächst zur NP-Struktur: Für alle hier untersuchten Varietäten (und also auch für das Schriftdeutsche) hat sich die Struktur der NP, in die der PersN eingebettet ist, als wichtigster Faktor herausgestellt, wenn es darum geht, das Auftreten des PersN-Artikels zu erklären. So ist seine Verwendung in erweiterten NPs, d. h. in NPs, die attributiv oder appositiv erweitert sind, historisch häufiger belegt als in einfachen NPs; in den rezenten Varietäten und auch im Schriftdeutschen tritt der Artikel hier sogar obligatorisch oder zumindest annähernd obligatorisch auf. Fakultativ verwendet wird der PersN-Artikel in komplexen NPs lediglich bei eA (z. B. *die Kanzlerin Merkel* vs. *Kanzlerin Merkel*). Im Schriftdeutschen ist seine Verwendung dort an den Kompositionsgrad der Verbindung geknüpft (Tendenz zur Artikelsetzung im Syntagma, keine Setzung bei Komposition), in nordd. Varietäten kann der Artikel in Abhängigkeit vom lexikalischen Status des APP (z. B. bei Titeln) und der diskurspragmatischen Einbettung der eA aber auch entfallen. Obligatorisch ist die Artikelsetzung hingegen bei adjektivischer Erweiterung (*die kluge Petra* etc.), mit Ausnahme von nd. Varietäten, wo der Artikel bei restriktiver Lesart (*oln Rump* mit 'alt' als ständigem Merkmal der Person) auch entfallen kann. Historisch liegt hier eine Entwicklung zugrunde, die mit dem morphosyntaktischen Umbau (mit der „Festwerdung") der NP-Struktur zu tun hat und die zu einer Voranstellung attributiver Adjektive und zu einer overten Markierung der linken NP-Klammer (als Kongruenzklammer) durch einen Determinierer führt. Hierzu leistet der PersN-Artikel seinen entsprechenden Beitrag. Historisch zeigt sich die klammereröffnende Funktion des Artikels sogar für die onymische Femininmovierung mit *-sche*-Derivat (z. B. *die Bernd Bonische*), die in den Daten (HexenV) besonders häufig in Kombination mit einem Definitartikel auftritt (im Vergleich zur obd. und md. *-in*-Movierung) und die in der vorliegenden Arbeit als Reanalyse einer elidierten Adjektivkonstruktion (Adjektivattribut wird zum onymischen Kopf der NP) interpretiert wurde. Variantenreicher hinsichtlich des Artikelgebrauchs verhalten sich hingegen PersN, die in erweiterten NPs selbst den Status von Attributen haben, wie es bei Possessivkonstruktionen der Fall ist. Hier ist der PersN in Abhängigkeit von der Ausdrucksvariante adnominaler Possessivität entweder obligatorisch artikellos (bei Sächsischem Genitiv: *Peters Buch*, nicht historisch: *des Peters Buch*) oder der Artikel tritt fakultativ bzw. regional gebunden auf (bei Possessivem Dativ, bei prä- und postnominaler *von*-Phrase sowie bei postnominalem Genitiv). Die Wahl der Ausdrucksvariante, und damit die des Artikelgebrauchs, ist dabei von semantisch-lexikalischen (z. B. Belebtheits- und Definitheitskriterien) und diskurspragmatischen Kriterien (referenzielle Verankerung des Possessors) abhängig.

In einfachen NPs hingegen zeichnen sich komplexere Distributionsverhältnisse ab, d. h. es gibt mehr NP-externe Einflussfaktoren, die den Gebrauch des Definitartikels steuern. PersN in einfachen NPs sind es auch, die, im Gegensatz zu erweiterten NPs, in Abhängigkeit von der regionalen Herkunft des Sprechers unterschiedlich häufig und in verschiedenen Verwendungskontexten gebraucht werden. So lässt sich für PersN in einfachen NPs bereits für das 16. Jh. (HexenV) ein regionales Gefälle in den Gebrauchsfrequenzen feststellen, der PersN-Artikel tritt besonders häufig in obd. Varietäten auf (v. a. Bairisch und Ostfränkisch), seltener hingegen in wmd. und in nordd. Varietäten. Besonders für den nordd. Raum ist sein Gebrauch in den HexenV dabei überhaupt überraschend, Belege bereits für das Mittelniederdeutsche deuten an dieser Stelle allgemein darauf hin, dass der PersN-Artikel im Deutschen polyzentrisch entstanden ist und in der weiteren Entwicklung dann sprachraumspezifisch unterschiedlich stark expandiert hat.[1]

Zum 19. Jh. (AuswB) ziehen die westobd. und besonders auch die wmd. Varietäten in den Frequenzanteilen dann nach, der PersN-Artikel wird in diesen Sprachräumen zwar immer noch fakultativ verwendet, die Artikelsetzung ist aber zu dieser Zeit bereits der häufigere Fall. Nordd. Varietäten beharren hingegen auch im 19. Jh. auf ihren geringen Frequenzwerten, diese verändern sich zu Zwirner und REDE hin auch nicht mehr. Der Artikel bleibt damit unter Frequenzaspekten auch in den rezenten nordd. Varietäten stark markiert und wird nur im Obd. und Wmd. bei PersN obligatorisch gebraucht. Omd. hat sich dabei – bei insgesamt schlechter Datenlage – in den Daten als Übergangsraum herausgestellt, indem im Osten (Obersächsisch) der PersN-Artikel seltener gebraucht wird als im Westen (Thüringisch). Hinsichtlich Verwendungsweisen und Funktionsbereichen haben die unterschiedlich ausgeprägten Gebrauchsfrequenzen nun zur Folge, dass der PersN-Artikel im Norden funktional stark belastet ist, während im Süden und Westen aufgrund seines häufigen Vorkommens die artikellose Variante potentiell „frei" wird, um spezifische pragmatische Funktionen zu übernehmen. Doch zeigen die Auswertungen, dass diese Möglichkeiten dort nur sehr eingeschränkt genutzt werden. Vielmehr entfällt der PersN-Artikel in den rezenten obd. und wmd. Varietäten heute nur noch dann, wenn es sich bei dem PersN-Gebrauch um eine spezifische, semantisch markierte Referenzweise handelt (beim Vokativ, bes. beim anredenden) oder wenn für den Artikelgebrauch unter morphosyntaktischen Gesichtspunkten Redundanz vorliegt (bei Koordination und in Präpositionalphrasen). Pragmatische Funktionsbereiche werden vom Nullartikel am PersN im Obd. und Wmd. jedoch nicht abgedeckt.

Zentrales Ergebnis der Kontextanalysen ist nun, dass der PersN-Artikel in nordd. Varietäten wesentlich restriktiver eingesetzt wird, d. h. in weniger Ver-

---

1 Auch für andere grammatische Phänomene wird im Deutschen eine polyzentrische Herausbildung angenommen, z. B. für den *am*-Progressiv nach Pottelberge (2004: 239–243).

wendungsweisen auftritt, als es im obd. und wmd. Raum der Fall ist. Dies erklärt seine geringen Belegfrequenzen in der Datenauswertung. Doch streut der Artikelgebrauch im Norden nicht willkürlich über verschiedene Kontexte hinweg, sondern es lassen sich hier sehr spezifische, semantisch-pragmatisch determinierte Verwendungsweisen feststellen, die in dieser Arbeit unter das Konzept der „Kognitiven Proximität" subsumiert wurden: Hierzu gehört die Verwendung des PersN-Artikels in pejorativen Kontexten, seine Verwendung als Indexikalitäts- (bei Erstreferenz und bei Referenz nach Themenwechsel) und Fokusmarker (auch bei Linksversetzung), wie auch die anadeiktische Verwendung (bei Rechtsversetzung). Hinzu kommt im Nordd. (auch bereits historisch) eine Präferenz für den PersN-Artikel bei Objekten und eine Dispräferenz für seinen Gebrauch in Präpositionalphrasen. Beide Befunde deuten auf eine funktionale Belastung des Artikels als Kasusmarker hin (hierzu aber unten).

Selbige Gebundenheit des PersN-Artikels an bestimmte Kontexttypen lässt sich historisch (HexenV, bedingt AuswB) auch für obd. und wmd. Varietäten feststellen, in den rezenten Varietäten ist sein Gebrauch aber derart weit vorangeschritten, dass er nun auch in Kontexten verwendet wird, die keiner formalen Referenz- oder Aufmerksamkeitsmarkierung bedürfen. Dies gilt z. B. für die anaphorische Wiederaufnahme von Referenten, wie auch für die Selbst- und Fremdvorstellung, die Nennform und den koordinierten Gebrauch von PersN. Auch ist die historisch vorhandene Präferenz des Artikels für PersN in Objektfunktion in den rezenten obd. und wmd. Varietäten negiert worden, der Artikel wird nun gleichberechtigt bei PersN als Subjekt oder Objekt (IO wie DO) verwendet. Lediglich bei anredenden Vokativen ist seine Verwendung in allen Varietäten des Deutschen auch heute noch ausgeschlossen, was mit deren besonderem semantischen Status zu begründen ist: Anredende Vokative stehen außerhalb der Verb-Komplement-Struktur, die eingebetteten Nomen haben hier keinen Argumentstatus. Schlussendlich steht damit ein generalisierter und entpragmatisierter PersN-Artikel in obd. und wmd. Varietäten einem sehr spezifischen pragmatischen Artikelgebrauch in nordd. Varietäten gegenüber. Semiotisch betrachtet haben wir es damit sprachenübergreifend mit zwei unterschiedlichen Sprachzeichen zu tun, die – und das schafft Missverständnisse – formseitig aber gleich ausgeprägt sind. Dieser Befund lässt sich als Begründung dafür anführen, warum die Sprecher nordd. Varietäten den obd. und md. Artikelgebrauch abwerten, ihn als anmaßend, distanzlos oder gar respektlos empfinden (Urteile belegt in Bellmann 1990): Der entpragmatisierte Artikelgebrauch von Sprechern obd. und md. Varietäten wird von nordd. Sprechern pragmatisch interpretiert, weil sie selbst den PersN-Artikel so verwenden.

Doch zurück zu den Befunden der Korpusauswertungen: Weiterhin zu klären war, inwiefern der PersN-Artikel als Kasusmarker zur Kodierung syntaktischer Funktionen resp. zur Kodierung der mit den syntaktischen Funktionen assoziierten semantischen Rollen (P-Agens und P-Patiens) beiträgt. Noch einmal sei daran erinnert, dass der historisch zu beobachtende Abbau der Namenflexion (seit dem Frühneuhochdeutschen) und damit die „frei" werdende Kasusmarkierung in der Forschung als wesentliche Triebfeder dafür angesehen wurde, warum sich der Definitartikel bei PersN überhaupt entwickeln konnte. Zentraler Befund der Korpusauswertungen ist nun, dass der PersN-Artikel historisch zwar tatsächlich, und zwar in allen untersuchten Varietäten, eine Präferenz für die Objektfunktion aufweist, dass die semantischen Rollen in (di-)transitiven Sätzen mit PersN in Argumentposition historisch wie rezent aber immer auch über die Serialisierung (starke Präferenz für Subjekt-vor-Objekt-Abfolgen), über die Belebtheitseigenschaften der Argumente (Präferenz für menschliche Agenten) und über die Kasusmarkierung des pronominalen oder appellativischen zweiten Arguments (oder weiterer Argumente) erschlossen werden können. Die syntaktisch-semantische Belastung des PersN-Artikels für die Identifikation semantischer Rollen ist demnach für alle Varietäten des Deutschen als gering einzustufen, was sich u. a. auch daran zeigt, dass es kaum einen Unterschied für die Serialisierungs- oder Belebtheitsabfolge zu spielen scheint, ob ein PersN im Satz von einem Definitartikel begleitet wird oder nicht. Vielmehr besteht in den Varietäten des Deutschen generell die starke Tendenz dazu, die Argumente in (di-)transitiven Sätzen durch mehr als eine der genannten Kodierungsstrategien eindeutig zu markieren und damit zu desambiguieren.[2] Konkreter lässt sich aufgrund der vorliegenden Daten folgendes sagen: 1. Anders als erwartet, nimmt in nordd. im Vergleich zu obd. und wmd. Varietäten der Anteil an global ambigen Sätzen, d. h. an Sätzen, in denen weder Serialisierung, noch Kasus, noch Belebtheit die semantischen Rollen eindeutig machen, **nicht** zu, auch dann nicht, wenn der Artikel bei PersN in Argumentposition entfällt. Ein „morphosyntaktisch-semantisches Minimum" wird demnach von den Sprechern keinesfalls unterschritten, die semantischen Rollen können vielmehr aufgrund zumindest eines der drei hier untersuchten Kodierungsmittel immer eindeutig identifiziert werden und der Hörer ist dafür nicht auf den Kon-

---

2 Hierzu gehört auch die morphologische Verbkongruenz, die aus methodischen Gründen für die Analyse konstant gehalten wurde, die in den Varietäten des Deutschen als weiterer Kodierungsfaktor für die Identifikation semantischer Rollen aber natürlich Relevanz besitzt.

text angewiesen, in dem der Satz geäußert wird.³ 2. Anders als erwartet, nimmt in nordd. im Vergleich zu obd. und wmd. Varietäten der Anteil an Subjekt-vor-Objekt-Abfolgen auch kaum (und statistisch nicht signifikant) zu, auch dann nicht, wenn der Artikel bei PersN in Argumentposition entfällt. Die Präferenz für Subjekt-vor-Objekt-Abfolgen scheint vielmehr im Deutschen allgemein bereits derart stark zu sein, dass Abweichungen nur noch unter ganz bestimmten, informationsstrukturell lizenzierten Bedingungen möglich sind (dazu Punkt 3.). 3. Anders, als es eine onymische Sondergrammatik proklamieren würde, zeichnen sich hinsichtlich der Parameterkonstellationen von Serialisierungs-, Kasus- und Belebtheitseigenschaften auch keine deutlichen Unterschiede zwischen PersN und APP bzw. Pronomen ab. Dies ergab ein Vergleich der Korpusdaten für PersN in (di-)transitiven Sätzen mit den Korpusdaten, wie sie im Rahmen des LOEWE-Projektes „Fundierung linguistischer Basiskategorien" für APP und Pronomen erstellt worden sind. Demnach werden PersN in (di-)transitiven Sätzen ebenso häufig in Sätzen mit Subjekt-vor-Objekt-Abfolge gebraucht wie APP und Pronomen. Auch ändern sich die Konstellationen in Bezug auf Belebtheits- und Kasusmerkmale nicht wesentlich zwischen den einzelnen Wortklassen. Eine Ausnahme stellen hier nordd. Varietäten dar, in denen die Kasusmarkierung am PersN gegenüber APP aufgrund des fehlenden Artikels defizitär ist. Doch konnten anhand des Datenvergleichs Unterschiede zumindest dahingehend festgestellt werden, dass PersN in (di-)transitiven Sätzen stärker zur ersten Argumentposition tendieren, als es bei belebten und unbelebten APP bzw. Pronomen der Fall ist. Diese Präferenz kann im Deutschen durchkreuzt werden, und zwar dann, wenn es sich bei dem mit dem PersN konkurrierenden Argument um ein hoch akzessibles Pronomen handelt. Ansonsten strebt der PersN den Daten zufolge immer die erste Argumentposition an, sicher (aber nicht nur) auch deshalb, weil es sich bei PersN per definitionem um belebte Entitäten handelt. Besonders für nordd. Varietäten gilt zudem, dass in PersN-NPs die gegenüber appellativischen NPs und Pronomen mangelhaft ausgeprägte Kasusmarkierung nicht zu einem Anstieg an global ambigen Sätzen führt, die Sprachteilnehmer für die semantische Rollenkodierung vielmehr auf die Serialisierungs- und die Belebtheitseigenschaften der Argumente zurückgreifen können. Ähnliche Tendenzen hatten sich ja auch schon für den Vergleich zwischen den

---

3 Der Terminus „morphosyntaktisch-semantisches Minimum" ist hier in Anlehnung an die Arbeit von Rabanus (2008) vergeben. Dort konnte für obd. Varietäten ein „morphologisches Minimum" dergestalt ausgemacht werden, dass im Minimalsatz, i. e. in der Verbindung Pronomen + finites Verb + Pronomen die grammatischen Kategorien zumindest an einem der Elemente morphologisch kodiert werden.

Kodierungsstrategien bei PersN in nordd. und obd. bzw. wmd. Varietäten abgezeichnet.

Theoretisch wurde aus den Ergebnissen der empirischen Auswertungen nun folgendes geschlussfolgert: Wichtigster theoretischer Befund der Arbeit ist, dass es sich beim PersN-Artikel in zweifacher Hinsicht um verschiedene Sprachzeichen handelt, erstens im Vergleich zwischen seiner Verwendung in obd. bzw. wmd. vs. nordd. Varietäten und zweitens im Vergleich zwischen seinem Auftreten in einfachen und erweiterten NPs.

Der erste Befund ist insbesondere aus grammatikalisierungstheoretischer Perspektive relevant. So zeichnet sich hier synchron wie diachron ein Sprachwandel ab, der die Entwicklung eines Grammems (des Definitartikels) mit pragmatischer resp. konkreter morphosyntaktischer (Objektmarkierung) Bedeutung hin zu einem Grammem mit abstrakter morphosyntaktischer Bedeutung (Wortartenmarker bzw. Marker der linken NP-Klammer) vorsieht. Dass es sich dabei um einen Grammatikalisierungsprozess handelt, den das Demonstrativum im Deutschen schon lange (seit ahd. Zeit) durchlaufen hat, kann dabei kein Zufall sein. Vielmehr vollzieht sich hier im Kleinen (in der PersN-NP) weitgehend jener Sprachwandel, der sich im Großen (bei appellativischen Nomen) bereits vollzogen hat. Besonders ist allerdings, dass die unterschiedlichen Etappen der Grammatikalisierung in den regionalen Varietäten hier nicht nur diachron, sondern auch synchron (als *layering*) beobachtet werden können: Obd. und später dann auch Wmd. sind weit vorangeschritten, der PersN-Artikel wurde hier vom 16. Jh. bis heute generalisiert und entpragmatisiert. Nd. hingegen verharrt hinsichtlich der Verwendungsweisen bis heute auf der Entwicklungsstufe, die die anderen Sprachräume um 1600 aufwiesen. Interessant ist nun, wie die Sprecher heute mit diesem unterschiedlichen Sprachstand umgehen: Sie werten sich gegenseitig für ihren Artikelgebrauch bzw. -nichtgebrauch ab.

Wie steht es aber nun mit dem zweiten Befund, dass sich der Gebrauch des PersN in erweiterten NPs anders verhält als in einfachen? Hier greift m. E. eine Erklärung, wie ihn konstruktionsgrammatische Ansätze anbieten können. Demnach handelt es sich bei erweiterten NPs mit PersN um eine teilspezifizierte Konstruktion und bei einfachen NPs mit PersN um eine andere. Beide Konstruktionen sind dabei folgendermaßen ausgestaltet:

Das Teilkonstruktikon für die einfache NP sieht auf der Mikroebene (Unterscheidung nach Traugott & Trousdale 2013) für den Norden mehrere Konstruktionen vor, die inhaltsseitig (nicht formseitig) ausdifferenziert sind (z. B. hinsichtlich Pejorisierung, Anadeixis und Indexikalitätsmarkierung von Referenten) und deren gemeinsamer semantisch-pragmatischer Nenner auf der Mesoebene im Ausdruck kognitiver Proximität besteht. Hierbei ergeben sich im

Norden partielle Überlappungen zwischen den Verwendungsweisen von Definitartikeln und Demonstrativa mit PersN, die Konstruktion opponiert an diesem Knoten im Konstruktikon allerdings auch mit Verbindungen aus Nullartikel und PersN. Diese sind semantisch-pragmatisch unspezifiziert, und sie dienen im Norden lediglich dazu, Personenreferenz anzuzeigen. Im Obd. und Wmd. hingegen ist das Teilkonstruktikon an keinem Knoten spezifiziert, Definitartikel und Nullartikel opponieren also inhaltsseitig nicht und beide Konstruktionen teilen sich vielmehr die gleiche Referenzfunktion. Der PersN-Artikel erfüllt demnach in rezenten Varietäten des Obd. und Wmd. auch nur noch sehr abstrakte Funktionen; wie alle Determinierer weist er auf ein nachfolgendes kongruentes Nomen hin und dient somit zur Markierung der Wortart Nomen.

Das Teilkonstruktion erweiterter NPs hingegen sieht für attributiv erweiterte PersN einen obligatorischen Artikelgebrauch vor. Inhaltsseitig sind die Sprachzeichen nur insofern teilspezifiziert, als die artikellose Variante a) den Kompositionsstatus einer Verbindung aus APP und PersN (im Schriftdeutschen), b) den restriktiven Charakter eines Adjektivattributes (im Nordd.) oder c) den EigenN-Status eines sprachlichen Ausdrucks (bei Sächsischem Genitiv) anzeigen kann. Inwiefern nun Vererbungsrelationen zwischen dem Teilkonstruktikon einfacher und erweiterter NPs anzusetzen sind, konnte mit den vorliegenden Daten nicht abschließend geklärt werden. Auffällig ist allerdings zum einen, dass der Artikelgebrauch bei PersN in bestimmten Typen von Possessivkonstruktionen (Possessiver Dativ, prä- und postponierte *von*-Phrase) in den Daten sehr ähnliche areale Verteilungen aufweist wie bei einfachen NPs und zum anderen, dass er im Deutschen in erweiterten NPs überhaupt am frühesten auftritt. Dies lässt vermuten, dass der PersN-Artikel in erweiterten NPs historisch als Brückenkontext für seinen Gebrauch in einfachen NPs fungiert hat. Dass seine Verwendung in einfachen und komplexen NPs in der Sprachproduktion aber strikt auseinander gehalten werden kann, zeigt sich insbesondere im Schriftdeutschen, in dem der PersN-Artikel nur bei attributiver Erweiterung obligatorisiert worden ist, in dem er (mit Ausnahme eAs) ansonsten aber nur in semantisch und pragmatisch stark aufgeladenen Kontexten verwendet werden kann, z. B. bei Referenz auf extravagante Frauen (*die Monroe* etc.) und als (teils despektierlich gebrauchter) Marker für soziale Nähe.

Das im Titel der Arbeit angesprochene Konkurrenzverhältnis zwischen Morphosyntax und Pragmatik beim Gebrauch des PersN-Artikels existiert demnach nur bedingt, und zwar in zweierlei Hinsicht: Es existiert zum einen in den dialektraumübergreifenden Bewertungen der Sprecher, wobei der pragmatisch geprägte Artikelgebrauch nordd. Sprecher (und damit zusammenhängend die Tendenz zum artikellosen Gebrauch von PersN) von Hörern obd. und md. Varietäten ebenso abgewertet wird, wie der morphosyntaktisch geprägte Artikelgebrauch obd. und md. Sprecher durch nordd. Hörer. Die Konkurrenz existiert zum anderen aber auch systemlinguistisch, und zwar immer dann, wenn der Artikelgebrauch über einfache und erweiterte NPs hinweg generalisiert wird. Dieses Missverhältnis zwischen koexistierenden Funktionsmarkierungen im Sprachgebrauch und kontroversen Lesarten in der Sprachperzeption aufzudecken, war Thema dieser Arbeit.

Literaturverzeichnis

Primärliteratur

Archiv des Mittelniederdeutschen Handwörterbuchs. Universität Hamburg.
Auswandererbriefe = Korpus Auswandererbriefe des 19. Jahrhunderts. Hg. von Stephan Elspaß. Universität Münster.
Hexenverhörprotokolle = Münstersches txt-Korpus: Hexenverhörprotokolle. Hgg. von Elvira Topalović, Iris Hille & Jürgen Macha (Hgg.) (2007): Universität Münster (CD-ROM).
REDE-Korpus = Tonaufnahmen der REDE-Neuerhebung. Forschungszentrum Deutscher Sprachatlas Marburg.
ZEIT-Korpus. Unter: www.zeit.de/archiv. [letzter Zugriff 31.07.2019].
Zwirner-Korpus = Schallaufnahmen aller deutschen Mundarten. Unter: www.dgd.ids-mannheim.de/dgd/. [letzter Zugriff: 31.07.2019].

Sekundärliteratur

Abney, Stephen P. (1987): *The English noun phrase in its sentential aspect*. Dissertation. Cambridge.
Ackermann, Tanja (2014): Vom Syntagma zum Kompositum? Der grammatische Status komplexer Personennamen im Deutschen. In Friedhelm Debus, Rita Heuser & Damaris Nübling (Hrsg.), *Linguistik der Familiennamen*, 11–38. Hildesheim u. a.: Olms.
Ackermann, Tanja (2018a): *Grammatik der Namen im Wandel. Diachrone Morphosyntax der Personennamen im Deutschen*. Berlin, Boston: Walter de Gruyter.
Ackermann, Tanja (2018b): From genitive inflection to possessive marker? The development of German possessive -s with personal names. In Tanja Ackermann, Horst J. Simon & Christian Zimmer (Hrsg.), *Germanic Genitives*, 189–230. Amsterdam, Philadelphia: Benjamins.
Ackermann, Tanja & Barbara Schlücker (Hrsg.) (2017), Special Issue: The morphosyntax of proper names. *Folia Linguistica* 51.
Adelung, Johann Christoph (1781): *Deutsche Sprachlehre*. Berlin: Voß.
Adelung, Johann Christoph (1782): *Umständliches Lehrgebäude der Deutschen Sprache*. Leipzig: Breitkopf.
Admoni, Wladimir (1990): *Historische Syntax des Deutschen*. Tübingen: Niemeyer.
Ágel, Vilmos (1996): Finites Substantiv. *Zeitschrift für germanistische Linguistik* 24, 16–57.
Ágel, Vilmos (2017): *Grammatische Textanalyse: Textglieder, Satzglieder, Wortgruppenglieder*. Berlin, Boston: Walter de Gruyter.
Ágel, Vilmos & Mathilde Hennig (Hrsg.) (2006): *Grammatik aus Nähe und Distanz. Theorie und Praxis am Beispiel von Nähetexten 1650–2000*. Tübingen: Niemeyer.
Ahrenholz, Bernt (2007): *Verweise mit Demonstrativa im gesprochenen Deutsch. Grammatik, Zweitspracherwerb und Deutsch als Fremdsprache*. Berlin, Boston: Walter de Gruyter.
Alber, Birgit & Stefan Rabanus (2011): Kasussynkretismus und Belebtheit in germanischen Pronominalparadigmen. In Elvira Glaser, Jürgen Erich Schmidt & Natascha Frey (Hrsg.), *Dynamik des Dialekts – Wandel und Variation*, 23–46. Stuttgart: Steiner.
Allerton, Derek J. (1987): The linguistic and sociolinguistic status of proper names. *Journal of Pragmatics* 11, 61–92.

Altmann, Hans (1981): *Formen der „Herausstellung" im Deutschen. Rechtsversetzung, Linksversetzung, Freies Thema und verwandte Konstruktionen.* Tübingen: Niemeyer.
Anderson, John M. (2004): On the grammatical status of names. *Language* 80, 435–474.
Anderson, John M. (2008): *The grammar of names.* Oxford: University Press.
Androutsopoulos, Jannis (1998): *Deutsche Jugendsprache. Untersuchungen zu ihren Strukturen und Funktionen.* Frankfurt am Main u. a.: Lang.
Appel, Heinz-Wilfried (2007): *Untersuchungen zur Syntax niederdeutscher Dialekte.* Frankfurt am Main u. a.: Lang.
Appel, Heinz-Wilfried (2012): *Kleines Valenzwörterbuch niederdeutscher Verben.* Frankfurt am Main u. a.: Lang.
Ariel, Mira (1988): Referring and accessibility. *Journal of Linguistics* 24, 65–87.
Ariel, Mira (1990): *Accessing noun-phrase antecedents.* London, New York: Routledge.
Ariel, Mira (1996): Referring expressions and the +/- coreference distinction. In Thorstein Fretheim & Jeanette K. Gundel (Hrsg.), *Reference and referent accessibility*, 13–35. Amsterdam, Philadelphia: Benjamins.
Ariel, Mira (2001): Accessibility theory: an overview. In Ted Sanders, Joost Schilperoord & Wilbert Spooren (Hrsg.), *Text representation: Linguistic and psycholinguistic aspects*, 29–87. Amsterdam, Philadelphia: Benjamins.
Arnold, Jennifer E. (2010): How speakers refer: The role of accessibility. *Language and Linguistic Compass* 4, 187–203.
Arnold, Jennifer E., Anthony Losongco, Thomas Wasow & Ryan Ginstrom (2000): Heaviness vs. newness: The effects of structural complexity and discourse status on constituent ordering. *Language* 76, 28–55.
Asher, Nicholas (2004): Discourse topic. *Theoretical Linguistics* 30, 163–201.
Auer, Peter (1981): Zur indexikalitätsmarkierenden Funktion der demonstrativen Artikelform in deutschen Konversationen. In Götz Hindelang & Werner Zillig (Hrsg.), *Sprache: Verstehen und Handeln.* Bd. 2, 301–311. Tübingen: Niemeyer.
Auer, Peter (1983): Überlegungen zur Bedeutung der Namen aus einer ‚realistischen' Sichtweise. In Manfred Faust, Roland Harweg, Werner Lehfeldt & Götz Wienold (Hrsg.), *Allgemeine Sprachwissenschaft, Sprachtypologie und Textlinguistik*, 173–185. Tübingen: Narr.
Auer, Peter (1984): Referential problems in conversation. *Journal of Pragmatics* 8, 627–648.
Auer, Peter (1991): Vom Ende deutscher Sätze – Rechtsexpansion im deutschen Einfachsatz. *Zeitschrift für germanistische Linguistik* 19, 139–157.
Auer, Peter (1997): Formen und Funktionen der Vor-Vorfeldbesetzung im gesprochenen Deutsch. In Peter Schlobinski (Hrsg.), *Syntax des gesprochenen Deutsch*, 55–92. Opladen: Westdeutscher Verlag.
Auer, Peter (2006): Construction grammar meets conversation: Einige Überlegungen am Beispiel von ‚so'-Konstruktionen. In Susanne Günthner & Wolfgang Imo (Hrsg.), *Konstruktionen in der Interaktion*, 291–314. Berlin, Boston: Walter de Gruyter.
Auer, Peter (2007): Syntax als Prozess. In Heiko Hausendorf (Hrsg.), *Gespräch als Prozess. Linguistische Aspekte der Zeitlichkeit verbaler Interaktion*, 95–124. Tübingen: Narr.
Auer, Peter & Stefan Pfänder (2011): Constructions: Emergent or emerging? In Peter Auer & Stefan Pfänder (Hrsg.), *Constructions: Emerging and emergent*, 1–21. Berlin, Boston: Walter de Gruyter.
Austin, John L. (1972): *Zur Theorie der Sprechakte.* Stuttgart: Reclam.
Auwera, Johan van der (1981): *What do we talk about when we talk? Speculative grammar and the semantics and pragmatics of focus.* Amsterdam, Philadelphia: Benjamins.

Averintseva-Klisch, Maria (2009): *Rechte Satzperipherie im Diskurs. Die NP-Rechtsversetzung im Deutschen*. Tübingen: Stauffenburg.
Averintseva-Klisch, Maria (2016): Pejorative demonstratives. In Rita Finkbeiner, Jörg Meibauer & Heike Wiese (Hrsg.), *Pejoration*, 119–141. Amsterdam, Philadelphia: Benjamins.
Axelson, Elizabeth (2007): Vocatives: a double-edged strategy in intercultural discourse among graduate students. *Pragmatics* 17, 95–122.
Bach, Adolf (1952): *Deutsche Namenkunde. Bd. 1. Die deutschen Personennamen*. Heidelberg: Winter. 2. Aufl.
Bader, Markus & Josef Bayer (2006): *Case and linking in language comprehension: Evidence from German*. Dordrecht: Springer.
Baermann, George Friedrich (1776): *Kurze Anleitung zur deutschen Sprachkunst für die Jugend*. Leipzig: Junius.
Bartels, Gerhard (1979) *Semantische Analyse der Präpositionen in der deutschen Gegenwartssprache*. Dissertation. Greifswald.
Barton, Dagmar, Nadine Kolb & Tanja Kupisch (2015): Definite article use with generic reference in German: an empirical study. *Zeitschrift für Sprachwissenschaft* 34, 147–173.
Bauer, Heinrich (1828): *Vollständige Grammatik der neuhochdeutschen Sprache*. Bd. 2. Berlin: Reimer.
Baumgärtner, Klaus (1959): *Zur Syntax der Umgangssprache in Leipzig*. Berlin: Akademie Verlag.
Bausewein, Karin (1990): *Akkusativobjekt, Akkusativobjektsätze und Objektsprädikate im Deutschen*. Tübingen: Niemeyer.
Bechert, Johannes (1993): *Definiteness and article systems*. Straßburg: ESF.
Bechert, Johannes, Danièle Clément & Wolf Thümmel (1970): *Einführung in die generative Transformationsgrammatik. Ein Lehrbuch*. München: Hueber.
Behaghel, Otto (1923): *Deutsche Syntax. Bd. 1. Die Wortklassen und Wortformen. Nomen, Pronomen*. Heidelberg: Winter.
Behaghel, Otto (1928): *Geschichte der deutschen Sprache*. Berlin: de Gruyter Mouton. 5. Aufl.
Behaghel, Otto (1932): *Deutsche Syntax. Bd. 4. Wortstellung, Periodenbau*. Heidelberg: Winter.
Behringer, Wolfgang (Hrsg.) (2006): *Hexen und Hexenprozesse in Deutschland*. München: dtv. 6. Aufl.
Bellmann, Günter (1983): Probleme des Substandards im Deutschen. In Klaus J. Mattheier (Hrsg.), *Aspekte der Dialekttheorie*, 105–130. Tübingen: Niemeyer.
Bellmann, Günter (1990): *Pronomen und Korrektur. Zur Pragmalinguistik der persönlichen Referenzformen*. Tübingen: Niemeyer.
Bellmann, Günter, Joachim Herrgen & Jürgen Erich Schmidt (2002): *Mittelrheinischer Sprachatlas. Bd. 5. Morphologie*. Tübingen: Niemeyer.
Bencini, Giulia (2013): Psycholinguistics. In Thomas Hoffmann & Graeme Trousdale (Hrsg.), *The Oxford Handbook of Construction Grammar*, 379–396. New York: University Press.
Bentzinger, Rudolf (2000): Die Kanzleisprachen. In Werner Besch, Oskar Reichmann, Stefan Sonderegger & Ernst Herbert Wiegand (Hrsg.), *Sprachgeschichte. Ein internationales Handbuch zeitgenössischer Forschung*. Bd. 2, 1665–1673. Berlin, New York: Walter de Gruyter.
Berchtold, Simone & Antje Dammel (2014): Kombinatorik von Artikel, Ruf- und Familiennamen in Varietäten des Deutschen. In Friedhelm Debus, Rita Heuser & Damaris Nübling (Hrsg.), *Linguistik der Familiennamen*, 249–280. Hildesheim u. a.: Olms.

Berg, Kristian (2013): *Morphosyntax nominaler Einheiten im Niederdeutschen*. Heidelberg: Winter.

Bergs, Alexander & Gabriele Diewald (2008a): Introduction: Constructions and language change. In Alexander Bergs & Gabriele Diewald (Hrsg.), Constructions and language change, 1–21. Berlin u. a.: de Gruyter Mouton.

Bergs, Alexander & Gabriele Diewald (Hrsg.) (2008b): *Constructions and language change*. Berlin u. a.: de Gruyter Mouton.

Bergs, Alexander & Gabriele Diewald (Hrsg.) (2009): *Contexts and constructions*. Amsterdam, Philadelphia: Benjamins.

Bernhardt, Johannes (1903): Zur Syntax der gesprochenen Sprache. *Niederdeutsches Jahrbuch* 29, 1–25.

Besch, Werner (1996): *Duzen, Siezen, Titulieren. Zur Anrede im Deutschen heute und gestern*. Göttingen: Vandenhoeck & Ruprecht.

Besch, Werner (2003): Die Regionen und die deutsche Schriftsprache. Konvergenzfördernde und konvergenzverhindernde Faktoren. In Raphael Berthele, Helen Christen, Sybille Germann & Ingrid Hove (Hrsg.), *Die deutsche Schriftsprache und die Regionen*, 5–27. Berlin, Boston: Walter de Gruyter.

Bethmann, Anja, Henning Schein & André Bechmann (2011): Produktion von Eigennamen: eine fMRT-Untersuchung des Temporallappens. *Spektrum Patholinguistik* 4, 95–116.

Betz, Emma (2015): Recipient design in reference choice: Negotiating knowledge, access, and sequential trajectories. *Gesprächsforschung* 16, 137–173.

Bhatt, Christa (1990): *Die syntaktische Struktur der Nominalphrase im Deutschen*. Tübingen: Narr.

Birkner, Karin (2008): *Relativ(satz)konstruktionen im gesprochenen Deutsch. Syntaktische, prosodische, semantische und pragmatische Aspekte*. Berlin, Boston: Walter de Gruyter.

Bisang, Walter (2011): Grammaticalization and linguistic typology. In Heiko Narrog & Bernd Heine (Hrsg.), *The Oxford Handbook of Grammaticalization*, 105–117. New York: Oxford University Press.

Bischoff, Karl (1935): *Studien zur Dialektgeographie des Elbe-Saale-Gebietes in den Kreisen Calbe und Zerbst*. Marburg: Elwert.

Bischoff, Karl (1943/44): Zur Sprache des Sachsenspiegels von Eike von Repgow. *Zeitschrift für Mundartforschung* 19, 1–80.

Bisle-Müller, Hansjörg (1991): *Artikelwörter im Deutschen. Semantische und pragmatische Aspekte ihrer Verwendung*. Tübingen: Niemeyer.

Bittner, Dagmar (2002): Semantisches in der pronominalen Flexion des Deutschen. *Zeitschrift für Sprachwissenschaft* 21, 196–233.

Bittner, Thomas & Barry Smith (2001): A taxonomy of granular partitions. *Lecture Notes in Computer Science* 22, 28–42.

Blass, Regina (1990): *Relevance relations in discourse: A study with special reference to Sissala*. Cambridge: University Press.

Blatz, Friedrich (1888): *Neuhochdeutsche Schulgrammatik für höhere Lehranstalten*. Tauberbischofsheim: Lang. 3. Aufl.

Blatz, Friedrich (1900a): *Neuhochdeutsche Grammatik mit Berücksichtigung der historischen Entwicklung der deutschen Sprache. Bd. 1. Einleitung, Lautlehre, Wortlehre*. Karlsruhe: Lang. 3. Aufl.

Blatz, Friedrich (1900b): *Neuhochdeutsche Grammatik mit Berücksichtigung der historischen Entwicklung der deutschen Sprache. Bd. 2. Satzlehre (Syntax)*. Karlsruhe: Lang. 3. Aufl.

Boas, Hans C. (2010): Comparing constructions across language. In Hans C. Boas (Hrsg.), *Contrastive Studies in Construction Grammar*, 1–20. Amsterdam, Philadelphia: Benjamins.
Boas, Hans C. (2013): Cognitive construction grammar. In Thomas Hoffmann & Graeme Trousdale (Hrsg.), *The Oxford Handbook of Construction Grammar*, 233–252. New York: University Press.
Bock, Karl Nielsen (1933): *Niederdeutsch auf dänischem Substrat: Studien zur Dialektgeographie Südschleswigs*. Kopenhagen: Levin & Munksgaard.
Börjesson, Kristin (Hrsg.) (2014): *The semantics-pragmatics-controversy*. Berlin, Boston: Walter de Gruyter.
Bonitz, Petra-Kristin (2014): *Subjektlücken in Koordinationsellipsen. Theoretische Fundierung und empirische Erkenntnisse*. Dissertation. Göttingen.
Boost, Karl (1959): *Neue Untersuchungen zum Wesen und zur Struktur des deutschen Satzes*. Berlin: Akademie-Verlag.
Bordal Hertzenberg, Mari Johanne (2015): *Third person reference in Late Latin: Demonstratives, definite articles and personal pronouns in the Itinerarium Egeriae*. Berlin, Boston: de Gruyter Mouton.
Borràs-Comes, Joan, Rachèu Sichel-Bazin & Pilar Prieto (2015): Vocative intonation preferences are sensitive to politeness factors. *Language and Speech* 58, 68–83.
Bousfield, Derek & Miriam A. Locher (Hrsg.) (2008*): Impoliteness in language: Studies on its interplay with power in theory and practice*. Berlin u. a.: de Gruyter Mouton.
Braun, Bettina (2005): *Production and perception of thematic contrast in German*. Oxford u. a.: Lang.
Braune, Wilhelm & Frank Heidermanns (2018): *Althochdeutsche Grammatik. Bd. 1. Laut- und Formenlehre*. Berlin, Boston: Walter de Gruyter. 16. Aufl.
Braunmüller, Kurt (1977): *Referenz und Pronominalisierung. Zu den Deiktika und Proformen des Deutschen*. Tübingen: Niemeyer.
Brinker, Klaus (2010): *Linguistische Textanalyse. Eine Einführung in Grundbegriffe und Methoden*. Berlin: Erich Schmidt. 7. Aufl.
Broccias, Cristiano (2013): Cognitive Grammar. In Thomas Hoffmann & Graeme Trousdale (Hrsg.), *The Oxford Handbook of Construction Grammar*. New York: University Press, 191–210.
Brown, Keith & Jim Miller (2016): *A critical account of English syntax: Grammar, meaning, text*. Edinburgh: University Press.
Brown, Penelope & Stephen C. Levinson (1987): *Politeness: Some universals in language use*. Cambridge: University Press.
Brown, Penelope & George Yule (1983): *Discourse analysis*. Cambridge: University Press.
Bucheli Berger, Claudia (2006): Syntaktische Raumbilder im Höchstalemannischen. In Hubert Klausmann (Hrsg.), *Raumstrukturen im Alemannischen*, 91–95. Neugebauer: Graz-Feldkirch.
Bühler, Karl (1934): *Sprachtheorie. Die Darstellungsfunktion der Sprache*. Jena: Fischer.
Busley, Simone & Julia Fritzinger (2018): Em Stefanie sei Mann – Frauen im Neutrum. In Damaris Nübling & Stefan Hirschauer (Hrsg.), *Sprache und Beziehung*, 191–212. Berlin, Boston: Walter de Gruyter.
Bybee, Joan L. (2003): Mechanisms of change in grammaticization: The role of frequency. In Brian D. Joseph & Richard D. Janda (Hrsg.), *The Handbook of Historical Linguistics*, 602–623. Oxford: Blackwell.

Bybee, Joan L: (2010): *Language, usage and cognition*. Cambridge: University Press.
Bybee, Joan L. (2011): Usage-based theory and grammaticalization. In Heiko Narrog & Bernd Heine (Hrsg.), *The Oxford Handbook of Grammaticalization*, 69–78. Oxford, New York: Oxford Univ. Press.
Bybee, Joan L. (2013): Usage-based theory and exemplar representation. In Thomas Hoffman & Graeme Trousdale (Hrsg.), *The Oxford Handbook of Construction Grammar*, 49–69. Oxford: University Press.
Bybee, Joan L. & Östen Dahl (1989): The creation of tense and aspect systems in the languages of the world. *Studies in Language* 13, 51–103.
Caro Reina, Javier (2016): *Onymische Marker aus sprachtypologischer Sicht*. Vortrag auf der Tagung Linguistik der Eigennamen, Akademie der Wissenschaften und der Literatur Mainz, 11. Oktober 2016.
Chafe, Wallace (1996): Inferring identifiability and accessibility. In Thorstein Fretheim & Jeanette K. Gundel (Hrsg.), *Reference and referent accessibility*, 37–46. Amsterdam, Philadelphia: Benjamins.
Chomsky, Noam (1995): *The Minimalist Programm*. Cambridge: MIT Press.
Christiansen, Mads (2016): *Von der Phonologie in die Morphologie. Diachrone Studien zur Präposition-Artikel-Enklise im Deutschen*. Hildesheim u. a.: Olms.
Christophersen, Paul (1939): *The articles: a study of their theory and use in English*. Kopenhagen: Munksgaard u. a.
Clajus (1578/1894): *Die deutsche Grammatik des Johannes Clajus*. Nach dem ältesten Druck von 1578 mit den Varianten der übrigen Ausgaben. Hrsg. Von Friedrich Weidling. Straßburg.
Cohen, Gillian (1990): Why is it difficult to put names to faces? *British Journal of Psychology* 81, 287–297.
Cohen, Gillian & Deborah M. Burke (1993): Memory for proper names: a review. *Memory* 1, 249–263.
Confais, Jean-Paul (1993): Nullkasus und Nichtmarkierung der Nominalgruppe im heutigen Deutsch. In Marcel Vuillaume, Jean-Francois Marcel & Irmtraud Behr (Hrsg.), *Studien zur Syntax und Semantik der Nominalgruppe*, 185–212. Tübingen: Narr.
Coniglio, Marco & Eva Schlachter (2014): Referential properties of the full and reduced forms of the definite article in German: a diachronic survey. In Kristin Bech & Kristine Gunn Eide (Hrsg.), *Information structure and syntactic change in Germanic and Romance languages*, 141–172. Amsterdam, Philadelphia: Benjamins.
Consten, Manfred & Maria Averintseva-Klisch (2010): Nahe Referenten. Ein integrativer Ansatz zur Funktion demonstrativer Referenz. *Sprachtheorie und Germanistische Linguistik* 20.
Consten, Manfred & Maria Averintseva-Klisch (2012) Tentative Reference Acts? 'Recognitional Demonstratives' as Means of Suggesting Mutual Knowledge – or Overriding a Lack of It. *Research in Language* 10, 257–277.
Coseriu, Eugenio (1975): Der Plural bei den Eigennamen. In Eugenio Coseriu (Hrsg.), *Sprachtheorie und allgemeine Sprachwissenschaft*. 5 *Studien*, 234–252. München: Wilhelm Fink.
Croft, William (2001): *Radical construction grammar: Syntactic theory in typological perspective*. Oxford: University Press.
Croft, William & D. Allan Cruse (2004): *Cognitive linguistics*. Cambridge: University Press.
Cunradi, Johann Gottlob (1808): *Die deutsche sich selbst erklärende Sprachlehre für Jünglinge oder Anweisung über unsere Muttersprache vernünftig nachzudenken und ihren Bau kennen zu lernen*. Nürnberg: Nabu.

Dahl, Östen (2000): Animacy and the notion of semantic gender. In Barbara Unterbeck & Matti Rissanen (Hrsg.), *Gender in grammar and cognition*. Bd. 1: *Approaches to gender*, 99–115. Berlin u. a.: de Gruyter Mouton.
Dahl, Östen (2004): *The growth and maintenance of linguistic complexity*. Amsterdam, Philadelphia: Benjamins.
Dahl, Östen (2008): Animacy and egophoricity: Grammar, ontology and phylogeny. *Lingua* 118, 141–150.
Dahl, Östen & Kari Fraurud (1996): Animacy in grammar and discourse. In Thorstein Fretheim & Jeanette K. Gundel (Hrsg.), *Reference and referent accessibility*, 47–64. Amsterdam, Philadelphia: Benjamins.
Dal, Ingerid (1966): *Kurze deutsche Syntax: auf historischer Grundlage*. Tübingen: Niemeyer. 3. Aufl.
Dal Negro, Silvia (2004): Artikelmorphologie. In Elvira Glaser, Peter Ott & Rudolf Schwarzenbach (Hrsg.), *Alemannisch im Sprachvergleich*, 101–111. Stuttgart: Steiner.
Dammel, Antje (2011): Wie kommt es zu rumstudierenden Hinterbänklern und anderen Sonderlingen? Pfade zu pejorativen Wortbildungsbedeutungen im Deutschen. *Jahrbuch für germanistische Sprachgeschichte* 2, 326–343.
Dauwalder, Hans (1992): *Haslitiitsch: Wie mma s seid und cha schriiben: eine haslideutsche Kurzgrammatik*. Meiringen: Gemeinnutziger Verlag.
Davies, Winifred V. & Nils Langer (2006): *The making of bad language: Lay linguistic stigmatizations in German: past and present*. Frankfurt am Main u. a.: Lang.
D'Avis, Franz & Rita Finkbeiner (2013): Podolski hat Vertrag bis 2007, egal, ob wir in der Ersten oder Zweiten Liga spielen. Zur Frage der Akzeptabilität einer neuen Konstruktion mit artikellosem Nomen. *Zeitschrift für germanistische Linguistik* 41, 212–239.
Debus, Friedhelm (1980): Onomastik. In Hans Peter Althaus, Helmut Henne & Ernst Herbert Wiegand (Hrsg.), *Lexikon der germanistischen Linguistik*, 187–198. Tübingen: Niemeyer. 2. Aufl.
Debus, Friedhelm (2012): *Namenkunde und Namengeschichte*. Berlin: Erich Schmidt.
Debus, Friedhelm (2013): Hausnamen. *Beiträge zur Namenforschung* 48, 139–163.
Delsing, Lars-Olof (1993): *The internal structure of noun phrases in Scandinavian languages: a comparative study*. Dissertation. Lund.
Demske, Ulrike (2001): *Merkmale und Relationen: Diachronie Studien zur Nominalphrase des Deutschen*. Berlin, Boston: Walter de Gruyter.
De Mulder, Walter & Anne Carlier (2011): The grammaticalization of definite articles. In Heiko Narrag & Bernd Heine (Hrsg.), *The Oxford Handbook of Grammaticalization*, 522–534. Oxford: University Press.
Deppermann, Arnulf (2011): Konstruktionsgrammatik und Interaktionale Linguistik: Affinitäten, Komplementaritäten und Diskrepanzen. In Alexander Lasch & Alexander Ziem (Hrsg.), *Konstruktionsgrammatik III: Aktuelle Fragen und Lösungsansätze*, 205–238. Tübingen: Stauffenburg.
Dewald, Annika (2012): *Versetzungsstrukturen im Deutschen. Zu ihrer Syntax, Prosodie und Diskursfunktion*. Dissertation. Köln.
Diefenbach, Lorenz (1847): *Pragmatische deutsche Sprachlehre für denkende Leser, gelehrte wie ungelehrte*. Stuttgart: Müller.
Diessel, Holger (1999): *Demonstratives. Form, function and grammaticalization*. Amsterdam, Philadelphia: Benjamins.

Diewald, Gabriele (1997): *Grammatikalisierung. Eine Einführung in Sein und Werden grammatischer Formen*. Tübingen: Niemeyer.
Diewald, Gabriele (2002): A model for relevant types of contexts in grammaticalization. In Ilse Wischer & Gabriele Diewald (Hrsg.), *New reflections on grammaticalization*, 103–120. Amsterdam, Philadelphia: Benjamins.
Diewald, Gabriele (2006): Konstruktionen in der diachronen Sprachwissenschaft. In Anatol Stefanowitsch & Kerstin Fischer (Hrsg.), *Konstruktionsgrammatik I. Von der Anwendung zur Theorie*, 79–103. Tübingen: Stauffenburg.
Diewald, Gabriele (2008): Die Funktion „idiomatischer" Konstruktionen bei Grammatikalisierungsprozessen – illustriert am Beispiel der Modalpartikel *ruhig*. In Kerstin Fischer & Anatol Stefanowitsch (Hrsg.), *Konstruktionsgrammatik II: Von der Konstruktion zur Grammatik*, 33–57. Tübingen. Stauffenburg.
Diewald, Gabriele & Rudolf Kleinöder (1993): Zur Bedeutung von Eigennamen: Eigennamen als ikonische Symbole. *Namenkundliche Informationen* 63/64, 5–19.
Downing, Pamela A. (1996): Proper names as a referential option in English conversation. In Barbara Fox (Hrsg.), *Studies in anaphora*, 95–143. Amsterdam, Philadelphia: Benjamins.
Dowty, David R. (1991): Thematic proto-roles and argument selection. *Language* 67, 547–619.
Dröge, Alexander, Jürg Fleischer, Matthias Schlesewsky & Ina Bornkessel-Schlesewsky (2016): Neural mechanisms of sentence comprehension based on predictive processes and decision certainty: Electrophysiological evidence from non-canonical linearizations in a flexible word order language. *Brain Research* 1633, 149–166.
Duden-Grammatik (1966) = *Duden, Grammatik der deutschen Gegenwartssprache*. Mannheim: Bibliographisches Institut. 2. Aufl.
Duden-Grammatik (1984) = *Duden, Grammatik der deutschen Gegenwartssprache*. Mannheim: Bibliographisches Institut, 4. Aufl.
Duden-Grammatik (1998) = *Duden, Grammatik der deutschen Gegenwartssprache*. Mannheim: Duden Verlag. 6. Aufl.
Duden-Grammatik (2016) = *Duden, die Grammatik. Unentbehrlich für gutes Deutsch*. Berlin: Duden Verlag. 9. Aufl.
Duden-Wörterbuch (1995) = *Duden, das große Wörterbuch der deutschen Sprache*. 8 Bde. Mannheim u. a. Dudenverlag.
Duden-Zweifelsfälle (2016) = *Duden, das Wörterbuch der sprachlichen Zweifelsfälle: richtiges und gutes Deutsch*. Berlin: Duden Verlag. 8. Aufl.
Dürscheid, Christa (1999): *Die verbalen Kasus des Deutschen: Untersuchungen zur Syntax, Semantik und Perspektive*. Berlin, Boston: Walter de Gruyter.
Dürscheid, Christa (2010): *Syntax. Grundlagen und Theorien*. Göttingen: Vandenhoeck & Ruprecht. 5. Aufl.
Durrell, Martin (1977): Zur morphologischen Struktur der deutschen Nominalgruppe. *Deutsch als Fremdsprache* 14, 44–52.
Durrell, Martin (1990): Westphalian and Eastphalian. In Charles A. Russ (Hrsg.), *The dialects of Modern German: a linguistic survey*, 59–90. London: Routledge.
Ebert, Karen H. (1971): *Referenz, Sprechsituation und die bestimmten Artikel in einem nordfriesischen Dialekt*. Bredstedt: Nordfriisk Instituut.
Ebert, Robert Peter (1986): *Deutsche Syntax 1300–1750*. Bern u. a.: Lang.
Ebert, Robert Peter, Oskar Reichmann, Hans-Joachim Solms & Klaus-Peter Wegera (1993): *Frühneuhochdeutsche Grammatik*. Tübingen: Niemeyer.

Eggers, Hans (1980): Deutsche Standardsprache des 19./20. Jahrhunderts. In Hans Peter Althaus, Helmut Henne & Ernst Herbert Wiegand (Hrsg.), *Lexikon der germanistischen Linguistik*. 603–609. Tübingen: Niemeyer. 2. Aufl.

Ehrich, Veronika (1992): <Da> and the system of spatial deixis in German. In Jürgen Weissenborn & Wolfgang Klein (Hrsg.), *Here and there: Crosslinguistic studies on deixis*, 46–63. Amsterdam, Philadelphia: Benjamins.

Eichler, Ernst, Gerold Hilty, Heinrich Löffler, Hugo Steger & Ladislav Zgusta (1995) (Hrsg.), *Namenforschung. Ein internationales Handbuch zeitgenössischer Forschung*. Bd. 1. Berlin, New York: Walter de Gruyter.

Eichler, Ernst, Gerold Hilty, Heinrich Löffler, Hugo Steger & Ladislav Zgusta (1996) (Hrsg.): *Namenforschung. Ein internationales Handbuch zeitgenössischer Forschung*. Bd. 2. Berlin, New York: Walter de Gruyter.

Eichhoff, Jürgen (2000): *Wortatlas der deutschen Umgangssprachen*. Bd. 4. Bern u. a.: Saur.

Eisenberg, Peter (2013a): *Grundriss der deutschen Grammatik. Das Wort*. Stuttgart, Weimar: Metzler. 4. Aufl.

Eisenberg, Peter (2013b): *Grundriss der deutschen Grammatik. Der Satz*. Stuttgart, Weimar: Metzler. 4. Aufl.

Eisenberg, Peter & George Smith (2002): Der einfache Genitiv. Eigennamen als Attribute. In Corinna Peschel (Hrsg.), *Grammatik und Grammatikvermittlung*, 113–126. Frankfurt am Main u. a.: Lang.

Elmentaler, Michael (2008): Varietätendynamik in Norddeutschland. *Sociolinguistica* 22: *Dialektsoziologie*, 66–86.

Elmentaler, Michael & Peter Rosenberg (2015): *Norddeutscher Sprachatlas*. Bd. 1. *Regiolektale Sprachlagen*. Hildesheim u. a.: Olms.

Elspaß, Stephan (2005): *Sprachgeschichte von unten. Untersuchungen zum geschriebenen Alltagsdeutsch im 19. Jahrhundert*. Tübingen: Niemeyer.

Elspaß, Stephan (2007): Everyday language in emigrant letters and its implications on language historiography – the German case. In Wim Vandenbussche & Stephan Elspaß (Hrsg.), *Lower class language use in the 19th century. Special issue of multilingua* 26, 149–163.

Elspaß, Stephan (2010): Klammerstrukturen in nähesprachlichen Texten des 19. und frühen 20. Jahrhunderts. Ein Plädoyer für die Verknüpfung von historischer und Gegenwartsgrammatik. In Arne Ziegler (Hrsg.), *Historische Textgrammatik und Historische Syntax des Deutschen. Traditionen, Innovationen, Perspektiven*. Bd. 2, 1011–1026. Berlin, Boston: Walter de Gruyter.

Elspaß, Stephan (2012): The use of private letters and diaries in sociolinguistic investigation. In Juan Manuel Hernández-Campoy & Juan Camilo Conde-Silvestre (Hrsg.), *The Handbook of Historical Sociolinguistics*, 156–169. Chichester: Wiley-Blackwell.

Elspaß, Stephan & Robert Möller (2003ff.): *Atlas zur deutschen Alltagssprache*. Unter: www.atlas-alltagssprache.de [letzter Zugriff: 31.07.2019].

Enfield, Nick J. & Tanya Stivers (Hrsg.) (2007): *Person reference in interaction. Linguistic, cultura, and social perspectives*. Cambridge: University Press.

Engel, Ulrich (1986): Die Apposition. In Gisela Zifonun (Hrsg.), *Vor-Sätze zu einer neuen deutschen Grammatik*, 184–205. Tübingen: Narr.

Engel, Ulrich (2004): *Deutsche Grammatik*. München: Iudicium. Neuauflage.

Epstein, Richard (1993): The definite article: early stages and development. In Jap van Marle (Hrsg.), Historical linguistics 1991, 111–134. Amsterdam, Philadelphia: Benjamins.

Epstein, Richard (1996): Viewpoint and the definite article. In Adele E. Goldberg (Hrsg.), *Conceptual structure, discourse and language*, 99–112. Stanford: Center for the study of language and information.
Epstein, Richard (2002): The definite article, accessibility, and the construction of discourse referents. *Cognitive Linguistics* 12, 333–378.
Erben, Johannes (1972): *Deutsche Grammatik: ein Abriss*. München: Max Hueber. 11. Aufl.
Eroms, Hans-Werner (1981): *Valenz, Kasus und Präpositionen. Untersuchungen zur Syntax und Semantik präpositionaler Konstruktionen in der deutschen Gegenwartssprache*. Heidelberg: Winter.
Eroms, Hans-Werner (1988): Der Artikel im Deutschen und seine dependenzgrammatische Darstellung. *Sprachwissenschaft* 13, 257–308.
Eroms, Hans-Werner (1989): Artikelparadigmen und Artikelfunktionen im Dialekt und in der Standardsprache. In Erwin Koller, Werner Wegstein & Norbert Richard Wolf (Hrsg.), *Bayerisch-österreichische Dialektforschung*, 305–328. Würzburg: Königshausen & Neumann.
Eroms, Hans Werner (2000): *Syntax der deutschen Sprache*. Berlin, New York: Walter de Gruyter.
E-VALBU (2010ff.): *Das elektronische Valenzwörterbuch deutscher Verben*. Mannheim: IDS. Unter: http://hypermedia.ids-mannheim.de/evalbu/index.html [letzter Zugriff: 31.07.2019].
Evans, Nicholaus & David Wilkins (2000): In the mind's ear: Semantic extensions of perception verbs in Australian languages. *Language* 76, 546–592.
Feilke, Helmuth & Mathilde Hennig (Hrsg.) (2016): *Zur Karriere von >Nähe und Distanz<. Rezeption und Diskussion des Koch-Oesterreicher-Modells*. Berlin, Boston: Walter de Gruyter.
Field, Andy, Jeremy Miles & Zoë Field (2012): *Discovering statistics using R*. Los Angeles u. a.: Sage.
Finkbeiner, Rita & Jörg Meibauer (Hrsg.) (2016): *Satztypen und Konstruktionen*. Berlin, Boston: Walter de Gruyter.
Finkbeiner, Rita, Jörg Meibauer & Heike Wiese (2016): What is pejoration, and how can it be expressed in language? In Rita Finkbeiner, Jörg Meibauer & Heike Wiese (Hrsg.), *Pejoration*, 1–22. Amsterdam, Philadelphia: Benjamins.
Finkbeiner, Rita, Jörg Meibauer & Heike Wiese (Hrsg.) (2016): *Pejoration*. Amsterdam, Philadelphia: Benjamins.
Fischer, Kerstin (2008a): Konstruktionsgrammatik und Interaktion. In Susanne Günthner & Wolfgang Imo (Hrsg.), *Konstruktionen in der Interaktion*, 343–364. Berlin, Boston: Walter de Gruyter.
Fischer, Kerstin (2008b): Die Interaktion zwischen Konstruktionsgrammatik und Kontextwissen am Beispiel des Satzmodus in Instruktionsdialogen. In Anatol Stefanowitsch & Kerstin Fischer (Hrsg.), *Konstruktionsgrammatik II: Von der Konstruktion zur Grammatik*, 81–101. Tübingen: Stauffenburg.
Fischer, Kerstin & Anatol Stefanowitsch (2006): Konstruktionsgrammatik: Ein Überblick. In Kerstin Fischer & Anatol Stefanowitsch (Hrsg.), *Konstruktionsgrammatik: Von der Anwendung zur Theorie*, 3–17. Tübingen: Stauffenburg.
Fleischer, Jürg (2003): *Die Syntax von Pronominaladverbien in den Dialekten des Deutschen: eine Untersuchung zu Preposition Stranding und verwandten Phänomenen*. Stuttgart: Steiner.

Fleischer, Jürg, Simon Kasper & Alexandra Lenz (2012): Die Erhebung syntaktischer Phänomene durch die indirekte Methode: Ergebnisse und Erfahrungen aus dem Forschungsprojekt „Syntax hessischer Dialekte" (SyHD). *Zeitschrift für Dialektologie und Linguistik* 79, 2–42.
Fleischer, Jürg & Oliver Schallert (2011): *Historische Syntax des Deutschen: eine Einführung.* Tübingen: Narr.
Fleischer, Wolfgang (1964): Zum Verhältnis von Name und Appellativum im Deutschen. *Wissenschaftliche Zeitschrift der Karl-Marx-Universität Leipzig* 13, 369–378.
Fleischer, Wolfgang (1967): Zur Funktion des Artikels in der deutschen Sprache der Gegenwart. *Acta universitatis Wratislaviensis* 60, 131–160.
Fleischer, Wolfgang (1971): Namen als sprachliche Zeichen und ihr besonderer sprachlicher Charakter. In Ernst Eichler (Hrsg.), *Namenforschung heute. Ihre Ergebnisse und Aufgaben in der DDR*, 7–37. Berlin: Akademie-Verlag.
Fleischer, Wolfgang (1989): Deonymische Derivation. In Friedhelm Debus & Wilfried Seibicke (Hrsg.), *Reader zur Namenkunde I: Namentheorie*, 253–271. Hildesheim u. a.: Olms.
Fleischer, Wolfgang & Irmhild Barz (2012): *Wortbildung der deutschen Gegenwartssprache.* Berlin, Boston: Walter de Gruyter. 4. Aufl.
Flick, Johanna (2017): *Die Entwicklung des Definitartikels im Deutschen. Eine kognitiv-linguistische Korpusuntersuchung.* Dissertation. Hamburg.
Flick, Johanna & Renata Szczepaniak (2018): Über die Ordnung der Wörter: Die Struktur der Nominalphrase im althochdeutschen Isidor. In Kerstin Kazzazi, Karin Luttermann, Sabine Wahl & Thomas Albert Fritz (Hrsg.), *Worte über Wörter*, 99–114. Tübingen: Stauffenburg.
Foerste, William (1957): Niederdeutsche Mundarten. In Wolfgang Stammler (Hrsg.), *Deutsche Philologie im Aufriss*. Bd. 1, 1729–1898. Berlin: Erich Schmidt.
Fotós, Annamária & Barbara Horváth (2006): Prozess gegen Georg Schobel und seine Frau; Prozess gegen die Frau des Simon Schnell. In Vilmos Ágel & Mathilde Hennig (Hrsg.), *Grammatik aus Nähe und Distanz. Theorie und Praxis am Beispiel von Nähetexten 1650–2000*, 121–140. Tübingen: Niemeyer.
Franck, Johannes (1971*)*: *Altfränkische Grammatik. Laut- und Flexionslehre.* Göttingen: Vandenhoeck & Ruprecht. 2. Aufl.
Fraurud, Kari (1996): Cognitive ontology and NP form. In Thorstein Fretheim & Jeanette K. Gundel (Hrsg.), Reference and referent accessibility, 65–87. Amsterdam, Philadelphia: Benjamins.
Fretheim, Thorsten & Jeanette K. Gundel (Hrsg.) (1996): *Reference and referent accessibility.* Amsterdam, Philadelphia: Benjamins.
Frey, Eberhard (1975): *Stuttgarter Schwäbisch. Laut- und Formenlehre eines Stuttgarter Idiolekts.* Marburg: Elwert.
Frey, Werner (2004): Notes on the syntax and the pragmatics of German left dislocation. In Horst Lohnstein & Susanne Trissler (Hrsg.), The syntax and semantics of the left periphery, 203–233. Berlin, Boston: de Gruyter Mouton.
Fried, Mirjam (2008): Constructions and constructs: Mapping a diachronic process. In Alexander Bergs & Gabriele Diewald (Hrsg.), *Constructions and language change*, 419–437. Berlin, Boston: de Gruyter Mouton.
Fried, Mirjam (2013): Principles of constructional change. In Thomas Hoffmann & Graeme Trousdale (Hrsg.), *The Oxford Handbook of Construction Grammar*, 47–79. New York: University Press.
Frings, Theodor (1932): Persönliche Feminina im Westgermanischen. *Beiträge zur Geschichte der deutschen Sprache und Literatur* 56, 23–40.

Fritzinger, Julia (2014): *Des Feldberges, des Feldbergs oder des Feldberg-Ø? Zur onymischen (De-)Flexion genuiner Gattungseigennamen im Spannungsfeld zwischen Appellativa und Eigennamen*. Magisterarbeit. Mainz.

Fuß, Eric (2011): Eigennamen und adnominaler Genitiv im Deutschen. *Linguistische Berichte* 225, 19–42.

FWB = Frühneuhochdeutsches Wörterbuch. Hrsg. von Robert Ralph Anderson, Ulrich Goebel & Oskar Reichmann. Bd. 1. (1989) *Einführung, a-äpfelkern*. Berlin, New York: Walter de Gruyter.

Gabrielssson, Artur (1983): Die Verdrängung der mittelniederdeutschen durch die neuhochdeutsche Schriftsprache. In Gerhard Cordes & Dieter Möhn (Hrsg.), *Handbuch zur niederdeutschen Sprach- und Literaturwissenschaft*, 119–153. Berlin: Erich Schmidt.

Gallée, Johan Hendrik (1993): *Altsächsische Grammatik*. Tübingen: Niemeyer. 3. Aufl.

Gallmann, Peter (1990): *Kategoriell komplexe Wortformen. Das Zusammenwirken von Morphologie und Syntax bei der Flexion von Nomen und Adjektiv*. Tübingen: Niemeyer.

Gallmann, Peter (1996): Die Steuerung der Flexion in der DP. *Linguistische Berichte* 164, 283–314.

Gallmann, Peter (1997): Zur Morphosyntax der Eigennamen im Deutschen. In Elisabeth Löbel & Gisa Rauh (Hrsg.), *Lexikalische Kategorien und Merkmale*, 73–86. Tübingen: Niemeyer.

Galton, Herbert (1973): The definite article in Indo-European languages. *Linguistics* 107, 5–13.

Gayler, Christoph Friedrich (1835): *Die deutsche Deklination mit besonderer Rücksicht auf den schwäbischen Dialekt*. Reutlingen: Kurtz'sche Verlagshandlung.

Gefen, Tamar, Christina Wieneke, Adam Martersteck, Kristen Whitney, Sandra Weintraub, M. Marsel Mesulam & Emily Rogalski (2013): Naming vs. knowing faces in primary progressive aphasia: a tale of 2 hemispheres. *Neurology* 81, 658–664.

Gildersleeve, Basil Lanneau. (1890): On the article with proper names. *The American Journal of Philology* 11, 483–487.

Gillmann, Melitta (2016): *Perfektkonstruktion mit >haben< und >sein<. Eine Korpusuntersuchung im Althochdeutschen, Altsächsischen und Neuhochdeutschen*. Berlin, Boston: Walter de Gruyter.

Girnth, Heiko (2000): *Untersuchungen zur Theorie der Grammatikalisierung am Beispiel des Westmitteldeutschen*. Tübingen: Niemeyer.

Givón, Talmy (1971): Historical syntax and synchronic morphology: an archaelogist's field trip. *Chicago Linguistic Society* 7, 394–415.

Givón, Talmy (1979): *On understanding grammar*. New York u. a.: Academic Press.

Givón, Talmy (1983): Topic continuity in discourse: an introduction. In Talmy Givón (Hrsg.), *Topic continuity in discourse: Quantified cross-language studies*, 1–42. Amsterdam, Philadelphia: Benjamins.

Glaser, Elvira (2008): Syntaktische Raumbilder. In Peter Ernst & Franz Patocka (Hrsg.), *Dialektgeographie der Zukunft*, 85–114. Stuttgart: Steiner.

Glück, Helmut & Wolfgang Werner Sauer (1997): *Gegenwartsdeutsch*. Stuttgart, Weimar: Metzler. 2. Aufl.

Göksel, Asli & Markus Alexander Pöchtrager (2013): The vocative and its kin: marking function through prosody. In Barbara Sonnenhauser & Patrizia Noel Aziz Hanna (Hrsg.), *Vocative! Addressing between system and performance*, 87–108. Berlin, Boston: de Gruyter Mouton.

Götzinger, Max Wilhelm (1828): *Die Anfangsgründe der deutschen Sprachlehre in Regeln und Aufgaben für die ersten Anfänger*. 1. Theil. Leipzig. 2. Aufl.

Götzinger, Max Wilhelm (1836): *Die deutsche Sprache und ihre Literatur*. Bd. 1. Stuttgart: Hoffmann'sche Verlagsbuchhandlung.
Goffman, Erving (1959): *The presentation of self in everyday life*. Garden City: Doubleday: Anchor books.
Golato, Andrea (2013): Reparaturen von Personenreferenzen. *Deutsche Sprache* 41, 31–51.
Goldberg, Adele E. (1995): *Constructions: a construction grammar approach to argument structure*. Chicago: University Press.
Goldberg, Adele E. (1996): Construction Grammar. In E. Keith Brown & Jim E. Miller (Hrsg.), *Concise Encyclopedia of Syntactic Theories*, 68–70. New York: Pergamon.
Goldberg, Adele E. (2006): *Constructions at work. The nature of generalization in language*. Oxford: University Press.
Goldberg, Adele E. (2013): Constructionist approaches. In Thomas Hoffmann & Graeme Trousdale (Hrsg.), *The Oxford Handbook of Construction Grammar*, 15–31. New York: University Press.
Gottsched, Johann Christoph (1762): *Vollständigere und neuerläuterte Deutsche Sprachkunst*. Leipzig: Breitkopf.
Granzow-Emden, Matthias (2004): „Artikel" und „Pronomen"? Kategorienbildung und funktional-pragmatische Perspektiven. *Didaktik Deutsch* 16, 15–34.
Greenberg, Joseph H. (1978): How does a language aquire gender markers. In Joseph H. Greenberg (Hrsg.), *Universals of human language*. Bd. 3. *Word structure*, 47–82. Stanford: University Press.
Greenberg, Joseph H. (1991): The last stages of grammatical elements: Contractive and expansive desemanticization. In Elizabeth Closs Traugott & Bernd Heine (Hrsg.), *Approaches to grammaticalization*. Bd. 1, 301–314. Amsterdam, Philadelphia: Benjamins.
Greule, Albrecht, Jörg Meier & Arne Ziegler (Hrsg.) (2012): Kanzleisprachenforschung. Ein internationales Handbuch: Berlin, Boston: Walter de Gruyter.
Gries, Stefan Th. (2013): Data in Construction Grammar. In Thomas Hoffmann & Graeme Trousdale (Hrsg.) (2013), *The Oxford Handbook of Construction Grammar*, 93–108. New York: University Press.
Grimm, Hans-Jürgen (1987): *Lexikon zum Artikelgebrauch*. Leipzig: Verlag Enzyklopädie.
Grimm, Jacob (1898): *Deutsche Grammatik*. Bd. 4. Gütersloh: Bertelsmann.
Grodzínski, E (1978): Proper names, common names and singular descriptions. *Proceedings of the 13th ICOS*. Krakau, 477–481.
Grucza, Sambor (1995): Aspekte der linguistischen Referenzforschung. *Kwartalnik Neofilologiczny* 42, 325–344.
Günthner, Susanne (2006): Von Konstruktionen zu kommunikativen Gattungen: Die Relevanz sedimentierter Muster für die Ausführung kommunikativer Aufgaben. *Deutsche Sprache* 34, 173–190.
Günthner, Susanne (2008): Die 'die Sache/das Ding ist'-Konstruktionen im gesprochenen Deutsch – eine interaktionale Perspektive auf Konstruktionen im Gebrauch: In Anatol Stefanowitsch & Kerstin Fischer (Hrsg.), *Konstruktionsgrammatik II. Von der Konstruktion zur Grammatik*, 157–177. Tübingen: Stauffenburg.
Günthner, Susanne (2009): Adjektiv + dass-Satzkonstruktionen als kommunikative Ressource der Positionierung. In Susanne Günthner & Jörg Bücker (Hrsg.) (2009), *Grammatik im Gespräch. Konstruktionen der Selbst- und Fremdpositionierung*, 149–184. Berlin, Boston: Walter de Gruyter.

Günthner, Susanne & Jörg Bücker (Hrsg.) (2009): *Grammatik im Gespräch: Konstruktionen der Selbst- und Fremdpositionierung*. Berlin, Boston: Walter de Gruyter.
Günthner, Susanne & Wolfgang Imo (2006a): Konstruktionen in der Interaktion. In Susanne Günthner & Wolfgang Imo (Hrsg.), *Konstruktionen in der Interaktion*, 1–22. Berlin, Boston: Walter de Gruyter.
Günthner, Susanne & Wolfgang Imo (Hrsg.) (2006b), *Konstruktionen in der Interaktion*. Berlin, Boston: Walter de Gruyter.
Gundel, Jeanette K. & Nancy Hedberg (Hrsg.) (2008): *Reference: interdisciplinary perspectives*. Oxford: University Press.
Gundel, Jeanette K., Nancy Hedberg & Ron Zacharski (1993): Cognitive status and the form of referring expressions in discourse. *Language* 69, 274–307.
Gyger, Mathilde (1991): *Namen-Funktion im historischen Wandel. Beobachtungen zum Gebrauch von Personennamen in Pressetexten aus den Jahren 1865 bis 1981*. Heidelberg: Winter.
Haas-Spohn, Ulrike (1995): *Versteckte Indexikalität und subjektive Bedeutung*. Berlin: Akademie Verlag.
Haberland, Hartmut (1985): Zum Problem der Verschmelzung von Präposition und bestimmtem Artikel im Deutschen. *Osnabrücker Beiträge zur Sprachtheorie* 30, 82–106.
Hackel, Werner (1978): Zur appositionellen Verbindung Substantiv + Personeneigenname in der deutschen Gegenwartssprache. In Wolfgang Schütz (Hrsg.), *Historizität und gesellschaftliche Bedingtheit der Sprache*. Bd. 2, 97–114. Jena: Universität Jena.
Hackel, Werner (1986): Zum Verhältnis Eigenname und Apposition. *Namenkundliche Informationen* 49, 1–12.
Hackel, Werner (1995): *Enge appositionelle Syntagmen in der deutschen Gegenwartssprache: mehr als ein marginales grammatisches Problem*. Frankfurt am Main u. a.: Lang.
Haftka, Brigitta (1994): *Was determiniert Wortstellungsvariation? Studien zu einem Interaktionsfeld von Grammatik, Pragmatik und Sprachtypologie*. Opladen: Westdeutscher Verlag.
Haider, Hubert (1988): Die Struktur der deutschen Nominalphrase. *Zeitschrift für Sprachwissenschaft* 7: 32–59.
Haider, Hubert (1992): Die Struktur der Nominalphrase – Lexikalische und funktionale Strukturen. In Ludger Hoffmann (Hrsg.), *Deutsche Syntax. Ansichten und Aussichten*, 304–333. Berlin, New York: Walter de Gruyter.
Handschuh, Corinna & Antje Dammel (2019): Introduction: Grammar of names and grammar out of names. *Sprachtypologie und Universalienforschung* 72, 453–465.
Harnisch, Rüdiger (i. E.): Personennamen in Anredefunktion – Vokative oder Substantive der 2. Person? In Luise Kempf, Damaris Nübling & Mirjam Schmuck (Hrsg.), *Linguistik der Eigennamen*. Berlin, Boston: Walter de Gruyter.
Hartmann, Dietrich (1967): *Studien zum bestimmten Artikel in „Morant" und „Galie" und anderen rheinischen Denkmälern des Mittelalters*. Gießen: Schmitz.
Hartmann, Dietrich (1978): Verschmelzungen als Varianten des bestimmten Artikels? Zur Semantik von präpositionalen Ausdrücken im Deutschen. In Dietrich Hartmann, Hansjürgen Linke & Otto Ludwig (Hrsg.), *Sprache in Gegenwart und Geschichte*, 68–81. Köln: Böhlau.
Hartmann, Dietrich (1980): Über Verschmelzungen von Präposition und bestimmtem Artikel. *Zeitschrift für Dialektologie und Linguistik* 47, 160–183.

Hartmann, Dietrich (1982): Deixis and anaphora in German dialects. On the semantics and pragmatics of two different articles in German dialects and standard. In Wolfgang Klein & Jürgen Weissenborn (Hrsg.), *Here and there. Cross-linguistic studies on deixis and demonstration*, 187–207. Amsterdam, Philadelphia: Benjamins.

Hartmann, Dietrich (1993): Der Gebrauch von Namen und Personenbezeichnungen als Ausdruck sozialer Beziehungen in einer Kleingruppe. In Friedhelm Debus & Wilfried Seibicke (Hrsg.), *Reader zur Namenkunde II: Anthroponyme*, 53–72. Hildesheim u. a.: Olms.

Hartmann, Katharina & Malte Zimmermann (2003): Syntactic and semantic adnominal genitives. In Claudia Maienborn (Hrsg.), *(A)Symmetrien - (A)Symmetries*, 171–202. Tübingen: Stauffenburg.

Hartweg, Frédéric & Klaus-Peter Wegera (2005): *Frühneuhochdeutsch. Eine Einführung in die deutsche Sprache des Spätmittelalters und der frühen Neuzeit*. Tübingen: Niemeyer. 2. Aufl.

Harweg, Roland (1983): Genuine Gattungseigennamen. In Manfred Faust & Peter Hartmann (Hrsg.), *Allgemeine Sprachwissenschaft, Sprachtypologie und Textlinguistik*, 157–171. Tübingen: Narr.

Harweg, Roland (1989): Schwache und starke Artikelformen im gesprochenen Neuhochdeutsch. *Zeitschrift für Dialektologie und Linguistik* 56, 1–31.

Harweg, Roland (1997): *Namen und Wörter. Aufsätze*: Bd. 1. Bochum.

Haspelmath, Martin (2004): On directionality in language change with particular reference to grammaticalization. In Olga Fischer, Muriel Norde & Harry Peridon (Hrsg.), *Up and down the cline: the nature of grammaticalization*, 17–44. Amsterdam, Philadelphia: Benjamins.

Hawkins, John A. (1978): *Definiteness and indefiniteness: a study in reference and grammaticality prediction*. London u. a.: Croom Helm.

Hawkins, John A. (1986): *A comparative typology of English and German*. London & Sydney: Croom Helm.

Heger, Klaus (1983): Was ist ‚Definitheit'? In Manfred Faust & Peter Hartmann (Hrsg.), *Allgemeine Sprachwissenschaft, Sprachtypologie und Textlinguistik*, 99–104. Tübingen: Narr.

Heidolph, Karl Erich, Walter Flämig & Wolfgang Motsch (1981): *Grundzüge einer deutschen Grammatik*. Berlin: Akademie Verlag.

Heine, Bernd (1997): *Possession. Cognitive sources, forces, and grammaticalization*. Cambridge: University Press.

Heine, Bernd (2002): On the role of context in grammaticalization. In Ilse Wischer & Gabriele Diewald (Hrsg.), New reflections on grammaticalization, 83–101. Amsterdam, Philadelphia: Benjamins.

Heine, Bernd (2003): Grammaticalization. In Brian D. Joseph & Richard D. Janda (Hrsg.), *The Handbook of Historical Linguistics*, 575–601. Oxford: Blackwell.

Heine, Bernd & Tania Kuteva (2002): *World lexicon of grammaticalization*. Cambridge: University Press.

Heine, Bernd & Mechthild Reh (1984): *Grammaticalization and reanalysis in African languages*. Hamburg: Buske.

Heinrichs, Heinrich Matthias (1954): *Studien zum bestimmten Artikel in den germanischen Sprachen*. Gießen: Schmitz.

Heinsius, Theodor (1801): *Neue Deutsche Sprachlehre besonders zum Gebrauch in Schulen eingerichtet*. Leipzig.

Helbig, Gerhard (1973): *Die Funktionen der substantivischen Kasus*. Halle a. S.: Niemeyer.

Helbig, Gerhard & Joachim Buscha (2001): *Deutsche Grammatik. Ein Handbuch für den Ausländerunterricht.* Berlin u. a.: Langenscheidt.
Helbig, Gerhard & Wolfgang Schenkel (1978): *Wörterbuch zur Valenz und Distribution deutscher Verben.* Leibzig: Bibliographisches Institut. 4. Aufl.
Helmbrecht, Johannes, Damaris Nübling & Barbara Schlücker (Hrsg.) (2017): Namengrammatik. *Linguistische Berichte* Sonderheft 23. Hamburg: Buske.
Hemforth, Barbara & Lars Konieczny (Hrsg.) (2000): *German syntax processing.* Dordrecht: Springer.
Hemmer, Jakob (1775): *Deutsche Sprachlehre, zum Gebrauche der kurpfälzischen Lande.* 3 Bde. Mannheim.
Henn-Memmesheimer, Beate (1986): *Nonstandardmuster: ihre Beschreibung in der Syntax und das Problem ihrer Arealität.* Tübingen: Niemeyer.
Hentschel, Elke & Harald Weydt (2013): *Handbuch der deutschen Grammatik.* Berlin, Boston: Walter de Gruyter. 4. Aufl.
Hentschel, Salomon (1729): *Grundregeln der Hoch-Deutschen Sprache.* Naumburg: Boßögel.
Henzen, Walter (1965): *Deutsche Wortbildung.* Tübingen: Niemeyer. 3. Aufl.
Heritage, John (2007): Intersubjectivity and progressivity in person (and place) reference. In Nick J. Enfield & Tanya Stivers (Hrsg.) (2007), *Person reference in interaction. Linguistic, cultural, and social perspectives*, 255–280. Cambridge: University Press.
Herrgen, Joachim & Jürgen Erich Schmidt (1985): Systemkontrast und Hörerurteil. Zwei Dialektalitätsbegriffe und die ihnen entsprechenden Messverfahren. *Zeitschrift für Dialektologie und Linguistik* 52, 20–42.
Hess-Lüttich, Ernest W. (1989): *Knaurs Grammatik der deutschen Sprache: Sprachsystem und Sprachgebrauch.* München: Lexikographisches Institut.
Heusinger, Klaus von (1997): *Salienz und Referenz. Der Epsilonoperator in der Semantik der Nominalphrase und anaphorischer Pronomen.* Berlin: Akademie-Verlag.
Heusinger, Klaus von (2010): Zur Grammatik indefiniter Eigennamen. *Zeitschrift für germanistische Linguistik* 38, 88–120.
Heyse, Johann Christian August (1838): *Theoretisch-praktische deutsche Grammatik oder Lehrbuch zum reinen und richtigen Sprechen, Lesen und Schreiben der deutschen Sprache nebst einer kurzen Geschichte und Verslehre derselben.* Bd. 1. Hannover: Hahn. 5. Aufl.
Heyse, Johann Christian August (1923): *Deutsche Grammatik, oder Lehrbuch der deutschen Sprache.* Hannover: Hahn. 29. Aufl.
Hill, Virginia (2014): *Vocatives. How syntax meets with pragmatics.* Leiden u. a.: Brill.
Hille, Iris (2009): *Der Teufelspakt in frühneuzeitlichen Verhörprotokollen.* Berlin, Boston: Walter de Gruyter.
Hilpert, Martin (2011): Was ist Konstruktionswandel? In Alexander Lasch & Alexander Ziem (Hrsg.), *Konstruktionsgrammatik III: Aktuelle Fragen und Lösungsansätze*, 59–75. Tübingen: Stauffenburg.
Hilpert, Martin (2013): Corpus-based approaches to constructional change. In Thomas Hoffmann & Graeme Trousdale (Hrsg.) (2013), *The Oxford Handbook of Construction Grammar*, 458–475. New York: University Press.
Himmelmann, Nikolaus P. (1996): Demonstratives in narrative discourses: A taxonomy of universal uses. In Barbara Fox (Hrsg.), Studies in anaphora, 205–254. Amsterdam, Philadelphia: Benjamins.
Himmelmann, Nikolaus P. (1997): *Deiktikon, Artikel, Nominalphrase.* Tübingen: Niemeyer.

Himmelmann, Nikolaus P. (2001): Articles. In Martin Haspelmath, Ekkehard König, Wulf Oesterreicher & Wolfgang Raible (Hrsg.), *Language typology and universals*. Bd. 1, 831–841. Berlin, New York: Walter de Gruyter.
Himmelmann, Nikolaus P. (2004): Lexicalization and grammaticization: opposite or orthogonal? In Walter Bisang, Nikolaus P. Himmelmann & Björn Wiemer (Hrsg.), *What makes grammaticalization? A Look from its fringes and its components*, 21–42. Berlin, Boston: de Gruyter Mouton.
Himmelmann, Nikolas P. (2005): The Austronesian languages of Asia and Madagascar: Typological overview. In Karl Alexander Adelaar & Nikolaus P. Himmelmann (Hrsg.), *The Austronesian languages of Asia and Madagascar*, 110–181. London: Routledge.
Hinrichs, Erhard W. (1984): Attachment of articles and prepositions in German: Simple clitization or inflected prepositions. *Ohio State University, Working Papers in Linguistics* 29, 127–138.
Hodler, Werner (1954): *Grundzüge einer germanischen Artikellehre*. Heidelberg: Winter.
Hoekstra, Jarich (2010): Die Kasusmarkierung von Eigennamen im Festlandnordfriesischen und in anderen westgermanischen Dialekten. In Antje Dammel, Sebastian Kürschner & Damaris Nübling (Hrsg.), *Kontrastive Germanistische Linguistik*. Bd. 2, 749–779. Hildesheim u. a.: Olms.
Hoffmann, Thomas (2010): *Preposition placement in English. A usage-based approach*. Cambridge: Univ. Press.
Hoffmann, Thomas & Graeme Trousdale (2011): Variation, change and constructions in English. *Cognitive Linguistics* 22, 1–23.
Hoffmann, Thomas & Graeme Trousdale (Hrsg.) (2013), *The Oxford Handbook of Construction Grammar*. New York: University Press.
Holmes, Janet (1995): *Woman, man and politeness*. London & New York: Routledge.
Hook, Donald D. (1984): First names and titles as solidarity and power semantics in English. *International Review of Applied Linguistics* 22, 183–189.
Hopper, Paul J. (1987): Emergent grammar. In Jon Aske, Natasha Beery, Laura Michaelis & Hana Filip (Hrsg.), *Berkeley linguistics society 13: General session and parasession on grammar and cognition*, 139–157. Berkeley: Linguistics Society.
Hopper, Paul J. (1991): On some principles of grammaticization. In Elizabeth Closs Traugott & Bernd Heine (Hrsg.), *Approaches to grammaticalization*. Bd. 2, 17–35. Amsterdam, Philadelphia: Benjamins.
Hopper, Paul J. & Elizabeth Closs Traugott (2003): *Grammaticalization*. Cambridge: University Press. 2. Aufl.
Hotzenköcherle, Rudolf (1934): *Die Mundart von Mutten. Laut- und Flexionslehre*. Frauenfeld: Huber.
IDS-Grammatik = Gisela Zifonun, Ludger Hoffmann & Bruno Strecker (1997): *Grammatik der deutschen Sprache*. 3 Bde. Berlin, New York: Walter de Gruyter.
Imo, Wolfgang (2011a): Die Grenzen von Konstruktionen: Versuch einer granularen Neubestimmung des Konstruktionsbegriffs der *Construction Grammar*. In Stefan Engelberg, Anke Holler & Kristel Proost (Hrsg.), *Sprachliches Wissen zwischen Lexikon und Grammatik*, 113–148. Berlin, Boston: Walter de Gruyter.
Imo, Wolfgang (2011b): Ad-hoc Produktion oder Konstruktion? Verfestigungstendenzen bei Inkrement-Strukturen im gesprochenen Deutsch. In Alexander Lasch & Alexander Ziem (Hrsg.), *Konstruktionsgrammatik III: Aktuelle Fragen und Lösungsansätze*, 239–254. Tübingen: Stauffenburg.

Imo, Wolfgang (2015): Zwischen Construction Grammar und Interaktionaler Linguistik: Appositionen und appositionsähnliche Konstruktionen in der gesprochenen Sprache. In Alexander Lasch & Alexander Ziem (Hrsg.), *Konstruktionsgrammatik IV: Konstruktionen als soziale Konventionen und kognitive Routinen*, 91–114. Tübingen: Stauffenburg

Jespersen, Otto (1924): *The philosophy of grammar*. London: Allen & Unwin.

Jude, Wilhelm K. (1975): *Deutsche Grammatik*. Braunschweig: Westermann. 15. Aufl.

Jung, Walter (1973): *Grammatik der deutschen Sprache*. Leipzig: Verlag Enzyklopädie. 5. Aufl.

Kalau, Gisela (1984): *Die Morphologie der Mundart von Nürnberg. Eine kontrastive und fehleranalytische Untersuchung*. Erlangen: Palm & Enke.

Kalbertodt, Janina, Beatrice Primus & Petra Schumacher (2015): Punctuation, prosody, and discourse: afterthought vs. right dislocation. *Frontiers in Psychology* 6, 1–12.

Kałuża, Henrik (1968): Proper names and articles in English. *International Review of Applied Linguistics in Language Teaching* 6, 361–366.

Kalverkämper, Hartwig (1978): *Textlinguistik der Eigennamen*. Stuttgart: Klett-Cotta.

Kamp, Hans & Uwe Reyle (1993): *From discourse to logic: Introduction to modeltheoretic semantics of natural language, formal logic and discourse representation theory*. Dordrecht: Kluwer Academic Publishers.

Kany, Werner (1995): Namenverwendung zwischen öffentlich und privat. In Ernst Eichler, Gerold Hilty, Heinrich Löffler, Hugo Steger & Ladislav Zgusta (1995) (Hrsg.), *Namenforschung. Ein internationales Handbuch zeitgenössischer Forschung*. Bd. 1, 509–514. Berlin, New York: Walter de Gruyter.

Karnowski, Paweł & Jürgen Pafel (2005): Wie anders sind Eigennamen? *Zeitschrift für Sprachwissenschaft* 24, 45–66.

Kasper, Simon (2012–2015): *LOEWE Fundierung linguistischer Basiskategorien Syntax/Semantik-Schnittstelle*. Version 1.0. Marburg. Unter: https://www.uni-marburg.de/fb09/dsa/mitarbeiter/kasper/reffmechleitfaden.pdf [letzter Zugriff: 31.07.2019].

Kasper, Simon (2015a): *Instruction grammar: From perception via grammar to action*. Berlin, Boston: de Gruyter Mouton.

Kasper, Simon (2015b): Linking syntax and semantics of adnominal possession in the history of German. In Chiara Gianollo, Agnes Jäger & Doris Penka (Hrsg.), *Language change at the syntax-semantics interface*, 57–99. Berlin, Boston: de Gruyter Mouton.

Kasper, Simon (2015c): Adnominale Possessivität in den hessischen Dialekten. In Michael Elementaler, Markus Hundt & Jürgen Erich Schmidt (Hrsg.), *Deutsche Dialekte. Konzepte, Probleme, Handlungsfelder*, 211–226. Stuttgart: Steiner.

Kasper, Simon (2017): Adnominale Possession. In Jürg Fleischer, Alexandra N. Lenz & Helmut Weiß (Hrsg.), *SyHD-Atlas*. Marburg u. a. dx.doi.org/10.17192/es2017.0003.

Kasper, Simon (i. E.): *Der Mensch und seine Grammatik. Eine historische Korpusstudie in anthropologischer Absicht*. Tübingen: Narr.

Kasper, Simon & Jürgen Erich Schmidt (2016): Instruktionsgrammatische Reanalyse der Attribuierungskomplikation. In Mathilde Hennig (Hrsg.), *Attribution, Komplexität, Komplikation. Ein Nominalstilphänomen aus sprachhistorischer, grammatischer, typologischer und funktionalstilistischer Perspektive*, 97–134. Berlin, Boston: Walter de Gruyter.

Kasper, Simon & Alexander Werth (2015): Fundierung linguistischer Basiskategorien. Agens-Defokussierung und Diathese in den deutschen Regionalsprachen. In Roland Kehrein, Alfred Lameli & Stefan Rabanus (Hrsg.), *Areale Variation des Deutschen – Projekte und Perspektiven*, 349–377. Berlin, Boston: Walter de Gruyter.

Keenan, Edward L. (1976): Towards a universal definition of subject. In Charles N. Li (Hrsg.), *Subject and topic*, 303–333. New York: Academic Press.
Kehrein, Roland (2002): *Prosodie und Emotionen*. Tübingen: Niemeyer.
Kehrein, Roland (2012): *Regionalsprachliche Spektren im Raum. Zur linguistischen Struktur der Vertikale*. Stuttgart: Steiner.
Kempf, Luise (2016): *Adjektivsuffixe in Konkurrenz: Wortbildungswandel vom Frühneuhochdeutschen zum Neuhochdeutschen*. Berlin, Boston: Walter de Gruyter.
Kiefer, Heinrich (1910): *Der Ersatz des adnominalen Genitivs im Deutschen*. Leipzig: Hoffmann.
Knobloch, Clemens (1992): Eigennamen als Unterklasse der Nomina und in der Technik des Sprechens. *Sprachwissenschaft* 17, 451–470.
Koch, Peter & Wulf Oesterreicher (1985): Sprache der Nähe – Sprache der Distanz. Mündlichkeit und Schriftlichkeit im Spannungsfeld von Sprachtheorie und Sprachgeschichte. *Romanisches Jahrbuch* 36, 15–43.
Koch, Peter & Wulf Oesterreicher (1994): Schriftlichkeit und Sprache. In Hartmut Günther & Otto Ludwig (Hrsg.), *Schrift und Schriftlichkeit. Ein interdisziplinäres Handbuch internationaler Forschung*. Bd. 1, 587–604. Berlin, New York: Walter de Gruyter.
König, Werner (2010): Investigating language in space: methods and empirical standards. In Peter Auer & Jürgen Erich Schmidt (Hrsg.), *Language and space: theories and methods. An international handbook of linguistic variation*. Berlin, Boston: Walter de Gruyter, 494–511.
Kohler, Klaus J. (1995): *Einführung in die Phonetik des Deutschen*. Berlin: Erich Schmidt. 2. Aufl.
Kohlheim, Rosa & Volker Kohlheim (2004): Personennamen. In Andreas Brendler & Silvio Brendler (Hrsg.), *Namenarten und ihre Erforschung: ein Lehrbuch für das Studium der Onomastik*, 671–704. Hamburg: Baar.
Kolde, Gottfried (1985): Zur Topologie deutscher Substantivgruppen. Rahmenbildung und mehrfache Attribuierung. *Zeitschrift für germanistische Linguistik* 13, 241–277.
Kolde, Gottfried (1995): Namengrammatik. In Eichler, Ernst, Gerold Hilty, Heinrich Löffler, Hugo Steger & Ladislav Zgusta (1995) (Hrsg.), *Namenforschung. Ein internationales Handbuch zeitgenössischer Forschung*. Bd. 1, 400–408. Berlin, New York: Walter de Gruyter.
Konopka, Marek (1996): *Strittige Erscheinungen der deutschen Syntax im 18. Jahrhundert*. Tübingen: Niemeyer.
Koptjevskaja-Tamm, Maria (2002): Adnominal possession in the European languages: form and function. *Sprachtypologie und Universalienforschung* 55, 41–172.
Kortmann, Bernd (2010): Areal variation in syntax. In Peter Auer & Jürgen Erich Schmidt (Hrsg.), *Language and space: Theories and methods. An International Handbook of Linguistic Variation*, 837–864. Berlin, Boston: Walter de Gruyter.
Koß, Gerhard (1983): Realisierung von Kasusrelationen in deutschen Dialekten. In Werner Besch, Ulrich Knoop, Wolfgang Putschke & Ernst Herbert Wiegand (Hrsg.), *Dialektologie. Ein internationales Handbuch zeitgenössischer Forschung*. Bd. 2, 1242–1250. Berlin, New York: Walter de Gruyter.
Krahe, Hans & Wolfgang Meid (1967): *Germanistische Sprachwissenschaft*. Bd. 3. Wortbildungslehre. Berlin: Walter de Gruyter.
Krámský, Jirí (1972): *The article and the concept of definiteness in language*. The Hague, Paris: Mouton.
Krause, Cornelia (2000): Anmerkungen zum pränominalen Genitiv im Deutschen. In Josef Bayer & Christine Römer (Hrsg.), *Von der Philologie zur Grammatiktheorie*, 79–95. Tübingen: Niemeyer.

Kripke, Saul A. (1990): *Naming and necessity*. Oxford: Blackwell.
Kubo, Susumu (2004): *Pragmatics of vocatives – a speech act theoretic analysis of vocatives*. Matsuyama: University Press.
Kuckartz, Udo, Stefan Rädiker, Thomas Ebert & Julia Schehl (2013): *Statistik. Eine verständliche Einführung*. Wiesbaden: Springer. 2. Aufl.
Kunze, Konrad (2005): *dtv-Atlas Namenkunde. Deutsche Vor- und Familiennamen*. München: Weltbild. 5. Aufl.
Kunze, Konrad & Damaris Nübling (Hrsg.) (2011): *Deutscher Familiennamenatlas. Bd. 3. Morphologie der Familiennamen*. Berlin, Boston: Walter de Gruyter.
Kusmin, Iwan (1960): *Die syntaktische Kategorie der Apposition in der deutschen Sprache der Gegenwart (verglichen mit der entsprechenden Kategorie des Russischen)*. Dissertation. Berlin.
Labov, William (1970): The study of language in its social context. *Studium Generale*, 30–87.
Labov, William (1972): *Sociolinguistic patterns*. Philadelphia: University of Pennsylvania Press.
Lakoff, George (1987): *Women, fire, and dangerous things. What categories reveal about the mind*. Chicago: University Press.
Lakoff, Robin (1974): Remarks on *this* and *that*. *Chicago Linguistic Society* 10, 345–356.
Lakoff, Robin T. & Sachiko Ide (Hrsg.) (2005): *Broadening the horizon of linguistic politeness*. Amsterdam, Philadelphia: Benjamins.
Lambrecht, Knud (1994): *Information structure and sentence form: topic, focus and the mental representations of discourse referents*. Cambridge: University Press.
Lambrecht, Knud (2001): „Dislocation". In Martin Haspelmath, Ekkehard König, Wulf Oesterreicher & Wolfgang Raible (Hrsg.), *Language typology and universals*. Bd. 2, 1050–1078. Berlin, New York: Walter de Gruyter.
Lameli, Alfred (2004): *Standard und Substandard. Regionalismen im diachronen Längsschnitt*. Stuttgart: Steiner.
Lameli, Alfred (2013): *Strukturen im Sprachraum. Analysen zur arealtypologischen Komplexität der Dialekte in Deutschland*. Berlin, Boston: Walter de Gruyter.
Langacker, Ronald W. (1987): *Foundations in cognitive grammar*. Bd. 1. *Theoretical prerequisites*. Stanford: University Press.
Langacker, Ronald W. (2000): *Grammar and conceptualization*. Berlin, Boston: de Gruyter Mouton.
Langacker, Ronald W. (2005): Construction Grammars: Cognitive, radical, and less so. In Francisco J. Ruiz de Mendoza Ibáñez & M. Sandra Peña Cervel (Hrsg.), *Cognitive Linguistics: Internal dynamics and interdisciplinary interaction*, 101–159. Berlin, Boston: de Gruyter Mouton.
Lange, Klaus-Peter (1981): Über Referenzzeichen (bisher bekannt unter den Namen „Pronomen" und „Artikel"). In Wolfgang Frier (Hrsg.), *Pragmatik: Theorie und Praxis*, 1–21. Amsterdam: Rodopi.
Langendonck, Willy van (1985): Pragmatics and iconicity as factors of explaining the paradox of quantified proper names. *Names* 33. *Special issue on theory about names*, 119–126.
Langendonck, Willy van (2007): *Theory and typology of proper names*. Berlin, Boston: de Gruyter Mouton.
Langer, Nils (2001): *Linguistic purism in action: how auxiliary "tun" was stigmatized in early new High German*. Berlin, New York: Walter de Gruyter.
Langer, Nils (2003): Low German. In Ana Deumert & Wim Vandenbussche (Hrsg.), *Germanic standardizations*, 282–302. Amsterdam, Philadelphia: Benjamins.

Lasch, Agathe (1974): *Mittelniederdeutsche Grammatik*. Tübingen: Niemeyer. 2. Aufl.
Lasch, Alexander (2016): *Nonagentive Konstruktionen des Deutschen*. Berlin, Boston: Walter de Gruyter.
Lauf, Raphaela (1996): „Regional markiert". Großräumliche Umgangssprache(n) im niederdeutschen Raum. *Niederdeutsches Jahrbuch* 119, 193–218.
Laury, Ritva (1995): On the grammaticization of the definite article *SE* in spoken Finnish. In Henning Andersen (Hrsg.), *Historical linguistics* 1993, 239–250. Amsterdam, Philadelphia: Benjamins.
Lawrenz, Birgit (1993): *Apposition. Begriffsbestimmung und syntaktischer Status*. Tübingen: Narr.
Lehmann, Christian (1992): Word order change by grammaticalization. In Marinel Gerritsen & Dieter Stein (Hrsg.), *Internal and external factors in syntactic change*, 395–416. The Hague & Berlin: Walter de Gruyter.
Lehmann, Christian (1998): *Possession in Yucatec Maya. Structures – functions – typology*. München: Lincom Europe.
Lehmann, Christian (2015): *Thoughts on grammaticalization: a programmatic sketch*. Language Science Press. Neuauflage.
Leiss, Elisabeth (1994): Die Entstehung des Artikels im Deutschen. *Sprachwissenschaft* 19, 307–319.
Leiss, Elisabeth (2000): *Artikel und Aspekt. Die grammatischen Muster von Definitheit*. Berlin, New York: Walter de Gruyter.
Lenerz, Jürgen (1977): *Zur Abfolge nominaler Satzglieder im Deutschen*. Tübingen: Narr.
Lenk, Hartmut E. H. (1995): *Deutsche Gesprächskultur. Ein Lese- und Übungsbuch für das professionelle Konversationstraining*. Helsinki: Universitätsverlag.
Lenk, Hartmut E. H. (2002): *Personennamen im Vergleich. Die Gebrauchsformen von Anthroponymen in Deutschland, Österreich, der Schweiz und Finnland*. Hildesheim u. a.: Olms.
Lenz, Alexandra (2003): *Struktur und Dynamik des Substandards. Eine Studie zum Westmitteldeutschen*. Stuttgart: Steiner.
Lenz, Alexandra (2007): Zur variationslinguistischen Analyse regionalsprachlicher Korpora. In Werner Kallmeyer & Gisela Zifonun (Hrsg.), *Sprachkorpora. Datenmengen und Erkenntnisfortschritt*, 169–202. Berlin, Boston: Walter de Gruyter.
Lenz, Alexandra (2013): *Vom ›kriegen‹ und ›bekommen‹. Kognitiv semantische, variationslinguistische und sprachgeschichtliche Perspektiven*. Berlin, Boston: Walter de Gruyter.
Lenz, Alexandra (2016): On eliciting dialect-syntactic data: comparing direct and indirect methods. In Augustin Speyer & Philipp Rauth (Hrsg.), *Syntax aus Saarbrücker Sicht* 1, 187–219. Stuttgart: Steiner.
Leser, Stephanie (2012): Zum Pronominaladverb in den hessischen Dialekten. In Robert Langhanke, Kristian Berg, Michael Elmentaler & Jörg Peters (Hrsg.), *Niederdeutsche Syntax*, 79–99. Hildesheim u. a.: Olms.
Leser-Cronau, Stephanie (2017): Neutrale Kongruenzformen für Personen. In Jürg Fleischer, Alexandra N. Lenz & Helmut Weiß (Hrsg.), *SyHD-Atlas*. Marburg u. a. dx.doi.org/10.17192/es2017.0003.
Levin, Beth & Malka Rappaport Hovav (2005): *Argument realization*. Cambridge: University Press.
Levinson, Stephen C. (1983): *Pragmatics*. Cambridge: University Press.

Levinson, Stephen C. (2007): Optimizing person reference – perspectives from usage on Rossel island. In Nick J. Enfield & Tanya Stivers (Hrsg.) (2007), *Person reference in interaction. Linguistic, cultura, and social perspectives*, 29–72. Cambridge: University Press.
Lewis, Geoffrey L. (1967): *Turkish grammar*. Oxford: Clarendon.
Leys, Odo (1967): Zur Funktion des Artikels bei Eigennamen. *Onomastica Slavogermanica* 3, 21–26.
Leys, Odo (1989a): Was ist ein Eigenname? In Friedhelm Debus & Wilfried Seibicke (Hrsg.), *Reader zur Namenkunde I: Namentheorie*, 143–165. Hildesheim u. a.: Olms.
Leys, Odo (1989b): Zur indefiniten und definiten Verwendung von Eigennamen. In Friedhelm Debus & Wilfried Seibicke (Hrsg.), *Reader zur Namenkunde I: Namentheorie*, 273–279. Hildesheim u. a.: Olms.
Lindauer, Thomas (1995): *Genitivattribute: eine morphosyntaktische Untersuchung zum deutschen NP/DP-System*. Tübingen: Niemeyer.
Lindow, Wolfgang, Dieter Möhn, Hermann Niebaum, Dieter Stellmacher, Hans Taubken & Jan Wirrer (1998): *Niederdeutsche Grammatik*. Schuster: Leer.
Lipold, Günter (1983): Adjektivische Deklinationssysteme in deutschen Dialekten. In Werner Besch, Ulrich Knoop, Wolfgang Putschke & Ernst Herbert Wiegand (Hrsg.), *Dialektologie. Ein internationales Handbuch zeitgenössischer Forschung*. Bd. 2, 1179–1195. Berlin, New York.: Walter de Gruyter.
Löbel, Elisabeth (1988): Appositive Nominalphrasen. In Heinrich Weber & Ryszard Zuber (Hrsg.), *Linguistik Parisette. Akten des 22. Linguistischen Kolloquiums*. Paris 1987, 109–120. Tübingen: Niemeyer.
Löbel, Elisabeth (2002): The word class <noun>. In D. Alan Cruse, Franz Hundsnurscher, Michael Job & Peter Rolf Lutzeier (Hrsg.), *Lexikologie. Ein internationales Handbuch zur Natur und Struktur von Wörtern und Wortschätzen*. Bd. 1, 588–597. Berlin, New York: Walter de Gruyter.
Löbner, Sebastian (1985): Definites. *Journal of Semantics* 4, 279–326.
Löbner, Sebastian (2015): *Semantik. Eine Einführung*. Berlin, Boston: Walter de Gruyter. 2. Aufl.
Lötscher, Andreas (1995): Herausstellung nach links in diachroner Sicht. *Sprachwissenschaft* 20, 32–63.
Longobardi, Guiseppe (1994): Reference and proper names: a theory of N-movement in syntax and logical form. *Linguistic Inquiry* 25, 609–665.
Loose, J. H. C. (1828): *Theoretisch-praktische Anweisungen zur Erlernung der deutschen Sprache. Sowohl zum Gebrauch in Schulen, als auch zur Selbstbelehrung*. Göttingen.
Lüdtke, Helmut (1991): Überlegungen zur Entstehung des bestimmten Artikels im Romanischen. *Linguistica* XXXI, 81–97.
Lynch, John, Malcolm Ross & Terry Crowley (Hrsg.) (2002): *The Oceanic languages*. Richmond: Curzon Press.
Lyons, John (1977): *Semantics*. 2 Bde. Cambridge: University Press.
Lyons, Christopher (1999): *Definiteness*. Cambridge: University Press.
Maas, Utz (2003): Alphabetisierung. Zur Entwicklung der schriftkulturellen Verhältnisse in bildungs- und sozialgeschichtlicher Perspektive. In Werner Besch, Oskar Reichmann, Stefan Sonderegger & Ernst Herbert Wiegand (Hrsg.), *Sprachgeschichte. Ein internationales Handbuch zeitgenössischer Forschung*. Bd. 2, 2403–2418. Berlin, New York: Walter de Gruyter. 2. Aufl.
Macha, Jürgen (1991): Kölner Turmbücher – Schreibsprachwandel in einer seriellen Quelle der Frühen Neuzeit. *Zeitschrift für deutsche Philologie* 110, 36–61.

Macha, Jürgen (2003): Regionalität und Syntax: Redewiedergabe in frühneuhochdeutschen Verhörprotokollen. In Raphael Berthele, Helen Christen, Sybille Germann & Ingrid Hove (Hrsg.), *Die deutsche Schriftsprache und die Regionen*, 181–202. Berlin, New York: Walter de Gruyter.

Macha, Jürgen (2005): Redewiedergabe in Verhörprotokollen und der Hintergrund gesprochener Sprache. In Sabine Krämer-Neubert & Norbert Richard Wolf: *Bayerische Dialektologie*, 171–178. Heidelberg: Winter.

Macha, Jürgen, Elvira Topalović, Iris Hille, Uta Nolting & Anja Wilke (Hrsg.) (2005): *Deutsche Kanzleisprache in Hexenverhörprotokollen der Frühen Neuzeit*. 2 Bde. Berlin, New York: Walter de Gruyter.

Mattheier, Klaus J. (1981): Wege und Umwege zur neuhochdeutschen Schriftsprache. Überlegungen zur Entstehung und Durchsetzung der neuhochdeutschen Schriftsprache unter dem Einfluß sich wandelnder Sprachwertsysteme, veranschaulicht am Beispiel von Köln. *Zeitschrift für germanistische Linguistik* 9, 274–307.

Mattheier, Klaus J. (2000a): Die Durchsetzung der deutschen Hochsprache im 19. und beginnenden 20. Jahrhundert: sprachgeographisch, sprachsoziologisch. In Werner Besch, Oskar Reichmann, Stefan Sonderegger & Ernst Herbert Wiegand (Hrsg.), *Sprachgeschichte. Ein internationales Handbuch zeitgenössischer Forschung*. Bd. 2, 1951–1966. Berlin, New York: Walter de Gruyter. 2. Aufl.

Mattheier, Klaus J. (2000b): Die Herausbildung neuzeitlicher Schriftsprachen. In Werner Besch, Oskar Reichmann, Stefan Sonderegger & Ernst Herbert Wiegand (Hrsg.), *Sprachgeschichte. Ein internationales Handbuch zeitgenössischer Forschung*, 1085–1107. Bd. 2. Berlin, New York: Walter de Gruyter. 2. Aufl.

Matthias, Theodor (1914): *Sprachleben und Sprachschäden*. Leipzig: Brandstetter. 4. Aufl.

Matushansky, Ora (2006): Why Rose is the rose: On the use of definite articles in proper names. In Olivier Bonamo & Patricia Cabredo Hofherr (Hrsg.), *Empirical issues in syntax and semantics* 6. Paris, 285–307.

Meinunger, André (2015): Vokative und resumptive Namensausdrücke im Nachfeld. In Hélène Vinckel-Roisin (Hrsg.), *Das Nachfeld im Deutschen: Theorie und Empirie*, 79–115. Berlin, Boston: Walter de Gruyter.

Merkle, Ludwig (2005): *Bairische Grammatik*. München: Allitera.

Merten, Marie-Luis (2018): *Literater Sprachausbau kognitiv-funktional. Funktionswort-Konstruktionen in der historischen Rechtsschriftlichkeit*. Berlin, Boston: Walter de Gruyter.

Meyer, Gustav Friedrich (1983): *Unsere plattdeutsche Muttersprache. Beiträge zu ihrer Geschichte und ihrem Wesen*. Überarbeitet und neu herausgegeben von Ulf Bichel. St. Peter-Ording: Lühr & Dircks.

Meyer, Richard M. (1915): Zur Syntax der Eigennamen. *Beiträge zur Geschichte der deutschen Sprache und Literatur* 30, 501–521.

Mihm, Arend (1995): Die Textsorte Gerichtsprotokoll im Spätmittelalter und ihr Zeugniswert für die Geschichte der gesprochenen Sprache. In Gisela Brandt (Hrsg.), *Historische Soziolinguistik des Deutschen*. Bd. 2. *Sprachgebrauch in soziofunktionalen Gruppen und in Textsorten*, 21–57. Stuttgart: Heinz.

Mihm, Arend (2007): Frühneuzeitliche Sprachmodernisierung und Sprachspaltung. Zu Status und Entstehung der niederländisch-hochdeutschen Zweisprachigkeit. *Zeitschrift für Dialektologie und Linguistik* 74, 241–265.

Mihm, Arend (2015): Druckersprachen, Stadtvarietäten und die Entstehung der Einheitssprache: Köln und Erfurt als Beispiel. In Anna Karin, Silvia Ulivi & Claudia Wich-Reif (Hrsg.), *Regiolekt, Funktiolekt, Idiolekt: die Stadt und ihre Sprachen*, 85–116. Göttingen: V&R unipress.

Mironow, Sergej Alexandrowitsch (1957): Zur vergleichenden Formenlehre der deutschen Mundarten. *Beiträge zur Geschichte der deutschen Sprache und Literatur* 79, 388–414.

Möller, Robert (2017): *Euphrosina kolerin, Beckhin vonn Paindten, die Berndt bonesche und andere beclagtinnen*. Feminin-Movierung von Appellativen und Namen in Hexenverhörprotokollen des 16./17. Jahrhunderts. In Markus Denkler, Stephan Elspaß, Dagmar Hüpper & Elvira Topalović (Hrsg.), *Deutsch im 17. Jahrhundert. Studien zu Sprachkontakt, Sprachvariation und Sprachwandel*, 129–159. Heidelberg: Winter.

Molitor, Friedhelm (1977): *Zur Apposition im heutigen Deutsch. Eine Vorstudie*. Dissertation. Köln.

Moritz, Carl Philipp (1793): *Grammatisches Wörterbuch der deutschen Sprache*. Bd. 1. Berlin.

Motsch, Wolfgang (1965): Untersuchungen zur Apposition im Deutschen. *Studia Grammatica V. Syntaktische Studien*, 87–132. Berlin: Akademie Verlag.

Mottausch, Karl-Heinz (2004): Familiennamen als Derivationsbasis im Südhessischen: Bezeichnung von Familien und Frauen in Synchronie und Diachronie. *Zeitschrift für Dialektologie und Linguistik* 71, 307–330.

Müller, Alfons Fridolin (1953): *Die Pejoration von Personenbezeichnungen durch Suffixe im Nhd*. Altdorf: Huber.

Müller, Gereon (1999): Optimality, markedness, and word order in German. *Linguistics* 37, 777–818.

Müller, Gereon (2002a): Free word order, morphological case, and Sympathy Theory. In Gisbert Fanselow & Caroline Féry (Hrsg.), *Resolving conflicts in grammar*, 9–44. Hamburg: Buske.

Müller, Gereon (2002b): Remarks on nominal inflection in German. In Ingrid Kaufmann & Barbara Stiebels (Hrsg.), *More than words*, 113–147. Berlin: Akademie-Verlag.

Mulkern, Ann E. (1996): The game of the name. In Thorstein Fretheim & Jeanette K. Gundel (Hrsg.), Reference and referent accessibility, 235–250. Amsterdam, Philadelphia: Benjamins.

Napoli, Maria (2009): Aspects of definiteness in Greek. *Studies in Language* 33, 569–611.

Neef, Martin (2006): Die Genitivflexion von artikellos verwendbaren Eigennamen als syntaktisch konditionierte Allomorphie. *Zeitschrift für Sprachwissenschaft* 25, 273–299.

Nesner, Hans-Jörg (1987): „Hexenbulle" (1484) und „Hexenhammer" (1487). In Georg Schweiger (Hrsg.), *Teufelsglaube und Hexenprozesse*, 85–102. München: Beck.

Nickel, Grit (2016): Dem Hergott sei Scheenster. On dative-marked nominal possessive constructions in East-Franconian. *Language Typology and Universals* 69, 85–112.

Niebaum, Hermann & Jürgen Macha (2014): *Einführung in die Dialektologie des Deutschen*. Berlin, Boston: Walter de Gruyter. 3. Aufl.

Niehaus, Konstantin (2016): *Wortstellungsvarianten im Schriftdeutschen. Über Kontinuitäten und Diskontinuitäten in neuhochdeutscher Syntax*. Heidelberg: Winter.

Niehaus, Michael & Hans-Walter Schmidt-Hannisa (Hrsg.) (2005): *Das Protokoll. Kulturelle Funktionen einer Textsorte*. Frankfurt am Main u. a.: Lang.

Nörrenberg, Erich (1969): Die Grenzen der westfälischen Mundart. In Rainer Schepper (Hrsg.), *Erich Nörrenberg: Zur niederdeutschen Philologie. Eine Sammlung verstreut veröffentlichter Forschungen*, 137–152. Münster: Aschendorff.

Nolting, Uta (2002): *Ich habe nein toueren gelernet* – Mindener Hexenverhörprotokolle von 1614. *Niederdeutsches Wort* 42, 55–116.

Nübling, Damaris (1992): *Klitika im Deutschen. Schriftsprache, Umgangssprache, alemannische Dialekte*. Tübingen: Narr.

Nübling, Damaris (2005a): Von *in die* über *in'n* und *ins* bis *im*. Die Klitisierung von Präposition und Artikel als „Grammatikalisierungsbaustelle". In Torsten Leuschner, Tanja Mortelmans & Sarah de Groodt (Hrsg.), *Grammatikalisierung im Deutschen*, 105–131. Berlin, Boston: Walter de Gruyter.

Nübling, Damaris (2005b): Zwischen Syntagmatik und Paradigmatik. Grammatische Eigennamenmarker und ihre Typologie. *Zeitschrift für germanistische Linguistik* 33, 25–56.

Nübling, Damaris (2012): Auf dem Weg zu Nicht-Flektierbaren. Die Deflexion der deutschen Eigennamen diachron und synchron. In Björn Rothstein (Hrsg.), *Nicht-flektierende Wortarten*, 215–236. Berlin, Boston: Walter de Gruyter.

Nübling, Damaris (2015): Die Bismarck – der Arena – das Adler. Vom Drei-Genus- zum Sechs-Klassen-System bei Eigennamen im Deutschen: Degrammatikalisierung und Exaptation. *Zeitschrift für Germanistische Linguistik* 43, 306–344.

Nübling, Damaris (2017): The growing distance between proper names and common nouns in German: On the way to onymic schema constancy. In Tanja Ackermann & Barbara Schlücker (Hrsg.), *Folia Linguistica 51. Special Issue: The morphosyntax of proper names*, 341–367.

Nübling, Damaris, Simone Busley & Juliane Drenda (2013): *Dat Anna und s Eva* – Neutrale Frauenrufnamen in deutschen Dialekten und im Luxemburgischen zwischen pragmatischer und semantischer Genuszuweisung. *Zeitschrift für Dialektologie und Linguistik* 80, 152–196.

Nübling, Damaris, Antje Dammel, Janet Duke & Renata Szczepaniak (2017): *Historische Sprachwissenschaft des Deutschen. Eine Einführung in die Prinzipien des Sprachwandels*. Tübingen: Narr. 5. Aufl.

Nübling, Damaris, Fabian Fahlbusch & Rita Heuser (2015): *Namen. Eine Einführung in die Onomastik*. Tübingen: Narr. 2. Aufl.

Nübling, Damaris & Mirjam Schmuck (2010): Die Entstehung des s-Plurals bei Eigennamen als Reanalyse vom Kasus- zum Numerusmarker. *Zeitschrift für Dialektologie und Linguistik* 77, 145–181.

Oberdorfer, Georg & Anna Weiß (2018): Youth language(s) in Austria – State of research and First Findinds. In Arne Ziegler (Hrsg.), *Jugendsprachen/Youth Languages. Aktuelle Perspektiven internationaler Forschung/Current Perspectives of International Research*. Bd. 2, 463–488. Berlin, Boston: Walter de Gruyter.

Oberlander, Jon (2004): On the reduction of discourse topic. *Theoretical Linguistics* 30, 213–225.

Okamoto, Shigeko (1999): Situated politeness: Manipulating honorific and non-honorific expressions in Japanese conversations. *Pragmatics* 9, 51–74.

Olsen, Susan (1991): AGR(eement) und Flexion in der deutschen Nominalphrase. In Gisbert Fanselow & Sascha W. Felix (Hrsg.), *Strukturen und Merkmale syntaktischer Kategorien*, 51–69. Tübingen: Narr.

Oomen, Ingelore (1977): *Determination bei generischen, definiten und indefiniten Beschreibungen im Deutschen*. Tübingen: Niemeyer.

Oppenrieder, Wilhelm (1991): *Von Subjekten, Sätzen und Subjektsätzen*. Tübingen: Niemeyer.

Ostermann, Ana Christina (2000): *Refying and defying sisterhood in discourse: Communities of practice at work at an all-female police station and a feminist crisis intervention center in Brazil*. Dissertation. Michigan.

Oubouzar, Erika (1992): Zur Ausbildung des bestimmten Artikels im AHD. In Yvon Desportes (Hrsg.), *Althochdeutsch – Syntax Semantik*, 69–87. Lyon: Jean Moulin.

Oubouzar, Erika (1997): Zur Frage der Herausbildung eines bestimmten und eines unbestimmten Artikels im Althochdeutschen. *Cahiers d'études germaniques* 32, 161–175.

Panzer, Baldur (1972): Morphologische Systeme niederdeutscher und niederländischer Dialekte. *Niederdeutsches Wort* 11–12, 144–169.

Panzer, Baldur (1983): Formenneutralisationen in den Flexionssystemen deutscher Dialekte. In Werner Besch, Ulrich Knoop, Wolfgang Putschke & Ernst Herbert Wiegand (Hrsg.), *Dialektologie. Ein internationales Handbuch zeitgenössischer Forschung*. Bd. 2, 1170–1173. Berlin, New York: Walter de Gruyter.

Paul, Hermann (1917): *Deutsche Grammatik*. Bd. 2. *Flexionslehre*. Halle a. S.: Niemeyer.

Paul, Hermann (1919): *Deutsche Grammatik*. Bd. 3. *Syntax*. 1. Hälfte. Halle a. S.: Niemeyer.

Paul, Hermann (2007): *Mittelhochdeutsche Grammatik*. Tübingen: Niemeyer. 25. Aufl.

Paulus, Eberhard (1906): *Zur Geschichte der Schriftsprache in Schwaben im achtzehnten Jahrhundert*. Borna-Leipzig: Noske.

Pause, Peter E. (1991): Anaphern im Text. In Armin von Stechow & Dieter Wunderlich (Hrsg.), *Semantik. Ein internationales Handbuch der zeitgenössischen Forschung*, 548–559. Berlin, New York: Walter de Gruyter.

Peschke, Simone (2014): *Merkels Politik* vs. *die Politik Merkels*. Eine korpusbasierte Untersuchung zur Prä- und Poststellung von Eigennamen im Genitiv. In Friedhelm Debus, Rita Heuser & Damaris Nübling (Hrsg.), *Linguistik der Familiennamen*, 233–248. Hildesheim u. a.: Olms.

Peters, Robert (1973): Mittelniederdeutsche Sprache. In Jan Goossens (Hrsg.), *Niederdeutsch. Sprache und Literatur. Eine Einführung*. Bd. 1: *Sprache*, 66–115. Neumünster: Wachholtz.

Petrova, Svetlana (2012): Typologie und Funktionen der Herausstellung nach links im Mittelniederdeutschen. In Robert Langhanke, Kristian Berg, Michael Elmentaler & Jörg Peters (Hrsg.), *Niederdeutsche Syntax*, 15–31. Hildesheim u. a.: Olms.

Plank, Frans (1981): *Morphologische (Ir-)regularitäten. Aspekte der Wortstrukturtheorie*. Tübingen: Narr.

Poplack, Shana (2011): Grammaticalization and linguistic variation. In Heiko Narrog & Bernd Heine (Hrsg.), *The Oxford Handbook of Grammaticalization*, 209–224. New York: Oxford University Press.

Pottelberge, Jeroen van (2004): *Der am-Progressiv: Struktur und parallele Entwicklung in den kontinentalgermanischen Sprachen*. Tübingen: Narr.

Primus, Beatrice (1987): *Grammatische Hierarchien. Eine Beschreibung und Erklärung von Regularitäten des Deutschen ohne grammatische Relationen*. München: Fink.

Primus, Beatrice (1994): Grammatik und Performanz: Faktoren der Wortstellungsvariation im Mittelfeld. *Sprache und Pragmatik* 32, 39–86.

Primus, Beatrice (1997): Der Wortgruppenaufbau in der Geschichte des Deutschen. Zur Präzisierung von synthetisch vs. analytisch. *Sprachwissenschaft* 22, 133–159.

Primus, Beatrice (1998): The relative order of recipient and patient in the languages of Europe. In Anna Siewierska (Hrsg.), *Constituent order in the languages of Europe*, 421–473. Berlin, New York: Walter de Gruyter.

Primus, Beatrice (1999): *Cases and thematic roles: ergative, accusative and active*. Tübingen: Niemeyer.
Primus, Beatrice (2012): *Semantische Rollen*. Heidelberg: Winter.
Prince, Ellen (1981): Towards a taxonomy of given-new information. In Peter Cole (Hrsg.), *Radical pragmatics*, 223–255. New York: Academics Press.
Raabe, Horst (1979): *Apposition. Untersuchungen zu Begriff und Struktur der Apposition im Französischen unter weiterer Berücksichtigung des Deutschen und Englischen*. Tübingen: Narr.
Rabanus, Stefan (2008): *Morphologisches Minimum. Distinktionen und Synkretismen im Minimalsatz hochdeutscher Dialekte*. Stuttgart: Steiner.
Ramat, Paolo (1986): The Germanic possessive type dem Vater sein Haus. In Dieter Kastovsky & Aleksander Szwedek (Hrsg.), *Linguistics across historical and geographical boundaries: linguistic theory and historical linguistics*. Bd. 1, 579–590. Berlin, Boston: de Gruyter Mouton.
Rausch, Georg (1897): *Zur Geschichte des deutschen Genitivs seit der mittelhochdeutschen Zeit*. Darmstadt: Otto Hof.
Rauth, Philipp (2014): Die Entstehung von s-Plural und ‚Sächsischem Genitiv'. Familien- und Personennamen als Brückenkonstruktionen. *Beiträge zur Geschichte der deutschen Sprache und Literatur* 136, 341–373.
Rauth, Philipp (2016): Die Rolle dialektaler Kasussysteme bei der Abfolge ditransitiver Objekte. In Augustin Speyer & Philipp Rauth (Hrsg.), *Syntax aus Saarbrücker Sicht 1*, 109–135. Stuttgart: Steiner.
Reichmann, Oskar (2000): Die Diagliederung des Frühneuhochdeutschen. In Werner Besch, Oskar Reichmann, Stefan Sonderegger & Ernst Herbert Wiegand (Hrsg.), *Sprachgeschichte. Ein internationales Handbuch zeitgenössischer Forschung*, 1623–1626. Bd. 2. Berlin, New York: Walter de Gruyter. 2. Aufl.
Reineke, Silke (2016): *Wissenszuschreibungen in der Interaktion. Eine gesprächsanalytische Untersuchung impliziter und expliziter Formen der Zuschreibung von Wissen*. Heidelberg: Winter.
Reis, Hans (1891): *Beiträge zur Syntax der mainzer Mundart*. Mainz: Gottsleben.
Reis, Marga (1980): On justifying topological frames. ‚Positional Field' and the order of non-verbal constituents in German. *DRLAV. Revue de Linguistique* 22/23, 61–85.
Reis, Marga (1982): Zum Subjektbegriff im Deutschen. In Werner Abraham (Hrsg.), *Satzglieder im Deutschen. Vorschläge zur syntaktischen, semantischen und pragmatischen Fundierung*, 171-211. Tübingen: Narr.
Reis, Marga (1986): Subjekt-Fragen in der Schulgrammatik? *Deutschunterricht* 38, 64–84.
Reis, Marga (1987): Die Stellung der Verbargumente im Deutschen. Stilübungen zum Grammatik: Pragmatik-Verhältnis. In Inger Rosengren (Hrsg.), *Sprache und Pragmatik*, 139–177. Stockholm: Almqvist & Wiksell.
Riesel, Elise (1959): *Stilistik der deutschen Sprache*. Moskau: Verlag für Fremdsprachige Literatur.
Rocholl, Josephine (2015): *Ostmitteldeutsch – eine moderne Regionalsprache? Eine Untersuchung zu Konstanz und Wandel im thüringisch-obersächsischen Sprachraum*. Hildesheim u. a.: Olms.

Rösler, Irmtraut (1997): Niederdeutsche Inferenzen und Alternanzen in hochdeutschen Verhörsprotokollen. In Klaus J. Mattheier, Haruo Nitta & Mitsuyo Ono (Hrsg.), *Gesellschaft, Kommunikation und Sprache Deutschlands in der frühen Neuzeit*, 187–202. München: Iudicium.

Ronneberger-Sibold, Elke (1991): Funktionale Betrachtungen zu Diskontinuität und Klammerbildung im Deutschen. In Norbert Boretzky, Armin Bassarak & Werner Enninger (Hrsg.), *Sprachwandel und seine Prinzipien*, 206–236. Bochum: Brockmeyer.

Ronneberger-Sibold, Elke (1994): Konservative Nominalflexion und „klammerndes Verfahren" im Deutschen. In Klaus-Michael Köpcke (Hrsg.), *Funktionale Untersuchungen zur deutschen Nominal- und Verbalmorphologie*, 115–130. Tübingen: Niemeyer.

Ronneberger-Sibold, Elke (2010): Die deutsche Nominalklammer: Geschichte, Funktion, typologische Bewertung. In Arne Ziegler (Hrsg.), *Historische Textgrammatik und historische Syntax des Deutschen. Traditionen, Innovationen, Perspektiven*. Bd. 1, 85–120. Berlin, Boston: Walter de Gruyter.

Roolfs, Friedel Helga (2016): Anna Bergmanns und Maria Witten. Parentale Femininmovierung von Familiennamen in westfälischen Varietäten. In Friedel Helga Roolfs (Hrsg.), *Bäuerliche Familiennamen in Westfalen*, 57–70. Münster: Aschendorff.

Rowley, Anthony Robert (2004): Das Leben ohne Genitiv und Präteritum. In Elvira Glaser, Peter Ott & Rudolf Schwarzenbach (Hrsg.), *Alemannisch im Sprachvergleich*, 343–362. Stuttgart: Steiner.

Sacks, Harvey, Emanuel A. Schegloff & Gail Jefferson (1974): A simplest systematics for the organization of turn-taking for conversation. *Language* 50, 696–725.

Sacks, Harvey & Emanuel A. Schegloff (2007): Two preferences in the organization of reference to persons in conversation and their interaction. Reprint. In Nick J. Enfield & Tanya Stivers (Hrsg.) (2007), *Person reference in interaction. Linguistic, cultura, and social perspectives*, 23–28. Cambridge: University Press.

Sag, Ivan, Hans C. Boas & Paul Kay (2012): Introducing Sign-Based Construction Grammar. In Hans C. Boas & Ivan Sag (Hrsg.), *Sign-Based Construction Grammar*, 1–30. Stanford: CSLI Publications.

Sanders, Willy (1982): *Sachsensprache, Hansesprache, Plattdeutsch*. Göttingen: Vandenhoeck & Ruprecht.

Sarauw, Christian (1924): *Die Flexionen der mittelniederdeutschen Sprache*. Kopenhagen: Host.

Schaden, Gerhard (2010): Vocatives: a note on addressee management. *University of Pennsylvania Working Papers in Linguistics* 16, 176–185.

Schegloff, Emanuel A. (1968): Sequencing in conversational openings. *American Anthropologist* 70, 1075–1090.

Schegloff, Emanuel A. (1996): Some practices for referring to persons in talk-in-interaction: A partial sketch of a systematics. In Barbara Fox (Hrsg.), *Studies in anaphora*, 437–485. Amsterdam, Philadelphia: Benjamins.

Schegloff, Emanuel A. (2007): Conveying who you are: the presentation of self, strictly speaking. In Nick J. Enfield & Tanya Stivers (Hrsg.) (2007), *Person reference in interaction. Linguistic, cultura, and social perspectives*, 123–148. Cambridge: University Press.

Schegloff, Emanuel A., Gail Jefferson & Harvey Sacks (1977): The preference for self-correction in the organization of repair in conversation. *Language* 53, 361–382.

Schellinger, Wolfgang (1988): Zu den Präposition-Artikel-Verschmelzungen im Deutschen. *Linguistische Berichte* 115, 214–228.

Scherer, Carmen (2012): Vom Reisezentrum zum Reise Zentrum. Variation in der Schreibung von N+N-Komposita. In Livio Gaeta & Barbara Schlücker (Hrsg.), *Das Deutsche als kompositionsfreudige Sprache: strukturelle Eigenschaften und systembezogene Aspekte*. Berlin, Boston: Walter de Gruyter, 57–81.

Scheutz, Hannes (1988): Determinantien und Definitheitsarten im Bairischen und Standarddeutschen. In Peter K. Stein, Andreas Weiss & Gerold Hayer (Hrsg.), *Festschrift für Ingo Reiffenstein zum 60. Geburtstag*, 231–258. Göppingen: Kümmerle.

Scheutz, Hannes (1997): Satzinitiale Voranstellung im gesprochenen Deutsch als Mittel der Themensteuerung und Referenzkonstitution. In Peter Schlobinski (Hrsg.), *Syntax des gesprochenen Deutsch*, 27–54. Opladen: Westdeutscher Verlag.

Schiering, René (2005): Flektierte Präpositionen im Deutschen? Neue Evidenz aus dem Ruhrgebiet. *Zeitschrift für Dialektologie und Linguistik* 52, 52–79.

Schindler, Wolfgang (1990): *Untersuchungen zur Grammatik appositionsverdächtiger Einheiten im Deutschen*. Tübingen: Niemeyer.

Schirmunski, Viktor M. (1962): *Deutsche Mundartkunde. Vergleichende Laut-und Formenlehre der deutschen Mundarten*. Berlin: Akademie Verlag.

Schlesewsky, Matthias (1996): *Kasusphänomene in der Sprachverarbeitung. Eine Studie zur Verarbeitung von kasusmarkierten und Relativsatzkonstruktionen im Deutschen*. Dissertation. Potsdam.

Schletter, Katrin (1985): *Zu einigen sprachgeschichtlichen Normierungsprozessen des 17. und 18. Jahrhunderts im Urteil zeitgenössischer Poetiken*. Berlin: Zentralinstitut für deutsche Sprache.

Schlieben-Lange, Brigitte (1983): *Traditionen des Sprechens: Elemente einer pragmatischen Sprachgeschichtsschreibung*. Stuttgart u. a.: Kohlhammer.

Schlücker, Barbara (2017): Eigennamenkomposita im Deutschen. In Johannes Helmbrecht, Damaris Nübling & Barbara Schlücker (Hrsg.), *Namengrammatik. Linguistische Berichte Sonderheft* 23, 59–93. Hamburg: Buske.

Schlücker, Barbara (2018): Genitives and proper name compounds in German. In Tanja Ackermann, Horst J. Simon & Christian Zimmer (Hrsg.), *Germanic Genitives*, 275–299. Amsterdam, Philadelphia: Benjamins.

Schmidt, Jürgen Erich (1993): *Die deutsche Substantivgruppe und die Attribuierungskomplikation*. Tübingen: Niemeyer.

Schmidt, Jürgen Erich & Joachim Herrgen (2011): *Sprachdynamik. Eine Einführung in die moderne Regionalsprachenforschung*. Berlin: Erich Schmidt.

Schmuck, Mirjam (2007): Kontrastive Onomastik: Zur Verbreitung patronymischer Familiennamen in Dänemark und Deutschland. *TijdSchrift voor Skandinavistiek* 28, 127–145.

Schmuck, Mirjam (2011): Vom Genitiv zum Pluralmarker. Der s-Plural im Spiegel der Familiennamengeographie. In Rita Heuser, Damaris Nübling & Mirjam Schmuck (Hrsg.), *Familiennamengeographie. Ergebnisse und Perspektiven europäischer Forschung*, 285–304. Berlin, Boston: Walter de Gruyter.

Schmuck, Mirjam (2017): Movierung weiblicher Familiennamen im Frühneuhochdeutschen und ihre heutigen Reflexe. In Johannes Helmbrecht, Damaris Nübling & Barbara Schlücker (Hrsg.), *Namengrammatik. Linguistische Berichte Sonderheft* 23, 33–58. Hamburg: Buske.

Schmuck, Mirjam (i. E.): The Rise of the Onymic Article in Early New High German and the triggering Effect of Bynames. In Renata Szczepaniak & Johanna Flick (Hrsg.), *Walking on the Grammaticalization Path of the Definite Article in German: Functional Main and Side Roads*. Amsterdam, Philadelphia: Benjamins.

Schmuck, Mirjam & Renata Szczepaniak (2014): Der Gebrauch des Definitartikels vor Familien- und Rufnamen im Frühneuhochdeutschen aus grammatikalisierungstheoretischer Perspektive. In Friedhelm Debus, Rita Heuser & Damaris Nübling (Hrsg.), *Linguistik der Familiennamen*, 97–137. Hildesheim u. a.: Olms.

Schöffl, Stefan Andreas (1993): *Die Limburger Familiennamen von 1200 bis 1500*. Berlin u. a.: Lang.

Schöpf, Henricus (1625): *Institutiones in linguam germanicum, sive allemanicam [...]*. Moguntiae.

Schötensack, Heinrich August (1856): *Grammatik der Neuhochdeutschen Sprache mit besonderer Berücksichtigung ihrer historischen Entwickelung*. Erlangen: Verlag von Ferdinand Enke.

Schrodt, Richard (2004): *Althochdeutsche Grammatik*. Bd. 2. Syntax. Tübingen: Niemeyer.

Schroeder, Christoph (2006): Articles and article systems in some areas of Europe. In Giuliano Bernini & Marcia L. Schwartz (Hrsg.), *Pragmatic organization of discourse in the languages of Europe*, 545–611. Berlin, Boston: de Gruyter Mouton.

Schutzeichel, Marc & Renata Szczepaniak (2015): Die Durchsetzung der satzinternen Großschreibung in Norddeutschland am Beispiel der Hexenverhörprotokolle. *Jahrbuch für germanistische Sprachgeschichte* 6, 151–167.

Schwarz-Friesel, Monika (2000): *Indirekte Anaphern in Texten. Studien zur domänengebundenen Referenz und Kohärenz im Deutschen*. Tübingen: Niemeyer.

Schweden, Theresa (i. E.): Zwischen Toponym und Anthroponym. Ein topnomastischer Ansatz zur Analyse dörflicher Hausnamen als geographisches Referenzsystem. In Kathrin Dräger, Rita Heuser & Michael Prinz (Hrsg.), *Toponyme*: Berlin, Boston: Walter De Gruyter.

Searle, John R. (1971): *Sprechakte. Ein sprachphilosophischer Essay*. Frankfurt: Suhrkamp.

Seebold, Elmar (1983): Diminutivformen in den deutschen Dialekten. In Werner Besch, Ulrich Knoop, Wolfgang Putschke & Ernst Herbert Wiegand (Hrsg.), *Dialektologie. Ein internationales Handbuch zeitgenössischer Forschung*. Bd. 2, 1250–1255. Berlin, New York: Walter de Gruyter.

Seibicke, Wilfried (2008): *Die Personennamen im Deutschen. Eine Einführung*. Berlin, Boston: Walter de Gruyter. 2. Aufl.

Seiler, Guido (2003): *Präpositionale Dativmarkierung im Oberdeutschen*. Stuttgart: Steiner.

Seiler, Guido (2005): Wie verlaufen syntaktische Isoglossen und welche Konsequenzen lassen sich daraus ziehen? In Eckhard Eggers, Jürgen Erich Schmidt & Dieter Stellmacher (Hrsg.), *Moderne Dialekte – neue Dialektologie*, 313–341. Stuttgart: Steiner.

Seiler, Guido (2010): Data collection and corpus-building: questionnaire and interview. In Peter Auer & Jürgen Erich Schmidt (Hrsg.), *Language and space: Theories and methods. An International Handbook of Linguistic Variation*, 512–527. Berlin, Boston: Walter de Gruyter.

Seiler, Hansjakob (1983): *Possession as an operational dimension in language*. Tübingen: Narr.

Seiler, Hansjakob (1986): *Apprehension. Language, Object and Order. Bd. 3. The universal dimension of apprehension*. Tübingen: Narr.

Selting, Margret (1993): Voranstellungen vor den Satz. Zur grammatischen Form und interaktiven Funktion von Linksversetzung und Freiem Thema im Deutschen. *Zeitschrift für germanistische Linguistik* 21, 291–319.

Selting, Margret (1994): Konstruktionen am Satzrand als interaktive Ressource in natürlichen Gesprächen. In Brigitte Haftka (Hrsg.), *Was determiniert Wortstellungsvariation? Studien zu einem Interaktionsfeld von Grammatik, Pragmatik und Sprachtypologie*, 299–318. Opladen: Westdeutscher Verlag.

Selting, Margret (2004): Listen: Sequenzielle und prosodische Struktur einer kommunikativen Praktik – eine Untersuchung im Rahmen der Interaktionalen Linguistik. *Zeitschrift für Sprachwissenschaft* 23, 1–46.

Selting, Margret u. a. (2009): Gesprächsanalytisches Transkriptionssystem 2 (GAT 2). *Gesprächsforschung – Online-Zeitschrift zur verbalen Interaktion* 10, 353–402.

Semenjuk, Natalija (2000): Soziokulturelle Voraussetzungen des Neuhochdeutschen bis zur Mitte des 20. Jahrhunderts. In Werner Besch, Oskar Reichmann, Stefan Sonderegger & Ernst Herbert Wiegand (Hrsg.), *Sprachgeschichte. Ein internationales Handbuch zeitgenössischer Forschung.* Bd. 2. Berlin, New York.: Walter de Gruyter, 1746–1765. 2. Aufl.

Shrier, Martha (1965): Case systems in German dialects. *Language* 41, 420–438.

Siewierska, Anna (1998): Variation in major constituent order; a global and a European perspective. In Anna Siewierska (Hrsg.), *Constituent order in the languages of Europe*. Berlin, Boston: de Gruyter Mouton, 475–551.

Simon, Horst J. (2003): *Für eine grammatische Kategorie ›Respekt‹ im Deutschen. Synchronie, Diachronie und Typologie der deutschen Anredepronomina*. Tübingen: Niemeyer.

Smirnova, Elena (2011): Zur diachronen Entwicklung deutscher Komplementsatz-Konstruktionen. In Alexander Lasch & Alexander Ziem (Hrsg.), *Konstruktionsgrammatik III: Aktuelle Fragen und Lösungsansätze*, 77–94. Tübingen: Stauffenburg.

Socin, Adolf (1903): *Mittelhochdeutsches Namenbuch: nach oberrheinischen Quellen des 12. und 13. Jahrhunderts*. Basel: Helbing & Lichtenhain.

Sonderegger, Stefan (1987): Die Bedeutsamkeit der Namen. *Zeitschrift für Literaturwissenschaft und Linguistik. Sonderheft Namen*, 11–23.

Sperber, Dan & Deirdre Wilson (1986): *Relevance: communication and cognition*. Oxford: Blackwell.

Sperschneider, Heinz (1959): *Studien zur Syntax der Mundarten im östlichen Thüringer Wald*. Marburg: Elwert.

Speyer, Augustin (2010): *Topicalization and stress clash avoidance in the history of English*. Berlin, Boston: de Gruyter Mouton.

Spiekermann, Helmut (2008): *Sprache in Baden-Württemberg. Merkmale des regionalen Standards*. Tübingen: Niemeyer.

Steche, Theodor (1925): *Neue Wege zum reinen Deutsch*. Breslau: Hirt.

Steche, Theodor (1927): *Die neuhochdeutsche Wortbiegung unter besonderer Berücksichtigung der Sprachentwicklung im 19. Jahrhundert*. Bd. 1. Breslau: Hirt.

Stefanowitsch, Anatol (2006): Konstruktionsgrammatik und Korpuslinguistik. In Kerstin Fischer & Anatol Stefanowitsch (Hrsg.), *Konstruktionsgrammatik: Von der Anwendung zur Theorie*, 151–176 Tübingen: Stauffenburg.

Stefanowitsch, Anatol (2008): R-Relationen im Sprachvergleich: die Direkte-Rede-Konstruktion im Deutschen und Englischen. In Anatol Stefanowitsch & Kerstin Fischer (Hrsg.), *Konstruktionsgrammatik II: Von der Konstruktion zur Grammatik*, 247–262. Tübingen: Stauffenburg.

Stefanowitsch, Anatol (2011): Konstruktionsgrammatik und Grammatiktheorie. In Alexander Lasch & Alexander Ziem (Hrsg.), *Konstruktionsgrammatik III: Aktuelle Fragen und Lösungsansätze*, 11–25. Tübingen: Stauffenburg.

Steffens, Rudolf (2010): Zur Diachronie der Präposition-Artikel-Enklise. *Beiträge zur Namenforschung* 45, 245–292.
Steffens, Rudolf (2012): Die Präposition-Artikel-Enklise in der deutschen Sprachgeschichte unter besonderer Berücksichtigung der Bibelübersetzung Martin Luthers. *Zeitschrift für Dialektologie und Linguistik* 79, 298–329.
Steffens, Rudolf (2014): *Nese Seylersen prondenersen in dem Spidal. Sexusmarkierung bei rheinfränkischen Familiennamen (spätes Mittelalter/frühe Neuzeit)*. In Friedhelm Debus, Rita Heuser & Damaris Nübling (Hrsg.), *Linguistik der Familiennamen*, 55–84. Hildesheim u. a.: Olms.
Steffens, Rudolf (2018): *Johann Adam Medardt und Margaretha Medardtin. Weibliche Familiennamen unter besonderer Berücksichtigung der Pfalz*. In Jörg Riecke (Hrsg.), *Namen und Geschichte am Oberrhein. Orts- Flur- und Personennamen zwischen Mainz und Basel*, 39–65. Stuttgart: Kohlhammer.
Steffens, Rudolf (2019): *Grede Gertnerßen und die Leyendeckerßen von Mentze. Femininmovierung in Rechtsquellen des späten Mittelalters und der Frühen Neuzeit unter besonderer Berücksichtigung des rheinfränkischen -sin-Suffixes*. In Simon Pickl & Stephan Elspaß (Hrsg.), *Historische Soziolinguistik der Stadtsprachen. Kontakt - Variation - Wandel*. Heidelberg: Winter.
Stichlmair, Tim (2008): *Stadtbürgertum und frühneuzeitliche Sprachstandardisierung. Eine vergleichende Untersuchung der Städte Emmerich, Geldern, Nimwegen und Wesel vom 16. bis zum 18. Jahrhundert*. Berlin, New York: Walter de Gruyter.
Stivers, Tanya (2007): Alternative recognitionals in person reference. In Nick J. Enfield & Tanya Stivers (Hrsg.), *Person reference in interaction. Linguistic, cultura, and social perspectives*, 73–96. Cambridge: University Press.
Stivers, Tanya, N. J. Enfield & Stephen C. Levinson (2007): Person reference in interaction. In Nick J. Enfield & Tanya Stivers (Hrsg.), *Person reference in interaction. Linguistic, cultura, and social perspectives*, 1–20. Cambridge: University Press.
Stolz, Thomas (1990): Flexion und Adpositionen, flektierte Adpositionen, adpositionelle Flexion. *Zeitschrift für Phonetik, Sprachwissenschaft und Kommunikationsforschung* 43, 334–354.
Stopp, Hugo (1976): Schreibsprachwandel. Zur großräumigen Untersuchung frühneuhochdeutscher Schriftlichkeit. München: Vögel.
Studler, Rebekka (2011): *Artikelparadigmen. Form, Funktion und syntaktisch-semantische Analyse von definiten Determinierern im Schweizerdeutschen*. Dissertation. Zürich.
Sturm, Afra (2005): *Eigennamen und Definitheit*. Tübingen: Niemeyer.
Sütterlin, Ludwig (1924): *Neuhochdeutsche Grammatik*. Erste Hälfte. München: Beck.
Sugarewa, Tekla (1974): Adjektivderivate zu Eigennamen und ihre Konkurrenz mit Substantivkomposita und syntaktischen Wortverbindungen. *Beiträge zur Geschichte der deutschen Sprache und Literatur* 94, 199–256.
Sweet, Henry (1891): *A New English Grammar*. Bd. 1. Oxford: University Press.
Szabo, Zoltan Gendler (Hrsg.) (2005): *Semantics versus pragmatics*. Oxford: University Press.
Szczepaniak, Renata (2010): *Während des Flug(e)s/des Ausflug(e)s: German short and long genitive endings between norm and variation*. In Alexandra Lenz & Albrecht Plewnia (Hrsg.), *Grammar between norm and variation*, 103–126. Frankfurt am Main u. a.: Lang.
Szczepaniak, Renata (2011): *Grammatikalisierung im Deutschen*. Tübingen: Narr. 2. Aufl.

Szczepaniak, Renata & Fabian Barteld (2016): Hexenverhörprotokolle als sprachhistorisches Korpus. In Sarah Kwekkeboom & Sandra Waldenberger (Hrsg.), *PerspektivWechsel oder: Die Wiederentdeckung der Philologie. Bd. 1. Sprachdaten und Grundlagenforschung in Historischer Linguistik*, 43–70. Berlin: Erich Schmidt.

Szczepaniak, Renata & Johanna Flick (2015): Zwischen Explizitheit und Ökonomie – Der emergierende Definitartikel in der althochdeutschen Isidor-Übersetzung. In Delphine Pasques (Hrsg.), *Komplexität und Emergenz in der deutschen Syntax (9.-17. Jahrhundert)*, 187–206. Berlin: Weidler.

Takada, Hiroyuki (1998): *Grammatik und Sprachwirklichkeit von 1640–1700: zur Rolle deutscher Grammatiker im schriftsprachlichen Ausgleichsprozess*. Tübingen: Niemeyer.

Taylor, John R. (2000): *Possessives in English: an exploration in cognitive grammar*. Oxford: University Press.

Thies, Heinrich (2010): *Plattdeutsche Grammatik*. Neumünster: Wachholtz.

Tiefenbach, Heinrich (2000): Morphologie des Altniederdeutschen (Altniedersächsisch). In Werner Besch, Oskar Reichmann, Stefan Sonderegger & Ernst Herbert Wiegand (Hrsg.), *Sprachgeschichte. Ein internationales Handbuch zeitgenössischer Forschung*. Bd. 2, 1252–1256. Berlin, New York: Walter de Gruyter. 2. Aufl.

Tomasello, Michael, Malinda Carpenter, Josep Call, Tanya Behne & Henrike Moll (2005): Understanding and sharing intentions: The origins of cultural cognition. *Behavioral and Brain Sciences* 28, 675–691.

Topalović, Elvira (2003): *Sprachwahl – Textsorte – Dialogstruktur. Zu Verhörprotokollen aus Hexenprozessen des 17. Jahrhunderts*. Trier: Wissenschaftlicher Verlag.

Traugott, Elizabeth Closs (2003): Constructions in grammaticalization. In Brian D. Joseph & Richard D. Janda (Hrsg.), *The Handbook of Historical Linguistics*, 624–647. Oxford: Blackwell.

Traugott, Elizabeth Closs (2007): The concepts of constructional mismatch and type-shifting from the perspective of grammaticalization. *Cognitive Linguistics* 18, 523–557.

Traugott, Elizabeth Closs (2008a): Grammaticalization, constructions and the incremental development of language: Suggestions from the development of degree modifiers in English. In Regine Eckardt, Gerhard Jäger & Tonjes Veenstra (Hrsg.), *Variation, selection, development – Probing the evolutionary model of language change*, 219–250. Berlin, Boston: de Gruyter Mouton.

Traugott, Elizabeth Closs (2008b): The grammaticalization of NP of NP constructions. In Alexander Bergs & Gabriele Diewald (Hrsg.) (2008b), *Constructions and language change*, 21–43. Berlin, Boston: de Gruyter Mouton.

Traugott, Elizabeth Closs & Ekkehard König (1991): The semantics-pragmatics of grammaticalization revisited. In Elizabeth Closs Traugott & Bernd Heine (Hrsg.), *Approaches to grammaticalization*. Bd. 1, 189–218. Amsterdam, Philadelphia: Benjamins.

Traugott, Elizabeth Closs & Graeme Trousdale (2013): *Constructionalization and constructional change*. Oxford: University Press.

Troemel-Ploetz, Senta (1994): „Let me put it this way, John": conversational strategies of women in leadership positions. *Journal of Pragmatics* 22, 199–209.

Trost, Igor (2006): *Das deutsche Adjektiv. Untersuchungen zur Semantik, Komparation, Wortbildung und Syntax*. Hamburg: Buske.

Trousdale, Graeme (2008a): Constructions in grammaticalization and lexicalization: Evidence from the history of a composite predicate construction in English. In Graeme Trousdale & Nikolas Gisborne (Hrsg.), *Constructional approaches to English grammar*, 33–67. Berlin, Boston: de Gruyter Mouton.

Trousdale, Graeme (2008b): A constructional approach to lexicalization process in the history of English: Evidence from possessive constructions. *Word Structure* 1, 156–177.

Trousdale, Graeme (2010): Issues in constructional approaches to grammaticalization in English. In Katerina Stathi, Elke Gehweiler & Ekkehard König (Hrsg.), *Grammaticalizaton. Current views and issues*, 51–72. Amsterdam, Philadelphia: Benjamins.

Trousdale, Graeme (2012): Grammaticalization, constructions, and the grammaticalization of constructions. In Kristin Davidse, Tine Breban, Lieselotte Brems & Tanja Mortelmans (Hrsg.), *Grammaticalization and language change. New reflections*, 167–198. Amsterdam, Philadelphia: Benjamins.

Tse, Grace Y. W. (2005): *A corpus-based study of proper names in present-day English*. Frankfurt am Main u. a.: Lang.

Ulbrich, Christiane & Alexander Werth (2017): Die Enklise von Präposition und Artikel in der Sprachverarbeitung. In Nanna Fuhrhop, Renata Szczepaniak & Karsten Schmidt (Hrsg.), *Sichtbare und hörbare Morphologie*, 237–260. Berlin, Boston: Walter de Gruyter.

Valin, Robert D. van & Randy J. LaPolla (1997): *Syntax. Structure, meaning and function*. Cambridge: University Press.

Vater, Heinz (1963): *Das System der Artikelformen im gegenwärtigen Deutsch*. Tübingen: Niemeyer.

Vater, Heinz (1993): Determinantien in koordinierten NPs. In Marcel Vuillaume & Jean-François Marillier (Hrsg.), *Studien zur Syntax und Semantik der Nominalgruppe*, 65–83. Tübingen: Narr.

Verhagen, Arie (2007): English constructions from a Dutch perspective. Where are the differences? In Mike Hannay & Gerard J. Steen (Hrsg.), *Structural-functional studies in English grammar*, 257–274. Amsterdam, Philadelphia: Benjamins.

Vinckel, Hélène (2006): *Die diskursstrategische Bedeutung des Nachfeldes im Deutschen. Eine Untersuchung anhand politischer Reden der Gegenwartssprache*. Wiesbaden: DUV.

Vinckel-Roisin, Hélène (2011): Wortstellungsvariation und Salienz von Diskursreferenten. Die Besetzung des Nachfeldes im Deutschen als kohärenzstiftendes Mittel. *Zeitschrift für germanistische Linguistik* 39, 377–404.

Vogel, Petra M. (1993): Über den Zusammenhang von definitem Artikel und Ferndeixis. *Sprachtypologie und Universalienforschung* 46, 222–233.

Vogel, Petra M. (2017): Deonymische Adjektivkomposita „Eigenname + Adjektiv" vom Typ *goethefreundlich*. In Johannes Helmbrecht, Damaris Nübling & Barbara Schlücker (Hrsg.), *Namengrammatik. Linguistische Berichte Sonderheft* 23, 95–120. Hamburg: Buske.

Vorberger, Lars (2019): *Regionalsprache in Hessen. Eine Untersuchung zu Sprachvariation und Sprachwandel im mittleren und südlichen Hessen*. Stuttgart: Steiner.

Wackernagel, Jakob (1924): *Vorlesungen über Syntax: mit besonderer Berücksichtigung von Griechisch, Lateinisch und Deutsch*. Bd. 2. Basel: Birkhäuser.

Wälchli, Bernhard (2005): *Co-compounds and natural coordination*. Oxford: University Press.

Wahrig (1983): *Deutsches Wörterbuch*. 6 Bde. Wiesbaden: Brockhaus u. a.

Wahrig-Burfeind, Renate (1998): Bestimmtheit bei Artikelformen und Personalpronomen im Niederdeutschen. In Winfried Boeder, Christoph Schroeder, Karl Heinz Wagner & Wolfgang Wildgen (Hrsg.), *Sprache in Raum und Zeit*, 319–334Bd. 2. Tübingen: Narr.

Wandruszka, Mario (1966): Das Paradox des Artikels. *Die neueren Sprachen* 15, 212–220.
Watts, Richard J. (2007): *Politeness*. Cambridge: University Press.
Wegener, Heide (1986): Gibt es im Deutschen ein Indirektes Objekt? *Deutsche Sprache* 14, 12–22.
Wegera, Klaus-Peter (1996): Zur Geschichte der Adjektivgroßschreibung im Deutschen. *Zeitschrift für deutsche Philologie* 115, 382–392.
Wegstein, Werner (2003): Die sprachgeographische Gliederung des Deutschen in historischer Sicht. In Werner Besch, Oskar Reichmann, Stefan Sonderegger & Ernst Herbert Wiegand (Hrsg.), *Sprachgeschichte. Ein internationales Handbuch zeitgenössischer Forschung*, 2229–2252. Bd. 3. Berlin, New York: Walter de Gruyter. 2. Aufl.
Weinrich, Harald (2005): *Textgrammatik der deutschen Sprache*. Hildesheim u. a.: Olms. 3. Aufl.
Weise, Oskar (1898): *Dem Vater sein Haus*. Tübingen: Narr.
Weiß, Helmut (1998): *Syntax des Bairischen. Studien zur Grammatik einer natürlichen Sprache*. Tübingen: Niemeyer.
Weiß, Helmut (2004): Zum linguistischen Status von Standardsprachen. In Maria Kozianka, Rosemarie Lühr & Susanne Zeilfelder (Hrsg.), *Indogermanistik, Germanistik, Linguistik*, 591–643. Hamburg: Verlag Dr. Kovač.
Weiß, Helmut (2008): The possessor that appears twice: Variation, structure and function of possessive doubling in German. In Sjef Barbiers, Olaf Koeneman, Marika Lekakou & Margreet van der Ham (Hrsg.), *Microvariation in syntactic doubling*, 381–401. Leiden: Brill.
Weiß, Helmut (2012): The rise of DP-internal possessors. On the relationship of dialectal synchrony to diachrony. In Gunther de Vogelaer & Guido Seiler (Hrsg.), *The dialect laboratory. Dialects as a testing ground for theories of language change*, 271–293. Amsterdam, Philadelphia: Benjamins.
Weiß, Helmut (2014): Really weird Subjects in Bavarian. In Günther Grewendorf & Helmut Weiß (Hrsg.), *Bavarian syntax: Constributions to the theory of syntax*, 203–224. Amsterdam, Philadelphia: Benjamins.
Welter, Wilhelm (1929): *Studien zur Dialektgeographie des Kreises Eupen*. Bonn: Röhrscheid.
Werner, Otmar (1979): Kongruenz wird zu Diskontinuität im Deutschen. In Bela Brogyanyi (Hrsg.), *Studies in diachronic, synchronic and typological linguistics*, 959–988. Amsterdam, Philadelphia: Benjamins.
Werth, Alexander (2015): *Gretie Dwengers, genannt die Dwengersche*. Formale und funktionale Aspekte morphologischer Sexusmarkierung (Movierung) in norddeutschen Hexenverhörprotokollen der Frühen Neuzeit. *Niederdeutsches Jahrbuch* 138, 53–75.
Werth, Alexander (2017a): Artikel bei Rufnamen. In Jürg Fleischer, Alexandra N. Lenz & Helmut Weiß (Hrsg.),*SyHD-Atlas*. Marburg u. a. dx.doi.org/10.17192/es2017.0003.
Werth, Alexander (2017b): Von Schaukelsyntagmen und umkippenden Konstruktionen: Der Artikelgebrauch bei Personennamen in der Juxtaposition. In Johannes Helmbrecht, Damaris Nübling & Barbara Schlücker (Hrsg.), *Namengrammatik. Linguistische Berichte Sonderheft* 23, 147–172. Hamburg: Buske.
Werth, Alexander (i. E.a): Klisen in frühneuzeitlichen Hexenverhörprotokollen. In Lisa Dücker, Stefan Hartmann & Renata Szczepaniak (Hrsg.), *Hexenverhörprotokolle als sprachhistorisches Korpus*. Berlin, Boston: Walter de Gruyter.

Werth, Alexander (i. E.b): Die onymische Movierung. Historische Wortbildung an der Schnittstelle von Sprache und Gesellschaft. In Christine Ganslmayer & Christian Schwarz (Hrsg.), *Historische Wortbildung. Theorie – Methoden – Perspektiven.* Hildesheim u. a.: Olms.

Werth, Alexander (i. E.c): Der Abbau der onymischen Movierung im 18. Jahrhundert. Eine Auswertung des Deutschen Textarchivs. In Anna Havinga & Bettina Lindner (Hrsg.), *Deutscher Sprachgebrauch im 18. Jahrhundert.* Heidelberg: Winter.

Wiese, Bernd (1996): Iconicity and syncretism: On pronominal inflection in Modern German. In Robin Sackmann (Hrsg.), *Theoretical linguistics and grammatical description*, 323–344. Amsterdam, Philadelphia: Benjamins.

Wiese, Richard (1988): *Silbische und lexikalische Phonologie. Studien zum Chinesischen und zum Deutschen.* Tübingen: Niemeyer.

Wiesinger, Peter (1983): Die Einteilung der deutschen Dialekte. In Werner Besch, Ulrich Knoop, Wolfgang Putschke & Ernst Herbert Wiegand (Hrsg.), *Dialektologie. Ein internationales Handbuch zeitgenössischer Forschung.* Bd. 2, 807–900. Berlin, New York: Walter de Gruyter.

Wiesinger, Peter (2000): Die Diagliederung des Neuhochdeutschen bis zur Mitte des 20. Jahrhunderts. In Werner Besch, Oskar Reichmann, Stefan Sonderegger & Ernst Herbert Wiegand (Hrsg.), *Sprachgeschichte. Ein internationales Handbuch zeitgenössischer Forschung.* Bd. 2, 1932–1951. Berlin, New York: Walter de Gruyter.

Wiggers, Julius (1858): *Grammatik der plattdeutschen Sprache.* Hamburg: Hoffmann und Campe. 2. Aufl.

Wilke, Anja (2006): *Redewiedergabe in frühneuzeitlichen Hexenprozessakten. Ein Beitrag zur Geschichte der Modusverwendung im Deutschen.* Berlin, New York: Walter de Gruyter.

Willems, Klaas (1996): *Eigenname und Bedeutung.* Heidelberg: Winter.

Wilmanns, Wilhelm (1909): *Deutsche Grammatik.* Abt. 3. Flexion. Straßburg: Trübner.

Wimmer, Rainer (1973): *Der Eigenname im Deutschen: ein Beitrag zu seiner linguistischen Beschreibung.* Tübingen: Niemeyer.

Wimmer, Rainer (1979): *Referenzsemantik. Untersuchungen zur Festlegung von Bezeichnungsfunktionen sprachlicher Ausdrücke am Beispiel des Deutschen.* Tübingen: Niemeyer.

Wöllstein, Angelika (2014): *Topologisches Satzmodell.* Heidelberg: Winter.

Wood, Linda A. & Rolf O. Kroger (1991): Politeness and forms of address. *Journal of Language and Social Psychology* 10, 145–168.

Wunderlich, Dieter (1984): Zur Syntax der Präpositionalphrase im Deutschen. *Zeitschrift für Sprachwissenschaft* 3, 65–99.

Wunderlich, Dieter (1985): Über die Argumente des Verbs. *Linguistische Berichte* 97, 183–227.

Wunderlich, Hermann & Hans Reis (1925): *Der deutsche Satzbau.* Bd. 2. Stuttgart, Berlin: Cotta'sche Buchhandlung Nachfolger.

Wustmann, Gustav (1891): *Allerhand Sprachdummheiten. Kleine deutsche Grammatik des Zweifelhaften, des Falschen und des Häßlichen.* Leipzig: Grunow.

Yamamoto, Mutsumi (1999): *Animacy and reference. A cognitive approach to corpus linguistics.* Amsterdam, Philadelphia: Benjamins.

Zäch, Alfred (1931): *Der Nominativus pendens in der deutschen Dichtung des Hochmittelalters.* Dissertation. Bern.

Ziem, Alexander & Alexander Lasch (2013): *Konstruktionsgrammatik. Konzepte und Grundlagen gebrauchsbasierter Ansätze.* Berlin, Boston: Walter de Gruyter.

Zifonun, Gisela (2001): Eigennamen in der Narrenschlacht. Oder: Wie man *Walther von der Vogelweide* in den Genitiv setzt. *IDS Sprachreport* 3, 1–5.

Zifonun, Gisela (2003): Dem Vater sein Hut: der Charme des Substandards und wie wir ihm gerecht werden. *Deutsche Sprache* 31, 97–126.

Zifonun, Gisela (2010): Von *Bush administration* zu *Kohl-Regierung*: Englische Einflüsse auf deutsche Nominalkonstruktionen? In Carmen Scherer & Anke Holler (Hrsg.), *Strategien der Integration und Isolation nicht-nativer Einheiten und Strukturen*. Berlin, Boston: Walter de Gruyter, 165–182.

Zwicky, Arnold M. (1974): "Hey, whatsyourname!", on vocatives in English. *Chicago Linguistic Society*, 787–801.

Zwirner, Eberhard (1956): Lautdenkmal der deutschen Sprache. *Zeitschrift für Phonetik und Allgemeine Sprachwissenschaft* 9, 3–13.

Zwirner, Eberhard & Wolfgang Bethge (1958): *Erläuterungen zu den Texten*. Göttingen: Vandenhoeck & Ruprecht.